KB237138

다문화 의사소통론

비교 문화 화용론과 인간 상호작용의 의미론

다문화 의사소통론

비교 문화 화용론과 인간 상호작용의 의미론

애나 비어즈비스카 지음

이정애 · 안재란 · 이중진 · 나영은 옮김

역락

저자 서문

나는 1991년에 간행된 나의 저서 『Cross-Cultural Pragmatics—the Semantics of Human Interaction』을 새롭게 출판하게 되어 너무나도 기쁘다. 또한 2003년에 이르러, 그러니까 이 책을 처음 출판한 이래, 비교 문화 화용론의 분야가 엄청나게 발전하였고 더구나 이 과정에서 1991년에 나온 본 저서의 초판 『Cross-Cultural Pragmatics』가 해묵은 것이 아니라, 오히려 반대로, 이 책이 갖는 이념과 전체적인 접근법이 본질적으로 입증되었다는 점에서 나는 더욱 기쁘다. 정확히 십년 전, 그 당시의 "화용론" 연구의 상황은 여전히 "보편적 공손성의 원리"와 "보편적 대화의 격률들"의 발견이 우위를 차지하고 있었다. 전폭적으로 수용된 패러다임들은 "공손성에 대한 범문화적 해석"(1978 : 288)으로 확인된 Brown and Levinson (1978, 1987)의 공손성에 대한 이론과, 보편적 대화 원리로 자리매김한 그라이스의 대화 이론 등이었다. 이제 그러한 상황이 어느 정도 변화되었다는 것은 매우 고무적인 일이다.

1980년대 그리고 90년대를 훨씬 지나서까지도, 문화 특정적인 규범들과 특정 사회에서 신봉되는 사회적 가치들을 반영한 규범들이 개인의 상호작용을 지배한다는 생각은 그 당시의 일반적인 견해들과 맞지 않는 것이었고, 국제 화용론협회(International Pragmatic Association)의 계속된 학술대회와 다른 유사 학회에서는 여러 가지 새로운 영역과 이런 저런 새로운 언어를 대상으로 그라이스의 "격률"과 Brown과 Levinson의 "보편적 공손성"을 검증하려는 연구들이 여전히 우위를 차지하고 있었다.

1978년에 Brown과 Levinson은 "현 이론에 비추어 가장 놀랄만한 하나의 현상을 설명하고 기술하려고 시도하였다. 이것 때문에 별 관련이 없는 언어와 문화들을 대상으로 하여 사람들이 표현한 발화의 사소한 언어 예들에 대한 과도한 비교가 이루어졌다"(Brown and Levinson 1978 : 60). 4분의 1세기가 지나서야, 이러한 '과도한 비교'는 대체로 "현 이론에 비추어" 기인된 하나의 환영이었다는 사실이 점차적으로 폭넓게 수용되었다(만약 당신이 모든 것을 "부정 체면과 긍정 체면"의 관점에서 기술될 수 있다는 것을 보이려고만 한다면, 당신은 정말로 모든 것들이 그런 방식으로 기술될 '수' 있다고 생각할 수도 있다). 오늘날 더 놀랄만한 것은 말하기 방식의 비교 언어적 차이 또는 비교 문화적 차이에 대한 정도의 문제이다. 이것에 대하여 Brown and Levinson(1978 : 61)은 그들의 목표가 "상호작용의 분야에서 문화적 상대성에 대한 한물 간 이념을 반박하는 데 있으며, 그리고 피상적 다양성들은 기저의 다양한 원리들로부터 생겨나며 오직 그 원리들의 관계로만 만족스럽게 설명될 수 있다는 사실을 제시하는 데에 있다"고 기술하였다. 그들의 중요한 결론은 "상호작용의 체계론은 대체로 보편적 원리 위에 기초한다"는 것이었다(1978 : 288). 오늘날 점차적으로 받아들여지는 사실은 말하기 방식에 있어서 그리고 상호작용에 있어서의 이들 다양성들은 전혀 피상적인 것이 아니며, 무엇보다도 그 다양성들은 다양한 문화적 태도와 가치의 관점에서 설명될 수 있다는 것이다. 그리고 "상호작용의 분야에서의 문화적 상대성"은 연구를 위한 하나의 실체로서, 그리고 하나의 중요한 주제로서 점차적으로 인식되고 있다.

1983년에 저자가 SLC(Sydney Linguistic Circle)의 월례 모임에서 "다른 문화, 다른 언어, 다른 발화 행위 : 영어와 폴란드어의 비교"라는 제목의 논문을 발표하였을 때(Wierzbicka 1985), 그 논문에서 저자는 "공손성"을 보편적 원리와 격률이라고 가정하는 것은 앵글로 색슨 문화에 뿌리를 둔 것이라고 주장하였는데, 그 당시 이러한 저자의 생각은 이교도적인 것으로 취급당했다. 특히 저자가 Brown and Levinson(1978 : 66)이 인간 상호작용의 가장 중요한 원리들 중의 하나로 간주한 "부담으로부터의 자유"가 사실은 앵글로의 문화적 가치이며, Searle(1975 : 69)이 "공손성에 대한 일상 대화의 요구"에서 기인한 것이라고 한, "단순 명령문"의 회피는 "공손성에 대한 보편적 원리들"을 반영한 것이 아니라 오히려 현대 앵글로 문화의 특별한 관심이 표현된 것이라고 논의하였을 때, 저자의 이 주장은 확실하게 거부당했다. 사실, 그 당시의 청중들이 나에게 보인 적대적이고 거부적이었던 반응은 내가 그 시대의 잘못된 정설을 오랫동안 반대하도록 했던 첫 자극이 되었다.

그 힘든 시기에 대해 생각해볼 때, 저자는 1991년판 『Cross-Cultural Pragmatics』의 핵심이 되었던 이 논문에 대한 시드니 청중들의 부정적 반응에 대해 감사해야만 한다. 그리고 저자는 또 다른 언어학자들에게도 감사를 드려야 한다. 그들은 환대받지 못한 후기 그라이스 학파인데, 그들은 말하기 방식들을 결정하는 핵심적 요인의 하나로서, 문화를 변호하는데 있어 그들의 목소리를 높였으며, 특히 언어 특정적인 말하기 방식들을 다양한 문화적 가치들과 연관시키려는 시도들을 감행하였다. 저자는 그 학자들을 연구의 초기부터 봐왔으며, 이제는 그들을 "함께 한 동지들"이라고 생각하는데 그 중 몇몇을 거론하면 다음과 같다. 먼저 손호민을 들 수 있는데, 그는 『문화 간 의사소통과 인지적 가치들』(1983)이라는 선구적 연구의 저자이다. 또 『직설적으로 말하기 : 이스라엘 Sabra 문화의 Dugri식 말하기』(1986)의 저자 Tarmar Katriel이 있으며 『체면의 보편성에 대한 재검토 : 일본어의 공손성 현상』(1988)의 Yoshiko Matsumoto가 있다. 또 『축복과 저주 그리고 희망과 공포 : 이디시어의 심리적 표현들』의 저자인 James Matisoff, 그리고 『흑인과 백인들의 갈등 유형』(1981)의 저자 Thomas Kochman, 『Wakimae, 통찰력에 대한 일본인의 가치에 관한 연구』(1989)의 저자인 Sachiko Ide, 『미국인의 말하기』(1990)의 저자 Donal Carbaugh, 나와 너무나 가까운 동료 Cliff Goddard(그의 수많은 연구물들은 참고문헌에 있다). 『두 세계의 잇기 : 원주민의 영어와 비교 문화적 이해』

(1994)의 저자 Jean Harkins, 가나인의 대화적 관례들을 연구한 저자이자 간투사 특집호의 편집자인 Felix Ameka(참고문헌 참조), 그리고『직장에서의 문화 간 의사소통 : 담화의 문화적 가치들』(1994)의 저자 Michael Clyne가 있다. 마지막으로 나는 너무나 개방적이고도 비교 문화적 연구에 활발한 두 잡지에서 중요한 역할을 하는 사람, 즉『Journal of Pragmatics』의 Jacob Mey와『Pragmatics and Cognition』의 Marcelo Dascal을 언급하고 싶다.

언어학 분야가 아닌 인류학자들도 있다. 그들은 피상적이며 반문화적인 그 당시의 보편주의에 따르지 않았으며, 끊임없이 언어 특정성에 관심을 두고, 말하기 방식, 사고의 방식, 느낌의 방식, 삶의 방식과의 사이에서 그 연관성들을 증명하였다. 특히 언어학적 관점에서 매우 중요한 몇몇의 이름과 연구들을 언급하자면 다음과 같다. 권위 있는 저서인『비자연적 정서들 : 마이크로네시안 산호섬에서의 일상적 감정들과 서부 이론에 대한 반증』(1988)의 저자 Catherine Lutz, "문화 심리학"의 창시자이자『문화를 통하여 생각하기-문화 심리학의 탐험』(1991)이라는 책의 저자인 Richard Shweder, 그리고『언어와 사고의 문화 모델』(1987)의 편집자인 Dorothy Holland and Naomi Quinn,『인간의 동기와 문화적 모델』(1992)의 저자인 Roy D'Andrade and Claudia Strauss 등이 있다. 나는 또한 여기에서 특별히 중요하다고 생각하는 두 개의 잡지, 즉『Ethos』와『Culture and Psychology』를 언급하고 싶다.

또한 철학적 관점뿐만 아니라 비교 언어학적 관점에서 그라이스와 그라이스 학파 그리고 "신그라이스 학파"의 화용론 이론에 문제를 제기한 몇몇의 철학자들도 있다. 특히 Wayne Davis(1998)는 장문의 비평문에서 "그라이스류의 이론들은 무익한 것"이고 또 "그라이스 이론을 기초로 한 이해의 환영은 오히려 탐구를 방해할 뿐"이라고 논하였다(Davis 1998 : 3). "일반 함축들에 대한 그라이스류의 설명"은, Davis의 논의에 의하면, "보편적이지 않은 고정 함축의 존재들로 인하여 훼손당했다."(Davis 1998 : 183).

예를 들면 그라이스와 그의 추종자들, 가령 Levinson(1983)은 War is war와 같은 항진명제의 올바른 해석은 대화의 보편적 격률들로 산출될 수 있다고 주장하였다. 이 주장에 대해, Davis는 그러한 항진명제들은 다양한 문화 속에서 다양한 해석을 갖는다는 사실을 관찰을 통해 논박하였으며, 다음과 같이 결론지었다(이 책 10장 참조). 즉 "교훈은 분명하다. 일반화된 항진명제의 함축들이란 …… 그라이스류의 격률로 설명될 수 없다"(Davis 1998 : 46). 유사한 맥락에서 Davis(1998 : 168)는 "애초부터, 발화 행위에 대한 연구들은 놀랄만한 자민족중심주의 때문에 왜곡되어 왔다"(Wierzbicka 1985 : 145)라는 나의 주장을 인용하였으며 또한 이를 확인하였다.

그라이스류의 패러다임의 쇠퇴로 인하여, Davis가 지적한 대로 그 패러다임은 오히려 탐구를 방해할 뿐이었지만, 나의 저서 『Cross-Cultural Pragmatics』의 재판과 1991년 초판 사이의 상황은 매우 큰 차이가 생겨났기 때문에 저자는 상당히 자세하게 내 책에 대한 그의 언급을 포함하여 Davis의 역사적 설명을 인용하였는데 이 점에 대해 양해를 바란다.

> 내가 제시한 많은 비평들은 꽤 오랫동안 잘 알려져 왔다. 그러나 개별적으로 또는 집단적으로 그들의 단점이 갖는 중요성과 심각성은 폭넓게 평가되지 못하였으며, 그 문제점들은 그라이스 이론의 보편적 수용에 거의 영향을 주지 않았다. 그라이스 이론에 대한 매우 유명한 비평조차도 문제의 해결책은 그라이스의 틀 안에서 찾을 수 있다는 확신을 표현한 것이거나(Harnish 1976), 아니면 유사한 단점을 갖고 있는 다른 대안적 이론들을 제시한 것이다(Sperber and Wilson 1986). …… 오직 단 한 사람의 저자, 즉 Wierzbicka(1987)만이 그 생각은 근본적으로 잘못된 것이라고 주장하였다(Davis 1998 : 3).

저자는 Davis가 저자에 대해 비판적 의견도 갖고 있다는 것과, 또한 나중에 이 비판들을 인용할 것임을 서둘러 덧붙인다. 다만 이 시점에서 중요한 것은 역사적 기록이며 이것을 재판의 독자들도 알 권리가 있다고 본다.

역사적 관점에서 그리고 이론적 관점에서 볼 때, 주목해야 할 점은 바로 최근 10년 동안 비교 문화 화용론의 약진에 대한 강력한 추동력이 비교 문화 의사소통 또는 문화 간 의사소통에 초점을 둔 연구 분야들의 성장에서 비롯했다는 것이다. 저자는 1991년에 출판된 저서에서 "지구의 미래는 비교 문화 의사소통에 달려있다"라고 말한 Deborh Tannenm의 언급을 인용하였다. 매년 수백만의 사람들이 국가와 언어 간의 경계를 넘었고, 그리고 다양한 문화적 배경을 가진 많은 사람들이 현대의 다(多)윤리적 그리고 다문화적 사회에서 함께 살게 되었을 때, 다양한 언어와 관련한 문화적 규범들의 차이점에 대한 연구가, 직장에서 또는 점점 증가하는 "글로벌" 시대의 다양한 직업들에서 그리고 여전히 점점 다양화되는 세계의 많은 곳에서, 평화로운 공존과 상호간의 관용 그리고 필수적인 상호간의 이해를 위해 매우 중요한 것임이 점차적으로 밝혀졌다.

한때 "공손성의 원리"는 어느 곳에서나 본질적으로 동일하며 Leech (1983 : 132)에서 제시된 것과 같은 "보편적 격률"의 관점에서 기술될 수 있다는 가정이 널리 알려져 있었고, 이 가정에는 수많은 보통 사람들, 가령 난민, 이민자, 이민자의 자녀들이 그들의 부모와 일반 사회에서, 또 다문화 가족과 자녀들 사이에서 얻은 경험의 실체가 거부되었으며, 또한 갑작스럽게 윤리적으로, 문화적으로, 언어적으로 다양한 사회에 살게 되었음을 깨달은 단일 언어화자인 "국내 거주자"의 경험에 의한 실체들도 거부되었다.

많은 사람들의 일상적 경험과 관련해 볼 때 너무나 분명한 허위적 사실은 말할 것도 없고, "공손의 보편성"과 "대화의 보편적 원리"에서 가정된 것들도 많은 비교 문화적 의사소통에서 일어나는 실질적 문제에는 그다지 도움이 되지 않는다. 예를 들면, 마음씨 좋은 앵글로 호주인이 그의 이웃인 중국인에 대해 "그들은 좋은 이웃이지만 너무 무례해…… 그들은 나에게 '나뭇가지를 베어 버려. 나는 그것이 우리집 담 안으로 넘어 오는 것을 원하지 않아'라고 말하거든."이라고 했을 때(Canberra 2002), 만약 우리가 언어학자로서 그녀와 또는 그녀와 비슷한 다른 사람들을 두고 공손성의 원리는 어느 곳에서나 반드시 동일하다는 사실을 적용한다면 (앞서 인용한 Brown과 Levinson의 "공손성의 현상에 대한 범문화적 해석"에 대한 의견을 회상할 것), 우리는 단지 이웃 중국인은 매우 무례하다는 그녀의 생각만을 확인할 뿐이다(Clyne 1994 참조).

"공손성"에 대한 문화 특정적 규범들, 보다 더 일반적으로 말하면, 인간 사이의 상호작용에 대한 규범들을 확인하고 기술하는 일이 실제적으로 매우 중요하다는 사실은 언어 교육의 분야에서 점점 확인되고 있다. 이 분야에서도 역시 지난 10년이 넘게 꾸준히 이러한 자각이 감지되었고, 그래서 그동안 "기저 원리"라는 가정된 보편성에 몰두하여 얻은 경제적 이점을 칭송하고 또 "불필요한" 문화 특정적인 설명을 차단해 버린 "그라이스의 레이저"는 "다른" 언어의 환경에서 사회적으로 생존해 가야 하는 학생들의 능력과 의사소통의 수행능력에는 하나의 재앙임이 밝혀졌다. Kramsch(1993)는 그녀의 저서인 『언어 교육의 맥락과 문화』에서 다음과 같이 지적하였다.

> 만약 …… 언어가 사회적 훈련으로 간주된다면, 문화는 언어 교육의 중요한 핵심이 된다. 따라서 문화 의식은 언어의 숙달을 가능하게 하고 언어의 숙달이 반영된 산물로 간주되어야만 한다. …… 일단 우리가 언어 사용을 문화의 창조와 전이로부터 분리될 수 없는 것으로 의식한다면, 우리는 문화의 다양성들을 다루어야만 한다(Kramsch 1993 : 89).

Kramsch와 다른 많은 동시대의 이론가들, 그리고 의사소통의 수행 능력을 목표로 하는 언어교육의 실천가들을 위한 가장 중요한 질문은 이것이다. 즉 "어떻게 그 세계를 바라보는 외국인의 방식을 원어민의 개념이자 가치의 산물인 교육된 문화를 통해 가르칠 수 있는가?"이다(Kramsch 1993 :

9). 그것은 명백하게도 그라이스의 레이저, 즉 "긍정" 또는 "부정" "체면"이라는 가정된 보편적 개념으로는 답이 될 수 없는 질문이다.

허구적이고 유해한 "공손성의 보편성"과 "인간 대화의 보편적 원리"를 거부한 저자의 기나긴 반대 운동은 Mary Besemeres(1998, 2002)의 용어를 사용하자면 "한 사람의 언어 이주자"였던 저자 자신의 경험에서 출발하였다. 즉 나는 폴란드어에서 영어로 이주하였고, 특히 학술적인 영어로 많은 책과 논문을 썼으며, 또한 30년 동안 일상적인 언어 환경은 호주 영어로 이루어졌다. 나는 "비교 문화 관점에서 본 이중 언어사용자의 이중적 삶"이라는 제목의 논문에서 이러한 경험을 상세하게 기술하기도 했다(Wierzbicka 1997b). 매우 작은 범주이지만, 이 논문은 지난 십 년 이상 또는 그 정도의 세월 동안 비교 문화 화용론이 발전함에 따라 이 영역의 매우 중요한 새로운 양상들을 설명하였다. 다시 말해 그것은 한편으로는 "확실한 언어적 증거"와 엄격한 언어 분석들을 토대로 한 언어적 화용론과 또 한편으로는 비교 문화적인 그리고 비교 언어적인 생활의 개인 경험에서 나온 "유연한 자료"에 초점을 둔 새로운 연구 분야 사이에서 이루어진 새로운 제휴라고 할 수 있다(Besemeres 2002 ; Dalziell 2002 참조).

저자는 1991년 『Cross-Cultural Pragmatics』가 나오기 전에도 그리고 나온 후에도, 수많은 출판물에서 내 자신이 겪은 비교 언어적 그리고 비교 문화적 경험을 언급해 왔다. 여기에서 저자는 1997년의 비교 문화적 기록물에서 몇 개의 긴 인용들을 제시할 것이다. 이 자료는 "객관적" 관점이라기보다는 의도적으로 개인적 관점이 반영된 것이다. 이와 같은 개인적 관점은 비교 문화 화용론의 주창자들이 과거 10년 동안 의심해온 초기의 패러다임에 대한 주장을 정당화할 것으로 저자는 믿는다. 다음의 글은 내가 호주인과 결혼하여 1972년 폴란드로부터 호주로 이주한 이래, 나의 생활을 언급한 것이다.

　나는 살아나가는 데 있어서 새로운 "문화 스크립트"를 배우기 시작하였고 그 과정에서 지금까지 내 삶을 지배해온 오래된 "문화 스크립트"에 대해 의식하게 되었다. 나는 또한 이 과정에서 우리들이 삶을 살아가는 방식과 우리들이 투사한 이미지, 그리고 개인의 정체성에 이르기까지 "문화 스크립트"의 실체와 그것들의 중요성에 대해 의식하게 되었다.

　예를 들면, 내가 호주에서 15,000km나 떨어진 폴란드에 있는 나의 어머니에게 전화를 하고 있을 때, 내 목소리는 앵글로인이 대화할 때의 습관보다 훨씬 더, 많이 흥분되어 있어서 남편이 나에게 신호를 준다. "소리 지르지 마!". 오랫동안 이 말은 나를 당혹하게 했으며 혼란스럽게 했다. 왜냐하면 이러한 '소리 지르기'와 '흥분하기'는 내 타고난 성품의 일부였기 때문이다. 차차 나는 바로 이런 성격이 문화적으로 이루어진 일부였다는 것을 깨닫게 되었다(Wierzbicka 1997b : 119).

　나의 말하기 방식, 즉 나의 특성과 나의 폴란드적 속성 사이에 매우 밀접한 연관성이 있다고 깨달았기 때문에, 나는 수많은 다른 이민자들이 끊임없이 봉착하게 될 질문을 떠올렸다. 즉 새로운 문화적 환경을 앞두고 내 자신을 어느 정도 바꾸는 것이 바람직하거나 필요한 것인가?

　우리가 함께 생활을 시작한 초기에, 나의 남편은, 다른 사람과 비교할 때 내가 너무 자주 of course이라는 표현을 사용하는 것에 대해 반대했었다. 처음에는 이것이 나를 혼란스럽게 했으나 결국 나는 일반적으로 폴란드어의 대응 예인 oczywiście를 사용하는 것만큼이나 넓게 영어에서 of course를 사용하는 것은 대화자가 분명히 무엇인가를 놓치고 있다는 것을 뜻한다는 것을 알게 되었다. 상호작용에서 '대결적인' 상황의 경우, 폴란드어에서 그와 같은 암시는 완벽하게 용인되며, 예를 들면 przecież (but obviously-can't you see? '당연한 건데, 이해가 안가니?')와 같은 불변화사의 쓰임과 완전하게 일치한다. 그러나 주류 앵글로 문화에서는 직접적인 충돌을 피하기, 즉 '요령'(tact)에 대해 더 많이 강조를 하며, 이와 같은 폴란드어의 대결적인 상황에서 사용하는 불변화사를 거의 사용하지 않는다. Of course는 존재하지만 of course조차도 불일치의 상황보다도 일치의 상황에 더 많이 사용되는 경향이 있다. 예를 들면 'X를 좀 해주시겠어요?'라고 했을 때 of course(물론)라고 대답하는 경우와 같다. 오랜 뒤에 이중 언어화자인 내 딸 Mary가 폴란드인들이 대화에서 쓰는 ależ oczywiście('but-EMPHATIC of course')이라는 표현은(나는 이 표현을 종종 영어에서 'but of course'와 똑같이 사용하였는데), 그녀가 앵글로 문화의 관점에서 봤을 때, 특히 '이국적인' 것으로 생각된다고 나에게 말해주었다. 그리고 나의 친한 친구이자 협력자인 Cliff Goddard도 내가 그를 부를 때 가장 많이 사용하는 'But Cliff……'라는 말을 장난 삼아 지적하곤 했다(Wierzbicka 1997b : 119).

따라서 나는 of course 뿐만 아니라 나의 폴란드식 "문화 스크립트"를 그대로 보여주는 다른 많은 표현들을 지나치게 많이 사용하는 것을 피하게 되었으며, 앵글로 문화의 대학에서 내가 일할 때 이러한 절제는 말할 수 없이 귀중하고 정말로 필수적인 것임을 알게 되었다.

나는 내 쪽의 판단으로는 '침착해야 하고', 조금 덜 '예민하고', 조금 덜 '무뚝뚝하고', 조금 덜 '흥분하고', 조금 덜 '과격해지는' 것을 배워야 했고, 그들 쪽의 표현으로는 더 '요령 있어야 하는' 것을 배워야만 했다. 나는 과장하고 강조하는 폴란드식 말하기 방식 대신에 앵글로식의 삼가말하기의 방식을 배워야만 했다. 그리고 '독단적이고', '논쟁적이며', '감정적'으로 들리는 것을 피해야 했다. 물론 거기에는 착오도 있었다. 폴란드계 미국인 작가 Eva Hoffman(1989)과 같이, 나는 '한편으로……, 그리고 다른 한편으로'와 '아마 그렇지', '아마 아니야', 또는 '그 말은 맞아, 그러나 한편으로 보면' 등과 같은 영어식 표현의 사용을 배워야만 했다.

나는 새로운 말하기 방식과 새로운 의사소통의 패턴들 그리고 새로운 사회적 상호작용의 양식 등을 배웠던 것이다. 그리고 '내 말을 그만 끝낼게(let me finish)'와 '내 말 아직 안 끝났어(I haven't finished yet)'와 같은, 앵글로식 말순서 취하기의 규칙들을 배웠다. 그래서 매일 일상적으로 사람들과 상호작용을 할 때 "X를 해"와 같은 명령형을 사용하지 않고 그것을 대부분 의문형으로 대체하는 것을 배우게 되었다. 즉 'Would you do X?', 'Could you do X?', 'Would you mind doing X?' 또 'How about doing X?', 'Why don't you do X?', 'Why not do X?' 등이 이와 같은 예이다(Wierzbicka 1997b : 119-120).

위의 1997년 나의 기록에서 언급된 바대로, 이것들은 나의 의사소통의 패턴에 변화를 주었을 뿐만 아니라 나의 성격에도 또한 영향을 주었다. 비교 문화적인 나의 가족의 상황과 그리고 대학의 교수로서 나의 직장이라는 상황, 이 두 가지의 맥락에서 나는 전혀 다른 사람이 되어 가고 있었다.

학생들의 강의 평가 문항들은 종종 나의 문화적 딜레마에 빛을 던져 주었다. 거기에는 종종 나의 적극적이고 칭찬을 받을 만한 '열정'도 있는 것에 반해, 오랫동안 또한 나의 '강도'와 '열정' 그리고 '공평성의 부족'을 가리키는 비평적 말투도 종종 포함되었다. beznamiętny(문자 그대로는 'dispassionate'의 뜻)이라는 바로 그 단어가 부정적인 내포 의미를 갖는 언어와 문화의 체계, 즉 폴란드에서 저자는 출생했다. 그러나 저자는 dispassionate(냉정한)이라는 단어가 칭찬을 암시하며, 반면에 emotional (감정적)이라는 단어가 부정적인 내포 의미를 갖는 언어, 즉 영어로 강의를 하고 있었다. 따라서 나는 '대변인'처럼 강의를 해야 하고, '지지자' (Kochman 1981에서 사용한 용어)가 아닌 것처럼 강의해야 하는 것을 배워야 했다. 나는 훨씬 '감정적'이 아니어야 하며, 적어도 공적인 말하기와 학술적 글쓰기에서는 훨씬 더 '냉정해야' 하는 것을 배워야 했다.

그리고 나는 어떤 문화적 적응은 필요한 것으로 본 것에 비해, 또한 너무 많이 적응되는 것을 원하지 않았다. 왜냐하면 나는 직관적으로 그러한 적응에 대한 사회적 이익과 그 적응에 수반되는 개인적 비용에 대한 균형이 필요하다는 것을 느꼈기 때문이다.

그러므로 '문화적으로 이루어진 하나의 자아'로서 나의 순응성에는 한계가 있었다. 거기에는 내가 배울 수도 없었고 배우려고 하지 않았기 때문에, 완벽히 사용할 수 없는 상호작용의 영어식 스타일이 있었다. 예를 들면 'How are you?'라고 하면 'I'm fine how are you?'라고 하는 'How are you?' 게임이라는 것이 있고, 또 'Lovely day, isn't it?'과 'Isn't it beautiful?'이라고 하는 날씨와 관련한 대화 개시어들이 있다. 또한 'white lies'(하얀 거짓말)와 'small talk'(잡담)도 있다.('Small talk'는 폴란드 시인이자 하버드 대학에서 슬라브 문학전공 교수인 Stanisław Barańczak가 쓴 시에서 알려진 말이다.)

그러한 대화의 관례들이 나에게 주는 심각한 불편함으로 인하여, 나는 폴란드의 문화가 지닌 가치를 '자발성', 다시 말해 우리가 정말로 생각한 것을 말하는 것과 우리가 정말로 관심이 있는 것에 대해 이야기하는 것, 그리고 우리가 정말로 느끼는 것을 보여주는 것으로 이해하게 되었다. 또한 저자는 앵글로식의 사회적 상호작용에서 그러한 언어적 윤활류가 갖는 기능을 숙고하게 되었다. 왜 폴란드인에게는 'white lies'와 'small talk'에 해당하는 단어나 표현이 없는가? 왜 영어에는 przecież ależ('but can't you see?') ależ skądże('but where from', 즉 where did get that idea?) 또는 skądże znowu('but where from again?')와 같은 기본적인 폴란드어의 불변화사나 '대화의 이정표'에 해당하는 단어나 표현이 없는가? 심각한 불일치를 나타내는 이러한 표현들이 모두 폴란드어에서는 우호적인 상호작용으로 너무나 잘 용인되고 있다.

내 경험을 곰곰이 생각해 본다거나 다른 이민자들과 토론을 할 때 나는 비교 문화적 이해의 문제에 대해 강한 이론적 흥미를 느꼈고, 또 당시 지배적이었던 인간의 상호작용에 대한 보편적 이론들이 근본적으로 문제가 있다는 강한 의구심을 갖게 되었다.

확실히, 영어와 폴란드어는 우호적이고 사회적으로 용인 가능한 상호작용의 규칙들이 다르다. 그 결과 나는 Grice(1975), Leech(1983), Brown and Levinson(1978, 1987)이 쓴 영향력 있는 저작으로 인해 널리 퍼지게 된 보편적인 '공손성의 격률'과 보편적인 '대화의 논리'를 믿을 수 없었다. 나는 개인적인 경험과 20년 동안의 심사 숙고 끝에 폴란드어의 '공손성의 격률'이나 '대화의 논리'의 규칙들이 앵글로의 격률이나 규칙과는 다르다는 것을 알았다(Wierzbicka 1997b : 120).

이 인용을 통해 알 수 있는 것처럼, 개인적 경험으로부터 도출된 개인적 지식이 순전히 이론적이기만 한 것은 아니다. 무엇보다 이 지식은 실제적이기 때문이다. 문화적 차이가 실재하기 때문에 나는 이 문화적 차이에 대한 주장이 이론적으로 정당화될 수 있을 뿐만 아니라 이 차이점을 알고, 이것을 기술하는 것이 문화 간 소통과 이해라는 실제적 목적, 즉 나와 같은 사람들의 경우나 일상적인 삶에 있어서 매우 중요하다는 것을 확신한다.

나의 1991년판 『Cross-Cultural Pragmatics』는 Grice, Brown, Levinson류의 패러다임에 도전하기 위한 것이었고 또한 추측컨대 Brown and Levinson의 "공손성"에 관한 이론의 요점인 "체면"이라는 핵심 개념을 포함하여, 다양한 보편 격률과 원칙, 개념들이 앵글로 중심이라는 점을 폭로하기 위한 것이었다. 12년 후에 그 흐름은 바뀌었고 따라서 동일한 비난을 하는 것은 불친절하고 불필요한 일이라고 생각할 수도 있다.

무엇보다도 내가 말할 수 있는 것은 우선 문화 간 의사소통과 언어교육의 분야에서 이룬 발전을 접하지 못한 많은 언어학자들이 이 변화의 흐름을 알지 못하고 있다는 점이며, 또한 그라이스류와 신그라이스의 패러다임을 예전과 동일한 존경심을 가지고 여전히 "그 지식"으로 고수하고 있다고 가정할 수 있다는 점이다. 그러나 과거에 했던 몇 가지 비난을 여전히 고집하는 데에는 또 다른 이유가 있다. 이 두 번째 이유는 역설적이게도 1970년대에 발전한 보편주의자들의 화용론적 구조가 점진적으로 그들의 호소력을 잃어가고 있는 반면, 서로 다른 문화들과 관련된 서로 다른 말하기와 사고하기의 방법들을 실제적으로 기술하는 프로그램이 계속해서 많은 저항과 비판에 직면했다는 사실과 관련이 있다.

문화와 하위문화들 사이의 차이점이 점점 알려지게 됨에 따라, 정확히 이러한 차이점이 무엇인지에 대한 어떤 일반론에 불신감이 증가하였다.

다양성은 아름다운 것이지만 본래 정의하기 어렵고 말로 표현할 수 없는 것이다. 다양성이 강조됨에 따라, 다양성은 세상 어디에나 있으며, 이 차이점들은 알려질 수 있고 또 알려져야 함에도 불구하고 이것이 기술되어질 수 없다는 관점이 점점 증가하였다. 그래서 많은 면에서, 문화(특히 "하나의 구체적인 문화")의 개념에 대해 많은 우려가 생겨났으며 또한 특정한 문화들 사이의 차이점을 확인하고자 하는 시도는 '정적 문화론(static culturologies)'으로 비추어졌다(Darnell 1994 참조).

예를 들어, 인류학자인 Eric Wolf는 "문화의 이종과 역사적으로 변화하는 상호연결성"(Wolf 1994 : 6)이라는 글에서 "모든 이러한 차이에 기저하는 공통된 문화 구조의 개념들은 사회화의 과정을 통하여 누구에게나 구축된 약간의 문화적 동종과 상당히 유사하게 보인다"라고 논의했다(Wolf 1994 : 6). 또 다른 인류학자인 Immanuel Wallenstein은 Wolf의 논문에 대해 언급하면서, 동일한 심정의 이야기를 하였다. 예를 들어 "인종, 문화, 그리고 국민들은 실체가 아니다. 그들은 고정된 외형을 가지고 있지 않다. 그들은 분명한 내용을 가지고 있지 않다. 그러므로 우리는 모두 복합적이고 사실상 무수한 '그룹들', 즉 동시적이고 겹쳐져 있으며 끊임없이 진화하는 집단들의 일원이다"(Wallenstein 1954 : 5 ; 논의를 위해서는 Wierzbicka 1997a 참조).

"문화는 실체가 아니다", "문화는 단세포가 아니다, 그리고 문화는 외형을 가지고 있지 않다"라는 주장에 대해 논쟁하지 않을 수도 있다. 그러나 문화란 실체를 가지고 있지 않기 때문에 논의될 수도 없으며, 기술될 수도 없고 비교될 수도 없다는 결론을 이끌어 내는 것은 목욕물을 버릴 때 아기도 함께 던져버리는 웃음거리가 될 것이다. 그것은 또한 이민자들의 주관적인 경험을 부정하는 결론이 될 수도 있으며 내가 다른 논문에서 상세히 논의했듯이, 사람들의 생생한 관심을 거스르는 결론이 될 수 있다. ("앵글로"의 문화 패턴을 포함하여) 특수한 문화의 패턴들에 대한 개념의 타당성을 부정하는 것이야말로 사회적으로 불이익을 당하는 개인과 집단의 관심보다 그 이상의 정치적 올바름을 내세우는 것이다.

여기에서, 내 저작에 대한 Davis(1998)의 비판적 언급으로 돌아가는 것이 적절하겠는데 이에 대해 나는 앞에서도 언급을 했다. 특징적으로 Davis는 앵글로 문화에 대한 나의 견해에 대해 언급하고 있다. 이를 인용해 보면 다음과 같다.

> 공손하고 협력적이며 효과적인 의사소통의 규범은 문화마다 다양하다는 점에서 어느 정도 고정 함축이어야 한다. 그래서 Wierzbicka(1985)는 영어에서 명령형의 용법에 심한 제약이 있고, 다른 행위를 수행함에 있어 질문보다는 의문형을 넓게 사용하는 것은 다른 사람의 일에 간섭하기를 싫어하며 모든 개인의 자율성과 권리를 특별히 강조하는 앵글로 색슨의 문화적 전통에 대한 "놀라운 언어적 반사체"라고 제안하였다. 그녀는 폴란드어처럼 반대되는 문화적 전통을 가지고 있는 언어의 화자들은 명령형과 의문형에 관련하여 서로 다른 관습을 가지고 있다는 것을 관찰했다. 그 주장에서 소홀히 할 수 없는 점은 Wierzbicka가 문화의 스테레오타입을 갖고 있는 자민족중심주의와 싸우고 있다는 사실이다(Davis 1998 : 174-175).

"문화의 스테레오타입"에 대한 두려움은 문화의 "사물화(reification)"와 "실재론(Essentialism)"에 대한 두려움만큼이나 비교 문화 화용론의 큰 장애물이 되어 왔다. 이런 두려움 때문에, Davis가 Brown과 Levinson이 "증거에는 주목했지만 '기저의 원칙들'은 보편적인 체면의 가정들과 합리성에서 도출된 보편적인 것이라는 것을 주장했다고 말했을 때 Davis는 스스로 Brown and Levinson을 비판한 것과 같은 일을 한 것처럼 보였다. 마찬가지로 Davis도 화용적 관습에 대한 언어 특정적인 특성과 관련된 증거에는 주목했지만, 서로 다른 화용적 관습 그리고 서로 다른 문화적 태도와 가치들 사이의 어떤 가능한 연관성은 즉각적으로 거부하였다. 그는 그러한 관습들이 보편적이지 않다는 것을 인정했으며, 그 스스로 "역사적이고 사회언어학적인 연구"를 요구했는데, …… 그것은 "그라이스 이론이 성행

했을 때는 제기되지 않았으며 제기될 수도 없었던 것들이다"(Davis 1998 : 3). 그렇지만 동시에 그는 "스테레오타입화"함으로써 비교 문화적 일반화를 강제로 떨쳐내려고 한다는 것을 느끼고 있었다.

그러나 효과적인 비교 문화 이해와 문화 간 의사 소통의 관점에서 볼 때 일정 사회의 관습이 무엇인지를 알고, 또한 그 관습들이 문화적 가치들과 어떻게 관련이 되어 있는가를 아는 것은 필수적인 일이다. 예를 들어 캔버라에 있는 중국 이민자들은 그들의 앵글로 이웃들에게 말할 때 명령형을 주의 깊게 사용해야 하며, 뿐만 아니라 명령형(예를 들어 "나뭇가지를 베어 버려. 우리는 그것이 우리 집 담 안으로 넘어 오는 것을 원하지 않아.")이 왜 호주에서는 공격적이고, "무례"하게 느껴지는지에 대해 알아야 한다. 마찬가지로 앵글로 호주인들은 이웃 중국인들에게 "관용적"이어야 하며 그뿐만 아니라 명령형을 기피하는 그들의 관습은 자연적이고 보편적인 원리라기보다는, 오히려 그들 자신의 문화에서 역사적으로 특수하게 형성된 관심을 반영한 것이라는 사실을 알아야 할 필요가 있다.

세계적으로 영어의 지배권이 커짐에 따라 앵글로와 비앵글로들은 다양한 앵글로의 '문화 스크립트'에 대해 알 필요가 있다. 따라서 스크립트를 기술하기 위해 노력하고 이 스크립트에 반영된 가치들을 설명하고자 하는 시도는 스테레오타입에 빠지는 것이 아니라, 오히려 중국인 이민자를(그 일에 관해서는 폴란드인도) '무례한 자'로 스테레오타입화시키는 앵글로들의 편향성을 극복하게 할 뿐만 아니라, 동시에 이민자들이 사회적으로 더 잘 적응하고 그들의 삶을 향상시킬 수 있도록 도와줄 것이다. 이중 언어와 이중 문화의 이론가, 예를 들면 Young Yun Kim(2001)과 같은 이론가들이 점점 더 자주 주목하고 있는 것처럼, 많은 현대인들에게 문화적 적응은 생존을 위해 필수이다. 따라서 자유주의적인 단일 문화의 앵글로들이 '스테레오타입'에만 집착하는 것은 문화 간 이해나 적응의 증진에 도움이 되지 않는다.

이러한 맥락에서 나는 이중 언어적이고 이중 문화적인 사람의 경험, 특히 이민자의 경험에 초점을 둔 새로운 학문의 분야를 통해 비교 문화 화용론의 문제를 새롭게 조망할 것을 다시 강조하고 싶다. 일반적인 사회과학에서 적용하는 객관적인 방법들(자료수집, 통계표, 도표 등등)과 더불어, 언어와 문화의 경계를 교차하는 살아있는 사람들의 목소리가 또한 설명될 필요가 있다는 사실이 비교 문화의 이해에 관심을 갖는 사람들에게는 더욱 분명한 것이다. "자신의 모국어를 외국어로 '번역해야만' 하고 이 과정 중에, 자기 자신의 일부를 잃기도 하는 이민자의 경험"(Besemeres 2002 : 9)은 의사소통을 보편적인 것으로 설명하는 것에 대해 Davis(1998)가 답답한 효과라고 했던 것이 무엇인지를 잘 보여준다. 이러한 연구는 순수하게 이론적인 논쟁보다 좀 더 명확하게 문화란 실제적이며 문화는 사람들의 삶과 그 사람들의 자아를 형성하며 영향을 줄 수 있다는 것을 또한 보여준다. 만일 여러 가지 이론적 틀이 말하기 방식, 생각하는 방식, 느끼는 방식의 문화적 차이를 기술하는 데에 유용하지 않다면, 그것은 비교 문화의 이해, 문화 간 의사소통, 언어 교육, 존 로크가 일반적으로 '인간의 이해'라고 했던 것 등의 부적절성 그 자체만을 비난할 수 있을 뿐이다.

1991년에 나온 『Cross-Cultural Pragmatics』에서 나는 서로 다른 문화들을 기술하고 비교하고자 하였다. 그리고 나는 베트남 문화, 일본 문화, 앵글로 아메리칸 문화, 폴란드 문화 등등과 같은 표현을 사용하였다. 이러한 용어가 전달하는 의미가 오해를 불러일으킬 수도 있다는 생각에서 나는 이제 가급적 이런 용어들을 피하려고 하며, '문화 패턴', 특히 '문화 스크립트'와 같은 용어를 대신 사용하려고 하였다. 이 용어들은 모두 1991년판 책에서도 사용되었는데 그 때는 말하자면 "일본 문화 스크립트" 또는 "앵글로 문화 스크립트" 등과 함께 "일본 문화", "앵글로 문화"와 같은 용어도 자유롭게 사용하였다. 오늘날의 민감함을 생각한다면, 그러한 용어를 사용하는 일이 나는 그 문화들을 불변의 실재, 자기충족적인 단세포, 또는

"의존적이고 일관적이며 초시간적인 의미"로 보았다는 것이 아니라는 것을 독자들에게 명확하게 알리기 위한 것이다(Strauss and Quinn 1997 : 3). 오히려 나는 그러한 용어들을 편리한 약어처럼 사용하여, 공유된 이해의 집합체를 지시하였고, 오랫동안 나와 내 동료들은 그것들을 "문화 스크립트"라고 했던 것이다. Strauss and Quinn(1997)을 다시 인용해 보자.

> 우리 자신의 사회와 다른 사회에서의 경험을 통하여 다음과 같은 사실을 떠올릴 수 있다. 즉 우리들은 한 사회 집단의 구성원들 사이에서는 폭넓게 어떤 이해를 공유하지만, 놀랍게도 어떤 이해는 개인의 생각을 변화시키기를 거부하고, 어떤 이해는 그들의 삶을 다른 환경을 통해 폭넓게 적용할 수 있으며, 강력한 개인 행동의 동기화가 되며, 어떤 이해는 계속되는 세대를 거치면서도 뚜렷이 지속된다는 것을 떠올릴 수 있다(Strauss and Quinn 1997 : 3).

그의 책이 초판되어 현재까지 12년이 경과하는 동안, 동료들과 나는 점차적으로 "문화"의 언어를 "문화 스크립트"의 언어로 바꿔 사용하였다. 우리가 문화를 "초시간적인 단세포"로 생각하지 않았기 때문에, 이것은 무엇보다도 설명의 방식이 변화된 것을 말한다. 이 책에서 "폴란드 문화"나 "일본 문화"와 같은 항목으로 표시된 공식들은 이제는 "문화 스크립트"라고 명시적으로 제시될 것이다. 비록 이것이 표현의 변화이지 실제의 변화는 아니라고 하더라도 이것은 매우 중요한 변화가 될 것이다. 논리적 근거를 위해 이 책에 변화를 준 것은 아니기 때문에, 재판된 이 책의 독자들은 이 점을 기억해야만 한다. 즉 이 책은 이러한 문화들이 불변적이라는 것을 말하는 것이 아니며, 전체 문화를 기술하려는 것은 더더욱 아니다. 오히려 이 책은 어떤 특정한 "문화 스크립트"를 정확하게 기술하는 데에 그 목적이 있다.

동시에 나는 독자들에게 이 책이 처음 출판된 이래로, 이 책에 내재된

"문화 스크립트"라는 아이디어가 하나의 잘 갖추어진 이론으로서, 즉 문화 스크립트의 이론이 되었으며, 현재까지 많은 언어와 문화에 걸쳐(또는 "lingua-cultures", Attinasi and Friedrich 1995 참조) 많은 기술적 연구들을 양산했다는 점을 주장하고 싶다. 문화 스크립트에 대한 아이디어가 이제 비교 문화 화용론, 문화 간 의사소통 그리고 사실상 일반적인 비교 문화의 이해로 발전되었기 때문에, 이 재판의 독자들은 기술적 연구에서 이 이론을 개발하고 적용해 주기를 희망한다. 이러한 이유로, 이 서문의 끝에 수록된 참고문헌 중에서 *로 표시된 참고문헌들은 특히 유용할 것이다.

문화 스크립트의 이론은 NSM(Natural Semantic Metalanguage, 자연 의미 메타언어)의 결과인데, 이 책의 모든 분석은 NSM을 기초로 하고 있다. 간략하게 말하자면, 이 이론은 의미 분석이란 경험적으로 구축된 보편적 인간의 개념에 기초해야 한다고 가정하고 있다. 즉 그것들은 GOOD, BAD, KNOW, THINK, WANT, SAY, DO, HAPPEN과 같은 약 50여개 정도의 단어나 단어와 같은 요소들로서, 모든 언어에서 찾을 수 있는 단순한 개념들을 말한다. 비교 문화 화용론과 관련하여 이러한 사실은 다음을 의미한다. 즉 말하기의 문화 규범들은 전문적인 또는 준전문적인 영어로 된 용어, 가령 "formal"과 "informal" 또는 "direct"와 "indirect" 등으로 나타내서는 안 되며, 영어의 민속 범주의 용어들, 가령 "apology", "compliment", "sarcasm", "understatement" 등으로 설정되어도 안 되며, 오히려 위에서 제시한 것처럼 모든 언어에서 동등한 것을 찾을 수 있는 단순한 단어들로 설정되어야 한다.

이러한 개념들을 사용함으로써 우리는 Goddard(2002c, 2004a, *2004b, *2002c)가 '용어의 자민족중심주의'라고 부르는 것으로부터 자유로울 수 있으며, 또한 서로 다른 문화 규칙들을 중립적이고 문화 독립적인 메타언어를 사용하여 기술할 수 있다. 또한 이러한 개념을 사용함으로써 우리는 영어나 앵글로의 지적인 문화에 뿌리를 둔 기술의 수단을 적용함으로써 생길 수 있는 왜곡됨이 없이 모국어 화자의 관점을 포착할 수 있다.

　이런 점에서 NSM에 기반한 비교 문화 화용론은 Blum-Kulka 외(1989)의 『비교 문화 화용론 : 요청과 사과』나 Kasper and Blum-Kulka(1993)의 『언어간 화용론』과 같은 성격의 연구들과 극단적으로 다르다. 이런 전통에서 나온 연구들은 말하기의 방식에 반영된 문화적 차이에 관심을 가졌다는 점은 높이 살만하지만 용어의 자민족중심뿐만 아니라 용어의 부담감에서도 벗어나지 못했다. 만일 'request'나 'appologies'와 같은 단어들이 영어라는 언어의 개념적 구조물을 나타낸다고 한다면, 그 단어들을 분석의 도구로 삼는 일은 불가피하게 앵글로의 관점을 다른 언어와 문화에 부가하는 일이 될 것이다. 영어로 기호화된 민속 범주의 용어로 모든 언어와 문화에 걸쳐 말하기의 방식을 기술하는 것은 영어의 말하기를 일본어나 히브리어 또는 러시아어의 민속 범주의 용어로 기술하는 것과 같다(예를 들면, 일본어의 wakimae는 Ide 1989 참조, 히브리어의 dugri는 Katriel 1986 참조, 러시아어의 vran'e는 Wierzbicka 1990a, b 참조). 물론 어느 누구도 영어를 그러한 용어로 기술하려고 생각하지 않을 것이다.

　많은 의미론자나 화용론자들이 공통으로 갖는 변함없는 확신에 의하면, 설명하고 밝혀야 할 용어들을 사용하는 화자의 언어로는 전혀 번역될 수 없는 영어의 용어를 통해 모든 언어를 기술하려는 시도들을 모두 옳다고 생각하는 것이다. 이러한 확신은 그라이스와 후기 그라이스학파의 격률들, 원칙들, 그리고 "대화 공준들"(Gordon and Lakoff 1955 참조)이 한때 그랬던 것과 똑같이 놀라운 앵글로 중심주의를 보여주고 있다. 이와 반대로, 예로 제시된 good, bad, say, think, know, want와 같은 단어들은, 증거가 제시하듯이, 모든 언어에서 어휘·형태적인 상징을 가지고 있기 때문에, 우리들을 앵글로 관점에서 벗어나게 해 주며, 동시에 서로 다른 문화 특정적인 관습과 규범, 그리고 가치들을 설명하는 데 필요한 실제적인 국제공통어로서, 영어로 된 60여 개의 작은 어휘 집합을 보유할 수 있게 해 준다.

일부의 서평들과 나에게 제기된 이 책의 초판에 대한 반응들을 보면, 초판의 일부 독자들은 내가 "의미론이 화용론을 삼켜야만 한다"라고 주장하는 것으로 이해하고 있다. 이 말은 문화 스크립트 이론이 실제적으로 떨쳐내야할 하나의 오해이다. 내가 줄곧 주장해 왔고, 또 주장한 사실은 첫째, 주관적이고 태도적인 수많은 의미들은 사실상 의미론적으로 기호화되어야 하며, 둘째, 언어 사용에 관한 모든 관찰들이 일부 언어들로만 이루어졌기 때문에, 그들의 기술적이고 설명적인 힘은 그 (메타)언어의 적절성에 달려있다는 점이다. 예를 들어 많은 사회에서 사람들은 '강요하지 마라' 또는 '관련성이 있게 하라'와 같은 원리들에 의해 그들의 말하기의 방식이 좌우된다고 주장을 하는데, 이는 영어의 단어 impose, relevant에 의존한 것이며, 다른 언어에는 이와 동일한 단어가 없다. 다른 언어의 화자들이 "공교롭게도" 영어로 설정된 일부의 가치에 대해 깊은 관심을 갖는다고 하는 것은 영어가 인간의 정신 세계에서 이상하리만치 특권을 누리고 있다는 것을 의미한다.(나의 동료인 Cliff Goddard는 이러한 방법론적 관행에 대해 반어적으로 다음과 같이 언급했다. "thanks God for English!", '영어인 것을 신께 감사!')

문화 스크립트 이론은 그러한 관행을 거부하며, impose나 relevant와 같은 단어가 아니라 모든 언어에서 찾을 수 있는 동등한 단어들, 즉 인간의 보편 개념을 나타낸다고 할 수 있는 단어들로 언어 사용의 규범과 가치, 그리고 원리를 공식화하려고 한다. 이러한 "보편적 단어들"(또는 단어와 유사한 요소들)을 사용하면 의미적으로 기호화된 의미들이 동일한 단어들로 명확하게 설명될 수 있다.

"의미설명(explication)"과 "문화 스크립트"의 용어 간 구분은 언어 사용의 양상이 의미론적으로 기호화된 것인가, 의미론적으로 기호화되지 않은 것인가로 구별한다면 쉽게 알 수 있을 것이다. 모든 것이 의미론적으로 기호화된 것은 아니지만, 그 모든 것은 보편적인 인간 개념으로 기술될 수 있다. 예를 들어, doggie, birdie와 같은 축소사나 wow! 또는 gee!와 같

은 간투사, 또는 War is war와 같은 항진명제에 기호화된 "화용적" 의미
들은 이러한 개념들로 설명될 수 있다. 어떤 특정한 표현으로 기호화되지
않은 문화의 규범들은 하나의 문화가 갖는 '문화 스크립트'로서 그러한 개
념을 분명히 표현할 수 있다.

　중요한 점은 영어로 기호화된 개념적 인공물도 아니고 앵글로의 "문화
스크립트"도 아닌 것만이 전 세계의 언어 사용을 해석할 수 있는 도구로서
정당하게 사용될 수 있다는 것이다. NSM(Natural Semantic Metalanguage,
자연 의미 메타언어)을 사용한다면 우리는 그러한 자민족 중심으로부터 자유
로울 수 있으며, 또한 모든 사례마다 문화 내부자의 관점을 포착할 수 있
고, 동시에 외부자가 이해할 수 있는 내부자의 관점을 제시할 수 있다.

　의미 설명과 "문화 스크립트"는 둘 다 엄격하고도 이해할 수 있는 방식
을 사용하여, 공유된 문화적 표상들을 분명히 표현하려는 것이다. 다음은
Enfield(2000)에서 인용한 것이다.

　　영어라는 언어에 대한 정확한 생각은 영어가 하나의 문화적 그리고 언
　어적 인공물이라는 것이다. 그러므로 우리가 '영어' 또는 '라오어(Lao)'와
　같은 언어들을 연구할 때 이 점을 명심해야만 한다. 물론 동일한 점이 '앵
　글로'와 '라오'의 문화에도 해당된다. 우리가 정말로 논의해야 할 점은 어
　떤 문화 집단에서 가지고 있거나, 가지고 있는 것으로 가정되거나, 또는
　가지고 있는 것으로 가정된다고 가정하는, 문화적 표상들의 집합이나 또
　는 개인적 표상인 것이다. …… 만약 우리가 진정으로 문화적 표상은 그
　집단의 사람들과 결속된 것임을 기술하려고 한다면, 어떤 집단에서 출발
　하고 …… 그리고 구성원들 사이에 공유되고 있는 문화적 표상이 무엇인
　지를 질문하기보다는, 해당 집단의 문화적 표상에서 출발하는 것이 좋고,
　그 문화적 표상을 공유함으로써 그 집단을 결속시키고 있는 것이 무엇인
　가를 질문해야 한다(Enfield 2000 : 57).

"문화적 표상에서 출발"하기 위해서는, 우리는 그러한 표상들이 "토박이

화자의 관점에서도" 확인될 수 있어야 하고(Geertz 1984 참조), 또한 문화적 외부자들도 접근할 수 있는 개념을 통하여도 확인될 수 있는, 어떤 틀을 가질 필요가 있다. 경험적으로 확립된 인간 보편적 개념들의 집합으로 이루어진 NSM 이론은 그러한 틀을 제시할 수 있다.

물론 보편성에 대한 탐구는 중요한 것이다. 그러나 그것은 올바른 방향으로 가야만 한다. 이 책에서 말하는 보편성이란 모든 언어에서 하나의 확실한 형태로 찾을 수 있는 어떤 개념적인 건축물의 블록이라는 가정을 기초하고 있으며, "자연 논리"나 "대화" 또는 "공손성" 등이 갖는 가설적 원리들이 아닌 것이다.

재판의 독자들에게 지적해야 할 중요한 일은 NSM의 의미론적 이론이 초판의 출판 이래로, 크게는 Cliff Goddard가 행한 이론적인 그리고 경험적인 면에서의 자료의 실험의 결과로, 상당히 발전해왔다는 사실이다. Goddard 자신도 이러한 발전에 대해 다음과 같이 언급하고 있다.

> 1972년 『의미 원초소』라는 책이 출판된 이래로 30년이 지나는 동안, NSM의 연구에 대한 흐름의 분위기는 소위 "정상 과학"(Kuhn 1970 ; Lakatos 1970, 1978 참조)의 흐름과 유사하였다. 거기에는 근본적 목표와 가정의 가장 중요한 핵심에 대한 내적인 합의가 있었다. 그것은 자연 언어에서 정의를 내릴 수 없는 의미 요소들을 확인하기 위한 탐구와, 그리고 의미 재현에서 "자체 설명적인" 체제를 갖추기 위한 하나의 자료로서 의미 요소들을 사용하기 위한 탐구이다. 그러나 다른 한편으로 많은 보조적 가설들이 경험적 연구의 관점에서 대체되거나 바뀌지기도 하였으며, 그 속에서 "NSM 모델"은 일련의 획기적인 정밀함과 확장의 과정들을 통과하여 왔다(Goddard 2002a, 2권 : 314).

마지막 문장에서 말한 확장이란 말은 문화 스크립트 이론의 발달과 그리고 "민속화용론"(ethnopragmatics)이라는 새로운 분야의 발달을 포함한 것이다(Goddard 2002b, 2004a, *2004b, *2002c도 포함). 그리고 "정밀함"이라는 말은 보편적 의미 원소(universal semantic primes)가 많아진 것을 뜻하며, 대략 초판 때보다 두 배 가량이 많아진 것과, 최근에 편찬한 『의미와 보편 문법』(Goddard and Wierzbicka 2002)에서 제시한 거의 완벽한 보편 문법의 구문이 많아진 것을 말한다. 만약 이 저서가 이러한 발달을 기초하여 다시 저술되었더라면, 이 책의 공식들은 더 정밀했을 것이다.

보편적 인간의 개념에 대한 집합이 새롭게 확장되었다는 점은 최근 10년 동안 NSM 연구의 중요한 결과였으며 또 이것은 재판의 독자들에게도 흥미가 있을 것이기 때문에, 저자는 1991년 판에 따로 덧붙여, 이 책의 1장에 현재의 보편 개념의 집합을 수록하였다.

또한 보편적 의미 원소들의 목록이 두 배가 되었다는 것은 "정밀함"으로 볼 수 있을 뿐만 아니라 크나큰 발전으로도 볼 수 있다. 본 저서의 1991년 판인 『Cross-Cultural Pragmatics』에 대해 통찰력 있고, 대체로 매우 긍정적인 서평을 썼던 James Matisoff(1996)는 그 당시의, 단지 27개로 된 목록이 갖는 설명적 힘에 대해 어떤 회의감을 표현하였다. 더 최근의 NSM의 연구에서는 이러한 목록이 두 배가 되었기 때문에 Matisoff의 회의감은 사실이 아님이 증명된 것이다. 그와 동시에, 나는 1991년 판보다 후에 나온 "새로운" 원소들의 대부분은 이전 원소들보다는 비교 문화 화용론과 관련이 적은 의미론적 영역에 속한다는 것과, 또한 1991년 판에서 이루어진 실제적 분석들은, 비록 이들 추가된 요소들이 그 당시에는 의미론적 "원자"(atoms)라기보다는 의미론적 "분자"(molecules)로 간주되었던 것이라고 하더라도, 단지 27개로만 의존하였다는 것도 지적하고 싶다. 많은 "문화 스크립트"와 관련된 새로운 원소들 중에서 가장 중요한 것은 무엇보다도 TRUE이다(Wierzbicka 1990a, b 참조). 어쨌든 나는 비교 문화 화용론의 분야를 연구하거나 또는 진실로 언어와 문화에 대한 다른 측면을 연구하는 데 있어서 이 NSM틀을 적용하는 데 관심을 갖는 모든 이들이 2002년판 『의미와 보편 문법』(Goddard and Wierzbicka 2002)도 역시 참고하기를 권장한다.

"비교 문화의 문식성 : 국가의 우선성"이라는 제목의 논문에서, Luce and Smith(1987)은 다음과 같이 썼다.

> "비교 문화의 문식성(Cross-cultural literacy)이란 우리 시민들이 어떻게 문화가 지각과 행동에 영향을 미치는가를 아는 것을 의미한다. 이것은 더 이상 다른 국가들을 문화적 스테레오타입과 상투성(clichés)으로 받아들이지 않는 것을 말한다. 그것은 미국의 문화를 인간 사회의 스펙트럼 속에 하나의 구성원으로 보고 다른 나라의 문화의 옆에 나란히 놓는다는 것을 말한다. 가장 중요하게도 비교 문화의 문식성을 획득한다면 미국인들이 어떻게 다른 나라들의 문화적 단서들을 읽으며 그 단서의 의미를 해독하는가를 알게 된다. 십 년 이내에, 비교 문화 의사소통의 기술들은 점점 모든 시민들에게 필요불가결한 도구가 될 것이다. 우리들이 1980년대의 10년이 지나고, 21세기 초로 진입함에 따라 비교 문화의 문식성은 국가적 아젠다로 우선성을 갖는 것이 될 것이다(Luce and Smith 1987 : 4).

만약 1987년에 "비교 문화의 문식성"이 하나의 우선성으로 당연히 간주되었더라면, 지난 9월 개최된 2003년 세계 11차 대회에서 그리고 미국의 국가적 아젠다로서 우선성만이 아니라 유럽과 그리고 다른 많은 나라에서도 더욱 중요한 우선성으로 간주되었을 것이다. 문화적 스테레오타입과 상투성은 사실 더 이상 받아들여져서는 안되며, 하나의 확장된 비교 문화의 문식성이 그 어느 때보다 더 중요한 하나의 목표로 간주되어져야 한다. 그러므로 보편적 인간의 개념들에 기초한 NSM의 이론은 다른 나라와 다른 "언어와 문화들"이 갖는 "문화 스크립트"를 효율적으로 나타낼 수 있고 가르칠 수 있고 그리고 설명할 수 있는 하나의 틀을 제시하고 있다.

Canberra, January 2003

Anna Wierzbicka

참고문헌 ["문화 스크립트"에 관한 논문은 *표로 표시함]

Ameka, Felix, Areal conversational routines and cross-cultural communication in a multilingual society. In : H. Pürschel(ed.), *Intercultural Communication*, 441-469. Bern : Peter Lang, 1994.

Ameka, Felix, Interjections : The universal yet neglected part of speech. *Journal of Pragmatics* 18 (2/3) : 101-118, 1992.

Attinasi, Jonh and Paul Friedrich, Dialogic breakthrough: Catalysis and synthesis in life-changing dialogue. In : Bruce Mannheim and Dennis Tedlock(eds.), *The Dialogic Emergence of Culture*, 33-53. Urbana : University of Illinois Press, 1995.

Besemeres, Mary, Language and self in cross cultural autobiography : Eva Hoffman's "Lost in Translation". Canadian Slavonic Papers 40:3-4, 1998.

Besemeres, Mary, *Translating one's self : Language and selfhood in crosscultural autobiography*. Oxford : Peter Lang, 2002.

Blum-Kulka, Shoshana, J. House, and Gabriele Kasper (eds.), *Cross-cultural Pragmatics : Requests and Apologies*. Norwood, NJ : Ablex, 1989.

Brown, Penelope & Stephen Levinson, Universals in language usage : politeness phenomena. In : Esther Goody(ed.), *Questions and Politeness : Strategies in Social Interaction*, 56-310. Cambridge : Cambridge University Press, 1978.

Brown, Penelope and Stephen Levinson, *Politeness : Some Universals in Language Usage*. Cambridge : Cambridge University Press, 1978.

Carbaugh, Donal, *Talking American. Cultural Discourses on DONOHUE*. Norwood, New Jersey : Ablex Publishing Corporation, 1988.

Clyne, Michael, *Intercultural Communication at Work : Cultural values in discourse*. Cambridge : Cambridge University Press, 1994.

Daliziel, Rosamund (ed.), *Selves Crossing Cultures : Autobiography and Globalization*. Melbourne : Australian Scholarly Publishing, 2002.

D'Andrade, Roy & Claudia Strauss, *Human Motives and Cultural Models*. Cambridge : Cambridge University Press, 1992.

Davis, Wayne A, Implicature : Intention, Convention, and Principle in the Failure of Gricean Theory. Cambridge : Cambridge University Press, 1998.

Darnell, Regna, Comments on wolf's "Perilous ideas : Race, culture and people". *Current Anthropology* 35.1:7-8, 1994.

Enfield, Nick J., The theory of cultural logic : how individuals combine social intelligence with semiotics to create and maintain cultural meaning. *Cultural Dynamics*. 12.1: 35-64, 2000.

Geertz, Clifford, From the Native's Point of View : On the Nature of Anthropological Understanding. In : Richard A. Shweder and Robert A. LeVine(eds.), *Culture Theory : Essays on Mind, Self, and Emotion*. 123-136. Cambridge : Cambridge University Press, 1984.

Goddard, Cliff, Traditional Yankunytjatjara ways of speaking : A semantic perspective. *Australian Journal of Linguistics*. 12.1 : 93-122, 1992.

Goddard, Cliff, The social emotions of Malay(Bahasa Melayu). *Ethos*. 24.3:426-464, 1996.

Goddard, Cliff, Cultural values and cultural scripts of Malay (Bahasa Melayu). *Journal of Pragmatics* 27.2 : 183-201, *1997.

Goddard, Cliff, Cultural scripts and communicative style in Malay (Bahasa Melayu). *Anthropological Linguistics* 42.1:81-106, *2000.

Goddard, Cliff, Cultural semantics intercultural communication. In : D. Killick, M. Perry and A. Phipps(eds.), *Poetics and Praxis of Languages and Intercultural Communication*, 33-44. (Proceedings of the conferences at Leeds Metropolitan University December 1999). Glasgow, Scotland: University of Glasgow French and German Publications, 2001.

Goddard, Cliff, The on-going development of the NSM research program. In : C. Goddard and A. Wierzbicka (eds.), *Meaning and Universal Grammar : Theory and Empirical Findings*. vol.2:301-322. Amsterdam : John Benjamins, 2002a.

Goddard, Cliff, Ethnosyntax, ethnopragmatics, sign-funtions, and culture. In: N. J. Enfield (ed.), *Ethnosyntax : Explorations in Grammar and Culture*, 52-73. Oxford : Oxford University Press, 2002b.

Goddard, Cliff, Overcoming terminological ethnocentrism. IIAS Newsletter 27, 28. Leiden, The Netherlands : International Institute for Asian Studies. in press An ethnopragmatic perspective on active metaphors. *Journal of Pragmatics*, 2002c.

Goddard, Cliff, An ethnopragmatic perspective on active metaphors. *Journal of Pragmatics*, 36.7 : 1211-1230, 2004.

Goddard, Cliff, "Cultural Scripts" : A new medium for ethnopragmatic instruction. In: Michael Achard and Susanne Niemeier (eds.), *Cognitive Linguistics, Second Language Acquisition, and Foreign Language Teaching*. Berlin/New York : Mouton de Gruyter, *2004b.

Goddard, Cliff, Directive speech-act in Malay : An ethnopragmatic perspective. In: Christine Béal (ed.), *Les Cahiers de Praxématique*, *2002c.

Goddard, Cliff, Introduction to Cliff Goddard (ed.), *Ethnopragmatics : Understanding discourse in cultural context*. Berlin/New York : Mouton de Gruyter, 2006.

Goddard, Cliff and Anna Wierzbicka, Discourse and Culture. In : Teun A. van Dijk (ed.), Discourse as Social Interaction, 231-257. vol. II of *Discourse : A Multidisciplinary Introduction*. London : Sage Publications, 1997.

Goddard, Cliff and Anna Wierzbicka (eds.), *Meaning and Universal Grammar : Theory and Empirical Findings*. 2 vols. Amsterdam : Jonh Benjamins, 2002.

Gordon, David and George Lakoff, Conversational Postulates. In : Peter Cole and Jerry L. Morgan (eds.), 83-106. *Syntax and Semantics 3 : Speech Acts*. New York : Academic Press, 1975.

Grice, H. P., Logic and conversation. In: Peter Cole and Jerry L. Morgan (eds.), *Syntax and Semantics 3 : Speech acts*, 41-58. New York : Academic Press, 1975.

Harkins, Jean, *Bridging Two Worlds : Aboriginal English and cross-cultural understanding*. Brisbane : University of Queensland Press, 1994.

Harinish R. M., Logical form and implicature. In : T. G. Bever, J. J. Katz, and J. Langendoen (eds.), *An Integrated Theory of Linguistic Ability*, 313-392. New York : Thomas Crowell, 1976.

Hoffman, Eva, *Lost in Translation : A Life in a new language*. London : Heinemann. Holland, 1989.

Dorothy and Naomi Quinn, *Cultural Models in Language and Thought*. Cambridge : Cambridge University Press, 1987.

Ide, Sachiko, Formal forms and discernment. *Multilingua* 8 : 223-248, 1989.

Kasper, Gabriele and Shoshana Blum-Kula, *Interlanguage Pragmatics*. Oxford : Oxford University Press, 1993.

Katriel, Tamar, *Talking Straight : Dugri Speech in Israeli Sabra Culture*. Cambridge : Cambridge Unicersity Press, 1986.

Kim, Young Yun, *Becoming Intercultural : An Integrative Theory of Communication and Cross-Cultural Adaptation*. Thousand Oaks, CA : Sage Publications, 2001.

Kochman, Thomas, *Black and White Styles in Conflict*. Chicago : University Chicago

Press, 1981.

Kramsch, Claire, *Context and Culture in Language Teaching*. New York : Oxford University Press, 1993.

Kuhn, Thomas, *The Structure of Scientific Revolutions*. 2nd ed. Chicago : Chicago University Press, 1970.

Lakatos, Imre, Falsification and the methodology of scientific research programmes. In : I. Lakatos and A. Musgrave (eds.), *Criticism and the Growth of Knowledge*, 91-196. Cambridge : Cambridge University Press, 1970. [Republished in J. Worrall and G. Currie (eds.), *Imre Lakatos : Philosophical Papers*, vol. 1 : 8-101. Cambridge : Cambridge University Press.]

Lakatos, Imre, Introduction : Science and pseudoscience. In: J. Worrall and G. Currie (eds.), *Imre Lakatos : Philosophical Paper*, col. 1 : 1-7. Cambridge : Cambridge University Press, 1978.

Leech, Geoffrey, *Principles of Pragmatics*. London : Longman, 1983.

Levinson, Stephen, *Pragmatics*. Cambridge : ambridge University Press, 1983.

Luce, Louise Fiber and Elise C. Smith, Cross-cultural literacy : a national priority. In : Luce and Smith (eds.), *Toward Internationalism*, 3-10. Cambridge : New bury House Publishers, 1987.

Lutz, Catherine, *Unnatural Emotions : Everday Sentiments on a Micronesian Atoll and their Challenge to Western Theory*. Chicago : University of Chicago Press, 1988.

Matisoff, James, *Bessings, Curses, Hopes, and Fears : Psycho-Ostensive Expressions in Yiddish*. Philadelphia : Institute for the Study of Human Issues, 1979.

Matsumoto, Yoshiko, Reexamination of the universality of face : politeness phenomena in Japanese. *Journal of Pragmatics* 12 : 403-426, 1988.

Shweder, Richard, *Thinking Through Cultures : Expeditions in Cultural Psychology*. Cambridge, MA : Harvard University Press, 1991.

Searle, John, Indirect speech acts. In : Peter Cole and Jerry Morgan(eds.), *Syntax and Semantics 3 : Speech acts*, 59-82. New York : Academic Press, 1975.

Sonh Ho-min, Intercultural communication in cognitive values : Americans and Koreans. *Language and Linguistics* (Seoul) 9 : 93-136, 1983.

Sperber, Dan and Deirdre Wilson, *Relevance : Communication and cognition*. Cambridge, MA : Harvard University Press, 1986.

Strauss, Claudia and Naomi Quinn, *A Cognitive Theory of Cultural Meaning*. Cambridge : Cambridge University Press, 1997.

Tannen, Deborah, *That's not What I Meant! How conversational style makes or breaks relationships*. New York : Ballantine, 1986.

Wallenstein, Immanuel, Comments on Wolf's 'Perilous ideas : race, culture and people'. *Current Anthropology*. 35.1 : 9-10, 1994.

Wierzbicka, Anna, Different cultures, different language, different speech acts : English vs Polish. *Journal of Pragmatics* 9 : 145-178, 1985.

Wierzbicka, Anna, Boys Will Be Boys : "Radical Semantics" vs. "Radical Pragmatics". *Language* 63 : 95-114, 1987.

Wierzbicka, Anna, "Cultural Scripts" : a new approach to the study of cross-cultural communication. In : Martin Pütz (ed.), *Language Contact and Language Conflict*. 69-88. Amsterdam/Philadelphia : Jonh Benjamins, *1994a.

Wierzbicka, Anna, Emotion, language and 'cultural script'. In : Shinobu Kitayama and Hazel Rose Markus (eds.), *Emotion and Culture : Empirical studies of mutual influence*. 130-198. Washington D.C. : American Psychological Association, *1994b.

Wierzbicka, Anna, Contrastive sociolinguistics and the theory of "cultural scripts". In : Marlis Hellinger and Ulrich Ammon (eds.), *Contrastive Sociolinguistics*, 313-344. Berlin/New York : Mouton de Gruyter, *1996a.

Wierzbicka, Anna, Japanese cultural scripts : cultural psychology and "cultural grammar". Ethos 24.3 : 527-555, *1996b.

Wierzbicka, Anna, *Understanding Cultures through their Key Words : English, Russian, Polish, German, Japanese*. New York : Oxford University Press, 1997a.

Wierzbicka, Anna, The double life of a bilingual : a cross-cultural perspective. In: Michael Bond (ed.), *Working at the Interface of Cultures : Eighteen Lives in Social Science*, 113-25. London : Routledge, 1997b.

Wierzbicka, Anna, German cultural scripts : public signs as a key to social attitudes and cultural values. *Discourse and Society* 9.2 : 241-282, *1998.

Wierzbicka, Anna, Australian cultural scripts-bloody revisited. *Journal of Pragmatics* 34. 9 : 1167-1209, *2002.

Wierzbicka, Anna, Russian cultural scripts : The theory of cultural scripts and its applications. *Ethos* 30(4) : 401-432, 2002.

Wierzbicka, Anna, The English Language : Meaning, *History and Culture*, 2006.

Wolf, Eric R., Perilous ideas : race, culture and people. *Current Anthropology* 35.1 : 1-7, 1994.

나의 책 『Cross-Cultural Pragmatics』가 한국에서 출판되어 독자들에게 읽혀질 수 있다니 나에게는 정말 기쁜 일이다. 나는 어떤 일도 전 세계의 이해만큼이나 중요한 일은 없다고 믿는다. 세계의 이해란 사실 쉽지 않다. 이 일은 선한 의지만으로는 충분하지가 않은데, 왜냐하면 우리들에게는 다른 사람들, 다른 언어들, 다른 문화들에 대한 일정한 지식도 함께 필요하기 때문이다. 무엇보다도 먼저 우리에게는 다른 인간 집단들이 습관적으로 갖는 사고하기, 말하기, 행동하기, 느끼기의 방식이 우리와 어떻게 다른지에 대한 일정한 지식이 필요하다. 이와 같은 일정한 지식이 없다면, 우리들은 다른 사람들의 이해할 수 없는 행위들을 적대적인 것으로, 무례한 것으로, 경멸적인 것으로 잘못 이해하는 위험에 빠질 것이다. 사실 그러한 일들은 단순히 다른 문화적 규칙이나 다른 "마음의 습관들"(미국의 사회학자 Robert Bellah(1985)가 적절하게 표현한 용어)에 의해 지배받을 뿐이다.

언어학자들조차도 때때로 비교 문화 의사소통의 장애에 원인을 제공할 수 있는데, 특히 그들이 어떤 매력적인 생각, 그러나 내 관점에서 보면 "공손성의 보편성"과 같은 그다지 도움이 안 되거나 잘못 알려진 생각에 사로잡히는 경우는 더욱 그렇다. 그 생각의 하나는 1980년대에 Penelope Brown and Stephen Levinson의 책 『Universals of Politeness』에 의해 발전되었고 널리 알려진 것이다. 그 책은 처음 출판되고 나서 20년 동안 매우 큰 영향력을 미쳤으며 지금까지도 미국의 철학자 H.P. Grice와 그의 언어학계 추종자들과 함께 여전히 영향력을 갖고 있다.

우리들은 모든 인간 집단들이 (의식적이든 무의식적이든 간에) 동일한 규칙에 의해 생각하고 말하고 행동할 것으로 기대하기 때문에 우리들은 쉽게 누군가의 예측하지 못한 행위를 개인의 잘못된 의지에 의한 것으로 잘못 판단할 수 있다. 그러나 다른 한편으로, 만약 다른 인간 집단들은 다른 규범들을 갖고 있으며 이러한 차이점들은 매우 심오하고 또한 중요한 문화 가치와 연관된 것이라는 사실을 우리가 안다고 가정한다면, 이러한 가정으로 인하여 우리들을 다른 사람들의 "이상한" 행위들을 더 잘 이해할 수 있으며, 그들이 어디서 왔던 간에 그들과 좋은 관계를 이룰 수 있을 것이다.

어느 누구도 그들 자신의 나라를 떠나 다른 나라에 적응해야만 하는 이주자들만큼 그 문화적 차이에 대한 실체와 다른 문화적 가치와의 밀접한 연관성을 이해할 수는 없을 것이다. 만약 한국 사람들이 자신의 마음을 기꺼이 열고 그 문화적 차이에 대한 실체를 상상하기를 원한다면, 나는 특히 나의 친구이자 나의 제자였던 윤경주가 쓴 "다른 문화에서의 삶의 경험 : 호주에서 한국 이주자들의 생활"이라는 제목의 수필을 추천하고자 한다. 이 글은 20여명의 "언어 이주자들"의 이야기를 담은 『Translating Lives』 이라는 수필집에 수록된 것으로 나의 딸 Mary Besemeres와 내가 함께 편집하였으며, 2007년 호주에서 출판된 것이다. 여기에 나는 그 책에서 뽑은 짧은 세 편의 예화와 사건들을 제시할 것이다. 처음 이야기는 호주에서 부르는 이름에 대한 것이며, 두 번째는 가족끼리 매우 빈번히 사용하는 사과와 감사의 표현에 대한 것이고, 세 번째는 칭찬과 반응의 표현에 대한 것이다.

1. 나는 이름 외에도 호칭어를 폭넓게 사용하는 문화에서 자랐다. 우리 문화에서 이름은 매우 한정된 상황에서 사용될 뿐이다. 가령 이름은 어린 아이들끼리 사용하거나, 같은 나이의 매우 가까운 친구들끼리 사용하며, 또 어른들이 어린 아이들을 부를 때 사용한다. 호주에서 살게 된 첫 해에 나는 너무 어색하여 입을 다물었던 그 순간들을 기억한다. 내 친구가 그녀

의 시어머니를 Brenda로 부르던 일, 다섯 살 남자 아이인 나의 인디언 친구가 내 이름으로 나를 부르던 일, 내 친구의 딸이 그녀의 아버지를 Nick으로 부르던 일, 그리고 강의나 세미나를 하는 동안 학생들이 교수들을 이름으로 부르던 일 등. 비록 내가 호주에서는 다른 사람을 부를 때 이것이 매우 적절한 일이라는 것을 알게 되기는 했지만, 나는 상당히 오랫동안 그렇게 실행하는 것을 스스로 주저하고 있다고 느꼈다.

2. 나는 사람들이 사과하거나 감사하는 일에 서로 경쟁하고 있다는 인상을 갖고 있다. 나에게는 사람들이 아주 밀접한 가족 내에서조차도 동일한 표현을 사용한다는 것은 너무나 이상한 일이었다. 예를 들면 내가 어린 아들의 친구 집에 갔을 때, 다섯 살 아이가 그 아이의 엄마가 마실 것을 주자 엄마에게 '고맙다'는 말을 하는 경우이다. 나는 그 아이가 그처럼 작은 호의에 대해 그 엄마에게 감사를 표하는 것을 두고 상당히 어색하게 느꼈던 일을 기억한다. (······) 〔한국에서는〕, 부모와 자식의 관계가 그와 같은 감사 표시를 주고받는 범위를 넘어선 그 이상이다.

3. 내가 새 집으로 이사를 갔을 때의 일이다. 우리는 오랫동안 알고 지낸 가족 몇 분, 한국인 친구와 호주인 친구들을 초대했다. 호주인 친구들이 새 집에 대해 무엇인가 좋은 말을 했을 때 나의 남편과 나는 자동적으로 그들에게 감사를 표했다. 그리고 나서 나 역시 그 집에 대한 좋은 느낌으로 화기애애한 분위기 속에서 상당히 좋은 대화들이 오갔다. 그러나 나의 한국인 친구들이 그 집에 대해 무엇인가 좋은 말을 했을 때 나는 즉각적으로 다음과 같은 부정적인 말로 응대하였다. '아니야, 아직 해야 할 일이 많아요.' 그러자 그들은 새 집에 대해 계속하여 칭송하였고 나의 남편은 또 다른 부정적인 대답으로 응대하였다. 내가 칭찬을 포함한 두 개의 전혀 다른 대화 관례를 실습하고 있는 동안에, 나는 나의 내면에서 조용히 웃고 있었다.

자신의 삶 속에서 그러한 비교 문화적 차이점의 실체들을 한 번도 경험하지 못한 사람들에게는 『Translating Lives』의 윤경주나 다른 공저자들 같은 "언어 이주자들"의 경험 고백들은 의외의 일일 것이다. 그러나 비교 문화의 차이점들에 대한 완전한 이해를 위해 개인적 경험들이 매우 중요하다고 해도, 문화 규범들을 기술하고 분석할 수 있고 어떻게 그러한 차이점들이 다른 문화 가치들과 연관되는지를 밝힐 수 있는 방법론도 또한 무엇보다 필요한 것이다.

비교 문화적 차이점을 분석하고 관찰한 것을 한 언어에서 다른 언어로 옮기는 일은 쉬운 일이 아니다. 여기에서도 역시 비교 문화적(또는 비교 언어적) 차이점들로 인하여 의미를 똑바로 옮기는 데에 어떤 큰 장애가 생길 수 있을 것이다. 따라서 나는 이정애에게 나의 깊은 감사를 표하고 싶다. 그녀는 그 도전을 기꺼이 감수하였고, 이 책에 기저된 이론 속으로 빠져들었으며, 그 방법론을 통해 생각하였으며 한국 독자들을 위해 비교 문화 의사소통과 의사소통의 장애에 대한 새로운 전망들을 제시할 수 있는 방법을 발견하였다.

나는 독자들께 바란다. 이 책을 즐겨 읽고 마음과 가슴으로 깊이 빠져들기를.

애나 비어즈비스카

감사의 글

나는 이 책에서 탐구한 많은 문제들을 두고 여러 시간에 걸쳐 나와 함께 토론을 해 준 동료들에게 감사를 표한다. 특히 초판 때부터 논평을 해 준 Felix Ameka와 Andrzej Bogusławski, Cliff Goddard, Jean Harkins, Igor Mel′čuk, 그리고 Tim Shopen에게 감사를 표한다. 나는 Jean Harkins에게도 감사드린다. 그는 나의 연구 조교로서, 편집에 관한 전문적이고 능숙한 조교일 뿐만 아니라, 매우 가치 있는 제안들을 수없이 해주었다.

또한 나는 끊임없이 계속되는 원고를 인내심을 갖고 전문적으로 정리해 준 Ellalene Seymour에게 감사를 드린다.

이번 개정판은 완전히 새로운 장도 있고 전혀 다른 새로운 연구도 있을 뿐만 아니라, 이전에 출판한 논문에서 출발한 장도 포함하고 있다. 비록 전에 출판된 논문들의 내용이 대부분 새롭게 바뀌었고, 그리고 분량도 이 책에 실린 논문에 비해 삼분의 일이 안되지만, 나는 다음과 같은 이전 논문을 사용하도록 허락해 준 출판사들께 감사드린다.

> 1985 : "A semantic metalanguage for a cross-cultural comparison of speech acts and speech genres", Language in Society 14 : 491-514 ; "Different cultures, different languages, different speech acts : Polish vs. English", *Journal of Pragmatics* 9 : 145-178.
>
> 1986 : "A semantic metalanguage for the descriptions and comparison of illocutionary meanings", *Journal of Pragmatics* 10 : 67-107 ; "Italian reduplication : cross-cultural

pragmatics and illocutionary semantics", *Linguistics* 24 : 287-315 ; "Precision in vagueness : the semantics of English 'approximatives'", *Journal of Pragmatics* 10 : 597-614 ; "The semantics of quantitative particles in Polish and in English", in : Bogusławski-Bojar, 175-189.

1987 : "Boys will be boys : 'radical semantics' vs. 'radical pragmatics'", *Language* 63 : 95-114(by permission of the Linguistic Society of America).

1990 : "The semantics of interjections", *Journal of Pragmatics* 14(special issue on interjections, ed. by F. Ameka).

1990년 9월 캔버라에서

Anna Wierzbicka

차 례

저자 서문 5
한국어판 서문 35
감사의 글 39

제1장 도입 : 의미론과 화용론 ▌51

1. 인간 상호작용의 도구로서의 언어 __ 51
2. 상호작용에 대한 다른 문화와 다른 양식 __ 53
3. 화용론—인간 상호작용에 대한 연구 __ 57
4. 자연 의미 메타언어 __ 60
5. 의미에 대한 보편적 관점의 필요성 __ 64
6. 언어 체계의 독특성 __ 65
7. 다의성의 문제 __ 66
8. 의미적 동등성과 화용적 동등성 __ 68
9. 보편적 문법 패턴 __ 71
10. 의미론과 화용론 : 다른 접근법들 __ 73
　　10.1. '상보주의' 74
　　10.2. '화용주의' 75
　　10.3. '의미주의' 76
　　10.4. 네 번째 접근방법 : 두 개의 화용론 77
11. 논의 내용의 기술 __ 78

제2장 다른 문화, 다른 언어, 다른 발화 행위 ▮85

1. 예비적 보기와 논의 __ 88
2. 해석 가설 __ 93
3. 사례 연구들 __ 94
    3.1. 충고 94
    3.2. 요청 96
    3.3. 부가어구 105
    3.4. 의견 110
    3.5. 감탄 116
4. 발화 행위에 반영된 문화적 가치 __ 119
    4.1. 어휘적 증거 119
    4.2. 문화적 가치로서의 객관주의 122
    4.3. 문화적 가치로서의 온정 124
    4.4. 문화적 가치로서의 정중함 133
5. 이론적 암시 __ 137
6. 실제적 암시 __ 144

제3장 비교 문화 화용론과 다양한 문화적 가치 ▮147

1. '자기 단언'＿154

    1.1. 일본어와 영어의 '자기 단언' 154

    1.2. 미국 영어의 흑인과 백인의 '자기 단언' 163

    1.3. 자발성, 자율성, 그리고 말순서 바꾸기 : 영어 대 일본어 165

    1.4. '자발적 자기 단언' 대 '통제된 자기 단언'

        : 흑인 영어 대 백인 영어 대 일본어 168

    1.5. 개인적 과시로서의 '자기 단언' : 백인 영어 대 흑인 영어 171

    1.6. '자기 단언'과 '좋은 대인 관계' 173

2. '직접성'＿177

    2.1. 미국 문화 대 이스라엘 문화 178

    2.2. 일본어의 '간접성' 185

    2.3. 그리스인 문화와 미국인 문화 188

    2.4. 자바어의 '간접성'과 '위장' 194

3. 더 많은 예시들 : 같은 표지, 다른 가치들＿201

    3.1. '친밀함' 202

    3.2. '가까움' 206

    3.3. '비격식성' 212

    3.4. '조화' 214

    3.5. '성실성' 217

4. 감정에 대한 다양한 태도＿227

    4.1. 폴란드인의 문화 227

    4.2. 유대인 문화 228

    4.3. 미국 흑인 문화 230

    4.4. 일본인 문화 234

    4.5. 자바인 문화 237

5. 결론＿238

제4장 대화 관례의 기술 ▌241

1. 대화 분석 : 언어학적 화용론인가, 비언어학적 화용론인가? __ 242
2. '칭찬 반응'의 관례 __ 249
    2.1. 강화   251
    2.2. 대조적 반대   253
    2.3. 축소적 동의   254
    2.4. 약화   255
    2.5. 찬사의 양도   257
    2.6. 반환 답례   258
3. 다른 문화의 '칭찬 반응' __ 260
4. 결론 __ 265

제5장 언어와 문화 간 발화 행위와 발화 장르 ▌267

1. 한 문화의 '말의 형태'를 분석하기 위한 연구 틀 __ 267
    1.1. 민속 표지의 중요성   268
    1.2. 두 가지 접근   269
    1.3. 몇 가지의 예시 : 영어 대 일본어   272
    1.4. 또 다른 예시 : 영어 대 Walmatjari   281
    1.5. 심각한 순환성의 제거   284
    1.6. 제안된 공식에 관한 증거   285
    1.7. 일인칭 형식   287
    1.8. 다른 생각의 문제   289

2. 호주의 발화 행위 동사 __ 292
  2.1. Chiack(chyack) 292
  2.2. Yarn 299
  2.3. Shout 305
  2.4. Dob 312
  2.5. Whinge 317
3. 복잡한 발화 장르의 예 __ 322
  3.1. 흑인 영어 dozens 322
  3.2. 히브리어의 'dugri 토크' 326
  3.3. 폴란드어 kawał 329
  3.4. 폴란드어의 podanie 335
4. 결론 __ 341

제6장 언표내적 효력의 의미론 ┃343

1. 언표내적 효력은 불확정적인가? __ 343
  1.1. 구성성분들로 나타내는 언표내적 효력 347
  1.2. 예시 : '요청의문문'의 불연속적이고 확정적인 특성 351
  1.3. 통사론과 언표내적 효력 359
2. 다양한 요청의문형의 구문 __ 364
  2.1. Why don't you do X(tomorrow)? 364
  2.2. Why do X? 368
  2.3. How about X? 371
3. 언표내적 효력의 의미설명에 대한 부연설명 __ 375

4. 대화 전략의 예시 __ 377

    4.1. Tell you what, S! 377

    4.2. Do you know, S? 379

    4.3. Don't tell me S! 381

    4.4. How many times have I told you (not) to do X! 383

    4.5. Who's talking about doing X? 384

5. 부가 의문 __ 385

    5.1. 서술문의 부가 의문 385

    5.2. 명령의 부가 의문 389

    5.3. Why can't you (do X) 393

    5.4. OK? 396

6. 인신공격 혹은 칭찬 : You X __ 398

7. 문법과 그 밖의 다른 범주들이 갖는 언표내적 효력 __ 402

    7.1. 양태 동사 402

    7.2. 심리 동사 406

    7.3. 불변화사와 접속사 409

    7.4. 간투사 414

    7.5. 고정 표현 418

    7.6. 억양 421

8. 언어 간 언표내적 효력의 비교 __ 422

9. 결론 __ 428

제7장 이탈리아어의 중첩어 : 그 의미와 문화적 유의미성 ▮431

1. 이탈리아어 중첩 : 예비 논의 __ 431
2. 담화와 언표내적 문법 __ 436
3. 절 반복의 언표내적 효력 __ 438
4. 이탈리아어 중첩의 언표내적 효력 __ 443
5. '강조'의 수단으로서의 절 반복 __ 450
6. 이탈리아어와 영어의 절대 최상급 __ 453
7. 언표내적 문법과 문화 양식 __ 462
8. 결론 __ 471

제8장 다양한 문화의 간투사 ▮473

1. 예비적 논의 __ 473
   1.1. 간투사 : 파이시스(phýsis)와 테제(thésis) ('자연'과 '관습')　473
   1.2. '간투사'의 개념 정의　480
   1.3. 간투사의 유형　482
2. 의지적 간투사 __ 483
   2.1. 동물을 향해 쓰는 간투사　483
   2.2. 사람을 향해 쓰는 간투사　485
3. 감정적 간투사 __ 498
   3.1. '역겨움'과 그와 유사한 감정을 나타내는 간투사　498
   3.2. '일반적 목적'의 간투사　521

4. 인지적 간투사 __ 534

    4.1. 폴란드어 aha와 러시아어 aga　535

    4.2. 폴란드어 oho　542

    4.3. 폴란드어 o　545

    4.4. 영어 oh-oh　546

    4.5. 러시아어 ogo　547

5. 결론 __ 550

제9장 불변화사와 언표내적 의미 ‖555

1. 영어의 양화사 __ 560

    1.1. 비근사어 : only, merely, 그리고 just　561

    1.2. 영어의 근사어　575

2. 영어 시간 불변화사 __ 594

3. 폴란드어의 시간 불변화사 __ 600

    3.1. już and jeszcze　600

    3.2. Dopiero　608

4. 폴란드어의 양화사 __ 612

    4.1. 비근사어　612

    4.2. 폴란드어의 근사어　620

5. 결론 __ 627

제10장 소년들은 소년들일 것이다 : '진리'조차도 문화 특정적이다 ▮629

1. 항진명제의 의미 __ 629
    1.1. 그라이스의 격률들 : 보편적인가? 아니면 언어 특정적인가?　631
    1.2. 함축의 해석에 대한 문제들　639
    1.3. 분석의 실패에 대한 변명　642
2. 영어의 명사형 항진명제 : 의미 재현 __ 647
    2.1. 세상사에 있어서의 '현실주의'　648
    2.2. 인간 본성에 대한 관용　650
    2.3. '특별한 시간'에 대한 관용　654
    2.4. 관용의 한계　656
    2.5. 표면적 차이를 넘어선 인식　657
    2.6. 좁힐 수 없는 차이의 인식　660
    2.7. 가치의 항진명제　663
    2.8. 의무의 항진명제　670
3. 중국어와 일본어의 비교 __ 675
    3.1. 중국어 양보의 항진명제　675
    3.2. '좁힐 수 없는 차이'에 대한 중국어의 표현 양식　680
    3.3. 무한한 칭찬을 뜻하는 중국어 항진명제　682
    3.4. '당연한 일'을 뜻하는 일본어 항진명제　684
    3.5. 관계없음을 뜻하는 일본어 항진명제　686
4. 구어 항진명제 __ 687
    4.1. 미래의 사건　688
    4.2. 과거의 바꿀 수 없음　691

5. 의미의 불변항은 있는가? __ 699

6. 영어 항진명제 구문에 대한 환상 __ 708

7. 항진명제의 패턴에 따른 특정적 내용 __ 710

8. 결론 __ 715

제11장 결론 : 비교 문화 화용론을 위한 열쇠로서의 의미론 ▍721

참고문헌 725

미주 747

역자 후기 752

도입 : 의미론과 화용론
Introduction : semantics and pragmatics

> 지구의 운명은 비교 문화 의사소통에 달려있다.
>
> Deborah Tannen(1986 : 30)

1. 인간 상호작용의 도구로서의 언어

이 책은 인간 상호작용의 도구로서의 언어를 중점적으로 다루고 있다. 이 책은 한 언어에만 한정하지 않고 세계의 다른 많은 언어에 담겨있는 다양한 의미들, 즉 화자와 청자의 상호작용과 관련된 의미들을 탐구할 것이다.

물론 모든 의미들은 화자와 청자 간의 상호작용과 필연적으로 관련된 것으로 논의될 수 있다. 따라서 우리들이 색채라든가, 동물이라든가, 아니면 어린이, 사랑, 우주의 운명, 심지어 순수 수학에 대해서 이야기할 때조차도 우리는 하나의 사회적 상호작용의 도구로써 언어를 사용한다고 할 수 있다.

어떤 의미에서 이 말은 사실이다. 그럼에도 불구하고, '나'와 '당신'이라는 개념과 직접적으로 관련된 단어들이 있을 수 있고 '나'와 '당신'의 상호작용과 관련된 단어들이 있을 수 있으며, 그 밖의 단어들은 '나'와 '당신' 어떤 것과도 관련이 없다고 할 수 있다. 마찬가지로, 이들 개념들과 직접적으로 관련이 있는 문법 범주와 문법 구문들이 있고 또한 이들 개념과 관련이 없는 문법 범주와 문법 구문들이 있다. 예를 들면 영어의 blue와 yellow는 화자와 청자, 또는 화자와 청자들 사이의 관계를 지시하지는 않는다. 그러나 다른 한편으로 darling, bastard, already, yuk, thanks, goodbye와 같은 단어들은 화자와 청자의 개념과 관련이 있다. 마찬가지로 dog와 dogs처럼 단수와 복수라든가, 또는 la fille '소녀'와 le garçon '소년'처럼 프랑스어의 남성과 여성의 문법 범주들은, 화자와 청자 또는 화자와 청자 사이의 관계와 관련되어 있지 않다. 반면에 지소사(doggie와 dog)와 스페인어에서 볼 수 있는 확대사(problemón '문제'와 problemazo '큰 문제') 또는 존칭어(일본어의 otaku '댁'과 ie '집')와 같은 범주들은 화자와 청자, 또는 그들 사이의 관계와 관련되어 있다.

문법 구문의 층위에서, 명령문 (a)와 소위 요청의문문(whimperative)이라고 불리는 (b) 중에서 무엇을 선택하느냐 하는 것은 화자와 청자 사이의 관계와 직접적으로 관련된다.

    a. Sign this. 여기에 서명해.
    b. Would you sign this. 여기에 서명해주시겠어요?

반면, 다음과 같은 관계절 (a)와 분사구문 (b) 중에서 무엇을 선택하느냐 하는 것은 화자와 청자 사이의 관계와 관련이 없다.

    a. The boy who was sitting in front……
    b. The boy sitting in front……

이 책은 이처럼 사람들 사이의 상호작용, 좀 더 직접적으로는 당신과 내가 관련된 단어와, 범주와 구문, 그리고 언어적 관례들을 다룬다. 따라서 이 책은 당신과 나에 관한 것이고, 당신과 나, 더 강조한다면 나와 당신(즉, 화자나 청자)의 상호작용에 대한 다양한 양식(mode)들에 관한 것이다.

또한 이러한 상호작용에 대한 다양한 양식(mode)들을 결정하는 문화적 가치와 문화적 규범들에 관한 것이다.

2. 상호작용에 대한 다른 문화와 다른 양식

당신과 나, 나와 당신 간의 상호작용과 관련된 다른 많은 양식들이 있다. 그 양식들은 부분적으로 당신과 내가 어떤 특정 시간에 느끼는 것 또는 원하는 것에 의해 좌우된다. 그러나 그것들은 또한 당신과 내가 누구인가에 따라, 즉 개인인가, 또는 특정한 사회적, 문화적, 윤리적 집단의 구성원인가에 따라 좌우되기도 한다. 예를 들면 만약 당신과 내가 일본인이라면, 우리들의 상호작용은 우리가 둘 다 미국인이거나 러시아인일 때와는 다르게 나타날 것이다. 또한 우리가 둘 다 미국인이라면, 우리들의 상호작용에 의한 효과적인 표현 양식은 아마도 백인인가 흑인인가에 따라, 또는 유태인인가 아닌가 등에 따라 좌우될 것이다.

가령 Silly old bugger!와 같은 전형적인 호주인들의 표현을 고려해 보자, 최근 호주의 수상 Bob Hawke는 일반 시민들을 만나는 모임에서 의원들의 높은 수당에 대해 나이 많은 연금자가 그를 자극했을 때, 텔레비전 카메라 앞에서 공식적으로 이 표현을 사용했다. 우리가 이 말이 갖는 의사소통적 가치를 올바르게 이해하기 위해서는 호주의 문화와 사회에 대해 많은 것을 알아야 한다(5장 참조). 특히 우리는 흔히 사용하는 'bugger, bastard, bloody'와 같은 'b의 단어들'(Baker 1966 : 201 참조)과 '거침(roughness)', '반감정적 행위(anti-sentimentality)', '성실함'(sincerity) 등과 같은 호주인들의 핵심적인 가치들과의 관련성을 이해해야 한다(Benwick 1980 ; Wierzbicka 이 책의 11장 참조).

마찬가지로, 우리가 호주인들의 특징적인 인사법에 드러나는 태도들을 이해하기 위해서는 '동료애'(mateship), '강인함'(toughness), '과묵함'(antiverbosity), '반감상성'(anti-emotionality) 등이 호주인의 가치임을 이해해야 한다(Bowles 1986 : 37 ; 이 책의 4장 참조).

G'day, mate, owyagowin? 안녕, 친구. 어떻게 지내?
Nobbad. Owsyerself? 그저 그래. 너는 어때?(또는 : Carn complain. 불평할 정도는 아니야)

어떤 경우에, 상호작용에 대한 특정 문화의 표현양식들은 그 자체의 이름을 가지기도 한다(5장 참조). 흑인영어의 발화양식인 '래핑(rapping)'이나 '사운딩(sounding)' 등과 같은 것이 바로 이런 경우인데, 이는 다음과 같은 특징적인 발화에 잘 나타나 있다(Kochman 1972).

Baby, your're fine enough to make me spend my rent money.
당신은 너무 훌륭해서 내가 빌린 돈을 당신을 위해 쓰게 하지(남자가 여자에게 하는 '래핑').
Baby, I sho' dig your mellow action.
당신의 달콤한 행동에 내 자신이 빠질 수 밖에 없어(여자에게 하는 '래핑'의 또 다른 예).
Yo mama is so bowlegged, she looks likes a bite out of a donut.
네 엄마는 O형 다리고, 볼썽사나워(남학생이 또 다른 남학생에게 하는 하나의 '사운딩').

그러나 이것은 언제나 그런 것은 아니다. 예를 들면, 유태계 미국 작가 Bernard Malamud가 쓴 단편소설에서 인용한 다음의 대화를 보자.

〔When he knocked, the door was opened by a thin, asthmatic, grey-haired woman, in felt slippers.〕
'Yes?' she said, expecting nothing. She listened without

listening. He could have sworn he had seen her, too, before
but knew it was an illusion.

'Salzman-does he live here? Pinye Salzman,' he said, 'the
matchmaker?'

She stared at him a long minute. 'Of course.'

He felt embarrassed. 'Is he in?'

'No.' her mouth, though left open, offered nothing more.

'The matter is urgent. Can you tell me where his office is?'

'In the air.' She pointed upward.

'You mean he has no office?' Leo asked.

'In his socks.' (……)

'Where is he?' he insisted. 'I've got to see you husband'.

At length she answered, 'So who knows where he is? Every
time he thinks a new thought he runs to a different place. Go
home, he will find you.'

'Tell him Leo Finkle.'

She gave no sign she had heard.

(Malamud 1958 : 210-211)

[그가 문을 두드렸을 때, 마르고, 천식 기운이 있는 흰 머리의 나이 많
은 여인이 털로 만든 슬리퍼를 신고 문을 열어주었다.]

'뭐죠?' 그녀는 아무런 기대 없이 말했다. 그녀는 듣고 있었지만 듣고
있지 않았다. 그는 전에 그녀를 분명히 본 적이 있었는데, 그러나 그것은
환상이었다는 것을 알았다.

'Salzman이라는 사람이 여기에 사나요? Pinye Salzman,' 그가 말했다.

그녀는 오랫동안 그를 노려보았다. '물론이죠.'

그는 당황스러웠다. '그 사람은 안에 있나요?'

'아니오' 그녀의 입은 열린 채로 더 이상 아무 것도 말하지 않았다.

'매우 급합니다. 그의 사무실이 어디 있는지 말해주세요?'

'저 공중에' 그녀는 위를 가리켰다.

'사무실에 없다는 말인가요?' Leo가 물었다.

'양말 속에.' (……)

'그 사람 어디에 있죠?' 그가 다그쳤다. '나는 꼭 당신의 남편을 만나야 해요.'

마침내 그녀가 대답했다. '그가 어디에 있는지를 누가 알겠어요? 그 사람은 언제나 새로운 생각이 날 때마다 항상 다른 곳으로 달려가요. 집으로 가세요. 그가 당신을 찾을 거예요.'

'그에게 Leo Finkle이라고 말하세요.'

그녀는 들은 척도 하지 않았다.

이 이야기는 영어로 씌어 있으며 잘 쓰지 않거나 비표준적인 단어들은 없다. 그러나 여기에 반영된 말하기 방식이나 상호작용의 방식은 주류 미국 영어가 아닌, 이디시어의 특성을 갖고 있다. 특히 No라든가 Of course을 사용하거나 Tell him(그에게 말하세요)와 Go home(집으로 가세요)와 같은 순수 명령문, Who know?(누가 알겠어요?)와 같은 수사의문문, 그리고 아이러니, 뒤틀린 유머, 퉁명스러움과 무뚝뚝함을 주목할 수 있다(논의를 위해서는 3장 하단 참조).

그리고 마지막으로 다음의 예시들도 전형적인 이디시어의 축복과 저주를 영어로 옮긴 것이다(Matisoff 1979).

A lament to you, are you crazy or just feeble-minded?
Oh, you should be healthy, what a mess you've made here!
May he live—but not long.
A black year on her, all day long she chewed my ear off with trivia!
My wife—must she live?—gave it away to him for nothing.
His son-in-law—may he grow like an onion with his head in the earth—sold it to me.
Maybe my mother-in-law is going to visit us the day after tomorrow, may the evil hour not come!

참 안됐다, 당신은 미쳤나? 아니면 그저 소심한 거냐?

오, 당신은 건강해야 하는데, 이렇게 어질러 놓다니!

그가 살아있길, 하지만 오래 살지 않았으면.

그녀에게 암담한 한 해이길, 사소한 일을 갖고 하루 온 종일 내 귀가 아
프도록 그녀는 잔소리를 했다!

내 여편네는, 그녀가 꼭 살아있어야 하나? 그에게 아무 것도 아닌 것을
그것을 주었다.

그의 사위는, 땅 속에 처박아 있는 양파같이 자라길 바랐는데, 나에게
그것을 팔았다.

아마도 나의 장모님은 모레쯤 우리를 방문할 텐데, 그 악마 같은 시간
이 오지말길.

이러한 모든 발화들은 중요한 상호작용적 의미들을 담고 있다. 이 책은
그러한 의미들을, 그리고 그 의미들이 갖는 문화적 유의미성들을 탐구할
것이며, 그것들이 매우 자세히 그리고 엄격한 방식으로 기술될 수 있는 하
나의 틀을 제시할 것이다.

3. 화용론-인간 상호작용에 대한 연구

'나'와 '당신'의 언어적 상호작용을 연구하는 학문을 우리는 화용론이라
고 하며, 바로 이 책은 화용론에 대한 연구물이다. 그러나 이 책은 또한
의미론에 대한 연구이기도 하다는 점에서 다른 화용론의 연구와는 다르다
고 할 수 있다. 다만 몇몇 장에서만 화용론을 다루고 나머지 다른 장에서
는 의미론을 다루는 다른 연구와는 달리, 이 책에서는 화용론을 의미론의
한 부분이거나 하나의 양상으로 접근하고 있으며 이것 때문에 현재의 접
근 방법은 매우 중요하고 새로운 이론적 시작이 될 것이다.

나는 내가 의미하는 바를 예를 들어 설명할 것이다. 먼저 question과
ask와 같은 단어, 그리고 What time is it now?와 같은 의문문, 또는 I

don't know what time it is와 같은 간접 의문문, 그리고 Do you know what time it is와 같은 선의문문에 대해 살펴보자.

전통적으로, question과 같은 단어는 사전에서 기술될 수 있으며, What time is it?과 같은 문장의 유형은 '의문 구문'을 다루는 문법의 장에서 논의되며, I don't know what time it is와 같은 유형은 간접의문문을 다루는 문법의 장에서 논의될 수 있다. 반면에 Do you know, Did you know, 또는 You know와 같은 표현들은 (만일 다루어지게 된다면) '담화 전략'이나, '담화 표지' 또는 '대화 구조' 등의 연구에서 논의될 수 있을 것이다. 이처럼 단어, 문법 구문, 그리고 '화용적 장치들'에 대한 기술들은 전혀 다른 분야에서, 전혀 다른 연구의 틀로 논의되기 때문에 마치 그것들은 전혀 공통된 점이 없는 것처럼 보인다.

그러나 사실 단어와 문법 구문 그리고 화용적 장치들은 밀접한 관련이 있다. 이들은 모두 결정적으로 '아는 것'과 '알지 못하는 것' 그리고 '말하는 것'과 같은 개념들과 관련이 있으며, 모두 '당신'과 '나'라는 개념을 포함하고 있다. 또한 이들은 모두 '나는 알지 못한다', '당신은 알지 못한다', 그리고 '나는 말한다'와 '나는 당신에게 말하기를 원한다' 등과 같은 몇몇 의미론적 구성성분들(components)을 포함하고 있다. 이들 모두는 '상호작용적'(즉 '화용적') 의미들이다. 인간의 상호작용을 이해하기 위해서는, 우리는 말 속에 표현된 '상호작용적' 의미들을 이해해야 한다. 따라서 우리는 그러한 의미들을 확인하거나 기술하기 위한 매우 적절한 분석적 도구들을 가져야만 한다.

과거에는, 이러한 종류의 분석적 도구들이 매우 부족하였다. 인간의 상호작용에 대한 의미론에 대해 질문을 제기하는 것조차 불가능했던 언어 기술에 대한 구분 방식은 별문제로 하더라도, 그 때에는 단지 상호작용적 의미들의 어떤 것도 기술할 수 있는 적절한 도구가 없었다. 가령 'question'이나 'ask'와 같은 단어들에 대한 표준적인 사전의 기술들은 그러한 의미들을 기술하는데 널리 알려진 정확성과 명료성의 일반적 수준을 매우 잘 보여준다. 예를 들면, Longman의 야심작인 『Dictionary of the English Language』(LDOTEL 1984)은 사전 표지면의 선전문구가 "현대 영어에 가장 가깝고 그것의 설명 방식이 타의 추종을 불허하는"이라고 되어 있는데, 거기에는 다음과 같은 정의들이 제시되었다.

- question—a command or interrogative expression used to elicit information or a response
- interrogative—an interrogative utterance, a question
- command—the act of commanding
- response—an act of responding
- (to) respond—to write or speak in reply
- (to) reply—to respond in words or writing

상호작용적 의미들에 대한 이러한 모든 설명들은, 다른 모든 의미들과 마찬가지로, 분명히 그리고 전체적으로 순환적이다. 그러나 이러한 종류의 순환성이 오로지 간소하고 실용적인 서적인 사전만이 가지는 특성이고, 언어 사용에 대한 전문서들의 경우는 좀 다를 것이라고 생각한다면 그것은 환상이다. 그것은 다르지 않다. 전문서의 경우, 예를 들면, 'face'(체면), 'distance'(거리) 'indirectness'(간접성), 'solidarity'(유대감), 'intimacy'(친밀함), 'formality'(공식성) 등과 같은, 다양하고 약간은 전문적인 듯한 용어를 사용하고 있지만, 그것들이 제대로 정의된 것은 아니다. 혹시 그것들이 정의되었다고 해도 그 정의들은 통상적인 사전식 정의들처럼 순환적이고 모호한 것임을 금방 알 수 있다. 더구나 그 용어들은 언어만의 특정 관점에서, 일반적으로는 영어라는 특정 언어의 관점에서 정의된 것으로, 언어적 상호작용을 표현한 의미들에 대해서는 언어 독립적이면서 보편적인 관점을 제시한 것은 전혀 없다.

4. 자연 의미 메타언어

의미들을 비교하기 위해서는 우리들은 의미들을 진술할 수 있어야 한다. 하나의 단어와 하나의 표현, 그리고 하나의 구문을 진술하기 위해서는, 우리는 의미론적 메타언어를 사용해야 한다. 서로 다른 언어와 다른 문화로 표현된 의미들을 비교하기 위해서 우리는 어느 특정 언어나 문화와는 본질적으로 독립적이고 그러면서도 어떤 언어로도 해석이 될 수 있거나 접근될 수 있는 하나의 의미론적 메타언어가 필요하다.

나는 이러한 목적을 위해 '자연 의미 메타언어(natural semantic meta-language)'를 제안한다. 그 메타언어는 보편적 의미 원초소(universal semantic primitives)로 된 하나의 가설적인 체계를 기초로 하며, 이는 20년 이상 나와 나의 동료들이 연구해온 것이다(특히 Bogusławski 1966, 1972, 1975, 1981a, b, 1989 ; Wierzbicka 1972, 1980, 1987, 1988, 1989a, b ; Goddard 1989a, b 참조). 그리고 현재 이 책에서 적용한 메타언어도 이것이다.

이것은 내가 자연 언어에서 단순하면서도 직관적으로 이해될 수 있는 문장의 관점에서 의미들을 진술할 것임을 뜻한다. 그리고 또한 이것은 제안된 의미론적 설명들이 즉각적으로 증명될 수 있고 직관적으로 드러나는 것임을 보증한다고 나는 믿는다. 그러나 그 의미설명들은 자연 언어의 하위집합들로 공식화되어 있는데 그 하위집합들은 매우 제한적이고 표준화되어 있으며 매우 언어 독립적인 것이다. 즉 다른 자연 언어들의 하위집합과 동일한 동형 구조를 이룬다. 따라서 이런 이유로 인하여 의미설명에 사용되는 자연 언어는 일종의 고도로 축약된 '기본 영어'이며, 하나의 형식적인 의미론적 메타언어로 간주될 수 있다.

이 책에서 적용한 메타언어는 말하자면, 모두 자연 언어로 만든 것이다. 매우 실질적인 이유 때문에, 이 책에서 적용한 메타언어의 형태는 영어로 만들었지만 그러나 러시아어, 라틴어, 일본어 또 스와힐리어로도 쉽게 만들어질 수 있다. 왜냐하면 메타언어의 형태는 대체로 내가 자연 언어의 가장 보편적인 핵이라고 생각한 것을 기초로 하였기 때문이다. 예를 들어, 만약 내가 'I want'를 의미설명에서 사용했다면, 나는 러시아어 'ja xoču' 또는 라틴어 'ego volo'로 쉽게 나타낼 수 있는 것임을 의미한다. 그러므로 여기에서 내가 사용한 'I want'라는 표현은 흔히 쓰는 일반 영어로 말한 것이 아니라, 보편적인 의미론적 메타언어를 영어에 기초한 버전의 하나로서 사용한 것이다.

논의하고 있는 메타언어는 하나의 전문적이고 인공적인 언어이지 하나의 자연 언어가 아니다. 그럼에도 불구하고 메타언어는 '자연 의미 메타언어'라고 부를 수 있을 만큼 적절하고 설명적인 것이라고 나는 생각한다 (Goddard 1989a, b). 왜냐하면 메타언어는 전적으로 자연 언어에서 나온 것이며, 어떤 부가적인 자의적 기호나 관습이 없이 자연 언어를 통해 그대로 이해될 수 있기 때문이다. 자의적 기호나 관습이 이 메타언어에는 허용되지 않는다. 왜냐하면 그들의 의미들은 그 자체로 설명된 것이기 때문이다. 따라서 이러한 의미설명들이 순서에 따라 즉각적으로 이해될 수 있는 자연 언어로 표현되지 않았다면 의미 설명은 알 수 없을 것이다(다른 한편으로 메타언어는 구성성분들의 공간적 배열이나 다른 의미임을 표시하기 위한 별도의 행 구별 등과 같은 '도상적' 관습을 따르고 있다).

1991년판 자연 의미 메타언어는 단지 27개의 임시적인 의미 원초소만을 포함하고 있었는데, 앞에서 언급한 대로, 비록 많은 보조적 개념들이 그 때에는 '원자'보다는 의미적 '분자'로 간주된 것이었지만, 이것들도 역시 의미설명에 사용되었다. 현재의 매우 확장된 집합은 이제 60여 개의 요소들을 포함하고 있다. 1991년 판과 현재의 판은 다음과 같다.[1]

▍보편적 의미 원초소들(1991년 판)

Pronouns 대명사	Determiners 한정사	Classifiers 분류사	Adjectives 형용사
I 나	this 이	kind of (~의) 종류	good 좋-
you 너(당신)	the same 같은	part of (~의) 일부	bad 나쁘-
someone 누구	two 두(둘)		
something 무엇	all 모든		

Verbs 동사	Modals 양태	Place/time 장소/시간	Linkers 연결사
want 원하-	can ~(으)ㄹ 수(가) 있-	place 장소	like 처럼
don't want 원하지 않-	if/imagine (만약) ~(으)면	time 시간	because (왜냐하면) ~때문(에)
say 말하-		after(before) 후(전)	
think 생각하-		above(under) 위(아래)	
know 알-			
do 하-			
happen 일어나-(생기-)			

---

1) 이 부분은 1991년판에서 가져온 것으로 오래된 부분을 대체한 것이다. 이것은 초판의 책에서 신판으로 대체한 유일한 부분이다. 1991년판에서 유일한 변화는 같은 페이지에 있는 보편적 의미 원초소를 2003년 판으로 첨가한 것이다.

- 실재어 : 나, 너(당신), 누구/어떤 사람, 무엇/어떤 일(것), 사람들, 몸
- 한정어 : 이, ~같은, 다른
- 수량어 : 한/하나, 두/둘, 많−, 몇/약간, 모든
- 평가어 : 좋−, 나쁘−
- 묘사어 : 크−, 작−
- 심리적 술어 : 생각하−, 알−, 원하−(~V+고 싶−), 느끼−, 보−, 듣−
- 발화어 : 말하−, 말, 사실
- 행위, 사건, 이동 : 하−, 일어나−(생기−), 움직이−(옮기−)
- 존재와 소유 : (~에) 있다, (~가) 있−/ 존재하−, 갖−, ~이(다)
- 삶과 죽음 : 살−, 죽−
- 시간 : 언제/때, 지금, 전(에), 후(에), 오래(동안), 잠깐(동안), 얼마(동안), 순간
- 공간 : 어디/곳, 여기, 위, 아래, 멀−, 가깝−, 쪽, 안, 닿기(접촉)
- 논리적 개념 : 안(V+지 않−), 아마 ~(으)ㄹ 것−, ~(으)ㄹ 수(가) 있−, (왜냐하면) ~때문(에), (만약)~(으)면
- 증가어, 강화어 : 아주, 더
- 분류, 부분 : (~의) 종류, (~의) 일부
- 유사성 : 같−

5. 의미에 대한 보편적 관점의 필요성

인간에게 있어서, 문화, 언어, 동물 또는 돌과 같은 어떤 것들을 완전히 문화 외적 관점으로 연구한다는 것은 불가능한 일이다. 학자라고 해도, 우리는 일정한 문화권 내에서 있으며, 반드시 인류 전체가 공유한다고 할 수는 없겠지만, 대체로 공유한다고 믿는 어떤 원리나 어떤 이념들을 불가피하게 따르게 된다.

또한 우리는 어떤 최초의 개념들에 의존해야만 한다. 왜냐하면 우리는 어떤 완벽한 개념적 진공상태에서 우리의 탐구를 시작할 수 없기 때문이다. 그러나 우리의 탐구가 진행됨에 따라, 우리는 우리의 개념적 장치 안에서 우리가 속한 문화의 특성에 의해 결정되어진 것과 어떤 정당성을 가진, 있는 그대로의 인간의 것으로 간주될 수 있는 것을 구별하는 것이 중요하다.

의미에 대한 보편적인 측면과 문화 특정적인 측면, 둘 다를 탐구하려고 시도할 때, 우리는 우리 자신의 문화에서 제공되거나 또는 우리 자신의 학문적 전통에서 제공된 개념을 문화로부터 자유로운 분석적 기구처럼 사용하는 것을 경계해야 한다(Lutz 1985 참조). 인간으로서 우리는 모든 문화의 바깥에서 존재할 수 없다. 그렇다고 이 말이, 만일 우리가 우리의 것이 아닌 다른 문화들을 연구하기를 원한다면, 우리가 할 수 있는 일은 우리 자신의 문화 프리즘을 통해서 다른 문화들을 기술하는 것이며, 그럼으로써 다른 문화들을 왜곡할 수 있다는 것을 의미하지는 않는다. 우리는 보편적이고 문화 독립적인 관점을 찾을 수 있을 것이다. 그러나 (우리가 문화의 바깥에서 존재할 수 없으므로), 그러한 관점을 모든 문화 외적 영역이 아니라 우리 자신의 문화권 내에서, 아니면 우리에게 아주 친숙한 어떤 다른 문화권 내에서 찾아야만 하는 것이다.

이것을 찾기 위하여 우리는 하나의 문화권 내의 문화 특이성을 문화의 보편적 양상으로부터 분리하는 것을 배워야한다. 우리는 모든 개별 문화권 내에서 '인간의 본성'을 찾아야만 한다. 이것은 반드시 '인간의 본성'을 연구하기 위한 것이 아니라 우리들이 관심을 두고 있는 모든 문화권의 특이한 측면들을 연구하기 위해서 필수적인 것이다. 특정문화적인 특성들 속에서 다른 문화들을 연구하기 위해서 우리는 보편적 관점을 갖는 것이 필요하다. 즉 우리는 문화 독립적인 분석적 틀을 갖는 것이 필요하다. 우리는 어떤 인간의 언어라도 보유하고 있는 개념, 즉 보편적인 인간의 개념 속에서 그러한 틀을 찾을 수 있다.

만약 우리가 이러한 방법으로 진행해 나간다면, 우리는 문화와 전혀 다른 틀을 문화 연구에 적용함으로서 문화를 왜곡하는 위험 없이, 어떤 인간의 문화라도 연구할 수 있다. 그리고 우리는 문화를 '충실하게' 기술하거나 또는 문화를 이해하는 일, 이 두 가지의 목표를 달성할 수 있다.

우리가 우리 자신만의 용어를 가지고 문화를 이해해야만 그와 동시에 우리는 '우리 자신의 용어'를 가지고 다른 문화를 이해할 수 있을 것이다. 실제의 '인간 이해'를 위해서 우리에게 필요한 것은 '다른 사람'과 '우리' 둘 다에 적용되는 용어들을 찾는 것이다. 우리는 공유된 용어들, 즉 보편적 개념들을 찾을 필요가 있다. 나는 '인간의 생각을 나타내는 보편적 알파벳'(Leibniz 1903 : 430)으로, 그러한 개념들을 찾을 수 있다는 것을 제안할 것이다. 그 보편적 알파벳이란, 즉 자연 언어들이 갖는 제한적인, 매우 단순한 단어들과 형태소들, 예를 들면, I, you, someone, something, this, think, say, want, do 등과 같은 것이며, 그것들은 모든 언어에서 발견될 수 있는 것으로 보인다.

6. 언어 체계의 독특성

모든 언어에는 그 자체의 내재적인 체계가 있으며, 어떤 의미에서는 한 언어의 단어 또는 구문은 절대로 다른 언어의 것과 동일하지 않다. 세계의 모든 언어가 절대적 동등성의 의미로서의 보편성을 가진 어떤 언어 요소들을 갖고 있다는 생각도 역시 공상에 불과하다.

그러나 우리가 절대적 동등성 또는 절대적 보편성의 개념을 포기하자마자, 우리는 부분적 동등성과 부분적 보편성이라는 생각을 자유롭게 탐구할 수 있다. 즉 전자의 개념이 헛되거나 무용한 것이라면, 후자의 생각은 매우 실용적이고 필요한 것이 된다.

내가 '부분적 보편성'이라고 하는 뜻은 이것이다. 즉 어떤 특정의 언어 안에서, 모든 요소는 요소들로 이루어진 독특한 망에 속하게 되며, 독특한 관계의 망 속에서 어느 특정한 위치를 차지하게 된다. 우리가 두 개 또는 그 이상의 언어들을 비교한다면, 우리들은 동일한 관계의 망들을 찾을 것이라고 기대할 수 없다. 그렇지만 우리들은 어떤 상관성들을 찾을 수 있다고 기대할 수는 있다.

좀 다르게 말하자면, 비록 모든 언어들은 그 언어의 독특한 구조와, 독특한 의미적 형상을 갖는 독특한 어휘부를 갖고 있다고 할지라도, 그럼에도 불구하고 서로 공통으로 동형구조라고 간주될 수 있는 언어의 일정한 영역들이 있다는 것이다. 다음 장에서 몇몇의 예들이 소개될 것이다. 문법이나 어휘부에 있는 이 (제한적인) 동형구조들이 의미론적 보편성의 개념이 된다. 현재 이 책에서 응용한 메타언어는 그렇게 가정한 보편성에 기초하고 있다.

7. 다의성의 문제

어휘적 보편성을 찾는 일은 순수한 경험적인 작업으로 보일 수 있다. 다시 말해 굉장한 품은 들지만, 상대적으로 정직한 작업이다. 그러나 실제로, 어떤 일정한 개념에 대한 단어가 있느냐 또는 없느냐의 일은 기계적인 체크리스트의 방법을 가지고는 증명할 수 없다. 그에 대한 탐색은 경험적인 일이지만 또한 반드시 분석적인 측면도 있어야 한다. 무엇보다 다의성의 문제이다. 예를 들어 보편적인 의미론적 원초소의 하나로서 'I'와 'you'를 가정했을 때, 내가 의미하는 'you'라는 것은 복수의 'you'가 아닌, 또 복수나 단수의 'you'도 아닌, '단수 you'(thou)일 뿐이다. 아직 우리는 'thou'라는 단어를 갖지 않는 것처럼 보이는 어떤 언어를 발견하기 위해 현대 영어 외에 다른 언어를 더 깊이 찾을 필요는 없다. 'thou'가 어휘적 보편성을 지녔다고 주장하기 위해 우리는 'you'라는 단어에 다의성을 설정해야만 한다. 즉, (1) '단수의 you', (2) '복수의 you'가 그것이다. 먼저, 이것은 그렇게 매력적인 방법은 아니다. 그러나 나는 이 방법을 수용하기 위한 좋은 근거들이 있다고 생각한다. 다의성이란 삶의 실제이며, 특히 기초적이고 일상적인 단어들은 더 다의적인 것처럼 보인다. 예를 들어 say는 추상적인 의미, 즉 What did he say in his letter?(이 편지에서 그가 뭐라고 말했지?), The fool said in his heart, there is no God.(바보는 신은 없다고 마음속으로 말했다.)처럼, 육체적 매개를 무시한 추상적 뜻과, 그리고 오직 입으로만 말하는 것을 지시하는 구체적인 뜻 사이에는 다의성이 있다. 또 know는 프랑스어에서 머리로 지식을 아는 것인 savoir와 개인적으로 누군가를 아는 것인 connaître의 뜻 두 개로 구별되며, 독일어는 wissen과 kennen의 뜻으로 구별되어 다의적이 된다('I know that this is not true'와 'I know this man'을 비교).

다의성은 절대로 가볍게 가정될 수 없으며 그것은 언제나 언어 내적 근거 위에서 정당화되어야 한다는 것은 너무 당연한 것이다. 그러므로 독단적인 방식으로 또는 선험적인 방식으로 다의성을 부정하는 것은 정당화 없이 다의성을 가정하는 것만큼이나 어리석은 일이다. 영어 단어의 'you' 경우를 보자면, 나는 이 다의성의 문제는 yourself와 yourselves형과의 차이를 기초하여 정당화될 수 있다고 본다. 즉 yourself와 yourselves의

선택은 단수의 you와 복수의 you의 선택으로 결정될 수 있기 때문이다
(단수 you와 yourself 그리고 복수 you와 yourselves 참조).

하나의 단어가 두 개의 의미, 즉 한정적 의미와 비한정적 의미를 가질
수 있다는 것은 놀랄 일이 아니다. 더 놀라운 일은 하나의 단어가 서로 다
른 두 개의 비한정적 의미를 갖는 것처럼 보이는 경우이다. 그러나 사실
지금까지 밝혀진 증거에 의하면, 전세계적으로 'you'와 'I'를 위해 동일한
단어를 사용하는 언어는 없다고 한다. 오히려 전세계적으로 이 두 개의 개
념을 위한 (별도의) 특별한 단어들을 갖지 않는 언어는 없다고 하는 것이
더 일반적이다.

8. 의미적 동등성과 화용적 동등성

만약 보통 한 개의 언어만을 사용하는 사람들이 그렇듯이, 한 언어의 대
부분 단어들은 다른 언어에도 정확한 의미의 동등어가 있다고 믿을 수 있
다면, 마찬가지로, 한 언어의 어떤 단어들이라도 다른 많은 언어에 정확한
동등어를 갖는 예는 없다고 믿는 학자들도 또한 있다. 예를 들면 인칭대명
사를 전혀 갖지 않는, 즉 'you'와 'I'라는 단어가 없는 언어들도 있으며, 때
때로 일본어가 그러한 예로 인용되기도 한다. 그러나 나는 이것은 잘못된
의견이라고 본다. 단지 문화적 이유 때문에 일본어 화자들은 인칭 대명사
를 사용하는 것을 기피할 뿐이며(Bernlund 1975b ; Suzuki 1986), 그래서 일
본어에는 일본어 화자들이 전혀 오해를 일으키지 않고도 그러한 명백한
지시어들을 기피할 수 있게 하는 좋은 장치들이 풍부하게 발달되어 있다.
예를 들면 일본어는 화자 쪽에서는 전혀 사용하지 않는 어떤 동사, 즉 일
종의 존칭 동사들이 있다. 그리고 '겸손하고', 스스로를 낮추는 데 사용하
는 동사들이 있는데 이것은 상대에게는 절대 사용하지 않는다. 따라서 그
러한 동사의 사용으로 말을 하는 사람과 말을 듣는 사람을 충분히 확인할

수 있어서, 'I'와 'you'라는 분명한 지시가 불필요하게 된다. 그러나 'I'와 'you'에 해당하는 단어들은 존재하며, 필요하거나 원할 때는 사용될 수 있다.

사실 많은 언어들, 특히 동남아시아 언어들은 'I'와 'you'에 해당하는 많은 정교한 대용어가 발달되어 있고, 많은 상황에서 가장 분명하고 기본적인 대명사보다 오히려 그러한 대용어를 사용하는 것이 더 적절할 수가 있다. 예를 들면 태국에서는 정중한 대화를 나눌 때, 'you', 'I'와 같은 기본 단어들을 사용하는 것이 과도하게 무례하게 보이고 또 부적절한 일이 된다. 그보다는 자기 비하적인 다양한 표현들을 'I' 대신으로 사용하며, 경의를 표하는 다양한 표현을 'you'로 사용하고 있다. 'I'를 나타내는 많은 표현들은 화자의 머리, 머리에 쓴 왕관, 머리 꼭대기와 같은 것으로 지시되며, 'you'는 청자의 발, 발의 영혼, 심지어 청자의 발밑의 먼지로 지시된다. 화자를 그 자신의 몸에서 가장 가치 있고 존경받는 부분, 즉 머리에 두고 있는 것은, 청자의 신체 중 가장 낮고 가장 가치가 적은 신체의 부분과 동일한 수준으로 보기 때문이다. 그러나 이러한 사실이 태국어에는 대명사, 즉 'you'와 'I'에 대한 기본 단어가 없다는 것을 의미하지는 않는다.

어떤 언어에는 'he'와 'she'라는 단어들 사이에 대응되는 구별이 없을 수 있다. 사실 많은 언어들, 예를 들면 터키어는 성 구별이 없이, 'he'와 'she'에 대해 하나의 단어로만 쓴다. 그러나 대부분 알려진 언어 중에서 화자와 청자의 구별, 즉 'I'와 'you'를 구별하지 않는 경우는 없다.

이것은 'I'와 'you'의 사용 영역이 모든 언어에서 동일하다는 것을 의미하는 것은 아니다. 예를 들면 일본어의 ore라는 단어는 일영사전에서는 'I'로 풀이되고 있으나, 영어의 'I'와 비교할 때 그 사용 영역이 훨씬 좁다. 왜냐하면 일인칭과 이인칭의 대명사들에 대한 최근의 연구들에 의하면 (Kurokawa 1972), ore를 여성이 사용한 예는 없으며, 남성의 90%가 boku (100%), watashi(80%), watakushi(50%), atashi(80%)와 함께 ore를 사용하고 있다고 하였다. 또한 "대명사 ore, 즉 'I'는 종종 성인 남성화자들이 매우 친한 친구 사이나 집과 같은 비격식적인 환경에서만 사용한다. 많은 초등학교에서 이 ore라는 대명사의 사용은 교사에 의해 저지되고 있다고 해도 과언이 아니다. 그리고 이 대명사는 영어를 사용하는 학생들을 위한 초급이나 중급의 일본어 학습용 교재에는 거의 소개되지 않는다.” (Kurokawa 1972 : 231). 또한 이 연구는 남자들이 부모와 이야기할 때보다 자기들의 부인들과 이야기할 때 ore를 더 많이 사용한다는 것을 보여준다.

그러면 ore의 의미는 무엇인가? 어떤 한 어린이가 학교에서 다른 어린이들에게 ore를 사용하는 것은 ‘무례한’ 것으로 간주될 수 있다. 그러나 ore가 ‘I(나)+disrespect(경멸함)’을 의미하지는 않는다. 왜냐하면 만일 그러한 의미라면, 부모와 이야기할 때, 남자들이 ore를 사용하지는 않을 것이기 때문이다. 이것은 ore가 단순히 ‘I’를 의미하는 것을 뜻하며, 그리고 언제나 ore가 ‘I’가 아닌 것으로 볼 수 있는 다른 어떤 불변의 의미론적 구성성분이 있는 것이 아니라는 것을 시사한다. 그러므로 ore의 사용에 대한 가장 큰 제약은 의미론적 자질보다는 문화적인 것으로 보아야 할 것이다. 자기 자신에 대한 지시가 많은 상황에서 겸손이나 복종의 표현을 수반하도록 기대되는 어떤 한 사회에서는, 단지 ‘I’ 하나만을 사용하는 것은 화용적으로 유표적이 되며, 그럴 경우 틀림없이 매우 친밀하거나, 아니면 매우 무례한 것으로 해석된다. 그러나 이러한 화용적 유표성을 명백한 의미론적 복잡성과 혼동해서는 안 된다.

무엇보다도, 일본어의 ore ‘I’나 kimi ‘you’, 또는 프랑스어 tu나 독일어 du와 같은 단어들은 그 단어들이 속한 언어 내에서는 더 이상 정의될 수 없다는 사실이 지적되어야 한다. 만일 누군가가 이와 같은 단어들은, 예를 들면 영어로 다음과 같이 정의할 수 있다고 주장한다고 하자.

ore-‘I ; 나는 너에 대한 존경을 갖지 않는다’
kimi (tu, du)-‘you ; 나는 너에 대한 존경을 갖지 않는다’

이와 같은 의미설명은 영원한 회귀 없이 독일어나 프랑스어나 일본어로 번역될 수 없다. 즉 의미설명에서 어떤 단어들이 'you'와 'I'를 대신하여 사용될 수 있을 것인가? 우리는 이러한 종류의 단어들을 그 언어의 진정한 의미 원초소라고 결론할 수 있다. 그 단어들은 의미론 원초소가 아니며, 단지 그 단어 속에 내재한 복잡성은, 그 단어들의 언어가 아닌, 오직 영어로 풀이된 정의를 통해서만 설명될 수 있다고 말한다면 그것은 아주 뻔뻔한 자민족중심주의의 사례가 될 것이다. 그런데 이러한 일본어나 프랑스어 그리고 독일어의 원초소들은 언어 간의 경계들을 넘어서 의미론적으로 서로 일치하는 것을 찾을 수 있기 때문에, 비록 큰 문화적 차이는 다양한 사용 빈도나 다양한 사용 영역에 반영되어 있음에도 불구하고, 우리들은 그 단어들을 보편적 의미 원초소라고 하고, 그것들을 의미론적 설명에서 동등한 것으로 취급한다. 그렇게 함으로써 그 단어들이 속한 언어 체계 내에서 그 단어들의 유추적인(비한정적) 위치를 분명히 알 수 있다.

9. 보편적 문법 패턴

만약 어떤 가정된 어휘적 보편성이 각각의 언어에, 그리고 특정 언어의 문법적 패턴에 들어 있다면, 실제로 어휘적 보편성은 비교 언어학적으로 확인되거나 서로 일치하는 것을 찾을 수 있을까? 어떤 경우에도 단어나 형태소들은 그 자체로는 어떤 의미도 표현할 수 없다. 즉 그것들은 어떤 일정한 방식으로 문장이 표현하려는 의미에만 단지 기여할 뿐이다. 만약 우리가 비교 언어학적으로 의미들을 서로 확인하기를 원한다면, 우리들은 단독으로 사용된 어휘 항목들을 찾아야 하는 것이 아니라, 그에 상응하는 문장 안에서 사용된 그와 상응하는 어휘적 항목들을 찾아야 할 것이다. 이 말은 우리가 상응하는 어휘 항목은 물론이고 또한 동일하게 상응되는 문법적 패턴들도 찾아야 한다는 것을 뜻한다.

어떤 언어에서도 대부분 문법 패턴은 언어 특정적인 것으로 보인다. 그렇지만 또한 매우 보편적 패턴들도 있다고 할 수 있다. 사실 만약 우리가 비교 문화적인 이해가 가능하다고 한다면, 언어 구조의 수많은 변이에도 불구하고, '인간 이해'의 어떤 공통된 핵심이 있을 것이며, 이러한 공통의 핵심은 어떤 공유된 또는 상응하는 어휘 항목들에서 찾아야 할 뿐만 아니라, 이들이 사용될 수 있는, 공유된 또는 그에 상응하는 문법 패턴들에서도 찾아야만 한다.

달리 말하면, '원자 문장들'(atomic sentences)이나(Russel 1962 참조), 또는 '핵심 문장들'(kernel sentences)이 있으며(Chomsky 1957 참조), 그 문장들은 어느 언어에서나 찾을 수 있고 어떤 언어 간 비교에서도 상응되는 것을 찾을 수 있다. 이러한 '원자 문장들'의 문법은 어휘적으로 정의될 수 없는 것, 즉 '원자 요소들'만의 가능한 분포 패턴이 있어야 한다. 그러므로 만일 이러한 패턴들을 발견하려고 시도하려면, 우리들은 어휘적으로 그 자체가 정의될 수 없는 것을 조사해야 하며, 그것들의 공기 가능성이 무엇인가를 찾아야한다. 보편적 문법 패턴을 찾기 위해서는, 우리는 어떤 형태의 보편성을 찾아야 하는 것이 아니라, 조합의 보편성을 찾아야 한다.

그러한 단순하고 '언어 독립적인' 문법 패턴을 찾는 일은 최근에 착수됐으며 여전히 초기 단계이다(Wierzbicka 1988, 1990a, 1990b). 현재의 책에서 제시되고 있는 설명들은 어떤 절대적 의미에서 단순화되거나 보편적인 것이 아닌, 상대적으로 단순하고 상대적으로 언어 독립적인 것으로 일종의 축약된 영어의 통사론을 적용하였다. 무엇보다도 나는 복잡한 문장보다는 단순한 구문에 기초하려고 했으며, 분사 구문, 관계절, 명사화 그리고 복잡하고 언어 특정적인 통사적 장치와 유사한 것들을 회피하려고 하였다. 그렇다고 나는 이 연구를 가능한 단순성과 보편성의 방향으로만 진행하려고 하지 않았다. 왜냐하면 이러한 연구는 종종 의미설명이 매우 길며, 긴 의미설명은 읽기를 더 어렵게 만들기 때문이다. 나는 한편으로는 단순성

과 보편성을 그리고 다른 한편으로는 독자의 편이성을 고려하여 이를 절
충할 것이다.

10. 의미론과 화용론 : 다른 접근법들

· Leech(1983 : 6)는 의미론과 화용론 사이의 관계를 세 개의 다른 관점으
로 구별하였으며, 그것을 간단하게 〈그림 1〉처럼 세 개의 도표로 요약하였
다. 그는 세 개의 관점을 '의미주의'(A), '상보주의'(B), '화용주의'(C)라고
이름을 붙였다.

　기호 체계의 연구를 통사론, 의미론 그리고 화용론으로 구분을 한, 고전
이 된 Morris학파(1938)의 입장은 '상보주의'의 한 예이다. Wittgenstein
의 『철학적 탐구』(1953)에서 출발하였고, '의미를 묻지 말고 용법을 물어
라'고 재촉하였던 언어 철학적 전통은 '화용주의'의 예가 된다. 발화의 의
미 구조의 일부로서 발화의 언표내적 효력을 제시하려고 한 70년대 초 '생
성 의미론'은 '의미주의'를 제시한 것으로 볼 수 있다(Cole-Morgan 1975 참
조). 세 개의 이러한 접근법들은 매우 큰 차이를 보이는데, 이를 다음과 같
이 간략하게 논의할 수 있다.

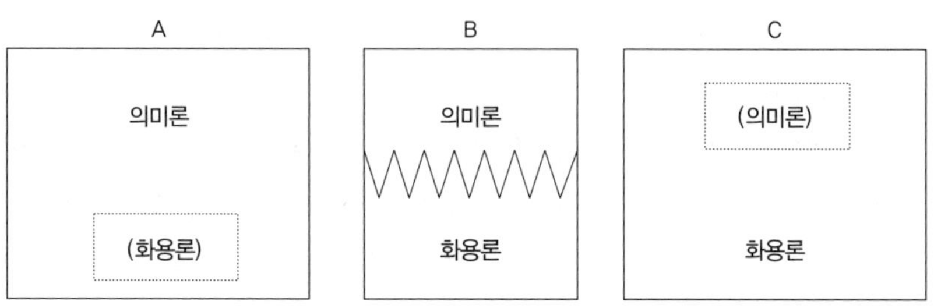

〈표 1〉 의미론과 화용론의 관계에 대한 세 개의 관점

Morris는 기호와 '실재' 사이의 관계를 기호와 기호의 사용자 사이의 관계로부터 분리하기를 원했다. 그러나 자연 언어가 갖는 바로 그 본성 때문에 언어외적 실재는 언어 사용자의 심리적 세계와 사회적 세계로부터 분리될 수 없다.

언어는 하나의 통합적인 체계여서, 그 체계에서 모든 것, 즉 단어, 문법구문, 그리고 억양을 포함한 다양한 '언표 내적' 장치들이 의미를 전달하기 위하여 '공모'하고 있다. 따라서 우리는 언어학을 자연스럽게 세 개의 부문으로 나누어 논의할 수 있으며 이를 어휘 의미론, 문법 의미론, 언표내적 의미론으로 부를 수 있다. 기호의 연구를 의미론, 통사론 그리고 화용론으로 나눈 Morris의 학파들의 구분은 어떤 인공적 기호체계에 관해서는 충분히 이해될 수 있으나, 그것은 자연 언어에 관해서는 합당하지 않는다. 자연 언어의 통사적, 형태론적 장치, 그리고 언표내적 장치는 그 자체가 의미를 전달하고 있기 때문이다. 자연 언어에서 의미란 세계에 대한 인간의 해석으로 이루어져 있다. 의미란 주관적이고, 인간 중심적이다. 그리고 의미는 세계 '그 자체의' 어떤 객관적인 특징만큼이나 많이, 사회적 상호작용을 나타내는 문화 특정적인 양식들과 우세한 문화적 관심들을 그대로 반영한다. '화용적(태도적) 의미들'은 '외연적 조건'에 기초한 의미들을 가지고 있는 자연 언어들과 복잡하게 뒤엉켜 있다(Wierzbicka 1980, 1987 ; Padu-čeva 1985 참조).

자연 언어가 전달하는 의미들은 본질적으로 주관적이고 인간 중심적이기 때문에, 그 의미들을 깔끔하게 '지시적' 의미와 '화용적' 의미로, 또는 '외연적' 의미와 '태도적' 의미로 나눌 수 없다. 그러므로 필요한 것은 하나의 통일된 의미론적 연구틀이며, 마찬가지로 그 틀은 예를 들면 영어의 cup과 mug, 그리고 일본어의 sake와 같은 '문화 부류', 영어의 cat와 dog, 그리고 일본어의 nezumi(rat/mouse)와 같은 '자연 부류', 영어의

promise, vow 그리고 pledge, 또 러시아어의 materit'sja('어머니께 맹세하건데')와 같은 상호작용적 동사 등등의 의미를 기술하기에 적합해야 한다. 그러한 모든 의미들은 문화 특정적이며, 주관적이며 또한 인간 중심적이며, '지시적'이면서 그와 동시에 '화용적'이다. 예를 들면 Leech가 구분한 '상보주의자'의 입장으로 본다면 Leech는 '화용론' 밑에서 requesting(요청하기), promising(약속하기), ordering(명령하기)과 같은 언표내적 효력을 분석할 수밖에 없었으며, '의미론' 밑에서 request(요청하다), promise(약속하다), order(명령하다)와 같은 동사들의 의미를 분석할 수밖에 없었는데, 마치 이 두 개의 과제가 전혀 공통된 점이 없는 것처럼 되어 있으며, 또한 requesting, promising, ordering에 대한 언표내적 효력은 단순히 영어의 동사 request, promise, order의 기능이 아닌 것처럼 되어 있다.

10.2. '화용주의'

Leech가 '화용주의'라고 부른 접근법이 아마도 훨씬 더 많이 제안되는데, 왜냐하면 화용주의란 '화용적 의미'와 '외연적 의미' 사이에 인위적인 간격을 만들어내지 않으면서도 또한 자연 언어의 인간 중심적인 본성을 잘 보여주기 때문이다. 가령 자연 언어는 언어 사용자인 '인간'이 모든 것들의 진정한 판단척도이며, 또 의미의 '객관적' 양상이 '주관적' 양상과 상호작용적 양상과 함께 복잡하게 연결되어 있다.

그러나 '화용주의'는 특히 비교 문화 관점에서, 의미에 대한 실제적 기술을 할 때, 충실히 적용되기가 어렵다. 왜냐하면 화용주의는 기술과 비교를 위한 엄격한 틀, 즉 언어 사용의 끝없는 가변성으로 인하여, 엄격하게 분석되거나 해석될 수 있는 견고한 잣대가 없기 때문이다.

그러한 잣대가 없이 언어 사용을 기술하려는 것은, 마치 소리에 대한 어떤 보편적인 음운의 알파벳이 없이 서로 다른 언어들의 음운론적 체계를 기술하려는 것과 같다. 음운론이나 통사론 그리고 역사 언어학의 영역에서 매우 엄격하게 높은 표준에 익숙한 많은 언어학자들이 '화용주의'의 철학에 기초한 언어학적 논문이나 책을 '분명하지 않고' '쓸데없는 것을 말하며' 그리고 자의적인 것으로 거절하는 것은 그다지 놀랄 일이 아니다.

10.3. '의미주의'

현재의 저자의 관점에서는, Leech가 '의미주의'라고 한 접근법이 자연 언어의 의미 연구에 더 많이 제안되고 있다. 왜냐하면 의미주의가 의미의 연구에 더 견고한 기초를 마련해주고 있으며 엄격한 통찰력을 갖도록 해주기 때문이다. 자연 언어는 의미를 전달하기 위한 하나의 체제라고 할 수 있으며, 언어 과학의 어떠한 통합도 오직 의미를 기초로 하여야만 달성될 수 있다.

'급진적 의미론'의 입장을 옹호했던, 잘 알려진 언어학파, 즉 '생성 의미론'이 실패했으며, 그의 패배를 인정했다는 사실(Newmeyer 1980 : 167-173 ; Lakoff 1986 : 584-585 참조)이 '급진적 의미론'의 방향 그 자체에 원래부터 잘못된 무엇인가가 있다는 것을 의미하지는 않는다. 우리는 충분히 검증된 보편적인 의미적 원초소의 집합이 없이, 비자의적 방법으로 의미들을 비교하거나 기술할 수는 없다. 비록 생성 의미론자들이 일부의 확인되지 않는 '원자 서술어'(atomic predicates)들을 추상적으로 언급하기를 좋아했을지라도, 그들은 그러한 집합을 발견하려고 노력하지 않았다. 우리는 이것이 화용론과 일반 의미론에서 그들이 실패한 주된 원인이며, 그들의 '급진적 의미론'의 접근법 때문이 아니라고 말할 수 있다. 그들에게 부족한 것은 의미론의 영역에 일관성과 통일성을 제공하는 방법론과, 의미론을 둘러싼 주변 영역과의 경계를 적절히 한정하는 방법론이다.

언어적 의미론과 언어적 화용론은 하나이다. 색채 의미론, 친족 의미론, 발화 행위 의미론, 자연, 문화, 그리고 감정 의미론 등등에 적용할 수 있는 것은 또한 대인적 태도의 의미론에도 적용할 수 있다.

10.4. 네 번째 접근방법 : 두 개의 화용론

그러나 화용론의 모든 양상이 보편적인 의미론의 틀, 즉 의미의 모든 다른 영역에도 사용될 수 있는 동일한 틀로 다 다루어질 수 있을까?

아마 어느 누구도 그렇게까지 주장하지 않을 것이다. '화용론'은 '대화분석', '언어 예절', '의사소통 능력의 획득' 등등을 포함하여 아주 폭넓고 이질적인 영역의 현상에까지 적용되어 왔다. 사실 많은 학자들은 '화용론'은 쓰레기통 그 이상은 아니어서 언어와 관련되지만 엄격하게 다루어질 수 없는 모든 것을 던져버리는 곳이라고 주장해 왔다. 이러한 입장은 '화용론'을 매우 넓은 영역으로 보고 있지만 그 말 때문에 '핵심 언어학'이 무력하게 방치되었으며, 언어능력에 대해 일관되고 통합된 기술을 하는 데 필수적인 구성성분을 허용하지 않았다.

내 견해로는 이러한 딜레마를 푸는 유일한 해결은 주제의 문제라기보다 방법론적으로 전혀 다른 두 개의 서로 다른 화용론이 있다는 것을 지각하는 것이다. 하나는 언어적 화용론으로서, 즉 언어능력에 대한 일관적이고 통합된 기술의 한 부분을 구성하는 것이고, 그리고, 또 다른 하나의 화용론이나 아니면 (복수적인) 다른 화용론으로서 즉 사회학자, 심리학자, 민족지학자, 문헌학자 등등의 영역을 인정하는 것이다.

Hugo Schuchardt(1972 : 67)는 한 학파의 통일은 일관된 방법론으로 만들어질 수 있는 것이지, 주제에 대한 그 자체의 내재된 통일성에 의한 것은 아니라고 지적하였다. 화용론이란 어느 정도까지는 언어학의 일부를 이루며 언어적 화용론과 비언어적 화용론과의 경계는 일관되고 통일된 언어학적 연구 틀의 용량에 따라 결정된다.

태도적 의미들은 어떤 다른 종류의 의미와 똑같은 기술적 틀로 다루어질 수 있다. 그러므로 태도적 의미들은 의미론에 속하며, 그 사실 자체에 의하여 '핵심' 언어학에 속하는 것으로 간주될 수 있다. 그러므로 언어적 화용론과 언어적 의미론 사이에는 어떤 격차도 없으며 반대로 언어적 화용론은 언어적 의미론의 부분으로 충분히 간주될 수 있다. 그러나 언어적 화용론과 언어 사용에 대한 다양하고 이질적인 연구 사이에는 큰 격차가 있다. 이것 때문에 우리는 Leech가 제안한 세 번째에 이어서, 〈그림 2〉에서와 같이, 네 번째의 그림을 제안한다.

이 그림은 의미에 대한 '급진적 의미론'을 나타내고 있으며 소위 '화용적 의미'가 다른 의미들과 정확히 동일한 방식으로 다루어지고 있으며, 정확히 동일한 틀로 기술되고 있다는 것을 표시하고 있다. 그러나 이것은 지금껏 '화용론'이라고 해온 어떤 것이 의미론에 의해 삼켜질 수도 있거나 또는 그래야 한다는 것을 의미하는 것은 아니다.

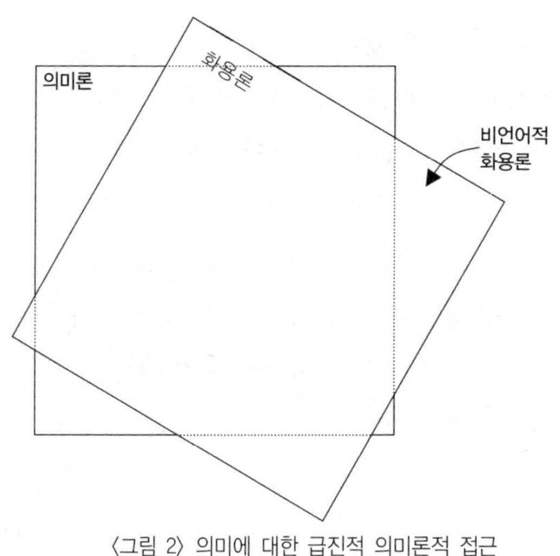

〈그림 2〉 의미에 대한 급진적 의미론적 접근

11. 논의 내용의 기술

2장 '다른 문화, 다른 언어, 다른 발화 행위'는 두 개의 언어, 즉 영어와 폴란드어 사이의 많은 차이점들을 논의하고 있으며, 이러한 차이점들을 다양한 문화 규범들과 문화적 가정들과 관련짓고 있다. 영어는 폴란드어와 비교했을 때, 명령형의 용법에서 매우 많은 제한이 있으며, 의문형과 조건형의 용법은 폭넓게 쓰이고 있다. 공손성이라는 보편적인 원리로 주장되어온 영어의 자질들은 영어만의 언어 특정적인 것이며, 문화 특정적인 규범들과 문화적 전통에 기인하는 것임을 규명하였다. 언어의 차이로는 폴란드어의 경우에는 온정(cordiality)과 같은 문화적 가치와 연관되어 있고, 영어의 경우에는 개인적 자율성의 중시와 개인주의와 같은 문화적 가치와 연관된 것임을 논의하였다. 더구나 호주 영어의 어떤 특징적 자질들은 호주인들의 국민적 정서의 특징들을 반영한 것으로 간주된다. 발화 행위 이론과 문화 간 의사소통의 암시들도 논의되었다. 대부분 영어를 기초하여 만든 발화 행위에 대한 매우 영향력 있는 이론들, 특히 Searle의 이론은, 그 이론들이 갖는 잠재적인 사회적 영향으로 볼 때 자민족중심적이고 위험한 것임을 밝히고 있다.

3장 '비교 문화 화용론과 다양한 문화적 가치'에서는 많은 폭넓은 예, 특히 일본어, 흑인 미국영어, 이디시어와 히브리어에 기초하여, 다른 언어들과 관련된 말하기 방식의 차이가 매우 깊고 체계적임을 보이고 있으며, 이 언어들은 각각 독자적으로 형성된 문화적 전통, 문화적 가치 그리고 문화적 우위성의 차이점들을 반영하고 있거나, 그러한 차이의 관점에서 설명될 수 있음을 제시하였다. Grice(1975)와 Leech(1983)가 주장한 인간의 대화 행위의 유형을 보편적인 것으로 가정한 '격률'은 앵글로 중심적인 것임을 밝히고 있다. 그것은 또한 부적절한 개념적 도구의 사용으로 인하여, 비교 문화 화용론의 발전이 어떻게 저지당하고 있는지를 보여주었다. 특히 '직접성'(directness), '자기 단언'(self-assertion), '거리'(distance), '친밀성'(intimacy), '유대감'(solidarity), '조화'(harmony), '비공식성'(informality) 등등의 비분석적이고 모호하고 가변적인 글로벌 표지들의 사용으로 인하여 어떻게 역설적이고 모순적인 결론에 이르게 되었는가도 보여주었다. 또한 보편적인 의미 원초소인 메타언어로 만든 '문화 스크립트'의 관점에서 다양한 문화 스타일이 분명하게 설명될 수 있는 하나의 방법론을 제안하였다.

4장 '대화 관례의 기술'에서는, 다른 언어 그리고 다른 문화와 관련하여 대화 관례의 기술과 비교에 많은 노력을 기울인 것에 비해 이 중요한 영역에서는 이미 성취했어야 한 것보다 훨씬 더 적은 성취가 이루어졌음을 밝히고 있다. 왜냐하면 그러한 비교가 충분히 수행될 수 있는 하나의 표준화된, 그리고 '문화로부터 자유로운' 메타언어에 대한 좋은 질문들에 대해 충분한 고찰이 없었기 때문이다. 자연 의미 메타언어들의 사용이 이러한 연구에서 어떻게 유용한가를 보이기 위해, 특히 나는 Pomerantz(1978)의 '칭찬의 반응'이라는 논문에서 제시한 많은 일반화들을 검증하였으며, 이러한 일반화를 통해 어떻게 칭찬의 반응들이 명쾌하게 설명되고 증명될 수 있도록 재공식화 될 수 있는가를 제시하였다. 나는 또한 다른 많은 대화 관례들을 검증하면서, 자연 의미 메타언어를 사용함으로써 어떻게 대화 분석을 엄격함이라는 새로운 수준으로 끌어올릴 수 있으며, 자민족중심의 편견으로부터 자유로울 수 있는가를 보여주려고 시도하였다.

5장 '언어와 문화 간 발화 행위와 발화 장르'에서는 영어, 폴란드어, 일본어, 히브리어, Walmatjari(호주 원주민어)로부터 수많은 발화 행위와 발화 장르들을 논의하였으며, 각 발화 행위와 발화 장르에 명칭(말하자면 각 언어의 민속 표지)을 부여하면서 그 명칭을 통하여 그것들을 접근하였다. 발화 행위와 발화 장르에 대한 민속 명칭은 특정 사회의 매우 특징적인 대화 스타일에 대한 통찰력을 주는 중요한 근원을 제공하고 있으며, 언어와 관련된 매우 특징적인 문화적 자질들을 반영하고 있다. 그리고 이러한 근원을 완전히 개발하기 위해서는, 우리는 그 명칭에 대해 매우 엄격한 의미 분석을 행하고 있으며, 문화 독립적인 메타언어로 그 결과들을 나타내고 있다. 이러한 사실은 전통적인 호주인의 가치와 국민적 정서에 대한 논의와 함께, 호주 영어만의 발화 행위 동사들의 의미 분석을 통하여 상세히 보여주었다.

6장 '언표내적 효력의 의미론'에서는 대인 간 상호작용의 양식을 기호화한 영어 구문과 표현들의 넓은 영역을 검증하였고 그것들의 의미, 즉 그것들의 '언표내적 효력'을 분석하고 있다. 예를 들면 부가 의문의 다양한 유형과 '요청 의문'의 다양한 패턴들이 논의되었고 그들 사이의 차이점과 유사점을 밝혀내었다. 이 책의 다른 부분처럼, 여기에서도 그 분석은 언표내적 효력을 분해하는 형식을 취하였고 이를 자연 의미 메타언어로 공식화하였다. 이 장에서 보여준 언표내적 효력의 분해는 (경험적으로 부적절하며 이론적으로 정당화될 수 없는 것으로 증명된) '수행 가설'과 '자율 문법' 사이의 진퇴유곡에서 안전한 통로를 제공하였으며, 그 방법은 언어사용의 연구로부터 언어 구조의 연구를 분리하기 위해 시도된 것이다.

7장 '이탈리아어의 중첩어 : 그 의미와 문화적 유의미성'은 어떤 특정 문화만이 갖는 화용적 장치에 대한 사례 연구로 구성되어 있다. 예를 들면 bella bella(아름다운, 아름다운)와 같은 이탈리어어의 '중첩어'는 'I am most grateful'에서의 절대적 최상급과 같은 다양한 '강조적 장치'의 배경과 대조하여 검증되었다. 만일 매우 임의적인 인상적 설명이 엄격한 의미론적 설명으로 대체될 수 있다면, 이탈리어의 중첩어에 담긴 의미와 같이 매우 미묘한 화용적 의미들은 다른 관련된 의미들과 구분될 수 있으며, 분명해질 수 있다는 것을 설명하였다. 즉 그것은 자연 언어로부터 도출된 의미론적 메타언어가 그러한 목적을 위해 어떻게 사용될 수 있는지를 보여준 것이다. 또한 통사적 중첩어가 이탈리아어의 대화 스타일의 일부 특징적 자질을 반영하는 화용적 장치의 체계에 속한다는 것을 논하였다. 더 일반적으로 말하자면, 언표내적 문법은 '문화적 스타일'과 직접적으로 연관될 수 있으며, 비교 문화 화용론은 만일 그것의 문제점을 언표내적 의미론의 틀 안에서 설명될 수 있다면, 통찰력과 엄격성 둘 다를 매우 높게 획득할 수 있다는 것을 논하였다.

8장 '다양한 문화의 간투사'에서는 다른 언어 요소들처럼 간투사도 그 자신의 의미를 갖고 있으며 이들의 의미는 자연 의미 메타언어에서 확인될 수 있거나 포착될 수 있다는 것을 논의하였다. 여기에서는 영어, 폴란드어, 러시아어, 이디시어의 많은 간투사들이 논의되었으며, 그들의 사용 영역의 차이점과 공통점을 설명할 수 있는 엄격한 의미 공식이 제안되었다. 예를 들면 영어의 yuk!라는 간투사는 그것과 가장 가까운 폴란드어 fu!, fe!, tfu!와 러시아어의 t'fu! 등과 비교되거나 대조를 이룬다. 간투사들의 의미는 disgust(역겨움)과 같은 감정어의 용어로는 적절하게 포착될 수 없는 것에 비해, 보편적인 의미 원초소의 층위에 더 가까운, 더 정교한 구성성분들의 관점에서는 간투사들의 의미가 잘 포착될 수 있었다. 간투사의 기능으로는 확실한 상징성의 역할이 논의되었으며, 의미론적 공식으로 이러한 상징성이 반영될 수 있는 가능성을 탐구하였다.

9장 '불변화사와 언표내적 의미'에서는 많은 영어와 폴란드어의 불변화사들, only, merely, just와 같은 양화사 그리고 already, still, yet과 같은 시간어를 검증했으며, 그리고 각각의 사례들은, 불변화사 그 자체가 사용된 상황에 잘 대체될 수 있는, 자연 의미 메타언어로 풀어쓰기를 했다. 특히 almost, around, about, at least와 같은 '근사적'에 더 많은 관심을 두었다. 여기에서는 Sadock(1981)과 다른 연구자들이 옹호한, 그와 같은 불변화사에 대한 '급진적 화용론적' 접근이 왜 불변화사의 사용 영역의 설명에 실패했는가를 보여주고 있다. 가장 모호한 '울타리 표현'이나 roughly와 approximately 같은 '근사어'조차도 엄격하고 직관적으로 명백한 의미론적 설명이 가능할 수 있으며, 그 의미론적 설명으로 그들의 용법을 설명하거나, 한 언어 안에서 뿐만 아니라 다른 언어들 사이에서, 매우 밀접하게 관련된 불변화사의 용법의 차이점들을 설명할 수 있다는 것을 제시하였다.

 다문화 의사소통론

　10장 '소년들은 소년들일 것이다 : '진리'조차도 문화 특정적이다'에서는, 언어 사용에 대한 '그라이스 학파' 또는 '급진적 화용론적' 접근에 대한 비판을 더욱 더 강화하였다. 이 접근법에 대한 증거들은 언어 사용에 있어서 '급진적 화용론적' 접근을 지지한, 그라이스와 그 외의 연구자들이 제시한 예, 가령 War is war나 A promise is promise와 같은 구어체의 '항진명제들'에서 주로 가져왔다. 이 장은 그러한 '항진명제의 구문들'이 부분적으로는 관습적인 것이고 언어 특정적인 것이며, 그러한 구문들은 각각 구체적인 의미들을 가지고 있어서 어떤 보편적인 화용적 격률의 관점으로라도 완벽하게 서술될 수 없다는 것을 제시하였다. 본 장에서는 다양한 항진명제의 구문과 유사언어 형식들에 의해 전달되는 태도적 의미들이 엄격하고 자체 설명적인 의미론적 공식으로 진술될 수 있다는 것을 논의했다. 여기에서 '급진적 화용론'은 가망없는 연구로서 거부되었으며, 언어의 구조와 언어의 사용을 통합한 하나의 접근법이 제안되었는데, 그것은 하나의 통일된 틀 안에서 의미의 '주관적' 양상과 '객관적' 양상들을 기술할 수 있는, 일관적인 의미론적 이론을 토대로 하였다.

　11장 '결론 : 비교 문화 화용론을 위한 열쇠로서의 의미론'에서는 이 책에서 발전시킨 인간의 상호작용의 연구에 대한 접근법의 중요한 특징들을 요약하였으며 특히 보편적이고, '문화로부터 자유로운' 관점, 그리고 '다문화적'이며 특정 문화적인 내용을 강조하였다. 그것은 이 책에서 이론적으로 방법론적으로 가장 새로운 것이며, 경험 지향적이며, 언어 교육의 측면에서, 그리고 비교 문화의 이해와 비교 문화 의사소통의 교육에서 사용할 수 있는 잠재성을 부각한 것이다.

제2장

다른 문화, 다른 언어, 다른 발화 행위

Different cultures, different languages, different speech acts

처음부터 발화 행위에 대한 연구는 놀라울 정도로 자민족중심에 의해 왜곡되었으며, 그러한 왜곡은 상당할 정도로 지속되어 왔다. 예를 들어 다음의 주장을 생각해 보자. "사람들이 요청할 때, 그들은 그 요청들을 간접적으로 말하려는 경향이 있다. 일반적으로 사람들은 직접적인 요청, 즉 Tell me the time.와 같은 명령문을 기피한다. 그보다 간접적인 요청인 Can you tell me the time?같은 질문이나 I'm trying to find out what time it is.와 같은 단언들을 선호한다."(Clark & Schunk 1980 : 111).

명백히 이 저자들은 영어에 대한 관찰만을 기초로 하였다. 즉 이 저자들은 영어의 화자들이 가지고 있는 것들을 다른 '사람들도 일반적으로' 가지고 있어야 한다는 것을 당연하게 생각하였다. 다른 저자는 다음과 같이 진술하고 있다.

이 장의 초점은 사람들이 어떻게 요청을 하고, 이해하고, 그리고 기억하는가에 영향을 미치는 상황적 관습에 관한 것이다. 나는 사람들이 갖는 특별한 사회적 상황에 대한 지식 때문에 일정한 요청하기가 관습적인 것으로 간주되었다는 사실을 논할 것이다. …… 나의 출발점은 어떻게 사회적 맥락이 사람들이 간접 요청을 이해하는 방식에 제약을 가하는지를 보여주는 것이다. …… 나는 어떻게 사회적 상황의 구조가 요청을 할 때 화자가 사용하는 표면 형식을 직접적으로 결정하는지에 대해 자세히 설명함으로써 새로운 주장을 제시할 것이다(Gibbs 1985 : 98).

이 저자는 영어의 화자 외에 다른 사람들이 있다는 것을 의식하지 않는 것 같다. 그 결과 그는 심지어 '요청할 때 화자가 사용하는 표면 형식'이 언어마다 다를 수 있다는 것, 그리고 만약 그 표면 형식들이 다르면, 표면 형식은 '사회적 상황들'에 의해 '직접적으로' 결정될 수 없다는 것을 전혀 의심하지 않았다.

이 장에서 나는 위의 인용문과 같은 주장이 자민족중심의 환영에 기초하였음을 보여주려고 한다. 즉 기술된 방식처럼 행동하는 이들은 일반적인 사람들이 아니라 영어를 사용하는 화자들이라는 점이다.

아마도 발화 행위의 연구에 있어서 자민족중심의 편견이 갖는 특성은 언어학 고유의 것이라기보다는 대부분 언어 철학에서 기인한 것이라고 할 수 있다(다음의 5절 참조). 그럼에도 불구하고 앵글로 색슨의 대화 관습들을 일반적인 '인간의 행위'로 착각하는 진술은 언어학의 문헌에도 많이 나온다. 그러한 특징을 가장 잘 보여주는 예를 인용하면 다음과 같다. "모든 언어는 어느 일정한 발화 행위를 수행하는 데 유효한, 동일한 전략의 집합들을 갖고 있다. 예를 들면 만약 누군가가 어떤 언어로 Can you do that? 처럼, 청자에게 그 행위를 할 수 있는지의 능력에 대해 질문 형식으로 요청할 수 있다면, 또는 I'd really appreciate if you'd do that. 처럼, 그 행위를 하도록 청자에게 화자의 욕구를 표현하는 형식으로 요청할 수 있다면, …… 그렇다면 이와 동일한 의미론적 공식, 또는 전략들은 다른 모든 언어들의 화자에게도 역시 유효한 것이 된다."(Fraser & Rintell & Walters 1980 : 78-79). 이들 저자들이 이 점에 있어서 비교 언어학적 차이점을 알지 못한 것은 아니지만 그러나 이들은 그 차이점을 '사소한' 것으로 처리하였다.

거의 모든 언어를 살펴본다면, 아마도 이러한 선입견은 쉽게 무너뜨릴 수 있을 것이다. 이 책에서 나는 주로 폴란드어와 호주 영어의 예시 자료들을 제시할 것이다.

그러나 비록 이 연구가 단지 두 개의 언어에서만 뽑은 발화 행위의 비교를 위한 것이라고 한정된다 해도, 그 주제는 매우 방대하며, 또 하나의 연구로는 철저하게 다루어질 수 없다. 발화 행위에 반영되어 있는 문화 규범은 언어마다 다르고, 지역적 그리고 사회적 변이체에 따라서도 다르다. 호주식 영어와 미국식 영어는 상당한 차이가 있고, 주류 미국 영어와 미국 아프리카계 영어도 상당한 차이가 있으며, 또한 중류층의 영어와 노동자 계층의 영어 사이에도 상당한 차이가 있다. 또한 폴란드어 내에서의 다양한 변이도 고려해야 한다. 그럼에도 불구하고 영어 안에는 놀랄 만큼 많은 통일성이 있으며, 폴란드어 안에서도 또한 그렇다.

이 상에서 논의할 영어와 폴란드어 사이의 차이점들은 여기에서 연구한 것보다 훨씬 더 철저하고 체계적인 방법으로 연구될 수 있고, 또 연구되어야 한다는 것은 말할 나위도 없다. 그러나 그렇게 되기 위해서는, 우리가 책 전체를 그 주제로만 전적으로 다루어야 하는데, 그렇게 되면 우리는 연구의 관점을 너무 좁은 주제로 한정시켜 우리들이 여기에서 논의하는 여러 현상들을 내 관점으로만 설명하게 되어 이에 따른 일반화의 근거를 갖지 못하게 된다. 현재의 개관은 하나의 시험적인 연구로서 나온 것이다. 그렇지만 나는 현재의 연구를 통해서 다른 문화에는 서로 다른 체계의 발화 행위의 표현들을 찾을 수 있고, 다른 발화 행위들은 언어마다 다르게 확립되어 있으며, 또 어느 정도는 언어마다 다르게 기호화되어 있다는 것을 충분히 보일 수 있다고 믿는다.

1. 예비적 보기와 논의

호주에 있는 폴란드인 단체의 모임에서 특별한 호주인 손님이 소개되었다. 그녀를 Vanessa Smith 부인이라고 하자. 이 모임의 주최자들 중의 한 사람이 그 방문자에게 진심으로 인사를 하고 그녀에게 다음과 같은 말로 귀빈석을 제의한다.

> Mrs. Vanessa! Please! Sit! Sit! Vanessa 부인! 좀 앉아요! 앉아!

Mrs.라는 말은 폴란드어 pani의 대용어로 사용된 것으로, pani는 Mrs.와 달리 이름과 주로 결합한다. 또한 제의(offer)의 표현에서 더 흥미로운 것은 짧은 명령형 Sit!의 사용인데, 이 말은 명령처럼 들리며 사실은 개에게나 할 수 있는 명령이다.

Sit down!이라는 표현이 좀 나은 것처럼 들리지만, 이 대화 맥락에서는 이 말 역시 별로 적절한 것은 아니다. 왜냐하면 이 말은 제의처럼 들리지도 않을 뿐만 아니라 온정적이거나 경의를 표하는 것은 더욱 더 아니기 때문이다. 매우 비격식적인 제의는 명령법으로 Have a sit!처럼 표현될 수 있으나, 명령법으로 행위 동사는 갖지 않는다. 더 격식적인 제의들은 보통 의문형식을 취한다.

> Will you sit down? 앉으시겠어요?
> Won't you sit down? 앉지 않을래요?
> Would you like to sit down? 앉으시는 것이 어떻겠습니까?
> Sit down, won't you? 앉지 그래?

사실 영어에서는 매우 비격식적인 제의라고 해도 종종 의문 형태의 문장을 사용하여 수행된다.

Sure you wouldn't like a beer?(Hibberd 1974 : 218) 정말 맥주
한 잔 않겠어?
Like a swig at the milk?(Hibberd 1974 : 213) 우유 한 잔 마실
래?

중요하게도, 영어는 일반적으로 질문을 하기 위한 것이 아니라, 하나의
제안이나 신청, 제의를 하기 위해 의문형으로 된 특별한 문법적 장치들,
특히 How about a NP?가 발달해 있다.

How about a beer?(Buzo 1979 : 64) 맥주 한 잔 어때?
How about a bottle?(Hibberd 1974 : 187) 맥주 한 병 어때?

폴란드어에서 How about이라는 발화는, 물론 억양을 제외한다면, 순수
의문형 발화와 구분되지 않는다.

Może się czegoś napijesz?
'Perhaps you will drink something?' 뭐 좀 마실까요?

폴란드어와 영어의 큰 차이점은 의문형의 제의가 갖는 문자 그대로의
내용과 관계가 있다. 영어는 매우 비격식적인 제의라고 하더라도, 주저하
는 듯한 제의를 통해 상대의 욕구나 의견들을 주시하면서 제의를 하는 경
향이 있다.

Like a swig at the milk?(Hibberd 1974 : 213) 우유 마시는 거 좋
아하니?
Sure you wouldn't like a bash at some?(Hibberd 1974 : 214)
너 무언가 해보는 거 좋아하지 않지?

이와 같이 제의의 표현은 화자가 상대에게 그의 의지를 강요하려고 하지 않고, 상대가 원하고 생각하는 것을 단지 알아내는 것을 의미한다.

폴란드어는 이러한 종류의 제의에 있어서 문자 그대로의 동일한 표현은 부절적한 것처럼 들린다. 그래서 영어의 질문 Are you sure?는 종종 주인들이 그들의 손님들에게 하는 말인데, 폴란드 사람들의 귀에는 익살스럽게 들린다. 왜냐하면 그 말은 폴란드인의 호의의 관습법을 어기는 것이 되기 때문이다. 그 법에 따르면, 먹고 마시는 것에 관해서는 주인이 손님의 뜻을 확인할 필요가 없으며 가능한 한 더 많이 손님들에게 먹도록 하고 마시도록 하면 되는 것이다. 매우 호의적인 폴란드인 주인이라면 ‘No’라는 대답에 대해 신경 쓰지 않을 것이다. 왜냐하면 그는 상대가 더 많이 먹을 수 있으며, 더 많이 먹는 것은 상대에게 좋은 일이라고 가정하고 있으며, (공손성으로 돌릴 수 있을 법한) 상대의 거부 의사는 무시되어야만 하기 때문이다.

음식에 대한 상대의 욕구를 문의하는 일은 상대의 확신을 문의하는 것만큼이나 (하나의 제의로는) 부적절한 것이다.

> Miałbyś ochotę na piwo?
> ‘Would you like a beer?’ 맥주 한 잔 어때?

위와 같은 문장은 제의라기보다는 질문으로 해석될 것이다. 누군가가 맥주를 마시고 싶어 하는 것을 주인에게 드러내는 일은 좋은 매너가 아니다. 그렇기 때문에 사회적 관습은 주인이 손님을 설득하기를 요구하거나, 마치 주인이 손님에게 강제로 먹고 마시기를 강요하는 것처럼 행동하기를 요구하며 그것은 손님의 욕구와 관계없이, 그리고 더 확실하게 표현된 손님의 욕구와는 관계없이, 무시되기를 요구하는 것이다. 다음은 이와 같은 경우의 전형적 대화이다.

Proszę bardzo! Jeszcze troszkę!
'Please! A little more!' 조금만 더 드세요!
Ale juz nie mogę!
'But I can't!' 더 못 먹겠어요!
Ale koniecznie!
'But you must! 더 드셔야 해요! (문자 그대로의 의미 : '꼭')

또한 제의의 표현에 적용되는 것이, 어느 정도는 초대에도 적용된다. 예를 들어 영어로는 남자가 여자에게 다음과 같이 말할 수 있다.

Would you like to come to the pub tomorrow night with me and Davo?(Buzo 1979 : 60) 내일 저녁 나랑 Davo랑 함께 식당에 가지 않을래?

Would you like to come out with me one night this week? (Hibberd 1974 : 214) 이번 주 저녁에 나와 함께 밖에 나가지 않을래?

Hey, you wouldn't like to come to dinner tonight, would you?(Hibberd 1974 : 193) 야! 오늘 저녁 식사 어때? 괜찮아?

폴란드어로, 이와 같은 발화들을 문자 그대로 번역한다면 매우 성의 없는 초대가 된다.

Czy miałabyś ochotę……?
'Would you like to……?' ~하는 게 어때?

즉 위와 같은 폴란드어의 표현은 초대나 제의가 아니라 순수 의문문처럼 들린다. 만약 남자가 여자에게 데이트 신청을 할 때, 남자가 아마도 여자가 데이트를 '좋아할' 것이라는 가정을 분명히 표현하는 일은 매우 주제넘은 것처럼 보일 것이다. 그보다는 오히려 남자가 여자와 함께 데이트하고 싶다는 것을 보여주어야 하고 그녀의 동의를 구해야만 한다.

따라서 Czy miałabyś ochotę pójść ze mną do kina? (Would you like to go to the cinema with me?)라고 하기보다는, 'If I asked you'를 암시하면서, Możebyśmy poszli do kina?(Perhaps we would go to the cinema?)라고 말할 것이다.

다음과 같은 영어의 주저하는 듯하며, 자기를 내세우지 않는 초대의 문장이 있다고 하자.

> Say, uh, I don't suppose you'd like to come and have lunch with me, would you?(Buzo 1974 : 44)
> 어, 저기, 나랑 같이 점심 먹을 수 있겠니? 어때?

위의 문장을 아래와 같이 그대로 폴란드어로 번역하면 화자가 의도한 언표내적 효력을 상실하게 된다.

> Powiedz, hm, nie przypuszczam, żebyś miała ochote zjeść lunch ze mną, co?

위의 폴란드어 문장은 매우 이상하게 들린다. 그러나 만약 이 문장이 사용될 수 있다면, 그것은 초대나 신청이 아니라 하나의 순수한 질문으로서 사용될 것이다. 물론 이런 종류의 질문은 초대에 대한 예비행위로서 해석될 수 있으나, 그것은 그가 나를 ~에 초대했다(he invited me to)가 아니라, 그가 나에게 ~할 것인지에 대해 물었다(he asked me whether)와 같이 표현되어야 할 것이다. 분명히 이러한 차이점의 원인은 폴란드 문화에는 없는, 앵글로 색슨 문화의 특징인 '비관적인 공손성'(polite pessimism)(Brown & Levinson 1978 : 134-135 참조)의 원리에 있다.

2. 해석 가설

　물론 유럽어들 중에서 오직 폴란드어만이 이러한 방식에서 영어와 차이가 있는 것은 아니다. 오히려 이러한 방식을 따라 살펴보면, 대부분의 유럽어들과 차이를 보이는 것은 영어이다. 또한 이 장에서 이루어진 많은 관찰들은 러시아어, 세르보크로아티아어, 스페인어 그리고 많은 다른 언어들에도 적용될 수 있다. 영어는 특징적인 앵글로 색슨의 문화적 전통이 반영된 장치가 특히 풍부하게 발달한 언어이다. 다시 말해 각 개인의 권리와 자율을 특히 강조하는 전통, 다른 사람들의 사적인 일에 대한 간섭을 지극히 싫어하는 전통(It's none of my business), 개인적인 특성과 특이한 성향에 대해 관대한 전통, 모든 개인의 사생활을 존중하는 전통, 타협을 수용하고 어떤 종류의 독단에도 반대하는 전통이다.

　영어가 명령형의 쓰임에 대해 엄격히 제한하며 행위를 수행하는 데에 질문이 아닌 의문 형식을 폭넓게 사용하는 것은 이러한 사회·문화적 태도에 대한 놀랄만한 언어의 반사체이다. 영어의 명령형은 주로 지령(commands)와 명령(orders)으로 대부분 사용된다. 다른 종류의 지시형들(directives), 다시 말해 청자에게 무엇인가를 행하도록 하는 화자의 시도를 나타내는 발화 행위들은 명령형을 회피하거나, 명령형을 의문형이나 또는 조건형과 결합시키는 경향이 있다(이러한 전반적인 경향에 대한 중요하고 적절한 검증을 위해서는, Lakoff 1972 ; Ervin-Tripp 1976 참조).

　적어도 이러한 점이 순수 명령형을 매우 폭넓게 사용하는 폴란드어와 같은 모국어 화자가 영어에 대해 주목하는 이유이다. 흥미롭게도 다른 문화적 관점에서 보면 영어는 명령형의 사용을 피하는 것이 아니라, 오히려 좋아하는 언어로 여겨질 수 있다. 특히 이것은 일본어 화자에게 영어가 어떻게 보이는지를 통해 알 수 있다. 예를 들면, Higa(1972 : 53)는 영어의 광고 언어에서 명령형을 폭넓게 사용하는 것에 주목하고, 다음과 같은 사실을 주장하였다. 예를 들면, 어디서나 볼 수 있는 영어 Drink Coca-Cola!에 대응하는 일본어는 명령형인 Coca Cola o nome!보다는 Coca Cola o nomimasho!(문자 그대로의 뜻, '코카콜라를 마시자!')로 씌어진다는 것이다. 이와 유사하게, Matsumoto(1988 : 53)는 일본어의 요리법이나 설명서에서는 명령형이 회피되는 데 비해, 영어의 요리법이나 설명서들은 명령형이 상당히 일반적이라고 주장한다.

하지만 광고나 요리법은, 첫째는 익명으로 되어 있고, 둘째는 특정한 개인이 아닌 가상의 수신자를 향해 전달된다는 점을 주목해야만 한다. 앵글로 색슨의 문화에서 혐오하는 것은 한 개인이 그들의 의지를 다른 이들에게 강요하는 듯한 인상을 주는 것을 말한다. 광고나 요리법 같은 '공적 발화 행위들'의 경우에는 이러한 위험이 없으며, 명령형이 공격적인 것으로 느껴지지 않는다. 그러나 폴란드어에서는 한 사람이 다른 사람에게 지시하는 '사적' 발화 행위들도 역시 명령형을 사용할 수 있으며, 또한 광고나 요리법의 영역에서도 의문형에 의존하지 않는다.

다음으로 나는 폴란드어와 다른 여러 언어들이 영어와 다르다는 점을 특히 다음과 같은 충고(advice), 요청(requests), 부가 의문(tag questions), 의견(opinions), 감탄(exclamations) 등의 측면에서 살펴볼 것이다.

3. 사례 연구들

3.1. 충고

폴란드어에서 충고는 전형적으로 명령형의 형태로 나타난다.

> Ja ci radzę powiedz mu prawdę.
> 'I advise you : tell him the truth.'
> 나는 너에게 충고한다 : 그에게 진실을 말해라

영어에서 충고는 보통 좀 더 주저하는 듯한 형식으로 구성된다.

If I were you I would tell him the truth.
Tell him the truth—I would.
Why don't you tell him the truth? I think it would be best.
Why not tell him the truth? I think that might be best.
Maybe you ought to tell him the truth?
Do you think it might be a good idea to tell him the truth?

만약 내가 당신이라면 나는 그에게 진실을 말할 것이다.
그에게 진실을 말해라—나는 그럴 것이다.
그에게 왜 진실을 말하지 않니? 나는 그것이 나을 것이라고 생각한다.
그에게 진실을 말하는 것이 어떨까? 나는 그것이 최선일 것이라고 생각
한다.
아마도 당신은 그에게 진실을 말해야 할 걸?
네가 그에게 진실을 말하는 것이 좋다고 생각하지 않니?

이들 발화는 영어로 모두 She advised me to tell him the truth ('그녀는 그에게 진실을 말하라고 나에게 충고하였다')와 같이 'advise'라는 동사를 사용하여 말할 수 있다. 그러나 문자 그대로의 뜻을 갖는 폴란드어의 동등한 표현은 radzić('advise')라는 동사를 사용하여 말할 수 없다. 일반적으로 오직 명령법의 발화나 수행적으로 사용된 동사 radzić과 함께 쓰인 발화만이 그렇게 사용될 수 있다.

Radzę ci, żebyś mu powiedział prawdę.
'I advise you to tell him the truth.'
나는 당신이 그에게 진실을 말하기를 충고한다.

또한 주목할만한 점은 영어 단어 advise가 일상 발화에서는 거의 수행

적으로 사용되지 않는다는 점이다. 왜냐하면 I advise you라는 문장은 매우 딱딱하고 격식적으로 들리기 때문이다. 반대로 이와 동등한 폴란드 어의 표현 ja ci radzç는 완전히 구어적이고 또한 일상 대화에서도 흔히 들을 수 있다.

3.2. 요청

영어에서는 만일 화자가 청자에게 어떤 일을 하기를 원하지만, 화자는 청자가 그것을 하도록 강요할 수 있다고 생각하는 것이 아니라면, 화자는 보통 순수 명령형을 사용하지 않는다. 동사 request나 ask에 의해 표현 될 수 있는 발화 행위는 곧잘 다음의 예들처럼, 의문형으로 표현되거나 또 는 조건형과 결합한 의문형으로 표현된다(Green 1975 : 107-130 참조).

Will you close the door please?
Will you close the window please.
Will you please take our aluminium cans to the Recycling Center.
Would you take out the garbage please.
Would you get me a glass of water.
Would you mind closing the window.
Would you like to set the table now.
Won't you close the window please.
Do you want to set the table now?
Why don't you clean up that mess.
Do you want to get me a scotch.
Why don't you be nice to your brother for a change.
Why don't you be quiet.
Why don't you be a honey and start dinner now.

문 좀 닫아 주시겠어요?

창문 좀 닫아 주시겠어요.
알루미늄 캔을 재활용 센터에 가져다 주시겠어요.
쓰레기를 버려 주시겠어요.
물 한 잔 가져다 줄 수 있으세요.
창문을 닫아도 괜찮겠습니까.
지금 식탁을 차려도 될까요.
창문을 닫는 것이 어떨까요.
지금 식탁을 차리는 것이 어떨까요.
어지러워진 것을 청소하는 것이 어떨까요.
나에게 스카치를 가져다 줄 수 있어요.
동생에게 기분 전환을 시켜주는 것이 어떨까요.
조용히 하는 게 어때요.
저녁을 시작할까요.

이러한 발화의 예들 중 단 하나도 문자 그대로의 의미로는 폴란드어로 번역될 수 없으며, 또한 요청으로도 사용될 수 없다. 특히 Why don't you 형식의 문장은 문자 그대로의 의미로 사용할 경우 폴란드어에서는 질문과 비난이 결합된 것으로 해석될 수 있다. 이것은 오히려 영어의 Why paint your house purple?과 같은 양태의 Why do it에 기초한 발화와 같은 것이 된다(Gordon & Lakoff 1975 : 96 ; Wierzbicka 1988 : 28 참조).

Dlaczego nie zamkniesz okna?
'Why don't you close the window?' (문자 그대로의 의미) 왜 너는 창문을 닫지 않니?

사실 위의 예와 같은 문장은 상대방의 입장에서 볼 때 합리적이지 않고 고집스런 행동을 암시하고 있다. 즉 '왜 당신은 명백하게 해야 할 옳은 일을 하지 않느냐, 즉 당신은 그것을 오래 전에 했어야 했다. 그것을 해야 했는데 하지 않은 너의 태만에 대한 어떤 변명도 나는 이해할 수 없다'를 암시한다. 이와 대응하는 영어의 문장도 역시 이런 의미로 해석될 수 있지만 그렇게 되지는 않는다. 특히 Jane Simpson이 사석에서 나에게 지적한 대로, Why'n'tcha로 된 단축형은 질문이라기보다는 오히려 하나의 요청이 된다.

이러한 맥락에서 주목할 만한 점은 영어에는 요청의 표현과 의문형으로 된 다른 지시형을 위한 특별한 장치들이 발달했다는 것이다. 특히 Why don't you be(ADJ)와 같은 표현은 순수의문형으로는 거의 사용되지 않는다. Green(1975 : 127)이 지적한 것처럼, Why aren't you be quiet?(당신은 왜 조용히 하지 않나요?)와 같은 문장은 진짜 의문이 될 수 있으나, Why don't you be quiet?!(조용히 하는 게 어때요?!)의 구문은 의문형이 될 수 없다. 따라서 Why don't you be(ADJ)는 의문 형식을 가지고 있으며, 그 의미에 있어서는 의문형의 구성성분을 가지고 있지만 질문이 아닌 어떤 다른 발화 행위로만 매우 특수화되어 있다

특이하게도 폴란드어는 유사한 구문들을 가지고 있지 않다. 왜냐하면 폴란드어는 질문 이외의 의문형의 사용이 매우 제한되어 있으며 의문형이 지시형을 수행하는 수단으로서 문화적으로 평가되지 않기 때문이다. 말하자면 폴란드어는 질문 이외의 다른 발화 행위, 특히 지시형들을 수행하기 위해 특수한 의문의 장치들을 문화적으로 발전시킬 필요가 없는 것이다.

Won't you와 같은 형식과 문자 그대로의 동일한 문장은 다음과 같다.

Nie zamkniesz okna?
Won't you close the window?

이러한 문장들은 놀람의 질문들로 해석될 수 있다. 즉 이것은 반드시 비난의 질문이 아니라 놀람의 질문이다. 그것들은 대답과 설명 둘 다를 요구한다('You are not going to do it? That's strange ; I wonder why?').

이러한 관점에서 본 영어와 폴란드어의 차이는 특히 언어전이의 경우에 뚜렷해진다. 예를 들어 이중 언어를 사용하지만 영어의 환경에서 사는 나의 딸들이 종종 폴란드어의 요청을 의문 형식으로 표현한다. 그녀들이 더 어렸을 때도 그랬다.

> Mamo, cay podasz mi chusteczkę?
> 'Mom, will you give me a kleenex?' 엄마, 나에게 크리넥스를 주시겠어요?

이 말은 나에게 매우 이상하게 들렸다. 그래서 나는 이 말보다 proszę 'please'라는 단어와 함께 명령형을 사용하기를 재촉하면서 그녀들을 교정하려고 하였다. 영어 화자에게 이것은 자신의 아이를 무례한 사람이 되도록 가르치는 시도처럼 보일 수 있다. 그러나 폴란드어는, 영어와 같이 명령형의 회피가 공손성과는 관련이 없으며, 또한 의문의 장치를 사용하는 것도 공손성과 관련이 없다.

폴란드어는 단순히 Would you mind라는 표현에 해당되는 동등한 표현이 없다. 그러나 이것은 폴란드인들이 의문의 형태를 요청의 표현으로 절대 사용하지 않는다는 것을 말하려는 것은 아니다. 다만 영어와 비교했을 때 그러한 표현의 가능성이 매우 낮다는 것을 말하고 싶다. 따라서 사람들은 표면상으로 어떤 일을 할 수 있는 상대방의 능력에 대해, 또는 그들의 선의(즉, 친절함)에 대해 '물어봄'으로써 요청을 수행하거나 요청과 매우 밀접하게 관련된 행동을 수행할 수 있다.

> Czy móglnyś …… ?
> 'Could you……?'
> Czy byłbyś tak dobry, żeby …… ?
> 'Would you be so good as to……?'

Czy był(a)by Pan(i) łaskaw(a) ······ ?
'Would you be so kind/gracious as to······?'

그러나 우리는 Would you do it, Won't you do it, Why don't you do it, Do you want to do it, Would you like to do it에 해당하는 문자 그대로의 동등한 뜻을 갖는 폴란드어의 표현을 사용한다면 사람들에게 무엇인가를 하기를 요청할 수는 없다. 표면적으로만 청자의 욕구를 물어보는 의사의문문, 그리고 Would you like to, Do you want to와 같이 사실상 요청으로 해석될 수 있는 의사의문문은 폴란드인의 관점으로는 매우 이상하고 재미있게 보이며, 마치 뻔한 속임수같은 행위를 나타낸다.

그러나 이러한 의문형 장치의 용인성이 바로 영어의 지시형과 폴란드어의 지시형을 구분하는 것은 아니다. 그 기능의 차이점은 더욱 더 현저하다. 따라서 폴란드어의 의문형으로 나타나는 지시형들은 격식적이고 매우 공손한 것처럼 들린다. 또한 그러한 지시형들은 확신이 부족하고, 주저하는 태도를 나타낸다. 즉 사람들은 상대가 요구받은 것을 할 것인지 아닌지에 대해 진짜로 확신할 수 없을 때 그 지시형들을 사용할 수 있다. 더구나 그 지시형들은 만일 빈정거리는 것이 아니라면, 화를 내는 데 사용할 수 없으며, 또 욕설로 적합하지 않다. 그러나 호주의 영어에서 의문형이나 조건의문형은 order to(명령하다), command to(지령하다), tell to(말하다)와 같은 동사들에 의해 전달될 수 있는 발화 행위로 종종 사용되며 또한 다음의 예가 보여주는 바와 같이 그 의문문들은 완벽하게 언어 학대나 언어 폭력과도 잘 어울린다.

Can't you shut up?(Hibberd 1974 : 228)
조용히 못해?

Why don't you shut your mouth?(Hibberd 1974 : 228)
입 안 닥쳐?

Will someone put the fucking idiot out of his misery?
(Williamson 1974 : 48) 누가 불행으로부터 그 바보를 구해줄래?

Will you bloody well hurry up!(Williamson 1974 : 56)
빨리 좀 서둘러!

For Christ's sake, will you get lost(Williamson 1974 : 191).
제발, 좀 꺼져.

Why don't you shut up?(Buzo 1979 : 37)
조용히 못해?

Andrew(to Irene, very angry) : Will you please go to bed?
(Williamson 1974 : 197)
Andrew (Irene에게 매우 화나서) : 가서 잠이나 자

Could you try and find the source of that smell before
then, and could you possibly put your apple cores and orange
peel in the bin for the next few days? (After a pause, loudly)
And could you bloody well shit in the hole for a change?
(Williamson 1974 : 7)
그 전에 그 냄새의 출처를 찾아낸 다음, 가능하면 네가 먹은 사과 속과
오렌지 껍질을 단 며칠 동안 만이라도 휴지통에 넣어 주겠니? (잠시 후
큰 소리로) 언제 제대로 한번 똥 싸볼 수 있어?

사실 영어의 의문 형식은 정중함과 존경의 언어와 철저하게 분리된 단
계에 이르렀기 때문에, 의문의 형식은 순수한 욕설로도 잘 사용될 수 있으
며 화자가 상대에게 무엇인가를 행하도록 하려는 시도가 없이도, 매우 적

나라하게 그의 감정을 표현할 수가 있다. 다음의 예를 보자.

> Why don't you all go to hell!(Hibberd 1974 : 199)
> 지옥에나 가버려라!

　이러한 사실이 특별히 보여주는 것은 인간의 상호작용에서 의문 형식을 특히 많이 쓰는 영어의 편향성과 명령형의 사용에 대한 심한 제약이, 단순히 공손성의 관점에서만 설명될 수 없다는 것이다. 결국 폴란드어도 공손한 말하기 방식과 공손 이외의 말하기 방식을 갖고 있으며, 공손성의 장치들을 발달시켜 왔다는 점이다. 중요한 것은 그러한 공손성을 말하는 것이 아니라 일정한 문화에서 사회적으로 용인될 수 있는 공손성에 대한 해석인 것이다. 예를 들면 호주의 문화는 욕설에 대해 매우 관대하다. 욕설을 표현하는 단어들은 종종 강한 감정과 부정적인 감정뿐만 아니라 긍정적인 감정들을 표현하는 데에도 사용된다. 그 예는 다음과 같다.

> Stork : Not bloody bad, is it? 그렇게 지독히 나쁘지는 않지?
> Clyde : It's a bloody beauty(Williamson 1974 : 18). 굉장히 예쁘다.

> Bloody good music!(Buzo 1979 : 30) 째지게 좋은 음악!

　욕설을 표현하는 단어들은 '공손한 대화', 예를 들어 음악에 대해 숙녀들끼리 나누는 대화에서도, 크게 금기시되지 않는다. 다른 한편으로 공손한 대화에서뿐만 아니라 공손할 필요가 없는 대화에서도 순수 명령형을 사용하는 것은 매우 꺼려진다. 영어의 말하기에는 다음과 같은 문화적 가정을 암시적으로 반영하고 있다. "모든 사람들은 자기 자신의 느낌과 바람과 의견에 대한 권리가 있다. 만일 내가 내 자신의 느낌과 바람과 의견을 나타내기를 원한다면, 그것은 모두 옳다. 그러나 만일 내가 어떤 사람의 행동에 영향을 미치고자 한다면, 나는 그들도 그들 자신의 느낌과 바람 그리고 의견들을 가지고 있고, 이것들은 나의 느낌과 바람, 그리고 의견과 일치하지 않을 수도 있다는 것을 반드시 알아야만 한다."

단순 명령형이 영어권의 문화적 전통에서는 욕설보다 더 불쾌한 것으로 받아들여질 수 있지만, 폴란드어로는 지시형 중에서 가장 부드럽고 온화한 것 중 하나가 된다는 것은 흥미롭다. 폴란드어는 화자가 상대방에 대해서 진심으로 화가 나면, 다음과 같이 종종 명령형을 피하고 더 '강력한' 장치, 특히 to가 없는 원형부정사를 사용한다.

> Nie pokazywać mi się tutaj!
> 'Not to show oneself to me here!' (즉 'You are not to come here.'
> 영원히 꺼져 버려!)

> Wynosić się stąd!
> 'To got away from here!' (즉 'Get away from here!' 썩 꺼져!)

> Zabierać się stąd!
> 'To take oneself off from here!' (즉 'Off with you!' 꺼져)

위의 예는 Gabriela Zapolska의 연극을 원작으로 한 Andrzej Wajda의 영화 "Moralność pani Dulskiej"에서 인용한 것인데, 선택된 동사 **wynosić się, zabierać się**는 불쾌하고 경멸적이다. 특히 중립적인 명령형 대신 원형부정사를 사용한, 비인칭 통사 구문은 더 불쾌한 것을 느끼게 한다. 비인칭 원형부정사는 한 인간임을 완전히 무시하는 것처럼 보이는데, 그 문장에서 상대를 언급하지 않음으로써 상대의 '비존재성'을 나타낸다. 이것은 상대가 개별적인 인간으로서 언급될 만한 가치가 없다는 것을 암시함과 동시에, 화자는 그와의 관계에 있어서 '나–당신'이라는 어떤 관계도 설정하고 싶지 않다는 것을 뜻한다. 특히 화자는 상대가 반응할 수 있는 어떤 여지조차도 배제해 버린다. 따라서 원형부정사는 '할 이야기 없음'을 전달하는데, 이는 '내가 잠재적인 대화 상대로 간주하는 사람, 예를 들어 내가 말한대로 행하는 것을 거절하거나 사양할 수 있는 사람이 아예 없다'는 것이다.

이와는 반대로, 영어의 의문 지시형은 청자가 Okay, All right, Sure 처럼 언어적 응답 뿐만 아니라 비언어적 응답을 명시적으로 유도하고 있다. 그러므로 화자는 청자가 자유 의지를 가진 자율적인 인간으로, 언제나 다른 사람의 의견에 따르는 것을 좋아하지 않을 수 있다는 것을 암시한다. 명령형은 이러한 관점에서 보면 중립적이다. 즉 언어적 응답을 배제하지도 않고 또 유도하지도 않는다. 부분적이기는 하지만, 이런 이유 때문에 의심할 여지없이 명령형은 폴란드어에서는 선호되지만 영어에서는 선호되지 않는다.

덧붙이자면, 폴란드어의 원형부정사 구문은 단지 화자가 분노를 표출하는 상황에만 제한되지 않는다는 것이다. 또한 이 구문은 단순히 누군가의 권위를 주장하는 데에도 사용될 수 있는데, 예를 들면 아래 문장처럼 자식에게 엄하게 말하기를 원하는 부모들이 사용할 수 있다.

Macie parasol? Iść prosto – nie oglądać się. Pamiętać: skromność – skarb dziewczęcia(Zapolska 1978 : 30).
'Do you have umbrella? (To) go straight-not to look around. (To) remember : modesty is a girl's treasure.'
우산 가지고 있니? 우물쭈물하지 말고 어서 가거라. 기억해라. 겸손은 여자의 미덕이다.

화자가 공손성을 표하고 싶지만 반면에 냉정함과 친밀하지 않음을 나타내고자 할 때는, 부정사를 수행적으로 사용되는 동사와 결합하여 사용할 수 있다.

Proszę się do tego nie mieszać(Zapolska 1978 : 108).
'I ask not to interfere.' 나는 참견하지 말 것을 요청한다.

Proszę - proszę powiedzieć, proszę się nie krepować(from
the film "Moralność pani Dulskiej").
'I ask - I ask to say, I ask not to be embarrassed.' 요청하건대,
내가 이런 말해도, 당황하지 말 것을 요청한다.

어떤 점에서, 폴란드어의 부정사와 결합한 지시형은, 영어의 의문 지시
형처럼, 거리 설정의 기능을 한다. 그런데 앵글로 색슨 문화에서 거리란
긍정적인 문화 가치로서 개인의 자율성에 대한 존중과 관련되어 있다. 반
면에 폴란드 문화에서 거리란 적대감과 소원함과 관련되어 있다.

3.3. 부가어구

개인 간의 관점의 차이를 알아내려고 하는 뿌리 깊은 습관은 특히 영어
의 부가 의문형에 명확히 반영되어 있다. 폴란드어의 관점에서 보면, 영어
의 말하기는 기능과 형식에서 고도로 다양화된 부가 의문형이 널리 사용
되는 특징이 있다. 기본적으로 폴란드어에는 오직 부가어구로 사용될 수
있는 대여섯 개의 단어, 즉 prawda? 'true?', nie? 'no?', tak? 'yes?',
co? 'what?', dobrze? 'good?', 그리고 (약간 고풍스럽게) nieprawdaż
'not true?'들이 있다. 이것들은 영어의 okay?나 right? 그리고 종종 호
주에서 사용되는 eh?와 비슷하다.

만약에 이 대여섯 개의 폴란드어 단어들이 영어의 부가 의문처럼 빈번
하게 사용된다면, 폴란드의 말은 이상한 되풀이가 될 것이다. 서법, 시제,
인칭의 결합구에서 나타나는 어떤 조동사라도, 이 조동사를 부가어로 사
용하는 영어의 전략 때문에 부가 의문의 형태는 다양성을 보인다. did he
나 was she, have you, aren't they와 같은 표현들은 모두 같은 기능

을 할 수 있지만, 그것들의 매우 다양한 형태들로 인해, 5개의 폴란드어의 부가적 표현들보다 더욱 빈번하게 사용될 수 있다.

그러나 영어와 폴란드어의 부가 의문 체계의 차이는 위에서 언급한 것보다 훨씬 더 크다. 주제가 광대해서 여기에서는 충분히 다룰 수 없지만 (부가 의문문의 언표내적 효력에 관해서는 6.5. 참조), 여기서는 몇 가지의 관찰한 예만 간단히 언급하고자 한다.

Close the door, will you? 문 좀 닫을래?
Close the door, won't you? 문 좀 닫지 않겠어?
Close the door, could you? 문 좀 닫아 주시겠어요?
Close the door, can't you? 문 좀 닫을 수 없어?
Close the door, why don't you? 문 좀 닫지 그래?
Close the door, why can't you? 문 좀 닫지?
Close the door, would you? 문 좀 닫아주시겠어요?

그러나 이러한 영어의 서로 다른 부가어구들은 폴란드어로는 dobrze? 'well(good)'이라는 하나의 부가어구로 표현될 수 있다.

Zamknij drzwi, dobrze?

의미론적으로, 폴란드어의 이 부가어구는 수락을 기대하거나 가정하는 영어의 부가어구인 will you?에 가장 가깝다. Sit down, will you?는 Sit down, won't you?보다 더 자신감 있고, 자기 과신적인 표현이다. 그리고 Shut up, will you?는 Shut up, won't you?보다 더 자연스럽게 들린다. Shut up, won't you?는 물론 빈정대는 말로 들릴 수 있는데 이때의 빈정거림은 shut up의 강력함과 won't you의 주저함 사이의 의미적 그리고 문체적 충돌의 효과를 이용한 것이다.

won't you와 대조적으로 will you는 좀 더 널리 사용된다. 예를 들어 명령이나 지령뿐만 아니라 요청으로도 사용되며, 욕설과도 잘 어울린다.

Look at this bloody ring, will you?(Williamson, 1974 : 58)
제기랄 저 반지 좀 봐라?

So just move out, will you?(Buzo 1979 : 73) 썩 꺼져. (남편을 집
밖으로 내동댕이치며 부인이 하는 말).

폴란드어는 이와 유사한 상황에서 순수 명령형을 보통 사용하는데, 이
경우 어떤 부가형도 더해지지 않는다.

영어는 많은 다른 상황에서 부가 의문이 쓰이지만 폴란드어는 그렇지
않다. 특히 반대의 극성으로 표현되는 영어의 부정의문형들은 보통 폴란
드어로는 부가어구 없이 번역된다.

I don't suppose you've seen Hammo around, have you?
Nie widziałeś przypadkiem Hammo?(Buzo 1979 : 79)
(문자 그대로의 의미 : '혹시라도 Hammo 본 일 있니?')

You are not having a go at me, are you?
Czy ty się przypadkiem ze mnie nie nabijasz?(Buzo 1979 :
11)
(문자 그대로의 의미 : '혹시라도 나한테 시비거는 거야?')

You haven't heard anything about me, have you : Any sort
of …… rumours, have you?(Buzo 1979 : 64)
Nie słyszeliście przypadkiem czegoś o mnie? Jakichś ……
plotek?
(문자 그대로의 의미 : '혹시라도 나에 관한 소문 들은 거 없지?')

영어로는 부가 의문이 가능하지만, 폴란드어로는 가능하지 않은 또 다

른 상황은 바로 다음과 같은 경우이다.

I've made a bloody fool of myself, haven't I?(Williamson, 1974 : 48) 내가 바보같은 일을 저질렀지, 그렇지 않아?

여기에서 화자는 그 자신에 대해 무엇인가를 알게 되는데 그것은 화자 자신이 '상대가 줄곧 모든 것을 알고 있었다'라고 가정하게 된 것이다. 이 경우에 폴란드어는 부가어구 없이 widzę 'I see'와 같이 말할 수 있다.

widzę, że się zachowałem jak dureń!(?co, ?prawda, ?tak, ?nie, etc.)
'I see I have acted like a fool!' (?what, ?true, ?yes, ?no, etc)
나는 내가 바보처럼 행동한 거 안다! (?뭐, ?정말, ?그래, ?아니, 등등)

다시 한번 나는 영어의 부가 의문형이 항상 다른 사람을 위한 배려나 공손성으로 사용되는 것은 아니라는 것을 말하고 싶다. 사실 부가 의문형은 아래와 같이 비난과 풍자, 그리고 독설 등과 결합될 수 있기 때문이다.

Well, We have become a sour old stick, haven't we? (Williamson 1974 : 195) 우리 관계가 완전히 나빠졌지, 안 그래?

What? You've changed your mind again, have you? (Williamson 1974 : 198) 뭐라고? 마음을 또 바꿨다고, 맞아?

You are a smart little prick, aren't you?(Williamson 1974 : 192) 너 잘났다, 안 그래?

You've engineered this whole deal, haven't you?(Williamson 1974 : 193) 네가 이 모든 것을 조작한 거지, 안 그래?

You'd rather I was still over there, wouldn't you?(Williamson
1974 : 187) 너는 내가 아직도 그 곳에 있길 바랬지, 안 그래?

이러한 경우 폴란드어는 부가어구를 사용하지 않는다. 폴란드어의 부가
어구는 화자가 정말로 확신을 가지고 있는 경우에만 한정적으로 사용된
다. 그러나 영어의 부가 의문형은 어디에서나 사용되며, 하나의 복잡하고
유연적인 체계로 발전되어 공손성과 협력, 그리고 사회적인 조화와의 연
계성은 상당히 약화되었다. 종종, 부가 의문형은 대결, 도전, 말대꾸(되받
아치기), 언어 폭력 그리고 언어 학대의 도구로 사용된다. 영어의 부가 의
문형이 이와 같은 주요 역할을 맡게 되었다는 사실은 의문 형식의 사용을
확장하고, 명령형의 사용을 제한하며, 의견이나 관점의 다양성을 긍정적
으로 받아들이는 문화적 태도를 반영하는 것이다. 기본적으로 부가 의문
형은 상대가 화자에게 동의할 것이라는 기대를 표현한다. 그러나 이 기대
를 반복해서 말하는 것은 화자가 차이에 대한 가능성을 끊임없이 확인하
고 있다는 신호이다.

폴란드어 화자가 확인을 하고 싶어 하는 상황과 범위는 그리 넓지 않다.
왜냐하면 폴란드의 문화적 전통은 다른 사람의 '목소리'나 관점에 계속해
서 주의를 기울이지 않으며, 다른 사람들의 관점이나 기분에 대해 고려하
지 않은 채 자신의 관점이나 기분을 강하게 표현하는 것에 대해 관용적이
기 때문이다. 사실 폴란드어의 기본적인 부가어구인 prawda? 'true?'(정
말?)는 화자의 관점을 하나의 관점으로 표현한 것이 아니라, 객관적인 하
나의 '사실'로서 표현한 것이다. 그렇기 때문에 이것은 동의를 구하는 것이
아니라 '사실'에 대한 인정을 요구하는 것이 된다.

두말할 나위 없이 만일 위에서 탐색된 관찰들이 많은 텍스트의 조사에
의해 뒷받침될 수 있다면 좋을 것이다. 지금까지 나는 이러한 것들에 대해
대규모의 조사를 착수하지 않았다. 그러나 폴란드인의 대규모 희곡 전집

들과 호주인의 몇 개 작품들을 기초하여 독자들에게 차이점의 정도는 말할 수 있다. 우리는 폴란드어 작품에서는 50페이지 이상을 한 개의 부가 의문형이 없이도 읽어나갈 수 있는 반면, 호주인의 작품에서는 부가 의문형이 없이는 5페이지 이상도 읽어나가기가 힘들고 때때로 한 페이지 안에서 몇 개의 부가 의문형을 발견하기도 한다.

그러나 나는 통계적 검증이 필요한 양적 차이와는 별도로, 질적 차이가 분명히 있다는 것을 강조하고 싶다. 이러한 점을 잘 보여주는 예로서, 나는 영어의 대화에서는 부가 의문의 연쇄가 특징적이지만 폴란드어에서는 불가능하다는 사실에 대해 언급할 것이다. 내가 얼마 전에 캔버라의 한 버스 정류장에서 들은 적이 있는 대화를 인용해 보겠다.

A : Lovely shoes, aren't they? 구두가 너무 사랑스럽지, 안 그래?
B : Aren't they nice? 너무 좋잖아?
A : Lovely, aren't they? 사랑스럽지, 안 그래?

이런 종류의 대화는 대화자들이 더 이상 확인을 구하려는 것이 아니라, 오히려 비독단주의, 판단에 대한 신성한 자유, 자신의 의견에 대한 권리를 기초로 한 사회적 조화의 의례를 표출하는 것이라고 우리는 말할 수 있다.

이와 유사하게, '의견 지향적인' 영어의 부가형('나는 네가 동일한 것을 말할 것이라고 생각한다. 그렇지만, 나는 네가 동일한 것을 말할 것인지에 대해서는 알지 못한다')과 '진실 지향적인' 폴란드어의 부가형('정말?') 간의 차이점은 구조의 문제이지 빈도수의 문제가 아니다. 따라서 굳이 통계적 검증이 필요하지는 않다.

3.4. 의견

폴란드어는, 의견들이 일반적으로 매우 강하게 표현되며, 일상생활에서 그 의견들은 형식적으로 사실에 관한 진술과 구별되지 않는 경향이 있다.

        To dobrze   To niedobrze
        '그것은 좋다'   '그것은 나쁘다'

　폴란드 사람들은 위와 같은 말을 '그것은 희다'와 '그것은 검다'를 말하는
것처럼 말하는 경향이 있다. 영어로는 이 상황에서 나는 그것을 좋아한
다, 나는 그것을 좋아하지 않는다, 심지어 나는 그것을 좋아하지 않는
다고 생각한다라고 말할 것이다.

　위에서 언급한 바와 같이, 이러한 차이는 폴란드어의 부가 의문형의 구
조에서 더욱 드러난다. 폴란드인들은 멋지다거나 근사하다거나 그렇지 않
다는 것을 마치 진실의 문제인 것처럼 말한다. 폴란드인은 다음과 같이 문
자 그대로의 의미로 말한다.

　　'She is nice (terrific), true?'

영어로는 이를 다음과 같이 말할 것이다.

　　She is Italian, right?

그러나 영어로 아래와 같이 말하지는 않을 것이다.

　　? She is nice, right?
　　?? She is terrific, right?

　그러나 폴란드어는 똑같은 부가어구 prawda 'true'가 두 가지 경우에
모두 사용된다.

　폴란드어는, 사람들이 단지 하나의 의견으로서 그 의견을 제시하는 경
우란 거의 없다. 오히려 '사실'처럼 제시한다. 그리고 I think, I believe
또는 In my view와 같은 표현들을 의견들의 앞에 두는 일도 거의 없다.

이런 종류의 표현들이 물론 있기는 하지만(ja sądzę, ja myślę, moim zdaniem, ja uważam), 이들의 사용은 영어의 표현보다 훨씬 더 제한적이다. 특히 폴란드어는 영어 reckon에 대응할 만한 단어가 존재하지 않는다. 이 단어는 노동자 계층의 말에서 널리 쓰이는데, 특히 호주에서 지적(知的)일 필요가 없는 맥락에서 사용되며 어떠한 지적인 허세도 갖지 않는다. I reckon이라는 문장을 폴란드어로 번역할 때에 보통 이 구절을 삭제할 수밖에 없는데, 왜냐하면 폴란드어로 생각할 수 있는 모든 동등한 표현들은 너무 지적이거나 사색적으로 들리며, 단순히 그 맥락에도 적합하지 않기 때문이다. 예를 들면 다음과 같다.

> Gibbo : I reckon it's the spaghetti they eat. Drives them round the bend after a while(Buzo 1974 : 37). (내 생각에 그들이 먹고 있는 것이 스파게티 같아. 한 동안은 정신없이 먹겠구나.)

> Jacko : (smiling) You know, Robbo I reckon you'd have to be about three hundred to have done all the things you reckon you've done(Buzo 1974 : 51). ((웃으며) Robbo 당신이 다 했다고 생각하는 일을 다 하려면 당신은 300살은 되어야 해.)

위와 같은 'I reckon'의 맥락에서 I believe 또는 in my view와 같은 영어의 표현을 사용하는 것이 부적절한 것만큼이나, sądzę, myślę 또는 uważam와 같은 폴란드어의 표현들도 부적절한 것처럼 보인다. 마찬가지로 일반적으로 미국 영어에서 사용되는 I guess는 매우 구어적 표현이지만, 폴란드어는 유사한 구어 대응예가 없다. 예를 들어 영어로 우리는 다음과 같이 말할 수 있다.

I guess it's true. 나는 그것이 사실이라고 생각한다.

폴란드에서는 이것을 단순하게 다음과 같이 말한다.

To prawda
'This is true.' 그것은 사실이다.

Drazdauskiene(1981)는 I think, I believe, I suppose 또는 I don't think와 같은 표현들이 리투아니아어보다 영어에서 훨씬 더 자주 사용된다는 것에 주목하였다. 그녀는 이러한 표현들이 "확신을 감소시키고 그럼으로써 그 주제에 대한 정중한 거리두기와 선택적 태도"를 표시하며 (1981 : 57), 자신의 의견이 무뚝뚝하게 느껴지거나, 너무 퉁명스럽거나 싸움을 거는 것처럼 들리지 않기를 바라는 욕구를 표시한 것이라고 주장하였다. 나는 이 생각이 기본적으로 정확하다고 생각한다.

그러나 나는 이 차이점에 대한 다음과 같은 그녀의 해석에는 동의하지 않는다. "친숙한 언어역인 영어가 리투아니아어보다 언어적으로 더 정중하고 덜 직선적이라는 점이, 영어와 리투아니아어가 기본적으로 갖는 특징적 차이라는 결론이다"(1981 : 60-61). 내 생각으로는 리투아니아어가 영어보다 덜 정중하다고 말하는 것은 자민족중심이다. 리투아니아인인 저자에게는, 역행적 자민족중심이 된다. 간단히 말하면 정중함의 법칙은 각 언어마다 다르다. 게다가 영어의 규범이 갖는 유의미성에는 더 깊은 문화적 태도가 반영된 것으로 보아야 한다. 영어 화자는 다음 대화처럼 정중하게 표현되는 것을 분명하게 원하지 않는 상황에서조차 I think나 I reckon과 같은 표현을 사용하는 경향이 있다.

Gibbo : Shows how much you know. Those back room boys
work harder than any of us. 넌 모르고 있어. 비밀공작대

원들은 우리들 중에 어느 누구보다도 열심히 하고 있어.
Jacko : Ar bulls. I reckon it'd be a pretty soft cop being a
        back rom boy(Buzo 1974 : 20). 내 생각에는, 비밀공작대원
        이 된다는 것은 상당히 친절한 경찰관이 되는 것 같아.

　　동일한 문화적 차이를 보여주는 또 다른 분명한 예로서, 나는 영어권 사람들이 의견이나 평가에 대한 울타리 표현을 좋아하는 반면, 폴란드 사람들은 어떠한 울타리 표현도 없이, 강한 용어로 의견을 표현하는 경향이 있다고 말하고 싶다. 예를 들어 다음의 대화를 생각해 보자.

　　Norm : Well, you see, Ahmed, I'm all alone now, since my
         good wife Beryl passed away to the heaven above. 있
         잖아, Ahmed, 내 훌륭한 아내는 죽어서 천당 갔기 때문에 난
         이제 완전히 혼자야.
　　Ahmed : I'm very sorry to hear that, Norm, you must feel
          rather lonely(Buzo 1979 : 15). 안됐구나, 너는 틀림없이
          좀 외롭겠구나.

　　폴란드어로는 사람들이 'rather lonely'(좀 외롭다)와 같은 식의 말을 하지 않는다. 대신, 'bardzo samotny'(매우 외롭다) 또는 'strasznie samotny'(끔찍하게 외롭다)고 말할 것이다. 마찬가지로 어떤 사람의 아내가 남자를 집 밖으로 쫓아내고, 다른 남자와 살고 있다면 그런 상황에서 다음의 예처럼 'rather(좀)'와 같은 용어를 사용하는 것은 폴란드에서는 매우 이상하게 들릴 것이다.

　　Richard : Tell me, how's your lovely wife? 너의 사랑스런 아내
           는 어때?
　　Bentley : I don't know. She's living with Simmo in our home
           unit. 잘 모르겠어. 우리 집에서 Simmo와 살고 있어.

Richard : Bad luck. 안됐네.
Bentley : Yes, it is, rather(Buzo 1979 : 64). 그래, 좀 그렇지.

　　영어의 울타리 표현으로 된 의견들은, 울타리 표현, 간접 질문, 제안, 요청 등과 밀접하게 관련되어 있다. 사람들은 '직접적'이고 강력한 질문을 피하거나 '직접적'이고 강력한 요청을 피하는 것과 마찬가지로, '직접적'이고 강력한 답변을 피할 수 있다. 그들은 애매하게 울타리 표현을 사용하고, rather와 sort of와 같은 표현들은 조건이나 의문의 장치와 유사한 기능을 수행한다. 사실 이러한 종류의 어휘적 울타리는 다음 예문처럼 종종 조건형과 의문형과 같은 문법적 장치들과 함께 사용된다.

Richard : (to Sandy) Could you sort of …… put in a good word to Simmo about me?(Buzo 1979 : 42) (Sandy에게) 말하자면 …… Simmo에게 나에 대해 좋은 말을 해 주겠어?

Jacko : Oh, Pammy's a nice enough kid in her own way. But you're sort of different. I mean there's a lot more to you, I'd say. I mean, now don't get me wrong, I'm not trying …… well, all I said was, how about coming to lunch?(Buzo 1979 : 44) 나름대로는 Pammy도 좋은 애야. 근데 넌 조금 달라. 너한테는 좀 더 좋은 것이 있다는 의미야, 내 말은, 오해하지 마, 내가 말했던 것은 …… 그게 아니야, 점심 같이 먹으면 어때?

　　위의 마지막 문장을 폴란드어로 번역한다면, 우리는 몇 개의 울타리 표현들을 제거해야만 한다. 폴란드어로는 I mean이라고 말할 방법이 없고, I'd say와 I mean을 구분할 방법이 없으며 또한 well에 상응하는 불변화사도 없다(Wierzbicka 1976 참조). 또한 jakaś/jakoś를 제외하고는 sort of(다소)에 해당하는 동등한 표현도 없다. 그런데 jakaś/jakoś는 sort of

보다는 somehow와 더 가깝다. 왜냐하면 논의 중인 주제에 대해 화자가 기술하는 능력이 부족함을 강조하는 것이지, 말한 것에 대한 충분한 확신이 결여되었음을 강조하는 것이 아니기 때문이다.

게다가 영어는 삼가말하기와 울타리 표현을 좋아한다. 반대로 폴란드어는 삼가말하기보다는 강조를 위해 과장하는 경향이 있다. 나는 내가 폴란드어로 쓴 원고를 영어로 번역할 때 totally(아주), utterly(완전히), extremely(극단적으로), always(항상)와 같은 단어들을 빼고 rather(약간), somewhat (얼마간), tends to(경향이 있다), frequently(자주)와 같은 단어로 바꾸게 된다. 또 영어를 폴란드어로 번역할 때는 그 반대가 된다.

3.5. 감탄

영어가 삼가말하기를 좋아한다는 생각은 물론 잘 알려져 있다. 그러나 이러한 언급이 타당한지에 대해서는 논의의 여지가 있다. 예를 들어, Drazdauskiene(1981 : 66)는 이러한 점을 문제시하였는데, 그녀는 How lovely!나 Isn't it lovely!와 같은 강하면서 긍정적이고 전형적인 감탄사들이 리투아니아어보다도 영어에 훨씬 더 흔하게 나타난다는 것에 주목하였다. 나는 이와 같은 현상이 폴란드어에도 적용된다고 말하고 싶다. 리투아니아어처럼 폴란드어도 부정적인, 즉 비판적인 감탄사가 자주 사용되며, 긍정적이고 열광적인 감탄사들은 자주 사용되지 않는다.

그러나 나는 영어의 삼가말하기 표현은 즉흥적인 의견이나 감정들에 적용되는 것이지, 이미 공유된 것으로 가정된 의견이나 감정에는 적용되지 않는다는 사실을 지적하고 싶다. Drazdauskiene가 논의한 전형적인 감탄사는 전형적으로 화자가 상대와 공유된 것으로 가정된 어떤 것에 대한 열광적인 고마움을 표현한다. 이 감탄사들은 종종 과장되고 불성실하게 들리지만, 확실히 독단적으로 들리지 않는다. 즉 화자는 있을 수 있는 반대의 의견을 무시하지 않으며, 자신의 의견만을 단호하게 진술하지 않는다.

오히려 화자는 상대의 동의를 간절히 구하고 싶어 한다. 따라서 앞서 말한 바와 같이 전형적인 감탄사가 Isn't that lovely '그거 너무 아름답지 않아?'처럼 종종 의문형의 형태를 취하거나 How wonderful! Isn't that wonderful! '정말 놀랍다!, 놀랍지 않아?'처럼 확인을 구하는 대칭적 질문이 뒤따른다는 것은 매우 의미 있는 일이다.

Drazdauskiene는 전형적인 긍정적 감탄사를 사용한다는 점에 있어서 영어와 리투아니아어의 차이점을 찾았으며 이는 리투아니아인들이 과묵하고 절제되어 있다는 것과 관련되어 있을 것이라고 설명했다. 그리고 이러한 견해는 리투아니아인에 의해 표현된 것으로, 리투아니아인이 갖는 폴란드인의 스테레오타입과도 분명히 일치한다. 그러나 리투아니아인과 달리, 폴란드 사람들은 과묵하거나 절제된 것으로 간주되지 않는다. 그럼에도 불구하고 이 특정 관점에서 보면, 폴란드인은 영어 화자들보다 리투아니아인들에게 더 가까운 것 같다. 나는 이 감탄사들이, 영어 화자들의 경우에 감정적 절제가 부족하다는 것을 지적하는 것은 아니라고 생각한다. 그와는 반대로, 삼탄사들은 즉흥적이고 절제되지 않는 감정의 폭발이라기보다는 청자를 '기분 좋게 하기' 위한 관습적인 장치라고 생각한다

영어의 감탄들은 다음과 같이 확언적이고 긍정적인 형을 취한다.

How nice!

그뿐만 아니라 특히 다음의 발화와 같이 전형적인 여성 발화라고 볼 수 있는 부정의문 감탄형을 취하기도 한다.

Isn't he marvellous!(Buzo 1979 : 41) 그 사람 놀랍지 않아!

따라서 이러한 감탄들의 기능은 반대의 극성을 가진 부가 의문형의 기능과 비슷하다.

Terrible place, isn't it? 형편없는 장소야, 그렇지?

　부정의문 감탄형들이 언제나 의문의 억양을 갖는 것은 아니며, 그리고 언제나 확인을 요청하는 것도 아니다. 종종, 감탄형들은 단순히 화자의 감정을 표현하기 위해 사용되며, 그 감탄형의 다음에는 청자가 채워야 할 휴지가 뒤따르는 것이 아니라 화자의 긍정적 진술이 이어진다.

> Bentley : Isn't she a sweetie? a real darling(Buzo 1979 : 45).
> 　그 여자 좋은 사람 아니야? 진짜 사랑스러워.
> Sundra : Wasm't that funny? that was the funniest thing
> 　I've ever heard(Buzo 1974 : 114). 그거 웃기지 않았어?
> 　내가 지금까지 듣던 것 중에서 최고로 웃겼어.
> Bentley : Isn't that nice of them? I think that's very nice of
> 　them(Buzo 1974 : 115). 그들이 정말 친절하지 않아? 그
> 　들이 굉장히 친절한 것 같아.
> Sundra : Isn't that wonderful? I think that's wonderful(Buzo
> 　1974 : 115). 그거 근사하지 않아? 정말 근사하다고 생각해.

　그렇지만 부정의문 감탄형은 실제의 대화 장치로 사용되지 않을 때조차도, 그것들은 (적어도 형식적으로라도) 여전히 상대가 말할 부분에 대한 관심을 표시하는 것이다. 다시 말하면 감탄형들은 청자가 반대로 말할 수 있는 가능성을 인정하고 (비록 화자는 이 가능성이 없을 것으로 간주하더라도) 상징적으로 확인을 구하고자 한다. 화자는 동의를 기대하지만 그러나 이러한 동의를 당연하게 여기지 않으며, '호의적으로' 상대에게 그들의 견해를 표현할 기회를 남겨놓는 것이다. 이러한 모든 것들은 물론 전적으로 피상적이고 전적으로 관습적일 수 있지만, 그 관습은 존재하며, 그것 나름대로의 문화적 유의미성을 띤다.

　독특하게도 폴란드어에는 유사한 관습이 없다. 감탄사들은 항상 긍정의

형태를 띤다.

> Jak głupo!
> 'How stupid!' 저런 멍청이!

> Wspaniale!
> 'Wonderful!' 훌륭해!

폴란드어의 의문형은 순수한 질문으로만 해석될 것이다.

4. 발화 행위에 반영된 문화적 가치

4.1. 어휘적 증거

여기에서 논의한 영어와 폴란드어 간의 문화적 차이점을 반영하는 어휘 반사체들이 무수하게 많다. 나는 그 중 두 가지만을 언급해 보고자 한다.

영어의 어휘부에는 privacy라는 단어가 존재하는데, 폴란드어에는 이와 동일한 표현이 없으며, 또한 다른 유럽어에도 분명히 없다. 사실, privacy의 개념은 앵글로 색슨의 특징적인 개념인 것이다. Privacy는 일상 대화에서 빈번하게 사용되는 아주 흔한 단어이며 앵글로 색슨의 중심 가치 중 하나를 잘 반영하고 있다. Privacy를 갖는다는 것의 의미는, 대략 '모든 사람이 원하고 필요한 것으로서, 다른 사람들에게 노출되지 않는 어떤 일을 할 수 있는 것'이다. 이 개념에 내포된 문화적 가정은 매우 독특하다. 추측하건대 모든 개개인은 소위 말하자면, 적어도 조금의 시간이라도 자신의 주위에 작은 벽을 갖기 원하며 그것은 완벽하게 자연스럽고 매우 중요한 일이라는 것이다.

이것과 관련해서 더 생각하고 싶은 것은 바로 친밀한 T형 호칭의 결여(Brown & Gilman 1972)에 관한 것인데, T형 호칭은 영어를 다른 유럽국가의 언어들과 구별하게 해주며, privacy와 동일한 태도의 반사체이다. 물론 영어의 you는 매우 민주적이고 그것은 하나의 중요한 사회적 평형장치이지만, 그것은 또한 하나의 거리 설정의 장치로 볼 수도 있다. 이것은 영어 you의 의미가 T-V의 대립형을 갖는 언어에서 V형과 유사하다는 의미는 아니다. 하지만 내 생각에 그러한 대립형이 없는 언어에서, you형태는 T형의 선택으로 표시되는 친밀함을 전할 수 없다. 친밀한 형태는 화자로 하여금 심리적으로 청자와 가깝게 하고 개인을 둘러싼 벽을 뚫고 서로 통하게 한다. 영어의 you는 모두에게 거리감을 유지하게 한다. 앵글로 색슨 문화는 가령 슬라브와 지중해권 문화와 비교할 때, 성적 목적이 아닌 신체 접촉은 엄격히 제한한다. 즉 사람들은 서로를 접촉하거나, 껴안거나, 입을 맞추는 행위를 거의 하지 않고, 심지어 악수도 거의 하지 않는다(Triandis & Triandis 1960 참조). 또한 슬라브인과 비교할 때, 앵글로 색슨들은 서로 간에 상당한 신체적 거리를 둔다(Monahan 1983 참조). 친밀한 T형의 결여는 문화적으로 기대되는 개인 간의 심리적 거리, 즉 신체적이고 정신적인 ‘privacy’의 일반적 요구가 만들어낸 것이며, 또한 친밀한 T형의 결여는 이것이 반영되어 있다.

하나 더 덧붙이자면, 앵글로 색슨 문화에 ‘personal remarks’(사적인 언급)에 대한 문화적 금기가 있고, 부정적 암시를 갖는 personal remarks 란 표현이 영어에 존재한다는 것은 개개인을 둘러싼 작은 보호벽을 쌓기 위한 또 다른 전략으로 볼 수 있다. 폴란드어는 이와 유사한 표현이 없으며, 폴란드 문화에는 이와 유사한 금기가 없다.

물론 영어는 일본어, 한국어, 자바어와 같은 극동 아시아 언어나 또는 타이어에 있는 정교한 거리 설정 장치를 가지고 있지 않다. 흥미로운 것은 이런 언어들의 관점에서 볼 때, 영어가 친밀함을 쉽게 느끼는 언어로 보일 수 있다는 것이다(Hijirida & Sohn 1986 : 391 참조.).

그러나 이것은 하나의 환영이다. 미국인(일반적으로 영어)의 호칭 형식들,

즉 Bob, Jim, Tom 또는 Kate와 같은 표현들은 친밀함과는 아무런 관계가 없다. 그것들이 Dr. Smith보다 '거리감'이 적음을 암시하는 것은 사실이지만, Bob, Jim, Tom 또는 Kate 등이 절대로 폴란드어의 ty, 프랑스어의 tu, 또는 일본어 2인칭 단수의 kimi와 같은 잠재된 친밀함을 갖는 것은 아니다. 그것은 친밀함 대신 비격식성이나 우호성을 암시한다. 친밀함은 화자와 청자 간의 특별히 가까운 인간관계를 암시하는데, 영어는 그것을 전달하는 장치를 갖고 있지 않다. 예를 들면, 호주의 대학에서 학과장이나 학장이 Bob, 또는 Bob Johnson처럼 그들의 이름으로 사인한 메모를 학부나 행정실의 모든 구성원들에게 보낼 수도 있고, 대학의 위원회에서, 각 대학에서 온 위원들이 각각 Bob(Johnson)이나 Kate(Brown)같은 이름으로 그들 자신을 소개할 수 있으며, 첫 만남에서부터 서로에게 Bob이나 Kate 등으로 말을 걸 수 있다. 이것은 친밀함과는 아무런 관련이 없는 것이다. 그들은 우호적이고, 비격식적이며 친숙할 수는 있지만, 그러나 그들은 이런 방식으로 청자와의 '특별한 관계'를 주장하는 것은 아니다(더 깊은 논의는 3장 3절 참조).

물론 영어에서 보편적으로 쓰는 you는 일본어의 3인칭 존칭 형태인 sensei(선생님)나, 폴란드어의 3인칭 존칭 형태인 Pan Profesor(Mr. Professor)보다도 거리감이 더 적다. 그러나 또한 영어의 you는 일본어의 kimi나 폴란드어의 ty보다도 '친밀함'이 더 적다. 만일 영어의 you가 엄격한 평형장치라고 한다면, 영어 you는 누구에게나 큰 거리감이 아닌, 일정한 거리감을 유지하도록 하며, 실제로 누군가 가까이 접근하는 것을 허용하지 않을 것이다.

내가 언급하고자 하는 영어와 폴란드어의 두 번째 어휘적 차이는, 상호 간 양보의 의미를 가진 영어 단어 compromise(타협)에 구체화된 개념과 그것과 대응하는 폴란드어 kompromis에 관한 것이다. 영어의 이 단어는 근본적으로 중립적인데, 만일 어떤 내포 의미가 있다면, 그것은 부정적이기보다 긍정적인 편이다. 반대로 폴란드어의 이 단어는 부정적인 내포 의미로 사용되는 경향이 있다. 그 의미가 긍정적이든 부정적이든, kompromis의 어휘적 파생과 파생 구문들은 의심할 나위 없이 가치의 판단을 나타낸다. 따라서 Pójść na kompromis 'accept a compromise'(타협을 받아들이다)는 윤리적 약함, 통탄할만한 신념의 결핍, 가치의 배반을 암시한다. 형용사 bezkompromisowy 'without compromise'(타협 없이)는 (누군가가 화해를 결코 받아들이지 않는다라고 말했을 때) 매우 강한 긍정의 의미이다. 그것은 heroic(영웅적인), noble(숭고한), immaculate(오점 없는)과 같은 극찬의 단어이다.

따라서 폴란드의 문화적 전통에 의하면, 개인의 신념을 굳게 지키고 다른 사람들의 신념과 타협하지 않는 것은 가치 있고 바람직한 태도이다. 앵글로 색슨의 전통에 의하면, 이와 유사한 태도는 독단적이고 융통성 없는 것으로 간주되며, 받아들여지지 않는다. 사실 inflexible(융통성없는)이라는 단어와 그것에 대응하는 폴란드어 nieugięty는 이와 같은 종류의 또 다른 예이다. 그러나 영어의 단어는 부정적인 내포 의미를 갖는 반면, 폴란드어의 단어는 매우 긍정적 의미를 내포한다. 또한 폴란드어에는 niezłomny 'unbreakable'(깨지지 않는)이라는 단어가 있는데, 그것은 또한 칭찬의 용어이지만 영어에는 이와 동일한 표현이 없다(더 깊은 논의는 6장 참조).

4.2. 문화적 가치로서의 객관주의

모든 개인에게 다른 사람, 다른 목소리, 다른 관점들을 끊임없이 의식하게 하고, 자신을 많은 사람들 중에서 한 개인으로서 보게 하는 것, 즉 개인 모두에게 정신적 역량, 자율성, 독특성과 개인의 특이성을 동일하게 인정하게 하는 복잡한 문화적 태도는 객관주의와 반독단주의를 중요한 사회·문화적 가치로 간주하도록 한다.

이러한 객관주의는 자기 자신이나 자기 자신의 나라를 마치 외부의 관점에서 보는 것처럼 언급하는 영어의 특이한 방식에 반영되었을 것이라고 나는 감히 제안하고자 한다. 이것은 Doroszewski(1938 : 120)에서 언급한 this country라는 특징적인 표현으로 설명될 수 있다. 폴란드어는 자기 자신의 나라, 즉 ojczyzna 'fatherland'(조국)를, 마치 많은 나라 중에서, 특정 시간에 거주했던 한 나라처럼, ten kraj 'this country'(이 나라)라는 말로 언급하는 것은 상상할 수 없다. 폴란드어의 표현인 ten kraj는 오직 다른 나라와 관련하여 사용될 수 있다. 만일 ten kraj를 자신의 조국을 지시하여 사용한다면, 그것은 화자를 심리적 이민자로 표시하는 것이다.

마찬가지로, 영어는 특히 매우 높은 수사적 문체로, 자기 자신의 나라를 this nation으로 언급하는 것이 가능하다. 폴란드어는 이와 유사한 환경에서 nasz naród 'our nation'(우리나라)라고 말할 것이다(Nasz naród jak lawa, z wierzchu zimna I martwa, sucha I plugawa, '우리나라는 표면이 차가운 데다가 생명체가 살 수 없고, 건조하고 지저분한 화강암과 같다'. Mickiewicz 1955 : 210 참조). Ten naród 'this nation'(이 나라)라고 말하는 것은 자신의 조국에 대한 정체성이 완선히 없다는 것을 의미한다. 다시 말해 이러한 표현을 사용하는 것은, 그가 자신의 나라로부터 정신적으로 떠난 것을 말한다. 더 자세한 예로서, 자기 자신에 대해 언급하는 영어표현 (the) same here를 아래에서 생각해 보자.

> Michael : I might just have a small claret. 한잔 할까봐.
> Carmel : Same here(Williamson 1974 : 155-156). 나도 그래.

폴란드어로, same here나 the same here를 문자 그대로 번역한다면, 화자를 확인하는 하나의 방식으로 단순히 이해될 수 없는 것이다.

자기 자신을 밖에서 바라보거나, 다른 많은 다양한 관점에서 그 존재를 의식하는 이러한 성향은 그들 모두를 (적어도 잠정적으로라도) 동일하게 정당화하는 것인데, 이러한 성향은 여기에서 설명한 영어 말하기의 다른 특징적인 자질들과 매우 잘 일치한다고 나는 생각한다.

4.3. 문화적 가치로서의 온정

이 장 전체는 주로 영어에 반영된 앵글로 색슨의 문화적 가치관을 강조하였다. 그동안 폴란드어는 대부분 부정적 관점에서 마치 영어의 특징적인 장치가 폴란드어에는 부족한 것처럼 설명되어 왔다. 나는 이러한 균형을 잡아 줄 몇몇 단어들을 언급하고 싶다. 영어의 발화 행위는 특정한 문화적 가치관을 반영하는 데 반해, 폴란드어의 발화 행위는 이러한 가치관을 반영하는 것이 없다고 한다면 이는 매우 우스운 일일 것이다. 말할 필요도 없이 실제로 폴란드어는 폴란드 문화의 특징적 가치를 반영하고 있다. 영어 화자의 관점에서 본다면 폴란드어의 말하기 방식이 독단주의, 타인에 대한 배려 부족, 유연하지 못함, 으스대는 성향, 간섭하려는 성향 등으로 보일 수 있다. 반면에 폴란드어 화자 관점에서 본다면 영어의 말하기 방식은 따뜻함의 부족, 자발성의 결여, 성실함의 결여로 보일 수 있다.

지중해 문화뿐만 아니라 슬라브 문화의 따뜻함, 즉 애정의 중심 부분은 표현적 파생어의 풍부한 체계에 반영되어 있는데, 이는 특히, 명사뿐만 아니라 형용사와 부사를 포함한 고도로 발달된 지소사 체계에 잘 나타나 있다. 이와는 대조적으로, 영어는 생산적인 지소사의 파생이 거의 없으며, handies, doggie, birdie처럼 애칭 형태만 고립적으로 존재할 뿐이다. 그리고 girlie는 가능해도 *mannie는 안 되며, auntie는 되지만 *unclie라고 하지 않으며, horsie는 가능해도 *goatie는 가능하지 않다.

폴란드 문화, 그리고 일반적인 슬라브 문화에서 애정, 즉 '따뜻함'의 중심 역할은 개인 이름의 표현적 파생어에서 확인되는데, 일례로 그 파생어들은 이태리어나 스페인어에서 찾을 수 있는 것보다 훨씬 더 발달되어 있다. 이 주제는 방대한 관계로, 여기에서 자세하게 논의할 수는 없다. 여기서는 단지 사람의 이름에 대해 언급하도록 하겠다. 예를 들면 Anna나

Maria라는 이름은 폴란드어로 10개나 되는 다른 파생어들이 있는데, 모두가 일반적으로 동일인에 대해 사용하며, 그들은 각각 약간씩 다른 감정적인 태도와 '감정적 분위기'를 암시하고 있다. 예를 들면 다음과 같다.

Anna : Ania, Anka, Aneczka, Anusia, Anuśka, Anusieńka, Anulka, Anuchna; Anusiątko
Maria : Marysia, Marysieńka, Maryśka, Marysiuchna, Marychna, Maryś, Marysiulka, Marycha, Marysiątko

이것은 특정한 한 사람에게, 지속적으로 사용되며, 일반적으로 선택되는 Maryla, Mania, Marynia(모두 Maria에서 나옴)와 같은 다양한 형태와는 상당히 다르다(폴란드어와 러시아어의 이름에 대한 표현적 형태의 의미론에 대한 구체적 논의는 Wierzbicka 1992, 7장 참조).

나는 여기서 표현적 파생어가 발화 행위와 상호작용하는 미묘한 방식들에 대해 제안하고자 한다. 이 주제에 대해 따로 연구할 가치가 있을 것이다. 다만 이 장에서 나는 이 상호작용의 예 두 개만 논의해 보고자 한다.

폴란드어는 따뜻한 호의를 지소사의 사용으로 표현하는데, 그것은 제의와 제안을 호통 치는 것처럼 표현하는 것이다. 매우 특징적으로 손님에게 권유된 음식들이 종종 주인에 의해 지소사가 붙은 명칭으로 언급된다. 따라서 폴란드어에서는 다음과 같이 묻지 않을 것이다.

Would you like some more herring? Are you sure?
청어를 좀 더 드시겠어요? 그렇죠?

그 대신 아래와 같이 물을 것이다.

Weź jeszcze śledzika! Koniecznie!
'Take some more dear-little-herring-(DIM)! You must!'

이 맛좋고 작은 청어(지소사)를 조금만 더 드세요! 꼭 드셔야 해요!

이러한 지소사는 손님의 접시에 내민 음식의 질을 칭찬하며, 양이 적음을 나타낸다. 화자는 '거절하지 마세요! 당신에게 권하는 것은 작은 거예요. 그리고 좋은 거예요!'라는 것을 넌지시 말한다. 사실 이 칭찬의 목표는 애매하다. 다시 말해서 이 칭찬은 음식, 주인 그리고 주인이 바라는 손님의 행동을 포함하는 것으로 보인다. 이 지소사와 명령형은 진심으로 손을 잡으면서 손님에게 더 먹이려는 정성스런 시도와 같은 작용을 한다. 확실히 이런 제의의 문화적 스타일은 Would you like some more? 같은 형태와 매우 다르다. 그러나 이 차이는 공손성의 관점으로 설명될 수 없다. 오히려 서로 다른 문화적 전통의 관점으로 그리고 궁극적으로 서로 다른 가치들의 위계성의 관점으로 설명되어야 한다.

만일 어떤 사람에게 좋을 것이라는 우리 자신의 관점이 그 사람의 관점과 일치하지 않는다면 앵글로 색슨 문화에서는 사람들이 그 사람에게 좋은 것이라고 생각하는 것을 하기보다는 그 사람이 원하는 바를 더 존중할 것(말하자면, 자율성)을 요구한다. 그러나 폴란드 문화는 반대의 방식으로 이 딜레마를 해결하려는 경향이 있다.

이와 유사한 딜레마가 작별을 받아들이는 태도와도 관련되어 있다. 만일 손님들이 막 가려는 의도를 내비칠 때, 사람들은 그들을 가게 해야만 하는가 아니면 못 가게 막아야 하는가? 앵글로 색슨 문화는 사람들이 일반적으로 손님들을 가도록 하는데, 바로 그렇게 하는 것이 그들의 자율성과 '자기결정'을 인정하는 일이기 때문이다. 그러나 폴란드에서는 그러한 행동이 차갑고 부주의한 것으로 간주될 수 있다. 그러므로 일반적으로 사람들은 그 손님들이 떠나지 않도록 해야 한다. 왜냐하면 상대에 대한 따뜻함의 표현이 그들의 자율성에 대한 존중을 보여주는 일보다 더 중요한 것으로 인식되기 때문이다. 그러므로 앵글로 아메리카인이나 호주인이 주인

일 경우 통상적으로 손님들이 와준 것에 대해 고마워하고 그들을 가도록 한다. 반면에 폴란드인 주인은 손님이 더 머물러야 한다고 고집하며, 'you must(꼭)'를 쓰면서, 그리고 동시에 따뜻한 지소사를 손님에게 쏟아 놓는다.

> Ale jeszcze troszeczkę! Ale koniecznie!
> 'But〔stay〕 a little-DIM more! But you must!'
> 조금만(지소사) 더 있다 가세요! 꼭!

  지소사와 언표내적 전략의 상호작용에 관한 세 번째의 예로서 나는 요청을 다루려고 한다. 폴란드어에서, 명령형으로 표현되는 요청은 종종 하나의 지소사에 의해 완화적으로 표현된다. 그래서 아내가 남편에게 말할 때, 조건 의문형의 요청보다는 명령형을 사용하는 것이 더 자연스럽기는 하지만, 이때 그녀는 (억양뿐만 아니라) 남편 이름의 지소사를 두 번씩 사용함으로써 명령형을 완화시킬 수 있을 것이다.

> Jureczku, daj mi papierosa!
> 'George-DIM-DIM, give me a cigarette!'
> George-지소사-지소사, 나에게 담배 한 개비를 줘!

  이 상황에서 간접의문 요청은 그다지 적절하지 않은데, 왜냐하면 지시형의 '의문 형태'는 거리설정 장치가 되기 때문이다. 그래서 한편으로는 친밀함과 애정 그리고 다른 한편으로는 완벽한 서로 간의 독립성 사이에 암묵적인 갈등이 생긴다. 즉 만일 내가 당신에게 나를 위해 무언가를 해주기를 요청한다면, 그리고 만일 우리는 가깝다고 생각한다면, 나는 당신이 내가 부탁한 것을 해줄 것이라고 가정할 것이다. 그러므로 당신이 그것을 할지 어떨지를 내가 잘 알지 못한다는 사실은 당신의 독립성뿐만 아니라 나와의 '거리감'을 인정하는 것을 보이는 것이 된다.

마찬가지로, 어린이에게 말할 때, 사람들은 could you, would you be so good as to 등의 의문 요청을 사용하지는 않을 것이다. 통상적으로 사람들은 명령형을 사용한다. 그러나 이 명령형은 이름의 다양한 지소사 형태뿐만 아니라, 명사, 형용사, 또는 부사 그리고 경우에 따라서는, 발화의 다른 부분들에 붙는 무수한 지소사들을 사용함으로써 완화될 수 있다.

> Monisieńko, jedz zupkę!
> 'Monica-DIM-DIM, eat your soup-DIM!'
> 모니카(지소사-지소사), 수프(지소사)를 먹어!

> Jedz pręciutko!
> 'Eat quickly-DIM!'
> 빨리(지소사) 먹어!

> Zjedz wszyściutko
> 'Eat it all-DIM up!'
> 그것 다(지소사) 먹어!

풍부한 지소사의 체계는 일반적으로 말해서는 감정이, 특히 좁혀 말해서, 애정이 공개적으로 보여지기를 기대하는 문화에서 중요한 역할을 하는 것 같다. 앵글로 색슨 문화는 절제되지 않은 감정의 표시가 장려되지 않는다. 비록 영어는 지소사가 거의 없지만, 있다 해도 성인 영어의 지소사들은 어색하게 느껴지며, 그것은 마치 에로틱하지 않은 키스나 포옹이 종종 어색하게 느껴지는 것과 같다.

이 장에서 앵글로 색슨 문화, 그것도 특히 육체적인 표현성을 매우 권장하는 미국 문화를 일본 문화와 비교하며 살펴보는 것은 흥미로운 일이다. Barnlund(1975a : 445)는 이 점에 대해 "〔미국과 일본〕 문화 사이의 극적인 대조"를 보고하고 있다. "거의 모든 상황과 사람들 사이에서 미국인이 일본인보다 거의 두 배 가까이 빈번하게 접촉 행위를 하고 있다고 보고되었다."(Barnlund 1975a : 452). 반면에 러시인과 러시아인의 풍습을 접한 미국 학생들은 러시아인들 사이에서 공공연히 행해지는 키스나 포옹, 접촉의 양에 대해 놀라워한다(Smith 1976 : 136 ; Monahan 1983 참조).

폴란드인의 관점에서는, 미국문화를 포함한 일반적인 앵글로 색슨 문화는 대체로 육체적 표현을 제약하는 것처럼 보이며, 이는 마치 일본 문화를 미국 사람들이 그렇게 보는 것과 같다. 많은 관찰자들은, 폴란드인들이 러시아인처럼 감정을 풍부히 드러내는 것은 아니지만, 폴란드인의 키스나 손키스, 악수가 매일 인사처럼 일어나는 일이라는 사실에 동의하는 듯하다.

영어에서 emotional(감정적)이라는 단어가 가지고 있는 느낌은 앵글로 색슨 문화의 특징인 감정의 공적인 표현에 대한 거부감을 나타내는 좋은 예이다. 이 단어는 부정적인 내포 의미로 사용되지만 내포 의미로 사용되지 않을 때조차도 이 단어는 적어도 '갑작스럽고 당혹스러운 감정의 표현'을 암시한다.

예를 들어 납치된 아이가 이틀쯤 후에, 절대로 아이를 다시 볼 수 없을 것이라고 생각했던 어머니에게 되돌아 왔을 때, ABC News(1983.8.24)의 호주 기자는 The baby was reunited with his emotional mother(그 아기는 감정이 격해진 어머니와 재회했다)라고 하면서, 그 어머니의 행동을 emtional(감정적)으로 묘사했다. 이와 같은 특별한 상황에서 emtional이라는 단어는 비난으로 사용된 것이 아니다. 왜냐하면 어머니의 감정 상태는 명백하게 이해될 수 있고 양해될 수 있는 것으로 여겨지기 때문이다. 그럼에도 불구하고 폴란드 화자의 관점에서는, 그 어머니의 감정을 굳이 언급하고 양해해야 하는 것이 이상하게 보인다. 왜냐하면 그와 같은 상황에서 어머니가 감정을 보이는 일 외에 어떤 다른 일을 할 수 있으리라고는 어느 누구도 생각하지 않기 때문이다.

Lutz(1986 : 290-301)에 의해 지적된 바와 같이, "기본적으로 청교도적이고 중류 계층의 배경을 갖춘 유럽인들에 대해 매우 폭넓게 공유된 미국인[그리고 내가 더 첨가하자면, 일반적으로는 앵글로 색슨]의 민속이론"에 의하면, "감정을 일차적으로 비이성, 주관성, 혼돈스러움과 부정적인 특성"과 동일시한다. "감정에 대한 가장 지배적인 문화적 가정의 하나는 이성과 합리성의 반대말이라는 것이다." 즉, "감정은 기본적으로 비이성적이고 육체적이고 비의도적이고 약하고 편견적이며, 여성적인 것으로 …… 폄하되어 왔다." 다시 말해 "감정이란 매우 심하게 잘못된 판단에 이르게 되고 그로 인해 무의미하고 비이성적 행위를 초래하게 되는 것이다. …… 사람들은 감정을 어떤 사태에 대한 이성적 파악을 차단하거나, 또는 방해하는 것으로 보는 경향이 있다. 어떤 사람을 감정적이라고 표시하는 것은 종종 그가 말하고 있는 것에 대한 정당성과 더 나아가 정확한 의미에 대해 의문을 제기한다는 말이다."

폴란드 문화는 그렇지 않다. 폴란드의 국민적 정서를 형성하는데 기초적인 역할을 한 낭만주의 시에 나오는, serce 'heart'(마음)은 과학자의 szkiełko I oko 'magnifying glass and eye'(확대경과 눈)과 대립되는 개념으로, 이는 마치 'live truth'와 'dead truth' 만큼이나 대비되는 말이다. 그리고 이러한 대비는 폴란드인의 민속이론에 중요한 위치를 차지해 왔다. 영어의 단어 emotional에 해당하는 폴란드어는 uczuciowy인데 이 단어가 긍정적인 내포 의미를 가지고 있다는 사실이 그것을 반영한다. 폴란드어의 uczuciowy에는 감정을 보여주지도 않아야 하고 보여줘서도 안 된다는 문화적 기대가 없기 때문에, 이 단어는 어떤 사람이 감정을 보여준다는 것을 지시하는 것이 아니라, 어떤 사람이 풍부하고 정열적인 감정을 갖고 있다는 것을 가리키며 이는 '좋은 일'임을 의미한다.

그러나 여기에서 주목해야 할 것은, 앵글로 색슨의 '감정'에 관한 금기가 모든 느낌에 동일한 수준으로 적용되지는 않는다는 것이다. 예를 들면 이미 언급했던 것처럼 호주 문화는 욕하는 것을 전혀 문제삼지 않는데, 이것은 '강하고' '남성다운' 감정들을 보여주기 때문이다. 문제가 되는 것은 동정심과 같이 '부드럽고', '여성스러운' 감정을 절제력 없이 보여주는 일이다.

Lutz(1986 : 299)는 앵글로 색슨(그녀가 말한 미국)이 구분하는 전형적이고도 여성에게만 용납될 수 있는 감정과, 남성의 것으로 기대되는 감정의 차이를 지적했다. "미국 문화의 확신으로 볼 때, 남자가 감정적일 수 있다는 것은 부인되지 않는다. 그러나 그것은 오로지 남자가 특정한 유형의 감정, 그 중에서도 특히 화의 감정만을 경험할 것이라는 기대의 결과이다. 여자들에게는 아마도 화의 감정을 제외한, 모든 감정들을 더 자주 그리고 심하게 경험할 것이라고 기대된다."

호주 문화권에서는, 강인함과 비감상성에 높은 가치를 두며, bloody라는 단어가 긍정적인 감정과 부정적인 감정, 모두를 표현하는 주요 매개수단으로 사용되는데, '부드럽고', '여성스러운' 감정을 표현하는 일은 몹시 혐오되고 있다(Wierzbicka 1992, 11장 참조).

호주인들이 종종 지소사로서 언급하는 축약형들, 즉 mozzies(mosquitoes), mushies(mushrooms), prezzies(presents), barbie(barbecue), lippie (lipstick), sunnies(sun glasses)들은 사실 진정한 의미의 지소사가 아니다. 이 축약형들이 마치 하나의 기능을 가진 지소사인 것처럼 단순하게 말해지긴 하지만 이들은 지소사의 주요 기능들과는 매우 다르다. 형식적으로, 그것들은 축약형이라는 점에서 영어의 지소사들과는 다르다. 즉 영어의 애칭 형태인 birdie, fishie, doggie들은 완전한 형태를 가진 기본 단어에 접미사를 더한 반면, barbie나 lippie와 같은 단어들은 기본형의 끝을 잘라내고 접미사를 붙인 경우이기 때문이다. 의미적으로, 이 단어들은 사랑스러움보다는 유쾌한 유머를 표현한다는 점에서 본질적으로 지소사와 다르다. 아마도 doggie 같은 순수한 지소사의 핵심적인 의미는 다음과 같이 표현될 수 있다(Wierzbicka 1980, 1984 참조).

doggie ⇒[1]
　나는 생각한다 : 이것은 당신이 작은 사람인 것처럼, 무엇인가 작은 것
이다
　나는 당신을 향해 무엇인가 좋은 것을 느낀다
　이것 때문에, 내가 당신에게 이것에 대해서 무엇인가를 말할 때
　　나는 그것을 향해 무엇인가 좋은 것을 느낀다

　호주 영어에서 접미사 -ie가 붙는 축약형들의 핵심적인 의미는 다르다. 그것을 나는 다음과 같이 제시하고 싶다(Wierzbicka 1984 참조).

　mozzies⇒
　나는 생각한다 : 이것은 무엇인가 작은 것이다
　나는 생각한다 : 당신은 똑같은 것을 생각한다
　내가 당신에게 이것에 관하여 무엇인가를 말할 때 나는 무엇인가 좋은
것을 느낀다

　따라서 모기를 mozzies라고 부름으로써, 화자는 유머스럽게 문제를 해결하고 있다. 즉 그는 mozzies를 작은 것, 그러나 귀엽지는 않은 것으로 생각하고 있으며, 상대방에게 이런 태도가 공유하기를 기대하고 있다. 내가 이전에 제안한 바 있듯이, 위에서 설명된 복합적 의미는 호주인의 많은 특징적인 민족 정서, 다시 말해 비감상성, 풍자, 사태를 축소시키는 성향, '동료 의식', 유쾌한 유머 그리고 비격식성을 좋아하고 긴 단어들을 싫어하는 것 등을 반영하고 있다. 그렇지만 호주 영어의 지소사들은 보통 기본 단어보다 짧은데, 이처럼 형태적으로 짧은 것을 호주인들은 더 기능적이라고 여기기 때문이다. 그러나 전형적으로 슬라브어나 로망스어의 지소사들은 기본 단어들보다 길다.

　이와 동일한 호주인의 태도에서 비롯된, 특히 비감상적이지만 유쾌한 유머에 대한 또 다른 언어의 반사체로써, 매우 특징적인 호주인의 표현

no worries가 있다. 이 표현은 호주인들의 말에서 널리 사용되며, 광범위한 영역의 언표내적 효력을 발휘하고 있다. 이 표현 속에 그리고 또 호주인들의 축약형 속에 들어 있는 일상적인 낙천주의는 슬라브어의 지소사가 갖는 따뜻함과는 상당히 다른 것이다.

4.4. 문화적 가치로서의 정중함

여기에 더하고 싶은 중요한 사실은, 폴란드 문화가 슬라브 문화를 나타내는 중요한 주제인 온정을 가지고 있지만, 한편 그 온정은 또 다른 어떤 것과도 연관되어 있다는 것이다. 그것은 바로 정중함(courtesy)인데, 개인 모두에게, 그것도 특히 여성에게 존중함을 표하는 어떤 의식적인 행동이라는 관점에서 그렇다. 폴란드 문화는 온정과 자발성과 더불어, 의식적 요소로서의 무엇인가 의례화된 정중함과 기사도 정신이 있다. 이것의 좋은 예로는, 남자가 여자의 손에 키스를 하는 폴란드인의 풍습을 들 수 있다. 즉 양 볼에 하는 박력 있고 따뜻한 키스는 온정을 표하는 것이지만, 숙녀의 한 손에 하는 키스는 온정과 의식적인 정중함 모두를 의미한다. 정중함은 온정과 충돌하는 것이 아니며, 정중함은 온정 위에다 어떤 의례적 형식, 즉 어떤 의식성을 부가한 것이다.

폴란드어인 savoir vivre가 갖는 정중함의 양상은 특히 호칭의 형태에서 분명하게 드러난다.[2] 이미 언급했듯이, 영어로는 아마 여왕을 제외하고 누구나 you로 똑같이 부를 수 있다. 폴란드어는, 친밀한 관계인 ty(thou)와 3인칭 단수 동사가 함께 쓰이는 정중한 pan/pani(sir, madam)로 구분된다. 영어의 you는 민주적이며, 모든 사람에게 동등하다. 하지만 you에는 폴란드어 ty형이 갖는 (잠정적인) 친밀함과 pan/pani형이 갖는 정중함 모두가 결여되어 있다.

정중함과 온정 사이의 이러한 연관은 유형론적으로 흔한 일이 아닌 것처럼 보인다는 점에서 흥미롭다. 의식과 의례는 자발성과 '정서성'과 반대되는 것처럼 보일 수 있다. 따라서 의식과 의례를 선호하는 문화는 보통 자발성과 정서성을 억제한다. 일본인과 자바인의 문화가 이런 경우이다 (Benedict 1947 ; Lebra 1976 ; 일본 문화에 관한 Smith 1983 ; 자바인에 관한 Geertz 1976 참조).

그러나 폴란드 문화는 한편으로 자발성과 감상성 그리고 다른 한편으로 비격식성이 명확하게 구분된다. 일본인처럼 폴란드인들도 직함을 매우 좋아하며, 일반적으로 영어에서 사용되는 'Doctor(박사)', 'Professor(교수)'나 'Father(신부)'보다 훨씬 많은 직함의 목록이 있다. 예를 들어 Panie Dyrektorze 'Mr. Director', Panie Naczelniku 'Mr. Head', Panie Inżynierze 'Mr. Engineer', Panie Magistrze 'Mr. MA-holder'(보통 약학의 MA를 가진 약사에게 사용함), Panie Mecenasie 'Mr. Barrister' 등이 있다. 그러나 일본어와 달리, 폴란드어는 '존칭어'가 겸손과 자기비하를 포함하고 있지 않다. 즉 자신을 낮춤이 없이 상대의 지위와 신분에 존경을 표현한다. 게다가 상대에 대한 이러한 존경은 폴란드어에서는 일반적으로 온정과 애정을 담고 있다.

정중함과 온정의 양립성은 공식적인 직함인 pan 'Mr', pani 'Mrs', panna 'Miss'가 Panie Mareczku 'Mr Mark(지소사)', Pani Basieńko 'Mrs Barbie(지소사)'처럼, 사람 이름에 붙는 애칭적 지소사와 결합된 상대 또는 개인의 지시의 형태에서 잘 드러난다. 폴란드인은 호주 영어의 특징인 비격식성을 좋아하지 않으며 서로 잘 알고, 또 직장 동료같이 오랫동안 알아온 '동등한 관계'에서도 직함의 사용을 선호한다. 그렇지만 동시에 직함 형태가 갖는 격식성 속에 감정을 나타내는 것을 저지하지 않으며, 이름에 붙는 애칭적 지소사는 손등에 키스를 할 때처럼, 직함과 자유롭게 결합하여 쓰인다.

폴란드인들은 이 점에서 러시아인들과 다르다. 러시아인들은 감정을 보여주는 풍부한 장치를 가지고 있지만 정중함을 보여주는 장치는 풍부하지 않으며, 애정과 비격식성이 연관되어 있지 않다. 존경과 정중함 그리고 친밀하지 않음을 보여주기 위해, 러시아어에서는 이름과 아버지의 이름을 결합하여 쓰며, 보통 아버지의 이름에는 애칭적 지소사를 결합할 수 없다 (Wierzbicka 1992, 7장과 8장을 참조).

이름을 쓰는 경우나 부칭과 함께 쓰인 이름을 제외하고, 러시아어는 두 가지 기본적인 호칭의 형태가 있다. ty '너(2인칭)'와 vy '너희들'(복수)이 그것이다. 하나는 '친밀감'의 표시이고 다른 하나는 '거리감'의 표시이다. 그러나 러시아어의 vy형이 폴란드어의 pan/pani형과 정확하게 일치하는 것은 아니다. 왜냐하면 vy형은 단지 '거리감'의 표시이지, 친밀감의 표시가 아니기 때문이다. 바르샤바의 상점에서는 가끔 러시아 여성 관광객이 pani 'Madam'로 호칭되는 것을 예스러운 정중함과 앙시앵 레짐('ancien régime', 구체제)을 보여주는 것처럼 여기고 이를 기뻐하며 즐거워하는 것을 보게 된다.

러시아어의 vy형에는 특별히 정중함이란 가치가 없기 때문에, 이 형식은 일반 사람들뿐 아니라 정당 기관이나 경찰에서 사용하기에 적합하다. 공산권 폴란드에서는 경찰과 정당 기관이 pan/pani형을 피했는데, 왜냐하면 pan/pani형이 갖는 '분위기'가 공산주의의 사상과 맞지 않았기 때문이다. 특성상, 폴란드의 공산 정권은 오랫동안 이들 형식을 없애 버리고 러시아어를 모델 삼아 wy형으로 바꾸려고 시도했다. 그러나 이러한 노력들은 소용없는 것으로 입증되었다. 다큐멘터리 영화 'Workers 1980'을 보면, 정부 대표자가 레흐 바웬사와 다른 노동자들의 대표들과 대화하면서, 공공연하게 pan/pani형을 사용하였다. 이 사실은 폴란드인이 갖는 정중함의 전통을 없애려는 노력이 폴란드에서 실패했음을 보여주는 일종의 상징적 승인으로서 널리 언급되었다.

Brown & Gilman(1972)에 따르면, ty와 폴란드어의 pan/pani와 같은 호칭의 다양한 형태들을 보통 '힘과 유대감'의 관점에서 기술하고 있다

(Ervin & Tripp 1974 참조). 그렇지만 나는 폴란드어에 관해서만은 친밀감과 정중함과 같은 문화적 가치들을 언급해야만 더 명확히 설명할 수 있다고 제안하고 싶다. pan/pani형은 러시아어와 같이 적극적인 정중함을 내재하고 있는 소위 V-형들과 다르다. 2인칭 복수 wy형은 공산당 정권이 선호하였는데, 거리감과 비개인적인 동등함을 암시한다. 폴란드인들의 귀에 그것은 차갑고, 비개인적이며 정중하지 않은 것처럼 들린다. 이 wy형은 한 집단의 구성원들 간의 동등함을 선호한다는 점에서 (ty가 표시하는 친밀감이나, pan/pani가 표시하는 상호 간의 존경에 기초한) 개인적 유대를 강조하지 않는다. 반면에 pan/pani는 친밀하지 않으며, 오히려 정중하고 개인적이다. 나는 pan/pani의 '개인적' 특성은 부분적으로 그것이 단수 형식을 취하고 성에 따라 다르게 쓰이기 때문에 나타난다고 생각한다. 반면에 wy형의 '비개인적' 특성은 부분적으로 그것이 복수 형식을 취하고 성 구분이 없기 때문에 나타난다고 생각한다. 폴란드인의 정중함은 모든 개인을 한 개인으로 존경하고 높은 성별 의식을 강조한다. wy형이 갖는 집산주의자(collectivist)의 느낌과 성별 의식이 없는 느낌은 이러한 전통에서 볼 때 맞지 않다.

덧붙이자면 폴란드의 공산정권 하에서 공적으로 사용되는 wy형은 '집산주의자'라는 호칭과 그리고 towarzyszu, towarzysz 'comrade'와 같은 호칭, 또 비교적 적은 범위이기는 하지만, obywatelu, obywatel 'citizen'이 함께 쓰이고 있으며, 그리고 이러한 단어들은 의심할 여지 없이 소비에트식 표현 양식과 관련되거나 이를 배경으로 한다는 것으로 해석된다. 공식적인 wy가 전달하는 소비에트식 평등성은 'comrades'(동지들)의 집단성, 즉 이상적으로 공약된 평등함을 명시적으로 또는 암시적으로 지시함으로써 보강되었다.

폴란드어 방언에서 쓰이는 wy형은 공식적인 wy와 다른 어원과 기능을 가지고 있다. 즉 이 wy형은 ty와 pan/pani 모두에 대립되는 것이 아니라, 단지 ty에만 대립된다. 그리고 동등함이 아니라 존경을 표현한다. 매우 중요하게도 wy형은 집산주의자 그리고 towarzysz 'comrade'(동지)처럼 사상적 의미가 부여된 형태와 함께 쓰이지 않는다. 오히려 그것은 '어머니', '아저씨'처럼 상대의 개인적인 신분을 언급하는 용어와 함께 쓰이거나, 보통 지소사 형식이 아닌 '품위있는' 이름과 함께 쓰인다.

나는 폴란드식인 pan/pani의 정중함과 소비에트식 표현인 wy의 비개인성 사이의 차이를 폴란드 사람들이 민감하게 알아차리고 자주 언급한다는 것을 덧붙이고 싶다. 이 두 형식이 갖는 의미적 암시에 대한 일반적인 인식을 보여주기 위해, 폴란드인 이민자들이 매월 출간하는 『Kultura』에 실린 에세이에서 뽑은 구절을 인용하겠다.

> 러시아인들이 우리를 아이러니하게 te polskie pany[저 폴란드인 신사들]이라고 말할 때, 그 내포 의미는 계급보다는 문화적 의미를 말하는 것이다. 계급으로서 신사는 사라진지 오래지만, 그러나 우리는 여전히 '신사'이다. 왜냐하면 우리는 소비에트가 시도한 '통제(Gleichshaltung)'와, '우리를 동무라고 부르기' 그리고 wy[복수의 you]형을 받아들이지 않았기 때문이다. 폴란드 공산권 하에서 그 차이가 정말 느껴지는 것은 panowie [신사'이자 또한 '평민']와 일반적으로 oni[그들' 즉 통치자들, 새로운 지배계급]로 불리는 사람들 사이에서이다(Scherett 1984 : 7).

5. 이론적 암시

발화 행위를 다룬 문헌에서는 여기에서 논의한 영어의 대화 전략들을 종종 하나의 보편적인 '자연 논리'의 명시(Gordon & Lakoff 1975), 보편적인 '대화의 논리'(Grice 1975), 또는 보편적 공손성의 규칙(Searle 1975)으로 해석하였다. 이 장에서 논의된 사실에 비추어 보면 이러한 해석의 방향은 심각한 자민족중심으로 볼 수밖에 없다. 예를 들어 다음 진술을 고려해 보자.

…… 공손성을 필요로 하는 일반 대화의 조건으로 보통 Leave the room 같은 단순 명령문이나 I order you to leave the room 같은 명시적 수행문을 사용하는 것은 어색한 일이다. 그래서 우리는 언표내적 목적을 위해 간접적인 수단을 찾으려 한다(예, I wonder if you would mind leaving the room). 지시형에서 공손성은 간접성을 위한 중요한 동기가 된다(Searle 1975 : 64).

나는 '공손성에 대한 일반 대화의 요구 조건으로 단순 명령문을 사용하는 것은 어색하다'라는 생각이 하나의 환영이라는 것을 보여주었기를 희망한다. 그것은 '일반적' 요구 조건이 아니라 영어의 요구 조건이다.

마찬가지로 '공손성에 대한 일반적 대화의 요구 조건으로 명시적 수행문을 사용하는 것은 어색하다'라는 규칙도 영어 대화의 요구 조건이지 보편적 요구 조건은 아니다. 다음은 이 장의 1절에서 제시한 예이다.

Please! Sit! Sit!

이 발화가 어색한 이유는 폴란드어가 Searle이 '일반적'이라고 언급한 두 가지 대화의 요구 조건들을 갖추지 않았다는 사실에서 출발했기 때문이다. Please는 폴란드어 proszę와 대체로 동일한 단어이며 문자 그대로는 I ask를 의미한다. 폴란드어의 발화에서 'I ask'를 의미하는 수행형은 간단하게 어디에서나 쓰이고, 심지어 더 구어체인 radzę ci 'I advice you'보다도 많이 쓰인다. 더 나아가 다음과 같은 문장을 고려해보자.

Will you bloody well hurry up? 엄청 서둘러!
Why don't you shut your mouth? 입 안 닥쳐?

'공손성은 간접성을 위한 중요한 동기가 된다'는 주장이, 그 대상을 영어에 한정한다 해도, 얼마나 설명력을 가질 수 있는지 의심스럽다(Ervin-

Tripp 1976 : 59-61 참조).

이 장에서 논의된 자료들을 통해 공손성이 보편적인 규칙도 아니며 공손성이 영어에만 한정된 특수한 규칙도 아니라는 것이 밝혀졌다. 실제로 문제가 되는 것은 영어의 대화의 전략과 앵글로 색슨의 문화적 가치들이다.

영어와 독일어의 공손성의 표지에 대한 흥미로운 연구에서, House & Kasper(1981 : 184)는 "대체적으로 독일어 화자들은 불만과 요청의 행위 이 두 가지를 위해 더 직접적인 발화의 등급을 선택했다."라고 보고했다. 저자들은 이 차이점을 다음과 같이 설명했다. "에틱(etic)의 관점에서는 독일 화자의 행동이 영어의 규범으로 볼 때, 무례하다고 간주될 수 있을 것이다. 하지만 에믹(emic)의 관점에서 보면, 이것이 우리가 더 선호하는 관점인데, 다음과 같이 단순하게 주장할 수 있다. 즉 독일어 화자와 영어 화자들이 보여주는 각기 다른 행동은 두 문화의 체계가 각기 다르다는 사실에 대한 반영이며, 그 때문에 우리는 예를 들면 독일어 문화에서 6등급의 불만은 영어 문화의 6등급과 비교할 필요가 없다. 왜냐하면 각각의 가치는 나머지 다른 등급과의 상대적인 가치에서 생겨나며, 또한 특정한 문화 체계 내에서, 사용되는 빈도와 양상에서 나오기 때문이다."

그러나 내 생각에는 그 관찰된 차이의 중요성은 그것보다 더 크다고 본다. 문제가 되는 것은 단지 공손성을 표현하는 방식이 다른 것이 아니라, 문화적 가치가 다르다는 점이다. 내가 보기에 중요한 사실은 서로 다른 화용적 규범에는 서로 다른 문화들이 갖는 서로 다른 가치의 위계성을 반영한다는 점이다.

Can you형에 대하여 Searle(1975 : 74-75)은 다음과 같이 말했다. "첫째로, X는 Y의 능력에 대해 안다고 가정하지 않는다. 그러나 그가 명령문으로 말한다면 그는 이것을 가정한 것이다. 둘째로, 그 형식은 Y에게 거절의 선택을 주거나, 최소한 주는 것처럼 보일 수 있다. 왜냐하면 Yes-No 의문형은 하나의 가능한 대답으로 No를 허용하기 때문이다. 그러므로 승낙이란 명령에 대한 복종한 것이라기보다 하나의 자유로운 행동에 의한 것이라고 할 수 있다."

이것은 모두 사실이고 통찰력이 있는 것이다. 그러나 위에서 언급한 규범들이 모든 문화에서 동일한 영향력을 가지고 있다고 생각하는 것은 하나의 착각이다.

Searle은 "서로 다른 언어의 간접적 발화 형식들은 차이가 있다"는 사실을 모르지는 않았다. 그러나 그는 그러한 차이를 우연한 변이에서 나온, 관용적인 것으로 간주했다(1975 : 76). 그는 다음과 같이 설명하였다.

> 이 메커니즘은 여러 다른 언어에서 특이한 것이 아니다. 그러나 동시에 한 언어에서 사용하는 표준 형식들을 다른 언어로 번역하였을 때 그 언어가 갖는 잠재적 간접성을 항상 유지할 수 없을 것이다. …… 관용적 문장의 부류에, 몇몇 형식들이 간접적 발화 행위를 위한 관습적인 장치처럼 고정되는 경향이 있다. 지시형의 경우, 공손성이 간접 발화형의 중요한 동기가 되는데, 어떤 특정한 형식들은 관습적으로 공손한 요청으로 쓰인다. 어떠한 종류의 형식들이 선택되어지는가는 십중팔구 언어마다 다양할 것이다(Searle 1975 : 76-77).

그러나 이 말은 마치 그 변이란 다소 임의적이거나 우연한 것이지만, 반면에 일반적인 메커니즘은 보편적인 것처럼 말하고 있다.

사실 내가 지금까지 보여준 바와 같이, 소위 '간접적' 발화 행위의 영역에서 언어들의 특정한 차이점들은 문화적 규범과 문화적 가정에서의 차이에 의해 동기화된 것이고, 그 일반적인 메커니즘 자체가 문화 특정적이라는 점이다(Hollos & Beeman 1978 : 353-354 참조).

이 말은 Grice(1975), Gordon & Lakoff(1975), Searle(1975)의 연구에서 제안한 일반화가 언어 사용의 메커니즘에 대해 유용한 관점을 제공한다는 것을 부인하는 것이 아니다. 그러나 중요한 것은 이러한 종류의 일반화가 절대적인 것처럼 보여서는 안된다는 것이다. '자연 논리'는 상당한 영역의 선택을 제공한다. 개별 언어에 내포되어 있는 선택들은 단지 '자연 논리'만을 반영한 것도 아니며, 역사적 사건과 '자연 논리'의 결합만을 반영한 것도 아니다. 그 선택들은 Gumperz(1982 : 182)가 적절하게 명명한 '문화 논리'도 역시 반영한다. Searle은 다음과 같은 의문형 영어 문장들이 전혀 중의적이지 않으며(질문과 요청), 특징적인 지시형의 억양으로 발화될 때조차도 그 문장들의 의미 때문에 단순한 질문이라고 주장하였다(Searle 1975 : 69 참조).

> Can you pass the salt(?) 소금 좀 건네 줄 수 있죠(?)
> Would you pass me the salt(?) 소금 좀 건네 주실 수 있겠습니까(?)
> Will you pass me the salt(?) 소금 좀 건네 주실래요(?)

위 문장이 요청으로 해석된다면, 그것은 청자의 "일반적인 합리성과 추론 능력" 때문이다(Searle 1979 : 176).

그러나 이렇게 말하는 것은 폴란드어와 같은 언어의 화자들에게는 애석하게도 "합리성과 추론 능력"이 부족하다는 것을 의미한다. 영어를 배우는 폴란드인들은 'bank'라는 단어의 다의성을 배워야 하는 것처럼, Would you나 Why don't you 문장들의 잠재적인 중의성도 배워야한다. Searle은 폴란드인들이 배워야 하는 것은 의미가 아니라 '사용 관습'이라고 말했을지도 모른다(Searle 1975:76 참조). 그러나 만약 그 '사용 관습'의 무지 때문에 자연스럽지 않은 발화를 초래하는 것이 아니라, 단순히 Searle 자신도 의미라고 인지한 것에 대한 오해를 초래한 것이라고 한다면, 의미와 사용 관습 사이의 이러한 구분은 무의미한 것이 된다. 예를 들어 만약 호주에 처음 온 폴란드인이 다음과 같은 문장들을 제안이나 초대가 아니라 순수한 질문으로 해석한다고 하자.

> How about a beer? 맥주 한 잔 어때?

Why don't you come and have lunch with us? 우리랑 같이 점심하지 않을래?

그렇다면 그들은 How do you do?와 같은 발화를 순수 의문문으로 이해하는 것만큼이나 큰 의미적 오류를 일으킬 것이다.

인식해야 할 중요한 사실은 관련되는 것이 '합리성과 추론 능력'의 어떤 차이가 아니라, 언어로 기호화된 '문화적 논리'의 차이라는 것이다.

> 매우 문법적인 문장을 구사하는 두 화자가 서로의 언어 전략의 해석에 있어 매우 다를 수 있다는 사실은, 대화의 처리가 언어적 지식에 의존한다는 것을 지적한다. 그러나 그 지식이 무엇인가를 찾기 위해 우리는 한편으로는 문화적 또는 사회적 지식, 그리고 다른 한편으로는 언어적 신호의 과정 사이에서 기본적인 차이를 보여주는 의사소통의 관점들이 존재한다는 것을 무시해야만 한다. 우리는 문장 층위의 언어적 분석에 대해 문법과 의미의 규칙들을 적용하며, 소리가 형태소와 절 그리고 문장으로 사상된 비선형과정의 도출로서 의미를 간주할 수 없다. 그리고 사회적 규범들을 어떻게 그리고 어떤 조건 하에서 그러한 의미들이 사용되는가를 단순히 결정짓는 언어외적 힘으로 고찰해서는 안 된다(Gumperz 1982 : 185-186).

나는 '문화 논리'의 기술이 매우 유용한 것이 되기 위해서는, 상당히 구체적인 용어로 행해져야만 한다는 사실을 덧붙이려 한다. 비서구 문화에 관하여 서구 학자들에 의해 행해진 무수한 연구에서, '무뚝뚝한'이나 '직접적인'과 같은 용어들은 앵글로 색슨의 문화적 규범을 지시하는데 사용하였다. 그에 반해 다른 문화들에 대한 대조적 연구들은 종종 '간접성'에 가치를 두는 것처럼 보인다(사례는 Geertz 1976, Eades 1982 참조). 현재 이 연구는 이와 정반대의 사례이다. 즉 폴란드어와 비교했을 때, 영어의 말하기 방식은 매우 높은 간접성을 보였다. 그러나 이것은 '직접성'과 '간접성'과 같은 용어들이 너무나 일반적이고 너무나 모호하기 때문에, 만일 어떤 문화 규범이 갖는 특수적인 본질이 규명되지 않는다면, 비교 문화의 연구는 실제로 믿을 수 없는 용어임을 보여준다.

이 책의 연구는 영어의 문화 규범이 폴란드의 문화 규범들과 비교했을 때 청자에게 어떤 행위를 하도록 하는 행위에서 '간접성'을 선호한다는 것을 보여 주었다. 반면에 Eades(1982), Sansom(1980), Abrahams(1976) 등의 연구는 앵글로 색슨 규범이 호주 원주민의 규범이나 미국 흑인의 규범과 비교했을 때, 청자로부터 정보를 얻기 위해서 '직접성'을 권장한다는 것을 보여주었다. 분명히 앵글로 색슨의 불간섭의 원리가 명령형의 사용에 엄격한 제약을 가하기는 하지만, 질문에까지 확대되지는 않는다(여기서 나는 '개인적 질문'을 의미하지는 않으며, 일반적인 질문을 의미한다). 아마도 앵글로 색슨 문화에서 정보는 무료이고 공익으로 보이기 때문일 것이다. 사실 의문형 장치가 엄청나게 확장됨으로써 명령형 사용의 제약이 보완되는 것처럼 보인다.

마찬가지로 Geertz(1976 : 240-248)는 자바 문화의 특징으로 '간접성'과 '위장'을 강조했는데 이러한 특징은 미국 문화의 특징들과 대조된다. Geertz의 연구에 따르면, 자바 문화는 "말을 빙빙 돌리고", "마음 속에 있는 것을 말하지 않고", "있는 그대로의 진실에 직면하는 것을 꺼리고", "실제로 생각하는 것을 결코 말하지 않고", "불필요한 진실들"을 피하고, "실제 감정을 결코 직접적으로 보이지 않는 것"을 선호한다. 분명하게 모든 이러한 '간접성'의 형태는 앵글로 색슨 문화에서 발달된 형태와 상당히 다르다. 특히 진실의 위장은 매우 다르다.

그러므로 나는 앵글로 색슨 문화의 개인적 자율성과 반독단성 또는 폴란드 문화의 온정과 따뜻함 같은 특정 문화적 가치와, 상호작용적인 특정 언어 규범을 연결시키려는 시도가 매우 중요하다고 본다. 이와 관련된 주제는 근본적으로 중요하며, 보다 전반적으로 논의할 가치가 있다. 따라서 나는 3장에서 그러한 논의를 진행하려고 한다.

6. 실제적 암시

호주나 미국 같은 다인종 국가에서, 발화 행위와 발화 행위가 갖는 문화적 유의미성에 관한 문제는 순수하게 학문적인 것이 아니다. 그것은 매우 실제적인 유의미성의 문제이다.

영어의 대화 관례들이 '일반적이고', '평범하고', '자연스럽고', '논리적인' 것을 반영한다고 폭넓게 가정되는 한, 이민자와 앵글로 색슨 사이의 문화적 이해에 대한 전망은 매우 밝지 못하다. 학교, 법정, 정부 부서와 같은 기관뿐만 아니라 거리와 '시장이 서는 곳'은 불가피하게 문화적 충돌과 문화적 오해가 일어날 수 있는 장소이다. 만약 유창하게 영어를 잘하는 이민자가 단순 명령형으로 말한다면, 그는 무례하거나 버릇없게 보일 수 있다. 만약 이민자들이 '간접성'의 표현으로 정교하게 대답할 수 없다면, 그들은 비협조적으로 보이거나 어수룩하게 보일 수 있다. 풍부한 욕설과 함께 표현되는 정교한 간접성은, 몇몇 이민자들이 나타내는 직접성, 강압성, 그리고 '감정'들이 '앵글로'들을 불쾌하고 화나게 할 수 있는 것 만큼이나 똑같이 이민자들에게 혼란스러운 것이다.

앵글로 색슨계 의사와 간호사들에게는 (Jane Simpson이 나에게 지적해 준 것처럼) 고통은 냉정하게 참아야 하고, 정말 고통스러울 때에만 울어야 한다는 생각에 익숙하다. 그러므로 그들은 이탈리아인과 그리스인에게는 용납되는, 사소한 행위라고 할 수 있는 고통에 불평하고 울고 비명 지르는 사람들을 동정하지 않는다. 이 때문에 의사와 간호사는 매우 동정심이 없는 치료를 한다는 생각을 할 수 있고, 앵글로 색슨들이 히스테릭하고 겁이 많다고 언급하는 일에 대해서만 지중해 지역 사람들이 불평하기 때문에, 지중해 사람들은 겁이 많다는 일반적인 생각을 할 수 있다. 나는 비슷한 이야기를 1983년 캔버라에 있는 두 병원에서 간호사들을 대상으로 이민자의 언어적 문제에 관한 두 번의 세미나를 하는 동안 호주인 간호사들에게 들었다. 많은 간호사들은 분만할 때 비명을 지르는 이민자 여성에 대한 앵글로 색슨계 의사들의 동정심 없는 태도와 비명을 중지시키려고 종종 주사를 처치한다는 사실에 대해 언급하였다. 비명을 지르고, 울고 불평하는 이민자 여성들은 히스테릭하게 또는 비이성적으로 볼 수 있다. 고통을 보이는 것에 대한 금기는 분명히 감정을 보이는 것에 대한 금기와 관련되어 있다.

분명하게도 이러한 종류의 문화적 충돌이 완벽하게 제거될 수는 없지만, 잘 계발되고 잘 계획된 다문화 교육에 의해 최소화될 수는 있다. 문화 특정적인 발화 행위와 발화 스타일에 대한 언어적 연구가 이러한 영역에 크게 공헌할 수 있으리라는 것은 확실한 것처럼 보인다.

제3장

비교 문화 화용론과 다양한 문화적 가치

Cross-cultural pragmatics and different cultural values

서로 다른 두 나라에서 오랫동안 살아온 사람이라면, 다른 나라의 사람들은 각각 다른 방식으로 말을 한다는 것을 알게 된다. 다른 지역의 사람들은 다른 어휘와 다른 문법들로 이루어진 다른 언어적 기호들을 사용할 뿐만 아니라 그 언어적 기호들을 사용하는 방식들도 서로 다르기 때문이다. 이러한 차이점들 가운데 일부는 매우 견고하고 체계적이어서, 언제나 우리들이 다른 기호들과 그 기호를 사용하는 서로 다른 방식들 사이에, 다시 말해 각기 다른 '문법'과 각기 다른 '말하기의 민족지학' 사이에 선을 그을 수 있는 것은 아니다(Hymes 1962 참조).

언어 용법을 다루는 책에서, 서로 다른 사회와 언어 공동체 간의 말하기 방식의 차이점의 정도는 종종 과소평가되어 왔다. 특히, John Searle (1969, 1979)과 Paul Grice(1975, 1981)와 같은 철학가들의 연구와 관련되거나 이를 추종하는 발화 행위 이론들과 대화 논리 이론들은 주류 미국 백인 영어의 특징적인 말하기의 방식이 '보통 인간의 말하기 방식'을 대표하며, 소수의 변이들을 제외하고, 그러한 말하기 방식들을 다른 모든 인간 사회에서 찾을 수 있는 우세한 말하기 방식과 같은 것으로 볼 수 있다고 추정하는 경향이 있다. 그러나 물론 이것은 자민족 중심의 환영들이다.

문화 특정성을 희생시키고, 언어 용법에서 보편성을 찾으려는 탐구는 또한 Brown & Levinson(1978 ; 개정판 1987)의 '공손성의 현상'이라는 매우 영향력 있는 연구의 특징이기도 하다. 만약 보편성에 대한 탐구가 문화 독립적인 입장을 취하는 진정한 보편주의자에 의해 실행된다면, 언어 용법이 갖는 특정 문화만의 측면보다 보편성에 초점을 두는 것은 문제될 것이 없다. 그러나 수많은 최근의 연구가 보여주는 것처럼, Brown과 Levinson이 지지하고 또 소개하고 있는 기본 개념적 도구들, 특히 '체면'의 개념은, 사실 강한 앵글로 중심적인 편견을 가지고 있다(예 : Matsumoto 1988 ; Katriel 1986 ; Tannen 1984 ; Wierzbicka 1985a, b).

Brown & Levinson은 두 가지 원칙을 인간 상호작용에서 가장 중요한 것으로 간주하였는데, 하나는 '소극적 체면'인 '부담의 회피'이고, 또 하나는 '적극적 체면'인 '타인에 대한 승인'으로 Brown & Levinson은 What lovely roses!라는 찬사를 그 예로 들었다. 그러나 이러한 특별한 매개변인들에 대한 그들의 선택에는 이 저자들이 갖는 특정 문화만의, 즉 앵글로 중심적인 관점이 분명히 반영되어 있다.

발전된 인간의 대화 행위와 상호작용에 대한 다양한 보편적 '격률들'과 원리들에 대해서도 앵글로 중심이라는 동일한 비난을 할 수 있다. 예를 들어, Leech(1983 : 132)의 '찬동'과 '겸양'의 격률을 생각해 보라.

찬동의 격률(Approbation maxim)
(a) 타인에 대한 비난을 최소화하라. 〔(b) 타인에 대한 칭찬을 최대화하라.〕
겸양의 격률(Modesty maxim)
(a) 자신에 대한 칭찬을 최소화하라. 〔(b) 자신에 대한 비난을 극대화하라.〕

Leech는 이와 같은 격률의 비중이 문화마다 다를 수 있다고는 생각했지만 양적인 차이와는 별개로 이 격률들이 본질에 있어서는 보편적으로 유효하다고 가정하였다. 그러나 실제로 경험적 증거들은 이것이 사실이 아니라는 것을 보여주고 있다.

예를 들어, Kochman(1981)은 미국 흑인 문화에서는 '겸양'의 규범이 적용되지 않으며, 자신에 대한 찬사를 전혀 부정적인 것으로 보지 않는다고 설명하였다. 이와 관련해서 Kochman은 무하마드 알리의 자서전의 제목, 즉 I am the greatest('나는 가장 위대하다')를 언급하였다. 그리고 그는 '래핑'(rapping), '그랜드스탠딩'(grandstanding), '쇼보팅'(showboating)과 같은 흑인의 민속범주들의 중요성에 대해 논의하였다(자세한 내용은 1.5 참조).

이와 유사하게, Mizutani & Mizutani(1987)는 '찬동', 즉 '타인에 대한 찬사'가 일본 문화에서는 권장되지 않는다는 것을 보여주고 있으며, 이 책의 한 장 전체를 할애하여 '직접적인 찬사 삼가기'에 대해 논의하였다(1987 : 45-46). 마찬가지로 Honna & Hoffer(1989 : 74)는 '타인에 대한 찬사'가 일본 문화에서는 오만하고 주제넘은 것으로 여겨지며, 일본 문화에서는 "화자가 그의 생활 범주 안에서 사람들에 대해 찬사를 표현하고 싶거나 표현해야만 하는 때조차도, '나는 정말 찬사의 뜻으로 말하는 것은 아니지만' 또는 '나는 찬사하기에는 너무나 주제넘다는 것을 알지만……'과 같은 문구로 종종 시작한다. 그렇게 함으로써 그는 정말로 오만한 사람이 아니라는 인상을 주기 위해 애를 쓴다."는 사실을 지적하였다.

따라서 모든 인간 사회에서 '자신에 대한 찬사'는 부정적으로 여기고, '타인에 대한 찬사'는 긍정적으로 여긴다는 것은 사실이 아닌 것이다.

동일한 관점이 보편적인 조화의 격률, 즉 "불일치를 최소화시키고, 일치를 최대화시켜라."에도 적용된다(Leech 1983 : 132). 예를 들어 Schiffrin(1984)이 제시한 대로, 유대인의 문화는 불일치에 대한 분명한 선호를 보여주고 있다. 즉 유대인의 문화에서 사람들은 다른 사람에 대한 관여와 관심을 보일 때 '예'보다는 '아니오'라고 말한다. 유대 문화에서 논쟁은 사교성의 한 형태로 평가되며, 일치보다는 불일치가 사람들을 더 가깝게 해 준다고 여긴다(다음 2.1을 참조).

그러므로 모든 문화들이 불일치보다는 일치를 가치 있게 여기고, 자신에 대한 찬사를 억제하고, 다른 사람에 대한 찬사를 격려하며, 그리고 사회적 상호작용에서 '부담'을 큰 죄악으로 여긴다고 생각하는 것은 앵글로 중심적인 환영인 것이다.

최근 십년간, 이런 식의 잘못된 보편주의에 반대하는 반응이 점차적으로 목격되었으며, 이 반응은 '비교 문화 화용론'과 관련된 것으로, 언어 연구에서 새로운 방향과 새로운 분야들의 출현을 이끌었다(예를 들어 Abrahams 1976 ; Ameka 1987 ; Eades 1982 ; Goddard 1985 ; Harkins 1988 ; Hijirida & Sohn 1986 ; Katriel 1986 ; Kochman 1981 ; Mizutani & Mizutani 1987 ; Ochs 1976 ; Schiffrin 1984 ; Sohn 1983 ; Tannen 1981a ; Wierzbicka 1985a, b). 언어 연구에서 이러한 새로운 방향에 대해 알려주고 조명해 준 중심 생각들은 다음과 같다.

(1) 다른 사회와 다른 공동체에서, 사람들은 각각 다르게 말한다.
(2) 말하기 방식의 이러한 차이점들은 심오하며 체계적이다.
(3) 이러한 차이점들은 서로 다른 문화적 가치관 또는 적어도 서로 다른 가치관들의 위계성을 반영한다.
(4) 서로 다른 말하기 방식, 즉 서로 다른 의사소통의 스타일은 각각 독립적으로 형성된 다양한 문화적 가치와 다양한 문화적 우위성들의 관점에서 설명될 수 있고, 이해될 수 있다.

이러한 네 가지 사항들은 나의 관점으로는, 세상에 대한 우리의 지식과 이해의 관점에서뿐만 아니라, 실제적이고 사회적인 관점, 특히 미국이나 호주와 같은 다인종사회의 비교 문화적 이해의 관점에서도 또한 기본적으로 중요하다.

가령 몇몇 이민자들이 이상하고 낯선 방식으로 언어 행위를 하는 것을 목격하는 앵글로 색슨 또는 앵글로 켈틱계의 배경을 가진 호주인들의 상황을 생각해 보자. 예를 들면 이민자들은 아무 이유도 없이 소리를 지르거나 고함을 지르며, 다른 사람들의 말을 끊고, 명백한 이유 없이 격앙된 논쟁을 일으키며, 무뚝뚝하고 독단적이며 위세를 부리는 방식으로 말을 하고, 단호하게 자신의 의견을 주장하며, 단호하게 다른 사람들을 반박하는 것처럼 보일 수 있다.

만일 이러한 류의 '이상하고' 또 공격적인 행동들이, 각각의 이해가능한 문화적 가치의 관점에서 설명될 수 있거나 이해될 수 있다면, 심각한 사회적 그리고 대인 관계적 문제점들은 해결될 수 있으며, 현실적 갈등도 예방되거나 완화될 수 있다. 물론 모든 문제들이 이러한 방식으로 해결되는 것은 아니다. 왜냐하면, 만약 어떤 현실적 갈등이 근원적인 가치에서 일어났다면, 단순한 설명은 도움이 되지 않을 것이기 때문이다. 그러나 많은 경우, 아마도 대부분의 경우에 있어, 문제는 가치의 현실적 갈등이 아니라, 가치의 위계성의 차이점에서 발생한다. 문제가 바로 이런 경우라면, 이 설명은 도움이 될 것이다.

그러나 그 설명은 목표대상인 청자가 이해할 수 있는 방식으로 이루어져야만 도움이 될 수 있다. 그리고 이 부분이 비교 문화 화용론이 종종 실패하는 지점이라고 생각한다. 심지어 비교 문화 화용론에서 가장 정통한 연구들, 예를 들어 Kochman(1981), Sohn(1983), Lebra(1976)에서조차도 서로 다른 문화적 배경을 가진 사람들에게 이해되지 않거나, 잘 이해될 수 없는 방식으로, 서로 다른 언어(또는 서로 다른 방언과 사회적 방언)와 관련하여 서로 다른 문화적 우위성을 설명하려는 경향이 있다. 문제의 핵심은 그 설명을 표현하는 언어에 있는 것이다.

종종 발생하는 일은 비교 문화 화용론의 연구자들은 '직접성', '간접성', '유대감', '자발성', '성실성', '사회적 조화', '온정', '자기 단언', '친밀함', '자기 표현' 등과 같은 가치들의 관점에서 말하기 방식의 차이점을 설명하고자 할 때, 종종 이들 용어들을 통해 그들이 의미하고자 하는 것을 설명하지 않고, 마치 이 용어들이 자체 설명적인 것처럼 사용한다는 것이다. 하지만 만약 다른 저자들이 이러한 용어들을 사용한 방식들을 비교해 보면, 이 용어들이 누구에게나 동일한 것을 의미하지 않는다는 사실은 분명해진다. 사실 의도한 의미들은 종종 다를 뿐만 아니라 서로 부합하지도 않는다. 결과적으로 똑같은 말하기 방식을 어떤 저자들은 '직접성'으로, 다른 어떤 저자들은 '간접성'으로 기술하였고, 또 어떤 저자들은 '자기 단언'의 명시로, 다른 저자들은 '자기 단언'의 부재로, 어떤 저자들은 '개인성'의 표현으로, 어떤 저자들은 '개인성'의 억압으로 기술하였다. 이것 때문에 총체적인 혼란, 그리고 가장 기본적인 사항들조차도 어떠한 의견일치도 없는 결과에 이른 것이다.

예를 들어, 일본 문화와 사회에 관한 문헌에서, 일본어의 말하기 방식은 종종 '간접적인 것'으로 기술되고 이것은 더 '직접적인 것'으로 가정되어온 영어의 말하기 방식과 대조를 이루는 것으로 제시된다. 또한 영어의 말하기 방식들은 자기 단언의 정도가 매우 높은 것을 특징으로 하는 반면에, 일본어는 자기 단언을 피하거나 억압한다는 식으로 주장되거나 심지어 그렇게 가정되기도 한다. 또한 영어의 말하기 방식은 성실성과 자발성에 대해 높은 관심을 반영하는 반면에, 일본어의 말하기 방식은 정중함과 타인에 대한 배려를 선호하면서, 성실성과 자발성을 저지한다고 말하기도 한다.

반면에 미국 흑인 영어에 관한 문헌에서는, '표준' 백인 영어가 반대의 방식으로 표현된다고 한다. 여기에서는 표준 영어가 '직접적'이기보다는 오히려 '간접적'인 것으로, 그리고 자기 단언을 회피하고, 성실성과 자발성을 억제하는 것으로 기술되거나, 심지어 그렇게 가정되기도 한다. '직접적'으로 말하고, 자기 단언과 성실성 그리고 자발성을 선호하는 것은 바로 흑인 영어인 것이다. 유사하게도, 유대 문화에 관한 문헌과 이디시어에 대한 문헌, 그리고 이스라엘인의 히브리어에 대한 문헌에서도, 이디시어와 히브리어는 '직접적'이고, 자기 표현과 자기 단언을 좋아하며, 성실성과 자발성을 선호하는 반면, 영어는 이러한 모든 가치들이 억압되는 것으로 표현되었다.

우선, 우리는 이와 같은 상충되는 주장이 단순히 정도의 차이에 기인하는 것이라고 생각할 수 있다. 아마도 영어, 즉 표준 백인 영어는 일본어보다는 더 '직접적'이거나 더 '자기 단언적'이지만, 흑인 영어나 이스라엘인의 히브리어보다는 그 정도가 훨씬 덜하다고 할 수 있다. 그러나 서로 상충된 일반화들을 지지하여 도출된 자료들을 조사해 보면, 우리는 이것은 사실이 아니며, 그리고 사실 언급된 차이점들은 양적인 것이라기보다는 질적인 것임을 알 수 있다. 예를 들면, 흑인 영어의 연구에서 '자기 단언'이라고 하는 것은 보통 일본어의 연구에서 이 용어가 의미하는 것과 동일하지 않다. '자기 표현', '성실성', '자발성', '유대감' 등등도 마찬가지이다.

이 사실들을 통해 나는 이러한 종류의 표지들이 문화적 차이점들의 설명에는 전혀 도움이 되지 않는다는 결론을 내렸다. 이러한 종류의 표지들은 준전문적 용어이고 애매하며 의미가 분명하지 않고 자명하지 않기 때문에 저자들마다 다르게 사용된다. 또한 이 표지들은 다른 언어에는 정확히 동등한 표현을 가지고 있지 않기 때문에, 매우 앵글로 중심적이다. 예를 들면, 일본어에는 sincerity(성실성)에 상응하는 단어들이 없다. 보통 sincerity로 번역되는 두 개의 일본어의 단어, magokoro와 makoto는 누구보다도 Ruth Benedict(1947)가 분명하게 증명한 것처럼, 사실 성실성과 매우 다른 어떤 것을 의미한다. 그와 관련하여 일본어뿐만이 아니라 폴란드어, 이탈리아어, 프랑스어나 러시아어들도 self-assertion(자기 단언)의 단어를 갖고 있지 않다.

분명한 것은 만약 우리가 문화의 기본적인 가치의 관점에서 다양한 문화들을 비교하기를 원한다면, 그리고 만약 우리가 이러한 문화들을 이해하는 데 도움이 되는 방법으로 비교하기를 원한다면, 우리는 우리 고유의 개념적 인공어휘, 말하자면 영어의 개념인 self-assertion이나 sincerity 과 같은 관점에서가 아니라, 다른 문화들과도 관련될 수 있는 개념의 관점, 즉 절대적 보편성은 아니라 하더라도 상대적으로 보편적인 개념들의 관점에서 비교해야 한다. 우리는 또한 직관적으로 명백하고 직관적으로 증명할 수 있는 개념들, 그러므로 다른 문화적 맥락에서, 그리고 다른 학자들이 각각 다르게 사용하지 않는 개념들의 관점에서 비교해야만 한다.

이것은 터무니없는 요구처럼 보일 수 있으나, 만약 우리가 want, know, think, good, bad처럼, 매우 단순하고 거의 보편에 가까운 개념들을 사용한다면, 나는 가능하다고 생각한다. 이 장에서, 나는 혼란을 야기한 근원들을 분명하게 설명하고자 하며, 다른 문헌에서 폭넓게 의존한 많은 매개변인들을 검증함으로써, 이 접근법의 설명적 가치를 증명하려고 노력할 것이다. 또한 혼란되고 일관성이 없이 적용된 표지들의 사용으로 인해 모호해진 언어들 사이에서 실제의 차이점들을 밝히려고 노력할 것이다.

1. '자기 단언'

1.1. 일본어와 영어의 '자기 단언'

일본인의 관점에서 보면, 일반적인 서구 문화와 특히 앵글로 아메리카 문화는 '자기 단언'이 매우 우세한 것으로 보일 수 있다. 예를 들어 Lebra (1976 : 257)는 "개인성, 자율성, 평등, 합리성, 호전성, 자기 단언 등의 복합성에 기초한 서구의 모델을 집단주의, 상호의존성, 상하관계, 감정이입, 감상성, 자기반성, 그리고 자기 부정 등의 복합성에 기초한 전통적인 〔일본인의〕 모델과 대조하고 있다."

마찬가지로 Suzuki(1986)는 '자기 단언'을 회피하려는 일본인의 성향과 이것 때문에 서양인과 대면한 일본인에게 발생하는 어려움에 대해 역설했다.

동화와 의존성에 익숙한 우리들은, 우리 자신을 다른 사람에게 비추어 보기를 바라고 또 다른 사람이 우리와 공감할 것을 기대한다. 우리는 우리의 상대가 일본인이 아닌 경우, 강한 자기 단언이 없이 우리의 입장을 이해시킬 수 없다는 생각에 무척 힘들어한다. 그러나 상대가 이해하기 전에 우리의 관점과 입장을 내세우는 것은 우리가 잘할 수 있는 일이 아니다. …… 그래서 외국어에 능숙하지 못한 일본인들은 그들의 훌륭한 능력을 국제회의나 학회에서 보여주지 못하는데, 그들의 언어 기술이 빈약해서가 아니라 그들 자신을 충분히 언어로 표현하려는 의지가 부족하기 때문이다. 더욱이, 다른 사람들에 의해 지정된 위치와 따로 떨어져서 서있는 것, 그리고 적어도 '이것이 이 순간 내가 서 있는 곳이다'라고 말할 정도까지 스스로를 단언하는 능력을 아직 발달시키지 못한 것이다(Suzuki 1986).

반면에 Kochman(1981 : 29)은 "자기 자신을 단언하는 것에 관한 〔미국의〕 백인과 흑인들의 능력과 성향"을 비교했을 때, 주류 앵글로 아메리카 문화의 구성원들인 백인들은 스스로를 단언하는 능력이 부족하고, 그다지 좋아하지 않는다는 것을 발견하였다. Kochman에 따르면, "흑인 문화에서는 흑인들이 자기 자신을 표현하고 단언하는 데 있어서 백인 문화에서 허용된 것보다 상당히 많은 자유가 주어진다."라고 하였다. 그는 무엇보다도 백인과 흑인 문화에서 자랑과 허풍에 대해 서로 다른 태도를 보이는 것을 예로 들어 설명했다. "또한 백인들의 자랑과 허풍은 자기 단언을 억제하는 예절과 관련하여 볼 때 흑인들의 습관과 대조적이다. 백인 문화가 일반적으로 개인적인 자기 단언을 제한하기 때문에, 개인의 행동을 특징화할 때, 개인들에게 겸양의 규범에 따르는 것이 요구된다"(1981 : 69).

따라서 Kochman에 따르면, 백인 앵글로 아메리카 문화는 개인적인 자기 단언을 제한하는 반면에, Lebra나 Suzuki에 따르면, 동일한 백인 앵글로 아메리카 문화는 개인적인 자기 단언을 매우 강하게 권장한다는 것이다. 누가 옳고, 누가 그른가? 나의 관점에서 볼 때, 이들은 옳은 내용을 말하고 있기는 하지만 두 입장 모두 말하려는 바를 명백하고 모호하지 않게 설명하는 데에 실패한 것이다. 두 입장은 모두 동일한 표지인 '자기 단언'을 사용했으나 두 입장 모두 그 표지를 규정하지는 않았다. 그리고 사실 이들은 이 표지를 상당히 다른 의미로 사용하였다.

논의 중인 일본어와 주류 영어의 주요한 차이점은 매우 구체적인 기저의 개념 구조에 의하여 나타낼 수 있다. 그 구조들은 다음과 같다.

일본어　　　　　　말하지 마라 : '나는 이것을 원한다', '나는 이것을 원하지 않는다'
앵글로 아메리카어 말하라 : '나는 이것을 원한다', '나는 이것을 원하지 않는다'

일본 문화는 사람들이 그들이 원하는 것과 원하지 않는 것을 명확하게 말하는 것을 권장하지 않는다. 반면에 앵글로 색슨 문화는 그들이 원하는 것과 원하지 않는 것에 대해 말하는 것을 권장한다.

같은 맥락에서, 일본 문화는 그들이 좋아하거나 원하는 것 또는 좋아하지 않거나 원하지 않는 것에 대한 그들의 바람과 선호, 그리고 욕구를 명확하게 표현하는 것을 저지하지만, 앵글로 색슨 문화에서는 이것들을 명확하게 표현하도록 권장한다.

일본어　　　　　　말하지 마라 : '나는 이것을 좋아(원)한다(하지 않는다)'
앵글로 아메리카어 말하라 : '나는 이것을 좋아(원)한다(하지 않는다)'

더 나아가 앵글로 아메리카 문화와는 달리, 일본 문화는 분명하고 명료한 개인적인 의견 표현을 저지한다.

일본어　　　　　　말하지 마라 : 나는 이렇게 생각한다 / 나는 이렇게 생각하지 않는다
앵글로 아메리카어 말하라 : 나는 이렇게 생각한다 / 나는 이렇게 생각하지 않는다

Smith(1983 : 44-45)가 지적한 것처럼, "일본 사람들은 논쟁과 대립을 피하려고 고심한다 …… '좋은 사람'에 대한 정의의 대부분이 개인적 욕망이

나 의견을 표현하지 않는 것과 관련이 있다." 이러한 절제는 가장 중요한 일본의 문화적 가치들 중의 하나로서, 보통 '절제'나 '사양'으로 번역되는 enryo라는 단어에 잘 드러난다. "enryo는 사람들이 어떤 제안을 받을 때 그들의 의견을 제시하는 것을 피하거나 선택에서 한 발 비켜서는 방식으로 표현된다. 사실 일본에서는 미국만큼 선택을 많이 제안하지 않는다 (Smith 1983 : 83-84)." 이와 관련하여 Smith는 일본인 정신과 의사 Takeo Doi가 미국을 방문했을 때 겪었던 일 가운데, 끊임없이 선택을 제안받아야 했던 긴장감에 대해 다음과 같이 인용하였다.

> 내가 신경이 쓰였던 또 다른 일은 미국인 주인들이 손님에게, 음식이 나오기 전에 강한 음료와 약한 음료 중 어떤 것을 좋아하는지를 물어보는 식의 관습이었다. 그때 만약 손님이 술을 요청하면, 그는 예를 들면 스카치나 버번 중에 어느 것을 좋아하는지를 또 물어볼 것이다. 손님이 이것에 대한 결정을 내리면, 그는 그 다음으로 얼마나 마실 것인지, 또는 어떤 식으로 제공되기를 원하는지를 질문할 것이다. 운 좋게도, 주요리가 나오게 되면, 우리는 앞에 나온 것만을 먹으면 된다. 그러나 일단 식사가 끝나면, 커피를 마실 것인지 차를 마실 것인지를 선택해야 한다. 더 깊게 들어가면, 거기에다 설탕을 넣을 것인지 아니면 우유를 넣을 것인지 기타 등등까지 선택해야 한다. 나는 신경을 안 쓸 수가 없었다(Doi 1973 : 12).

Smith는 덧붙였다.

> 이와 반대로, 일본에서는 주인이 이 특별한 손님을 어떻게 하면 가장 만족시킬 수 있는지를 주의 깊게 고려하면서, 손님 앞에 아주 많은 음식과 음료를 끊임없이 내놓을 것이기 때문에 긴장감이 상당했을 것이다. 기본 어구인 'without enryo'(사양 마시고)라는 말을 통해 손님들은 내놓은 모든 음식들을 먹도록 재촉받게 된다. 그 손님이 그 음식을 좋아하든지 않든지 간에, 손님들은 주인을 기분 상하지 않도록 하기 위해서 최소한 자기 앞에 제공된 음식의 일부분이라도 먹고 마셔야만 한다. 만약 먹지 않으면

손님이 좋아하는 음식이 무엇인지를 주인이 잘 알지 못한 것에 대해 비난
하는 것처럼 보이기 때문이다(Smith 1983 : 84).

일본 문화는 화자가 원하는 것을 직접적으로 표현하는 것을 금기시하기
때문에, 다른 사람들에게 그들이 원하는 것을 직접적으로 요구하는 것도
또한 문화적으로 적절하지 않다. Mizutani & Mizutani는 다음과 같이 설
명하였다.

> 어떤 사람의 바람을 직접적으로 묻는 것은 또한 일본에서 무례한 일이
> 다. 가령 다음과 같이 말하는 것은 가족이나 가까운 친구로 한정되어야만
> 한다.
> *Nani-o tabetai-desu-ka.(무엇을 먹고 싶습니까?)
> *Nani-ga hoshii-desu-ka(무엇이 하고 싶으세요?)
> 공손함을 위해, 사람들은 다른 사람들의 바람을 직접적으로 묻기보다
> 는 오히려 지시할 것을 요청해야만 한다. 따라서
> Mado-o akemashoo-ka.(문을 열어드릴까요?)라고 말하는 것이
> *Mado-o akete-moraita-desu-ka.(문을 열까요?)
> 라고 말하는 것보다 더 적절하다(Mizutani & Mizutani 1987 : 49).

이와 동일한 문화적 제약 때문에, 일본인들은 직접적인 질문에 대한 반
응에서도 자신이 좋아하는 것을 분명하게 말하지 않는다. 많은 일본인들
은 그들의 형편에 대해 질문을 받게 되면 그것을 말하기를 꺼려하며 대신
에 다음과 같이 말한다.

> Itsu-demo kekkoo-desu. (언제라도 괜찮아요.)
> Doko-demo kekkoo-desu. (어디라도 괜찮아요.)
> Nan-demo kamaimasen. (어떤 것이라도 상관없어요.)
> (Mizutani & Mizutani 1987 : 118)

"실제로 우리들은 다른 사람들이 원하는 것에 항상 동의할 수는 없으며, 그럴 때 어쨌든 자신이 원하는 바를 말해야만 할 것이다. 그러나 질문을 받았을 때 자기 자신이 원하는 바를 즉시 말하는 것은 어린 아이로 취급된다(1987 : 118)."

사람들이 '원하는 것'을 표현할 때 적용되는 것은 사람들이 의견을 표현할 때에도 적용된다. 이것도 역시 enryo의 가치에 속한다. Lebra(1976 : 29)는 다음과 같이 쓰고 있다. "종종 순응에 대한 압력 때문에 enryo로 불리는 자기 절제의 한 유형이 생겨났으며, 이는 어떤 다수의 의견에도 반대를 표현하는 일을 삼가는 것을 말한다." 그러나 "enryo의 미덕, 즉 '자기 절제'는 집단적 압력에 응한 것이기도 하지만 집단의식과는 무관하게 다른 사람들에게 불쾌감을 주지 않기 위해서도 훈련되어진다 …… 타자의 감정을 상하게 하지 않으려는 자기 절제의 부담은 …… 대부분의 일본인들이 미성숙함을 보이게 하는 그런 극단에까지 이르게 된다. 개인은 자신의 권리를 주장함으로 인해 차마 다른 사람을 불쾌하게 할 수 없기 때문에 자신의 권리나 자율성이 침범되었더라도 잠자코 받아들이는 것이다"(Lebra 1976 : 41-42).

나는 영어의 self-assertion(자기 단언)의 개념을 일본 문화에 적용하는 것은 enryo의 개념을 앵글로 아메리카의 문화에 적용하는 것만큼이나 혼란스럽고 쓸데없는 일이라고 생각한다. 반면에, enryo의 개념은 일본 문화를 이해하는 핵심적인 열쇠를 제공한다. 그러나 이 열쇠를 사용할 수 있기 위해서 먼저 우리는 이 개념이 정말로 의미하는 바가 무엇인지를 이해해야 한다. 즉 enryo를 reserve(삼감), restraint(절제), modesty(겸손), self-effacement(표면에 나서지 않음)와 같은 영어의 문화적 개념으로 번역하게 되면 우리는 그 의미를 이해할 수 없게 된다. 우리는 그것을 문화 독립적이고 보편적인 또는 보편에 근접한 개념들, 즉 want, think, say, good, bad 등으로 번역할 때에만 그 의미를 이해할 수 있다. 이것은 다음과 같은 방법으로 수행될 수 있다.

> enryo
> X는 생각한다 :
>   나는 이 사람에게 말할 수 없다 : 나는 이것을 원한다, 나는 이것을
>   원하지 않는다
>   나는 이것을 생각한다, 나는 이것
>   을 생각하지 않는다
>   누군가는 이것 때문에 무엇인가 나쁜 것을 느낄 수 있다
> X는 이것 때문에 그것을 말하지 않는다
> X는 이것 때문에 어떤 것을 하지 않는다

(Doi가 기술한 것과 같은 유형의) 미국인들과 협상할 때 일본인이 겪는 어려움은 앵글로 색슨 문화에 이와 유사한 가치가 없다는 사실에서 비롯한 것이다. 이와 반면에 영어에서는 사람들이 자신이 원하는 것, 좋아하는 것, 그리고 생각하는 것을 명확하고 모호하지 않게 말하도록 기대된다. 만일 그것이 '자기 단언'이 의미하는 것이라면, 솔직한 자기주장은 그 문화의 또 다른 소중한 가치, 즉 자율성과 충돌하지만 않는 한, 주류 앵글로 아메리카 문화에서는 확실히 허용되고 그리고 권장된다. 이것은 원칙적으로, '나는 X를 원한다'라고 말하는 것이 허용되는 것에 비해, 마음대로 다음처럼 말하는 것은 허용되지 않는다는 것을 의미한다.

> 나는 당신이 X할 것을 원한다

왜냐하면, 이 경우에 '자기 단언'에 대한 화자의 권리는 개인적인 자율성에 대한 상대의 권리와 갈등을 빚기 때문이다. 이것이 영어에서 순수 명령형의 사용이 제한되는 이유이고, 또한 영어에서 지시형들이 의문형이나 준의문형의 형태를 취하는 이유이다.

이것은 결국 영어에는 '나는 당신이 X하기를 원한다'라는 의미가 되려 어떤 것을 다른 사람에게 말하는 것에 대해 강한 문화적 제한이 있다는 것을 의미한다. 대신에, 이 구성성분은 몇몇의 다른 구성성분들과 결합하도록 되어 있으며, 이때 결합되는 구성성분들은 청자의 개인적 자율성을 인정하는 것이다. 예를 들면 다음과 같다.

　　나는 당신이 X하기를 원한다
　　나는 당신이 그것을 할 것인지를 알지 못한다
　　나는 당신이 그것을 할 것인지에 대해 말하기를 원한다

영어에서 이와 비슷한 구성성분들의 결합은 (때로는 '요청의문형'이라고 하는) 의문지시형의 장치에 의해 다음과 같이 실현될 수 있다.

　　Would you do X?
　　Will you do X?
　　Could you do X?
　　Can you do X?
　　Why don't you do X?

반대로 다른 많은 언어들, 예를 들어 폴란드어(앞의 2장), 러시아어(Comrie 1984a), 히브리어(Blum-Kulka & Olshtain 1984 ; Blum-Kulka & Danet & Gherson 1985), 이탈리아어(Bates 1976), 헝가리어(Hollos & Beeman 1978) 등에서는 순수 명령형이 더 자유롭게 사용되고, 지시형에서 의문 구조의 사용은 좀 더 제한된다.

사실, 일본어조차도 지시형에 의문 구조를 사용하는 것은 영어보다 훨씬 제한된다(Matsumoto 1988에 제시된 예 참조). 이것은 일본 사람들이 영어보다 순수 명령형의 사용을 더 권장한다는 의미는 아니다. 중요한 것은 일본에서 의문 구조의 지시형은 강제성을 피하기 위해서라기보다는 오히려 다른 사람에 대한 의존성을 알리고 복종을 보이기 위해서 사용된다는 것이다. Matsumoto(1988)가 정확하게 지적한 대로, 개인적인 권리에 기반을 두고 있론 비강제성은 앵글로 색슨(앵글로 아메리카)의 가치이며 보편적인 가치는 아니다. 예를 들어, 일본어에서는 다음의 글처럼 '직접적인' 요청을 함으로써 다른 사람들과 의사소통을 시작하는 것이 매우 예의바른 일이 된다.

> Dooso yoroshiku onegaisimasu. (문자 그대로의 의미) '부디 잘 부탁드립니다.'
> Musume o doozo joroshiku onegaisimasu. (문자 그대로의 의미) '내 딸을 부디 잘 보살펴 줄 것을 부탁드립니다.'

Matsumoto(1988 : 410)는 위와 같은 종류의 발화에서, 화자는 "그들이나 또는 그들과 밀접하게 관련되어 있는 어떤 사람이 상대에게 보살핌을 받아야 하는 사람이라는 것을 암시함으로써, 스스로를 낮추고, 그들 자신을 좀 더 낮은 위치에 놓는다는 것을 관찰하였다. 이것은 확실히 전형적인 복종의 행동이다. 그렇지만 위의 행위는 직접 요청이며 결국 하나의 부담이 된다. …… 부담은 하나의 영예로운 일로서 그 사람이 사회에서 좀 더 높은 지위를 유지하고 있는 것으로 간주된다는 것을 암시하며, 이 때문에 누군가를 돌보도록 요청받기 때문이다."

이 말은 다양한 상황에서, 사람들이 상대에 대한 자신의 의존성을 알릴 수 있을 경우 '나는 X하기를 원한다'보다는 '나는 당신이 X하기를 원한다'라고 말하는 것이 좀 더 쉽다는 것을 의미한다.

> 나는 당신이 X하기를 원한다
> 나는 당신이 그것을 해야 할 필요가 없다는 것을 안다
> 나는 말한다 : 만일 당신이 그것을 한다면 그것은 나에게 매우 좋을 것이다

나는 생각한다 : 이것 때문에 당신은 그것을 할 것이다

영어는, 사람들이 상대가 무엇인가 해주기를 원할 때, 그들이 그 요청을 수락할 것인지 아닌지를 말하도록 유도함으로써 상대의 자율성을 인정하는 것을 중요하게 생각한다. 이런 이유로 영어에서 '요청의문형'은 광범위하게 나타나며 또한 빈번하게 사용된다. 일본어도 의문 지시형 장치나 '요청의문형'은 물론 존재한다. 그러나 그 사용의 범위는 영어보다 매우 좁다 (Matsumoto 1988 ; Kageyama & Tamori 1976 참조). 그 대신 일본어에는 다른 사람들에 대한 의존과 복종를 보여주는 장치들이 광범위하게 나타난다. 따라서 일본어에서 요청을 나타내는 기본 방식은 (예를 들어 유사의문문 구조와 같은) '요청의문형'이 아니라, 보통 복종의 표현과 결부된 의존 알림 장치의 사용과 관련이 있다.

V-te kudasai.
'나에게 V를 행하는 시혜를 (부디) 베풀어 주세요.'
'나는 당신을 향해 존경심을 느낍니다.'

비록 존칭의 표현이 빠져 있지만, 어린이에게 말할 때조차 사람들은 보통 '시혜'의 관점에서 요청을 표현한다.

V-te kure.
'나에게 V를 행하는 시혜를 베풀어 줘.'

1.2. 미국 영어의 흑인과 백인의 '자기 단언'

흑인 화법과 백인 화법이라고 하는 것을 비교해 본다면, 우리는 여기에서 '자기 단언'이라는 용어가 일반적으로 영어와 일본어를 대조 연구한 문헌에서 그 특징을 지시한 것이라기보다는 오히려 언어 행위의 다양한 특

징을 나타낸다는 것을 알 수 있다. 예를 들면 Kochman은 다음과 같이 기
술하고 있다.

> 흑인 문화는 개인적으로 조절된 '자기 단언'에 가치를 두고 있다. 또한
> 느낌의 자발적 표현에도 가치를 둔다. 그 결과 흑인 문화의 말하기는 마치
> 래핑(rapping)과 악담하기 시합(signifying) …… 등과 같은 …… 흑
> 인들의 말하기 사례처럼, 그리고 내가 여기서 보이고 있는 논쟁처럼, 전형
> 적으로 개인에게 자기 단언적/표현적 태도로 행동할 것이 권장되기도 하
> 고 요구되기도 한다(Kochman 1981 : 29-30).

마찬가지로 만일 미국의 백인 문화가 '자기 절제'라는 용어로 기술된다
면, 이 단어는 일본 문화에 관한 문헌에서 사용된 것과 동일한 뜻을 나타
내는 것은 아니다. Kochman의 또 다른 예를 보자.

> 백인 문화는 그들의 충동을 제어하는 개인의 능력에 가치를 둔다. 백인
> 문화는 개인적인 자기 단언이나 자발적인 감정의 표현을 허용하지 않는
> 다. 오히려 자기 단언은 사회적 직책, 좀 더 높은 사회적 지위의 특권으로
> 사용되거나, 부여된 권위에 의해 통제되고 용인되는 어떤 것으로 사용된
> 다. 그리고 자기단언이 용인되는 때조차도 그것은 하나의 조용한 단언, 공
> 평함 보이기, 겸양, 삼가말하기일 뿐이다. …… 개인적으로 사용된 (비권
> 위적인) 자기 단언 그리고 절제되지 않은 자기 표현을 나타내는 '과시하기'
> 는 백인 문화에서는 부정적으로 간주된다. 반면 흑인 문화는 과시하기가
> stylin' out, showboating, grandstanding과 같은 흑인들의 관용어
> 처럼, 긍정적인 것으로 간주된다. …… 백인 문화는 안으로부터 나오는 그
> 러한 충동에 대한 개인적인 점검을 요구하기 때문에, 백인들은 자기 절제
> 의 실천가가 된다. 그렇지만 이러한 훈련으로 인해, 그들은 자발적으로 자
> 기 단언을 할 수 있는 능력이 억제되는 결과가 되었다(Kochman 1981 :
> 30).

분명 '충동을 제어하는 개인의 능력'은 사람들이 생각하는 것, 사람들이

원하는 것, 사람들이 선호하는 것을 분명하게 말하는 능력과는 매우 다른 것이다. 만약 일본어의 '자기 절제'가 주로 '나는 X를 원한다'라고 말하는 일을 자제하는 것이라고 한다면, 백인 앵글로 아메리칸들의 '자기 절제'는 주로 내가 지금 원하는 것을 지금 말하는 것, 그리고 내가 그것을 생각한 순간에 내가 생각한 것을 말하는 것을 자제하는 것이다.

말순서 바꾸기의 원칙은 앵글로 색슨 문화의 기초를 이루는데, 이것으로 인해 개인 화자들은 어느 정도 그들의 충동을 제어하게 된다. 흑인 문화는 유대인 문화처럼(Tannen 1981b 참조), 다양한 화자들에게 즉시 모든 것을 말하는 것을 허용하며, 다른 사람들과 중복적으로 말하거나 다른 사람의 말에 끼어드는 것이 허용된다. 그리고 이런 방식으로 흥분과 관심 그리고 상호 간의 관련성을 공유하는 것을 허용하며, 제약받지 않은 의사소통과 자기 표현의 끊임없는 흐름을 유지하는 것을 허용한다. 그러나 이것은 '나는 X를 원한다'라고 말을 하느냐 하지 않느냐의 차이가 아니다. 오히려 그것은 즉시 말하느냐 아니면 자신이 적절한 때라고 생각하는 순간에 말을 하느냐의 차이이다.

1.3. 자발성, 자율성, 그리고 말순서 바꾸기 : 영어 대 일본어

말순서 바꾸기는 앵글로 아메리카 문화가 일반적으로 자발적 자기표현을 저지한다는 것을 의미하지 않는다. 오히려 그것은 자발적 자기 표현이 모든 개인의 자율성의 원칙과 충돌하는 것을 어느 정도 막아준다. 다시 말해 만약 말순서 바꾸기가 다른 사람들로부터 간섭이나 방해 없이 말할 수 있는 타인의 권리들을 침해하지만 않는다면, 사람들은 자발적으로 자기 자신을 표현할 수 있다.

이런 맥락에서 일본 문화와 주류 앵글로 아메리카 문화를 비교한 문헌에서, 미국 문화는 대체로 자발성을 저지하기보다는 오히려 권장한다고 쓰여져 있다는 사실은 주목할 만하다. 예를 들어, 일본과 미국의 교육 자료를 비교한 연구자는 다음과 같이 쓰고 있다.

> 자발적인 감정 표현이 권장되는가? 저지되는가? …… 일본어 선생님들
> 은 학생들에게 충동적인 생각이나 감정적인 의견들을 표현하지 않도록 충
> 고한다. …… 그 결과 두 개의 정체성이 구축될 수 있다. 하나는 의사소통
> 수준에서 작용하는 것이고 또 하나는 단지 에고(ego)라고 알려진 것이다.
> 감정의 제동 장치는 잠재적인 흥분에 기초하고 있다. 물론 미국에도 억제
> 장치들은 있다. 문제는 정도의 차이이다(Lanham 1986 : 294).

그러나 나는 그것이 정도의 문제가 아니라고 생각한다. 오히려 그것은
다양한 문화적 우위성의 문제이다. 일본 문화에서 가장 우위에 있는 문화
의 원칙은 다른 사람에게 상처를 주거나 감정을 상하지 않게 하기 위해,
(또한 그로 인해 생길 수 있는 스스로의 당혹함을 피하기 위해), 끊임없는
주의를 기울이는 일이다. 즉 그 태도는 다음의 예처럼 표현될 수 있다.

> 만일 내가 X를 한다면 누군가는 이것 때문에 기분이 좋지 않을 것이다
> 나는 이것을 원하지 않는다

개인의 자율성에 대한 앵글로 아메리칸들의 원칙은 다음과 같이 나타낼
수 있다.

> 모든 사람들은 말할 수 있다 : '나는 이것을 원한다', '나는 이것을 원하
> 지 않는다'
> '나는 이것을 생각한다', '나는 이것을 생
> 각하지 않는다'
> 사람들은 누군가에게 말할 수 없다 : '내가 그것을 원하기 때문에 당신
> 은 X를 해야만 한다'
> '내가 그것을 원하지 않기 때문에
> 당신은 X를 해서는 안 된다'

앵글로 아메리칸들의 말순서 바꾸기 원칙은 개인의 자율성에 대한 일반적 원칙과 모든 개인의 권리에 대한 좀 더 일반적인 존중을 명시한 것이라고 할 수 있다. 말순서 바꾸기의 원칙은 다음과 같다.

> 어떤 사람이 지금 무엇인가를 말하고 있다
> 나는 동일한 시간에 무엇인가를 말할 수 없다
> 나는 이것 다음에 무엇인가를 말할 수 있다

일본 문화는 흥미롭게도 이 말순서 바꾸기와 같은 원리를 찾을 수 없다. 대조적으로 일본 문화는 자율성보다 상호의존성에 훨씬 더 가치를 두기 때문에 일본인의 대화에서 발화들은 대체로 화자와 청자 간의 공동 작업, 아니면 좀 더 일반적으로, 서로 다른 화자들 간의 공동 작업이 될 것으로 기대된다. 이것은 특히 일본어 aizuchi(맞장구치기)로 불리는 '반응어'로 나타나는데, 이 단어는 일본인의 의사소통을, 번갈아가면서 망치로 칼을 두드리는 두 명의 대장장이의 작업에 비유한 것이다. Mizutani & Mizutani (1987 : 18-19)는 다음과 같이 쓰고 있다. "ai라는 낱말은 '서로 어떤 것을 하는 것'이다. …… tsuchi라는 낱말은 '망치'를 뜻한다. …… 그래서 두 사람이 이야기하고 빈번히 반응의 단어를 교환하는 것은 두 명의 대장장이가 망치로 칼을 두드리는 것에 비유된다. 일본인의 대화에서 청자는 지속적으로 aizuchi로 화자를 돕는다. …… 여기에서 화자와 청자의 역할은 완전히 분리되지 않는다." Mizutani & Mizutani는 aizuchi가 일본인의 대화에서 반드시 필요한 것이라고 강조하며 또한 "저자들 중 한 사람의 연구에 따르면, 1분에 aizuchi가 평균 12번에서 26번까지 사용된다(1987 : 20)."라는 놀랄만한 통계를 통해 이 주장을 뒷받침하고 있다.

aizuchi는 상호의존성이라는 일본인들의 가치를 보여주는 놀랄만한 명시인데, 이는 앵글로 아메리칸들의 개인의 자율성의 원리와는 정반대된다. 화자가 문장을 끝마치지 않고 남겨두어 상대가 완결할 수 있도록 하는 일본인의 대화 원리에도 동일한 것을 적용할 수 있다. Mizutani & Mizutani (1987 : 27)는 그것을 다음과 같이 기술하고 있다. 일본인에게 있어 "청자가 완결할 수 있도록 화자가 문장을 끝까지 말하지 않고 문장의 일부분을 남겨두는 것은 화자가 자신의 말을 완결하고 계속해서 다음 말을 진행하는 것보다 좀 더 사려 깊고 정중한 것이다. 매번 화자가 혼자서 문장을 완결하는 것은, 마치 두 사람이 함께 완성해야 더 좋을 문장을 혼자 말해버림으로써 다른 사람의 참여를 거절하는 것처럼 보인다."

일본어 대화 방식에 반영된 이러한 태도는 다음과 같이 표현될 수 있다.

> 나는 지금 무엇인가를 말하기를 원한다
> 나는 당신이 내가 말하고 싶은 것을 알고 있다고 생각한다
> 나는 당신이 같은 것을 말할 것이라고 생각한다
> 나는 내가 그것의 일부를 말할 수 있고 당신이 그것의 나머지 다른 부분을 말할 수 있다고 생각한다
> 나는 이것이 좋을 것이라고 생각한다

따라서 말순서 바꾸기라는 앵글로 아메리칸들의 대화 원리가 개인의 자율성이라는 문화적 가치를 반영하는 것이라면, '협동적으로 문장 완성하기'와 같은 일본어 대화 원리는 상호의존성, 협력성, '집단주의'라는 일본의 문화적 가치를 반영하는 것이라고 할 수 있다.

1.4. '자발적 자기 단언' 대 '통제된 자기 단언' : 흑인 영어 대 백인 영어 대 일본어

이제 흑인 영어로 다시 논의를 돌려보자. 비록 흑인 영어가 말순서 바꾸기 모델을 거부한다 할지라도, 흑인 영어가 일본어의 특징인 대화의 상호의존성과 협력성을 선호하기 때문에 이것을 거부하는 것은 아니라는 점에 주목해야 한다. 오히려 이와는 반대로, 흑인 영어는 Kochman(1981)이 말했던 자발적인, 다시 말해 충동적인 자기 단언과 자기 표현을 선호하기 때

문에, 말하자면 일본의 정서와 반대되는 어떤 가치들을 선호하기 때문에, 말순서 바꾸기를 거부하는 것이다. 이러한 관점에서, Kochman이 흑인 영어와 백인 영어를 대조하면서, Barnlund(1975b : 35)가 백인 영어와 일본어를 구별하기 위해 사용한 '자발적인' 대 '통제된'이라는 용어를 똑같이 사용한 것에 주목하는 것은 흥미롭다. Kochman에 따르면 흑인 영어는 '자발적'인 것이고 백인 영어는 '통제된' 것이며, 반면에 Barnlund에 따르면 일본어는 '통제된' 것이며, 영어 (말하자면 백인 영어)는 '자발적'인 것이다. 그러나 이것은 동일한 백인 영어가 일본어의 관점에서는 '자발적'이거나, '통제되지 않은 것'으로 보이며, 흑인 영어의 관점에서는 백인 영어가 '통제되고', '비자발적인' 것으로 보인다는 것을 의미한다.

대략적으로 말하면, 백인 영어의 '통제된'이라는 말은 한 개인이 그의 생각, 요구, 느낌을 표현할 때, 그가 그렇게 표현하는 데 있어서 어떤 규칙을 지켜야 한다는 것을 의미하는데, 특히 다른 사람이 말하는 것에 끼어들지 않아야 하며, 다른 사람과 동시에 말을 해서는 안 된다는 것 등이다. 이것은 어느 정도 사람들의 자발성을 제한하기는 하지만, 사람들의 자기 표현의 자유를 제한하지는 않는다.

다른 한편으로 일본어에서 한 개인은 자신의 생각, 자신이 원하는 것, 자신의 느낌을 표현하는 데 있어서 훨씬 더 신중해야 한다. 왜냐하면 언제 그것들을 표현해야 하는지도 문제이지만 그것들을 모두 다 표현해야 하는지도 문제이기 때문이다. 즉 일본어의 담화는 단지 말하는 때뿐만이 아니라 말할 내용도 '통제되어 있다'고 말할 수 있다. 일본인들이 "경계된 자아"로 묘사되는 것은(Barnlund 1975b : 112의 예 참조), 무엇보다도, 그들이 말하는 것과 관련이 있는데 특히 일본어 화자가 "내적 자아를 지나치게 노출하지 않기 위해 주의 깊게 말하는 것"과 관련이 있다. Barnlund는 놀랄만한 통계 자료를 가지고 자기 개방에 있어서 이러한 '절제'를 설명하면서, 말하고자 하는 화제의 영역에서, 그리고 생각과 견해를 드러내 보이려는 사람들의 영역에서 미국인과 일본인 사이에 매우 큰 차이가 있음을 보여주고 있다.

　말하는 때에 관련해서 중요한 것은 다른 사람과 중복되지 않아야 한다기보다는, 다른 사람들에게 상처를 주거나 감정을 상하게 하는 말을 피하기 위해 또는 그것이 화자 자신을 당혹스럽게 하는 것을 피하기 위해서 화자는 말하려는 것을 미리 생각해야 한다는 것이다. 이에 대해 Barnlund(1975b : 131)는 일본어의 의사소통은 마치 '미리 생각하기', '리허설', '수행'으로 이루어진 '3막극'과 같다고 기술하였다. 이와 관련하여 왜 '통제된'과 '비자발적'이라는 용어가 연상되는지 알 수 있으나, 그렇지만 분명히 이것은 미국의 백인 영어를 '통제된', '비자발적'이라고 기술한 Kochman이 생각한 의미와 같은 것이 아니다. 따라서 이러한 사실은 '자기 단언'이나 '자기 표현'이 자체 설명적이지 않은 것처럼, '통제된'이나 '자발적'이란 표지들도 자체 설명적인 것이 아니며, 다양한 저자들이 다양한 현상과 문화적 규범을 설명하기 위해 이 표지들을 사용한 것임을 보여준다. 반면에, 보편적 원초소의 관점에서 표현된 의미 공식들은 정확하며 자체 설명적이라고 할 수 있다.

    미국 흑인 문화
    나는 지금 무엇인가를 원한다/생각한다/느낀다
    나는 그것을 말하기를 원한다('자기 단언', '자기 표현')
    나는 지금 그것을 말하기를 원한다('자발성')

    미국 백인 앵글로 문화
    나는 무엇인가를 원한다/생각한다/느낀다
    나는 그것을 말하기를 원한다('자기 단언', '자기 표현')
    나는 그것을 지금 말할 수 없다
    왜냐하면 누군가가 지금 무엇인가를 말하고 있기 때문이다('자율성', '말순서 바꾸기')

일본인 문화

나는 말할 수 없다 : 나는 무엇인가를 원한다/생각한다/느낀다
누군가는 이 때문에 무엇인가 나쁜 것을 느낄 수 있다
만약 내가 무엇인가 말하기를 원한다면
나는 내가 그것을 말하기 전에 그것에 대해 생각해야만 한다

1.5. 개인적 과시로서의 '자기 단언' : 백인 영어 대 흑인 영어

그러나 미국 흑인 문화에 대해 Kochman이 주장한 '자기 단언'은 다른 특징들을 가지고 있는데 이러한 특징들은 stylin' out, showboating, grannin'(grandstanding) 등(Kochman 1981)과 같은 흑인들의 특징적인 말 스타일과 말하기의 장르에도 잘 반영되어 있다. 이 각각의 개념들은 세밀한 분석을 해볼 만한 가치가 있기는 하지만, 여기에서는 구체적으로 다룰 수 없다. 지금 내가 다룰 수 있는 것은 이러한 개념들과 또 다른 유사한 민속 개념들에 나타나 있는 몇몇 특징적인 문화적 특질들을 지적하는 것이다.

대체로 흑인들의 소위 '자기 단언'이란, 자기 자신에게 주목을 하도록 하고, 이것을 확신시키고자 언어적으로 또는 비언어적으로 행동하는 노골적인 욕구인 것이다. 첫 번째 접근으로서, 이것은 다음과 같이 나타낼 수 있다.

나는 사람들이 지금 나에 대해 생각하기를 원한다
나는 지금 이것 때문에 무엇인가를 하기를 원한다

그런데 주목을 받기 위한 이러한 일반적 욕망에 더하여, 감탄을 받고자 하는 더 특정한 욕구, 아니면 주목받고자 하는 더 특정한 욕구가 있는데, 이러한 욕구가 흑인 문화에서는 긍정적인 것이며 부정적인 것으로 간주되지 않는다. 이러한 점은 흑인들의 자랑하기, 허풍떨기, 공공연한 뽐냄, 환호함 등과 같은 예에서 잘 나타난다. Kochman(1981 : 72)은 농구 선수권

대회에서 우승한 흑인 농구선수와의 텔레비전 인터뷰를 예로 인용하였다. "팀의 중요한 선수 중 한 명이 상대팀에 대해 질문을 받았을 때, '경기가 어려웠고 막상막하의 게임이었다'는 식으로 처음에는 진지하게 말하였지만, '그러나 우리가 훨씬 그 팀보다 잘했다'라는 식의 자화자찬으로 끝마쳤다."

첫 번째 접근으로서, 우리는 이러한 태도를 다음과 같이 기술할 수 있다.

> 나는 안다 :
> > 나는 좋은 일들을 할 수 있다
> > 다른 사람들은 같은 것을 할 수 없다
> 나는 이것 때문에 무엇인가 좋은 것을 느낀다
> 나는 이것 때문에 사람들이 나에 대해서 좋은 것을 생각하기를 원한다

그러나 흑인 문화에서 이러한 종류의 자기과시는 약간의 극적인 효과를 노리며, 부분적으로 그것은 대중을 즐겁게 하려는 의도가 있다. 흑인의 '자기 과시'에 대한 이와 같은 관점을 반영하기 위해서는 위의 공식에 중요한 구성성분 하나를 첨가해야 한다.

> 나는 안다 :
> > 나는 좋은 일들을 할 수 있다
> > 다른 사람들은 같은 것을 할 수 없다
> 나는 이것 때문에 무엇인가 좋은 것을 느낀다
> 나는 이것 때문에 사람들이 나에 대해서 좋은 것을 생각하기를 원한다
> 나는 사람들이 무엇인가 좋은 것을 느끼기를 원하기 때문에 이것을 말한다

Kochman(1981 : 73)은 흑인 문화에서 자랑하기란 "근거 없이 떠들어대는 우월감의 주장이 아니라 하나의 유머"로 해석된다고 지적한다. 또

Reisman(1974 : 60)은 그것을 "자기 단언, 즉 큰소리치는 것은 큰소리친 만큼의 구체적인 자랑의 내용이 있는 것은 전혀 아니다"라고 말하였다. 여기에서 다시 한번 '자기 단언'이란 표현이 등장하지만, 이 맥락에서는, 일본어와 일본 문화에 관한 문헌에서 주류 앵글로 아메리칸 문화로 간주한 '자기 단언'과 동일한 것이 아니라는 것은 분명하다.

1.6. '자기 단언'과 '좋은 대인 관계'

일반적으로 모든 문화는 사람들 사이의 '좋은 관계'를 소중히 여기고 이를 증진시키기 위해 노력한다고 가정할 수 있다. 그러나 다른 문화마다 이러한 목표를 다르게 해석하고, 또 다른 방식으로 이것을 실행하려고 한다. 이러한 다른 해석들은 서로 다른 '말하기의 민족지학'에 반영되어 있다. 일본 문화에는 다음과 같은 널리 알려진 개념의 공식이 존재한다.

> 만약 내가 무엇인가를 한다면/말한다면, 누군가가 이것 때문에 무엇인가 나쁜 것을 느낄 수 있다
> 나는 이것을 원하지 않는다
> 나는 그것을 하기 전에 그것에 대하여 생각해야만 한다

이것이 바로 일본의 문화가 '사전 지각의 문화'와 '배려 문화', 즉 불쾌감을 방지하려는 성향의 문화로 간주될 수 있는 이유이다(Suzuki 1986 : 157). Lebra(1976 : 41)는 다음 사실에 주목하였다. 즉 "우리는 일본 사람들이 다른 사람들을 위해 meiwaku '폐'를 끼치지 않는 것, 그리고 다른 사람을 방해하지 않고, 또 그들의 감정을 상하지 않게 하는 것의 필요성을 얼마나 자주 언급하는지를 주목할 필요가 있다. 또한 실제 행동에서도 그들은 다른 사람들을 불쾌하게 하지 않기 위해 신중하고 또 삼가는 경향이 있다." 미국의 흑인 문화는, 불쾌감을 방지하려고 강조하지 않으며, 결과적으로 '자기 절제'를 강조하지 않는다. 그와 반대로, 흑인 문화는 억제되지 않

은 자발적인 자기 표현을 권장한다. 그러나 그와 동시에 이러한 '자기 표현이나 자기과시'는 화자뿐만 아니라 다른 사람들에게도 '좋은 감정'을 전이하는 것으로 간주될 수 있으며, 공유된 흥분이나 공유된 즐거움 그리고 공유된 관심과 공유된 특성을 증진하는 수단으로서 간주될 수 있다. 흑인 영어는 백인을 경멸하는 용어로 '회색'을 사용한다. 이는, 백인들을 피부색 때문만이 아니라 그들의 '활기 없음', '미지근하고 열정 없는 태도', '자발적인 정서 표현 부족', '충동 제어하기' 때문에 '회색'으로 간주하는 것이다(Johnson 1972 : 144-145).

백인 앵글로 아메리칸 문화에서, 그 주된 강조점은 불쾌감을 방지하려는 것이 아니고, 자발적이고 억제되지 않은 자기 표현에 있는 것도 아니며, 또한 자신의 '청중'들에게 좋은 감정을 불러일으키는 것에 있지 않고, 바로 누구에게나 개인의 자율성과 부담을 주지 않은 것, 그리고 간섭하지 않는 것에 있다. 그것은 누구에게나 적절한 때에 그들이 원하는 것과 생각하는 것을 자유롭게 말하는 것과, (그 특유의 표현대로) '견해의 차이를 인정하기'를 권장하는 문화이다.

그래서 모든 문화가 사람들 간의 '좋은 관계'를 소중히 여기며, 이를 증진시키려고 노력한다고 가정할 수는 있지만, 반면에 일례로 Lanham(1986 : 293)가 주장한 것처럼 미국인의 문화와 일본인 문화 모두, 사람들 간의 '따뜻하고 진실한' 관계를 소중히 여긴다는 것은 사실이 아니다. 사적인 관계의 따뜻함을 강조하는 것은 러시아 문화의 특징이지만(Smith 1983 참조), 미국이나 일본의 문화는 그렇지 않다. 이러한 특징은 예를 들면, 러시아어의 표현적 파생어가 과도하게 발달되어 있고, 특히 러시아 이름에서 애칭 형태가 풍부하다는 사실에 잘 반영되어 있다(Wierzbicka 1992, 7장 참조).

일본 문화는 '사과'나 '유사 사과', '예비적 사과', '감사의 사과' 등을 기호화한 언어 장치들이 널리 사용되고 또 매우 풍부하다는 사실이 보여주듯, 공감, 배려, 타인에게 상처 주는 것을 피하기 등을 권장하지만, 따뜻함이나 온정은 권장되지 않는다고 말할 수 있다. 존경, 복종 등등을 기호화한 장치가 풍부한 것과 대조적으로, '따뜻함'을 기호화한 언어적 장치가 없다는 것도 이와 똑같은 관점으로 지적할 수 있다. 일본에서는 상대적으로 사람들 사이의 육체적 접촉이나 육체적 표현이 적은 것도 이에 대한 또 다른 증거로 제시되기도 한다(Barnlund 1975b : 106-108 참조).

미국 문화는 낯선 사람들을 포함한 모든 사람에게 일반화된 우호적 태도를 권장한다. 그러나 이것도 역시 가령 러시아의 애칭에서 보여주는, 그런 개인적 애정과는 다르다. 미국 사람들의 일반적인 우호성은 Have a nice day! 같은 말에서도 볼 수 있는데, 이러한 말들은 종종 완전히 낯선 사람에게도 사용되며, 때때로 가게 직원의 유니폼 배지에도 써 있고, 또는 택시의 창문에서도 볼 수 있을 정도이다.

이러한 '좋은 대인 관계'를 해석하는 세 개의 서로 다른 문화의 강조점에 대해 다음과 같이 설명할 수 있다.

러시아나 폴란드 문화와 관련한 '따뜻함'의 종류 :
나는 당신을 향해서 무엇인가 좋은 것을 느낀다

일본 문화와 관련한 '배려'와 공감의 종류 :
나는 누군가가 무엇인가 나쁜 것을 느끼기를 원하지 않는다

미국 문화와 관련한 '일반적 우호성'의 종류 :
나는 모든 사람들이 무엇인가 좋은 것을 느끼기를 원한다

두말할 나위 없이, 이 공식이 감정에 대한 서로 다른 문화적 태도의 상이한 양상들을 모두 설명할 수 있는 것은 아니다. 예를 들면, 일본 문화에 대해 다음과 같은 규칙을 부과할 수 있다.

나는 내가 느낀 것을 말하기를 원하지 않는다

반면 러시아나 폴란드 문화에 대해서는 다음과 같은 규범을 부과할 수 있다.

나는 내가 느낀 것을 말하기를 원한다

다른 한편으로, 자바 사회에서, 특히 자바의 상류층(prijaji)에서 널리 사용되는 규칙을 일본 문화에 적용하는 것은 정당화될 수 없다.

나는 사람들이 내가 느끼는 것을 아는 것을 원하지 않는다

예를 들면, Geerze(1976 : 247)는 자바인들에 대하여 다음과 같이 기술하고 있다. "우리는 자바인들이 누군가를 칭찬하면서, '우리는 그 사람이 겉으로 하는 행동을 보고 그가 내적으로 무엇을 느끼는지를 절대 말할 수 없다'라고 말하는 것을 종종 듣는다." 또한 그는 "우리들의 감정을 직접적으로 특히 손님에게 드러내서는 안 된다는 것이, 거의 절대적인 요청임"을 말하고 있다.

일본의 규범은 다른 것 같다. 즉 '내가 느끼는 것을 숨겨야 한다'라는 것이 아니라 '나는 내가 느끼는 것을 언어로 표현해서는 안 된다'이다. 다시 말하면 '나는 사람들이 내가 느끼는 것을 알기를 원하지 않는다'가 아니고 '나는 내가 느끼는 것을 말하고 싶지 않다'이다. 모든 일본인들이 동정심, 즉 omoiyari에 대해 강조하는 것은(Lebra 1976 : 38-49 참조), 일본 문화가 다른 사람들의 감정에 대한 관심을 저지하지 않는다는 것을 보여주는 것이다. 오히려 그 반대이다. 그러나 감정에 대한 언어적 표현은 저지된다. 따라서 감정과 관련된 일본인들의 문화 규범은 다음과 같이 공식화할 수 있다.

(1) 나는 누군가가 무엇인가 나쁜 것을 느끼기를 원하지 않는다
(2) 나는 내가 느낀 것을 말하기를 원하지 않는다
(3) 나는 이 사람이 느낄 수 있는 것을 알아야만 한다
　　이 사람은 그것을 말하지 않아야 된다

2. '직접성'

직접성과 간접성은 종종 언어 기술에서 자체 설명적인 용어처럼 사용된다. 그렇지만 사실 이 두 용어는 전적으로 다른 현상에 적용되며, 전적으로 서로 다른 가치를 나타낸다.

이 개념을 둘러싼 혼란은 널리 알려진 구분인 '직접'과 '간접' 발화 행위, 그리고 특히 명령형과 이른바 요청의문문과 관련되어 있다. 따라서 대략 우리가 누군가에게 Close the door!라고 한다면 이것은 '직접' 발화 행위이고, Could you close the door? 또는, Would you mind close the door?라고 하는 것은 '간접' 발화 행위라고 생각할 수 있을 것이다. 하지만 비록 이러한 특정한 예들이 명확한 것처럼 보일지라도, 이러한 구분이 다른 언어들과 다른 현상에 어떻게 적용되어야 하는가는 결코 확실하지 않다. 많은 언어들, 예를 들면, 러시아어, 폴란드어, 타이어, 일본어 등의 명령형은 종종 다양한 불변화사와 결합되어 있어서, 그 불변화사 중에서 일부는 약간 조급한 것으로, 일부는 더 우호적인 것으로, 또 일부는 그 지시형을 '완화해주는' 것으로 기술되며, 반대로 나머지 다른 것들은 지시성을 더 엄격하고 단호하게 만드는 것으로 기술된다. 명령형과 불변화사의 이러한 결합은 '직접' 발화 행위인가 아니면 '간접' 발화 행위인가? 어떤 일반적 원리도 우리에게 이 질문에 대한 답을 주지 않는다.

그러므로 나는 최소한 이러한 용어들에 관한 어떤 명확한 정의가 마련될 때까지, '직접' 발화 행위과 '간접' 발화 행위 사이의 모든 구분을 포기

해야 한다고 생각한다. 그리고 또한 일반적인 말하기 방식의 구분을 포기하고, 이런 표지와 연관된 다양한 현상들을 개별적으로 조사해야 할 것이다. 그러한 연구를 했을 때, 나는 이러한 개념들을 둘러 싼 혼란이 명확해지고, 이러한 용어들과 연관된 비교 언어학적 차이점을 밝히는 명확한 문화적 설명이 가능할 것이라고 믿는다.

2.1. 미국 문화 대 이스라엘 문화

Blume-Kulka & Danet & Gherson(1985 : 133)에 따르면, "비교 문화 관점에서 볼 때, 이스라엘 사회는 아마도 직접성의 일반적 수준이 상대적으로 매우 높을 것이다"라고 보았다. '직접성'의 이러한 '높은 수준'이 정확히 의미하는 바가 무엇인가? 하나의 명확한 예로서, 바로 공적인 상호작용을 포함하여, 사회적 상호작용에서 널리 사용되는 순수 명령문을 들 수 있다.

> (버스에서 승객이 기사에게)
> 승객 A : ptax et hadelet, nehag
>   (Open the door, driver. 문 열어주세요, 기사님.)(No response.
>   '무응답')
> 승객 B : nexag, delet axorit.
>   (Driver, rear door. 기사님, 뒷문)
>   (Compliance. '응낙')
> (Blume-Kulka & Danet & Gherson 1985 : 129)

아마도 영어의 동일한 상황은 의문 지시형 장치인, could you 또는 would you 등이 사용될 것이다. 그리고 그 저자들은 이것을 직접성 대 간접성의 분명한 사례의 하나로 간주할 것이다. 길에서 만난 낯선 사람에게 방향을 물을 때, 영어의 표준적인 절차는, Excuse me……와 같은 '주목을 끄는 장치'와 Can/could you tell me ……?라는 형식이 있다

(Blum- Kulka 1982 : 46). 그러나 히브리어에서 표준적인 절차는 'Where is the railway station?'과 같은 '정보에 대한 직접적 요청'이다.

이런 종류의 예에서 '직접성'이 의미하는 바는 무엇인가? 나는 직접성이란 오히려 히브리어에서는 사람들이 다음과 같이, 의미하는 바를 더 자유롭게 말할 수 있다는 것을 의미한다고 생각한다.

> 나는 당신이 X를 하기(말하기)를 원한다

반면 영어로는 일반적으로 사람들이 청자의 개인적 자율성을 인정하지 않으면서 동시에 이 말을 할 것이라고 기대하지 않는다. 따라서 다음과 같을 것이다.

> 나는 당신이 X 하기를 원한다
> 나는 당신이 그것을 할 것인지에 대해 알지 못한다

이러한 사실 때문에 보통 영어의 지시형들은 명령형이 의문형의 자질과 결합된 것이다.

왜 미국과 이스라엘 문화는 이런 방식에서 차이가 나는가? 위에서 언급한 자료에 의하면 다음과 같다.

> 이러한 높은 수준의 직접성에 대한 가능한 설명으로는 이념사적 이유를 들 수 있다. 즉 초기 팔레스타인의 정착민들은 평등주의의 이념을 교육받았는데, 그것은 복종을 표시하는 말을 포함하여, 사람들 사이에서 가능한 모든 차별적 명시에 불쾌함을 표시하는 일이었다. …… 이러한 배경에서 우리는 현재 이스라엘 사회의 직접성을 고찰해야만 한다 …… (Blum-Kulka & Danet & Gherson 1985 : 133-134).

그러나 이러한 설명을 미국 북부의 평등주의자들이 지닌 정서에 적용한다면, 거의 설득력이 없다. 왜냐하면 단언컨대, 미국 문화는 사람들 간의 차별적 명시나 또는 '복종의 표시' 그 어떤 것도 권장되지 않기 때문이다 (de Tocqueville 1953 참조).

위의 동일 저자들은 또한 다른 설명을 제시한다(1985 : 137). "…… 이러한 발견은 매우 독특하고 문화 특정적인 이스라엘 사회의 상호작용적 말의 스타일을 반영한 것으로 해석될 수 있다. 사회적 거리에 낮은 가치를 부여하기 때문에, 상대적으로 높은 수준의 직접성이 언어에 명시된 것으로, 이 사회의 상호작용적 말 스타일이 기본적으로 유대적 공손성의 지향이라는 것을 의미한다." 나는 이러한 관찰은 히브리어와 영어의 비교의 관점에서 더 진행될 수 있으나, 불행하게도 '사회적 거리'라든지 '유대 공손'의 용어들은 모두 자체 설명적이지 못하다. 논의 중인 문화적 가치들을 실제적으로 이해하기 위한 시도로서, 우리는 이스라엘의 히브리어에 관해 다음과 같은 공식을 제안할 수 있다.

> 우리는 모든 것을 서로에게 말할 수 있다 : '나는 당신이 이것을 하기를 원한다'
> 우리는 이것 때문에 서로를 향해 어떤 나쁜 것을 느끼지 않을 것이다

또한 이스라엘의 히브리어들은 거절, 동의하지 않음 등의 '원치 않음'을 자유롭게 표현할 수 있기 때문에, 아마도 위의 공식은 'I want' 뿐만 아니라 'I don't want'를 포함하기 위해 확대해야 할 것이다. 일례로, Blum-Kulka는 초기 저작에서 다음과 같이 관찰하였다.

> 일반적으로 말해서, 이스라엘 사회는 미국 사회보다 더 많은 직접성을 허용하는 것처럼 보인다. …… 이스라엘에서는, 사람들이 회의석상에서 서로에게 ata to'e '당신이 틀렸다', 또는 lo naxon! '사실이 아니다!'라며 퉁명스럽게 논쟁하는 소리를 듣는 것은 특별한 일이 아니다. 미국 사회

는 비슷한 상황의 그러한 직접성을 아마도 무례한 것으로 여길 것이다. 이와 유사하게, 이스라엘 사람들의 거절은 종종 무뚝뚝하게 'No'로 표현된다. 즉, 가게나 호텔, 식당에서 '이러이러한 물건이 있나요?'라는 정보를 묻는 질문에 대한 대답으로, 영어의 No와 동일 표현인 'lo'를 들을 수 있다. 이 습관이 아마도 이스라엘 사람에 대한 그 유명한 관점, 즉 '공손함의 결핍'을 형성했을 것이다(Blum-Kulka 1982 : 30-31).

우리는 논의 중인 이스라엘 사람들의 태도를 다음과 같이 표현할 수 있다.

우리는 서로에게 모두 말할 수 있다 :
'나는 이것을 원한다', '나는 이것을 원하지 않는다', '나는 이것을 생각한다', '나는 이것을 생각하지 않는다'
우리는 이것 때문에 서로를 향해 무엇인가 나쁜 것을 느끼지 않을 것이다

물론 앵글로 아메리칸 문화에서도 사람들은 원하는 것, 원하지 않는 것, 생각하는 것을 상당히 자유롭게 말할 수 있지만, 화자가 그것에 대해 그와 유사한 '퉁명스러움'을 생각하지는 않는다. 왜냐하면 이 문화에서는 독립성과 개인적 자율성에 대한 모든 사람의 권리를 인정하는 것이, 자기 표현이라는 고유한 권리를 행사하기 위한 것만큼이나 중요한 것이기 때문이다. 게다가 앵글로 아메리칸 문화는 이스라엘 문화의 '유대감'이라는 문화적 가치에 해당하는 'we(우리)'를 강조하지 않는다. 오히려 모든 개인들의 개별적이고 자율적인 'I(나)'를 매우 강조한다. 이것은 '유대감의 정서'와 반대되는 것으로서 '철저한 개인주의'의 관점으로 때때로 기술된다(Arensberg & Niehoff 1975 참조). 그러나 앵글로 아메리칸 문화는 '개인주의적인' 다양한 방식이 있으며, '비개인주의적'이거나 '반개인주의적인' 방식도 다양하다. 예를 들어, 이스라엘인의 '유대'의 정서(Katriel 1986 참조)는, 비록 호주인의 '동료애'의 정서(Wierzbicka 1986 참조)와 관련은 있지만 매우 다르다. 또한 그것은 일본인의 '의존성'과 '집단주의'의 정서(Lebra 1976 ; Smith 1983

참조)와도 확실히 다르다. 그러므로 이 책의 다른 부분처럼, 여기에서도 문화적 가치를 설명할 때 분명한 의미 공식에 의존하는 것이, '직접성', '개인주의', '유대감' 혹은 '집산주의'처럼 정의될 수 없고 변화무쌍한 글로벌 표지들에 의존하는 것보다 더 안전하다. 우리는 논의 중인 앵글로 아메리칸의 문화에 대한 가정을 다음과 같이 표현할 수 있다.

> 나는 생각한다 : 나는 말할 수 있다: '나는 이것을 원한다', '나는 이것을 생각한다'
> 나는 안다 : 다른 사람들은 똑같은 것을 원할/똑같은 것을 생각할 필요가 없다
> 아무도 말할 수 없다 : '나는 당신이 이것을 원하기를 원한다', '나는 당신이 이것을 생각하기를 원한다'

나는 이 공식에 '나는 이것을 원하지 않는다'라는 구성성분을 포함시키지 않았는데, 왜냐하면 앵글로 아메리칸 문화는 '원하지 않음'이라는 표현이 사용되는 데에 어떤 금지가 가해지며, 공개적인 대립이 권장되지 않기 때문이다. 히브리인과 일반적인 유대인 전통에서 공개적인 대립은 자발성과 가까움, 상호 간의 신뢰에 대한 하나의 반사체으로서 권장되고 소중하게 여겨진다. 유대인 작가 Sholom Aleichem는 그것을 Myerhoff(1978 : 188)에서 인용하여 다음과 같이 말하였다. "우리는 따뜻함을 지키기 위해 싸운다. 그 싸우는 일이 우리가 살아남는 방법이다"(Schriffin 1984 참조). 그러나 앵글로 아메리칸 문화에서 '직접적인 대립'은 독립적인 개인 사이의 사회적 조화를 위해서 기피된다. 모든 사람들의 개인적 자율성과 개인주의를 중시하는 관점에서 볼 때, 앵글로 아메리칸 문화에서는 '가까움'을 '조화'만큼 소중히 여기지는 않는다.

이렇게 말함으로써, 나는 많은 일본 학자들이 일본 문화를 '조화'의 문화라고 간주하거나, 앵글로 아메리칸 문화에 대해서는 '직접적인 논쟁과 대

립'을 적극적으로 권장하는 문화라고 간주하는 견해를 반박하고 있다. 하지만 이러한 사실은 또 다시 '조화'와 같은 글로벌 표지들이 다른 저자들에 의해 각각 다른 의미들로 사용되고 있다는 것을 보여준다. Blum-Kulka (1982 : 30-31)나 Levenston(1970)이 지적한 것처럼, 사실 영국이나 미국의 회의석상에서는 사람들이 'You are wrong'(당신이 틀렸다)나 'That's not true'(그건 사실이 아니다)라고 말함으로써 다른 사람에게 동의하지 않음을 말하는 것은 일반적인 일이 아니다. 또 일상적인 대화에서도 그러한 표현을 사용하는 것은 일반적인 일이 아니다. 앵글로 아메리칸 전통에서는 사람들이 '당신이 틀렸다'라고 말하는 것보다 '나는 그렇게 생각하지 않는다'라고 말하는 것을 권장한다. 일본어 문화는 사람들이 '나는 그렇게 생각하지 않는다'라고 말하는 것조차 저지된다. 그러므로 우리는 '조화'나 '직접성', 그리고 '대립'과 같은 표지들로 그러한 모든 차이점을 정확하게 설명할 수가 없다.

Blum-Kulka(1982 : 30-31)는 영어는 히브리어로 하는 것처럼, 'No'라고 거절을 표현하는 것, 예를 들어, 가게나 호텔, 그리고 식당에서 '이러이러한 물건이 있나요?'처럼 정보에 대한 요청에 'No'라고 대답하는 것이 일반적이지 않다고 언급했다. 영어로 사람들이 우리에게 무엇인가를 원한다고 표현했을 때, 우리가 'No'라고 말하는 것은 자유지만, 그렇다고 단지 'No'라고만 말하지 않는다. 비록 우리들이 여기에서 보다 더 구체적인 '퉁명스러움'이라는 표지를 사용한다고 해도, '직접성'이라는 표지는 여전히 이러한 앵글로 아메리칸의 말하기 민족지학적 양상을 기술하는 데에는 유용하지 않다. 그렇지만 우리가 주목해야 할 것은 '퉁명스러움'이 여기에서 '직접성'보다 더 분명한 표지라고 해도, 그것 역시 자체 설명적인 표지는 아니라는 점과, 또 Greetz(1976 : 245)는 이러한 방식으로 앵글로 아메리카 문화를 자바 문화와 대조하면서, 앵글로 아메리칸 문화를 '퉁명스러움'으로 생각했다는 점이다. 'No'라고 말하는 '퉁명스러움'이 이스라엘의 문화에서는 긍정적으로 보일 수 있지만, 앵글로 아메리칸 문화에서는 그렇지 않다. 'No'라고 말하는 '퉁명스러움'에 대한 이러한 다른 태도는 다음과 같이 나타낼 수 있다.

앵글로 아메리칸 문화
나는 말한다 : No
나는 네가 이것 때문에 나쁜 감정을 느끼는 것을 원하지 않는다
나는 이것 때문에 그것에 대해 더 많은 무엇인가를 말할 것이다

이스라엘 문화
나는 말한다 : No
나는 내가 그것에 대해 더 이상 무엇인가를 말할 필요가 없다고 생각한다

일본인 문화의 규범은 'No'라고 말하는 것을 완전히 회피하는 것으로 보인다. 특히 제의나 요청을 거절하기 위해서나, 동의하지 않음을 표현하기 위해서 등등의 경우에 그렇다. 그러므로 Nakane(1970 : 35)는 다음과 같이 지적했다. "…… 우리는 'no'나 '나는 동의하지 않는다'와 같은 말을 하는 것보다 침묵을 지키는 것을 더 선호한다. 그처럼 공개적이고 직설적인 부정의 표현을 회피하는 것은, 집단의 조화와 질서가 분열될지도 모른다는 두려움에 근거하고 있다." 이런 규범은 다음과 같이 나타낼 수 있다.

일본인 문화
나는 말할 수 없다 : No
나는 이것 때문에 어떤 다른 것을 말할 것이다

Barnlund(1975b)는 다음의 관점에서 일본인을 미국인과 명확하게 비교한다.

일본인이나 미국인 집단이 함께 이야기하는 것을 본 사람은, 그들의 발화 습관에 들어있는 일정한 특성을 즉시 알아차린다. 한 집단에서는 모든 사람들이 고개 숙여 인사하고 개인적 명함을 교환한다. 그들이 말할 때, 매우 조용하고 종종 삼가말하기의 형식으로 말한다. 사람들이 호전적이거나, 모호하지 않게 'No'라는 소리를 듣는 것은 드물다. …… 또 다른 집단의 사람들은 대화를 시작할 때 모두 악수를 한다. 'No'는 적어도 'Yes'만큼이나 또는 그보다 더 자주 들린다. …… 논쟁은 달아오르고, 화제는 종종 극단적으로 대립된다(Barnlund 1975b : 26-27).

그러나 만약 이러한 대립적인 태도에서 미국인과 일본인의 차이가 나타난다면, 어떻게 동일한 미국인들이 이스라엘인들에게는 자기들과 대조적으로, 'No'라고 말하기를 피하는 사람처럼 보일 수 있는지 이해하기 어렵다. 나는 여기에서 제안된 의미 공식이 더 명확하고, 더 일관된 전체적인 그림을 보여준다고 생각한다.

2.2. 일본어의 '간접성'

Mizutani & Mizutani(1987)와 Honna & Hoffer(1989), 그리고 일본의 언어와 문화에 관한 다른 많은 다른 연구자들에 따르면, 일본어는 공손하게 말할 때 '간접적으로 들리게 하기'가 매우 중요하다. 그러나 일본인에게 '간접적으로 들리게 하기'란 무엇인가?

무엇보다도, 일본 사람들은 그들이 원하는 것을 말하지 않는다. 대신에 사람들은 '암시적 메시지'를 보내면서 상대가 그것에 반응할 것을 기대한다.

그러므로 화자는 종종 간접적인 요청을 한다. 그리고 청자는 또한 암시적 메시지로 대답한다. 이것 때문에 발화의 간접성이 발달된다. 예를 들어, 남자가 보통 직장 상사라고 한다면, 방에 들어와서 다음과 같이 말한다.
Kyoo-wa iya-ni atsue-nee.(무지하게 덥군, 그렇지 않은가?)
그리고 그의 부하 직원 중 한 사람이 hai('Yes'의 존칭)라고 말하면서 서둘러 창문을 열거나 에어컨을 튼다. 심지어 그는 사과의 말을 할 수도 있다.

　　Doomo ki-ga tsukimasen-de ……(알아차리지 못해 죄송합니다.)
　　…… 많은 일본인들은 그들을 잘 이해하고, 그들의 바람(wish)을 잘 알아차리고, 요청하지도 않았는데도 원하는 것을 알고 행동을 하는 사람과 함께 하는 데에서 기쁨을 찾는 것처럼 보인다(Mizutani & Mizutani 1987 : 36).

이런 종류의 발화 행위에 명시된 태도는 다음과 같이 나타낼 수 있다.

　　나는 무엇인가를 원한다
　　나는 이것을 말하고 싶지 않다
　　나는 이것 때문에 무엇인가 다른 것을 말할 것이다
　　나는 이 사람이 내가 원하는 것을 알 것이라고 생각한다

또한 문헌에서 '간접성'이라는 용어로 기술되는 또 다른 현상이 있는데, 이것은 지시 대상의 확인이나 숫자 사용에 있어, 고의적으로 정확성을 결여시키거나 구체성을 결여시키는 것과 관련있다.

　　사회적 상황에서 일본인들은 구체적이지 않은 방식으로 숫자나 양을 말하기를 좋아한다. 예를 들어 사과를 사러 가서 그들은 종종 Mittsu kudasai(3개 주세요)라고 말하기보다 Mittsu-hodo/gurai/ bakari kudasai(3개 정도/가량/쯤 주세요)라고 말한다(Mizutani & Mizutani 1987 : 33).

더구나 신청이나 제안을 할 때, 일본인들은 demo(…라도)나 nado(…등등)와 같은 간접적인 표현과 함께 말하는 경향이 있다. 예를 들면 다음과 같다.

Ocha-demo nomimasen-ka.
'차라도 마시지 않겠나?'〔문자 그대로의 뜻. '같은 거라도?'〕
Eiga-demo mimashoo-ka.
'영화라도 볼까요?'〔문자 그대로의 뜻. '영화같은 거라도 보러갈까?'〕
(Mizutani & Mizutani 1987 : 34)

유사한 것으로 다음과 같은 상황이 있다.

A : Mada jikan-ga aru-n-desu kedo.
　'아직 시간이 좀 남아 있는데.'
B : Ja, zasshi-demo yondara doo-desu-ka.
　'그래, 잡지라도 읽으면 어때?'
(Mizutani & Mizutani 1987 : 34)

이러한 상황에서, ocha-demo(차라도) 또는 eega-demo(영화라도)는 ocha-o(차를)이나 eega-o(영화를)보다 더 많이 쓰이는데 왜냐하면 이 말들은 청자에게 여러 가능성들 중에서 선택하도록 하기 때문이다.

이처럼 구체적이지 않은 지시와 구체적이지 않은 숫자의 표현들을 고의적으로 사용하는 것을 다음과 같이 나타낼 수 있다.

　나는 말한다 : 나는 이와 같은 무엇인가를 원한다
　나는 말하고 싶지 않다 : '나는 이것을 원한다'

여기에서 앞서 논의된 일본인의 가치, enryo를 다시 떠올리는 것은 어려운 일이 아니다. 이것은 앵글로 아메리칸의 가치인 개인적 자율성의 가치와 매우 다르다. 그러나 만약 그 다양한 현상들이 '간접성'이라고 하는 동일한 표지에 의해 기술된다면, 관련된 다양한 문화적 가치들을 밝힐 수 없을 것이며, 두 문화의 비교에만 몰두한 개별 연구들이 도출한 일반화는 보다 넓은 비교 문화적 관점으로는 이해될 수 없을 것이다.

혼란을 야기하는 매우 뚜렷한 예시의 하나로서, 나는 이제 '어느 문화가 더 "간접성"을 권장하는가 - 그리스인인가 아니면 미국인인가?'라는 질문으로 넘어가겠다.

2.3. 그리스인 문화와 미국인 문화

먼저 비교 문화 화용론의 문헌에서 사용되는 '간접성'의 개념이 매우 특징적으로 사용되고 있음을 보여주는 다음의 진술을 생각해 보자.

> 비록 언어가 화자에게 의사소통의 목적을 달성하기 위한 명확하고 직접적인 방법을 제공한다고 해도, 매일 매일의 의사소통에서 화자들은 간접적인 방법을 더 선호하는 것처럼 보인다. 예를 들어 비서에게 요청할 때, 사람들은 단순하게 '그것을 하라'(Do it)고 말하기보다 '할 수 있는가'(Could you do it)나 '해 줄 수 있는가'(Would you mind doing it)와 같은 말들을 더 많이 사용할 것이다(Blum-Kulka 1982 : 30).

위의 저자는 논의 중인 일반화가 '일반적인 사람'에게 적용되는 것이 아니라, 주로 앵글로 색슨들에게만 적용되며, 또 이스라엘인에게는 그 일반화가 적용되지 않는다는 것을 잘 알고 있다. 그러나 이렇게 언급함으로서 실제로는 간접성이 일반적인 사람에게 적용되는 것처럼 그녀는 간접성을 공식화하였다.

게다가 위에 제시된 설명을 보면, 저자가 염두에 두고 있는 것은 '요청 의문문'의 현상, 즉 의문형으로 표현된 지시형임이 분명하다. 그러나 그 일반화는 '말하기의 간접적 방식'의 관점에서 세워진 것이다. 그것은 마치 요청의문문만을 언급하기만 하면, 일반적인 '말하기의 간접적 방식'이 의미하는 바가 충분히 설명된다고 하는 것과 같다.

나아가 Blum-Kulka(1982 : 30)는 다음과 같이 중요하고도 (내가 생각하기에) 완벽하게 타당한 주장을 계속하였다. 어떤 사회를 다른 사회와 비교할 때 "비교 원리의 적용에 영향을 주는 주된 요소는 어떤 한 사회의 일반적인 '정서'가 될 수 있다"라고 하였다. 그러나 그녀가 이것을 말하자마자 그녀는 다음과 같은 더 깜짝 놀랄만한 어떤 것을 말하게 된다. "그리스인의 사회적 규범은, 예를 들어 Tannen 〔1981a〕의 예처럼, 미국인의 규범보다 사회적 상호작용에서 보다 높은 수준의 간접성을 요구한다."(Blum-Kulka 1982 : 30).

이 진술 때문에 만일 이스라엘 사람들은 미국 사람보다 더 폭넓게 'Do it!'이라고 말하는 경향이 있다고 한다면, 미국 사람들은 그리스 사람보다 더 폭넓게 'Do it!'이라고 말하는 경향이 있다고 사람들은 믿게 될 수 있다. 그리고 반대로 만일 미국에서는 이스라엘의 사람들이 간단하게 'Do it!'이라고 말하는 많은 상황에서 'Would you'나 'Could you'를 사용한다고 한다면, 그리스 사람들은 미국 사람들이 간단하게 'Do it!'이라고 말하는 많은 상황에서 'Would you'나 'Could you'를 사용하는 경향이 있다고 믿게 될 수 있다.

그러나 이것은 믿을만한가? 절대로 아니다. 사실 이런 식의 주장은 일반적으로 지중해 문화, 아니 더 구체적으로 그리스의 문화에 대해, 우리가 아는 모든 것과 반대되는 것처럼 보인다. 특히 그리스의 문화를 '간접적인 것'으로, 아니면 미국문화보다 '더 간접적인 것'으로 특징짓는 일은, 그리스인의 국민적 특성을 전문적으로 연구한 행동 관련 연구의 결과와 모순되며, Triandis & Vassiliou(1972)처럼, 그리스인과 미국인의 행동의 차이점에 대한 연구 결과와도 모순되는 것처럼 보인다. 예를 들어 이 연구에 따르면, 전형적인 그리스인의 행동은 미국인에게는 거만함, 독단적임, 전지전능하게 보이려는 시도들처럼 해석될 수 있는 특징을 보인다.

또한 그리스의 문화를 '간접적인 것'으로 특징짓는다면, 그리스와 (이스라엘을 포함한) 중동 사람들은 어떤 문화적 가치를 공유할 것이라는 기대에 어긋나며, 그리스와 (이스라엘을 포함한) 중동 사람들의 말하기의 민족지학적 특질들(Tannen & Öztek 1977 ; Matisoff 1979 참조)은 척도의 정반대에 두는 것이 아니라 그 중간에 앵글로 색슨의 말하기 방식을 둘 수 있다는 기대에도 어긋난다.

'직접적'   이스라엘
'중간'   영국과 북미
'간접적'   그리스

그렇다면 우리는 그저 이런 종류의 척도에서 볼 때, 일본은 어디에 해당하는지 궁금해 할 수 있다. 아마도 그리스 아래에 둘 수 있을까? 그리고 흑인 미국 영어는 이스라엘 위에 둘 수 있을까?

나는 다른 경우와 마찬가지로 이 경우에도, 만약 엄격한 질적 분석이 선행되지 않는다면 그 척도는 오해의 소지가 있고 혼란스러울 것으로 생각된다. 만약 사람들이 그리스 문화에 대한 Blum-Kulka의 자료를 검토한다면(Tannen 1981a), 명확한 사실은 소위 그리스인의 '간접성'은 요청의문문의 용법과는 상당히 다른 현상으로 볼 수 있으며, '그리스인의 간접성' 대 '미국인의 직접성'이라는 매우 난해한 이야기가 비로소 이해될 수 있다는 점이다.

Tannen이 조사했던 것은 수많은 정보제공자, 즉 일부 미국인과 그리스인, 그리고 그리스계 미국인들에게 설문지를 제시한 것이었으며, 이 설문지는 아내와 남편 사이에 주고받는 대화를 제시하는 것으로 시작된다.

Wife : John's having a party. Wanna go? 존이 파티를 여는데,
　　　　갈 거예요?
Husband : Okay. 좋아요.

그 다음에는 두 개의 풀어쓰기가 주어졌고, 응답자들에게는, 남편이 okay라고 했을 때 그 남편이 의미하는 것이 무엇인지를 골라보도록 요구했다.

(1-I) 그녀가 물어본 것을 보니까 내 아내는 가고 싶어하는 것 같다.
　　　나는 그녀를 행복하게 하려고 갈 것이다. 〔간접적〕
(1-D) 나의 아내는 내가 파티에 가기를 원하는지 묻고 있다.
　　　내가 가고 싶으니까 나는 간다고 말할 것이다. 〔직접적〕

Tannen의 결과는 명확하고 흥미로웠다. "1-I의 풀어쓰기 표현을 선택한 세 집단의 응답자들의 비율을 비교하면, 하나의 연속체처럼 그리스인들은 십중팔구 가장 간접적인 풀어쓰기를 선택하였고, 미국인들은 거의 선택하지 않았으며, 그리스계 미국인은 중간 정도로 그리스인 쪽에 좀 더 가까운 것으로 밝혀졌다"(Tannen 1981a : 229).

비록 Tannen이 자신의 연구를 '간접성의 표현 양식'을 다룬 것으로 기술했음에도 불구하고, 그녀는 파티에 갈 것인가와 말 것인가에 대한 부부 간의 협상이라는 하나의 특수한 상황만을 다루고 있음을 조심스럽게 지적하였다. 그렇다고 해도 그녀의 언급 중에서 일부는 Blum-Kulka의 설명에서 표현된 일종의 지나친 일반화를 자초하는 것처럼 보인다. 예를 들어 그녀는 "그리스인 조부모를 둔 미국 태생의 여성은 …… 그녀의 어머니로부터 영향을 받았기 때문에 간접적인 경향이 있으며, 그녀의 어머니는 어머니의 어머니, 즉 그리스에서 태어난 할머니에게 영향을 받았다고 말했다"라고 보고했다(Tannen 1981a : 235). 마찬가지로 Tannen은 그녀가 "가장 설득력 있다"고 하는 다른 개인적인 증언을 인용하였다. "뉴욕에 사는 전문직 남성이 있는데 그 남성의 조부모는 그리스인이다. 그는 완전히 미국에 동화된 것처럼 보였고 그리스어도 못하고, 그리스인 이웃에서 자라지도 않았으며, 그리스인의 친구도 하나도 없었다. 설문지를 채우는 동안 그

는 처음의 간접적 해석인 1-I를 선택했다. 끝난 후의 면담에서 그는 간접
성의 개념이 '익숙한 것처럼 들렸다'고 말했다."(1981a : 235).

　이것은 정말로 그리스인의 문화는 일반적으로 '간접적'이고, 확실히 미
국인의 문화보다 더 간접적이라고 믿게 만드는 결과를 초래한다. 그러나
이것이 정말 의미하는 것은 무엇인가? Tannen이 정말 보여준 것은 그리
스인 부부들은 미국인 부부보다 상대의 표현하지 않은 바람에 보다 적절
히 대응하는 것처럼 보인다는 것뿐이다. 그리고 그리스인의 커플은 상대
의 표현하지 않은 바람을 추측할 준비가 더 잘 되어 있는 반면에, 미국인
부부는 바람을 말로 분명하게 표현하는 것에 더 의존하고 있다는 것을 보
여줄 뿐이다. 사실 Tannen의 언급의 일부는 그리스 문화에서 여성들은
일반적으로 자신의 아버지나 남편의 표현하지 않은 바람을 추측하고 따르
기를 요구받는다는 것을 보여주고 있다.

　　예를 들면 65세 정도의 그리스 여성은 나에게 그녀가 결혼하기 전에는
무엇인가를 하기 전에 아버지의 허락을 구해야 했다고 말했다. 그녀는 물
론 아버지가 결코 명확하게 그녀의 허락을 거절하지는 않았다고 언급했
다. 예를 들어 만약 그녀가 춤을 추러 가도 되는지 안 되는지를 물으면 그
녀의 아버지는 다음과 같이 대답했다고 한다.

　　(1) An thes, pas. ('만약 네가 원한다면, 너는 갈 수 있다.')
　　이것으로 그녀는 갈 수 없다는 것을 알았다. 만약 그녀의 아버지가 정
말로 그녀가 가도 된다고 생각한다면 다음과 같이 말했을 것이다.
　　(2) Ne. Na pas. ('그래, 너는 가야 한다.')
　　…… 이 정보제공자는 그녀의 남편도 그녀의 요청에 같은 방식으로 대
답한다고 덧붙였다. 그렇기 때문에 그녀는 그가 바라는 것을 직접적으로
표현한다는 것을 기대하지 않고, 그가 바라는 것을 하기로 동의한다
(Tannen 1981a : 224-225).

　그러나 이것이 간접성에 대한 전부라면, "그리스인의 사회적 규범들은

…… 사회적 상호작용 면으로 보면 미국인의 규범보다 훨씬 높은 수준의 간접성을 요구한다.”라는 결론을 도출하는 데 충분한 것일까?(Blum-Kulka 1982 : 30). 이러한 종류의 결론은 증명되지도 않았으며 잘못 판단된 것으로 보인다. 다른 한편으로 Tannen의 자료에 의하면, 다음과 같은 문화적 규범을 제시할 수 있는데, 이는 상당히 믿을 만하며, 분명하고 의미 있는 것처럼 보인다.

> 나는 무엇인가를 원한다
> 나는 이것을 말할 필요가 없다
> 나는 이 사람이 내가 원하는 것을 알 것이라고 생각한다
> 나는 이것 때문에 그녀가 그것을 할 것이라고 생각한다

여기에서, 일반적인 일본인들의 enryo(‘자기 절제, 사양’)와 그리스인(전형적으로, 남자)의 자기 확신 사이에 있는 차이점을 주목하는 것은 매우 흥미로운 일이다. 다음은 일본인들의 enryo이다.

> 나는 무엇인가를 원한다
> 나는 이것을 말하기를 원하지 않는다

그리스인(전형적으로, 남자)들은 다음과 같이 말한다.

> 나는 무엇인가를 원한다
> 나는 이것을 말할 필요가 없다
> (나는 그녀가 어쨌든 그것을 할 것이라고 생각한다)

이것은 또한 그리스 문화는 ‘내집단’과 ‘외집단’의 구분이 중요하며 그리고 ‘내집단’ 내에서의 우세한 친밀감과 가까움이 매우 중요하다는 것과 관련이 있다. Triandis & Vassiliou(1972 : 304)는 이것을 “보호, 사회적 보

장, 따뜻하고 편안한 환경, 간단히 말해서 더 넓은 세계로부터의 안식처를 제공해 주는 매우 잘 밀착된 가족과 '내집단'의 존재와 관련하여 설명한다. 다시 말해 이러한 종류의 따뜻하고 친밀한 환경에서는 사람들이 자신의 필요와 바람, 그리고 욕구에 대해서 명백한 언어적 표현에 의존할 필요가 없다는 것이다.

앵글로 아메리칸 문화에 관한, Tannen의 조사결과는 모든 사람의 개인적 자율성과 심지어 가족 내에서조차 개인주의를 강조하는 일반적인 앵글로 아메리칸과 완벽하게 일치한다. 다시 말해 앵글로 아메리칸 문화는 사람들이 자신이 원하고 생각하는 것을 분명하고 명시적으로 말할 것을 권장한다. 분명히 미국인 부부도 역시 말없는 의사소통에 그다지 의존하지 않으며, 분명한 자기 표현에 보다 더 의존한다. 아마도 이것은 부부 사이의 '하나됨'의 느낌보다는, 배우자 각각의 개인성, 예측불가능성, 개인적 자율성을 더 강조한다는 것을 암시한다. 이 모든 것들은 우리가 앵글로 아메리칸의 문화적 가치라고 알고 있던 것과 일치한다. 여기에서 '간접성'이라는 용어는 우리에게 정말로 도움이 되지 않는다. 사실 이 용어로는 오히려 이해하는 데 장애가 된다.

2.4. 자바어의 '간접성'과 '위장'

Geertz(1976 : 244)에 따르면 간접성, 즉 간접적 표현은 자바인의 행위를 설명하는 주요한 주제이다. Geertz는 이러한 특징을 '북쪽을 보고 남쪽을 쳐라'는 자바인의 속담으로 설명한다. 그는 또한 고대의 코란 스승인 kijajis가 결코 사람들에게 그들이 틀렸다는 사실을 명확하게 알려주지 않고, 청중들이 힘들이지 않고도 요점을 얻을 수 있는 작은 이야기들을 들려주었다는 사실을 언급한다. "우리는 사람들이 말하는 것의 rasa, 즉 진정한 내용, 정보 제공자들이 언제나 강조하는 것을 알아야만 한다. 왜냐하면 alus 사람들 즉, 교양인들은 종종 그들의 마음 속에 있는 생각을 말하는 것을 좋아하지 않기 때문이다."

위에서 설명한 '간접성'은 자바인들의 또 다른 문화 규범과 밀접하게 관련이 있다. 이를 Geertz는 '위장, 즉 속임'이라고 했으며 자바인들 스스로는 éţok-éţok이라고 한다. "우리의 일반적인 속임의 패턴과는 대조적으로, éţok-éţok의 특질은, éţok-éţok이 널리 쓰이고 쉽게 받아들여진다는 데에 있을 뿐만 아니라 …… 단지 어떤 근거 없이, 즉 어떤 명백한 정당화를 제시할 필요가 없이 쓰인다는 데에 있다. …… 일반적으로 공손한 자바인들은 정당한 근거 없이 진실을 회피한다는 것이다"(1976 : 245-246). 따라서 Greertz는 정보 제공자가 제공한 éţok-éţok에 대한 다음과 같은 정의를 인용하였다.

> 그는 말했다. 내가 남쪽으로 떠나고 당신이 내가 가는 것을 본다고 가정하자. 나중에 나의 아들이 당신에게 묻는다. '저희 아버지가 어디로 가셨는지 아시나요?' 그러자 당신은 아니오, éţok-éţok 당신은 모른다고 말한다. 내가 거짓말을 할 이유가 없어 보이는데 왜 내가 éţok-éţok이라고 해야 하는지를 그에게 물었다. 그러자 그가 말했다. '오, 그게 바로 éţok-éţok이예요. 당신은 이유가 있을 필요가 없어요'(Geertz 1976 : 246).

이와 같은 감춤에 대한 일반적인 문화적 규범, 즉 사람들에게 정당한 근거 없이 진실을 말하지 않거나, 털어놓지 않는 것은 특히 한 사람의 개인적 감정에 관한 진실에도 적용된다.

> 동일한 표현 양식은 한 사람의 진정한 감정을 특히 손님에게 직접적으로 보여 주지 않는 것이 거의 절대적인 요구로 되어 있는 것과 관련된다. 다른 사람에 대한 어떠한 부정적 감정이라도 숨겨야만 한다 …… 역시 강한 긍정적인 감정들이라도 매우 친밀한 상황을 제외하고는 감추도록 되어 있다. 그 노력은 대인 관계에서 매우 온화한 긍정적 정서를 한결같은 수준으로 유지하려는 것인데, 즉 모든 진실한 감정들을 효과적으로 숨기는 것의 이면에는 éţok-éţok의 따뜻함이 있다(Greertz 1976 : 246).

감정에 적용되는 것은 또한 바람에도 적용된다. 특히 사람들이 서로의 바람 또는 욕구들과 갈등관계에 있다면, 그들은 바람과 의도를 숨겨야만 한다. 예를 들면 다음과 같다.

…… 비록 그가 당신이 가장 싫어하는 사람일지라도, 그 사람이 지나가면 당신은 그를 초대하기 위해서 잠깐 들르라고 소리를 질러야 한다. 우리는 배가 고파 죽을 지경이라도, 만일 집주인이 음식을 끈질기게 권유하지 않는다면, 음식을 거절해야 한다 …… 우리는 사람들이 자기 자신을 위해 무엇인가를 해 달라고 솔직하게 요청하는 것을 결코 거절해서는 안 된다. 오히려 우리가 그 일이 무엇이든 간에 끝까지 해낼 의도가 전혀 없더라도, 우리는 그저 동의해야 한다. 그러면서 마침내 청원자가 처음부터 우리가 진심이 아니었다는 사실을 깨달을 때까지, 그를 여러 가지 étok-étok의 변명들로 기다리게 하면서, 우리는 결코 그 일을 착수하지 않는다(Greertz 1976 : 246-247).

분명히, 감정과 바람에 적용되는 것이 또한 생각에도 적용된다. Geertz (1976 : 247)는 이 점에 대하여 마을 촌장의 말을 인용했는데, 그 촌장은 다음과 같이 연설을 시작했다. "어느 누구도 그가 실제로 생각하고 있는 것을 말하지 않는다. 언제나 사람들은 다른 사람들을 대할 때 étok-étok 한다. 나도 또한 내가 정말로 무엇을 생각하는지 말하지 않는다. 그래서 당신은 내 말을 가지고 내가 어떻게 느끼는지를 결코 말할 수 없다."

자신의 감정과 원함 그리고 생각을 밝히는 것을 꺼리는 것은 자바의 문화를 앞에서 언급한 일본의 문화적 규범과 연결시켜 준다. 그러나 특히 감춤의 요소, 즉 의식적인 '위장'은 자바 사람들의 것처럼 보인다. 우리는 이러한 '위장'을 다음과 같이 나타낼 수 있다.

나는 말하기를 원하지 않는다 : 나는 X를 느낀다 / 나는 X를 원한다 / 나는 X를 생각한다 / 나는 X를 안다

나는 다른 사람들이 내가 느끼는 것/원하는 것/생각하는 것/아는 것을
알기를 원하지 않는다

명시적 요청을 배척하는 더 구체적인 규범은 다음과 같이 나타낼 수 있다.

나는 누군가에게 말할 수 없다: '나는 당신이 X하기를 원한다'
누군가는 이것 때문에 무엇인가 나쁜 것을 느낄 수 있다
나는 그 밖의 무엇인가 다른 것을 말해야 한다

명시적 거절을 배척하는 규범은 유사한 방식으로 다음과 같이 나타낼
수 있다.

만약 누군가 나에게 말한다면 : '나는 당신이 X하기를 원한다'
나는 말할 수 없다 : '나는 그것을 하고 싶지 않다'
누군가 이것 때문에 무엇인가 나쁜 것을 느낄 수 있다
나는 그 밖의 무엇인가 다른 것을 말해야 한다
나는 이것 때문에 그것을 할 필요가 없다

'정당한 근거 없이 정보' 제공을 회피하는 것은 다음과 같이 표현될 수
있다.

만약 누군가 나에게 말한다면 :
  '당신은 무엇인가를 안다'
  '나는 당신이 그것을 말하기를 원한다'
나는 말할 수 없다 : '나는 그것을 하기를 원하지 않는다'
나는 그 밖의 무엇인가 다른 것을 말할 수 있다
나는 이것 때문에 그것을 말할 필요가 없다

éṭok-éṭok의 일반적 원리는 아마도 다음과 같이 공식화할 수 있을 것이다.

　　나는 내가 무엇을 생각하는지/알고 있는지에 대해 말하기를 원하지 않
는다
　　나는 이것을 말할 필요가 없다
　　나는 그 밖의 무엇인가 다른 것을 말할 수 있다

　서양 문화는, 우리가 생각하는 것을 말하는 일이 모든 사람의 권리로 보
는 경향이 있으며, 우리가 알고 있는 것을 말하는 일은 (물론 이에 대한
제한은 있을지라도) 모든 사람의 의무라고 보는 경향이 있다. 따라서 일반
적으로 질문은 자유롭게 할 수 있으며 대답은 자유롭게 보류될 수 없다
(Eades 1982와 그녀가 인용한 참고문헌을 참조). 이러한 태도는 다음과 같이 나
타낼 수 있다.

　　(1) 나는 내가 생각하고 있는 것을 말할 수 있다
　　(2) 나는 사람들에게 말할 수 있다
　　　　'당신은 무엇인가를 안다'
　　　　'나는 그것을 알기를 원한다'
　　　　(나는 생각할 수 있다 : 그들은 그것을 말해야 한다)
　　(3) 만약 누군가가 나에게 말한다면
　　　　'당신은 무엇인가를 안다'
　　　　'나는 그것을 알기를 원한다'
　　　　나는 그것을 말해야 한다

　그러나 많은 비서구 문화, 특히 자바 문화는 전혀 다른 규범이 지배적이
며 그것을 다음과 같이 나타낼 수 있다.

　　만약 누군가 나에게 말한다면 :
　　　　'당신은 어떤 것을 안다'
　　　　'나는 그것을 알기를 원한다'
　　　　나는 그것을 말할 필요가 없다

Eades(1982)가 보여주는 것처럼, 호주 원주민의 문화는 우리가 질문할
권리를 갖고 있다는 가정조차 하지 않는다. 오히려 그 반대의 규범이 우세
하게 나타난다.

> 나는 사람들에게 말할 수 없다
> '당신은 어떤 것을 안다'
> '나는 그것을 알기를 원한다'

많은 저자들은 지식이나 질문, 그리고 정보에 대한 서로 다른 문화적 태
도들을 지적하면서 이러한 종류의 문화적 차이점들을 설명하려고 노력해
왔다(Eades 1982 ; Abrahams 1976 ; Sansom 1980 ; Keen 1978 ; Harris 1984 ;
Goody 1978 참조). 나는 그들의 설명을 수용하면서도 다른 한편으로 진실
(truth)에 대한 서로 다른 문화적 태도의 하나를 추가하고 싶다.

유럽 문화는 전통적으로 '지식'(knowing)만 아니라, 우리가 아는 것, 다
시 말해 우리가 인식하는 것(즉 진실)을 말하는 것을 매우 중요하게 여겨
왔다. 다른 문화에서는 지식에 가치를 둘 수는 있으나 지식을 구두로 표현
하는 데는 가치를 두지 않는다. 예를 들어 일본 문화는 직관적인 지식에
가치를 두지만, 구두로 명확히 표현된 지식은 신뢰하지 않는다고 한다(예
를 들면 Barnlund 1975b ; Lebra 1976 참조). 이와 관련하여, 모든 언어들이
know(알다)에 상응하는 단어를 가지고 있는 것 같지만, 반면에 많은 언어
들은 true(진실)에 해당하는 단어를 가지고 있지 않다는 사실을 주목하는
것은 흥미롭다(Hill 1985 참조). 일부 언어들은 (다른 사람에게) lying(거짓
말하기)와 같은 단어를 가지고 있으면서도 '아는 것'과 '말하기'의 의미가 결
합한 true와 같은 단어(다시 말해 '아는 것을 말하기')는 갖고 있지 않으며, 거
짓말하기의 경우처럼 대인적 관계를 나타내는 지시가 없다(Lutz 1985 : 73
참조).

사실 영어조차도 truth이라는 단어는 현재 그 단어가 가지고 있는 비

개인적이고 객관적인 느낌을 언제나 지닌 것은 아니었다. 휴즈(1988 : 662)가 관찰한 것처럼, "truth(진실)의 의미 역사에 있어서 중요하고 매력적인 점은, truth가 사적인 약속에서 공적으로 평가된 특성으로 점진적으로 발전하였다는 것이다. 심지어 단어의 형태도 변화하여 troth는 사적인 형태로써, 힘의 증거로 쓰이고, 심지어 필요할 때는, 증거 또는 증언의 주장으로 쓰이기도 했다. 물론 실제로 truth의 중세의 형태는 사실적이고 증명할 수 있으며 본질적으로 비개인적 의미인 현대의 개념과 반대되는 것이다."

그렇지만 유럽 문화는 그 진실 즉, 처음에는 사적이고 개인적인 '진실'이었다가 그 다음은 공적이고, 비개인적인 '진실'을 일반적으로 용인된 이상 중에서 특별히 높은 가치를 두었다. 그리고 '진실'은 '거짓말하기'와 '감춤' 다시 말해 우리가 알고 있는 것을 사실이 아니라고 말하는 것과 우리가 알고 있는 것을 사실이라고 말하지 않는 것, 둘 다와 반대된다고 할 수 있다. 논의된 그 문화적 규범은 대략 다음과 같이 표현될 수 있다.

> 진실이 아닌 것을 말하는 것은 나쁘다
> 진실인 것을 말하는 것은 좋다

또한 덧붙일 수 있는 것은, 현대 앵글로 아메리칸 문화가 유럽 문화보다 진실에 대한 태도가 더 '화용적인' 것처럼 보인다는 것이다. 예를 들어 이것은 '하얀 거짓말'이라는 개념에 반영되어 있는데, 독일어, 프랑스어, 이탈리아어 또는 폴란드어는 이와 동등한 표현이 없는 것처럼 보인다(3.5 아래 참조). 양심, 정확함 또는 신뢰성에 대한 문화적 태도는, (대략 미국까지 포함한, 북유럽 청교도와 나머지 가톨릭 국가의 비교에서) 사실 Max Weber가 제안한 것과 다를 수 있다(Weber 1968 참조). 그러나 화용적인 '하얀' 거짓말에 대한 태도는 다소 다른 방향에 따라 나눌 수 있는데, 대략 말하자면, 경계선 한 쪽에는 유럽 대륙으로, 그리고 다른 한 쪽에는 더 '화용적인' 앵글로 아메리칸 문화로 나눌 수 있다. 이처럼 수정된 진실에 대한 앵글로 아메리칸의 태도는 대략 다음과 같이 표현될 수 있다.

> 보통 진실이 아닌 것을 말하는 것은 나쁘다
> 때때로 사실이 아닌 것을 말하는 것은 좋다
> 만약 이것 때문에 나쁜 어떤 일이 누군가에게 일어나지 않는다면

초기 앵글로 색슨은 하얀 거짓말에 대해 다음과 같이 표현했다. "거짓말을 하지 말아라. 왜냐하면 그것은 부정직한 일이기 때문이다. 모든 진실을 말하지 마라. 왜냐하면 그것은 불필요한 일이기 때문이다. 그렇다. 때와 장소에 따라, 해롭지 않은 거짓말은 상처를 주는 진실보다 더 좋은 거래이다"(Roger Ascham, 1550, Stevenson(1946 : 2058)에서 재인용). 그러나 절대적 형태이건, 아니면 수정된 '화용적' 형태이든지 간에 진실이 아닌 것을 저지하는 규범은 결코 보편적인 것이 아니다. 특히 자바인들의 étok-étok의 원리는 사람들이 알고 있는 것을 사실이라고 말하지 않는 것뿐만 아니라, 또한 한 사람이 알고 있는 것은 사실이 아니라고 말하는 것 둘 다를 허용한다. 그러한 태도와 관련하여 지각할 수 있는 문화적 장점에는 '평온함', '조화', 부드럽고 평화로운 대인 관계, 즉 '나는 무엇인가 나쁜 것을 느끼기를 원하지 않는다', '나는 누군가가 무엇인가 나쁜 것을 느끼기를 원하지 않는다' 등등이 포함될 수 있다.

3. 더 많은 예시들 : 같은 표지, 다른 가치들

이 장에서 나는 좀 더 요약하는 방식으로 다섯 가지의 다른 글로벌 표지들의 사용에 대해 논의하려고 한다. 일반적으로 이 표지들은 동일한 문화적 가치들을 표방하는 것으로 알고 있으나, 사실 전혀 다른 말하기의 태

도와 방식을 지시하고 있다. 나는 매우 비일관적이고 임의적으로 적용된 용어들로 인하여 감춰지고 모호해진 문화적 가치들의 실제적 차이점들을 밝히려고 한다. 논의될 표지들은 '친밀함', ('거리감'과 대조되는) '가까움', ('격식성'와 대조되는) '비격식성', '조화' 그리고 '성실성'이다.

3.1. '친밀함'

다양한 문화에 따라 사회적 가치로서의 '친밀함'에 부여하는 중요성이 다르다는 사실은 매우 폭넓게 받아들여져 있다. 예를 들어 Hijirida & Shon(1986 : 390)에 따르면, 미국 문화는 이 친밀감의 가치에 대해 매우 높은 우위성을 부여하는 반면에, 일본과 한국 문화는 다른 가치들, 예를 들면 신분과 지위에 대한 존경이 문화적 규범으로서의 친밀함을 완전히 압도한다. 미국 영어는 '친밀함'이 신분이나 사회적 지위를 압도하는 반면에 일본어와 한국어는 그 반대라는 주장은, 아마도 '친밀함'에 대한 어떤 정확한 정의가 없더라도 믿기 어렵지는 않다. 그러나 저자들이, 미국인들은 "친밀함의 변항에 대해 극도로 민감함"(1986 : 391)의 특징이 있다는 식의, 더 일반적인 주장을 한다면, 우리는 '친밀함'이 정확히 의미하는 것이 무엇인지를 그리고 이 '친밀함에 대한 민감함'이 어떻게 평가되는지를 묻지 않고서는 이러한 주장을 따를 수 없다.

사실 앵글로 아메리칸 문화를 폴란드 문화(Wierzbicka 1985b ; 또한 앞의 2장 참조) 또는 러시아 문화(Wierzbicka, 1992 참조)와 비교한 나의 분석에 의하면, 나는 Hijirida와 Sohn이 제시한 것과 매우 다른 결론에 도달하였다. 폴란드인이나 러시아아인의 관점에서 보면, 앵글로 아메리칸 문화는 '친밀함에 대해 전혀 민감하지' 않다는 것이다. 그렇다면 '친밀함'이란 무엇인가?

만약 우리가 친밀함이란 단어를 일상적인 의미에 의존한다면, 사실 우리가 달리 의존할 그 무엇이 있을까마는, 우리는 그 개념을 다음과 같이 정의할 수 있다. 친밀함이란 다른 사람에게 감추고자 하는 개인의 성격과 내면 세계의 어떤 측면을 어떤 특별한 사람에게는 기꺼이 보여주고자 하는, 다시 말해 개인적인 믿음과 개인적인 '좋은 감정'에 기초하여 기꺼이 하려는 마음을 지시한다. '좋은 감정'이라는 이 마지막 단서는 반드시 필요하다. 왜냐하면 누군가 자신의 비밀스러운 두려움이나 고민을 의사에게 혹은 정신 분석 전문의에게 밝힐 수 있다고 하더라도, 이것은 '친밀함'이라고 할 수 없기 때문이다. 친밀함으로 간주되기 위해서는, 자기 개방성은 사적인 좋은 감정이라는 가정에 기초하여 이루어져야 한다. 이것은 다음과 같이 나타낼 수 있다.

> 친밀함
> X는 생각한다 : 나는 무엇인가를 느낀다
> 나는 그것을 누군가에게 말하기를 원한다
> 나는 그것을 Y에게 말할 수 있다
> 나는 Y를 향해 무엇인가 좋은 것을 느낀다
> Y는 나를 향해 무엇인가 좋은 것을 느낀다
> 나는 이것 때문에 Y에게 그것을 말할 수 있다
> 나는 그것을 다른 사람들에게 말할 수 없다
> 이 때문에 X는 Y에게 그것을 말한다

우리가 살펴본 것처럼, 미국인들이 일본인들보다 더 자기 개방적이라고 밝힌 바 있는 Barnlund(1975b)는 이것으로부터 미국인들이 일본인들보다 친밀함에 더 가치를 둔다는 결론을 내렸다.

미국인들은 언어적 친밀함뿐만 아니라 신체적 친밀함도 촉진하고자 하는 경향이 있다. 그 목적이 자신의 내면을 더 완벽하게 표현하려는 것에 있기 때문에, 미국인들은 전적으로 말로 자신을 드러내 보일 뿐만 아니라 가능한 많은 의사 소통의 채널을 활용하려고 할 것이다. 이러한 이유 때문에 그들은 대화 도중에 더 많은 신체적 움직임을 보여줄 수 있고, 더 많은 신체적 접촉에 몰두할 것이다. 접촉은 상호작용의 좀 더 친밀한 형태들 중의 하나로서, 더 많이 용인되고 더 많이 권장될 수 있다(Barnlund 1975b : 38).

그러나 만약 접촉이 차별 없이 적용된다면 그 접촉은 더 이상 '친밀한 것'이 아니다. 악수가 정말로 머리 숙여하는 인사보다 좀 더 자신을 드러낼 수 있을 것이지만, 그렇다고 악수가 반드시 더 친밀한 것은 아니다. 만약 친밀함을 자기 개방성으로 좁혀서 말한다면, 미국인들은 일본인들보다 더 많은 친밀함을 갖는다라는 주장은 유지될 수 있다. 그러나 비록 친밀함이 자기 개방성과 관련된 것은 사실일지라도, 그것이 자기 개방성으로 좁혀질 수는 없다. 자기 개방성이 친밀함으로 간주되기 위해서는, 상대의 관점에서 선택되어져야 하고, 그리고 이 선택은 개인적 애정에 바탕을 두어야 한다.

내 관점으로, 기본적 호칭인 'you'가 누구에게나 차별 없이 사용되는 문화는 친밀함의 가치에 큰 중요성을 두는 문화라고 간주할 수 없다. 오히려 이 보편적인 'you'로 인해, 즉 '친밀한' 호칭 형태의 부재로 인해, 영어로 친밀해지기가 지극히 어렵게 되어 있다.

물론 별명이나, 소위 애칭이라 하는 것들, 예를 들어 Robert에 대한 Bob과 Bobby, Katherine에 대한 Kate와 Katie 등이 있지만, 그러나 이것들이 친밀함에 대한 진정한 표현 수단일까? Hijirida-Sohn(1986 : 391)은 그렇다고 생각하였다. 즉 그들은 "미국인들은 한 개인의 호칭 형태를 (FN에서 TLN으로) 높이려는 성향에 화를 내며, 또 영어의 FN이 FFN, Nn, ANn으로 구조적으로 분화되며, 그리고 그것들이 모두 매우 생산적으로 사용되는 이면에는 미국인들이 친밀감의 변항에 대해 극도로 민감하다는 사실을 반영하고 있다."라고 기술하였다.

그러나 나는 이것이 옳지 않다고 생각한다. 누군가를 Dr. Brown이라고 부르기보다 John으로 부르는 표현이 영어에서 '친밀함'을 나타내는 것은 아니고, Bob이나 Tim이라는 '별명들'이 John보다 더 친밀한 것은 아니다.

Bobby 또는 Timmy와 같은, 소위 애칭에 대해 말하자면, 그것들은 친밀한 것이 아니라 어린애들을 향해 사용하는 것이다. 그것들은 애정어린 것이라고 할 수 있으나, 만일 그 애정이 특별히 어른과 어린 아이의 상호작용의 스타일과 관련된 것이라고 한다면, 그 애정은 친밀함과 동일한 것이 아니다(호칭과 이름의 완벽한 분석은 Wierzbicka 1992, 7, 8장 참조).

나는 영어가 특별히 친밀함에 민감하다는 주장에 대한 언어적 증거는 없다고 결론을 내린다. 오히려 호칭에 대한 어떠한 친밀한 형태도 가지고 있지 않는 영어는 특별히 친밀함에 대해 민감하지 않은 것처럼 보인다. 반면에 슬라브 언어가 친밀함을 중요하게 여기는 것으로 볼 수 있는 증거는 많이 있다. 이 증거로 무엇보다 우선 개인의 이름에 대한 표현 형태가 엄청나게 다양하다는 점을 들 수 있다. 예를 들면, 이들은 Katerína에 대해 Kátja, Káten'ka, Katjúšen'ka, Kátečka, Kátik 등으로 부르거나 Iván에 대해 Vánja Vánečka, Vanjúša, Vanjúška, Vanjúsečka 등으로 부른다.

폴란드인에 대하여 말하자면, 우리는 지위나 신분에 맞는 다른 언어적 장치들과 직함들을 광범위하게 사용함으로써 친밀함의 가치가 오히려 증가될 수 있다고 주장할 수 있다. 왜냐하면 이들의 폭넓은 사용이 개인적인 관계들의 구분을 높이기 때문이다. Hijirida & Sohn(1986 : 389)는 "극도로 지위를 의식하는 일본인과 한국인들은 일상의 대인적 만남에서 힘을 지니고 있는 직함들을 주고 받는 일에 열중한다"라고 언급하였다. 그리고 Hijirida & Sohn는 이러한 현상을 한국과 일본에서 친밀함의 가치가 낮다는 것과 연결시켰다. 그러나 폴란드 사람들도 또한 극도로 지위를 의식하고 있으며, 또한 일상의 대인적 만남에서 직함들을 주고 받는 일에 열중한다. 왜냐하면 이들도 또한 격식성의 정도와 관례적인 정중함에 가치를 두기 때문이다. 그렇지만 동시에 폴란드 사람들은 친밀함에 높은 가치를 두며, (예를 들면 동사의 삼인칭 형태와 함께 쓰이는) Pani Professor('Mrs

Professor')와 이름의 표현적 파생어가 갖는 다양한 친밀한 형태들을 폭넓게 사용할 수 있기 때문에, 그 형태를 같이 쓸 수 있는 특별한 사람들과 나누게 되는 친밀함의 가치는 더 증가되는 것이다.

그러므로 앵글로 아메리카 문화에 널리 퍼져 있는 평등 정신이 반드시 친밀함을 증가시킨다고 생각하거나 또는 지위 구별에 민감한 문화가 반드시 친밀함에 적대적이라고 생각하는 것은 환영일 뿐이다. 다시 한 번 여기에서 용어상의 혼란이 개념의 혼란을 야기한다는 것을 분명히 보여주는 아래의 예를 살펴보자. 그렇지 않다면 매우 통찰력 있고 섬세한 연구였을 것이다.

> 비교 대상이 된 세 사회 중에서, 미국은 경어법의 패턴과 용법에서 입증된 바와 같이, 힘의 변항에 가장 민감하지 않다. 이것은 그들의 평등주의적 가치 지향에 기인한 것으로 보인다. 그 결과 미국인들은 비록 강한 개인적 가치 지향의 탓으로 집단적 유대감에 대한 관심이 가장 적을지라도 친밀함과 비격식성같은 유대감의 변항은 매우 우세하다(Hijirida & Sohn 1986: 383).

여기에서 미국 사회는 '친밀함과 비격식성같은 유대감의 변항'이 지배적인 것으로 기술되면서, 그럼에도 불구하고 동시에 유대감이 '미국사람들에게 가장 관심이 적은 것'이라고 하고 있다. 이것은 혼란스럽고 자기 모순적이다. 만약 우리가 '친밀함', '유대감', 또는 '비격식성'처럼 정의되지 않은 표지들을 더 이상 사용하지 않고, 대신 보편적 의미원초소의 관점에서 정확하고 자체 설명적인 의미공식을 사용하기 시작한다면, 우리는 이 혼란을 제거할 수 있을 것이다.

3.2. '가까움'

비유적으로 말해서 친밀함은 가까움을 암시한다. 이 가까움은 비교 문화 화용론의 논의에서 종종 등장하는 또 하나의 변항이다. 그러나 대인적 관계에서 '가까움'은 무엇이며, 어떻게 사람들은 이것을 평가하게 되는가? 사회심리학에서는 '사회적 거리'를 평가하는 데 사용할 수 있는 다양한 척도들을 개발해 왔다(예를 들어, Triandis & Triandis 1960 ; Bogardus 1933 참조). 그러나 이것들은 집단 간의 관계와 관련된 것이지, 개인 간의 관계에 관련된 것이 아니며, 따라서 대인 관계에 대한 연구에는 적용될 수 없다.

대인 관계에서 '거리'의 개념은 언어 화용론에 관한 많은 저자들, 특히 Brown & Levinson(1978)에게 크게 의존하고 있다. 그러나 거리의 개념은 한번도 정의된 적이 없으며, 마치 이 개념은 자체 설명적인 것처럼 사용되어 왔다. 겨우 그 개념은 예문들을 통해 파악될 수 있다. 예를 들어, Brown과 Levinson은 다음과 같이 주장한다.

다음의 문장들은 오직 D[거리]에 따라 다르다.
(1) Excuse me, would you by any chance have the time?
    실례합니다, 삼산 시간 좀 내주시겠어요?
(2) Got the time, mate?
    시간 있어, 친구?
우리의 직관으로 (1)은 화자가 지각하기에, 화자와 청자가 거리감이 있는 상황(말하자면 전혀 다른 곳에서 온 낯선 사람들)에서 사용되며, (2)는 화자와 청자가 가까운 상황(서로 알고 있거나 또는 사회적 교제범위가 '비슷하게' 지각되는 상황에서 사용된다. 그러므로 거리란 우리의 공식에서 (1)을 (2)로 바꾸는 유일한 변항이다(Brown & Levinson 1978 : 85).

그러나 이 설명은 이해할 수 없으며 도움도 되지 않는다. 두 명의 대학 교수는 추측컨대 '사회적 교제범위가 비슷하지만', 그렇다고 Got the time, mate?(시간 있어 친구?)와 같은 표현을 서로 사용할 것 같지는 않다. 반면에 두 젊은 남성 히치하이커들은 그들이 비록 '전혀 다른 곳에서 온 낯선 사람'일지라도 서로 그런 식으로 말을 걸 것이다.

마찬가지로 다음의 발화에서도 '거리'가 변함없이 유지된다는 주장은 이해할 수 없으며 도움도 되지 않는다.

(3) Excuse me, sir, would it be all right if I smoke?
    실례하겠습니다, 선생님, 제가 담배를 피워도 괜찮을까요?
(4) Mind if I smoke?(Brown & Levinson 1978 : 85)
    담배 피워도 괜찮아?

이 주장을 정당화하기 위해, Brown과 Levinson은 그들의 '직관'에 호소했다. 그러나 이 주장은 '거리'와 같은 추상적이고 준전문적인 개념에 대해 그러한 '직관'이 얼마나 신뢰할 수 없고 개인적 특징인지를 보여주었을 뿐이다.

만약 우리가 인간관계에 적용된 close라는 단어를 일상의 용법에 의존한다면, 우리는 가까움이 대인 간의 감정뿐만 아니라 대인 간의 '앎'과도 관련이 있다고 말해야만 한다고 본다. 따라서 두 사람이 서로 매우 잘 알고 상대에게 '좋은 감정'을 가지고 있다면, 그 두 사람은 '가깝다'고 말할 수 있는 것이다. 이것은 친밀함과 유사하나 같은 것은 아니다. 예를 들어 어머니가 딸에게 매우 '가깝다'라고 할 수 있지만 그렇다고 어머니가 그녀의 딸과 '친밀하다'고 말하는 것은 조금 이상하다. 딸과 매우 '가까운' 어머니는 딸에 대해, 가령 딸의 '은밀한' 생각, 두려움, 희망, 욕망 등등에 대해 많이 알기 때문이다.

말을 하는 데 있어서 '가까움'이라는 개념은 필수적인 것으로 보이지는 않는다. 그러나 서로에 대한 앎과, 그리고 우리 내면에서 일어나는 것을 기꺼이 다른 사람에게 알리려는 의지에는 '가까움'이라는 개념이 필수적인 것으로 보인다. 때때로 '가까움'은 언어를 통해 자기를 개방할 필요를 감소시켜 준다. 예를 들어 만약 두 사람이 매우 '가깝다'면 그들은 명백하게 말을 하지 않아도, 일종의 공감에 의해, 다른 사람이 어떻게 느끼는지 서로 알 수 있다. 그러나 모든 '공감'이 '가까움'을 드러내는 것은 아니다. 왜냐하면 하나의 관계에 필요한 변함없는(오랜) 특질이 되는 '가까움'은 서로에 대한 좋은 감정을 기초로 하기 때문이다.

잠정적으로 다음과 같이 나타낼 수 있다.

> 가까움 ('X와 Y는 서로 가깝다')
> X와 Y는 안다 : 우리는 서로를 향해 무엇인가 좋은 것을 느낀다. 이것 때문에 그들은 각각 서로를 생각한다 :
> 나는 이 사람이 느끼는 것/생각하는 것/원하는 것을 알기를 원한다
> 나는 이 사람이 내가 느끼는 것/생각하는 것/원하는 것을 알기를 원한다
> 이것 때문에, 그들은 각각 다른 사람들은 알 수 없을 때 상대가 느끼는 것/생각하는 것/원하는 것을 알 수 있다

누군가가 우리와 가까워진다는 것은 그들을 충분히 신뢰하고, 그들에게 충분한 애정(또는 '좋은 감정')을 느끼고, 또 다른 사람이 우리를 아는 것보다 더 그들이 우리를 정말 잘 알도록 허락한다는 것을 의미한다. 이것은 위험해보일 수 있다. 왜냐하면 다른 사람이 우리를 잘 안다는 것 때문에 우리에게 상처를 입힐 수도 있기 때문이다. 거기에는 또한 충돌이 일어나거나 서로에게 상처를 입히거나 잦은 마찰이 일어날 수 있는 기회가 더 많다. 만일 사람들이 평화, 조화, 충돌이 없음 그리고 서로 상처 주지 않음들을 가치 있게 생각한다면, 아마도 너무 '가깝게' 하지 않는 것이 더 안전할 것이다.

그러므로 모든 문화가, 확실히 동일한 정도는 아니지만, 가까움을 권장하는 것은 아니다. 예를 들어 만약 내가 당신에 대하여 무엇인가가 나쁘다고 생각한다면, (예를 들어) 당신이 지독하게 보인다든가, 당신이 무엇인가 나쁜 행동을 했다면, 나는 이것에 대하여 당신에게 말하거나 아니면 당신에게 그러한 생각을 숨기거나를 선택할 것이다. 만약 내가 당신에게 말

한다면 당신은 상처입거나 불쾌감을 느낄 수 있을 것이다. 그러나 적어도 당신은 내가 생각한 것이 무엇인지를 알 수 있고, 당신은 내가 당신의 행동과 외모에 관심을 보인다는 것을 알 것이다. 당신에게 말을 함으로써 우리는 가까움을 증진시킬 수 있다. 당신에게 말하지 않음으로써 우리는 조화를 훨씬 더 증진시킬 수 있을 것이다. 폴란드나 러시아 문화와 같은 상황에서는, 가까움을 위해서 말하는 것을 선택하는 경향이 있다. 그러나 영미 문화에서는, 말하자면 조화를 위해서 말하지 않음을 선택하는 경향이 있다.

그렇지 않으면, 당신이 좋아하지 않을 것으로 생각되는 어떤 일을 내가 해버렸거나 아니면 하기를 원한다고 가정해 보자. 나는 당신에게 말을 해야 할까 아니면 하지 않아야 할까? 만일 내가 당신에게 말을 한다면, 우리의 가까움은 증진되지만, 우리의 조화와 평화로움은 깨질 것이다. 이것 때문에 당신은 무엇인가 나쁜 것을 느낄 것이고 화도 날 수 있으며, 당신의 불쾌함을 표현할 수도 있으며, 당신은 나를 화나게 하거나 당황하게 할지도 모른다. 만약 내가 당신에게 말하지 않는다면, 나쁜 감정은 생기지 않겠지만 우리는 가까워지지 않을 것이다.

또 다시 논의하자면 이 같은 상황, 즉 폴란드 문화 혹은 러시아 문화는 아마도 말하는 것을 선택하고, 앵글로 아메리카 문화는 말하지 않는 것을 선택할 것이다. 다른 사람들과의 가까움을 추구하거나 이를 소중하게 여기는 사람들의 태도는 다음과 같이 기술될 수 있다.

나는 내가 느끼는 것/생각하는 것/원하는 것을 당신이 알기를 원한다
나는 당신이 이것 때문에 무엇인가 나쁜 느낄 수 있다는 것을 안다
나는 내가 이것 때문에 무엇인가 나쁜 것을 느낄 수 있다는 것을 안다
나는 당신이 그것을 알기를 원한다
　왜냐하면 나는 당신이 나를 향해 무엇인가 좋은 것을 느끼고 있는 것을 알고 있기 때문이다

나는 당신이 내가 당신을 향해 무엇인가 좋은 것을 느끼는 것을 알고
있다고 생각한다

만약 사람들이 이러한 태도에 대해 글로벌 표지를 붙이기를 원한다면,
'자기 개방성' 또는 '공개성'을 제안했을 것이다. 그러나 이는 오해될 소지
가 있다. 우리가 본 것처럼, Barnlund(1975a)는 '자기 개방성'이라는 관점
으로 아메리카 문화에 관한 그의 연구 결과를 해석하였다. 그러나 그가 논
의하고 있는 그 태도는 분명히 여기서 기술하고 있는 것과 매우 다르다.
Barnlund가 논의한 '자기 개방'은 '나'에 대한 강조이며, '자아'에 대한 강
조이며, 내가 생각하고 있는 것에 대한 강조이다. 반면 여기서 논의된 '가
까움'은 '나' 와 '너' 사이의 관계에 대한 강조이며, '나'와 '너' 사이의 좋은
감정들에 대한 강조이고, 비록 상처와 충돌이라는 대가를 치르더라도, 우
리 둘 사이의 특별한 관계를 지속하고 증진하기를 원하는 욕망에 대한 강
조이다.

말할 것도 없이 여기에서 묘사된 '가까움'은 다음의 발화에 반영된 태도
와는 거의 관련이 없다.

> Got the time, mate? 시간 있어 친구?
> Mind if I smoke? 담배 피워도 될까?

이러한 종류의 발화는 비격식적이고 일상적인 것으로 기술될 수 있다.
그러나 만일 그 발화들이 '친밀함' 혹은 '가까움'을 반영하기 위해 사용된다
면, 우리들은 '친밀함' 혹은 '가까움'이라는 단어들이 일상의 뜻이 아니라
어느 정도 전문적인 뜻으로 사용되고 있다고 말해야만 할 것이다. 또한 명
확한 정의를 하지 않고 이러한 단어들을 사용하는 것은, 관련된 태도들을
분명하게 하기보다는, 모호하게 만들 것이다.

3.3. '비격식성'

비격식성은 우리가 보아온 것처럼, 자주 친밀함 혹은 가까움과 혼동되는 문화적 태도이다. 호주에서, 여행사에 전화를 걸면 여행사 직원의 이름을 밝히는 응답을 듣는 경우가 종종 있다. 예를 들면 다음과 같은 응답을 들을 수 있다.

American Express, Cathy speaking.
아메리칸 익스프레스 Cathy입니다.

만일 우리들이 Hijirida & Sohn(1986)의 연구를 신뢰한다면, 우리들은 이 여행사 직원이 그녀의 고객들에게 친밀함 혹은 가까움을 표현한다고 결론지었을 것이다. 그러나 나는 친밀함은 두 사람 사이의 '특별한 관계'와 관련되어 있으며 이런 경우에는 분명히 적용할 수 없다고 논의하였다. 여행사 여직원은 모든 익명의 전화상담자들에게 '특별한 관계'를 요청할 수는 없기 때문이다. 뿐만 아니라 그녀는 내가 주장한 것처럼, '가까움'과 연관된 상대와 개인적으로 깊게 알고 있다고 주장하는 것도 아니다. 그녀가 자기 소개를 통해 표현한 것은 '친밀함'도 '가까움'도 아니며, 다만 특징적인 호주인의 '비격식성'이다. 일례로 호주의 대학생들이 그들의 교수들에게 말을 걸면서 교수의 이름을 부르는 것이나 또는 호주의 공무원들이 그들의 동료들이나 상사들에게 말을 걸 때 이름을 부르는 것과 같은 비격식성이다.

이러한 보편에 가까운 호주 영어의 '비격식성'은 무엇을 의미하는가? 나는 '비격식성'의 본질이 (적어도 호주에서는) 친숙함, 우호적임, 그리고 평등을 암시하며, 공공연하게 존경함을 보이는 것에 대한 의도적인 거부라고 생각한다. 따라서 Cathy입니다라고 말함으로써, 그 여행사 직원은 익명의 전화상담자가 마치 그녀를 잘 알고 있는 것처럼 대하게 하고, 그녀가

'현재 전화하고 있는 상대를 포함하여 모든 전화상담자들을 좋게 생각한다'
는 것과 그녀를 Miss, Mrs나 Ms라고 부름으로써 그녀를 향해 공공연한
존경을 보여줄 필요가 없다고 생각하도록 하기 위한 것이다. 자신의 학생
들이나 부하 직원들을 Bob이나 Jane이라고 부르는 대학의 교수들이나
직장 상사들도 유사한 태도를 보인다고 할 수 있다. 간략히 표현하면 다음
과 같다.

    (a) 당신은 '나에 대한 공공연한 존경을 보여줄' 필요가 없다
    (b) 나는 당신이 사람들이 생각할 때 그들이 하는 것처럼 나에게 말하
       기를 원한다 :
    (c)   우리는 서로 잘 안다
    (d)   우리는 서로에 대해 좋게 느낀다
    (e)   우리는 같은 방법으로 서로에게 말할 수 있다

위의 설명에서 구성성분 (c)는 친숙함을 의미하며, 구성성분 (d)는 상
호 간의 '좋은 느낌', 그리고 (e)는 평등주의를 암시한다. (b)는 화자가 상
대에 대해 실제로 알아야 할 것은 없으며, 상대를 향해 개인적인 좋은 감
정을 갖거나, 또는 상대와의 관계에서 완벽한 평등성과 완벽한 균형성을
주장할 필요가 없다는 것을 나타낸 것이다. 일례로 여행사 직원은 자신을
Cathy라고 부르는 반면, 상대를 Mrs Brown이나 Dr Smith라고 부를
수 있다. 구성성분 (c), (d), (e)에 드러낸 것처럼, 화자는 자신의 이름이
나 상대의 이름을 사용함으로써, 인간관계에 대한 어떤 원형성을 끌어내
고 있다. 그리고 이것이 내가 제안한 '비격식성'의 본질이다. 덧붙이자면,
'비격식성'은 '격식성'에 반대되는 것이다. 따라서 이것은 다음의 부가적인
구성성분에 반영되어 있다.

    (f) 나는 안다 : 사람들은 다른 사람에게 항상 이와 같이 말할 수는 없다

'격식성'이 언제나 위계적인 인간 관계와 반평등주의에 연관된 것은 아니다. 일례로 호주에서는 대학 직원들이 공식적인 회의를 할 때 누구나 매우 '격식적'인 방식으로 이야기를 나누는데 이것 역시 초평등주의(super-egalitariauism)라는 호주인의 정서를 벗어난 것이 아니다.

폴란드 문화는, 존경을 나타내는 직함을 폭넓게 그리고 상호적으로 사용한다. 그러므로 이 문화에서 '비격식성'은 호주와 같은 방식으로 가치가 부여되지 않는다. 그러나 이 상대적인 '격식성'은 민주주의적이고, 상대적으로 평등주의적 정서와 관련되어 있다(Davies 1984 : 331-336 참조). 반면에 한국이나 일본과 같은 '수직적인' 사회에서(Nakane 1972 참조), 사회적 위계를 중시하는 가치는 '격식성'을 중시하는 가치와 밀접하게 관련된다. 따라서 한국이나 일본의 관점에서는, 호주 문화나 미국 문화의 '비격식성'이 실제보다도 더 밀접하게 그들의 평등주의에 관련되는 것으로 보일 수 있다.

사실, '비격식성'은 평등주의와 연관되는 경향이 있고, '위계성'은 '격식성'과 연관되는 경향이 있다. 그러나 이러한 연관성 중 어느 것도 간단하지 않으며, 그것들 중 어느 것도 일정한 사회가 갖는 다른 문화적 규범과 가치의 총체적 복합성을 제외하고는 이해될 수 없다. 무엇보다도 규범 그 자체가 충분히 이해되고 조심스럽게 정의되어야만 한다.

3.4. '조화'

'가까움'에 대한 논의에서 나는 '조화'라는 단어를 반복적으로 사용했는데, 이 단어는 비교 문화 화용론에 대한 논의에서 광범위하게 사용되는 또 다른 핵심어이다. 그러나 물론 '조화'가 '자기 단언', '간접성', '친밀성' 또는 '가까움'보다 더 자체 설명적인 것도 아니며, 그리고 특정한 맥락에서 그것이 의미하는 바를 말하지 않는다면, 광범위하게 사용되는 다른 글로벌 표지들처럼 잘못 이해될 수 있다. 전공 문헌에서, 이 단어는 매우 상이하고 상호모순적인 의미로 사용되어 왔다. 예를 들어 앵글로 아메리칸 문화와 일본 문화는 '조화'에 가치를 둔다고 말할 수 있고 또 그렇게 말해져 왔지만, 분명한 점은 앵글로 아메리칸 문화의 '조화'가 일본 문화가 목표로 하는 의미와 같지 않다는 것이다. 왜냐하면, 특히 앵글로 아메리칸 문화는 생각의 동일성, 즉 생각의 명백한 동일성을 목표로 하지는 않기 때문이다. Patricia Clancy는 이러한 일본인의 조화에 대한 관점을 다음과 같이 설명한다.

> 일본인들이 간접성에 의존하는 것은 언어의 충돌에 대한 그들의 태도와 일치한다. Barnlund가 지적한 것처럼, 일본에서 대화는 사회적인 조화를 목표로 '사람들을 함께 묶어주는 감정적 유대를 만들거나 강화하는 하나의 방법'이다. 그러므로 충돌을 야기할 수 있는 주장을 공공연하게 표현하는 것은 금기이다. 회의의 참석자조차도 …… 상대쪽인 미국인 논쟁자와는 대조적으로, 자신들의 주장이 상대방에게 어떻게 받아들일지에 따라 그들의 의견이 취소되거나 수정될 예상을 하며 그들의 의견을 잠정적으로 표현하는 경향이 있다. 그들은 만장일치가 될 수 있는 하나의 공통적인 의견을 탐색하면서 동료들의 입장을 넌지시 떠보려고 한다(Barnlund 1975〔b〕; Doi 1974).
> …… 개인들은 그들 자신의 관점을 가질 수 있으나, 만일 개인의 의견이 다른 사람들의 의견과 충돌을 일으킨다면, 집단의 조화를 위해서 그것을 절대 표현해서는 안 되는 것이다(Clancy 1986 : 215).

Doi(1974)의 언급과 관련하여 다음과 같은 Clancy의 진술은 조화에 대한 일본인의 태도를 매우 뛰어나게 요약하고 있다.

> 일본어는 좌분지 동사 문말 언어로서, 화자는 동사의 접미사로 부정을 나타내면서 상대의 표현에 따라 마지막 순간에 문장을 부정할 수 있다 (Clancy 1986 : 214).

이러한 태도는 조화에 대한 앵글로 아메리칸의 생각과는 확실하게 구별되며, 이를 다음과 같이 표현할 수 있다.

어떤 사람이 무엇인가를 말할 때

나는 말할 수 없다 : '나는 같은 것을 생각하지 않는다'

어떤 사람은 이것 때문에 무엇인가 나쁜 것을 느낄 수 있다

사람들이 : '우리는 모두 같은 것을 생각하고 있다'라고 말할 때 그것은
좋은 것이다

위에서 Clancy가 언급한 것처럼, Barnlund(1975b)는 여기에 묘사한 태도를 '사람들을 함께 묶어주는 감정적 유대를 만들거나 강화하는' 목표와 관련된 것으로 보고 있다. 이것은 오히려 '가까움'에 대해 갖는 폴란드인이나 러시아인의 이상같이 생각된다. 그러나 사실 이와 관련된 태도들은 거의 정반대이다. 슬라브 문화에서 '나는 같은 것을 생각하지 않는다'라는 말은 '가까움'을 위협하기보다는 오히려 가까움을 증진시키는 것처럼 보인다. 그리고 '사람들로 하여금 (지금) 무엇인가 나쁜 것을 느끼게 하는 일'은 장기적으로 볼 때 '가까움'을 증진시키는 것으로 볼 수 있다.

'조화'와 '가까움'에 대한 앵글로 아메리칸들의 태도는 또 다르다. 슬라브계나 동유럽 사람들의 관점에서 생각할 때, 앵글로 아메리칸 문화는 '가까움'보다는 오히려 '조화'를 지향한다고 말해야 한다. 그러나 이 때의 '조화'는 확실히 일본 문화에서 찾을 수 있는 '조화'와는 같은 것이 아니다. 분명히, 앵글로 아메리칸 문화는 '나는 같은 것을 생각하지 않는다'라고 말하는 것을 저지하지 않는다. 그렇지만 '당신의 생각은 나쁘다', '나는 당신이 이것을 생각하는 것을 원하지 않는다', '나는 당신에 대해 무엇인가 나쁜 것을 생각한다'처럼 말하는 것은 저지된다. 더군다나 청자에게 '무엇인가 나쁜 것을 느끼도록' 야기될 수 있는 것을 말하는 일은 (한시적인 '가까움'이 아니라 장기적인 '가까움'을 위해서도) 권장되지 않는다.

만장일치와 '조화'에 대한 앵글로 아메리칸의 태도는 일찍이 다음처럼 설명되었다.

나는 내가 생각한 것을 말할 수 있다
당신도 당신이 생각한 것을 말할 수 있다
우리가 동일한 것을 생각할 필요는 없다
이것이 좋은 것이다
(누구도 이것 때문에 무엇인가 나쁜 것을 느끼지 않아야 한다)

'조화'와 '가까움'에 대한 폴란드 사람들의 태도는 다음의 속담에 요약적으로 잘 드러난다.

Kto się czubi ten się lubi.
'(싸우는 새처럼) 머리 위에서 서로 쪼아대는 사람들은 서로를 좋아한다.'

이 속담에서 나타내는 것처럼, 폴란드 문화에서 가치를 두는 것은 의견의 차이뿐만 아니라, 강력하게, 날카롭게, 고통스럽게 표현된 차이에 가치를 두고 있다는 것이다. 이 태도는 다음과 같이 표현될 수 있다.

나는 내가 생각하는 것을 말하기를 원한다.
나는 안다 : 당신은 이것 때문에 무엇인가 나쁜 것을 느낄 수 있다
나는 이것 때문에 그것을 말하지 않는 것을 원하지 않는다
나는 내가 생각하는 것을 당신이 알기를 원한다

다시 한번, 우리는 '조화'나 '거리'와 같은 글로벌 표지들이 서로 다른 문화와 다른 민족지학적 말하기의 실제적인 차이점을 명확하게 하기보다는 오히려 모호하게 한다는 결론을 내려야만 한다.

3.5. '성실성'

대인 관계에서 '가까움'의 문제는 '성실성'의 문제와 밀접하게 관련되어 있다. 성실성이란 근대 서구문화에서 생겨난 핵심 가치 중의 하나로서 자

주 언급되었다. 예를 들어 Trilling은 다음과 같이 기술하였다.

만약 성실성이 자기 자신의 진실을 통해서 어떤 다른 사람에게도 거짓
되지 않는 것이라면, 우리는 개인의 이런 상태가 가장 혹독한 노력 없이는
얻을 수 없다는 것을 알 것이다. 그럼에도 역사의 어느 한 시기에는 특정
한 사람들과 계층들이 이러한 노력을 기울이는 것이야말로 도덕적 삶에서
최고의 덕이라고 믿어 왔다. 그리고 그들이 성실성에 부여한 가치는 400
여 년 동안 서구 문화의 현저하고도 결정적인 특징이 되었다(Trilling
1972).

이것은 아마 사실일지도 모른다. 하지만 이 '성실성'이라는 중대한 규범
은 실제로 무엇을 의미하는가? Trilling(1972 : 2)은 다음과 같은 정의를 내
세웠다. "우리가 현재 그 단어를 사용하는 바와 같이 그 단어는 일차적으
로 실제의 느낌과 공언하는 말 사이가 합치됨을 뜻한다." 우리는 이러한
정의를 아래 공식으로 옮겨 쓸 수 있다.

만일 내가 X를 느끼지 않는다면 '나는 X를 느낀다'라고 나는 말해서는
안 된다.

위에서 설명한 이 규범이 서구 문화의 중요한 특질이라는 것이 사실인
가? 더 구체적으로, 그것이 앵글로 아메리칸 문화의 중요한 특질이라는
것이 사실인가?

주목할만한 흥미로운 사실은, 영어권 국가에 온 동유럽 이민자들의 주
관적 경험에 의하면, 이런 사실들이 반대로 결론된다는 점이다. 특히, 동
유럽 이민자들은 영어의 대화 관습이 '비성실성'으로 지각된다고 종종 불
평한다. 무엇보다도 How are you?, Nice to see you, Lovely day,
isn't it 등의 대화 개시어가 그것이다(Drazdauskiene 1981 참조).

'How are you?'에서 지각된 '비성실성'은 두 가지의 믿음으로 이루어지

는데 즉, 화자는 상대가 어떻게 느끼는지를 진정으로 알고 싶어하지 않는다는 점과 상대가 진실로 어떻게 느끼는지와는 관계없이 ('Fine, thank you', 'Very well, thank you', Not too bad'처럼) 상대가 긍정적으로 대답하리라고 기대된다는 점이다. 그 결과 'Fine, thank you'와 같은 일반적인 긍정 대답들은 대체로 비성실적인 것처럼 보이며, 전체적인 대화놀이는 비성실성을 함께 나누는 하나의 연습처럼 여겨진다는 것이다.

여기에 나는 한 사람의 이민자로서 그리고 이중 언어 화자로서 내 개인적 경험을 첨가할 수 있다. 예를 들어 호주에서 17년을 산 지금 나는 여전히 의사 의문문인 How are you?가 당혹스러운 질문으로 인식되는데, 그 이유는 질문에 진지하게 대답할 필요가 없다는 것을 알고 있으나 나의 문화적 충동 때문에 진지하게 대답하려고 하기 때문이다. 최근 내가 이 질문 앞에서, 무기력하게 할 말을 찾으며 즉시 대답하지 못하자 나에게 말을 건 사람이 나를 보고 웃으며, '괜찮아요. 이것은 그렇게 어려운 질문이 아니에요'라고 했다. 하지만 그것은 나에게 어려운 질문의 하나이며, 나는 이 어려움을 호주와 미국 내의 다른 수많은 동유럽 이민자들이 함께 겪고 있다는 것도 안다.

그러므로 나는 앵글로 아메리칸 문화가, Trilling이 성실성으로 추정한 규범, 즉 '만일 내가 X를 느끼지 않는다면 "나는 X를 느낀다"라고 나는 말해서는 안 된다'는 것을 실제로 소중히 여기지 않으며 권장하지 않는다고 믿는다. 오히려 그 반대로, 나는 슬라브와 동유럽 문화가 이 규범을 권장하고 있으며, 그렇기 때문에 그 규범은 앵글로 아메리칸 문화와 충돌을 일으킨다고 생각한다.

그러나 이것은 (Trilling이 실제로 말하려는 것과 반대되는 것으로서) 내가 Trilling이 서구 문화에 대해서 말하려고 하는 것의 타당성을 인식하지 못한다는 것을 말하려는 것은 아니다. 명백히 말하면 그가 말하려고 하는 것은 대화의 방식에 관한 성실성이 아니라, 특정한 종류의 자기 개방에

관한 성실성이다. Trilling(1972 : 5)은 이것과 관련해서, Matthew Arnold
가 말한, "자기 자신을 어디다 놓아야 하는지에 대한 어려움, 아니 거의 불
가능함에 대한 간절한 진술"을 인용하고 있다.

> Below the surface — stream, shallow and light,
> Of what we say we feel — below the stream,
> As light, of what we think we feel — there flows
> With noiseless current strong, obscure and deep,
> The central stream of what we feel indeed.

> 흐르는 개울의 표면 밑에 물과 여울과 햇살,
> 우리가 얕고 가볍다고 느껴진다고 말하는 그 개울의 표면 밑에는
> 바로 그 밑에는 우리가 가볍게 느껴진다고 생각하는 것
> 그 곳에서 소음없는 강하고 불분명한 깊은 흐름
> 그것이 실제로 우리가 느끼는 중심 흐름이다.

Matthew Arnold는 숨겨진 자아를 '최고의 자아'라고 불렀지만, Trilling
은 '그것이 과연 자기 자신의 자아인가?'라고 묻는다. Trilling(1972 : 5)의
관점은 다음과 같다. 만일 내 깊은 곳에 '인간의 원형'과 일치하는 어떤 것
이 있다면, 그것은 '인류의 최고 자아'와 일치하는 것이며, 이것은 나만의
유일한 자아가 아니다. 다시 말해 그는 "나는 그 최고의 자아는 또 다른
자아, 즉 공적인 도덕성의 측면에서는 선하지 않지만, 바로 공적인 도덕성
의 유죄성으로 인해, 더 독특한 나의 것처럼 여겨 질 수 있는 그런 자아와
공존한다는 것을 안다"라고 하였다. 그래서 Hawthorne는 이렇게 생각했
다. '진실하라! 진실하라! 진실하라! 만약 어떤 특성이 너의 최악이 아니
라면, 끌어낼 수 있는 최악의 어떤 특성을 세상에 자유롭게 보여줘라.'
나는 이 말이 유럽 문화 내의 '성실성'의 실제적 의미를 우리가 더 가깝
게 이해할 수 있게 한다고 생각한다. 그것은 우리가 느끼지 않는 어떤 것

을 느낀다고 말해서는 결코 안 된다는 그런 문제가 아니다. 오히려 우리가 자신에 대하여 어떤 나쁜 무엇인가를 폭로하는 감정들까지 포함하여 진실로 느끼는 것을 아는 문제이며, 또한 특히 자신에 관해서 나쁜 무엇인가를 드러내는 이러한 실제의 느낌들을 '세상을 향해' 밝힐 수 있는 것에 관한 문제이다. 모든 인간은 독특하고 이것 때문에 독특하게도 매우 흥미로운 존재이다. 우리는 다른 사람들에게 선하게 보이려고 해서는 안 된다. 그보다 우리는 '세상을 향해' 우리의 독특성을 드러내려고 해야 하며, 그것은 무엇보다도 우리의 '악'을 포함하고 있다. 왜냐하면 우리의 '악'은 우리의 '선'보다 더 원초적이고, 더 흥미롭기 때문이다.

이와 같은 문화적인 가르침들을 다음과 같이 공식화할 수 있다.

> 나는 내가 느끼는 것을 알지 못한다
> 나는 그것을 알기를 원한다
> 내가 그것을 알았을 때 나는 그것을 말하기를 원한다
> 나는 사람들이 그것을 알기를 원한다
> 나는 사람들이 이것 때문에 나에 대해서 나쁜 무엇인가를 생각할 수 있
> 다고 생각한다
> 나는 이것 때문에 그것을 말하지 않는 것을 원하지 않는다

위에서 설명한 태도는, Thrilling이 말한 것처럼 '하나의 현저한, 아마도 결정적인 서양 문화의 특성'이고, 그 태도는 서양의 개인주의의 탄생과 밀접하게 연관되며, 귀감, 자화상, 일기, 자서전, '고백'과 자기성찰 등등에 대한 중요성이 생겨나고 가중되는 것과 밀접하게 연관되어 있다고 나는 믿는다. 나의 핵심은 바로 '성실성'과 같은 글로벌 용어로는 이 특성을 정의하거나 규명할 수는 없다는 것이다.

현재의 앵글로 색슨 문화는 '자신이 느끼지 않는 무엇인가를 느낀다고 결코 말하지 않는 것'에 대해 최상의 의미를 부여하지 않는 것처럼 보인

다. 그 반대로 영어에 반영된 인간의 상호작용의 관례들은 사람들이 무엇인가 좋은 것을 느끼지 않을 때 어떤 좋은 것을 느낀다고 말할 것을 권장하는 것이다. 이것은 How are you?라는 관례에서 뿐만 아니라, 편지쓰기의 관습에서도 분명히 명시된다. 즉, Dear Sir라는 구절로 시작해서 Your sincerely로 끝맺음으로써 완전히 낯선 사람일 수 있는 상대에게 좋은 감정을 표현한다. 다시 말해 이런 종류의 표현들은 다른 유럽 언어들, 특히 슬라브계 언어에서는 사용하지 않는데, 그 언어들은 분명히 존재하지 않는 '좋은 감정'을 형식화된 표현으로 사용하지 않으며 존재하는 '나쁜 감정'을 표현하는 것을 권장한다.

Trilling(1972 : 3)은 **햄릿**을 인용해서 서양 문화의 '성실성'에 관한 논의를 시작하고 있다.

> 이것이 가장 중요합니다. 당신 자신에게 진실할 것
> 그리고 낮과 밤마다 이것을 따른다면,
> 그러면 당신은 어떤 사람에게도 거짓될 수 없을 것입니다.

그러나 현대 사회에서는 '자기 자신에게 진실한 것'에 관한 생각은 '다른 어떤 사람에게도 거짓되지 않는 것'과 분리된 것처럼 보일 수 있다. 이것은 아마도 그 강조점이 '성실성'에서 '진정성'으로 전이된 것과 연관될 수 있으며, 이 진정성은 Trilling이 지적했다시피, 현대에 들어서서 생겨난 것이다.

> 한때 성실성이 매우 근원적인 힘이라고 주장해 왔으나, 현재의 판단으로 볼 때 우리가 진정성에 부여하고 있는 거대한 힘과 견줄 수 있는 것은 없다 …… 그러나 진정성이 성실성의 부족함을 보완하기 위해 등장하기 전에는, 그리고 진정성이 우리가 경애하는 성실성의 자리를 빼앗기 전에는, 성실성은 문화라는 창공에서 우뚝 서 있었고 어떻게 행동해야 할지에 관한 인간의 상상력을 지배해 왔다(Trilling 1972 : 12).

이 두 개념이 셰익스피어의 햄릿에는 연결되어 있었으나, 현대에 와서 분리된 것 같다. '자기 자신에게 진실할 것'은 Trilling이 논한 그런 종류의 어떤 진정성으로 발전된 반면, '다른 사람에게 거짓되지 않는 것'에 대한 개념은 대인간의 마찰 회피와 '거리'를 기초로 한 현대 앵글로 아메리칸의 사회적 조화의 미덕에 자리를 내주었다.

'진정성'의 미덕은 '자아'의 개념 그리고 진실되고 참되며 자기 자신의 억제되지 않은 표현 등의 개념과 관계가 있다. 그것은 '나와 너' 사이의 관계를 포함하지 않는다. '나와 너' 사이의 관계가 고려되는 순간 강조점은 '성실성'에서 원활하고 조화로운 사회적 상호작용을 위한 충돌 회피로 바뀌게 된다. Dear Mr X, How are you?, Lovely to see you, Nice to have met you, Lovely day, isn't it 등등의 관습적 표현이나 관습적 관례들은 그와 같은 조화로운 사회적 상호작용을 더 원활하게 해 준다. 그런 표현들의 확산은 현대 앵글로 아메리칸의 제약들, 즉 직접적인 대립, 직접적인 충돌, 직접적인 비난, 개인적 수견 등에 관한 제약들과 논리적으로 잘 맞는다. 그러나 이런 제약과 관련된 자질들은 다른 문화에서는 허용되고, 또한 증진된다. 예를 들면 유대문화(Schiffrin 1984 참조)나 미국 흑인 문화(Kochman 1981 예 참조)와 같은 다른 문화에서는 '가까움', '자발성', '생동감', 즉 '감정적 강렬함'과 같은 문화적 가치들을 위해서 이런 자질들이 '사회적 조화'보다 더 우위성을 가지고 있다.

이것이 예를 들면 (백인) 영어가 히브리어처럼 'You are wrong'(네가 틀렸어)이라든가(Schiffrin 1984 참조), 흑인 영어처럼 'You're crazy'(너, 미쳤어)라는 식으로(Kochman 1981 : 46 참조) 자유롭게 말하지 않는 이유이다. 물론 어떤 '앵글로'는 Rubbish!(쓰레기!)나 심지어 Bullshit!(나쁜 놈!)라고 아주 자연스럽게 말하기도 한다. 특히 You bastard! 뿐만 아니라 Bullshit!도 호주 구어 영어에서 빈번히 사용된다. 그런데 이런 종류의 표현들은 화자가 사회적 제약을 어기고 있다는 의미에서 어느 정도의 대중성과 힘를 이끌어 낸다. 이런 표현을 사용함으로써 화자는 사회적 제약을 무시하고, 다양한 목적을 위해서 그런 표현들을 간접적으로 이용한 것이며 그러므로 때때로 화자는 사회 전반에 이러한 제약의 존재를 알리는 것이다.

일반적으로 말하면, 주류 앵글로 아메리칸 문화에서는, 사람들이 대립을 피하고 조화를 유지하기를 원하며, 부담이나 간섭을 피하기를 원하기 때문에, 우리는 '상대'(you)에 관하여 말할 때 오히려 더 조심해야 한다. 그와 동시에, 자신에 관하여 말할 때는 비록 여기에도 역시 허풍에 대한 제약, 상대를 향해 나쁜 감정을 표현하는 제약, 즉 '감정의 표시'에 대한 제약과 같은 다양한 제약이나 구속들이 있다할지라도 그다지 신중하지 않아도 된다.

따라서 그 일반적인 규범은 다음과 같이 설명될 수 있다.

나는 내가 생각하는 것/원하는 것/느끼는 것을 말할 수 있다
다른 사람들은 그들이 생각하는 것/원하는 것/느끼는 것을 말할 수 있다

이러한 일반적 규범에 대한 제약들 중에 일부를 아래와 같이 공식화할 수 있다.

(1) 나는 말할 수 없다 : 나는 좋다
　　　　　　　나는 다른 사람들이 할 수 없는 것을 할 수 있다
　　　　　　　(사람들은 이것 때문에 나에 대해서 무엇인가 나
　　　　　　　쁜 것을 생각할 수 있다)
(2) 나는 말할 수 없다 : 나는 너에 대해서 무엇인가 나쁜 것을 느낀다
　　　　　　　나는 너에 대해서 무엇인가 나쁜 것을 생각한다
(3) 나는 말할 수 없다 : 나는 당신이 하기를 원하지 않는 무엇인가를
　　　　　　　당신이 하기를 원한다
(4) 나는 내가 느끼는 것을 언제나 말할 수 없다

(사람들은 이것 때문에 나에 대해서 무엇인가 나쁜 것을 생각할 수
있다)
(5) 나는 다른 사람이 무엇인가를 말하고 있을 때 어떤 것을 말할 수
없다

따라서 우리는 현대 앵글로 아메리칸 문화에서 하나의 문화적 가치로서
'성실성'의 자리에는 하나의 흥미로운 역설이 관여되어 있다고 말할 수 있
다. 한편 Trilling이 말한 것처럼, '성실(하게)'(sincere(ly))라는 바로 그 단
어는 그 자체에 비성실성의 분위기를 갖게 되었다. 또한 Goldstein &
Tamura(1975)에서 지적하는 바와 같이, 일본인과는 대조적으로 '앵글로'
족은 성실하게 말하려고 무척 애를 쓴다. 성실함을 나타내기 위해, 그들은
그들의 느낌을 개인적인 방식으로 표현하기를 힘쓰는데, 이러한 사실은
규격화된 형식에 의존하며, 상투적인 문구나 이미 만들어진 형식을 부정
적으로 보지 않는 일본인들과는 대조를 이룬다.

미국인들에게는, 일본인들의 규격화된 메시지, 즉 이름만 적힌 '축하 인
사', 규격화된 표현과 함께 주는 선물, 수락하기에 앞서 규격화된 표현으
로 거절하기 …… 등과 같은 방식은 뭔가가 크게 부족한 것으로 보이며,
아마도 약간은 비성실성한 것처럼 보일 수 있다(Goldstein & Tamura
1975 : 91).

미국인 손님들이 저녁식사를 마친 후 집주인에게 감사함을 표현하는
…… 어떤 규격화된 형식은 없다. 그보다 '맛있는 저녁을 주셔서 감사드립
니다.' 또는 좀 더 비형식적인 표현으로 '정말 맛있네요' 또는 슬랭으로 '끝
내줘요'와 같은 표현처럼, 감사라는 단어를 쓰든 안 쓰든 간에, 성공적인
식사를 강조할 수 있는 다양한 표현들을 사용하여, 각자가 성실성을 표현
하기 위해 적절한 어조로 말한다(Goldstein & Tamura 1975 : 72).

소위 예측 가능한 느낌들에 대해 개인적으로 표현하려는 이러한 노력에

는 진정성, 즉 '스스로에게 진실한 것'의 가치와 다른 사람들과 우호적이고 조화로운 관계를 추구하는 것 사이의 긴장감이 반영되는 것 같다. 다시 말하면, '진짜 자아'의 감정을 표현하고자 하는 욕망인 '이것이 내가 느끼는 것/원하는 것/생각하는 것이다'와 다른 사람과 우호적이고 조화로운 대인 관계를 유지하고 '모든 사람이 무엇인가 좋은 것을 느낀다'는 것을 보장받기 위한 것 사이의 긴장감이 반영되어 있다.

다른 사람과 우호적인 관계를 갖기 위한 욕망으로 인하여, 사람들은 자신이 진정 느끼고 생각하는 것과 일치하지 않는 것을 말하게 된다. 이것의 자각, 그리고 '조화'와 자아 표현에 가치를 부여하는 것 이 둘에 부여된 가치는 다음과 같은 하나의 태도로 기술될 수 있다.

> (a) 나는 말한다 : 나는 무엇인가를 느낀다
> (b) 나는 이것을 느끼기 때문에 이것을 말한다
> (c) 나는 안다 : 당신은 내가 이것을 말하는 것에 대해 생각할 수 있다
>   왜냐하면 나는 내가 그것을 말해야만 한다고 생각하기
>   때문이다
> (d) 나는 당신이 이것을 생각하기를 원하지 않는다
> (e) 나는 이것을 느끼기 때문에 이것을 말한다

일본 문화는 대체로 자신이 정말로 느낀 것을 말하기보다는, 말해야 한다고 생각한 것을 말하도록 강조하기 때문에, 이러한 종류의 태도가 생겨날 여지가 없다. 게다가 '진실을 말하기 위해' 개인적인 형식을 사용할 필요도 감지되지 않는다.

> …… 미국인 화자는 청자〔원문 그대로〕와의 개인적 관계를 유지하면서 동시에 자기가 선택한 단어들을 배열하면서 자기의 개성을 표현한다. 일본인 화자는 이미 자신의 거절 형식을 가지고 있으면서, 적절한 때와 적절한 수준에 맞는 언어적 형식을 사용하여 주로 자신의 의무에 대한 깨달음

을 표현한다(Goldstein & Tamura 1975 : 80).

4. 감정에 대한 다양한 태도

서로 다른 문화들은 감정에 대한 태도들이 다르며, 감정에 대한 이러한 다른 태도들은 사람들의 말하는 방식에 상당히 영향을 미친다(Lutz 1986, 1988 ; Wierzbicka 1992 참조). 이런 차이점들은 '감정적'이나 '비감정적' 또는 '표현적인'이나 '비표현적인'과 같은 일종의 글로벌 표지들로는 충분히 설명할 수 없다. 그렇지만, 의미론적 설명방식을 사용한다면 그 차이점들은 명확히 설명될 수 있다. 이어서, 나는 몇 개의 문화들을 간략히 살펴보면서 감정에 대한 특징적인 태도들을 고찰하고자 한다.

4.1. 폴란드인의 문화

다른 슬라브 문화들처럼, 폴란드 문화는 소위 제약받지 않은 감정의 표현이라고 하는 것에 가치를 둔다.

나는 내가 느끼는 것을 말하기를 원한다

이것은 좋은 감정과 나쁜 감정을 모두 포함한다.

나는 무엇인가 좋은/나쁜 것을 느낀다
나는 그것을 말하기를 원한다

앞서 말했듯이, 이 폴란드 문화는 상대에 대한 좋은 느낌을 표현하는 데 특별히 가치를 둔다.

나는 당신을 향해 무엇인가 좋은 것을 느낀다

(나는 당신이 그것을 알기를 원한다)

　그리고 폴란드 문화는 이러한 목적을 위해 개인의 이름에 관한 매우 다양한 애칭 체계와 같은, 풍부한 언어 표현과 애정표시의 단어들을 풍부하게 갖고 있다. 애정 표시 단어들은 폴란드어에서 널리 사용되는 일상 발화, 특히 아이들에게 하는 말에서 잘 드러난다. 즉, ptaszku '사랑스런 작은 새', kotku '사랑스런 작은 고양이', słoneczko '사랑스런 작은 태양', żabko '사랑스런 개구리', skarbie '보물', złotko '사랑스런 작은 금덩이' 등이 그것이다(Wierzbicka 1992 참조).

　폴란드인의 말하기 민족지학이 갖는 많은 다른 특질들이 이러한 문화적 태도의 관점에서 설명될 수 있다. 예를 들면, 온정의 명령문과 '강요문', 즉 '더 드세요'('have some more'), '더 드셔야 해요'('you must have some more'), '더 있다 가셔야 해요'('you must stay a little longer') 등이 분명히 이것과 연관된 것이다(이 책 2장 참조).

> '온정'에 대한 폴란드인의 원칙
> 나는 당신을 향해 무엇인가 좋은 것을 느낀다
> 나는 당신에게 좋은 무엇인가가 일어나기를 원한다
> 나는 당신과 함께 하기를 원한다

4.2. 유대인 문화

　Matisoff(1979)에 의해 설명된 바 있듯이, 전통적인 (동유럽)유대인 문화는 감정의 자기 표현에 높은 가치를 두고 있다. 하지만 이 문화는 좋고 나쁜 감정을 일반적으로 좋은 바람과 나쁜 바람으로 표현하였다. 그러므로 이디시어는 저주와 축복이 매우 큰 중요성을 지닌다. 이러한 독특한 유대인의 감정의 표현 양식은 아래의 단락에 잘 묘사되어 있다.

어디나 저주하는 사람들이 있는 만큼 많은 유형의 저주가 존재하지만,
가장 설명하기 힘든 저주는 아이를 저주하는 엄마에 관한 것이다. 이 아이
는 아마 배가 고파서 울고 있었을 것이다. 그 엄마는 소리를 버럭 지르며
'먹어, 먹어, 먹어. 네가 원하는 것은 먹는 거뿐이잖아. 벌레들이나 와서
잡아먹어 버려라. 땅이 입을 벌려서 산채로 삼켜 버려라.' 이 엄마는 아이
를 사랑하지만, 그녀가 아는 유일한 방식으로 그녀의 마음에 있는 괴로움
을 쏟아 내고 있을 따름이다. 그러나 그녀가 하는 말을 번역하고 나면, 마
치 한 마리 괴물이 내는 소리와 같다(Butwin 1985 : 9).

유대인들의 '바람'에 관한 다음의 몇 가지 예는 화자의 느낌을 표현하고
있다(Matisoff 1979 참조).

Governor Reagan, may he be erased, isn't giving any raise
this year to my son the professor, a health to him.
A black year on her, all day long she chewed my ear off
with trivia.
My mother-in-law, may a lament be known to her, has a
wicked tongue.
My wife—must she live?—gave it away to him for nothing.

Reagon 주지사는, 그가 사라져버리기를, 교수인 내 아들, 그가 건강하
길, 내 아들에게 올해 급여인상을 해주지 않았다.
그녀에게 암담한 한 해이길, 사소한 일을 갖고 하루 온종일 내 귀가 아
프도록 그녀는 잔소리를 했다.
내 시어머니는, 내 탄식이 그녀에게 알려지길, 사악한 혀를 가졌다.
나의 아내는, 그녀가 살아야 하나? - 그것을 그에게 아무것도 받지 않
고 주어 버렸다.

Matisoff(1979 : 86)는 다음과 같은 언급을 했는데, 나는 그 언급이 깊은
통찰력을 보여준다고 생각한다. "특히 저주의 경우에 그 형식들은 순수하

게 치유적인 기능을 할 수 있다. 그것들은 …… 절망적으로 억눌러 있는 정신적 에너지를 방출하며, 울분을 발산하는 편리하고 관습화된 방식이다." 이러한 통찰력에 따라 우리는 다음과 같이 저주의 화용론적 원칙을 제시할 수 있다(괄호 안의 구성성분은 선택적이다).

> 유대인의 표현적 저주
> X는 Y라는 사람에 대해 생각한다
> (X는 생각한다 : Y라는 사람이 무엇인가 나쁜 일을 했다)
> X는 이것 때문에 무엇인가를 느낀다
> X는 이것 때문에 무엇인가를 말하기를 원한다
> X는 말한다 : 나는 Y에게 무엇인가 나쁜 것이 일어나기를 원한다

4.3. 미국 흑인 문화

제약받지 않는 감정의 자기 표현은 역시 백인 문화와 대조되는 미국 흑인 문화만의 특징이다. 그러나 흑인 문화는 '상대를 향한 좋은 느낌'에 대한 강조도 없으며, 바람을 표현하는 전통도 없다. 많은 문헌들이 밝힌 이 문화에 관한 여러 특징적인 자질 중에서, 나는 흑인들의 말에 대한 '강렬하고' '감정적인' 특징을 제시할 것이다. 그 특징이란, '생기넘침'과 논쟁할 때의 '고조된 톤' 그리고 심지어 추상적이고 지적인 주제조차도 의견을 진술하거나 생각을 표현하는 데 있어서 '공평함의 결핍' 등이다. 여기에는 백인 앵글로 아메리칸 문화에서 선호되는, 논쟁할 때 의도적으로 취하는 냉정하고 공평한 태도에 대한 불신도 있다. Kochman은 다음과 같이 썼다.

> 그러나 백인들이 토론에 몰두할 때 취하는 냉정하고 공평한 태도를 그들[흑인들]이 오해하고 불신하는 또 다른 이유가 있다. 그것은 흑인들이 'fronting'(직면하기)를 할 때, 그들 스스로 취하는 태도와 유사하다. 직면하기란 그들이 진실로 느끼고 믿는 것을 의식적으로 억누르는 것을 말한다. 한 흑인 학생은 그것을 '내가 거짓말을 하고 있을 때가 바로 그 때이

다.'라고 표현했다. 직면하기는 일반적으로 흑인과 백인이 마주친 상황에서, 흑인들이 위험 요인을 지각하고 그들이 그것을 말하는 것보다는 침묵을 유지하는 것이 보다 신중한 일이라 결정했을 때 일어난다(Kochman 1981 : 22).

그러므로 흑인 문화는 다음과 같은 태도를 가치있게 여기고 이를 조장한다.

> 나는 무엇인가를 생각한다
> 나는 이것 때문에 무엇인가를 느낀다
> 나는 그것을 말하기를 원한다

반면에, 백인 앵글로 아메리칸 문화는 막연하게 그 반대의 태도라고 할 수 있는 것을 가치있게 여기고 이를 조장한다.

> 나는 무엇인가를 생각한다
> 나는 그것을 말하기를 원한다
> 나는 그것 때문에 무엇인가를 느끼지 않는다

논의된 두 문화의 규범들은 또한 다음과 같이 표현할 수도 있다.

> 미국 흑인
> X는 무엇인가를 생각한다
> X는 그것을 말하기를 원한다
> 사람들은 X가 이것 때문에 무엇인가를 느끼는 것을 볼 수 있다
> 사람들은 생각한다 : 이것은 좋다

> 앵글로 아메리칸
> X는 무엇인가를 생각한다
> X는 그것을 말하기를 원한다

사람들은 X가 이것 때문에 무엇인가를 느끼는 것을 볼 수 없다
사람들은 생각한다 : 이것은 좋다

게다가 흑인들의 관점은 가치와 불가분한 관계에 있고, 가치는 감정의
몰두와 가깝게 연결되어 있다. 결과적으로 말하자면, "흑인들은 지지자처
럼 그들의 견해를 표현한다. 그들은 하나의 입장을 정하고 그들이 이러한
입장에 대해 관심을 갖는다는 것을 보여준다"(Kochman 1981 : 20). 다시 말
해 그들은 그 입장을 좋다고 생각하기 때문에 그것에 관심을 갖는 것이다.
이와 대조적으로 백인들은 그들의 생각을 지지자가 아니라, 대변인처럼
표현하는 경향이 있다. "한 사람이 얼마나 깊게 그 생각에 관심을 갖거나
믿는지는 그것이 갖는 근본적인 가치와는 무관한 것으로 생각된다. ……
백인들은 과학자들이 그들 자신의 가설에 심취하는 것처럼, 그들 자신의
생각에 대해 관심을 갖기 때문에, 그들은 반대되는 생각을 그다지 받아들
이지 않는다고 믿는다."(1981 : 21). 이것과 연관하여, Kochman은 앵글로
아메리칸 문화가 '진실(truth)'과 '믿음(belif)'을 분리하는 것에 대해 설명하
였다. 그는 냉정하고 중립적인 객관성에 대한 규범들, 그리고 사람의 생각
으로부터 나온 공평함에 대한 규범들을, (오직 판결로) '실제의 진실'을 발
견하려는 욕망과 결부하였다. 여기에서 '실제의 진실'이란 사람과 관련된
것이 아니다. 오직 판결에만 관련된 것이다. 그는 앵글로 아메리칸 문화에
서 생각의 장점이란 생각 그 자체의 본질적인 것으로 간주하며, 생각과 감
정이 결부된다면 사람들이 생각의 본질적인 가치들을 평가할 수 없도록
방해하는 어떤 것일 뿐이라고 보고 있다고 지적한다.

Black American
나는 무엇인가를 생각한다
나는 이것 때문에 무엇인가를 느낀다
나는 이것을 생각하는 것이 좋다고 생각한다

나는 다른 사람들도 이것을 생각하기를 원한다

앵글로 아메리칸
나는 무엇인가를 생각한다
나는 이것 때문에 무엇인가를 느끼지는 못한다
나는 다른 사람들이 같은 것을 생각할 필요는 없다는 것을 안다
나는 내가 생각한 것을 말하고 싶다
나는 다른 사람들이 그것에 대해 생각하기를 원한다
나는 다른 사람들이 그것에 대해 생각하는 것을 알기를 원한다

우리의 생각이 옳다는 신념과 그 생각들에 대한 감정적 집착의 태도 때문에, 흑인 문화에서는 Kochman(1982 : 23)이 말한 '역동적인 반대'라고 하는 태도가 생겨나는데, 이 태도는 분열을 조장하는 힘이 아니라, 오히려 통합의 힘으로 인식된다. "백인들은 설득의 과정에서 역동적인 반대를 최소화하려고 시도하는데, 왜냐하면 그러한 대립이나 투쟁은 분열을 초래하는 것처럼 볼 수 있기 때문이다. 그러나 흑인들은 그러한 투쟁을 통합하는 일로 본다. 어떤 것에 관심을 갖는다는 것은 그것에 대해 투쟁하기를 충분히 원한다는 것을 의미한다." 나는 이러한 '역동적인 반대'와 그것의 '통합의 힘'을 설명하기 위해 우리가 다음과 같은 구성성분을 앞서 언급한 공식에 추가할 수 있다고 생각한다.

Black American
나는 당신이 같은 것을 생각하지 않는다는 것을 안다
나는 이것은 나쁘다고 생각한다
나는 이것 때문에 무엇인가를 느낀다
나는 우리가 같은 것을 생각하기를 원한다

앵글로 아메리칸
나는 당신이 같은 것을 생각하지 않는다는 것을 안다

나는 이것이 나쁘다고 생각하지 않는다
나는 이것 때문에 무엇인가를 느끼지는 않는다
나는 생각한다: 우리는 같은 것을 생각할 필요는 없다

4.4. 일본인 문화

우리가 알다시피, 일본인의 문화에서 감정에 관해 널리 알려진 규범은
다음과 같다.

나는 누군가가 무엇인가 나쁜 것을 느끼기를 원하지 않는다

이것은 일본어의 말하기 민족지학의 수많은 방식에서 나타나지만, 특히
일본어의 사과하기와 유사 사과하기에서 아마도 가장 많이 구현되는 것
같다(Coulmas 1981 참조 ; 또한 Mizutani & Mizutani 1987 참조). 일본 문화에
서 사과하기의 중요성은 '빨간 모자'의 일본어 번역판에서, 늑대가 용서를
구하기 위해 마지막에 그의 눈에서 눈물을 보인다는 사실에서 요약적으로
보여준다(Lanham 1986 : 290). 일본인의 사회적 상호작용에 배어 있는 신세
짐의 주제는 수많이 행해지는 사과와 관련되어 있으며, 서양의 관점으로
는 사과로 해석될 수 있는 행동과 감사함의 사이에 경계가 없는 것과도 관
련되어 있다. 대략 말하면 다음과 같다.

(1) 나는 (당신에게 나쁜) 무엇인가를 했다
    나는 당신이 이것 때문에 무엇인가 나쁜 것을 느낄 수 있다고 생각
    한다
    나는 이것 때문에 무엇인가 나쁜 것을 느낀다
(2) 당신이 나에게 무엇인가 좋은 것을 했다
    나는 당신을 위해 이것과 같은 무엇인가를 하지 않았다
    나는 이것 때문에 무엇인가 나쁜 것을 느낀다

그러므로 우리 때문에 누군가가 무엇인가 나쁜 것을 느낄지도 모른다는 끊임없는 두려움과 그리고 다른 사람이 우리에게 행한 만큼 좋은 것을 아직 보답하지 못했다는 끊임없는 의식, 이 두 가지 때문에 우리 자신의 죄의식이 겸손한 표현으로 나타난다.

> 나는 (당신에게/당신을 위해) 무엇인가를 했다/하지 않았다
> 나는 이것 때문에 무엇인가 나쁜 것을 느낀다

게다가, 일본 문화는 공감성, 즉 다른 사람들이 느낄 것을 예측하는 것에 매우 높은 가치를 둔다. 다른 사람들이 표현하지 않은 감정에 대해 이처럼 민감하기 때문에 일본인들은 '가면'을 쓰게 되고 그들의 감정을 숨기게 된다.

> 일본인들은 일반적으로 사회적 상호작용에서 강한 또는 직접적인 감정의 표현을 억압하는 것은 아니라고 하더라도, 제한하도록 기대된다. 감정을 통제하지 못하는 사람들은 인간으로서 미성숙한 것처럼 간주된다. 분노, 혐오감, 멸시 같은 부정적인 감정에 대한 언어적이거나 비언어적인 강한 표현은 다른 사람을 당황스럽게 만들 수 있다. 슬픔이나 두려움에 대한 직접적인 표현은 다른 사람들에게 불안한 느낌을 줄 수 있다. 심지어는 행복함의 표현도 다른 사람들을 불쾌하게 하지 않도록 통제되어야 한다.
> 이러한 사회적 행동 코드에 따르는 가장 좋은 방법은 가면 기술을 활용하는 것이다. 그러므로 종종 일본 사람들은 비록 그들은 의식하지 못할지라도, 의미 있는 얼굴 표현이 명백히 결여된 것처럼 보이며, 이를 서양 사람들은 종종 '알 수 없는' 것으로 언급한다. 그것은 다른 사람들을 불쾌하게 하거나 당황하게 하는 것을 피하기 위해, 강한 감정을 중화시키려는 하나의 시도이다(Honna & Hoffer 1989 : 88-90).

이것은 다음과 같이 표현될 수 있다.

나는 내가 느끼는 것을 말하기를 원하지 않는다
누군가가 이것 때문에 무엇인가 나쁜 것을 느낄 수 있다

　　공감에 대한 이러한 강조는 청자에게 상처를 주거나 불쾌함을 줄 수 있는 어떤 것도 피하려는 끊임없는 시도로 나타나며, 다른 사람들의 표현되지 않은 욕구와 바람들을 예상하고 추측하려는 시도로 나타난다(Lebra 1976 참조).

> 일본인의 '공감'과 '배려'의 원칙
> X는 생각한다 :
> 만일 내가 무엇인가 (Y)를 한다면
> 이 사람은 이것 때문에 무엇인가 나쁜/좋은 것을 느낄 수 있다
> 나는 이것 때문에 그것을 하지 않을 것이다/할 것이다
> 이 사람은 어떤 것도 말할 필요가 없다

　　공감에 대한 이러한 스트레스는 일본인들이 감정을 말로 표현하기를 꺼리는 것과 관련되어 있는데, 크게는 다른 사람을 상처주거나 불쾌하게 할 수 있다는 두려움 때문이고 또한 감정은 말없이 표현되고 이해되어야 하며, 더 나아가 감정은 말로는 정말 표현될 수 없다는 신념 때문이다. Goldstein과 Tamura는 이와 관련하여 다음과 같이 언급했다.

> 보통 …… 미국인들은 …… 언어라는 매체를 통해 직접적이고 개인적인 정서를 표현할 수 있다고 느끼는 경향이 있다. …… 반면에, 일본인들은 '어떠한 말도 슬픔을 표현하지 못한다. 즉 당신은 그 사람의 눈동자 색을 살펴보아야만 한다'(Goldstein & Tamura 1976 : 92-93).

　　이 속담에 나타나는 태도는 대략 다음과 같이 표현될 수 있다.

나는 내가 느끼는 것을 말하기를 원하지 않는다
우리들은 우리들이 느끼는 것을 말할 수 없다

4.5. 자바인 문화

우리가 앞에서 살펴보았듯이, 사람들이 느끼는 것을 말하지 않는 것은 또한 자바인 문화에서도 높게 평가된다. 그러나 여기에서 그 동기는 일본과 다소 다른 것 같다. 즉 자바인 문화의 동기는 감정을 말로 표현할 수 없다는 믿음이나 말없는 공감에 대한 선호, 또는 다른 사람의 감정에 대한 배려가 아니라, 오히려 감정의 명백한 표현으로 인해 위협을 받을 수 있는 자기 자신의 마음의 평정과 평화를 지키기 위한 욕구에 있다. 따라서 Greetz는 다음과 같이 기술했다.

> 만약 사람들이 자기 자신의 가장 깊은 내면의 감정들(trima, sabar, iklas)을 가라앉힐 수 있다면 …… 사람들은 그들 주변에 벽을 세울 수 있다. 왜냐하면 사람들은 다른 사람들로부터 그들을 숨길 수도 있고 외부의 방해로부터 그들을 지킬 수 있기 때문이다. 그러므로 그 내적 감정의 정화에는 두 가지의 면이 있다. 첫째는 trima, sabar 그리고 iklas에 의해 표현된 감정을 통제하려는 직접적이고 내적인 시도이고, 둘째는 그들 주변에 벽을 세워 그들을 보호하려는 외적인 시도이다. 사람들은 한편으로는 마음 속의 수련에 몰두하고 다른 한편으로는 마음 밖의 방어에 몰두한다(Geertz 1976 : 241).

이것은 다음 공식에 반영될 수 있다.

나는 사람들이 내가 느끼는 것을 알기를 원하지 않는다

일본인이나 자바인들은 모두 그들이 느낀 것을 말하기를 원하지 않으며, 심지어 자바인들은 그들이 느낀 것을 다른 사람이 알기를 원하지 않는 것처럼 보인다. 즉 그들은 감정의 외적 표현 뿐 아니라 내적인 감정의 경험도 제한하기를 원한다(즉 스토아 학파의 apátheia '감정의 혼란으로부터의 자유'를 연상시키는 태도, 이에 대해서는 Wierzbicka 1992, 6장 참조).

사람들의 감정을 경제적으로 관리하는 것은 감정 외의 모든 것은 궁극적으로 이성적이 된다는 관점에서, 일차적 관심이 되었다. 정신적으로 개화된 사람은 그의 심리적 균형을 잘 보호하고 그것의 평온한 안정감을 유지하기 위해 끊임없는 노력을 한다. 그의 최대의 목적은 감정의 고요함이다. 왜냐하면 열정이란 어린이와 동물과 소작농, 그리고 외국인들에게만 어울리는 kasar 감정이기 때문이다. 그의 궁극적인 목적은 영적 인식인데, 이것은 궁극적 rasa가 이루어내는 직접적인 통찰이다. …… 그러므로 감정의 평정이란 정서의 균일함을 말하며, 높이 평가되는 심리적 상태이고 진정한 alus〔정화된〕 특성의 표지이다(Geertz 1976 : 239-240).

이것은 다음과 같은 태도로 표현될 수 있다.

나는 언제나 동일한 것을 느끼기를 원한다
나는 만약 내가 무엇인가를 한다면 이것이 생길 것이라고 생각한다
나는 내가 이것을 할 수 있다고 생각한다

5. 결론

문화 간 이해를 위해서는, "단순한 접촉 그 이상이 필수적인 일이다. 사람들은 공감할 수 있어야 하고, 그들 자신을 가상적인 세계, 즉 낯선 문화라는 의식을 하지 않는 세계에 투사할 수 있도록 해야 한다. 그러나 다른 사람들에게 가상적인 세계를 소개할 방법이 없다면, 이것은 감당하기 힘든 일이다"(Barnlund 1975b : 140).

나는 이것을 할 수 있는 방법이 있다는 것을 보여 주려고 노력하였다.

만약 우리가 '직접성', '자기 단언', '유대감', '조화'와 같은 문화 특정적이고 복잡하며 애매한 개념에 의지하려고 했다면, 우리는 '다른 사람들의 가상적인 세계'에 들어갈 수 없다. 그 대신 만약 우리가 want, think, say, know와 같은 어휘적 보편소에 의지한다면, 우리는 그 일을 할 수 있다.

Ruth Benedict은 다음과 같이 기술하였다(Barnlund 1975b : 140에서 인용).

> 20세기의 장애물들 중의 하나는, 무엇이 일본을 일본인의 나라로 만들고 미국을 미국인들의 나라로, 프랑스를 프랑스인들의 나라로, 러시아를 러시아인들의 나라로 만드는지에 대해 우리가 여전히 가장 모호하고 가장 편견어린 개념들을 가지고 있다는 점이다. 이러한 지식이 부족하다면 모든 나라는 서로 다른 나라들을 잘못 이해하는 것이다(Benedict 1947 : 13).

서로 다른 국가에 적용되는 것은 또한 다인종 사회의 서로 다른 인종 집단에도 적용된다. 무엇이 일본을 일본인의 나라로 또는 러시아를 러시아인의 나라로 만드는가는 다른 무엇보다 더 명확하게 일본인들 또는 러시아인들이 말하는 방식에 반영되어 있다. 그리고 그들의 말하는 방식은 자연 의미의 메타언어로 표현된 명확하고 보편적으로 접근 가능한 공식으로 요약될 수 있다.

제4장

대화 관례의 기술
Describing conversational routines

다양한 문화들, 그리고 그 하위문화들은 각기 다른 대화 관례를 가지고 있고, 이러한 각기 다른 관례들이 주의 깊게 연구되고, 분석되며, 기술되어야 한다는 것은 하나의 진리이다. 그러나 이처럼 자명한 연구의 프로그램이 어떻게 실행되어져야 하는지에 대해서는 결코 분명하지 않으며 또 일반적으로 합의되어 있지도 않다. 4장에서 나는 그동안 대화 관례를 기술하는 데에 상당한 노력을 기울였음에도 불구하고 이 중요한 분야에서 별 성과를 거두지 못한 이유가 그와 같은 분석을 성과 있게 수행할 수 있는 메타언어라는 매우 중요한 문제에 대해 충분하게 숙고하지 않았기 때문이라는 사실을 밝히고자 한다.

하나의 적절한 메타언어가 대화 관례를 기술하고 비교하는 데에 얼마나 유용한가를 보여주기 위해서, 나는 Anita Pomerantz(1978)의 흥미로운 논문에서 제안되었거나 암시된, 칭찬의 반응에 관한 많은 일반화들을 검증할 것이다. 나는 지금 제시하는 틀을 통해 왜 이러한 일반화가 명확하지도 않고 또 입증가능하지도 않은가를 보이려고 하며, 그리고 이런 일반화를 명확하게 하며, 또 입증 가능하게 해주는 재공식화의 방식을 제안할 것이다. 나는 제안한 메타언어를 사용하여 어떻게 그러한 재공식화가 가능할 수 있는지 그리고 메타언어를 사용함으로써 서로 다른 사회에서 대화 관례들을 분명하고 엄격하며 자민족 중심의 편견 없이 기술될 수 있도록 하는지를 제시할 것이다(유사한 논지의 또 다른 시도에 대하여는 Ameka 1987 참조).

1. 대화 분석 : 언어학적 화용론인가, 비언어학적 화용론인가?

많은 문화에서 대화 관례들은 어휘화되기도 하고 문법화되기도 하는데, 이를 테면 대화 관례들은 어떤 특정한 상황에서 특정 구들을 발화하거나, 또는 특정 언어의 상호작용적 의미들을 기호화한 특정 구문들을 사용할 때에 드러난다. 다른 종류의 의미들처럼, 이런 종류의 의미들도 밝혀져야 하고 기술되어져야 하는 것은 명백하다. 이것이 바로 언어학적 화용론의 과제이다.

예를 들어 영어 대화는 매우 자주 How are you?라는 관례적 표현으로 시작된다. Leech(1983 : 198)는 다음의 대구를 인용하여 이 표현의 의미에 대해 언급하였다.

> "당신의 친구에게 당신의 소화불량에 대해 이야기하지 말라.
> 'How are you!'는 그냥 인사이지, 질문이 아니다."

이 대구에 암시적으로 표현된 것처럼, How are you?는 그저 하나의 인사라기보다는, 화자로 하여금 자신의 현재의 상태에 대해 무엇인가를 말하도록 하기 위한, 다시 말해 길고 '나쁜' 대답보다는, 짧고 '좋은' 대답을 기대하게 만드는 무엇인가를 말하도록 하기 위한 유인과 질문 그리고 인사 사이를 관통하는 일종의 교차점이다.

그러나 이렇게 기술하는 것은, 출발점에서는 유용할지 몰라도, 매우 부정확하고, 게다가 더욱 문제가 되는 것은 이러한 기술이 본래부터 자민족 중심이라는 것이다. 예를 들어, greeting(인사), question(질문), invitation (초대)과 같은 영어 단어들은 발화 행위에 대한 영어의 민속 분류이며, 다른 언어들은 정확한 동등어를 갖고 있지 않다. 그렇기 때문에 이들 단어들은 문화 간 비교를 위한 유용한 분석적 도구로 간주될 수 없다. 반면에 상대적으로 단순한 단어들, 가령 say, want, know, someone, something, good, bad와 같은 단어들은 이러한 분석을 할 수 있는 유용한 도구가 될 수 있는데, 전 세계의 모든, 더 정확히는 거의 모든 언어들이 의미론적으로 동등어를 가지고 있기 때문이다. 이처럼 단순하고 상대적으로 문화 중립적인 도구들을 사용함으로써, 우리는 영어 표현 How are you?의 의미를 아래와 같이 공식화할 수 있다.

How are you?
(a) 나는 안다 : 우리는 지금 서로에게 무엇을 말할 수 있다
        (왜냐하면 우리는 같은 상소에 있게 뇌었기 때문이다)
(b) 이것 때문에 나는 당신에게 무엇인가 말하기를 원한다
    사람들이 같은 장소에 있게 될 때
    사람들이 서로에게 말하는 종류이다
(c) 나는 당신이 알기를 원한다 : 나는 당신에 대하여 무엇인가 좋은 것을 느낀다
(d) 나는 말한다 : 나는 '당신이 지금 어떤지를' 알기를 원한다
(e) 이것 때문에 나는 당신이 무엇인가를 말하기를 원한다
(f) 나는 당신이 말하기를 원한다 : '나는 좋다'
(g) 나는 당신이 이와 같은 무엇인가를 말할 것이라고 생각한다
(h) 나는 이것 때문에 우리가 무엇인가 좋은 것을 느낄 것이라고 생각한다

이 공식의 구성성분 (a)는 그 표현이 대화 개시어이거나 또는 잠정적인 대화 개시어임을 보여준다. 구성성분 (b)는 그 표현이 그와 같은 상황 속

에서 이미 구축되어 사용되고 있는 언어적 관습임을 보여준다. 구성성분 (c)는 그 구절이 갖는 우호적인 특성을 보여준다(그 특성은 예를 들면 다른 비교될만한 표현 Good-bye에는 결여되어 있다. Wierzbicka 1987 : 224 참조). 구성성분 (d)는 청자의 안녕에 대해 진심이든 아니면 그런 척하는 것이든 화자가 관심이 있다는 것을 보여준다. 구성성분 (e)는 How are you?가 하나의 질문처럼, 청자로 하여금 언어적 반응을 하도록 한다는 것을 보여준다. 구성성분 (f)는 어떤 종류의 반응, 일종의 긍정적인 반응이 기대되고 있음을 보여준다. 다시 말해 그것은 상대가 안녕해야만 한다는 화자의 바람을 지시하는 것으로 받아들여질 수 있다(나는 당신이 좋다고 말하기를 바란다. 왜냐하면 나는 당신이 좋은지 알고 싶고 당신이 좋기를 바라기 때문이다). 구성성분 (g)는 그 대답이 긍정적이 될 것이며 그리고 동시에 부정적인 대답을 꺼리는 것을 드러내는 화자의 낙관적인 기대를 보여준다. 구성성분 (h)는 긍정적인 대답이 대화자 서로에게 '기쁨'을 줄 수 있으며 또한 이렇게 기쁨을 함께 하는 것이 그들 사이의 사회적 조화에 이바지할 수 있다는 것을 암시한다.

How are you?에 대한 대답은 일반적으로 세 단계를 포함하는데, 첫째 단계는 필수적이고 나머지는 선택적이다. 첫째, 우리는 '나는 좋다' 또는 '나는 말하기를 원한다 : 나는 좋다'(그러나 나는 그렇게 말할 수 없다)와 같이 무엇인가를 말함으로써 그 발화의 의문 요소에 대답한다. 둘째, 우리는 질문자에게 고마움을 표한다. 더 정확히 말하자면 thank you나 thanks라고 말한다. 셋째, 우리는 그 행위에 답례한다(And, how are you? And yourself). 이 세 단계 중의 두 번째는 대체로 어휘화되어진 것처럼 보이는데, 즉 그것은 의미적으로뿐만 아니라 어휘적으로도 결정된 것처럼 보인다. 따라서 우리들은 예를 들어 Thank you와 같은 표현을 thanks a lot와 같은 표현으로 대체할 수 없다.

A : How are you?
B : Very well, thanks *a lot.

셋째 단계는 그 표현의 형태가 아니라 의미의 양상으로 결정된다.

B : And you? /And yourself? /How about yourself?

첫째 단계도 역시 어휘적으로 '자유롭다'. 의미적으로 좀 더 좋은 반응은 필수적으로 'I am very well'과 같은 의미의 표현들이다. Pomerantz가 적용한 메타언어의 개념을 잠시 도입하면, 우리는 청자가 '매우 긍정적인 용어'로 답변할 것을 기대하고, 만약 그것이 불가능하다고 느낀다면 최소한 '매우 부정적인 용어'로 답변하는 것은 피하기를 기대한다고 말할 수 있다. 성실하고 자발적인 긍정적 자기 보고(I am well)는 I'm very well이나 I'm fine과 같은 표현으로 '강화되는' 경향이 있다. 그리고 성실하고 자발적인 부정적 자기 보고(I am not well)는 Not very well, I'm afraid와 같은 표현으로 '낮춰서' 말하는 경향이 있다.

Rotten(끔찍해)나 Rousy!(지독해!)처럼 부정적으로 강조된 대답이 가능할 수도 있다. 그러나 이것들은 정상적인 관례를 위반하는 것처럼 느껴지지만, 이 말들은 과장적이고 익살스런 태도를 전달하는 경향이 있으며, '나는 이 말들이 내가 말할 것으로 기대되는 것이 아니라는 것을 안다'는 의미를 암시한다.

그런데 분명히 알아 두어야 할 일은 How are you?의 표현이 하나의 관례적인 대화 개시어로서, 영어라는 언어이고 또 Good morning, Hello!, Hi!와 함께 적절한 영어 사전에 등재되어야 하지만, 반대로 이 표현의 대답은 관례화되지도 않았으며, 또한 사전에 등재되지 않는다는 점이다. 마찬가지로 그러한 반응들의 영역과 그러한 반응들을 공식화하기 위한 일반적인 전략들도 역시 영어 화자의 중요한 대화 수행능력의 일부로서 기술되어야만 한다. 그러나 그것들은 언어학적 화용론과 비언어학적 화용론 간의 경계 밖에 위치한다.

그럼에도 불구하고, 내가 제안하고자 하는 것은, 어떤 점에서는, 언어학적 화용론과 비언어학적 화용론이라는 두 유형의 화용론에 동등하게 관련되는 적절한 의미 기술의 방법이 있다는 점이다. 특히 두 유형의 화용론은 타당하면서도 '문화 중립적인' 의미론적 메타언어를 필요로 한다. 그것은 How are you?와 같이 고정된 표현들의 의미들뿐만 아니라, '강화의 전략'처럼 다소 느슨한 기술적 표현들의 의미도 의미있고 매우 타당한 의미론적 메타언어로 기술되어야 한다. '강화의 전략'과 같은 표현들은 그 표현들이 갖는 전문용어의 느낌에도 불구하고 은유적이고 분명한 의미를 갖지 않으며 그렇기 때문에 경험적으로 입증할 수 없다. 엄격한 기술을 위한, 그리고 입증 가능한 근거를 위한 출발점으로서, 나는 다음과 같은 일반화를 제안한다. 가령 How are you?에 대한 대답은 다음의 가정들을 고려해야만 한다.

(a) 나는 당신이 내가 무엇인가 좋은 것을 말하기를 원한다는 것을 안다
(b) 당신은 내가 무엇인가 나쁜 것을 말하기를 원하지 않는다는 것을 나는 안다
(c) 당신은 내가 무엇인가 매우 좋은 것을 말할 것이라고 생각한다고 나는 생각한다
(d) 당신은 내가 무엇인가 매우 나쁜 것을 말하지 않을 것으로 생각한다고 나는 생각한다

물론 상대방의 반응이 화자가 첫 번째로 추정하는 바람들과 기대들을 위반할 수는 있으나 화자의 바람과 기대들이 무시될 수 없다. 왜냐하면 상대방은 그러한 위반이 규범의 이탈로 보일 수 있고, 그 이탈에 따라 해석

될 수 있다는 것을 분명히 알기 때문이다. 이러한 배경에 따라 기대되는 반응의 범주는 다음과 같이 기술될 수 있다.

> (A) 나는 무엇인가 매우 좋은 것을 말하기를 원한다
> 〔Very well ; Fine 등등〕
> (B) 나는 무엇인가 좋은 것을 말하기를 원한다
> 〔Good ; I'm well 등등〕
> (C) 나는 무엇인가 매우 좋다고 말할 수 없다
> 나는 무엇인가 매우 나쁘다고 말하기를 원하지 않는다
> 〔Not too bad ; I'm OK 등등〕
> (D) 나는 무엇인가 좋은 것을 말할 수 없다
> 나는 매우 나쁜 것을 말하기를 원하지 않는다
> 〔Not too good ; Not very well 등등〕

위와 같이 예상되는 관습적인 반응들 외에도, 앞서 언급한 것처럼, 가벼운 유머 전략이 있는데, 이것은 그 관습을 의식적으로 위반하는 것과 관련이 있다.

> (E) 나는 내가 말할 것으로 당신이 생각하는 것을 말하기를 원하지 않는다
> 나는 당신이 내가 말하기를 원하는 것을 말하기를 원하지 않는다.
> 나는 내가 생각하는 것을 말하기를 원한다.
> 〔Rotten ; Lousy ; Terrible 등등〕

아마도 다른 것으로 분류해야 하는 마지막 전략은 다음처럼 기술할 수 있다.

> (F) 나는 무엇인가 좋은 것을 말하기를 원하지 않는다
> 나는 무엇인가 나쁜 것을 말하기를 원하지 않는다

나는 당신이 내가 생각하지 않은 무엇인가를 내가 말한다고 생각
하는 것을 원하지 않는다
나는 무엇인가 좋은 것을 말할 수 있다
〔Not bad 등등〕

표면상으로, (F) 유형의 반응은 (C) 유형과 구별하는 것이 어려울 수도 있으나 그 반응의 이면에 있는 의도는 다르다. (F) 유형은 그 반응이 좋기는 하지만 불성실하거나 과장적으로 들리는 것을 원하지 않는다는 것을 암시한다. 그러므로 그것은 일종의 '삼가말하기'로 해석될 수 있다. 반면에, (C) 유형은 좋지는 않지만 그렇다고 불평하는 것을 원하지 않는 것을 암시한다. 그러므로 그것은 일종의 과장하기로 해석될 수 있다. Sharon Henschke가 (사적으로) 지적한 것처럼, (C)와 (F)에서 생길 수 있는 잠재적 중의성은 감탄사와 억양, 또는 이 중 하나에 의해 종종 해소된다. 다음의 발화는 'I am not (quite) well'(C유형)을 암시하는 것으로 해석될 수 있다.

Oh, not (too) bad 괜찮아

그와 반면에 (씽긋 웃으면서) 밝고 명랑하게 Not bad나 Not too bad 라고 말하는 것은 'I am well'로 해석될 수 있다.

영어 화자의 각기 다른 사회적 집단들은 다른 반응 전략을 선호하는 경향이 있다. 예를 들어 나는 (A)전략은 남자보다 여자에 의해 종종 더 많이 사용되고, 또 호주인보다 미국인이 의해 더 많이 사용한다고 생각한다. (E)와 (F)전략은 그 반대이다(Renwick 1980 참조). 물론 이것들은 경험적인 조사가 이루어져야 한다. 그러나 우리가 엄격하면서도(적어도 상대적으로) 문화 중립적인 방식으로 처음의 가설을 세우지 않았다면, 이러한 전략들은 경험적인 조사 자체가 이루어질 수 없을 것이다.

2. '칭찬 반응'의 관례

이제 Pomerantz(1978)의 '칭찬에 대한 반응'에 대해 논의해 보자. 우리는 먼저 그녀가 사용한 '칭찬'의 정확한 의미를 질문해야 한다. 왜냐하면 그녀는 일상의 의미로 이 단어를 사용하지 않았다는 것은 매우 분명하기 때문이다. 예를 들면 Pomerantz는 다음과 같은 발화들을 '칭찬'의 발화라고 생각하였다.

> B : 어쨌든 당신과의 이야기가 재미있었어요. Well anyway nice talking to you.
> A : 　　　　　　나도 즐거웠어요 (Pomerantz 1978 : 107). Nice talkin to you honey.

게다가, 그녀는 'compliments'(칭찬), 'praise'(찬사), 'credit'(칭송)과 같은 단어들을 종종 바꾸어 사용하기도 하는데 이 단어들은 각각 다른 범주를 나타내는 일종의 발화 행위와 관련되는 영어의 민속 분류이다(Wierzbicka 1987 참조).

나는 Pomerantz가 진정으로 생각한 것은 다음과 같은 의미론적 구성 성분으로 특징되는 발화 행위의 한 부류라고 추정한다.

> 나는 당신에 대해 무엇인가 좋은 것을 말하기를 원한다

그녀는 명시적으로든 암시적으로든 자기 찬사를 피하면서 그와 동시에 정중하고 '협력적인' 태도로 그러한 발화에 반응하는 것은 상대방의 문제라고 제안하였다. 우리는 다음과 같이 상대방의 예측된 태도를 묘사함으로써 이 문제를 재공식화할 수 있다.

> 나는 나 자신에 대해 무엇인가 좋은 것을 말하기를 원하지 않는다

상대방은 무례하지 않고 '비협력적'이지 않으면서 이런 갈등적 지침들을 어떻게 이행할 수 있을까?

이 문제에 대답하기 위해 Pomerantz는 '동의(agreements)'와 '동의하지 않음(disagreements)', '강화(upgrade)', '약화(downgrade)' '지시 전이(referent shifts)'와 같은 많은 이론적 개념을 도입했다. 이 용어들은 명확하게 정의되기보다는 오히려 예시를 통해 소개되었다. 그렇지만 그녀가 의도한 본질은 다음과 같은 공식을 통해 포착될 수 있을 것이다.

'동의'
A : X
B : 나는 그와 같다고 생각한다

'동의하지 않음'
A : X
B : 나는 그와 같다고 생각하지 않는다

'강화'
A : X는 좋다
B : X는 매우 좋다

'약화'
A : X는 매우 좋다
B : X는 좋다

'지시 전이'
A : 나는 X에 대해 어떤 것 (Y)로 말하기를 원한다
B : 나는 그것(Y)을 X보다는 다른 무엇인가로 말하기를 원한다

물론 이 공식들이 실제로 Pomerantz가 생각했던 것과 일치하는지는 확신할 수 없는데, 왜냐하면 Pomerantz의 의도들이 부정확하고 은유적인

용어로만 오직 암시되었기 때문이다. 그러나 이 공식들이 필수적이거나 바람직한 것으로 증명되기만 한다면, 그 의도들은 쉽게 고쳐지고 수정될 수 있다. 중요한 점은 이 공식들이 명시적이어야만 하고, 그리고 이 공식들을 가지고 분석자들은 명시적인 것으로 만들어 내야 하며 분명하게 분석적인 결론들을 도출할 수 있도록 해야 한다는 것이다. 예를 들어 '강화'와 같은 용어는 직감적으로 이해할 수 있을 것처럼 보이지만, 그러나 이 용어가 'good'에 대한 'very good'의 대체에만 적용되는지 아니면, 'bad'에 대한 'very bad'의 대체 또는 'not bad'에 대한 'good'의 대체 등에도 적용되는지는 명확하지 않다.

시험적으로 Pomerantz의 모호하고 은유적 개념들을 검증된 의미론적 메타언어로 바꾸기 위하여, 나는 이제 그녀가 제안한 일반화의 일부를 보다 더 상세히 살펴볼 것이다.

2.1. 강화

Pomerantz는 '강화'의 개념을 다음과 같이 소개하였다.

> 동의의 한 유형인 '강화'는 대화의 연속에서 '최적'이라고 말할 수 있다. '강화'는 동의가 선호되는 상황에서 널리 사용된다. 따라서 강화는 동의하는 표현이 되며 동의의 순서에서 나타나고, 전형적으로 동의하지 않는 표현과는 결합되지 않는다. 강화의 기교는 좀 더 강력한 평가어로 두 번째의 동의에서 나타난다. 예를 들면 다음과 같다.
> 1) A : Isn't he cute? 그 남자 귀엽지 않아?
>   B : O::h he::s a::dorable 아휴, 그는 사랑스럽지.
> 2) A : She seems like a nice a little lady. 그녀는 멋진 숙녀같아.
>   B :   〔Awfully nice little person〕(Pomerantz 1973 : 93)
>   〔대단히 훌륭한 숙녀지.〕

그렇다면 정확하게 '강화'란 무엇을 의미할까?

Pomerantz는 '좀 더 강력한 평가어'라는 표현을 사용하였으나 그것은 사실상 '나쁜' 평가보다는 오히려 '좋은' 평가를 의미하는 것으로 보인다. 그러므로 '강화'는 본질적으로 'good'을 'very good'으로 대체하는 것으로 보인다. 그러나 위의 인용에서, 대화 전략의 하나로서 '강화'는 동의와 연결되기 때문에 (그리고 심지어 동의의 한 유형이라고 불리기 때문에), 우리는 Pomerantz가 생각한 전략을 사실상 다음과 같이 나타낼 수 있다는 결론에 이를 수 있다.

> A : 나는 X가 좋다고 생각한다
> B : 나는 그와 같다고 생각한다
> 　　나는 X가 매우 좋다고 말할 것이다

'나는 같은 것을 생각한다'라는 구성성분은 Pomerantz가 '동의'라고 부르는 것을 나타낸 것이고, 그에 반해 '강화'의 핵심은 처음 화자의 'good'을 'very good'으로 대체하는 것에 있다.

내친김에 '강화' 또는 '강화사'라는 용어를 다른 분석가들은 완전히 다른 뜻으로 사용했다는 사실을 살펴보는 것도 매우 흥미롭다.

> 그 행동을 완화시키고 부드럽게 하는, 즉 '약화시키는' 언어 요소들의
> 존재들이 더 분석되어야 하고, 또 그와 정반대의 기능을 하는, 즉 행동을
> 약화시키는 요소들을 '강화'하는 언어 요소들이 더 분석되어야 한다
> (Blum-Kulka & Danet & Gherson 1985 : 119).

이 저자들은 이러한 '정의'를 자체설명적인 것으로 간주하고, 예를 들면 "이 자료는 강화사가 94개의 사례에서 쓰였고, 약화사가 118번개의 사례에서 쓰였음을 보여준다."(1985 : 119)와 같이, 이 정의를 설명의 근거로 받아들일 수 있을 만큼 충분히 정확한 것으로 간주하였다. 이러한 사실은 비

록 이 용어가 그럴듯한 통계적인 데이터로 뒷받침되었다고 할지라도, 이러한 종류의 용어들이 얼마나 신뢰할 수 없는 것인지를 다시 한 번 보여준다.

2.2. 대조적 반대

Pomerantz가 제시한 또 다른 대화 전략은 대조적 반대이다. 아마도 평가의 상황에서 '강화'가 '최적의 동의'라고 한다면, 대조적 반대는 '최적의 동의하지 않음'이 될 것이다. 두 예를 살펴보자.

> (1) A : Did she get my card? 그녀가 내 카드를 받았을까?
>   B : Yeah she gotcher card. 응, 그녀는 네 카드를 받았어.
>   A : Did she t'ink it was terrible? 그녀는 그것이 별로라고 생각했을까?
>   B : No she thought it was very adourable. 아니, 그녀는 매우 훌륭했다고 생각했어.

> (2) A : I was wondering if I'd ruined yer- weekend by uh 내가 당신의 주말을 망치지는 않았는지 몰라
>   B : [No. No. No, I just loved to have.-] [아니, 아니, 아니야, 나는 정말로 좋았어……

위의 예들을 통해 우리는 '대조적 반대'를 다음과 같이 정의할 수 있다.

> A : 나는 나의 X가 매우 나쁘다고 생각한다
> B : 나는 그와 같다고 생각하지 않는다
>   나는 당신의 X가 매우 좋다고 생각한다

Pomerantz(1978 : 93)는 다음과 같이 기술하고 있다. "대조적 반대는 예를 들면 화자 자신의 가치 비하 다음에 이어지는 동의하지 않음이 선택되는 상황에서 발생한다. …… 부정적이고, 비판적인 평가들 다음에 긍정적

이고 칭찬의 평가가 이어지는 것이다." 이것은 '화자 자신의 가치 비하'('나의 X는 나쁘다')가 대조적 반대의 전형이 될 수 있지만 반드시 필수적인 것은 아니라는 것을 의미한다. 더 일반적인 공식은 다음과 같을 것이다.

A : 나는 X가 매우 나쁘다고 생각한다
B : 나는 그와 같다고 생각하지 않는다
　　나는 X가 아주 좋다고 생각한다

2.3. 축소적 동의

Pomerantz(1978 : 94)에 의하면, 강화적 동의나 대조적 반대는 그 어느 것도 칭찬에 대한 보편적 반응은 아니다. 칭찬에 대한 반응으로 더 자주 사용되는 것은 축소적 동의이거나, 아니면 더 구체적으로는 찬사의 약화이다. 다음의 예를 보자.

(1) A : I've been offered a full scholarship at Berkeley and a UCLA. 나는 버클리와 UCLA에서 전액 장학금을 제안 받았어.
　　B : That's fantastic. 정말 잘했다.
　　A : Isn't that good. 별거 아니야.

(2) A : Oh it was just beautiful. 오, 굉장히 아름다웠어.
　　B : Well, thank you uh I thought it was quite nice. 글쎄, 고마워, 나도 그거 괜찮았다고 생각해.

이것을 일반화하면 다음과 같다. 즉 영어에는 아래와 같이 나타낼 수 있는 일반적인 대화 관례가 있다고 할 수 있다.

A : 나는 당신에 대해 [우리가 말할 수 있는] 무엇인가가 매우 좋다고 생각한다

B : 나는 그와 같다고 생각한다

　　나는 그것이 좋다고 생각한다

　　나는 말하기를 원하지 않는다 : 매우 좋다

2.4. 약화

Pomerantz(1978 : 99)가 기술한 또 다른 대화의 전략은 "칭송의 축소를 제안하는 것"인데, 이 때 청자는 앞의 주장을 전적으로 부정하거나 부인하기보다, 그보다 앞에 나온 말을 한 단계 약화시키는 것을 말한다. 아래의 두 예를 살펴 보자.

　　(1) A : Good shot. 명중했어.
　　　　B : Not very solid (though). 조금 흔들렸어.

　　(2) A : By the way I loved yer christmas card. 참, 너의 크리스
　　　　　　마스카드가 맘에 들었어.
　　　　B : I hadda hard time, but I didn't think they were too
　　　　　　good …… 힘들게 만들기는 했는데 그렇게 좋은 것은 아니
　　　　　　야……

여기에서 이것을 일반화하면 다음과 같을 것이다.

　　A : 나는 당신의 X가 매우 좋다고 생각한다

　　B : 나는 그와 같다고 생각하지 않는다

　　　　나는 그것이 매우 좋다고 말하지 않을 것이다

　　　　왜냐하면 그것(Y)에 대한 무엇인가가 좋지 않기 때문이다

Pomerantz(1978 : 100)는 "비록 칭찬에 대한 이러한 반응이 대조적 반대가 아니라, 오히려 앞의 찬사에 대한 축소와 수정이라 할지라도, 그것들은 여전히 동의하지 않음으로 취급할 수 있다."라고 하였다. 나는 '나는 그와

같다고 생각하지 않는다'이라는 구성성분이 그녀의 설명의 핵심을 정확하게 반영한다고 생각한다. 그러나 '축소'와 '수정'에 대해서는 제안된 이 공식이 Pomerantz의 주장과 일치하는지 어떤지는 확신하기 어렵다. 왜냐하면 이러한 용어들은 너무나 모호하고 은유적이어서 그것들이 나타내는 의미가 정확히 무엇인지 전혀 명확하지 않기 때문이다.

이러한 불확실함은 또 다른 주장에도 해당된다. "그러한 동의하지 않음에 이어서, 찬사를 보내는 사람은 아마도 상대의 축소와 수정에 이의를 제기하거나 동의하지 않고, 재차 찬사를 내세울 것이다"(Pomerantz 1978 : 100). 이것은 다음과 같이 묘사될 수 있다.

〔1〕 A : Good shot. 명중했어.
　　　 B : Not very solid (though). (그러나) 조금 흔들렸어.
　　　 A : Ya' get any more solid, you'll be terrific. 그 이상 더
　　　　　 어떻게 하겠니. 너 멋졌어.

〔2〕 A : By the way I ilved yer christmas card. 참, 너의 크리
　　　　　 스마스카드가 맘에 들었어.
　　　 B : I hadda hard time, but I didn't think they were too
　　　　　 good, but-finally. 힘들게 만들기는 했는데, 결과적으로 그
　　　　　 렇게 좋다고 생각하지는 않아.
　　　 A : (Those) were lovely. I thought they were lovely. 멋
　　　　　 졌어. 굉장히 사랑스러웠어.

Pomerantz(1978 : 1101)는 다음과 같이 일반화하였다. "청자는 앞의 찬사를 약화시키고 찬사를 보내는 사람은 그 앞에 나온 약화를 강화시킨다."

Pomerantz가 주장한 일반화의 내용을 기술하려고 한다면, 우리는 다음과 같이 제시할 수 있다.

A : 나는 당신의 X가 매우 좋다고 생각한다
B : 나는 그와 같다고 생각하지 않는다
　　나는 그것이 매우 좋다고 말하지 않을 것이다
　　(왜냐하면 그것(Y)에 대한 무엇인가가 좋지 않기 때문이다)
A : 나는 그것(X)이 매우 좋다고 생각한다

다시 살펴보면, Pomerantz가 의미한 '약화' 혹은 '약화사'는 Blum-Kulka & Danet & Gherson이 의미하는 것과 아주 다르다는 것이 분명해 보인다. 그러나 Pomerantz와 공동 저자들은 모두 이 용어를 자체 설명적인 용어로 간주하여, 그 용어들을 정의하려고 시도하지 않았다. 이 때문에 이 용어들은 정확한 것처럼 포장되어 혼란을 야기한 것이다. 여기에 제안된 의미 공식에 의한다면 이러한 혼란은 차단될 것이다.

2.5. 찬사의 양도

Pomerantz에 따르면 칭찬 반응의 보편적인 유형은 '지시 전이'이다. 이것은 다음과 같이 정의된다.

A_1 : A는 B에게 찬사를 보낸다
A_2 : B는 자기보다는 다른 것에 찬사를 보낸다

지시 전이에는 '찬사의 양도'와 '반환 답례'이라는 두 가지가 있다. '찬사의 양도'는 다음의 예로 설명할 수 있다.

A : You're a good rower, Honey. 노를 참 잘 젓네요, 여보.
B : These are very easy to row. Very light. 노 젓는 거 아주 쉬
　　워. 아주 가벼워.

이러한 유형의 대화에서 "청자는 하나의 칭찬에 반응할 때에, 그 찬사를

그 자신에게서 자신이 아닌 다른 대상에게 전이함으로써 찬사를 재양도할
수 있다"(Pomerantz 1978 : 102). 명백하게 주장된 바를 일반화하면 다음과
같다.

> A : 나는 당신에 대한 무엇인가가 매우 좋다고 생각한다
> B : 나는 이것 보다는 다른 무엇인가를 말하기를 원한다
> 　나는 무엇인가에 대해 말할 것이다
> 　　나보다 다른 무엇인가가 매우 좋다

나는 이 구성성분들을 동의하지 않음에서 제시한 것과는 다른 방식으로
표현하였다. 특히 나는 '나는 그와 같다고 생각하지 않는다'라고 하거나 심
지어 '나는 그것을 말하지 않을 것이다'라고 말하는 것을 고의적으로 회피
했다. 왜냐하면 Pomerantz(1978 : 105)가 다음과 같이 설명한 의미를 정확
하게 반영하고 싶었기 때문이다. "(비록 재강조된 것이지만) 두 번째의 찬
사로 된 칭찬의 반응은 앞의 찬사를 일부 지지하거나, 일부 인정 또는 정
당화한다."

2.6. 반환 답례

반환 답례는 특히 '상호작용의 개시와 마무리'에서 특히 자주 나타나는
것으로 다음과 같이 정의될 수 있다.

> A_1 : A는 B를 칭찬한다
> A_2 : B는 A를 칭찬한다

이러한 '반환 답례'은 다음의 예처럼 나타난다.

> (1) −Ya' sound (justiz) real nice. 그 아이디어는 정말 좋아.
> 　　−Yah you soun' real good too. 응. 당신 아이디어도 진짜 좋아.

(2) −Yer looking good. 너, 멋져 보인다.
　　−Great. So'r you. 고마워. 너도 멋져.

이러한 예들은 다음과 같이 일반화할 수 있다.

　　A : 나는 당신에 대해서 무엇인가 좋은 것을 말하기를 원한다
　　　　나는 당신이 이것 때문에 무엇인가 좋은 것을 느끼기를 원한다
　　B : 나는 당신과 같은 것을 하기를 원한다
　　　　나는 당신에 관해서 무엇인가 좋은 것을 말하기를 원한다
　　　　나는 당신이 이것 때문에 무엇인가 좋은 것을 느끼기를 원한다

Pomerantz는 '반환 답례'의 범주를 대화자들이 서로에 대해 좋은 것을 말한다기보다는 오히려 대화자들이 좋은 것을 암시하는 상황까지 확장하기를 원하는 것처럼 보인다. 예를 들면 다음과 같다.

　　B : Well anyway nice talking to you. 아무튼 만나서 당신하고 이
　　　　야기하니까 좋아요.
　　A :　　　　　　　　　　　　　Nice talking to you honey(Pomerantz
　　　　1978 : 107). 당신하고 이야기하니까 좋아, 여보.

그렇지만 위에서 내가 제안한 공식은 이러한 예에도 역시 잘 맞는 것처럼 보인다. 비록 대화자들이 서로에 관해 구체적으로 무엇인가 좋은 것을 말하지 않는다 해도, 그들은 모두 상대에 대해 무엇인가 좋은 것을 말하기를 원하며, 그것으로 인해 상대가 무엇인가 좋은 것을 느끼기를 원한다는 것을 분명히 전달하고 있으며 그리고 바로 이러한 모든 사실을 위 공식이 모두 말하고 있기 때문이다.

3. 다른 문화의 '칭찬 반응'

Pomerantz는 한 '고민남'이 LA Times지에 보낸 편지와 그에 대한 편집자의 답변을 함께 인용하면서 칭찬 반응에 대한 연구를 출발하고 있다.

> 친애하는 Abby께
> 제 아내는 진실된 칭찬을 약화시키는 습관이 있습니다. 제가 '오 여보, 그 옷 정말 예쁜데.'라고 말하면 아내는 틀림없이 '당신 정말 그렇게 생각해? 이건 우리 언니가 준 누더기일 뿐인데.'라고 말할 것입니다. 또 집안 청소를 아주 깨끗이 잘 했다고 말하면, 아내는 '글쎄, 당신이 애들 방은 보지 못한 것 같은데.'라고 대답할 것입니다. 저는 왜 아내가 자기 자신을 깎아내리는 일이 없이는 어떤 칭찬도 받아들이지 못 하는지를 이해할 수가 없습니다. 그리고 그런 태도는 저에게도 약간의 상처가 됩니다. 좋은 방법이 없을까요? Abby?
>
> 고민남
>
> 친애하는 '고민남'께
> 당신의 아내는 자신감이 부족하고 칭찬을 받아들이는 일에 대해 조금 당황스러움을 느끼는 듯합니다. 상처받지 마십시오. 많은 사람들이 칭찬을 선뜻 받아들이는 것에 대해 어려움을 겪습니다.
>
> Abby

그러나 Abby의 답변에서 놓친 중요한 점은 문화마다 칭찬에 대한 반응이 다르며, 그리고 미국과 같은 복합적 사회의 칭찬 반응은 '자신감 부족'과 같은, 개인의 성격적 특성뿐만 아니라 각각의 문화 배경에 따라 다르다는 사실이다. 위의 '고민남'의 아내는 자신감이나 자존감이 부족한 것이 아니라 단순히 유대인일 수 있고, 아니면 동유럽 사람 또는 중국 사람이나 일본 사람일 가능성이 매우 높다

문제를 이런 관점으로 보는 것에 대한 Abby의 주의 부족보다 더 놀라운 사실은 Pomerantz 자신도 그런 문화적 측면을 한 번도 언급하지 않았

다는 점이다. 그 대신 Pomerantz는 편지와 답장에 대해 언급하면서 "칭찬 반응의 대부분은 칭찬 수용의 반응 모델과 맞지 않는다."라고 말하였다.

그러나 이것은 이상한 관찰이다. 칭찬 반응의 대부분이 칭찬 수용의 '모델과 맞지 않는다'면 그 때 부적절한 것은 그 모델이 아닐까? 우리들은 오히려 다른 문화와 다른 하위문화에 적용되는 서로 다른 많은 모델들에 대해 말해야하지 않을까?

'고민남'이 말한 칭찬 반응은 '모델과 맞지 않는 것'이 아니라 앵글로 색슨 미국인의 문화가 아닌, 다른 많은 문화에서 사용되는 다른 모델의 전형적인 예인 것이다. 우리가 여기서 제안한 메타언어를 사용한다면 우리는 '고민남'과 Abby와 Pomerantz를 고민하게 만든 일상 대화 전략의 핵심을 다음과 같이 기술할 수 있다.

> A : 나는 당신(당신의 X)에 대한 무엇인가가 매우 좋다고 생각한다
> B : 나는 같은 것을 생각하지 않는다
> 　나는 그것(나의 X)에 대해 무엇인가가 나쁘다고 생각한다

Pomerantz가 '감사'라고 하는 앵글로 색슨이 선호하는 전략과 Abby가 말한 소위 '칭찬을 흔쾌히 받아들이기'는 다음과 같이 나타낼 수 있다.

> A : 나는 당신(당신의 X)에 대한 무엇인가가 매우 좋다고 생각한다
> B : 고마워
> 　〔예 : 나는 네가 나를 위해 무엇인가 좋은 것을 하기를 원하기 때문에(너는 나에게 무엇인가 좋은 느낌을 주기를 원하기 때문에) 이것을 말한다는 것을 안다
> 　나는 이것 때문에 너에게 무엇인가 좋은 것을 느낀다〕

그러나 이 '감사'는 마치 'How are you?'에 답하는 것처럼 거의 어휘화되어 있다는 것에 주목해야 한다. 예를 들어 이전에 언급한 경우처럼, 만

약 우리들이 칭찬에 대한 반응으로 Thanks a lot이라고 말한다면, 이것은 '감사'보다는 빈정거리는 것처럼 들릴 것이다.

칭찬 반응의 또 다른 모델은 일본 사회에서, 특히 일본 여성의 발화에서 특징적으로 나타난다. 예를 들어 Mizutani & Mizutani(1987 : 43)는 다음과 같이 썼다. "일본인들은 …… 반드시 칭찬을 받아들일 때 iie〔'no'〕라고 말한다." 이 반응 패턴은 대체로 어느 상황에서도 'no'라고 말하는 것을 꺼려하는 일반적인 일본인에 비추어 볼 때 특히 놀라운 것이다(Ueda의 일본인들의 'no'를 피하는 16가지 방법에 관한 논의 참조). Miller(1967 : 289-290)는 다음과 같은 특징적인 일본어의 예를 제시하고 있다.

Female version :
A : Mā, go-rippa na o-niwq de gozāmasu wa nē. Shibaf ga hirobiro to shite tie, kekkō de gozāmasu wa nē.
B : Iie, nan desu ka, mō, chiito mo teire ga yukitodokimasen mono de gozāmasu kara, mō, nakanaka itsumo kirei ni shite oku wake ni mairimasen no de gozāmasu yo.
A : Ā, sai de gozāmashō nē. Kore dake 0-hiroin de gozāmasu kara, hitōtori o-teire asobasu no ni datte taihen de gozāmasho nē. Demo mā, sore de mo, itsumo yoku o-teirre ga yukitodoite irasshaimasu wa. Itsumo honto ni o-kirei de kekkō gozāmasu wa.
B : Iie, chitto mo sonna koto gozāmasen wa.

여성의 예 :
A : '와, 정말 정원이 훌륭하군요, 잔디가 정말 훌륭하고 넓네요. 정말 놀랍네요. 안 그래요?'
B : '아닙니다. 전혀 그렇지 않아요. 우리는 정원을 더 이상 돌보지 않아요. 그래서 좋아할 정도로 멋지지는 않아요.'
A : '오, 나는 전혀 그렇게 생각하지 않아요, 그러나 정원이 넓어서 당신 혼자서 그것을 돌보기는 정말 큰일이지만, 그래도 당신은 언제

나 그것을 잘 관리하고 있어요.
B : '아니에요. 조금도 그렇지 않아요.'

Miller에 따르면(1967 : 290), 동일한 대화를 일본 남성들이 나눌 때는
다음과 같다.

Male version :
A : Ii niwa da nā?
B : Un.

남성의 예 :
A : '정원이 참 멋지군.'
B : 〔'음.'〕

이러한 대화에 기저하는 패턴은 다음과 같이 나타낼 수 있다.

여성의 경우 :
A : 나는 당신(당신의 X)에 대해 무엇인가가 매우 좋다고 생각한다
B : 나는 이렇게 생각하지 않는다
　　나는 그것이 좋지 않다고 생각한다
A : 나는 이렇게 생각하지 않는다
　　나는 그것이 좋다고 생각한다
B : 나는 이렇게 생각하지 않는다
　　나는 그것이 좋지 않다고 생각한다

남성의 경우 :
A : 나는 이 X가 좋다고 생각한다
B : 나는 같은 것을 생각한다

특히 여성의 경우 칭찬에 적용되는 것은 또한 찬사, 그 중에서도 개인적

인 성취를 향한 찬사에도 적용된다. 그래서 Mizutani와 Mizutani는 다음과 같이 기술하고 있다.

> 친한 친구들 사이를 제외하고, 일본인들은 일반적으로 다른 사람으로부터 어떠한 찬사도 거부한다. …… 그 자신의 기술이나 능력에 대한 찬사를 거부하기 위해 사람들은 다음과 같이 말할 것이다.
> 아닙니다. 나는 아직 그것을 잘하지 못합니다.(문자 그대로의 뜻, '아니다, 아직 아니다').
> 아닙니다. 나라는 사람은 안됩니다(문자 그대로의 뜻, '나 같은 사람은 잘 하지 못한다.')(Mizutani & Mizutani 1987 : 43).

이 패턴은 다음과 같이 표현할 수 있다.

> A : 나는 당신이 무엇인가 매우 잘했다고 생각한다
> B : 나는 이것을 말하지 않을 것이다
> 　　나는 잘 하지 못한다
> 　　나는 매우 잘 할 수 없다

만일 사람들이 절대로 부인할 수 없는 성취를 이루고, 간단히 거절할 수 없는 찬사를 듣는다면, 다음과 같은 약간 다른 패턴을 사용할 것이다.

> Maa, nantoka.
> '겨우 어떻게 해서 그 일을 할 수 있었다.'
> Okagesama-de nantoka.
> '모든 사람들의 덕분으로 할 수 있었다.'
> Doo-yara koo-yara.
> '이럭 저럭 하게 되었다.'
> (Mizutani & Mizutani 1987 : 43)

마찬가지로 다른 연구자의 설명도 다음과 같다.

일상 생활에서 다른 사람에게 칭찬을 받게 될 때 칭찬 받은 사람은 종종 '나는 찬사를 받을 만하지 않아요.'와 같은 표현을 하면서 그 가치를 부정한다. 그렇지 않으면 찬사에 대한 감사를 표현한 후, 그 사람은 그의 행운과 다른 사람들의 호의, 또는 그 주위의 도움 등을 강조하는 말들을 덧붙인다. 그렇게 함으로써 그들은 그들의 미덕이나 성취들을 그들 자신의 능력이나 노력이 아니라 무엇인가 다른 것의 힘으로 돌리려고 애쓴다 (Honna & Hoffer 1989 : 240).

이 패턴은 다음과 같이 나타낼 수 있다.

    A : 나는 생각한다 : 너는 무엇인가 매우 좋은 일을 했다
    B : 나는 안다 :
        그것은 내가 잘했기 때문이 아니다
        (나는 잘 하지 못한다)

나는 서로 다른 대화의 관례들이 이런 방식으로 표현된다면, 다시 말해, 그 관례들이 대체로 언어독립적이며 자연 언어에서 나온, 검증된 의미론적 메타언어로 형식화된다면, 언어와 문화의 경계 내에서든 경계를 넘어서서든 그것들은 분명히 확인될 수 있고 쉽게 비교될 수 있다고 믿는다.

4. 결론

Pomerantz가 수행한 대화의 상호작용에 대한 경험적인 분석은 비교 문화 연구의 이론과 적용에서 볼 때, 잠재적으로 매우 중요한 것이다. 예를 들어 이민자들이 새로 이민 온 나라의 다양한 대화의 규칙이 무엇이며, 또 그것들이 이전의 나라와 어떻게 다른가를 아는 일은 매우 중요하다. 그러나 이러한 종류의 비교는 문화 독립적인 기술의 틀, 특히 문화 독립적인 의미론적 메타언어가 없다면 수행될 수 없을 것이다.

　　Pomerantz의 연구가 수록된 책『대화의 상호작용에 대한 연구(Studies in the organisation of conversational interaction)』의 서문에서 Schenkein 1978 : 3)은 "여기에 제시된 기술들은 경험론적인 자연 대화의 문법에 대해 희망적인 동향을 제공한다."라고 하였다. 나는 경험론적인 자연 대화의 연구에 전적으로 찬성하며, 일반적으로 Schenkein의 책과 그 중에서 특히 Pomerantz의 연구를 가치 있고 흥미가 있으며 중요하다고 생각한다. 그러나 정말 내실 있는 연구가 되기 위해서는 경험적 연구는 철저히 정당화될 수 있는 이론적 틀이 있어야 하며, 적절한 기술을 위해서는 신뢰할 수 있는 자료뿐만 아니라 정당화될 수 있는 메타언어도 필요하다.

　　나는 '강화', '약화', '수용'이나 '거절', '지지 행위', '대조적 반대', 또는 '반환 답례'와 같은 범주들이 분석의 어떤 단계에서는 유용할 수 있지만, 적절한 분석 도구로서 의존할 수 없다고 주장하였다. 그것들은 어떤 하나의 문화, 예를 들면 미국 백인 중류층 문화의 대화 관례를 기술하거나 비교할 수 있는 적절한 틀을 제공하지 않는다. 그리고 그것들은 문화 간 대화의 상호작용에 대한 체제를 비교하는 틀로도 적절하지 않다.

　　다른 비교 문화 분석처럼 여기에서 필요한 것도 언어 독립적이고 '문화 중립적인' 분석적인 도구이다. 그런데 이 도구들은 compliment, credit, agree, disagree, accept, reject와 같은 영어의 민속어 범주나, 강화, 약화와 같은 임의적으로 고안된 모호하고 비유적인 표지들이 아니라, '좋다'(good), '나쁘다'(bad), '원하다'(want), '알다'(know), '생각하다'(think), '말하다'(say)와 같은 보편적이거나 거의 보편에 가까운 개념들, 다시 말해 다양한 언어 체계로 기호화된 의미들이 기술되고 비교될 수 있는 동일한 '자연 의미 메타언어'에서 찾을 수 있다.

제5장

언어와 문화 간 발화 행위와 발화 장르
Speech acts and speech genres across languages and cultures

1. 한 문화의 '말의 형태'를 분석하기 위한 연구 틀

모든 문화는 그 문화만의 특징적인 발화 행위와 발화 장르의 목록을 가지고 있다. Baxtin(1972 : 257)은 말하기노 쓰기처럼 "우리는 우리 자신의 말을 이미 만들어진 발화 장르의 틀로 쏟아낸다…… 이러한 발화 장르의 틀은 우리의 모국어가 이미 우리에게 주어진 것과 똑같은 방식으로 주어진 것이다."라고 지적했다.[3]

바흐친의 견해를 따라서 나는 복잡한 '발화 장르'와, 강연과 편지 또는 잡담과 같은 '발화 사례들'이 일정한 층위에서는 질문(question), 요청(request), 약속(promise), 경고(warning) 등의 단순한 '발화 행위'와 똑같은 방식으로 다루어져야 한다는 것을 매우 중요하게 생각한다. 이 말은 '발화 장르'와 '발화 사례' 그리고 '발화 행위'들을 용어상으로 그리고 개념상으로 구별하는 것이 특정 맥락에서는 유용할 수 있다는 점을 부인하는 것은 아니다. 그러나 기능과 구조 면에서 그리고 무엇보다 발화의 길이 면에서 발화 장르가 엄청나게 다양함에도 불구하고, '발화 장르'란 용어는 (포괄적인 용어로서, 여기서는 바흐친의 의미를 그대로 사용) 어떤 중요한 점에서, 동일한 언어적 본질을 공유하며, 하나의 단일화된 기술적 틀을 요구한다는 점을 강조하는 것도 또한 중요하다(그러한 개념적인 구별을 해야 되고 또 어떤 단일화된 틀 안에서 그 현상의 전체 영역을 연구해야 할 필요성에 대해서는 Hymes 1962 참조).

비록 이러한 주장이 복잡한 발화 장르에 적용되는 것과 동일하게 단순한 발화 행위에도 적용된다는 사실이 거의 알려지지 않았을지라도, 다양한 문화들이 그들의 특징적 발화 장르에 의하여 연구될 수 있고 비교될 수 있다는 생각은 이미 폭넓게 수용되었다. 그렇지만 내가 보기에는, 발화 장르에 대한 비교 문화 연구는 문화 독립적이며 그리고 언어 독립적인 의미론적 메타언어가 없기 때문에, 그로 인해 심한 어려움을 겪고 있는 듯하다.

1.1. 민속 표지의 중요성

일정한 문화가 갖는 특징적인 발화 행위와 발화 장르에 아주 효과적으로 접근하는 한 가지 방법은 민속 명칭을 통해서 접근하는 것이라고 나는 생각한다. 이 민속 명칭은 특별한 어휘 단위로서, 가장 관련 있는 '말의 형태'가 문화적 관점에서 기호화된 것이다(Goffman 1981 참조). 이것은 일정한 하나의 문화가 갖는 모든 '언어 게임'(Wittgenstein 1953 참조)이 반드시 그 문화만의 민속 명칭들을 갖는다는 것을 말하는 것은 아니다. 그럼에도 불구하고 일반적으로 그러한 민속 명칭을 갖고 있는 이들 언어 게임들은 그렇지 않은 문화보다 더 그 문화에 직접 관련된다고 가정하는 것이 타당해 보인다.

Gumperz(1972 : 17)의 말에 따르면 "모든 사회의 구성원들은 전체적으로 다른 것으로 간주되며 다른 유형의 담화와 구별되는, 어떤 의사소통의 관례들을 인식하며, 이것들은 말과 비언어적 행동의 특별한 규칙들에 의해 구별된다."라고 하였으며, 결정적으로 "이러한 단위들은 종종 특정한 명칭들을 갖는다."(1972 : 17)라고 하였다. 결국 "다른 범주에서와 마찬가지로, 발화 사례들을 파악하기 위한 매우 좋은 민족지학적 기술은 발화 사건에 명명된 단어들을 통해서이다"(Hymes 1962 : 110).

1.2. 두 가지 접근

일정한 하나의 문화가 갖는 특징적인 발화 장르는 보통 두 가지의 방법 중 하나로 기술된다. 즉 바깥쪽에서 안쪽을 보는 것과 안쪽에서 바깥쪽을 보는 것이다. 만약 발화 장르가 바깥쪽에서부터 기술된다면, 연구자는 '에스키모어의 질문', '줄루어의 지령' 또는 '야쿠트족의 축복과 저주들'과 같은 문제들을 제기할 것이다. 만약 발화 장르가 안쪽에서부터 기술된다면 우리는 쿠나(Cuna)족의 **나마께**(namakke), **선마께**(sunmakke), **고마께**(kormakke)와 같은 발화 장르라든가 또는 흑인 영어의 **캐핑**(capping)이나 **래핑**(rapping)과 같은 발화 장르에 대하여 읽게 될 것이다(Sherzer 1974 ; Abrahams 1970 참조).

첫 번째 접근의 위험성은 명백한 것처럼 보인다. question(질문)이나 command(지령) 또는 blessing(축복)과 같은 영어 단어들은 언어 특정적인 개념을 나타내고 있다. 그런 단어들은 영어의 민속 분류학을 구체적으로 나타낸 것으로 모든 민속 분류학과 마찬가지로, 이들 또한 문화 특정적이다. 영어의 민속 개념의 잣대를 통해서 영어가 아닌 언어들의 발화 장르의 목록에 접근하는 것은 편견을 가진 자민족 중심의 기술에 빠질 위험이 있다.

반면에 만약 '안쪽'으로부터, 즉 **나마께**(namakke)나 **래핑**(rapping)같은 개념의 관점에서, 하나의 문화가 갖는 발화 장르의 특징을 기술한다면, 그 결과는 자민족 중심의 편견으로부터는 자유로울 수 있으나, 외부자에게는 다소 이해되기 어렵다는 위험이 있다. 물론 Sherzer(1974)나 Abrahams (1970)와 같은 연구는 바깥 쪽 세계와 관련된 장르들의 언표내적 효력과 의미를 설명하는 데 많은 노력을 했지만, 이러한 설명들은 장황한 연구의 형식을 띠고 있으며, 결코 간결하거나 직관적으로 알기 쉬운 공식으로 요약되지 않는다는 사실 때문에 나에게는 진정한 이해의 심각한 장애물이 되고 있다.

물론 동일한 사실이 첫 번째 접근 방식에도 적용된다. '에스키모어의 질문', '줄루어의 지령' 또는 '흑인영어의 유머(insults)'와 같은 연구의 저자들은 문제의 발화 행위와 발화 장르들이, 그 용어에 대한 우리의 관점으로 보면, 실제로 '질문', '지령', '유머'가 아니라는 사실과, 그들은 이러한 영어 용어들을 단지 편의적으로 사용하였다는 사실을 해명하는 데 있어 종종 어려움을 갖는다. 그러나 사실상 이러한 장르들에 대한 설명들이, 그와 가장 가까운 영어의 민속 표지들을 제외하고는, 간결하고 직관적으로 알기 쉬운 공식으로 결코 요약되지 않은 채 장황한 연구의 형태를 띠고 있다. 그렇기 때문에 독자들이 그러한 문화 특정적인 본질을 파악하는 것이 매우 어려울 것으로 나는 생각한다.

내 생각으로는 두 가지를 동시에 알아야 한다고 본다. 첫째, 발화 행위와 발화 장르에 대한 민속 명칭들이 문화 특정적인 것이며 이 표지들은 일정한 사회가 갖는 가장 특징적인 '의사소통의 관례들'을 통찰할 수 있는 중요한 자료를 제공한다는 점이다. 둘째, 이런 자료를 충분히 탐구하기 위해서, 우리는 그러한 명칭들에 대한 엄격한 의미론적 분석을 수행해야 하며, 문화 독립적인 의미론적 메타언어로 이러한 분석의 결과들을 나타내야만 한다는 점이다.

Searle은 다음과 같이 주장하였다.

언표내적 행위들은, 말하자면 일종의 자연 개념이어서, 우리가 동물과 식물들을 기술하거나 그들의 명칭을 부여하기 위해 사용하는 우리의 일상 언어의 표현들이 자연 생물학적 종류와 정확히 대응한다고 가정하지 않는 것처럼 역시, 우리가 사용하는 일상 언어의 동사들을 가지고 언표내적인

개념의 영역을 의미론적 접점에 정확히 새겨 넣을 수 있다고 가정해서는
안 된다(Searl 1979 : ix- x).

그렇지만 나는 언어철학자들이 '약속하기'(Searl 1969 : 54-71)와 '요청하
기' 또는 '지령하기'(Searl 1973 : 3)와 같은 언표내적 행위들을 논의할 때,
그들이 언어 독립적인 어떤 '자연물의 종류'를 논한 것은 아니라고 생각한
다. 그들은 영어만이 갖는 특정한 개념을 사용하여 인간의 대화에서 일어
나는 무수한 구성성분들의 조합에서 선택한 구성성분의 복합체들을 논의
하고 있는 것이다.

'세례하기', '악마물리치기', '죄를 사하기' 같이 다소 의례적인 발화 행위
들이 생물학적 자연물과 유사한, 문화 독립적인 자연물의 종류로 간주될
수 없다는 것은 상당히 명백한 것처럼 보인다. 나의 견해로는 '약속하기',
'명령하기' 그리고, '경고하기'와 같은 행위들이 그다지 문화 의존적이 아니
라고 생각하는 것은 하나의 환상일 뿐이다(Rosaldo 1982 Verschueren 참조).

최근의 연구에서 저자들(Fraser & Rintell & Walters 1980 : 78)은 그들의
연구가 다음과 같은 가정에 기초하고 있다고 말하였다. "모든 언어는 언어
사용자들이 쓸 수 있는 동일한 기본적 발화 행위의 집합, 가령 요청하기,
사과하기, 선언하기, 약속하기 등을 갖고 있다. 다만 세례하기(baptising),
다리에서 급회전하기(doubling at bridge), 제명하기(excommunicating)와 같
은 특정 문화만의 의례화된 행위들은 예외이다." 이러한 가정에 기초한다
면, "만약 하나의 언어에서 요청하기와 같은 행위가 가능하다면, 다른 모
든 언어들에서도 가능할 것이라는 주장이다. 비록 요청하기와 같은 가장
기본적인 일상의 행위들에서 세례와 같은 보다 문화 특정적인 행위로 변
해갔다는 식의 어떤 예외가 있을 수 있지만, 우리가 오늘날 언어에 대해
알고 있는 한, 주장에 대한 예외는 발생하지 않으며, 나타날 것 같지도 않
다"(1980 : 79).

나의 견해로는 우리의 연구가 정당화되지 않은 가정에 기초하는 것은 쉽지 않은 일이라고 본다.

1.3. 몇 가지의 예시 : 영어 대 일본어

하나의 예시를 들어 강조하자면, warning과 같은 개념은 mimosa pudica(미모사과 식물명)나 felis domesticus(집고양이 품종)의 개념만큼 똑같이 언어 독립적이지 않다는 점이다. 오히려 warning(경고하기)의 개념은 shrub(관목)이나 bug(벌레)의 개념과 똑같이 언어 특정적인 것이다. 영어 단어 warning의 의미 기능은 신이 정하거나 과학적으로 규정된 근원적 자료가 아니다. 영어의 발화 행위 동사들은 발화 행위의 민속적 분류를 기호화한 것이지, 인간의 의사소통의 양식에 대해 문화 독립적이고 과학적인 또는 철학적인 분류를 한 것은 아니다.

'warning'이라는 단어와 정확하게 동일한 단어를 갖지 않는 언어들이 많이 있으며, 그 대신에 영어와 동일하지 않지만, 그와 같은 양식의 의사소통을 위한 단어들을 가지고 있는 언어들은 많이 있다. 예를 들어 일본어의 satosu라는 단어는 영어의 개념 'warning'이라는 단어에 기호화된 구성성분들의 일부와 일부의 다른 구성성분들이 결합된 것이다. 즉 그 단어는 화자가 상대보다 높은 권위를 가지고 있으며, 악으로부터 상대를 보호하려는 의도와, 상대를 향한 좋은 감정들을 갖고 있다고 가정한다(Nevile 1981을 참조). 영어는 권위에 대한 가정이 order(명령하다)나 forbid(금지하다)와 같은 동사에 기호화되어 있지만 그것은 결코 상대를 보호하려는 의도와 결합되어 있지 않다. 따라서 '나는 당신의 윗사람이다 ; 나는 당신에 대하여 책임이 있다 ; 나는 당신이 어떤 나쁜 일을 하는 것을 원하지 않는다 ; 나는 당신을 돌본다'와 같은 이러한 구성성분의 조합은 일본 문화의 독특한 자질이며, 일본 문화는 윗사람과 아랫사람의 관계를 부모와 아이의 관계와 같은 것으로 비유한다(Nakane 1970, 1972 ; Lebra 1976 ; Smith

1983 참조). 그리고 이러한 독특한 자질은 일본어의 동사 satosu의 의미에 반영되어 있다. 영어는 권위와 책임감 그리고 보호의 의미가 결합된 어떤 동사도 없다는 사실은 매우 유의미한 일처럼 생각된다.

우리가 보편적 의미 원초소에 기반을 둔 의미론적 메타언어를 사용한다면, 우리는 다양한 발화 행위들 간의 차이점과 유사성들을 분명하고 명시적으로 보여줄 수 있다. 예를 들어 warn(경고하다)과 threaten(위협하다) 사이의 관계는 아래에 제시된 예로 나타낼 수 있다(Wierzbicka 1987 참조).

warn
나는 말한다 : 만약 당신이 X를 한다면 무엇인가 나쁜 일(Y)이 당신에게 일어날 것이다
나는 생각한다 : 만약 당신이 그것을 안다면 당신은 X를 하지 않을 것이다
나는 당신이 그것을 알기를 원하기 때문에 이것을 말한다

threaten
나는 말한다 : 만약 당신이 X를 한다면 나는 당신에게 무엇인가 나쁜 일(Y)을 할 것이다
나는 생각한다 : 만약 당신이 그것을 안다면 당신은 X를 하지 않을 것이다
나는 당신이 X를 하지 않기를 원하기 때문에 이것을 말한다

satosu라는 단어에 기호화된 일본어의 개념은 다음과 같이 나타낼 수 있다(Nevile 1981 ; Morimoto 1985 참조).

satosu
a) 나는 말한다 :
　　당신은 X를 해야 한다
b)　만약 당신이 그것을 하지 않는다면 그것은 나쁘게 될 것이다

c) 나는 내가 그것을 말해야 한다고 생각하기 때문에 이것을 말한다
d) 나는 생각한다 :
　　당신은 이것 때문에 그것을 할 것이다
e)　당신은 내가 당신을 향해 무엇인가 좋은 것을 느낀다는 것을 안다
f) 나는 안다 :
　　나는 당신에게 이와 같은 것들을 말할 수 있다
g)　당신은 나에게 이와 같은 것들을 말할 수 없다

이 의미설명의 구성성분 (a)는 satosu가 어떤 점에서는 영어의 advice(조언)의 개념과 유사한 것을 보여준다. (b)는 satosu가 영어의 warn(경고하다)과 admonish(훈계하다)의 개념과 관련되며, (c)는 화자가 상대의 행동에 책임을 느낀다는 것을 보여준다. (d)는 화자의 영향력에 대한 자신의 확신을 보여주고 있으며, (e)는 이러한 확신에 대한 이유와 그리고 상대의 행동에 대하여 화자가 관심을 갖는 이유를 나타내고 있다. 반면 (f)와 (g)는 이들 관계의 비대칭적 특징을 밝힌 것이다.

satosu가 갖는 비대칭적 특징 때문에 satosu가 order나 reprimand와 같이 힘을 기저로 하는 영어 단어들과 관련된 것처럼 보일 수 있다. 그러나 satosu는 상대보다 우위에 있는 화자의 힘을 지시하지는 않는다. 오히려 satosu는 상대를 위한 화자의 책임에 대한 정당성과 상대를 향한 좋은 감정, 다시 말해 아랫사람, 즉 상대를 향해 윗사람 또는 화자가 갖는 부모 같은 태도에 대한 정당성을 추구한다. 결국 satosu의 개념은 많이 논의된 일본의 온정주의(paternalism)의 분명한 명시이다. 일본의 경우를 보자.

　사장은 …… 부모와 같은 감정을 갖도록 기대된다. 사실 그의 역할에 대한 사회적 기대감 때문에 종종 그러한 기대감들이 그에게 내재해 있건 없건 간에 그는 그러한 감정들을 암시하는 공공연한 행동을 하도록 되어 있다. 거기에는 윗사람들로부터 직접적으로 보호받는다는, 사실상 긍정적

인 환상들이 있다. …… 이러한 기대감들의 상호작용은 전통적인 가정에
서 장남을 향해 가중되는 책임감에 대한 기대감들과 유사하다. 그는 자기
권위 아래에 있는 다른 사람들을 책임져야한다는 것을 내면화해야 한다.
서구에서 살았던 아랫사람들에게는 개인적인 문제들까지 책임진다는 일
이 참견하는 것으로 여겨질 수 있다. 일례로 일본에서는 회사 경영자들과
기관장 심지어 고위 관리자들조차도 때때로 그들 아랫사람들 중 한 사람
을 위해 적절한 결혼을 보증하는 중매자로서 행동해야 한다. 이것은 부모
와 같은 책임감의 일부이며 그리고 사실상 아랫 사람에 대한 애정 어린 관
심의 한 형태로 간주된다(DeVos 1985 : 159).

Lebra(1976 : 51)가 밝힌 것처럼, 전쟁 전 일본은 심지어 "군부대의 단위
들조차도 가짜 아버지들과 가짜 자식들로 구성된 가짜 가족들의 형태로
만들었다. 한 전직 장교는 '중위는 어머니처럼 군인들을 훌륭하게 돌보는
가정주부와 같고, 반면에 중대장은 그의 명령이 엄격하게 준수되어야 하
는 아버지, 오로지 그의 병사들을 향해 친족의 영향력을 지닌 아버지로 비
유될 수 있다"(Libra는 이것을 Minami(1953 : 157)에서 인용함).

만일 윗사람이 부모처럼 행동하도록 기대된다면, 아랫사람들은 어린 아
이의 역할, 그것은 복종하는 아이가 아니라 부모의 영향력을 알고 의존할
수 있는 하나의 자식으로서의 역할을 취하도록 기대된다. 이러한 사실은,
또한 일본어의 발화 행위 동사들의 어휘 목록 중에서 Morimoto(1985)가
지적한 것처럼, 특히 nedaru의 개념에 잘 반영되어 있다. 이러한 사실은
nedaru의 개념에 대한 일본어의 발화 행위 동사의 사전에도 잘 반영되어
있다. 그러나 먼저 사회심리학자들의 연구로부터 두 가지의 추가적인 인
용을 하면 다음과 같다.

'자식' 역할자는 안전과 보호를 위해 따뜻하고 자비롭고 그리고 애정어
린 돌봄으로 특징되는 oyagokoro('부모의 마음')에 호소함으로써 '부모'
역할자에게 의존할 수 있도록 되어 있다(Lebra 1976 : 51).

전통적인 일본의 체제에는 아랫사람의 입장에 대한 '권리'가 없다. 그들은 계약 관계를 형성하지 않았기 때문에, 과거 아랫사람들의 유일한 방책은 윗사람들의 친절함과 자비로움이 유발되기를 바라는 것이었다. 이러한 감정들은 윗사람에게 애정 어린 돌봄과 감사함이라는 잠재적 감정을 호소함으로써 이끌어내졌다. 윗사람들에게 교묘한 태도로 친절함과 자비로움을 이끌어낼 수 있는 이러한 능력을 일본에서는 amaeru라고 한다. 그것에 대해서는 Takeo Doi〔1973〕가 충분히 논의하였다(DeVos 1985 : 159-160).

Morimoto(1985)가 지적한 것처럼 일본어는 보통 영어의 'ask'로 번역되는 두 개의 동사, 즉 tanomu와 nedaru가 있다. 그러나 tanomu가 실제로 ask(for)와 의미론적 대응어로 간주되는 반면, nedaru는 이와는 약간 다른 특징적인 일본어의 개념, 즉 amae의 심리를 반영하고 있음을 암시하고 있다(amae/amaeru 개념에 대한 의미론적 분석을 위해서는 Wierzbicka 1992 4장 참조).

Nedaru는 변함없이 친밀한 관계를 암시한다. 그리고 나는 이 동사에는 '나는 당신이 그것을 하기를 원할 것이라고 생각한다'와 같은 그 이상의 어떤 것이 있다고 생각한다. 그것은 오직 아랫사람들이 그들과 매우 가까운 관계의 윗사람들에게만 사용할 수 있다. …… 그리고 그러한 사실은 화자는 윗사람이 그에게 친밀한 감정을 가지고 있다는 것과 화자는 그것을 이용할 수 있다는 것을 알고 있다는 것을 보여준다(Morimoto 1985).

Morimoto의 nedaru에 대한 분석에 따라, 나는 이러한 개념을 다음과 같은 의미설명으로 제시하고자 한다.

nedaru
(a) 나는 말한다 : 나는 당신이 나를 위해 무엇인가 좋을 일을 하기를 원한다

　　(b) 나는 당신이 그것을 하기를 원하기 때문에 이것을 말한다
　　(c) 나는 안다 : 당신은 그것을 하지 않아도 된다
　　(d) 나는 당신이 그것을 하기를 원할 것이라고 생각한다
　　(e) 나는 당신이 나를 향해서 무엇인가 좋은 것을 느낀다는 것을 알기
　　　　때문이다
　　(f) 나는 안다 : 당신은 나를 위해 이와 같이 좋은 것을 할 수 있다
　　　　　　나는 당신을 위해 이와 같이 좋은 것을 할 수 없다

　영어 ask(for)와 일본어 tanomu는 둘다 이러한 구성성분들 중 세 가지 (a), (b), (c)를 포함하지만, 상대방이 자비로움을 베풀 것으로 가정되기 때문에 화자의 바람이 당연한 것으로 받아들여질 것이라고 확신하는 기대감을 나타낸 (d)가 포함되어 있지 않으며, 상대가 '좋은 감정'을 갖는다고 가정하는 (e)도 포함하지 않는다. 또한 그들은 힘과 권위가 아닌, 애정 어린 돌봄과 의존의 관점에서 그들 관계가 본래부터 비대칭적인 것으로 추정되는 (f)도 포함하지 않는다.

　여기에 제안된 공식에서, 영어 동사 warn과 threaten의 의미와 그리고 일본어 satosu의 의미는 단순화되고 표준화된 영어로 기술하였다. 그렇지만 이런 공식은 쉽게 일본어로도 번역된다. 왜냐하면 warn 또는 abuse, swear, curse와 같은 단어들은 일본어에 동일한 단어가 없는 반면에, I, want, know, do, happen, bad, because와 같이 의미론적으로 단순한 단어들은 일본어뿐만 아니라 세계의 다른 언어에도 동일한 표현이 있기 때문이다. 이런 이유 때문에 여기에서 사용된 의미론적 메타언어는 어느 정도 언어 독립적인 것으로 간주할 수 있다.

　Coulmas(1981 : 70)는 "요컨대, 어려움은 어떻게 발화 행위들이 비교 문화적으로 비교될 수 있으며, '번역될 수 있는가'에 대한 아주 일반적인 질문으로 요약된다. thanks 그리고 apology와 같은 발화 행위들을 불변의 추상적 범주로 다루는 일은 확실히 시기 상조이다."라고 하였다. 나는 이

것에 대해 좀 더 강력하게 주장할 것이다. 즉 '그것은 단순히 시기상조의 문제가 아니다. 노골적인 자민족 중심이다.'

　Coulmas(1981 : 81)는 다음과 같이 상세하게 설명하였다. "무엇보다도 'thanks'와 'apology'는 서양의 단어이다. …… 그렇지만 이와 같은 범주들을 〔다른 문화권에〕 적용하는 일이 당연한 것으로 생각되어서는 안 된다. 특히 우리는 개별 언어들의 발화 행위에 대한 명칭들이 발화 행위의 보편적인 유형들로 규정될 수 있다고 가정해서는 안 된다." 이제 나는 더 이상 여기에 동의할 수 없다. 불행하게도 Coulmas가 계속해서 다음과 같이 주장했기 때문이다. "이것을 염두에 두고 우리는 이제 thanks와 apologies에 대해 문화 간 비교 가능성의 문제에 접근할 수 있다. …… thanks와 apologies에 관해서는, 그 단어들은 모든 언어 공동체에서 총칭적인 발화 행위로 존재한다는 사실이 합리적인 가정처럼 보인다"(1981 : 81).

　그러나 사실 Coulmas 그 자신은 정작 영어 단어인 thanks(감사)와 apology(사과)에 기호화된 개념들이 일본 문화와 실제로 맞지 않는다는 사실을 설득력있게 보여주고 있다. 그러므로 우리는 영어 단어들이 발화 행위의 문화 간 비교를 위한 적절한 도구가 아니라는 결론을 확실하게 내려야 하지 않을까? 우리가 그 단어들이 일본과 같은 문화에는 맞지 않는다는 것을 보여주려고 시도하는 한 그 단어들은 하나의 목적에 합당한 것이 된다. 우리는 또한 정당하게 물을 수 있다. 즉 우리가 사과하거나 고마워하는 상황에서 일본인들은 어떻게 행동할까? 그러나 실증적인 관점에서 일본 문화의 특징적인 발화 행위를 기술하기 위해서는, 우리는 thank나 apologise와 같은 영어의 발화 행위의 표지에서 나온 것이 아닌 별개의 메타언어를 필요로 한다.

　누군가에게 thank라고 말하는 것이 의미하는 바는, 대략 그 사람들이 우리에게 무엇인가 좋은 일을 했기 때문에 우리가 그들을 향해 무엇인가 좋은 것을 느끼는 것을 말하는 것을 의미한다. thank는 유럽인에게 호의를 받은 것에 대해 완벽하게 '자연스럽고' '정상적인' 반응으로 보일지도 모른다. 그러나 일본 문화는 사회적 위계에 대한 압박감을 가지고 있으며, 무엇보다도 모든 호의에 대해 의무적으로 보답해야 한다는 압박감을 가지고 있어서, 이 반응은 매우 '정상적'이지 않으며 일반적으로 적절하지 않다. Coulmas가 지적한 것처럼, 일본 문화는 우리가 다른 사람에게 폐를 끼쳤을 때 하는 반응과 동일한 방식으로 다른 사람의 호의에 대해 반응하는 것이 '정상적'이다. 즉 우리는 이것 때문에 '무엇인가 좋은' 것을 느끼기보다는 오히려 '무엇인가 나쁜' 것을 느낀다고 말하는 것이다. 따라서 sumimasen과 같은 표현은, 글자 뜻 그대로, '그것은 결코 끝이 없다'. 다시 말해 나는 당신에게 '결코 끝이 없는 나의 빚'을 늘 의식한다는 뜻이기 때문에, 이 표현은 유럽인의 관점에서 보면 thanks의 상황과 apology의 상황 둘 다에 사용되는 것이다.

그러므로 영어 동사 to thank에 대응하는 동사가 일본어에 없다는 것은 놀라운 일은 아니다. 그것과 가장 가까운 단어는 원래 한자어인 kansha suru이지만 이 단어는 어린아이가 엄마의 선물에 대한 감사나, 대학 강사가 학생의 도움에 대한 감사로는 절대로 사용할 수 없다. 그리고 (Kaoru Sakurai가 사석에서 제공한 말에 의하면) 실제로 kansha suru는 문어로만 한정하여 쓰이고 있다. 지위와 계급 그리고 관계의 유형과 관계없이, 사람들이 본질적으로 동일한 방식으로 어떤 호의에 대해 언제나 반응한다는 사실은 일본 문화에 맞지 않으며, 그리고 thank에 상응하는 일반적인 발화 행위 동사의 부재가 이러한 사실을 반영한다. 이제 영어 thank와 일본어 kansha suru 둘 다를 보편적인 의미론적 원초소인 메타언어로 번역함으로서, 우리는 그 둘 사이의 유사점과 차이점을 모두 드러낼 수 있다. 그리고 이 방법으로, 만약 그렇지 않았다면 엄격한 분석을 하기 어렵거나 파악하기 어려운 것으로 보일 수도 있는, 문화적 차이를 증명할 수도 있다. 나의 제안은 다음과 같다(thank의 약간 다른 설명과 논의에 대해서는 Wierzbicka 1987 참조).

thank
(a) 나는 안다 : 당신은 나를 위해 무엇인가 좋은 일을 했다
(b) 나는 이것 때문에 당신을 향해 무엇인가 좋은 것을 느낀다
(c) 나는 당신이 무엇인가 좋은 것을 느끼기를 원하기 때문에 이것을
    말한다

kansha suru
(a) 나는 안다 : 당신이 나를 위해 무엇인가 좋은 일을 했다
(b) 나는 말한다 : 나는 이것 때문에 당신을 향해 무엇인가 좋은 것을
    느낀다
(b′) 나는 안다 : 나는 당신을 위해 이것과 같이 무엇인가 좋은 것을 할
    수 없다
(b″) 나는 이것 때문에 무엇인가 나쁜 것을 느낀다
(c) 나는 내가 그것을 말해야만 한다고 생각하기 때문에 이것을 말한다

이 둘의 설명 중에서 (a)와 (b)의 구성성분들은 동일하다. 그러나 '언표
내적인 목적'인 (c)는 서로 다르다. 일본어의 개념은 화자의 편에서 의무
감을 느끼는 압박감이 있기 때문이다. 그렇지만 그보다 더 중요한 것은 일
본어의 개념은 구성성분 (b′)처럼 비대칭적 관계를 암시하며, 그리고 '갚
을 수 없는 빚'의 느낌, 즉 그것은 감사와 유사한 느낌인데, 이것은 구성성
분 (b″)에서와 같이 죄의식의 느낌과 연결되어 있음을 암시한다는 것이다.
전부는 아니지만 대부분의 문화에서, 우리가 thanks와 apologies와 같
은 '총칭적인 발화 행위'를 찾을 수 있다고 예측하는 일은 완벽하게 근거가
없는 일이라는 사실을 추가해야만 한다. 호주 원주민인 Yolngu 사람들을
예로 들어보자.

Yolngu인들은 서로에게 절대 'thanks'라는 표현을 하지 않는다. ……

사람들은 보통 두 가지 이유 중 하나 때문에 어떤 일을 한다. 즉 그들이 하기를 **원했기** 때문이거나 그렇지 않으면, 그들이 특별한 관계를 이행하기 위한 어떤 의무를 가지고 있기 때문이다. 그러므로 백인인 balanda가 yolngu인에게 어떤 '호의'를 베풀었을 때, 자동적으로 yolngu인은 백인인 balanda가 원했기 때문에 그를 그의 보트에 태워주었다고 생각한다. 그래서 그는 고마움에 대한 어떤 표현도 할 필요가 없었다. …… yolngu인이 무엇인가를 하는 두 가지 이유에 대한 이러한 분석은, 호혜주의의 원리와 상당히 일치한다. …… 왜냐하면 호혜주의의 원리는 특별한 관계를 위한 의무의 체계 안에서 작용하기 때문이다(Harris 1984 : 134-135).

반면에 친족관계를 중심으로 한 의무들, 그것은 많은 호주 원주민의 언어에 'thanks'의 부재를 부분적으로 설명해주고 있는데, 그 의무들은 다른 발화 행위에 반영되어 있으나 유럽의 언어들에는 대응예가 없으며, 영어와 같은 언어의 발화 행위에 대한 어휘 분류 체계에도 찾을 수 없다. 이 점은 다음 장에서 좀 더 자세히 고려될 것이다.

1.4. 또 다른 예시 : 영어 대 Walmatjari

모든 발화 행위 또는 발화 장르는 의도, 가정, 생각, 느낌 등등이 표현된 언표내적 구성성분으로 이루어진다(6장도 참조). 예를 들어 영어의 민속 분류학에서 'X가 Y에게 Z를 하도록 했다'와 같이 order(명령하다)로 확인된 행동은, 다음과 같은 의미 구조를 갖는다고 나는 제안한다.

order(나는 너에게 X를 할 것을 명령한다)
  (a) 나는 말한다 : 나는 당신이 X를 하기를 원한다
  (b) 나는 당신이 그것을 하기를 원하기 때문에 이것을 말한다
  (c) 나는 이것 때문에 당신이 그것을 해야만 한다고 생각한다
  (d) 나는 이것 때문에 당신이 그것을 할 것이라고 생각한다

영어 'X가 Y에게 Z를 하도록 요청했다'처럼 동사 ask(요청하다)에 의해 확인된 행위는 다음과 같은 의미 구조를 갖는다고 할 수 있다.

    ask
    (a) 나는 말한다 : 나는 당신이 나(X)를 위해 무엇인가 좋은 것을 하기
        를 원한다
    (b) 나는 당신이 그것을 하기를 원하기 때문에 이것을 말한다
    (c) 나는 생각한다 : 당신은 그것을 할 필요가 없다
    (d) 나는 당신이 그것을 할 것인지 아닌지를 알지 못한다

그러나 호주의 언어인 Walmatjari는 서호주에서 사용되는데, 이 언어에는 영어의 ask(to/for)나 order와 관련은 있지만, 이 둘 중 어느 것과도 동일한 표현이 없는, 하나의 특징적인 발화 행위가 있다(Hudson 1985 참조). 그 발화 행위란 원주민 사회의 매우 특징적인 것으로 친족의 권리와 의무를 기초로 하고 있다. 따라서 Walmatjari는 '친족관계에 기초한 요청'이라고 하는 매우 특별한 단어인 **japirlyung**를 가지고 있는데, 친족관계를 기초로 한 '요청'은 거절될 수 없다는 것을 의미한다. 그러나 이러한 발화 행위를 일종의 '요청'이라고 하게 되면, 우리들은 당연히 잘못을 범하게 된다. 왜냐하면 화자의 관점에서, 거절할 수 없는 하나의 행위란 진정한 '요청'이 아니기 때문이다. 이러한 행위를 앵글로 중심의 편견으로부터 자유로우면서도 외부자에게 의미가 있는 하나의 방법으로 표현하기 위해서, 나는 다음과 같이, 우리들이 보편적이거나, 아니면 거의 보편에 가까운 기본적인 의미 단위들을 사용할 것을 제안한다.

    japirlyung
    (a) 나는 말한다 : 나는 당신이 나(X)를 위해 무엇인가 좋은 것을 해주
        기를 원한다
    (b) 나는 당신이 그것을 하기를 원하기 때문에 그것을 말한다

(c) 나는 생각한다 : 당신은 나를 위해 좋은 일을 해야만 한다

(c') 나는 당신이 안다고 생각한다 : (우리는 관련이 있기 때문에) 누구
　　 나 다른 사람을 위해 좋은 일을 해야만 한다

(d) 나는 생각한다 : 당신은 이것 때문에 그것을 할 것이다

　이 의미설명의 구성성분 (a)와 (b)는 영어 단어인 ask(for)의 구성성분 (a), (b)와 같다. 그러나 상대가 따를 것이라는 확신을 표현한 (d)는 영어의 ask가 아니라 order와 관련된다. 이와는 반대로, 영어의 ask는 상대가 동의할 것인지의 여부를 화자가 알지 못한다는 것을 암시하고 있다. 따라서 '나는 당신이 그것을 할 것인지 아닌지를 알지 못한다'라는 구성성분은 ask(to/for)를 질문과 연결시키고 있다. 그러나 상대가 동의할 것이라는 확신의 기저는 order나 japirlyung의 경우와는 매우 다르다. order는 위계적인 관계를 암시한다. 따라서 '만일 내가 당신이 무엇인가를 하기를 원한다고 말을 한다면, 그렇다면 당신은 이것 때문에 그것을 해야만 한다'를 암시하게 된다. japirlyung은 그런 종류의 의미를 암시하고 있지 않다. 왜냐하면 상대가 화자의 권위나 통제 하에 있다는 것을 암시하지는 않기 때문이다. 따라서 japirlyung은 오직 그들이 서로 관련되어 있기 때문에 화자를 위해 상대방이 어떤 '좋은 일'을 해야 할 의무를 암시할 뿐이며, 그것은 친족관계를 기저로 하는 의무에 대한 일반적인 체계, 즉 공동체의 누구에게나 해당되는 하나의 체계임을 상기시킨다('관계성'의 개념에 대한 의미론적 분석은 Wierzbicka 1992, 9장 참조).

　Hudson(1985 : 71)은 japirlyung이 사용되는 예를 다음과 같이 제시하고 있다.

Japirlyinya　　parla　　parri-ngu nganpayi kuyi-purru.
asked　　　　　he-him　boy-ERG　man　　　meat-PURP
'그 소년은 그 남자에게 고기를 달라고 요청했다(친족의 의무 때문에).'

Hudson은 이 japirlyung을 동사 jinjinyung과 대조하고 있는데, jinjinyung은 영어의 동사 order와 같이, "친족관계에 기초한 의무보다는 화자 쪽의 권위를 암시"하며, japirlyung이 나타내는 '그것은 나에게 좋은 것이다'라는 구성성분을 포함하고 있지 않다. 예를 들면 다음과 같다.

Jinjinyinya   manya   yinpatnu-purru.
ordered   he-them   sing-PURP
'그는 그들에게 코로보리 노래를 시작하라고 지시했다.'

Hudson이 주장한 것처럼, 이 예문에서 "화자는 코로보리에서 권위를 가지고 있고, 그렇기 때문에 그는 참가자들에게 시작하라고 명령할 수 있는 것이다"(1985 : 71).

결국 권위에 기초한 '지시'의 개념은 영어와 Walmatjari 둘 다 어휘화되어 있다. 반면에 친족 관계에 기초한 '지시'의 개념이 Walmatjari어는 어휘화되어 있지만 영어는 어휘화되어 있지 않다. 권위에 기초한 것도 아니고 친족 관계의 의무에도 기초하지 않은, 그렇지만 개인의 좋은 의지에 호소하는, 지시의 개념이 영어는 어휘화되어 있으나 Walmatjari어는 명백히 어휘화되어 있지 않다는 것이다. 이 점이 바로 원주민의 문화에는 'thanks'의 개념이 부재하다는 Harris의 언급과도 매우 잘 일치하는 것이다.

1.5. 심각한 순환성의 제거

하나의 언어 안에서 또는 비교 언어적으로 둘 다, 의미설명을 할 때에는 상대적으로 단순한 용어를 사용하는 것이 개념들 간의 엄격한 비교를 가능하게 해주며, 이렇게 함으로서 일반적으로 전통적인 사전과 특히 유의어와 관련어 사전에 오염되어 있는 심각한 순환성을 확실하게 제거할 수 있다. 위의 1장에서 지적한 것처럼, 전통적으로 request와 같은 단어는 거의 항상 ask for와 관련하여 기술되어 왔다. 그리고 그 반대도 마찬가지인데, 'to request'는 'to ask politely for something'으로, 그리고 'to ask for something'은 'to make simple a request'로 기술되어 왔다. 예를 들어, Hornby 외(1969)는 ask의 적절한 의미로 "request information or service", request를 "make a request" 그리고 명사 request를 "asking or being asked for something"이라고 정의하였다.

나의 분석으로는 어떤 발화 행위동사도 다른 발화 행위동사로 정의될 수 없다. 의미설명을 할 때 말을 지시하는 유일한 동사는 say인데, 이 단어는 더 이상 정의될 수 없는 보편적인 의미 원초소의 지위를 가지고 있다. 나의 의미설명에서 사용되는 다른 단어들이 언제나 이러한 지위를 갖지는 않지만 모두 상대적으로 단순하고, 현재의 목적을 위해 그 단어들은 정의될 수 없는 것으로 간주할 수 있다. 정의를 하기 위해 사용하는 상대적으로 단순한 단어들의 작은 집합으로부터, 정의되는 단어들을 엄격하게 분리한 것은, 심각한 순환성을 제거할 수 있고, 알지 못하는 개념을 알지 못하는 개념으로 번역하는 것이 아니라, posteriora를 priora로 축소한 점, 다시 말해 복잡하고 상대적으로 모호한 개념을 보다 단순하고 상대적으로 명료한 개념들로 바꾸는 일이라는 점에서, 아리스토텔레스가 말한 대로 그 분석은 매우 실제적이라는 점을 확신한다.

1.6. 제안된 공식에 관한 증거

제안된 공식에서는 한 용어의 모든 사용 범위가 올바로 예측되어야만 한다. 일반적으로 각각의 공식들은 엄청난 수의 버전을 거치고, 또다시 이것들은 원어민 화자들을 통해 점검과 재점검되면서 최적의 버전에 이르게 된다. 최적이란 그 용어 사용에 관한 모든 양상이 설명될 수 있다는 관점을 말한다.

용법의 모든 영역이 설명될 수 있다는 말은, 나에게 있어서는 그 용어가 적용될 수 있는 상황뿐 아니라, 그 용어가 사용될 수 있는 통사적인 환경 모두를 설명할 수 있다는 것을 의미한다.

예를 들면 reveal(털어놓다), confess(고백하다)와 tell(말하다)이라는 동사들을 생각해 보자. 왜 사람들은 tell someone a joke라고 할 수 있지만, *reveal someone a secret이라고 하거나 또는 *confess someone one's sin이라 할 수는 없는가? 추측컨대 이 세 가지의 경우는 모두 상대가 무엇인가를 알게 된다는 점에서 그 행동 자체에 의하여 영향을 받는다. 그러나 reveal과 confess는 메시지와 관련된 것을 함축하고 있다는 점에서 tell과는 다르다. 누군가에게 비밀을 revealing한다는 것은 그 비밀이 공개되기 때문에 상대뿐만 아니라 그 비밀에도 결정적으로 영향을 미치게 된다. 이와 유사하게 만일 내가 누군가에게 죄를 confess한다면 나의 죄는 더 이상 비밀이 되지 않고, 내 영혼의 짐도 되지 않으며, 심지어 그것들은 사죄라는 행동을 통해 '깨끗이 씻겨질' 수도 있다. 그것은 tell과는 상당히 다르다. Tell은 그 메시지가 reveal처럼 비밀이라는 것을 암시하지 않으며, confess처럼 죄가 있다는 것도 암시하고 있지 않다.

Tell의 메시지는 매우 사소한 문제일 수 있으며 그 메시지는 발화 행위에 의하여 영향을 받지 않는다. 예를 들어, 만일 내가 존에게 농담을 말한다면(tell) 이것은 존에게 영향을 주어 존을 웃게 할 수도 있다. 그러나 이것은 농담 그 자체에 영향을 주지 않는다. 그리고 설령 그 메시지가 사소한 문제가 아닐 때조차도, 예를 들어 만일 내가 존에게 '진실'을 말한다면(tell), 그는 '진실'을 알게 될 것이기 때문에 아마도 영향을 받게 될 것이다. 그러나 마치 비밀을 **털어놨을**(revealed) 때, 예를 들어 그 비밀이 공적으로 되거나 또는 공개된다는 의미에서 비밀 그 자체가 영향을 받게 되는 것처럼, 문제의 그 '진실'은 영향을 받게 될 것이라는 암시는 없다.

Reveal이나 confess와 같은 동사들이 암시하고 있는 메시지들이 중요한 것과는 대조적으로, 상대적으로 상대가 중요하지 않다는 사실은 상대를 나타낼 수 있는 표현을 생략할 수 있다는 것에도 반영될 뿐만 아니라,

내적인 여격 위치로 승격될 수 없다는 것에도 반영되어 있다.

He revealed that he had spent ten years in jail.
그는 그가 10년 동안 감옥에 있었다는 것을 털어놨다.

He confessed that he had spent ten years in jail.
그는 그가 10년 동안 감옥에 있었다는 것을 고백했다.

??He told that he had spent ten years in jail.
??그는 그가 10년 동안 감옥에 있었다는 것을 자기에게 말했다.

Reveal, confess 그리고 tell과 같은 동사들의 의미론적 설명을 고안하면서 나는 그 공식을 적절하게 구별하기 위해 노력해 왔다. 이렇게 하여 의미론적 분석은 통사론적 유형의 차이점과 유사점을 설명하기 위해서 사용되며, 그 통사론적 유형은 의미론적 설명을 위한 증거로서 사용된 것이다(더 자세한 자료와 논의는 Wierzbicka 1988, 6장 참조).

1.7. 일인칭 형식

이 5장에서 제안한 분석의 마지막 자질에 대해 설명할 필요가 있다. 그 자질이란 의미설명에 쓰이는 일인칭(단수, 현재 시제) 형태이다. 의미 분석에서 이 일인칭 형식은 일반적으로 알려져 있는 관습과 상당히 다른 하나의 중요하고도 계획적인 출발점이다. 그것은 'I warn', 'I request'와 같은 화행 동사들의 일인칭 형태가 의미론적으로 다른 모든 형태들보다 더 단순하며, 'he warned'나 'he requested' 등과 같은 표현들은 그에 상응하는 일인칭 표현에서 파생되었다는 나의 확신을 반영한다. 이것은 boast(자랑하다)나 threaten(협박하다)과 같은 일부의 화행동사들은 (수행의미로서) 일인칭 현재시제로 결코 사용되지 않는다는 사실에도 불구하고 그렇다. 따라서 'John boasted of X'나 'John threatened to do X'와 같은 보고 형태는 일인칭의 형식으로만 적절하게 기술될 수 있는 주관적인 태도인데, 이는 옳든 그르든 일정한 발화 행위를 수행한 당사자의 탓으로 돌린 것이라고 나는 믿는다.

이것을 살펴보기 위해서는 문제의 주관적 태도들이 때때로 억양에 의해 단순하게 표현된다는 사실과(Deakin 1981 참조) 본래 억양이란 일인칭 의미를 가진다는 사실이 충분히 고려되어야만 한다. 억양으로 '나는 화났다'라는 의미를 전달할 수는 있으나 결코 '그녀는 화가 났다'라는 의미를 전달할 수는 없다. 또 억양으로 '나는 당신이 무엇인가 하기를 원한다'나 '나는 당신이 나에게 무엇인가를 말하기를 원한다' 등의 의미를 전달할 수는 있으나, '그녀는 그가 무엇인가를 하기를 원한다'나 '그녀는 그가 그녀에게 무엇인가를 말하기를 원한다' 등의 의미를 전할 수는 없다.

3인칭 형태에서 언표내적 효력의 의미를 기술하는 것은 직접 담화가 간접 담화로부터 파생되었다는 것과 같다. 그러나 널리 알려진 바처럼, 많은 언어들은 간접화법을 가지고 있지 않다. 또한 어린이들의 말에서, '아빠가 말했다. 몇 시야?', '엄마가 그에게 말했다. 나는 너를 사랑해'와 같은 발화들은, '아빠가 몇 시냐고 물었다', '엄마는 아빠에게 그녀가 아빠를 사랑한다고 이야기했다.'라는 발화보다 좀 더 일찍 사용된 것도 잘 알려져 있다(Coulmas 1986 참조).

나는 보고하기의 말하기에서 사용될 수 있는 모든 동사들이 원래부터 일인칭의 관점을 가졌다고 주장하는 것은 아니다. 예를 들면, ejaculate(절규하다), bark(고함치다), babble(떠듬거리며 말하다), fume(씨근거리다), thunder(호통치다), mutter(투덜대다), snap(앙알대다)와 같은 동사들은 외부로부터 발화사건을 기술하면서 외적인 관찰자의 인상을 상세히 설명하고 있다. 우리들은 일인칭으로 이 단어들을 사용할 것 같지 않으며 심지어는 과거시제에도 사용하지 않을 것이다.

'Too late', she barked / ?I barked.
'I absolutely forbid it', thundered the Colonel / ?I thundered.

'너무 늦었어', 그녀는 고함쳤다./ ?나는 고함쳤다.
'나는 그것을 절대적으로 금한다', 대령은 호통쳤다./ ?나는 호통쳤다.

이런 유형의 동사들은 발화의 태도를 기술한다. 그리고 이 동사들은 우리들이 그 단어로 인하여 연상되어질 수 있다고 가정하는 감정의 관점에서만 매우 부분적으로 발화의 태도가 기술되는 반면에, 화자의 언표내적 목적에 관해 암시하는 것은 없다. 이 동사들은 다음처럼 3인칭으로 바꿔 쓸 수 있다.

"X", 그는 호통쳤다. = "X", 그는 마치 사람들이 자신이 화가 나거나 힘을 가졌다는 것을 보이고 싶을 때 하는 것처럼, 천둥이 치는 소리가 연상될 정도로 그것을 말했다.

complain(불평하다), boast(자랑하다), warn(경고하다), order(지시하다), promise(약속하다), announce(알리다) 등의 실제 발화 행위 동사들이 발화의 태도를 암시하는 이유는, 그것이 바로 화자로부터 그 태도가 기인한다는 사실과 틀림없이 부합하기 때문이다. 즉 이 동사들은 직접적으로 일인칭 관점에 의해서만 정확하게 묘사될 수 있는 태도들을 화자의 행위로 귀결시키기 때문이다(이 점에 관해 다른 견해는 Boguslawski 1988 참조).

1.8. 다른 생각의 문제

의미 분석에서 1인칭 형태를 쓴다면, 예를 들면 Chomsky(1975)와 같은 몇몇 언어학자의 관점에서 볼 때, 발화 행위의 모든 의미 분석이 쓸모없는 모험이라고 했던 역설을 해결할 수 있다. 화자의 주관적 태도의 관점에서 보면, 즉 화자의 가정과 의도 등등의 관점에서 보면, 발화 행위가 서로 다르다는 것은 명백하다. 그렇지만 다른 사람들의 가정과 의도 등등은 관찰될 수 없는 것이며, 끝내는 다른 사람들은 알지 못한 채로 남게 된다. 그러면 우리는 어떻게 이 알지 못한 것을 기초로 하여, 엄격한 의미 분석을 진행할 수 있을 것인가?

나는 이러한 반대가 타당하다고 보지만, 단지 발화 행위의 분석이 관습적인 3인칭 형태와 관련될 때만 해당된다고 본다. 만약 John이 누군가에게 무엇인가를 경고한다면, John 외에 어느 누구도, John이 실제 의도하는 것에 대해 잘 알지 못한다. 그렇지만 이것이 아래의 등호가 갖는 타당성을 손상시키는 것은 아니다.

나는 당신에게 경고한다 =
나는 말한다 : 당신이 만일 X를 하게 되면 무엇인가 나쁜 일(Y)이 당신에게 일어날 수 있다
나는 당신이 그것을 알기를 원하기 때문에 이것을 말한다
나는 당신이 그것을 알면 당신은 그것을 하지 않을 것이라고 생각한다

일인칭 형식의 발화 행위 동사를 해석함에 있어, 우리는 ('I warn you'와 같은) 일인칭 표현들에 수반되는 태도를 모델로 삼고, 'he warned'와 같은 3인칭 보고 형태에서는 옳든 그르든 화자에게 귀결되는 태도를 모델로 삼는다. 우리의 공식에서 표현된 가정과 의도가 적절한 발화 행위를 수행하는 사람들에 의해 진지하게 행해졌는지 아닌지는, 의미론적 관점에서는 관련성이 별로 없다. 나는 경고하거나, 위협하거나 또는 요청하는 사람들의 진정한 의도에 대해 어떤 것도 주장하지 않는다. 나는 단지 어떤 사람이 I warn you 또는 Careful! This gun is loaded!라고 말할 때, 수반되는 태도가 동사 warn으로 기술될 수 있고, 그리고 어떤 사람이 he warned me라고 할 때, 그 태도는 화자에게로 귀결된다는 것을 주장하는 것이다(Skinner 1970 ; Hymes 1974b : 182-183 참조). 마찬가지로 우리들은 다

음과 같이 말할 수 있다.

> She ordered him to go, but she didn't really want to be obeyed.
> 그녀는 그에게 가라고 명령했으나 그녀는 진정으로 그렇게 따르기를 원하지 않았다.

이것은 'X는 Y에게 Z하라고 명령했다'와 같은 문장을 'X는 Y가 Z를 하기를 원했다'로 기술하는 것이 부정확할 수 있다는 것을 의미한다. 그러나 이 문장을 X가 '나는 당신이 Z하기를 원한다'라고 말하거나 그렇지 않으면 그런 의미를 전달하는 관점으로 기술하는 것은 타당한 것이다(Wierzbicka 1974 참조).

의미론은 전달된 것과는 반대인, 사람들의 '진짜' 가정과 의도에는 관심이 없다. 발화 행위에 대한 분석의 임무는 관습적인 언어적 수단에 의해 (물론, 억양을 포함해서) 사람들이 말로 전달하는 태두를 명시적이고 증명할 수 있는 공식으로 만드는 데에 있다. (일반적으로) 의미론의 임무는 사람들이 관습적인 언어적 수단에 의해 말로 전달하는 의미를 명시적이고 증명할 수 있는 공식으로 만드는 데에 있다.

이어서 나는 몇몇의 서로 다른 언어를 대상으로, 많은 특정 언어의 발화 행위와 발화 장르에 대해 논의하려고 하는데, 이를 위해 그것들의 하나하나에는 특정 문화가 갖는 특징적인 사회적 상호작용의 형태가 구체화되어 있다는 것을 제시할 것이다. 엄격한 의미 기술을 행함으로써 비형식적 논의를 보충할 것이며, 의미 기술은 제안된 메타언어인 보편적 의미 원초소로 공식화된 의미설명의 형태를 취할 것이다. 나는 호주 영어의 핵심 개념을 나타내는 다섯 가지 화행 동사에 대해 상당히 광범위한 논의를 시작할 것이다. 그리고 좀 더 복잡한 발화 장르로 대표되는 몇몇 개념, 즉 흑인 영어의 'dozen', 히브리어 'dugri talk', 그리고 폴란드어 kawał과

podanie에 대하여 좀 더 요약된 분석이 이어질 것이다.

2. 호주의 발화 행위 동사

2.1. Chiack(chyack)

호주 영어의 chiack라는 단어는 "무분별한 놀림을 뜻하는 'cheek'의 런던토박이의 발음"(Bulletin 1898, in AND)으로부터 유래된 것으로 주장되는데, 이는 호주의 특징적인 사회적 상호작용의 형태를 지시하며, 매우 특징적인 호주인의 유머 형태를 반영한다. 그런데 이 단어는 매우 구어적이며, 그 단어가 문어가 아닌 구어이기 때문에 단어의 철자가 매우 다양하다. 원래 'chiacking'은 즐거움을 공유하기 위해 상대에 대해 무엇인가 나쁜 것을 말하는 것을 의미한다. 호주인들은 'chiacking'을 그들의 인기 있는 국민적 여흥으로 보기도 하고, 또한 오락의 형태로 보는 경향이 있다. Wilkes(1978)나 AND(1988)에서 인용된 이 단어의 많은 예들은, 'chiacking'이 가끔 행해지는 것이 아니라 실제로는 습관적으로 행해지고 있음을 보여준다. 이러한 예로 Dawes(1943, AND)는 "chiack를 전달하고자 하는 호주인의 열정"에 대해 말하였으며, Hardy는 the old chiack에 대한 한 언급에서 'chiacking'이 친밀하며 그리고 (그것으로 인해 긍정적으로 볼 수 있는) 호주인의 삶의 방식에 아주 많은 부분을 차지하고 있다고 하였다.

> Hullo, hullo, Chilla said, always a bit too keen on the old chiack especially when it came to Tich's unsucessful carryings on with the female of the species(Hardy 1971). (AND)
> 이봐 이봐, Chilla는 언제나 남을 놀려대기(chiack)를 상당히 좋아했으며 특히 Tich가 여자 문제가 실패했을 때 더욱 그랬다고 말했다.

다른 특징적인 예들은 다음과 같다.

My mates chyacked me all night(Australasian Printer's Keepsake, 1885). (AND)
내 친구는 밤새도록 나를 놀려댔다.

Diggers of the Yarra tribe …… like to chiack the Cornstalk variety about 'our 'arbour'(Aussie 1919). (AND)
멜번 출신의 퇴역 군인이 …… 시드니 출신의 여성에 대해서 놀려대기를 좋아한다.

They whooped, they made ribald noises, they chyacked one another(S.Campion 1944). (AND)
그들은 고함을 질렀고, 상스러운 소리를 냈으며, 서로 놀려댔다.

They chyacked their sissy mates and their sisters who were forced to attend late afternoon dancing classes(R.McKie 1977). (AND)
그들은 오후 늦게 열리는 댄스반에 억지로 참석해야 했던 자매들과 여자같은 사내에 대해서 놀려댔다.

이러한 예들이 보여주는 것처럼 'chiacking'은 '동료애'에 대한 호주인의 생각과 밀접하게 관련되어있다. 왜냐하면 'chiacking'은 보통 '동료' 사이에 행해지며, 곧잘 서로 간에 행해지기도 하고, 만약 동료 사이에서 서로 간에 행해지는 것이 아니라면, 그때는 동료들과 집단적으로 행해진다. 보통 한 사람이 차례로 한 가지를 말하고, 다른 사람들이 웃고 있는 동안에 상대에 대해 부정적인 말을 하기 때문에 '동료' 집단은 참여집단이면서 관중이 된다. 다음의 예를 보자.

The circle of frivolous youths who were yelping at and chy-acking him(Austalian Monthly Magazine 1879). (AND)
그에게 고함을 지르고 놀려대기도 하는 천박한 젊은이의 무리들.

They're always a poking borack an a-chiacking' o' me over in the hut!(J.A. Barry 1893) (Wilkes 1978)
그들은 항상 집이 너무 좋지 않다고 나를 놀려댔다.

There were several pretty girls in the office, laughing and chiacking the counter clerks(Henry Lawson 1896). (Wilkes 1978)
사무실에 몇몇 귀여운 여자들이 있었는데, 계산대 점원들을 비웃고 놀렸다.

Don't walk about ; it's tirin' ; stand at street-corner and spit besides that ther best place ter see life and chyack the girls(Henry Flecther 1908). (Wilkes 1978)

The milk-carters ⋯⋯ sloshed the milk into the cans, chyacked Dolour about her goggles, and charged out again(Ruth Park 1948). (Wilkes 1978)
우유수레꾼은 ⋯⋯ 깡통에 우유를 출렁거리며 넣었고, Dolour의 고글(goggles)을 놀렸고, 다시 비난했다.

The roedy bodgie youths kept seats near this group, chiacking the buxom, brassy-haired waitress as she rushed around with a tray-load of dishes and lively back-chat(K.S. Pritchard 1967). (Wilkes 1978)
난폭하고 별 볼 일 없는 젊은이들은 이 그룹 가까이에 자리 잡고, 접시가 쌓여있는 쟁반을 들고 활발하게 말대꾸를 하며 이리저리 돌아다니는 포동포동하고 구릿빛 머리를 가진 웨이트리스를 놀렸다.

그래서 'chiacking'은 아주 많은 오락적 요소를 공유하는데 이 때문에 chiacking을 함께하는 사람들 사이에 '동료애'의 느낌이 표현되고 촉진된다. 그것은 웃음, 떠들썩함, 소음, 그리고 좋은 유머와 연관된, 분명히 하

나의 즐거운 활동이다. 'chiacking'의 이러한 모습들을 잘 보여주는 다음
의 예들을 보자.

> Pleasant chi-ack in the billets(Action Front, 1940) (AND)
> 막사 안에서의 유쾌한 놀림(chi-ack).

> They served out hot tea and in a few moments grumbling
> gave place to 'chiacking'; criticism that a few moments ago
> had been edged was now good-humoured(R.H. Keyvett 1918).
> (AND)
> 그들이 따뜻한 차를 나눠주자, 곧바로 불평이 '놀림'으로 이어졌다. 그
> 러자 조금 전까지만 해도 날카로웠던 비판들이 지금은 매우 기분 좋은 것
> 이 되었다.

> Thus ended the relif of Rustenburg, in cheers and laughter
> and chyacking and sleep(S.Campion 1944). (AND)
> 따리서 루스텐비그의 위인은 격려와 웃음, 놀림과 잠으로 끝났나.

> They were a vociferous crowd, ruggedly vocal in a loud,
> chiacking anticipation of the heady joys to come(E. Lindall
> 1964). (AND)
> 그들은 떠들썩한 무리였는데, 거칠게 큰 소리를 지르며, 들뜬 기쁨을
> 기대하며 놀리고 있었다.

> Other types of humour-chyacking and leg-pulling, sardonic
> anecdotes, jolliness and exuberance(Donald Horne 1967).
> (AND)
> 유머의 다른 유형은, 놀림과 못된 장난, 비꼬는 이야기, 유쾌한 농담과
> 풍부한 이야기를 말한다.

> The groomsmen all red in the face and looking as if they

would choke in their stiff white collars, rocked the whole congregation with a desire to chuckle and chiack(K.S. Prichard 1948). (AND)

신랑 들러리들은 얼굴이 모두 빨갰고, 마치 빳빳한 하얀 깃에 숨이 막힐 것처럼 보였으나, 하객들을 웃기고 놀리기를 열망하며 떠들썩했다.

비록 놀리는 것에 몰두해 있는 사람은 즐거울지라도, 그것의 희생양이 되는 사람에게는 'chiacking'의 행위가 결코 즐거운 것만은 아니다. 그럼에도 불구하고 'chiacking'은 결코 적대시되지 않으며, 좋은 유머로서 거듭되는 것이 기대된다.

Ironbark's face was red by this time with all the chyacking he got from the blokes(D. Stivens 1955). (AND)

Ironbark의 얼굴은 그 놈들에게 '놀림'을 받아서 지금까지 빨개져 있다.

Next day at lunchtime I got the same chyacking treatment from Gordon's brother Frank(B. Heslin 1963). (AND)

다음날 점심 때 나는 Gordon의 형 Frank에게 똑같은 '놀림'을 받았다.

I was always civil to the chaps, for all the chiacking they gave me(W.H. Suttor 1887). (AND)

그들이 나를 놀리기 때문에 나는 언제나 그들에게 정중하게 굴었다.

Tommy Bent …… was a victim of most of the 'chiacking' (Gadfly 1906). (AND)

Tommy Bent는 …… 대부분의 '놀림'의 희생양이었다.

When their chiacking got too much I would go out and talk to the turkeys(M. Eldridge 1984). (AND)

내가 너무 많이 놀림을 당한다면, 밖으로 나가서 그 바보들에게 말할 것이다.

누군가를 'chiacking' 한다는 것은 무엇을 의미하는가? 나는 이 개념에 기호화된 태도를 다음과 같이 분석하기를 제안한다.

chiack
(a) 우리는 당신에 대해 무엇인가 좋지 않은 것을 말하기를 원한다
(b) 왜냐하면 우리는 무엇인가에 대해 웃고 느끼기를 원하기 때문이다
(c) 우리는 당신이 무엇인가 나쁜것을 느끼기를 원하기 때문이 아니다
(d) 나는 당신이 안다고 생각한다 : 만일 이것을 한 남자가 다른 남자에게 하는 것처럼 우리가 우리와 같은 누군가에게 이것을 한다면, 우리는 무엇인가 좋은 것을 느낀다

구성성분 (a)는 chiacking이 집단적인 행동이라는 것을 나타낸다. 구성성분 (b)는 chiacking이 즐거움과 재미를 위해서 행해진다는 것을 보여준다. 구성성분 (c)는 이것이 어떤 적대적인 의도가 없는, 쾌활하고 선량한 행동이라는 것을 보여주며, 구성성분 (d)는 chiacking이, 전적으로 남성늘만의 것은 아니라고 해도, 무엇보다도 남성의 행동이며, 남자와 남자 사이에 상호적으로 이루어지거나 남자들의 집단에 의해 집단적으로 이루어지며 chiacking이 '유대감'과 평등주의를 암시하고 있다는 것을 가리킨다.

chiacking의 개념은 호주 문화의 가장 특징적인 자질을 반영하고 있다. 즉 유대감, 동료애, 남자친구와 함께 행동하는 즐거움(특히 음주와 같은 한가한 행동), '악담'으로 '남성성'을 과시하는 것과 관련된 남성만의 유대감과 일체감 등이 그것이다. 또한 chiacking의 개념은 일반적으로 사람들에 대해, 특히 상대에 대해 좋은 점보다는 나쁜 점에 대해 호주인들이 말하기를 좋아한다는 것을 반영한다. 그것은 그들에 대해 '나쁜 일'을 생각한다거나 '나쁜 감정'을 느끼기 때문이 아니라, 거침이나 강인함, 반감상주의, 반감정주의 등을 문화적 이상으로 생각하기 때문이다.

'무엇인가 나쁜 것을 말하는 것'과 '무엇인가 좋은 것을 느끼는 것' 사이의 연결은 매우 특징적인 것이다. 이 하나의 연결에는 G'day ya old bastard!('안녕, 늙은이!')처럼(Taylor 1976), 친근한 유머라고 하는 전형적인 호주인의 현상, 또한 you bloody beauty!(정말 지독하게 아름다워!)처럼 욕설로 열정을 표현하는 경향, 그리고 poor bugger(가여운 녀석), crap(쓰레기), bullshit(엉터리) 등과 같은 단어에 무례한 내포 의미를 갖고 있지 않음을 나타내고 있다.

> …… 인간관계에 대한 호주인의 태도에서 흥미로운 것은 그 태도가 취하는 특별한 형식들인데, 이는 감상과 감정을 공공연히 표현하는 것에 대해 우리가 갖는 기본적인 반감과의 충돌을 피하기 위해 생겨난 특별한 형식들이다. 호주인은 감정에 대해 반감상적이고 냉소적이기 때문에 우리는 겉으로 보아 사적인 감정을 드러내지 않는 어떤 방식으로 우리의 사회적 호감을 표현해야 한다. 그래서 동료에게 허튼 소리를 하거나 낯선 사람을 놀리는(chayacking) 방법이 진화하였다. 서로 농담을 하거나 허튼 소리를 주고받는 분위기 속에서 호주인은 점잖지 못하게 감정을 노출하는 어떤 위험 부담이 없이 서로의 호감을 표현할 수 있다(Harris 1962 : 65-66).

Renwick(1980 : 22-23)가 지적한 것처럼 "개인적인 성격에 대해 말하자면 호주의 여성과 남성들은 우호적이고 유머러스하며 냉소적이고, 조소적이고, 경멸적이다." 그들은 "상황과 사람들 모두에 대해, 그리고 때로는 같이 있는 사람에 대해서도 부정적인 감정과 의견을 표현한다." 그들은 "개인적으로 평가하고 부정적인 반응을 표현하는(1980 : 29)" 성향을 가지고 있다. 특히 부정적인 말은 호주인의 유머에서 중요한 역할을 수행한다. Renwick은 "미국인은 때때로 호주인의 유머를 …… 무례하고 거칠며 공격적이라고 느낀다(1980 : 29)"는 것에 주목하였다. 그리고 그는 미국인들에게 다음과 같이 조언한다. "편안한 태도로 테스트 받을 준비를 하라. 호주인은 당신에게 도전할 것이며, 당신이 자산가인지, 용기있는 사람인지, 강한 내면을 가지고 있는지, 내면의 깊이와 특성이 있는지 등을 면밀히 조사할 것이다. 호주인들의 테스트와 스파링을 연습하라." "개인의 유연성을 발달시켜라. 조롱하는 말과 폄하와 냉소에 실망하지 말라"(1980 : 33-35).

이러한 논평과 조언은 전통적인 호주인의 정서에 대한 깊은 통찰력을 보여준다. 그리고 이러한 정서는 '놀림(chiaking)'에 대한 호주인의 개념에 매우 분명하게 반영되어 있다. 이 핵심 어휘가 현재 호주인의 말에서 사라지고 있으며, 호주의 젊은 세대들이 이를 낯설어 한다는 사실은, 호주 문화가 경험하고 있는 변화의 일부를 반영한다. 호주의 정황을 관찰한 사람들이 지적하듯, 제2차 세계대전 이후 호주의 전통적인 노동자 계급의 가치가 중산층의 가치로 상당 부분 이동되었다. 예를 들어 McGregor(1980)는, 갤럽 여론 조사에 따르면 지난 몇 십년동안 스스로를 노동자 계급으로 인식하는 인구 비율이 현저하게 줄어들었으며, 반면 스스로를 중산층으로 인식하는 인구 비율은 이에 상응하는 비율로 증가했다고 보고했다. 또한 다음으로 논의될 yarn과 shout도 마찬가지지만, 'chiacking'과 같은 호주인의 중요 개념의 사용이 감소한다는 것은 더 광범위한 사회적 변화를 반영한다. 특히 'chiacking'은 여전히 평범한 호주인의 행위이지만, 'chiacking'의 개념에는 이미 호주인의 국민적 정신 중에 그 두드러진 특징의 일부가 사라져가고 있다.

2.2. Yarn

(호주에서 명사나 동사로 사용될 수 있는) yarn은 chat(잡담)이나 talk(이야기)와 같은 것을 의미하는 호주인들의 또 다른 중요한 개념인데, 이 행위를 바라보는 호주인들의 특징적인 방식을 잘 보여준다. 그것은 전형적으로 have a yarn의 표현으로 사용된다.

They asked the Buxtons to come over to their camp, and have a 'yarn'(J. Bonwick 1870). (AND)
그들은 Buxton 가족들에게 그들의 캠프로 건너 와서 '담소'(yarn)를 나누자고 요청했다.

He used to delight in going to travellers' camps to have a 'yarn' with them(M.A. McManus 1913). (AND)
그는 여행자들과 '담소'(yarn)를 나누기 위해서 여행자 캠프로 가는 것을 즐거워했었다.

이러한 예들이 보여주는 것처럼, 'having a yarn'은 종종 즐거운 사교성의 한 형태로 쓰이고 있다. 'yarns'가 '좋은 감정'을 만들어 낸다는 기대감은 흔히 쓰이는 'a good yarn'이라는 연어에 반영되어 있는데, 그것은 꽤 길고 느긋한 그리고 매우 만족스러운 대화라는 것을 암시한다.

You are questioned all about home, what brought you out, and all such questions, until what is termed in the colony a good yarn is over, you may then be asked to have a nobler ('Eye Witness' 1859). (AND)
당신은 고국에 대한 것과 무엇이 당신을 영국으로부터 떠나 오게 했는지에 대해서 대화를 할 것이다. 그리고 식민지(호주)에서 '유쾌한 yarn'이라고 간주되는 그런 종류의 모든 대화가 제대로 잘 이루어지고 난 후에야 당신은 관계의 진전을 위해서 더 좋은 행동을 함께 할 것을 요청받을 수 있다.

He says he doesn't really want to do any sort of interview, but it doesn't take long to see that deep down, the man likes a good yarn(Sydney Morning Herald 1986). (AND)
그는 정말로 어떠한 종류의 인터뷰도 하고 싶지 않다고 말하지만 진심으로 그 남자가 유쾌한 yarn을 좋아한다는 것을 아는 데는 그리 오래 걸리지 않는다.

하나의 대화로서의 yarn은, 동지애를 목적으로 나누는, 사실과 환상으로 엮어진 긴 이야기의 일종인 'spun'으로서의 yarn과 구분되어야 한다. 즉 to have a yarn은 'the olden days'(옛날 그 시절)이라는 호주인들이 좋아하는 또 다른 발화 장르인 spin a yarn과 다르다. 그러나 사람들이 spin할 때 보이는 yarn의 느슨하고 느린 성질은 다른 사람들과 yarn할 때 보이는 서두르지 않으면서 느슨한 특징을 잘 나타내고 있다.

비록 누군가와의 'good yarn'이 보통 긴 이야기일지라도, 만일 그 'yarn'이 엄격한 시간적인 경계 없이, 느긋하게, 서두르지 않게 이루어진다면, 짧은 'yarn'도 역시 유쾌한 것으로 간주된다. 이것은 'a bit of a yarn'이라는 일상적인 연어에 반영되어 있다.

There they all stood and had a bit of a yarn before they came home(A.A. Smith 1944). (AND)
집으로 오기 전에 그들은 그곳에 모두 서서 짧은 yarn을 나누었다.

유쾌하고 사교적이며 서두르지 않는 'yarn'의 특징은 다음의 예에서 잘 강조되고 있다.

The manager received me with open arms, and we 'yarned' far into the night over the old country(A.W. stirling 1884). (AND)
관리인은 두 팔 벌려 나를 받아주었고 우리는 옛 시골에 대해 밤늦도록 yarn을 나누었다.

I thought it glorious fun smoking our cigars and yarning until overcome by our ling drive, we both fell asleep(S.S. Junr. 1868). (AND)
긴 시간의 운전으로 지친 우리가 잠들 때까지, 담배를 피우고 yarn을 나누는 것은 유쾌한 즐거움이라고 나는 생각했다.

그러나 'yarn'을 나누기는 전혀 심각한 의미가 없이 오로지 즐거움만을 위해 하는 한가한 행위는 아니다.

> By 'yarning', dear reader, I don't mean mere trivial conversation, but hard, solid talk(M. Clarke 1896). (AND)
> 친애하는 독자 여러분, yarn을 나누는 것은 단지 하찮은 대화가 아니라, 딱딱하고 실질적인 진지한 대화를 의미합니다.

바로 이런 점에서 'yarns'는 '잡담'(chats)과 다른데, 잡담도 역시 즐거운 사교성을 보이기는 하지만, 잡담에서는 대화의 진지함이 경시된다. 잡담 나누기는 쓸데없이 빈둥거리는 일일 수 있지만 yarn 나누기는 화제가 무엇이든지 간에 빈둥거리는 것처럼 보이지는 않는다. 왜냐하면 yarn은 인간과의 접촉과 인간의 의사소통에 대한 매우 중요한 필요성을 제시하기 때문이다. 다음의 예는 'yarn'의 이런 면을 잘 보여준다.

> Some of me old mates from the bush turned up for a beer and a yarn(A. Buzo 1986). (AND)
> 관목 숲으로부터 나의 옛 동료들 몇 명이 맥주를 마시며 yarn을 나누려고 나타났다.

분명히 여기에서 '맥주'와 'yarn'은 즐거움을 위해 하는 유쾌한 행위들을 뜻한다. 그러나 이 문장은 또한 호주인들의 상황에서 그러한 활동이 매우 특별한 중요성을 가진다는 것을 보여준다. 호주에서는 거리감, 고립감, 외로움이 인간과의 접촉과 인간의 따뜻함, 인간들 간의 상호작용에 대한 특별한 필요성을 만들었고, 이는 비격식적이고 가벼운 사교성의 특징을 보여주는 잡담과 거리가 멀다.

chiacking처럼, yarning이나 having a yarn은 강한 남성적인 것과 연상된 개념이다. 이것은 또 다른 차원에서 yarn과 chat가 대조를 이루는 것을 알 수 있다. 호주의 남자들은 전통적으로 그들의 '친구들'과 함께 맥주를 마시며 yarn을 나누는 반면에, '여성들'은 'cuppa'(a cup of tea)를 마시며 chat를 나눈다. 이러한 서로 다른 성과의 연관성은 '말의 경제성'에 의하면, 서로 다른 기대치와 관련이 있을 수 있다. 왜냐하면 'chat'라는 개념은 '잡담하기' 즉, 일종의 말의 능숙함으로, 두 사람 사이에서 중단되지 않고 편안하게 술술 흘러나오는 말의 유창함을 암시하기 때문이다. 반대로, 'yarn'의 개념은 간결함을 암시하며 침묵과 고립감을 배경으로, 인간과의 접촉의 부족, 특히 친구들과의 접촉이 부족할 때 말의 대화에 대한 진정한 필요를 배경으로 한다는 것을 암시한다. 즉 사람들은 이웃들과 매일 chat를 할 수는 있지만 그들과 매일 yarn을 나누지는 않는다.

Yarn이라는 개념에 반영되어 있는 '마음이 맞는 동료애' 특히 남자들의 동료애에 대한 이러한 필요성은 다음의 예에 잘 나타나 있다.

It's hard work sinking bores, and after a few months on your own, with no one but a couple abos [Aborigines] to yarn to, you've gotta get stinkin' [drunk] once in an while(J. Marshall 1962). (AND)
우물을 파는 것은 어려운 작업이다. 몇 달 후, 원주민 2명을 제외하고는 yarn을 나눌 사람이 아무도 없어 당신은 가끔 술에 취할 것이다.

나의 책 『영어 발화 행위 동사들 : 의미 사전』(Wierzbicka 1987)에서, 나는 chat에 다음의 의미를 부여하였는데, 여기에서는 다소 간단한 형태로 다시 구성하였다.

chat
(a) 나는 우리가 서로에게 많은 다른 것들을 말하기를 원한다
(b) 나는 당신이 같은 것을 원한다고 생각한다
(c) 나는 이것 때문에 우리가 무엇인가 좋은 것을 느낄 것이라고 생각

한다
        (d) 나는 생각하지 않는다 : 이러한 것들이 중요하다

　Yarn에 대해서도 나는 대단치 않음을 보여주는 구성성분 (d)를 제외한, 유사한 의미 구조를 제안하며, 그 자신과 같은 누군가와의 동지애의 한 형태로서 의사소통을 위한 참여의 필요성을 강조하기 위해 구성성분 (a′)와 구성성분 (d′)를 첨가하였다.

        yarn
        (a) 나는 우리가 서로에게 많은 다른 것들을 말하기를 원한다
        (a′) 나는 그것을 오랫동안 하기를 원한다
        (b) 나는 당신이 같은 것을 원한다고 생각한다
        (c) 나는 이것 때문에 우리가 무엇인가 좋은 것을 느낄 것이라고 생각
            한다
        (d′) 나는 생각한다 : 만약 어떤 남자가 그 자신과 같은 누군가와 때때
            로 이것을 할 수 있다면 그것은 좋은 일이다

　그래서 yarn이라는 개념은 간접적으로 '동료의식'의 개념, 함께하는 행위들의 중요성, 외적 목표에 대한 성취감이나 생산성보다는 인간관계에 대한 강조, 호주인들에게 널리 퍼진 시간에 대한 느슨한 태도를 가리킨다.
　Renwick(1980)가 지적한 것처럼, 호주에서의 생활의 속도는 미국의 도시, 적어도 도시적이고 기업적인 미국보다 상대적으로 느리다. 즉 호주 사람들은 '업무 지향적'이거나 '미래지향적'이지 않다. 오히려 그들은 느슨한 '일상' 지향적이다. 그들은 삶을 즐기기를 원하고 다른 사람과 함께 있는 것을 즐긴다. 그리고 생산성보다는 개인적인 관계, 특히 '친구들'과의 관계에 더 관심이 많다. 'yarn'에 대한 호주 사람들의 특징적인 개념은 이러한 태도들을 반영하며 증명하고 있다. 그러나 주목해야 할 일은 이 'yarn'의 개념도 'chiacking'의 개념처럼, 또한 그 현저한 특징을 잃어버리고 있고,

yarn이라는 단어가 호주 영어에서 설 땅을 잃어가고 있다는 사실이다.

2.3. Shout

Shouting(한턱내기)은 분명히 호주인의 개념인데, 초창기 호주 역사에서부터 비롯된 하나의 행위를 나타내는 가장 특징적인 국민적 관습의 하나로서, 많은 연구자에 의해 언급되어 왔다. 예를 들면 다음과 같다.

Nearly every one drinks, and the first question on meeting generally is, 'Are you going to shout?', i.e. stand treat(W. Burrows 1859). (AND)
거의 모든 사람이 술을 마시며, 모임의 첫 질문은 일반적으로 "한턱 낼 거야?(to shout)"이다. 즉 비용을 지불한다는 의미이다.

'A shout', in the parlance of the Australian bush, is an authority or request to the party in waiting in a public-house to supply the bibulous wants of the companions of the shouter, who of course bears the expense(C. Munto 1862). (AND)
한턱'(A shout)이라는 표현은, 호주인들의 어투로서, 선술집에서 한턱 내는 사람(the shouter)이 (자신의) 술 잘 마시는 친구에게 열어줄 파티에 대한 하나의 요청이자 권한이다. 물론 그 한턱내는 사람은 그 비용을 부담해야 된다.

Of all the folly that has ever beset a community, that of shouting has held the ground the longest, and is the most absurd(Bell's Life in Sydney 1864). (AND)
한 사회를 괴롭힌 많은 어리석은 일 중의 하나는 한턱내기인데 가장 오랫동안 뿌리를 내리고 있으며 가장 불합리한 것이다.

He viewed this 'shouting' mania with disgust(Bulletin

(Sydney) 1892). (AND)
그는 이 '한턱내기'의 마니아를 혐오스럽게 봤다.
(Bulletin(Sydney)).

AND에서 인용한 많은 예들이 보여주는 것처럼, shouting은 분명히 호주에서 관대함과 연관되어 있으며, 또한 그것은 종종 돈 있는 사람이 무일푼의 '백수'나 심지어 구경꾼들에게조차도 술을 '한턱 낼' 때와 같이 비대칭적인 것이다.

Most peculiar thing to me as the night wore on, and yarn after yarn went around, the old bloke always shouted, and for all hands each time(Western Champion 1894). (AND)
나에게 가장 특이했던 점은 밤이 깊어가도록, yarn은 계속되었고, 언제나 늙은이가 한턱 내겠다고 소리쳤는데, 그때마다 그는 모든 사람을 위해 한턱내었던 점이다(shout).

At our approach four miserable derelicts left the stool on the verandah and slouched into the bar on the prospect of a 'shout'(F.J.Brady 1911). (AND)
우리가 다가가자, 네 명의 부랑자들이 베란다에 있는 발판의자에서 일어나, '한턱'을 기대하면서 어수룩하게 술집으로 들어갔다.

대체로 경쟁적이지 않고 초평등주의인 호주 사회에서, Shouting은 말하자면, 사람들이 관용과 동지애를 놓고 다른 사람들과 자유롭게 경쟁할 수 있는 한 영역이었다.

In the Westralian mining towns ······ man's class is decided by the number he shouts for ······ To shout for the room is common, to shout for the 'house' nothing extraordinary, and if the shouter is 'brassed up' at all, he says : 'Call in them chaps outside'(Bulletin (Sydney) 1909). (AND)

　서구의 광산촌에서 …… 남성의 계급은 자신이 한턱내겠다고 외치는 횟수에 의해 결정된다 …… 방에 있는 사람들을 위해서 한턱내는 것은 보통이고, '그 술집 전체'를 위해 한턱 내는 것도 특별할 것이 없다. 그리고 만일 한턱내는 사람이 '술에 취했을 때' 다음과 같이 말한다. '바깥에 있는 사람들까지 불러 들여'.

He was also of that species of good Aussie mixers who, if someone 'shouted' a round, would forthwith plonk down a handful of silver to indicate payment for the next round before anyone could raise the first glass(S.Hope 1956). (AND)

　그 사람도 역시 선한 호주 혼혈인이었으며, 만일 누군가가 먼저 한턱내면, 다른 사람이 첫 잔을 들어올리기 전에, 다음 번을 계산하려고 은 한 줌을 즉시 내려놓을 사람이다.

　동시에 Shouting은 호혜성과 순서교대의 내포 의미를 강하게 지니고 있다.

It drink, drink, all day, and swim in it at night. Everyone you meet will 'shout', and you have to 'shout' in return (Demonax 1873). (AND)

　마시고 마신다. 하루 종일, 그리고 밤에도 술 속에 빠져있다. 당신이 만나는 모든 사람들은 '한턱을 낼(shout)' 것이며, 당신도 그 보답으로 차례로 '한턱'(shout)을 내야 한다.

You wouldn't expect a man to leave before his shout would you Ben?

　자네는 그 사람이 한턱(shout) 내겠다고 말하기 전에는 그가 떠나기를 바라지 않을 거야, 그렇지 벤?

　'Shouting'에서 기대되는 호혜성이야말로, 이 'shouting'의 개념이 호주 사람들의 중심 가치인 '우정'과 연결되어 있음을 잘 드러내고 있다. 그래서 shout(한턱)와 mates(동료)라는 단어는 종종 함께 쓰인다.

> The unbreakable custom that if four or five mates grouped together one started to buy all the drinks, but in the circle everyone had to have his turn(H.O. Tesher 1977). (AND)
> 깨지지 않는 풍습이 있는데, 만일 4~5명의 동료들이 모이면, 일단 한 사람이 술을 사기 시작하지만, 돌아 가면서 모두가 자기 순번대로 술을 사는 것이다.

shouting의 호혜성과 순서교대를 기대할 수 있는 것은 이미 설명된 'shouting'의 빈번한 비대칭성과 조화되기 힘들지만, 동등성과 상호관계성이 있음을 암시하는 것처럼 보인다. 이러한 분명한 모순을 해결하기 위해서, 나는 shouting의 호혜성과 순서교대는 shouting과 연관된 사회적 관습이지, 개념 그 자체의 필수 부분은 아니라는 것을 제안할 것이다. 반면에 술친구의 동지애, 즉 남자의 동지애가 그 개념의 일부이다. 그렇기 때문에 심지어 shouting이 한쪽만의 술내기이고, 그리고 한 사람만의 관대함을 보여 주는 경우조차도, 그 사람이 다른 사람들과 마시는 것은 좋고 유쾌한 것이며, 그러한 경우에 그 사람이 동료를 위하여 '무엇인가를 하는 것'과 그리고 자신의 관심을 동료들과 동일시하는 것은 좋은 것이라는 생각이 여전히 남아있다. 따라서 비록 shouting이 한 개인에 의해 이뤄진다 하더라도, 그것은 남자들의 느긋한 동지애와 남자들의 유대감과 '동료애'를 널리 공표한다는 점에서 여전히 chiacking, yarn과 비슷하다. 아래의 예는 매우 엄격한 호혜성 뿐만 아니라 동지애와 유대감이 갖는 이러한 중요성을 뚜렷하게 보여준다.

> All Merr's mates shouted him at the pub for a week(A.

Garve 1968). (AND)

　　Merr의 모든 친구들이 일주일 동안 맥주 집에서 그에게 한턱냈다
(shouted).

　따라서 shout라는 개념에는 술을 함께 하기 위한 단 한 번만의 초대가
아니라 그러한 초대가 계속되는 것, 전형적으로 '순서가 한 바퀴 도는 것'
을 암시한다. 그리고 그것은 강력하게 호혜성이나 순서교대를 제안하지만
그렇다고 특정 개인의 편에서 일방적으로 관대함을 베푸는 것을 막지 않
는다. 이러한 사실들을 설명하기 위해서, 나는 shouting의 의미설명에
다음과 같은 의미 성분을 포함할 것을 제안한다. 즉 나는 누군가가 나 다
음에 나와 똑같은 것을 말할 것이라고 생각한다. 여기에서 '누군가'는 '그
밖의 다른 사람'이라고 해석하는 것이 자연스러울 것이다. 하지만 그것은
화자 자신을 지시할 수도 있다.

　　shout₁
　　(a) 나는 말한다 : 나는 여기 모든 사람이 나와 함께 지금 술을 마시기
　　　　를 원한다
　　(b) 나는 이것의 값을 치를 것이다
　　(c) 나는 이것 때문에 우리 모두가 무엇인가 좋은 것을 느낄 것이라고
　　　　생각한다
　　(d) 나는 누군가가 나 다음에 나와 똑같은 것을 말할 것이라고 생각한다
　　(e) 나는 우리 모두가 생각한다고 생각한다 : 만일 한 남자가 다른 남자
　　　　들과 함께 이것을 한다면 그것은 좋은 일이다

　AND에서 'shouting'이라는 단어를 대략 '그 밖의 다른 사람들에게 대
접하는 일'이라고 하는 확장된 ('전이되고 비유적인') 의미를 정확하게 기
술함으로써, 이 shouting의 개념에서 엄격한 호혜성이 그다지 중요하지
않다는 것을 잘 나타내고 있다. 예를 들면 다음과 같다.

The governor shouted heavy, and gave us all an excellent feed(N. Earle 1861). (AND)
주지사는 크게 한턱을 내서(shouted), 우리 모두에게 훌륭한 음식을 대접했다.

I'll shout a trip (first-class) for him from Sydney to Narrandera(Bulletin(Sydney) 1896). (AND)
나는 그를 위해 시드니에서 나란데라(Narrandera)까지 일등석으로 여행경비를 한턱(shout) 낼 것이다.

Once or twice a year I 'shout' the boys of an orphanage to the pictures(R. Comm. Moving Picture Industry 1927). (AND)
일 년에 한두 번 나는 고아원의 소년들에게 영화로 '한턱'(shout) 낸다.

It's Saturday, and I was wondering if you'd like to have dinner there. It'll be my shout. It goes on the expense account(D. Middlebrook 1975). (AND)
토요일인데, 나는 당신이 거기에 저녁 먹으러 가고 싶어하지 않을까 궁금했다. 내가 한턱(my shout) 낼 것이다. 그것은 회사접대비로 계산할 것이다.

그러나 이러한 한 쪽만의 shout조차도 관대함뿐만 아니라 공유된 즐거움을 암시하고 있다. 즉 그 밖의 다른 사람에게 shouts를 대접하는 사람은 오직 그 즐거움이 그들만의 것이라고 해도 자신도 대접받는 사람의 기쁨을 공유한다는 것을 충분히 기대하고, 그렇기 때문에 관대하면서 우호적인 정신을 보여준다. 위의 마지막 예문은 이 정신과 약간 어긋난 태도를 보여주며, 현대에 와서는 개척자의 이상이 붕괴되는 것을 반영하고 있다.

Shouting의 개념에서 정말 중요한 것은, 유대감과 마음이 맞는 동료애의 정신으로 다른 사람을 관대하게 대한다는 것이다. 거기에는, on과 giri와 같은 일본어의 핵심 개념처럼(Benedict 1947 참조 ; Lebra 1974), '빚을 갚는다'는 의미의, 호혜성에 대한 압박감이 없다. 사람들이 마셔야만 하는 이유는 동지애를 나누기 위해서나 관대함과 집단소속감의 편안한 분위기를 즐기기 위해서이지, 그것을 제공한 바로 그 사람에게 대접받은 것을 반드시 되돌려 주어야 하기 때문이 아니다. 호혜성의 가장 큰 암시는 대접받은 사람이 아마도 다른 시간에, 다른 사람들과 그와 같은 것을 하기를 원한다는 일반적인 기대가 있다는 점이다. 따라서 나는 shout$_2$를 '만약 사람들이 다른 사람들과 함께 이것을 한다면 우리 모두가 그것은 좋은 일이라고 생각한다고 나는 생각한다'의 구성성분을 가정했다. 그리고 이것은 shout$_1$의 마지막 요소인 '만약 한 남자가 다른 남자들과 함께 이것을 한다면 우리 모두는 그것이 좋은 일이라고 생각한다고 나는 생각한다'를 되풀이한 것이다.

    shout$_2$
    (a) 나는 말한다 : 나는 당신을 위해 무엇인가 좋은 것을 하길 원한다
    (b) 나는 이것의 값을 지를 것이다
    (c) 나는 당신이 이것 때문에 무엇인가 좋은 것을 느낄 것이라고 생각한다
    (d) 나는 우리가 이것 때문에 무엇인가 좋은 것을 느낄 것이라고 생각한다
    (e) 나는 우리 모두가 생각한다고 생각한다: 만약 사람들이 다른 사람들을 위해 이것을 한다면 그것은 좋다

    여기서 주목해야 할 것은 이 두 번째의 확장된 shout의 의미는 사실 그 사용이 증가하고 있으나, 반면에 첫 번째 shout의 의미는 shout를 야기하는 사회적 전통과 함께, 그리고 shout(한턱내기)와 연관된 사회·문화적 조건들과 함께 그 사용이 감소하고 있다는 점이다.

2.4. Dob

만약 chiack(놀려대기), yarn(담소 나누기), 그리고 shout(한턱내기)가 '동료애'와 '마음이 맞는 동지애'를 긍정적인 방식으로 확인하고 널리 공표하는 것이라고 말할 수 있다면, OEDS에서 "호주 슬랭"으로 기술된 dob in은 동료애와 마음이 맞는 동지애를 배반하는 사람을 경멸적으로 비난함으로서, 말하자면 부정적인 방식으로 그것을 확인하고 널리 공표하는 것이다.

AND에서는 dob in의 의미를 "to inform upon(~에 관해 정보를 알리다), to incriminate(고발하다)"로 정의한다. 그러나 이러한 정의는 그 이전에 OEDS가 기술한 "to betray(배반하다), inform against(고발하다)"보다 나아진 것이 없다. 'betraying(배반)'이라는 개념 때문에 매우 특수한 호주인의 dobbing의 개념과 범영어권의 informing의 개념은 결정적 차이가 생긴다. 다른 한 편으로 OEDS가 제시한 '호주의 슬랭'이라는 기술은 잘못된 것이다. 왜냐하면 호주에서 dob in은 어떤 특정 사회적 집단에만 한정되는 슬랭이 아니다. 그것은 매일 흔한 일상어의 일부로서, 일반적으로 사용하는 단어이며, 분명한 호주 영어의 핵심어들 중 하나이다.

O'Grady(1965)는 이와 관련하여, dob in이라는 단어를 사용하며 설명하고 있다.

> 호주인들은 같은 시민을 권력의 위치에 있는 누군가에게 신고하는 것을 심하게 꺼리는 것으로 알려져 있다. 경찰, 직장 상사, 감독관, 아내들, 그밖의 사람들은 그들 스스로가 조사해야 한다. 다른 누군가에게 '밀고하는(dobs in)' 사람은, 가장 나쁜 의미로 사용되는 '나쁜 놈(bastard)'인 것이다(O'Grady 1965 : 34).

마찬가지로 Baker(1959 : 15-16)는 "일반적으로 비열한 놈('rats'), 파업 불참자('scabs'), 배신자를 절대 용서하지 못하는 태도"를 호주인의 특성에서 가장 독특한 자질 중 하나로 언급하고 있다. "그러한 전통의 본질은 동료들에 대한 의리에서 찾을 수 있으며, 그 의리에 대한 호소력이 너무 강하기 때문에 호주인의 노조 안에서 파업 불참자(scabs)라는 용어가 힘을 발휘하지 못하는 듯 보인다"(Crowford 1970 : 137). Crawford(1970 : 135)를 인용한 것으로 Ward(1958)에 의하면, "동료들에 대한 의리를, 윗사람의 명령에 대한 무시와 권위에 대한 지속적인 무시와 결합한 것은 죄수들에게 그 근원을 찾을 수 있다."

이 모든 것은 핵심어 dob in에 잘 반영되어 있다. 다음의 예들을 살펴보자.

You said you'd go to the police and dob him in unless he coughed up. That's the story isn't it?(J. Waten 1957) (Wilkes 1978)
만일 그가 잡히지 않았다면, 당신이 경찰서에 가서 그를 밀고했을(dob in) 거라는 말이지? 그런 이야기 아니야?

A couple of the Indonesian p.o.w's have dobbed us in. Told the Nips everything(R. Braddon 1961). (AND)
두 명의 인도네시아인 전쟁포로가 우리를 밀고했다(dob in). 그 일본인들에게 모든 것을 말했다.

이러한 두 예에서 쓰인 dob in은 비록 의미에 있어서 중요한 변화가 없는 것은 아니지만, 원칙적으로는 inform on(~에 대해 알리다)으로 교체할 수 있다. 그러나 다음의 예에서는 inform on으로는 전혀 사용될 수 없는데, 왜냐하면 inform on은 가족관계와 같은, 엄격한 개인적 관계의 관점에서는 사용될 수 없기 때문이다.

Helen stuck on a real act and dobbed me in to Mum, screaming about how I had busted her best doll on purpose(P.

Barton 1981). (AND)

　헬렌은 진짜 연기에 푹 빠져서, 내가 어떻게 고의로 그녀의 가장 좋은 인형을 망가뜨렸는지 비명을 지르면서 엄마에게 나를 일러 바쳤다(dobbed in).

　Inform on(~에게 알리다)과 달리 dob in(~를 밀고하다)은 경멸하고 무시하는 것이다. 다시 말하면 밀고하는 일(dobbing)은 점잖은 사람은 할 수 없는 것이다.

　I shut up and let Ray take all the credit. Couldn't dob him in, could I?(J. O'Grady 1973) (AND)
　나는 입을 다물고 Ray가 모든 말을 하도록 했어. 내가 어떻게 그를 밀고(dob in)할 수 있었겠어?

　You bitch! Go and dob me in beause I gave you a bit of a shove!(Williamson 1972 : 66)
　이 나쁜 놈아! 가서 나를 밀고해(dob in). 내가 너를 밀쳤으니까!

　But you feel such a rat to tell on her. To dob her in(H. F. Brinsmead 1966). (AND)
　그러나 너는 비열한 놈처럼 그녀에 대해서 말하고 싶겠지. 그녀를 밀고하고(dob in) 싶겠지.

　명사형인 dobber(밀고자)는 경멸하고 무시하는 것과 의미가 같거나, 오히려 그보다 더 강한 의미이다.

　Don't look at em, you bastards! I'm no blood dobber!(J. Powers 1973) (AND)
　나를 바라보지 마! 이 나쁜 놈아. 나는 더러운 밀고자(bloody dobber)가 아니야!

The expression 'dobber' was one that I knew implied contempt and was apt to be applied to tale-bearers and informers(G.A.W.Smith 1977). (AND)

'밀고자(dobber)'라는 표현은 내가 알기로, 모독을 암시하는 것으로 고자질쟁이나 정보제공자에게까지 적용되는 경향이 있었다.

Inform on과 dob in의 큰 차이 중 하나는, dob in은 행위자가 말하고 있는 대상에게 분명히 상처를 입히는 것을 암시하고 있는 반면, inform on은 그것을 반드시 암시하지 않는다는 것이다. 정보를 제공하는 일(informing)은, 잠정적으로 피해를 입히는 정보가 전달되는 것을 강조하며, 화자와 그 대상 사이의 대인 관계를 강조하지 않지만, 밀고하는 일(dobbing in)은 그 강조점을 대인관계에 둔다. 이 두 동사들 간의 이러한 의미 차이는 통사적 차이에도 반영되어 있다. dob in은 'to dob someone in'처럼 직접 목적어로 희생자를 취하며 행위자는 밀고된 그 사람에게 무엇인가를 행했다는 것을 암시한다. 이와는 반대로, inform on은 우리가 'inform someone on'이라고 말할 수 없는 것처럼, 간접목적어로 그 희생자를 취한다. 즉, 이 inform on은 정보를 제공한 행위자가 반드시 정보를 받는 사람에게 '무엇인가를 행한 것'이 아니라는 것을 암시한다.

이와 연관해서 dob도 또한 전치사 on과 함께 사용될 수 있으며, 이때의 dob on은 의미적으로 dob in보다도 inform on에 더 가깝다. Inform on, tell on, dob on는 모두 dob in처럼, 심각한 피해가 가해졌다는 것을 암시하지 않으며, 누군가에게 손해를 입히는 정보가 고의적으로 전달되었음을 암시한다. 그와 동시에, 주로 학생들이 많이 사용하는 것으로 나타나는 dob on은 dob in과 함께 경멸하고 인품을 깎아내리는 특성을 지니고 있다. 명백하게도 일반적인 호주인들이 집단 유대감을 깨고 또래인 '하급생'을 배신하여 관리자의 편에 서려는 사람들을 경멸하는 것은 호주의 학교 정서를 이루는 중요한 부분일 뿐만 아니라 일반적인 호주인의 정서이기도 하다.

흥미롭기는 하지만 나는 여기에서 dob on의 의미설명을 제시하지 않으며, 그 대신 더 기본 개념이고, 호주 사회 전체에 걸쳐 폭넓게 사용되는 dob in에 초점을 두려고 한다.

dob in
나는 말한다 : X라는 사람이 무엇인가 나쁜 일을 했다
나는 당신이 이것을 알기를 원한다
나는 생각한다 : 당신은 이것 때문에 X에게 무엇인가 나쁜 일을 할 것이다
나는 안다 : 당신 같은 사람은 X와 나 같은 사람들에게 무엇인가 나쁜 일을 할 수 있다
나는 안다 : X는 내가 이것을 당신에게 말하지 않을 것이라고 생각할 것이다
나는 당신에게 이것을 말하기를 원한다
〔사람들은 이것 때문에 이 사람에 대한 무엇인가 나쁜 것을 생각할 것이다〕
〔사람들은 이것 때문에 이 사람을 향해서 무엇인가 나쁜 것을 느낄 것이다〕

또한 주목할 만한 점은 호주에서는 dob in이 또 다른 의미를 가지고 있는 것이다. 다시 말해 dob in은 대략 자신의 무엇인가를 위해 '자진해서 나섬'으로써 '동료'에게 나쁜 짓을 한다는 의미가 있다. 이것은 '동료'에 관한 것을 담당자에게 말하면서, '동료'에게 무엇인가 나쁜 일이 일어나게 하고, 결과적으로 의리와 상호 신뢰의 기대를 위반한다는 것을 암시한다는 점에서 첫 번째 의미와 관련이 있다. 두 의미들의 주된 차이는 다음과 같은 사실에 있는데, 첫 번째 의미는 동료에 관하여 어떤 나쁜 것을 말한다는 것이지만 반면, 또 다른 의미는 사실무근이고 당황스러운 어떤 일을 말한다는 것이다. 따라서 그 동료는 무엇인가를 기꺼이 했지만, 사실은 그

동료가 한 일이 아닌 것을 말하는 것을 뜻한다.

2.5. Whinge

Whinge〔wɪndʒ〕는 대략 '불평'(complain) 혹은 '우는 소리'(whine)를 뜻하며, 분명히 호주 영어의 핵심어들 중 하나이다. 물론 다른 영어권에서는 물론 이 단어가 전혀 알려지지 않은 것은 아니지만 주목받지 않는다. 비록 OEDS는 이 단어의 정의를 '원래'라는 부사를 사용해서 한정하고 있지만, OED는 이 단어를 명사형은 '스코틀랜드 영어와 방언'으로 그리고 동사형은 '스코틀랜드 영어와 북부 방언'으로 규정하고 있다.

Whinge와 같이 호주 영어가 아닌 곳에서 사용하는 whinge의 파생어들의 주변적인 특성은 다음의 예들에 나타나 있다.

Other local terms for crying ⋯⋯ in Dublin the usual word is 'whinging', hence 'whinger', a term also still used in Cumberland, and occasinally heard in Liverpool(I. and P. Opie 1959). (OEDS)

울음을 나타내는 다른 지역어 ⋯⋯ 더블린에서 일상적으로 쓰는 단어는 'whinging'이다. 여기에서 'whinger'는, 컴버랜드에서는 아직도 사용되며 때때로 리버풀에서도 들을 수 있는 용어이다.

Touching the query about 'whinger' ⋯⋯, 'winjer' was accepted slang for 'grumbler' at Q. Uni. 〔Queensland University〕 a few years ago, and probably still is. I have seldom heard it elsewhere, and no one who uses it seems to know the derivation(Bulletin. Sydney, 1934). (OEDS)

'whinger'에 대한 문제를 가볍게 언급하자면 ⋯⋯, 'winjer'는 몇 년 전에 퀸즈랜드 대학에서 '불평하는 자(grumbler)'의 속어로 인정하였는데, 아마 지금도 그대로일 것이다. 나는 그 단어를 그 외의 지역 어디에서도 거의 들어 본 적이 없고, 유래를 알고 그 단어를 사용하는 사람은 아무도 없다.

동사 whinge는 분명히 잘 사용되지 않는 영어의 변종이지만, 호주에서
는 일상적인 동사이다. 그것은 Stop whingeing!(그만 우는 소리 해!)가 보
여주듯, 어린아이들의 사회화와 호주의 민족 정서의 형성과 전파에 결정
적인 역할을 한다. 호주 문화에서 상대적으로 중요하지 않게 여기는 '성공'
의 가치와 결정적으로 중요하게 여기는 '거친 남성다움', 즉 용맹, 쾌활함
의 가치를 논하면서 한 연구자는 다음과 같이 표현하였다.

> 호주에서 성공에 대한 대중적 칭송은 거의 없다. 많은 영웅적 사건 중
> 에서 소수의 영웅만이 기억되는데, 그것 역시 업적보다는 그가 지닌 스타
> 일로 기억된다. 초창기 개척자들과 호주의 Anzac Day를 들 수 있는데,
> 예를 들면 동지애, 용맹, 불굴의 의지, 침묵 속에 괴로워하기 등이 그것이
> 다. 조직이나 사상에서 오는 다소 미지근한 성공보다는 우는 소리 하지 않
> 고(not to whinge) 불굴의 의지를 불사르는 것, 그것이 핵심이다(Horne
> 1964 : 26).

호주 문화에서 'whingeing'(우는 소리하기)라는 개념의 중요성은 호주인
의 매우 일상적인 표현인 'whingeing Pomes'(우는 소리 하는 영국인) 또는
'whingeing Pommies'(우는 소리 하는 영국인 이주자들)에 극적으로 반영되
어 있다. 이 표현은 영국인들에 대한 호주인의 인식뿐만 아니라 그들 호주
인의 자아상도 보여준다. 따라서 무엇보다 영국인들은 'whingers'(우는 소
리 하는 자)인 반면에, 호주인들은 'non-whingers'(우는 소리 하지 않는 자)인
것이다. 다음의 예를 보자.

> The British national pastime of 'grousing' (to use an
> English phrase) has given rise in Australia to the derisive
> expression wingeing pommy(Marshall and Drysdale 1962).
> (AND)
> 영어로 표현되는 'grousing'이라는 것은 영국인들의 전국가적 오락이라

고 할 수 있는데, 호주에서는 그 말 때문에 'wingeing pommy'(우는 소리 하는 영국인 이주자)라는 표현까지 생겨나게 되었다.

It'll pass a law to give every single wingein bloody Pommie his fare home to England. Back to the smoke and the sun shinging ten days a year and shit in the streets. Yer can have it(T. Keneally 1972). (AND)
우는 소리하는 지독한 모든 독신 영국인 이주자(whingein bloody Pommie)들을 영국에 있는 그들의 집으로 보내주기 위한 법률이 통과될 것이다. 연기와 일 년 내내 10일만 비추는 태양 그리고 지저분한 거리가 있는 곳으로 돌아가라. 너는 마땅히 그래야한다.

Whingeing Poms make me ill(W.F. Mandle 1974). (AND)
우는 소리 하는 영국인 이주자(whingeing poms)가 나를 구역질나게 한다.

Whingeing은 정확히 무엇일까? 분명히 그것은 complaining과 밀접하게 관련된 개념이다. 그러나 우선 complain은 중립적이고 어떠한 활동에 대한 평가가 암시되지 않는 반면, whinge는 비판적이고 인품을 깎아 내리는 것을 암시한다. 게다가 complain은 순전히 구어적인 반면, whinge는 소리가 분명치 않은 동물의 울음처럼 들리는 어떤 것을 나타낸다. complaining은 순전히 구어적이면서, 충분히 의도적인 것처럼 보일 수 있는 반면, whingeing은 다만 어느 정도 의도적이고 어느 정도 통제된 것처럼 보일 수 있다. 결국 whingeing은 complaining과 달리 nagging(잔소리)처럼 단조로운 반복을 암시한다.

『영어의 발화 행위 동사』(Wierzbicka 1987)에서, 나는 complain에 대해 다음과 같은 의미 구조를 가정하였는데, 여기에서는 약간 단순화된 형태로 다시 구성하였다.

(a) 나는 말한다 : 무엇인가 나쁜 일이 나에게 일어나고 있다
(b) 나는 이것 때문에 무엇인가 나쁜 것을 느낀다
(c) 나는 누군가가 이것에 대해 알기를 원한다

Whinge는 화자, 즉 우는 소리 하는 자(the whinger)를 탓하는 것과 유사하게 보이지만, 더 정확한 태도는 다음과 같다.

Whinge
(a) 나는 말한다 : 무엇인가 나쁜 것이 나에게 일어나고 있다
(b) 나는 이것 때문에 무엇인가 나쁜 것을 느낀다
(b′) 나는 이것 때문에 아무 것도 할 수 없다
(c) 나는 누군가가 이것을 알기를 원한다
(d) 나는 이것 때문에 누군가가 무엇인가를 하기를 원한다
(e) 나는 이것 때문에 어느 누구도 무엇인가를 하기를 원하지 않는다고
    생각한다
(f) 나는 이것 때문에 이것을 여러 번 말하기를 원한다

이 공식의 구성성분 (b′)는 완전히 아기 같은 무기력한 느낌을, (d)는 수동성과 다른 사람에 대한 의존성을, (e)는 어린아이 같은 분함과 자기 연민을 나타낸다. 반면에 (f)는 어린아이의 울음처럼, 단조로운 반복을 하는 어린아이들과 동일한 '전략'에 의존하고 있음을 설명하고 있다. 따라서 일반적으로 whingeing의 개념은 그것에 몰두하고 있는 사람의 태도를 우는 아이의 태도에 비유한 것이다. 그리고 호주인들이 우는 아이처럼 행동하는 사람에 대해 생각하는 바가 또 하나의 중요한 호주인다움에 잘 표현되어 있다. 그것이 바로 명사 sook〔sʊk〕(겁쟁이)(형. sooky, 못난)에 가장 잘 표현되어 있다. 예를 들면 다음과 같다.

(He goes to her and holds her gently …… She sobs a little, but then forces a laugh and leaves him.) Ruby : Well! You'll think

I'm a sook(R.J. Merritt). (AND)

(그는 그녀에게 다가가서 그녀를 부드럽게 잡는다 …… 그녀는 약간 흐
느끼지만 그 후에 억지로 웃음을 보이고 그를 떠났다.) Ruby : 글쎄! 너
는 내가 겁쟁이(sook)라고 생각할 거야.

Annie felt sick with fear. 'Sookie sook, I'm going to tell on
you', chanted Rosa(Australian Short Strories 1985). (AND)
Annie는 두려움으로 고통스러워했다. '못난이 겁쟁이(Sookie sook),
나는 너에 관해서 고자질할 거야', Rosa가 계속 외쳤다.

The girl applied a hefty hip …… and flattened him.
Sprawled on the bitumen, he began to howl. 'Bloody sook!'
said the girl, disgustedly(Bulletin 1986). (AND)
그 소녀는 커다란 엉덩이를 사용해서 …… 그를 넘어뜨렸다. 아스팔트
에 벌러덩 자빠져서 그는 울어대기 시작했다. '지독한 겁쟁이!(Bloody
sook!') 그 소녀는 혐오스럽게 말했다.

Horne(1964 : 40)이 지적했듯이, 호주인들은 활기차고 실용정신을 가진
낙천주의자들이다. 그들은 좋을 때뿐만 아니라 힘들 때도 거침, 쾌활함,
유쾌한 유머 그리고 거친 '남성다움'을 찬미한다. 그들의 민족영웅은 Ned
Kelly와 또 다른 많은 실존하거나 전설적인 '거친 식민지 남자들'인데, 왜
냐하면 그들에게 있어서 가장 중요한 것은 성공하거나 안락함과 보호 속
에 사는 일이 아니었기 때문이다.

…… 죽도록 열심히, 죽도록 불굴의 정신으로,
죽도록 싸워라, 용맹한 식민지 남자처럼,
민요에 의하면, 그의 이름은 Jack Dowling이라고 한다.
(John Manifold의 시 「Ward」(1958 : 217)에서 인용)

위와 동일한 호주의 민요에서는, "'나는 죽을지언정 굴하지 않을 것이

다.'라고 용맹한 식민지 남자가 말했다."라고 하였다(Wannan 1963 : 17).

호주의 현세대들은 '죽도록 열심히'보다는 오히려 '즐겁게 보내는 것'을 더 생각하는 것처럼 보인다(점차 증가하는 호주인의 쾌락주의에 관하여 Conway 1971, King 1978 참조). 하지만 'sooks'(겁쟁이)와 'whingers'(우는 소리 하는 자)에 대한 경멸은 여전히 오늘날 호주인 정서의 일부로 남아 있다. 호주인의 민족적 모토는 여전히 'no worries'와 'She'll be right'이다. 호주인들은 여전히 말이나 생각보다는 오히려 행동하는 것을 찬미한다. 그들은 실용성과 자립심을 가치있게 여긴다. 또한 그들은 서로 '동료들' 사이의 상호 의존성을 가정하고 승인한다(Renwick 1980 : 16 참조). 하지만 실제적인 해법을 찾기보다는 더 힘센 '다른 사람'에게 의지하는 '어린아이 같은' 어떤 의존성과 반복해서 '울어대는' '어린아이 같은' 응석은 호주인의 '개척 정서'나 현대 호주인의 정신에 남아있는 어떤 것에도 적합하지 않다. 핵심 동사인 whinge에는 이러한 태도들이 반영되고, 증명되고 있다.

호주인의 구어 발화 행위 동사에 대한 충분한 연구를 위해서는 stir, sledge, skite, rouse on, pimp on, earbash, big-note oneself, knock, (w)rap (up), fang(Wilkes 1978 ; AND를 참조)과 같은 동사들이 더 포함되어야 할 것이다. 하지만 나는 지금까지 논의한 5개의 동사야말로 특히 대표성이 있고 특히 더 중요하다고 믿는다.

3. 복잡한 발화 장르의 예

3.1. 흑인 영어 dozens

나는 Labov(1972)에 의해 특히 잘 알려진, 흑인 영어의 '의례적 유머(ritual insults)'라는 장르로 이 장을 시작할 것이다. Labov와 다른 사람들이 지적했듯이, 문제의 이 장르는 수많은 다양한 민속 명칭을 가지고 있으며, 이것들은 어떤 지역적인 그리고 분명히 의미론적 변이형을 반영하고 있는데, 그 중에서 아마도 가장 흔한 것은 sounding과 dozens 놀이이다. 그것은 '길거리 말'의 형태로, 흑인 사춘기 소년들이 즐겨하는 일종의 말의 경연이다. Abrahams(1974 : 241)가 지적했듯이, 흑인 문화에 대해 말하자면 "그 놀이는 …… 공개적으로 자신을 드러내는 중요한 방식으로, 재치 있는 말 주고받기에 몰입하는 것이 그 놀이의 중요한 방식이다 …… 길거리에서의 적극적인 언어 퍼포먼스는 자신의 존재와 위치를 주장하는 주된 수단의 하나이다." 재치와 탁월한 말솜씨는 주로 '훌륭한' 사회의 관습과 규칙을 깨뜨림으로써 발휘되는 것이다.

이 장르의 문화적 유의미성은 Abrahams(1974 : 240)이 인용한 Mezzrow와 Wolfe의 글에 잘 나타나 있다.

> The Corner에서 나와 함께 달렸던 이 소년들, 그리고 Tree of Hope에서 반 익살스러운 기도로 심호흡하던 그들은 그 경주의 허풍쟁이들(the jivers)과 말쟁이들(sweet-talkers)과 수다쟁이(the jawblockers), 그리고 새로운 궤변론자들이었다. 그들은 군인들이 자신의 총검을 날카롭게 하듯이 서로서로 뿜어내며 말했다. 그들이 이 야단법석 말장난에서 날카롭게 하고 있던 것은 그들이 유일하게 가지고 있는 무기인 재치였다. 그들의 궤변은 진부한 책이나 고품격의 대학에서 나오지 않는다. 그것은 그들이 눈을 크게 뜨고 세상을 열심히 사냥한 것에서 나오는 것이다 …… 그들은 사람들 중에 천재였고 빈틈이 전혀 없고 항상 준비되어 있으며, 부탁을 하지도 않으며 말대꾸를 받아주지도 않는다. 그리고 문제를 일으키려 들지는 않지만 언제든지 그럴 준비가 되어 있다. 사회적 진공 속에서 태어나고 공중에 매달린 채, 그들은 그들 자신의 문화를 구축해 온 것이다. 그들의 언어는 독립의 선언이었다(Mezzrow & Wolfe 1969 : 193-194).

나의 목적은 문제의 장르를 이해하기 위해 어떤 것을 덧붙이려고 시도하는 데 있지 않으며, 나는 이 장르에 관하여 어떤 직접적인 지식도 가지고 있지 않다. 내가 하고자 하는 모든 것은 자연 의미 메타언어로 구축되는 의미 공식을 제안하는 것이며, 이 메타언어는 내가 Labov(1972), 그리고 Abrahams(1974)와 같은 연구들을 기초로 하여 이해하고 있는 이 장르의 언표내적 효력을 잘 설명하는 것이다. 나에게 이런 종류의 간결한 공식은 본질적으로 문화 독립적이고 따라서 문화 간 비교를 손쉽게 해주는 메타언어로 그 장르를 '요약'하는 일처럼 생각된다.

(비록 특색이 없이 평범하지만) 하나의 예가 있다. "Your mother so old she got spider webs under her arms"(당신의 어머니가 너무 연로하셔서 두 팔 아래에 거미집이 생겼다)(Labov 1972 : 312). 이에 대한 의미 공식은 다음과 같다.

(a) 나는 (당신의 어머니에 대하여) 무엇인가 나쁜 것을 말하기를 원한다
(b) 나는 생각한다 : 여기 모든 사람이 안다 : 나는 (당신의 어머니에 대하여) 이것이라고 생각하지 않는다
(c) 나는 어떤 사람들이 말하는 무엇인가가 나쁘다고 말하기를 원한다
(d) 나는 여기 있는 사람들이 무엇인가 좋은 것을 느끼기를 원하기 때문에 이것을 말한다
(e) 그리고 그들이 나에 대하여 무엇인가 좋은 것을 생각하기를 원한다
(f) 나는 다른 사람들이 말할 수 없는 것을 말할 수 있다는 것을 여기 있는 사람들이 생각하기를 원한다
(g) 나는 이것 다음에 당신이 나의 어머니에 대하여 이것처럼 무엇인가를 말할 것이라고 생각한다
(h) 나는 당신이 이것보다 더 나쁜 무엇인가를 더 말할 것이라고 생각한다
(i) 나는 당신이 할 수 있다면 그것을 말하기를 원한다
(j) 나는 우리들이 남자가 되고 있기 때문에 서로 이것과 같은 것을 말할 수 있다고 생각한다
(k) 나는 이것 때문에 우리 모두는 무엇인가 좋은 것을 느낄 것이라고 생각한다

근본적으로 화자는 상대의 어머니에 대해 무엇인가 '나쁘고' 터무니없는 어떤 것을 말하고 있으며(구성성분 a), 무엇인가 명백하게 사실이 아닌 어떤 것을 말한다(구성성분 b). 화자는 대담해지려고 하고(구성성분 c), 독창적이려고 하며(구성성분 f), 상대가 같은 형태로 대응하기를 요청하고(구성성분 g), 그를 능가하기 위해 그에게 도전한다(구성성분 h와 i). 그렇게 함으로써, 그는 말하지 않는 참가자들을 즐겁게 해주며(구성성분 d), 그들의 감탄을 얻으려고 시도할 뿐만 아니라(구성성분 e), 공유된 '재미'에 그 자신도 참여하려고 한다(구성성분 k). 또한 그는 남자다움으로 접근함으로써 그들 집단의 관점을 역설하며 정당화하려고 시도한다(구성성분 j).

여기에서 상술한 이 장르의 특정 양상이 앞서 논의한 흑인 영어의 말하기 민족지학의 특정 자질과 매우 가깝게 상응한다는 점에 주목하는 것은 흥미롭다. 특히 내가 염두에 두는 것은 '자랑하기'에 대한 긍정적인 태도와 청중들을 즐겁게 하려는 욕구, 이 두 가지이다(3장 참조).

흑인 영어의 'dozen'과 호주 영어의 'chiacking' 사이의 어떤 관련성에 주목하는 것도 또한 흥미롭다. 둘 다 모두 재미를 목적으로 한 집단적인 남성 활동이며, 청중을 수반하고, 모욕을 주려는 의도는 없으나 상대에 대한 모욕적인 말이 포함된다. 그러나 이 두 장르의 차이점은 유사점만큼이나 현저하다. 특히 'dozen'은 탁월한 말솜씨를 강조하는데, 반면에 호주 정서는 투덜거리는 것, 그리고 달변을 저지하는 것에 더 가치를 둔다. 다시 말해 'dozen'은 경쟁적인데 반해 'old chiack'는 개인별로 경쟁하거나 독자적인 것이라기보다는 하나의 집단속으로 '동료들'과 함께 하는 협동적인 일이다. 즉 'dozen'은 저속하고 그리고 대체로 사회의 가치관과 금기에 대한 특정 집단의 거부를 재확인하는 것이다. 반면에 'chiack'은 저속하지 않으며, 전통적인 호주 사회의 우세한 가치관을 재확인 하는 것이다. 한편 부분적으로 '영국인들의 방식'(Pommy ways)을 거부하거나 반대함으로써 호주 사회의 뚜렷한 특징을 강조하게 된다.

3.2. 히브리어의 'dugri 토크'

Kartriel(1986)에 따르면 'dugri 토크'는 현대 이스라엘 사회의 사회적 상호작용에서 중요한 역할을 하는 일종의 말하기 사례이다. 그것은 자주 행해지는 일종의 사회적 의례의 하나인데, 보다 일반적인 'dugri' 방식으로 논리적인 결론을 취하는 것이 이스라엘의 'Sabra 문화'에서는 매우 가치 있게 간주된다. Dugri는 아랍어의 차용으로서, 문자 그대로는 '일직선'을 의미하며, sabra는 선인장 열매의 일종으로 이스라엘의 토착적인 과일의 이름이다. 이것은 마치 Oring이 다음과 같이 지적한 것과 같다(1981 : 24, Katriel 1986 : 19에서 재인용). "Sabra 열매는 이스라엘인의 국민성에 대한 은유이다. 이스라엘인들은 상냥하고 친절하지만, 선인장처럼 그것은 단지 거칠고 가시가 있는 외면을 꿰뚫어보는 법을 아는 사람들에게만 그렇게 보인다."

이 전형적인 Sabra의 '거칠고 가시가 있는 외면'은 무엇보다도 그들이 '솔직하게 말하기 즉 dugri'의 성향이 있다는 것을 드러낸다. 따라서 "He is dugri"라는 문장은 히브리어로 "화자는 칭찬이 아닌 생각이나 의견을 직접적이고 직설적으로 표현하는 경향이 있다."라는 것을 의미한다(Katriel 1986 : 15).

이스라엘 문화가 'dugri'의 말하기 양식에 큰 가치를 부여하고 있음을 보여주는 좋은 역사적 근거를 Katriel의 책과 Oring(1981)에서 분명하게 밝히고 있다. 특히 Katriel(1986 : 21-22, 31)은 다음과 같이 언급하였다. "자기단언적 집단, 이것은 '디아스포라의 부정'이라는 문구로 요약되는 유대민족주의자의 혁명적인 방향과 연관되어 있다." 다시 말해 "luftmensch (루프트멘쉬, '융통성이 없는 사람')처럼 유대인의 디아스포라 이미지를 벗어나기 위한 수단으로서 단순하고 육체적인 농사일을 강조하는 sabra 문화, 또한 존경을 보여주기 위한 목적으로 말의 형태를 비트는 퇴폐적인 유럽인의 말하기 방식을 거부하기", 즉 존경, 위계성, 그리고 거리감을 만드는 정중함을 유대감, 동지애, 그리고 '공동체'의 정신으로 대체하기 등이다.

　Katriel에 따르면 Sabra 문화와 관련된 모든 문화적 가치들, 즉 유대감의 숭배, 단순함, 성실함, 솔직성, '직접성', '직설성', '정직함', '자기단언성' 등등은 'dugri'라는 말하기의 양식으로 가장 잘 표현되며 특히 'dugri 의식' 즉 'dugri 토크'라는 말로 가장 잘 요약된다.

> 토박이 용어로, 이러한 말하기는 siha dugrit, 즉 dugri 토크라고 한다. dugri 토크는, dugri의 관용어로 사용되거나 또는 dugri로 분류된 발화들로 사용되는 것이 아니다. dugri 토크는 그것 자체가 하나의 연쇄적이고 유연적인 구조를 가진 매우 특징적인 말하기 행위이다(Katriel 1986 : 57).

　Katriel은 많은 예 중에서 다음의 예를 제시하였다. "30대 초반의 기술자가 나에게 그의 상사와 함께 시작한 dugri 토크에 대해 상당히 자세하게 말했다. 그는 다음과 같이 선언하면서, siha dugrit라는 것을 말하기 시작했다. '나는 당신에게 dugri로 말하기를 원한다. 나는 이 부서가 운영되는 방식을 좋아하지 않는다.'" Katriel은 이러한 장르의 전형적인 예를 다음과 같이 기술하였다.

> 그것은 그 문화에서 관용어로 수행되는, 하나의 대립에 대한 의례적 행위, 즉 일종의 불화에 대한 의식이다. 즉 그 관용어는 사람들의 진실성을 바탕으로 공유된 문화적 세계를 재확인하는 것이다. 여기에서 dugri 말하기를 사용함으로서 dugri의 의례로 행해지는 다른 모든 사례들처럼, Sabra 문화에서는 기본적인 이슈와 원칙적인 문제는 희생하고 대인 간의 조화에 대한 관심, 즉 거짓되고 피상적인 일치, 다시 말해 기본적 이슈와 원리의 문제를 희생하여 얻는 개인 관계의 조화를 이루려는 관심 때문에, 개인 간의 차이를 얼버무리려는 성향과 반대로 행동하는 것이다. 대립적 어조로 야기되는 불편함에도 불구하고, dugri 의례는 진실한 만남, 즉 가면을 쓰지 않은 순간을 경험하고, dugri 말하기와 상당히 다른 말 스타일

의 대화 참여자에게도 정당하고 적절한 것처럼 받아들여진다(Katriel
1986 : 58-59).

이러한 일반적인 특성화는 매우 유용하지만, 그러나 그것이 언어 간 그
리고 문화 간 비교를 가능하게 하는 언어로 공식화된 엄격한 정의를 대신
할 수는 없다. 따라서 나는 아래와 같이 제안하고자 한다.

a dugri talk
나는 당신에 대해 무엇인가 나쁜 것을 생각한다
나는 당신에게 이것을 말하기를 원한다
나는 안다 : 당신은 똑같이 생각하지 않는다
나는 안다 :
    만약 내가 당신에게 이것을 말한다면 당신은 이것 때문에 무엇인
    가 나쁜 것을 느낄 수 있다
나는 안다 : 누군가는 생각할 수 있다 :
    나는 이것 때문에 당신에게 그것을 말하지 않을 것이다
나는 이것 때문에 그것을 말하지 않는 것을 원하지 않는다
나는 생각한다 :
    만약 내가 당신에게 그것을 말하지 않는다면 그것은 나쁜 일일 것
    이다
    당신은 나와 같은 누군가이다
    당신과 나는 이와 같은 것들을 서로 말할 수 있다
    왜냐하면 당신과 나는 동일한 종류의 것을 원하기 때문이다
사람들은 생각한다 :
    만약 사람들이 그들이 생각하는 것을 서로 말할 수 있다면 그것은
    좋다

특히 흥미로운 일은 (이 공식에서 재현된) dugri 토크에 반영된 정서와
chiacking, rubbishing, 또는 친근한 모욕(G'day ya old bastard)에 반영
된 호주 정서를 비교하는 것이다. 이스라엘 문화와 호주 문화는 모두 '직

접성', '직설성', '간결함', '단순한 말', '꾸밈없는 말' 등에 가치를 두는 문화로, 그리고 '유대감', '평등성', '동료애', '협력' 등에 가치를 두는 문화라고 기술할 수 있고 또한 그렇게 기술되었다. 그리고 역시 '인위적인 공손성', '사회적 품위', 그럴듯한(즉 부드러운) 말하기', '공손한 다음절어' 등등을 싫어하는 문화로, 그리고 사람들에게 부정적인 반응을 표현하도록 장려하고 상대에게 '즐거운 것'보다 '불쾌한 것'을 말하도록 장려하는 문화로 기술할 수 있고, 또한 그렇게 기술되었다.

이러한 모든 것은 어떤 의미에서는 사실이다. 그리고 아직 이러한 종류의 포괄적인 기술들은 유사점만큼이나 실질적인 차이점들을 뿌리 깊게 감추고 있다. 특히 호주인의 정서는 사람들이 상대에 대하여 '나쁜 생각'을 자유롭게 표현하도록 장려하지 않는다. 예를 들어 분명히 사람들은 이렇게 생각하지 않지만 누군가에게 얼굴을 대고 'an old bastard'라고 부르는 것과, 사람들이 그들에 대하여 진짜로 나쁘게 생각하는 것을 그들에게 말하는 것은 별개이다. 이스라엘 문화는 화자가 다른 사람에게 그 사람에 대해 가지고 있는 '나쁜 생각'을 드러내도록 장려하지만, 호주 정서는 그것을 장려하지 않는다. 호주에서는 사람들이 '좋은 것들'을 느꼈을 때 종종 '나쁜 것들'을 말한다. 그러나 이것은 이스라엘의 'dugri 말하기'로 널리 공표된 '직접성'의 일종은 아니다.

호주인들도 또한 '선인장'과 같이 기술될 수 있는 몇몇 타당한 근거들이 있다. 그러나 글로벌 표지들처럼 이러한 은유들도 종종 오해될 수 있다. 우리는 의미 원초소로 표현된 의미설명을 통해 보다 정확하게 기술할 수 있으며, 실질적인 차이점뿐만 아니라 실질적인 유사점도 찾을 수 있을 것이다.

3.3. 폴란드어 kawał

폴란드 문화에서 kawał(복수형 kawały)만큼 중요한 발화 장르는 없다.

대략적으로 말하자면, kawał은 농담(joke)의 일종이다. 그러나 폴란드인들은 어휘적으로 이를 dowchip, żart와는 전혀 다른 종류의 농담이라고 인식한다. Żart는 반드시 말의 형태일 필요가 없으며, 말의 형태로만 된 것도 아니다. 다시 말해 그것은 영어의 짓궂은 장난이라고 하는 것과 일치한다. Dowchip은 반드시 말의 형태로 되어 있고, kawał도 그렇다. 그러나 kawał는 그것의 반복성과 그것의 내집단성을 갖는다는 점에서 dowchip과 명확하게 다르다. Dowchip은 하나의 추상 명사로서 '재치'를 의미한다. 즉 말하기 장르인 dowchip은 '재담'과 가장 가깝게 번역되는 동등어이다. 왜냐하면, dowchip은 말의 창조성이라는 생각을 떠올리게 하기 때문이다. 물론 사람들은 다른 사람에게 오래된 dowcipy(dowchip의 복수형)를 반복하여 사용할 수 있지만, 그러나 그 단어 자체는 어떤 창조적인 개인이 만든 독창적인 재치의 구현임을 상기시킨다. 반면에 kawał은 개인의 재치를 말하지는 않는다. 그것은 구술 문화의 익명성을 띤 창조성, 즉 일반적인 순환성을 의미하는 문화적 코인으로 인식된다. 모든 kawał은 집단적인 지혜, 집단적인 경험, 집단적인 관점을 표현한다. 그것은 일정한 외부인들을 상대로 한 내집단성과 유대감, 사회적 통합을 표현한다. 그러므로 전형적인 kawał의 복수형인 kawały는 정치적이다. 그 단어들은 외세를 상대로 한 국가적 유대감을 표현한다. 외세란 예를 들어 2차 세계 대전 동안 나찌의 점령이나, 전후 폴란드에서 소비에트가 강요한 공산주의 체제, 그리고 19세기에 있었던 외국의 분할 세력 같은 것이다.

폴란드 문화에서 큰 역할을 수행해 온 정치적인 kawały 이외에도, 영어의 야한 농담에 해당하는 kawały도 있다. 이것들은 보통 남성 유대감이나 남성 내집단성을 표현한다.

그러므로 kawał은 내집단성 그리고 폭넓은 순환성을 강조하는 민속 장르이다. 사람들은 단지 그것의 유머적 가치뿐만 아니라 그것이 주는 소속감 때문에 kawał을 듣는 것을 즐긴다. dowchip과 반대로, kawał은 그것의 정교함과 세련됨에 가치를 두지는 않는다. 어원적으로 '한 조각'이라는 kawałek에서 유래한 kawał은 하나의 확대사이며, 이 확대사의 특징은 여전히 남아 있는데, 그것에 대한 전혀 세련되지 않는 것, 즉 그것이란 '거칠고', '투박한' 어떤 것, 널리 공유될 수 있는 어떤 것을 암시한다. A kawal chleba '빵 한 조각(a piece-AUG of bread)'는 매우 두껍고 세련되지 못한 빵 한 조각인데, 그 내포 의미는 긍정적인 것이며 부정적인 것은 아니다. 다시 말하면 그 표현은 배고픈 사람의 관점을 함축한다. 그러므로 kawał의 내집단성에는 그것에 대한 엘리트주의가 없다. kawał이 지시하는 집단은 매우 폭넓고 강한 것처럼 보인다. 그럼에도 불구하고 kawał은 또한 어떤 공모의 특성을 지닌다. 즉 하나의 kawał이 순환될 수 있는 집단 내에서는 외부인이 배제되기를 원한다.

나는 kawał이라는 단어의 의미적 구조가 다음과 같은 구성성분을 포함한다고 가정한다. '나는 우리가 이런 종류의 것들에 대하여 똑같이 생각하기 때문에 당신에게 이것을 말할 수 있다고 생각한다'. 여기에 담긴 암시는 이것이다. 나는 너에게 말할 수 있지만 내가 그것을 말할 수 없는 사람들이 있다. kawały의 이러한 공모의 분위기 때문에 만약 kawały를 세련됨이나 고상함의 관점에서 평가한다면 매우 부족할 수 있는 농담의 장점이 살아난 것으로 종종 느껴진다.

하나의 장르로서, kawał은 폴란드 역사, 즉 19세기와 20세기 폴란드인의 삶의 특수한 상황에 강하게 뿌리를 두고 있다. 그것은 외부로부터 강제된 관료적 문화에 대한 반항에서 살아남은 반(反)문화의 표현이다. 그것은 웃음이라는 치료적 효과를 그 국가가 지속적으로 필요로 했다는 것을 반영한다. kawał의 개념 구조가 그대로 나타나 있는 kawały에는 이미 가정된 광범위한 순환성이 있기 때문에, kawały는 어떤 강력한 외부인들을 상대로 하여 폭넓은 유대감을 느끼게 하는 표현으로, 그리고 저항의 정신을 유지하는 방식으로, 또 국가의 심리적 자기 방어의 수단으로, 중요한 사회적 기능을 수행하였다.

kawały가 갖는 이러한 심리적 역할은 kawały가 그 국가의 정치적 변화와 관련되어 온 방식에도 명백히 반영되어 있다. 그것은 kawały의 내용뿐만 아니라 일정한 기간 동안 사용된 상대적인 빈도에서도 그러하다. 예를 들어 Garton Ash(1983)와 폴란드인의 상황을 관찰한 다른 관찰자가 지적한 것처럼, 1980년에서 1981년까지 폴란드 자유노조의 출범으로 인해 국가적으로 행복감을 느끼던 시기에는 kawały의 생산성과 순환성이 현저하게 감소되는 것이 목격되었고, 반면에 1981년 12월의 계엄령 선포 이후 암흑 시기에는 kawały가 다시 부활하여 증가하는 것이 목격되었다.

> 1980년 8월 이래로 정치적 농담의 소비는 알코올의 소비량처럼 줄어들었다. 즉 사람들은 자신들의 정치적 에너지와 독창성을 위해 더 나은 또 다른 표출 수단을 가지게 되었다 …… (Garton Ash 1983 : 106).

> 관료적인 선전의 믿을 수 없는 주장들은 빗발치는 듯한 대중적인 농담, 즉 계엄령과 함께 돌아온 신랄한 정치적 유머 속으로 사라져 버렸는데, 왜냐하면 이러한 종류의 유머는 저항만큼이나 똑같은 무기력한 표현이기 때문이다. TV 뉴스는 파업이나 시위 같은, 온갖 새로운 데모를 폴란드 자유노조 소속인 소수의 '과격주의자'들의 탓으로 돌렸다. 폴란드인들은 이것을 'TV 사전'으로 번역하였다. 즉 다음과 같다.
> 2명의 폴란드 사람들 : 불법 집회
> 3명의 폴란드 사람들 : 불법 데모
> 1000만 명의 폴란드 사람들 : 극소수의 과격주의자(Garton Ash 1983 : 271-272).

보통 kawał는 일종의 도입부를 요구한다. 다시 말해 상대는 사전에 그들이 들으려고 하는 것이 kawał이라는 것을 깨달아야만 한다. 전형적으로 이러한 도입부는 질문의 형태로 나타난다. 즉 kawały가 광범위하게 순환되고 상대에게도 알려졌을 것이라는 가정 하에 '당신은 이 kawał에 대해 알고 있나요?'라고 시작한다. 이와 반대로 joke는 강의나 이야기 또는 진지한 대화에서 미리 알리지 않고 나타날 수 있다. Kawały는 파티나 실내 게임 또는 사교적 술자리 같은 곳에서 즐거운 일체감을 더해주며, 그것은 상대와 화자를 모두 같이 기분 좋게 만드는 것을 의미한다. 나는 joke도 역시 같은 기능을 한다고 생각한다. 반면에 재담(Witticisms)은 그렇지 않다. 즉 재담은 즐거움을 공유하기보다 화자에 대해 상대의 감탄을 추구한다.

그러나 비록 joke가 kawały처럼 즐거운 일체감을 증진하려는 것을 의미한다하더라도 joke는 집단의 유대감을 표현하거나 장려해야 할 필요는 없다. 예를 들어 'K. Nine의 『All about dogs(개에 관한 모든 것)』', 'Neil Down이 쓴 『Say your prayers(너의 기도를 말해봐)』', 또는 'R.T. Choke이 쓴 『The world of vegetables(야채들의 세계)』'와 같은 가상의 책 제목은 joke 모음집에 실릴 수 있다. 그러나 그와 동일한 폴란드어의 표현은 kawały의 모음집에는 실릴 수 없다. 내가 생각하기에 그 이유는 그러한 가상의 제목들이 재미있기는 해도, 어떤 특정한 사회적 집단에서 공유하는 어떤 특정한 태도를 드러내지 않았기 때문이다. 하지만 kawały에는 항상 그러한 공유된 태도들을 드러낸다.

마지막으로 kawał은 하나의 중요한 핵심을 갖는데, kawał은 명백하게 표현되지 않으며 상대에 의해서만 간파('파악')된다는 점이다. 전형적으로 joke도 역시 '알아들었니? 나는 모르겠어.'처럼 상대에 의해 파악되어야 한다. 그러나 joke의 경우에, 이것이 절대적으로 필요한 것처럼 보이지는 않는다. 만약 어른이 통통한 어린 소녀에게, "나는 너를 많이 좋아해. 나는 너를 자두 소스와 함께 먹을 거야"라고 말한다면, 그것은 하나의 joke이지만, 상대에 의해서만 파악되는 핵심이 없으며, 그것은 실제로 의미하는 바가 없고 단지 그것은 어린 소녀를 웃게 하고 기분 좋게 하기 위해 말한 것이라는 사실 외에는 아무것도 아니다. 반면에 kawał은 가상적인 작은 대본과 함께 쓰이면서, 항상 상대에게 정신적 과제를 부여한다. 그래서 사람들은 아기와 joke를 할 수 있지만, kawał을 말할 수는 없다.

물론 joking(농담하기)과 telling jokes(농담을 말하기) 사이에는 차이가 있다. 사람들은 아기에게 joke를 말하지는 않을 것이다. 그러나 그것은 명사 joke를 사용한다면, joking(농담하기)과 telling jokes(농담을 말하기) 사이의 차이점은 무시되고, 두 개념은 하나로 포함된다. 이 넓은 개념은 명사 joke라고 할 수 있는데, 폴란드어에는 이와 동일한 말이 없다. 왜냐하면 이는 아마도 폴란드어에는 특수화된 개념인 kawał이 중요하고, 동일한 의미장에 속한 다른 성원들에게 각각 수반되는 제약이 있기 때문이다.

우리는 이제 kawał과 joke의 의미적 공식을 시도할 수 있다.

kawał
(a) 나는 많은 사람들이 서로에게 말하는 그 종류에 대한 무엇인가를 당신에게 말하기를 원한다
(b) 나는 말한다 : 사람들은 이것(X)을 알 수 있다
(c) 나는 당신은 이것이 사실이 아니라는 것(예를 들면 사람들은 이것을 알지 못한다는 것)을 안다고 생각한다
(d) 나는 당신이 웃기를 원하기 때문에 이것을 말한다
(e) 나는 내가 그것을 말할 때 내가 말하지 않은 무엇인가를 당신이 생각하기를 원한다는 것을 당신이 안다고 생각한다
(f) 나는 당신이 그것을 생각할 때 웃을 것이라고 생각한다
(g) 나는 우리가 이것 때문에 무엇인가 좋은 것을 함께 느낄 것이라고 생각한다
(h) 나는 내가 당신에게 그것을 말할 수 있다고 생각한다
　　왜냐하면 당신과 나는, 이러한 종류의 것에 대하여 동일하게 생각하고 우리가 그것들에 대해 생각할 때 동일한 것을 느끼기 때문이다

이러한 설명의 구성성분 (a)는 kawały가 폭넓게 순환되고 있음을 보여준다. 구성성분 (b), (c), (d)와 (g)는 joke에도 해당되며, 모두 말한 것

에 대한 가상적인 특징, 의도된 유머, 의도되며 공유된 즐거움을 함께 설
명한다. 구성성분 (e)는 상대가 '파악'한 '핵심'이 있다는 것을 가리킨다.
그리고 (f)는 그것이 바로 이 '핵심'이며 그것은 상대에 의해 재구성된 것
으로 이것이 바로 웃음의 근원으로 기대되는 것임을 보여준다. 구성성분
(h)는 kawały의 내집단성 그리고 공유된 태도들의 가정을 명확하게 설명
한 것이다.

    joke
    (a) (一)
    (b) 나는 말한다 : 사람들은 이것(X)을 알 수 있다
    (c) 나는 당신이 이것이 사실이 아니라는 것(예를 들면 사람들은 이것
        을 알지 못한다는 것)을 안다고 생각한다
    (d) 나는 당신이 웃기를 원하기 때문에 나는 이것을 말한다
    (e) 나는 우리 둘다 이것 때문에 무엇인가 좋은 것을 느낄 것이라고 생
        각한다

3.4. 폴란드어의 podanie

영국의 역사학자인 Timothy Garton Ash는 1983년 쓴 책에서 전후 폴
란드의 사회·정치적 상황을 다음과 같은 말로 특징화했다.

    이 체제는 시민들의 삶의 모든 면을 전체적으로 통제하고, 체제의 보호
    밖에 있는 모든 사회적 연대는 무엇이든지 깨버리고, 계몽 철학자들이 말
    한 '시민 사회'라는 것을 파괴하기를 **열망한다**는 의미에서 정확히 '전체주
    의'라 묘사될 수 있다(Gartou Ash 1983 : 8).

공산주의 체제의 폴란드의 상황에 대해서 다른 서구의 관찰자들도 유사
한 언급을 했다. 이러한 연구물에서 지속적으로 나타나는 핵심어와 핵심
어구들은 다음과 같다. '전체적인 통제'(Garton Ash 1983 : 8), '관료주의적
통제'(Davies 1981, 2 : 597), '관료주의 국가'(Hirszowicz 1980), '옹졸한 관료'

(Davies 1981, 2 : 617), '정당 관료정치'(Kolankiewicz & Lewis 1988 : 24), '관료적 무법성'과 '옹졸한 독재자'(Davies 1984 : 41) 등이다.

Davies는 소비에트 세력권에 대해 보다 일반적으로 다음과 같이 언급했다.

> 소비에트 세력권에서 크레믈린보다 더 높은 권위는 없다. 그 시절 독재자 위에는 어떠한 법률도 없다. …… 더 심한 것은 독재자 아래에 있는 사람들과의 관계에서 볼 때, '프롤레타리아 독재'의 특별한 양식은 정치적 사슬의 끝없는 연결들이 옹졸한 전제군주를 중심으로 모두 내려오는 위계성으로 되어 있다는 것이다. 중앙에 거대한 거미를 가진 소비에트 특권계급(nomenklatura)의 제일 높은 거미줄에서부터 그 아래 얽혀 있는 거미줄은, 크레믈린에서부터 소비에트 제국의 가장 먼 곳까지 퍼져나간다. …… 모든 거미줄에는 그것의 '거미'가 있다. 그리고 그 거미들은 심지어 자애로운 거미일지라도 그 거미들은 그들 자신보다 더 높이 있는 법은 없다고 생각한다. 그러한 공식적인 무법성의 상태는 일본인은 말할 것도 없고 미국인과 서유럽인들에게는 너무나 낯선 것이어서, 그것을 기술하려는 대부분의 진지한 시도들은 터무니없는 환상처럼 본능적으로 묵살되었다(Davies 1984 : 40-41).

Davies는 공산주의 체재의 폴란드에 대해 더 구체적으로 기술하면서 '힘'(władza)과 '사회'(społeczeństwo) 사이, 즉 지배자(bosess)와 민중(people) 사이의 깊은 분열을 지적하였다. 그는 다음과 같이 언급했다.

> Milovan Djilas가 '신 계급(New Class)'이라고 명명한 것, 그리고 다른 사람들이 '관료주의 국가(the bureaucratic Leviathan)'라고 부르는 것이 아마도 동유럽의 계급없는 사회의 가장 특징적인 속성이라는 것은 부인할 수 없다. …… 폴란드에서는 그 체제가 실제적으로 정통성을 인정받지 못하고 있는데, 그것이 바로 일반적인 탄압의 근원이었다(Davies 1984 : 45).

공산주의 체제의 폴란드에서 삶의 사회·정치적 현실들은 폴란드어에 셀 수 없이 반영되어 있다(Wierzbicka 1990 참조). 이 장에서 나는 그와 같은 반영의 예를 제시하려고 하는데, 특히 그것은 발화 행위와 발화 장르의 영역과 관련되어 있다. 그것은 공산주의 체제 하의 폴란드의 일상적인 삶에서 podanie라는 개념이 갖는 가장 핵심적인 중요성과 관련되어 있다.

폴란드어의 기념비적인 사전인 SJP(1958 : 68)에서는 podanie를 다음과 같이 정의하고 있다. '당국자에게 무엇인가를 요청하기 위해 보내는 문서, 즉 진정서' 그리고 Skorupka(1974)의 폴란드어 표현 사전에서는 podanie를 더 짧게 풀이하고 있다. '무엇인가를 요청하기 위해 쓰여진 문서', 그러므로 podanie는 특별한 하나의 장르로서 즉 '민중(people)'과 '당국(authorities)' 사이의 의사소통에 해당한다. 다시 말해 이 의사소통은 언제나 '민중'이 '당국'에게 '호의'를 바라고, 그들 자신을 당국의 선의에 의존하는 존재로 표현하는 것을 포함한다.

분명히 영어에는 podanie에 해당되는 동등어가 없다. 왜냐하면 영어를 사용하는 일반 사람들은 '호의'를 얻으려고 당국자에게 요청하는 일이 없기 때문이 아니라, 영어권 국가에서는 개인이 '호의'를 위해 당국자에게 요청해야만 한다는 생각이 특별한 개념과 특별한 발화 장르의 출현을 불러올 만큼 충분히 현저하지 않았기 때문이다. 그러나 폴란드에서, 그 생각은 의심할 여지없이 매우 현저한데, 왜냐하면 공산주의 체제 하의 폴란드에서는 보통 사람들의 삶이 상당히 관료주의적 '전제군주'의 임의적인 결정에 의하여 지배당했기 때문이다. 이것에 대한 언어적 증거로 매우 흥미로운 단어는 papier podaniowy 'podania(podaniowy의 복수형)가 쓰여진 용지'인데, 이 단어가 일상적으로 마치 A4용지를 지시하는 것으로 쓰였다는 점이다. 이 표현은 SJP와 Skorupka(1974)에 모두 특별히 등재되었다.

Skorupka(1974)의 표현 사전에는 podanie를 포함하는 다음의 일상적 연어들이 실려 있다. '장관에게, 관리자에게, 인사 담당부서에, 법원에

podanie 하기', '장학금을 위해 그리고 대학의 입학을 위해 요청하는 podanie', 'podanie의 거절하기와 수락하기', '거절하거나 수락하는 방식으로 podanie를 해결하기'.

그러므로 podanie는 개인이 기관으로 보내는 문서로 된 의사소통이며, 그 기관이 허락할 수도 허락하지 않을 수도 있는 무엇인가를 개인이 요청하는 일로서, petent('탄원자')에게는 그 대답이 임의적이고 예측할 수 없지만, 그러나 또 일상 생활에서 불가피한 것으로 여겨지는 것이다.

공산주의 체제의 폴란드에서는 사람들의 일상에서 어떤 일도, 아무리 사소한 것이더라도, podania를 쓰지 않으면 되는 일이 없으며, 다시 말해 그 대답이 호의적이기를 희망하면서 기다리지 않으면 안 된다. 예를 들어 논문 제출 마감 기한을 연장해 달라고 요청하는 대학생, 특정한 때에 연차를 사용하기 위해 허가를 요청하는 피고용인들이 하나의 podanie를 제출하는 것이다. 앵글로 색슨 사회는 그와 유사한 상황에서 그것이 종종 하나의 편지를 쓰는 것으로 충분한데, 그것은 사적 편지들과 동일한 장르에 속하는 것으로 간주된다. 편지(letter)와 가장 가까운 폴란드어의 동등한 표현은 list이다. 그러나 공산주의 체제하의 폴란드에서는 결코 학생이나 피고용인이 list로 공식적인 호의나 양해를 구하지는 않을 것이다. 기관의 결정도 역시 list의 형식으로 요청자에게 전달되지 않는다. 다시 말해 사람들이 대답으로 받기를 기대하는 것은 list가 아니라 pismo인데 pismo는 개인적 편지와 꽤 거리가 있는 것으로 분류되는 관료적 문서이다. '학장으로부터 온 개인적 편지' a list od dziekana와 '학장의 사무실로부터 온 공식적인 문서' a pismo z dziekanatu 사이에는 매우 큰 차이가 있으며 현재에도 그 차이가 남아 있다.

물론 영어에도 개인이 기관에 보내는 공식적이고 관료적인 발화 장르를 위한 특별한 단어들이 있는데, application(지원서)과 같은 것이 그것이다. 그러나 application이라는 단어는 기관이 특정 범주의 사람들에게 특정 권리나 자격을 부여하는 힘과 의무를 가지고 있고, 만약 이들이 어떤 구체적인 기준에 부합한다면, 그 기관이 특정한 권리와 자격을 제공하는 의무를 갖는 상황에서만 사용된다. 그러므로, 사람들은 관련된 기준이 명시적으로 공식화되어 공개적으로 알려진, 특정한 지위, 장학금 등등을 얻기 위해서 편지가 아닌 application를 쓰게 된다. 그러므로 application가 그 요구조건에 부합하는지 결정하는 것은 상대에게 달려있기는 하지만, 신청서에는 사람들이 podanie를 쓰는 것처럼 개인적 호의 같은 것을 구하지 않는다. application의 개념은 어떤 표준화된 상황, 즉 표준화된 application 양식에서 종종 제시될 수 있는 상황이 전제된다. 종종 사람들은 application 전체를 쓰지 않아도 되며, 그 양식에 따라 빈 곳을 채워 넣기만 해도 충분하다. 이는 상대에게 명시적 기준이 안내되어 있으며, 그들은 개개인을 지배하는 임의적인 힘을 가지고 있지 않다는 것을 가정하고 있다.

전형적으로 podanie는 '저는 예의바르게 요청합니다' 또는 '이로서 저는 당신에게 호의를 바라는 예의바른 요청을 보냅니다'와 같은 문구로 시작한다. 그러나 그와 같은 문구로 application을 쓰는 것은 이상한 일이 된다. 왜냐하면 application을 작성하는 사람들은 신청을 하는 것이지, 요구(ask for)하거나 요청(request)하는 것이 아니기 때문이다(ask for와 request의 차이는 Wierzbicka 1987를 참조. 폴란드어 동사 prosić와 명사 prośba는 사실 request보다 ask for에 가깝다.).

또한 주목할 점은 application은 '성공적이지 못할' 수도 있는 반면에, '거절당하거나' '거부당하지' 않는다는 것이다. 게다가 성공적이지 못한 application의 작성자는 수신자로부터 '당신의 지원서에 감사드립니다'와 같이 지원한 일에 대해 감사의 말을 들을 수도 있다. 그러나 podanie를 받은 관료가 글쓴이에게 '감사한다'는 것은 생각할 수 없는 일이다. 유사하게 application은 '요청받을' 수 있고 종종 받기도 한다. 예를 들어 적절한 자격을 가진 사람의 application은 요청된다. 그러나 podanie가 '요청된다'는 것은 생각할 수 없는 일이다. 그 이유는 application를 다루는 사람들은 사람들에게 지원하기를 바라는 것으로 간주될 수 있지만, podanie의 경우 그 작성자는 '청원자'나 '탄원자'로 간주될 수 있는 것이지, 수신자와 협력하는 것처럼 간주될 수 있는 사람이 아니기 때문이다.

이러한 논의에서 다음 설명을 도출할 수 있다.

> podanie
> 나는 말한다 : 나는 무엇인가(X)가 나에게 일어나기를 원한다
> 나는 안다 : 만약 당신이 그것이 일어나기를 원한다고 말하지 않는다면 그것은 일어날 수 없다
> 나는 당신이 그것이 일어나기를 원한다고 말하기를 원하기 때문에 이것을 말한다
> 나는 당신이 그것을 할 것인지 알지 못한다
> 나는 많은 사람들이 당신에게 이와 같은 것들을 말한다는 것을 안다
> 나는 사람들이 당신에게 하기를 원하는 것들을 당신이 할 필요가 없다는 것을 안다

> application
> 나는 말한다 : 나는 무엇인가(X)가 나에게 일어나기를 원한다
> 나는 안다 : 만약 당신이 그것이 일어나기를 원한다고 말하지 않는다면 그것은 일어날 수 없다
> 나는 많은 사람들이 같은 것을 원할 수도 있다고 생각한다
> 나는 몇몇 사람들이 그들이 그것을 원한다고 당신에게 말하기를 당신이 원한다고 생각한다
> 나는 당신이 나에게 그것이 일어나기를 원한다고 말하기를 원하기 때문에 이것을 말한다
> 나는 만약 내가 나에 대하여 어떤 것들을 말하지 않는다면 당신은 그것을 할 수 없다는 것을 안다
> 나는 이것 때문에 여기에 이러한 것들을 말한다

나는 만약 당신이 그것이 나에게 일어나기를 원한다면 당신은 말할 것
이라고 생각한다

물론 모든 체계는 남용될 수 있지만, 발화 장르의 언어 특정적 분류는
그 체제의 전형적인 상황이라고 간주될 수 있는 것을 반영한다. 따라서
application과 podanie와 같은 개념들을 대조해 보면 그 속에는 모국어
화자들이 그들 사회의 전형적인 삶의 형식으로 지각하는 것들을 반영하고
있다.

4. 결론

거의 3세기 전에, John Locke는 다음과 같이 썼다.

다양한 언어를 이해하는 데 있어 적절한 방식의 하나에는 다음과 같은
진실이 있다. 즉 한 언어의 많은 단어들이 다른 언어에는 그것에 대응하는
어떠한 단어도 없다는 것은 너무나 명백하다는 점이다. 한 국가의 단어들
은 생활의 관습과 방식에 의한 몇 개의 복잡한 생각들을 나타내고, 그 생
각들에 명칭을 부여하지만, 다른 언어의 단어들은 그 특수한 생각들을 절
대로 나타내지 않는다는 것을 명백히 보여준다. …… 아니, 만약 우리가
이 문제를 좀 더 가까이 들여다보고, 다른 언어들을 정확하게 비교한다면,
우리가 번역이나 사전을 통해 다른 언어의 단어와 대응된다고 가정하는
단어들이 있다는 것을 알고 있다고 해도, 사전이 제공하는 단어와 정밀하
게 같은 뜻을 나타낸다는 것은 …… 복잡한 생각들의 명칭 중에서 열의 하
나나 겨우 있을 정도라는 것을 알게 될 것이다(Locke 1959〔1690〕, 2 : 48).

나는 어떠한 언어의 분야도 발화 행위나 발화 장르만큼 더 Locke의 진
술의 진리를 잘 그리고 더 분명히 드러내 주는 것은 없다고 믿는다. 발화
행위와 발화 장르를 위한 특정 언어만의 용어들은 사회적 상호성이 언어

적으로 기호화된 양식을 보여준다. 나는 그러한 용어들에 대한 정교화된
의미론적 분석은 비교 문화적 연구에 새로운 통찰력과 엄격함을 제공할
것이라고 생각한다.

제6장

언표내적 효력의 의미론
The semantics of illocutionary forces

1. 언표내적 효력은 불확정적인가?

인간의 삶은 대부분 다양한 발화 행위로 이루어져 있다. 하루 종일, 사람들은 묻고, 답하고, 말나둠하고, 논쟁하고, 약속하고, 뽐내고, 꾸짖고, 불평하고, 잔소리하고, 칭찬하고, 고마워하고, 비밀을 털어놓고, 비난하고, 암시를 주는 등 다양한 일들을 한다. 또 사람들은 하루 종일, 그들이 말을 할 때, 다른 사람들이 수행하는 발화 행위를 의식적이든 무의식적이든 간에 해석하려고 한다. 실제로 매번 누군가가 우리 앞에서 그들의 입을 열 때마다, 우리는 그들의 발화 행위가 위협인지, 경고인지, 제안인지, 요청인지, 비난인지 아니면 그저 평범한 의견인지, 하나의 힌트인지를 해석할 필요가 있다.

말하기를 통해 사람들은 다양한 종류의 행위를 수행하고 있으며 또 수행되는 행위의 종류가 발화의 의미 구조 또는 통사 구조에 달려 있다는 생각은 매우 오래된 것이다. 그것은 적어도 스토아학파까지 거슬러 올라간다.[4] 현대에 와서도 역시 유사한 생각이 수많은 다양한 사상가들, 특히

Josep Schächter(1935)의 『Prolegomena to a critical grammar '비판적 문법에 대한 서문'』과 Ludwig Wittgenstein(1953)의 『Philosophical investigations '철학적 탐구'』, 그리고 Mixail Baxtin(1952)의 『Speech genres '발화 장르'』에 제시되어 있다. 그러나 오늘날 언어학자들의 주목을 끌도록 이 생각을 표현하고 발전시킨 사람은 역시 J. L. Austin(1962)이었으며, 현대 언어학 이론에 그 성과들이 도입되었다.

Austin의 영향으로 새로운 발화 모델이 언어학에 생겨났다. 그에 따르면, 사람들은 말을 할 때마다 일련의 확인할 수 있는 발화 행위, 즉 인사하고, 질문하고, 초대하고, 제안하고, 경고하고, 사과하는 등등의 행위를 만들어 낸다는 것이다. 사실 '생성 의미론자들', 예를 들면 Ross(1970)는 모든 문장은 그 문장의 심층 통사 구조이기도 한 의미 구조 안에 그 문장에 의해 수행되는 발화 행위의 성격을 확인할 수 있는 하나의 절을 포함하고 있다고 주장하였다. 예를 들어 몇 시입니까?라는 문장은 나는 당신에게 몇 시인지를 질문한다라는 문장에서 나왔고, 이리 와!라는 문장은 나는 너에게 이리로 올 것을 명령한다라는 문장에서 나왔다는 것이다.

사실 이러한 '새로운' 분석 모델은 수세기 전 특히 12세기의 Peter Abelard, 13세기 Roger Bacon 또는 14세기 Venice의 Paul이 발전시킨 분석의 방식을 개조한 것이다.[5] 20세기 후반 언어학자들이 발전시킨 발화 행위의 분석과 그리고 중세에 그들의 선조들이 발전시킨 발화 행위의 분석 사이에 보이는 밀접한 유사점은 매우 흥미로운데, 그 유사점들이 발화 행위에 대한 현대 언어학의 저서들에서 전혀 언급되지 않았다는 것은 참으로 이상한 일이다. 그러나 여기는 이러한 유사점에 대해 더 진술한다거나, 아니면 이러한 유사점들로부터 끌어낼 수 있는 역사적 내용에 대해 진술하는 자리는 아니다.

그러나 현대의 통사이론들은 상당히 제한된 수명을 갖는 경향이 있다. 몇 년 동안의 왕성한 활동 후에, '생성의미론'은 그 자체에 대한 자신감을 상실해 버렸고 그러다 해체되었으며, 심층 수행 동사들로부터 언표내적 효력이 도출된다는 새로운 생각은 추종자들의 대부분을 잃어버렸다.

그럼에도 불구하고 어떤 발화의 언표내적 효력은 그 발화가 갖는 의미 구조의 일부분이라는 견해는 살아남게 되어, 적어도 여전히 공격할만한 가치가 있는 대상으로 간주되는 정도에 이르게 되었다. 그러한 공격들은 점점 빈번해지며, 점점 활기를 띠고 있다(예를 들어 Bach-Hernish 1982 ; Leech 1983 참조). 공격자들은 대부분의 발화들이 명확하게 하나의 특정한 발화 행위의 예로 확인될 수 있는 것이 아니라고 주장한다. 예를 들면 Come here!라는 문장은 명령이 될 수도 있지만, 그것은 또한 요청이 될 수도 있는 것이다. This gun is loaded라는 말은 경고가 될 수 있지만, 그것은 또한 사실의 진술이 될 수도 있고 위협이 될 수도 있다. How are you?도 역시 질문이 될 수도 있지만 인사가 될 수도 있다. 그 밖의 예들 도 마찬가지이다.

소위 수행 분석이라는 것은 분석자들이 각각의 경우마다 하나의 명시적 수행 동사를 재구성하도록 한다. 그러나 사실 지금은 대부분의 발화들이 불확정적이라고 주장되고 있다. 다시 말해서 우리가 사람들이 말하는 것을 들을 때, 우리는 그들이 말하고 있는 것을 완벽하게 알아들을 수는 있지만, 그러나 보통 그들이 무엇을 하려고 하는지, 즉 경고인지, 위협인지, 과시인지, 제안인지, 약속인지 등을 분명하게 알지 못한다. 물론 우리는 화자의 언표내적 의도를 추측할 수 있지만, 그렇다고 결코 이 추측들이 맞는 것인지를 확신할 수 없다. 때때로 상황과 맥락은 예를 들면 그가 경고 보다는 위협하고 있다는 식으로, 화자가 무엇을 하려고 하는지를 매우 분명하게 해줄 수는 있다. 그러나 그럴 때조차도, 우리의 해석은 언어적 단 서들에 의해서라기보다는 '화용론적 고찰'에 의한 것이라고 주장한다.

그리고 일반 화자와 청자들에게 적용되는 것은 또한 언어학자에게도 적용된다. 언어학자들이 그 주장을 그렇게 해왔듯이, 우리는 우리가 분석하고 싶어하는 어떠한 발화의 언표내적 효력을 밝혀 낼 수는 없다. 결론적으로 언표내적 효력은 언어학 분야의 바깥에 존재하기 때문이다. 즉 언표내적 효력은 화용론의 관심 대상이지, 통사론이나 의미론의 관심 대상은 아닌 것이다. 예를 들면 언어학자의 자격을 가진 한 사람의 언어학자로서는 Go to London!(런던으로 가라)는 표현과 Go to hell!(지옥으로 가라)는 표현을 구별하지 못하고, 둘 다 '지령'으로 간주하며 또 How are you?와 How old are you?를 구별하지 못하고, 둘 다 '질문'으로 간주할 것이다.

나는 이 견해에 동의하지 않으며, 이러한 견해는 인간의 의사소통의 본질을 드러내지 못하고 있다고 믿는다. 나는 우리가 다른 사람들의 말을 들을 때 그들이 무엇을 말하려고 하는지를 보통은 알고 있으며, 그리고 우리는 어느 정도까지는 언어적 단서에 의해서 그것을 알 수 있다고 확실히 믿는다. 억양은 이러한 점에서 의심할 여지없이 중요한 역할을 하지만(다음의 7.6절 참조), 여기서 억양은 별도로 한다 하더라도, 우리는 여전히 언표내적 효력을 나타내는 수많은 언어적 지표들의 존재를 틀림없이 인지할 수 있다. '화용론적' 추측들도 하나의 역할을 한다. 그러나 만약 우리가 추측들에만 의존을 한다면, 인간의 의사소통은 사실 훨씬 성공할 수 없으며 훨씬 효율적이지 못할 것이다. 성공적이지 못하고 비효율적인 것은 다름 아닌 언어학자들이 언표내적 효력을 분석하려고 한 그 분석모델에 있다. 따라서 해결책은 언표내적 분석에서 손을 떼버리거나, 그 분석 모델들을 언어학의 바깥으로 모두 던져 버릴 것이 아니라 이러한 부적절한 모델들을 버리고 그리고 더 나은 모델들로 교체하는 것이다.

6장의 중요한 논점은 다음과 같다. 즉 불확정적인 것이라고 가정된 언표내적 효력은 대부분 부적절한 통사론적 분석과 의미론적 분석이 만든 인공적 산물이라는 것이다.

Come here!와 같은 문장을 다시 생각해 보자. 만약 우리가 그것을 'I order you to come here!'(나는 당신에게 이리로 올 것을 명령한다)라고 분석을 한다면, 우리는 그 언표내적 효력을 과도하게 규정한 것이 된다. 화자는 '명령을 내리기'보다는 '요구하는 것'일 수도 있으며, 또 청자에게 단지 무엇을 해야 하는지를 '말하는 것'일 수도 있다. '나는 당신에게 요청한다' 또는 '나는 당신에게 말한다'라고 하는 것보다 '나는 당신에게 명령을 한다'라는 식으로 그 언표내적 효력을 설명하는 것은 언어학자가 자의적이고, 누군가 말했듯이, 무책임한 방식으로 행동하는 것이라고 말할 수도 있다. 그렇기 때문에 Leech(1983 : 175)가 언표내적 효력이라는 것은 "화행 동사라는 우리가 쓰는 일상의 어휘로 쉽게 설명될 수 있는 것보다 더 미묘하며", 언표내적 효력은 "제의와 제안 그리고 진술과 같은 범주의 지시로 적절하게 포착될 수" 없는 것(1983 : 156)이라고 주장했을 때, 사람들은 전적으로 그의 의견에 동의할 수밖에 없었다.

그러나 나는 언표내적 효력이 반드시 '불확정적'이라거나 또는 "언표내적인 효력은 부분적으로 비범주적인 스칼라의 관점으로 연구되어야만 한다."(Leech 1983 : 175)라는 주장을 따를 수는 없다고 생각한다.

우리는 Come here!와 같은 명령문의 발화가 하나의 명령인지, 요청인지, 지령인지를 나타내는지에 대해 말할 수 없지만, 그러나 우리는 그 발화가 '나는 말한다: 나는 당신이 오기를 원한다'와 같이 설명될 수 있는 생각을 전달한다고 말할 수는 있다. 중요한 것은 명령과 지령 그리고 요청들이 공통으로 무엇인가를 갖고 있다는 것이며 이것이 명령과 지령 그리고 요청들이 모두 동일한 문법 범주, 즉 명령문으로 수행되는 이유이다. 우리는 Come here!를 자의적으로 하나의 명령이라고 말해서는 안 되며 또한 그것이 명령과 지령 그리고 요청에 중의적으로 사용된다고 말해서도 안

된다. 그 대신 우리는 이러한 다양한 해석들 중에서 의미론적으로 공통된 분모를 추출할 수 있다. 이것은 다음과 같은 공식에 의해 정확하게 표현될 수 있다. '나는 말한다 : 나는 당신이 그것을 하기를 원한다.' 문맥적이거나 초분절적인 단서들이 추가적인 정보를 제공할 수 있지만, 그러나 중요한 핵심은 구문 그 자체에 의해 표시된다. 해당 발화가 갖는 언표내적 효력은 매우 '확정적'이지만, 그러나 그것은 충분히 정교하게 검증된 구성성분들을 갖춘 틀에서만 포착될 수 있는 것이다.

언표내적 효력의 '불확정성'에 적용되는 것들은 또한 '등급 변이성(scalar variability)'에도 적용된다. 즉 이 두 가지는 모두 부적절한 분석적 틀이 되는 인공적 산물이다. 예를 들어, 다음 진술을 생각해 보자(Leech 1983 : 175). 즉 "'명령하기'와 '요청하기' 사이의 차이는 부분적으로 선택권의 크기 문제이다. 즉 얼마나 많은 선택이 청자에게 주어졌느냐이다. 그리고 '요청하기'와 '제의하기' 사이의 차이는 비용 대 편익의 크기, 즉 행위가 화자/청자의 비용/편익에 얼마나 멀리 있는가의 문제이다."

그러나 명백하게 말하자면, '명령'과 '요청' 사이의 차이 또는 '요청'과 '제의' 사이의 차이는 불연속적인 언표내적 구성성분들로 나타낼 수 있다. 그것은 '등급 변이성'에 호소할 필요가 없다. 하나의 명령은 하나의 구성성분으로 진술될 수 있으며, 대략 '나는 당신이 내가 당신이 하기를 원한다고 말한 것을 해야만 한다고 생각한다'와 같다. 그리고 요청은 '나는 생각한다 : 당신은 내가 당신이 해야 한다고 말한 것을 하지 않아도 된다'라는 구성성분이 포함된다. 또한 제의는 '나는 당신이 이것을 원한다고 생각한다'와 '나는 이것이 당신에게 좋을 것이라고 생각한다'와 같은 구성성분이 포함된다(이것과 함께 200개 이상의 다른 많은 화행에 대한 자세한 논의는 Wierzbicka 1987 참조).

Bach와 Harnish(1982)는 Could you be quiet?와 같은 '요청의문문'을 논의하면서, 두 가지의 가능한 분석을 고찰하였다. (1) 이 문장은 중의적이며 질문과 요청 사이에 위치한다(Sadock 1970). (2) 이 문장은 질문과 요청 둘 다에 해당한다(Searle 1975). 그리고 이들은 "이 분석 자료에 의하면, 요청의문문의 유형은 부분적으로 질문처럼 언어적 반응을 요구하기도 하고, 부분적으로는 명령처럼 승낙의 행위를 요구하기도 한다(Searle 1975)."라고 결론지었다. 요청의문문이 둘 다에 해당된다고 본 진부한 이론[예를 들면, Searle의 분석]이 중의성 이론[예를 들면 Sadock의 이론]보다는 그러한 사실들을 더 잘 수용할 수 있다"(Bach & Harnish 1982:186).

다른 말로 하자면, 그 선택이란 이런 것이다. 즉 노새는 어떤 때에는 말로 또 어떤 때에는 당나귀로 간주해야 하는가? 아니면 언제나 말과 당나귀, 둘 다라고 해야 하는가?

이 두 가지의 분석이 극복할 수 없는 어려움에 빠지는 것은 놀라운 일이 아니다. 결과적으로 Bach와 Harnish는 둘 다를 버리고 제 삼의 입장을 제시해야만 한다는 것을 느끼게 된다. 그것은 무엇일까? 그것은 바로 그 노새는 언제나 …… 말이다!라는 것이다. 즉 요청의문문은 언제나 질문이다! 그러나 그 고집센 노새는 말처럼 행동하는 것을 원하지 않는다. 예를 들면, 요청의문문들은 동사 앞(절 내부)에 please를 취하지만, 일반적으로 질문들은 please를 취하지 않는다.

Could you please be quiet? 조용히 해주시겠어요?
*How old please are you?

그 때문에 노새들은 '나쁜 말(馬)', 기형적인 말, 품행이 나쁜 말들이라고 비난받는다. 마찬가지로 'Could you please be quiet!'와 같은 요청의문문은 비문법적이라고 비난받는다.

내가 제안하려는 것은 이것이다. 즉 노새는 어떤 때는 말이고 어떤 때는 나귀인 것이 아니다. 즉 노새는 말도 되고 나귀도 되는 것이 아니다. 노새는 말도 아니고 당나귀도 아니다. 그들은 그냥 노새이다. 노새이면서, 그들은 말이나 당나귀와 비슷하다. 따라서 우리가 노새를 기술할 때는, 그들이 어떤 점에서 말과 비슷하고 어떤 점에서는 당나귀와 비슷하다는 것을 보여줘야만 한다.

다음에 나는 특정한 언표내적 효력이 포함되어 있는 많은 통사 구문을 논의하면서, 비록 이 언표내적 효력들이 하나의 단일한 발화 행위 동사로는 진술될 수 없더라도, 그것들이 구성성분들의 묶음으로는 충분히 정확하게 진술될 수 있다는 것을 보여주고자 한다(Wierzbicka 1972, 1977, 1980 참조. 그리고 앞의 5장도 참조).

내가 언표내적 효력을 언표내적 구성성분들로 해체하는 분석의 방법을 제안한다고 해서 언어 기술의 장치가 더 복잡해야 한다거나 더 첨가되어야 한다는 것을 제안하는 것은 아니다. 오히려 그 반대이다. 어떻든 사전 편찬이 언어학과 관련이 있는 한, 발화 행위를 언표내적 구성성분들로 해체하는 일은, 결국 언어학에서 필수적인 일이다. 명령하다, 요청하다, 경고하다, 위협하다 또는 제의하다와 같은 동사들의 의미를 진술하기 위해서, 우리는 어쨌든 그들의 의미 구성성분을 분리해야만 한다. 따라서 나는 다음과 같은 분석의 양식을 제안한다(분석의 정당화와 논의를 위해서는 Wierzbicka 1972, 1977, 1980, 1987를 참조, 또한 이 책의 5장 1절 참조).

I order you to do this(X)
나는 말한다 : 나는 당신이 이것(X)을 하기를 원한다
나는 당신이 그것을 하기를 원하기 때문에 이것을 말한다
나는 생각한다 :
당신은 이것 때문에 그것을 해야만 한다
당신은 이것 때문에 그것을 할 것이다

I ask you to do this(X)

나는 말한다 :
　나는 당신이 이것(X)을 하기를 원한다
　그것은 나에게 좋을 것이다
나는 당신이 그것을 하기를 원하기 때문에 이것을 말한다
나는 생각한다 :
　당신이 그것을 해야만 하는 것은 아니다
　나는 당신이 그것을 할 것인지 아닌지를 알지 못한다

I suggest that you do this(X)
　나는 말한다 : 나는 만약 당신이 이것(X)을 한다면 그것은 좋을 것이라
고 생각한다
　나는 당신이 그것에 대하여 생각하기를 원하기 때문에 이것을 말한다
　나는 생각한다 : 나는 당신이 그것을 하는 것을 원하는지 아닌지를 알
지 못한다

동사 **명령하다**를 그것의 의미 구성성분으로 해체하는 것은 발화 행위 '명령하다'의 언표내적 효력을 분석하는 것과 동일한 것이다(Searle 1979에는 실례지만). 그러므로 언어학자인 우리는 누군가 다른 사람(가령 대화 분석자들)이 우리를 위해 언표내적 효력을 분석해 주기 때문에 우리가 언표내적 효력을 분석할 필요가 없다고 생각해서는 안 된다. 어휘 의미론이 언어학의 일부분라고 인정하는 한, 우리는 그러한 분석을 해야만 한다. 또 만약 언표내적 효력을 구성성분들로 해체하는 일이, 그와 동시에 '수행 가설'이 빠져버린, 극복할 수 없는 통사론적 그리고 의미론적 어려움을 해결한다면, 이것은 순전히 보너스이다.

1.2. 예시 : '요청의문문'의 불연속적이고 확정적인 특성

예를 들어, 다음의 매우 특징적인 언급을 생각해 보자(Comrie 1984b : 281). "…… 'Would you open the door'(문 좀 열어 주시겠어요)는 보통 하나

의 요청으로, 심지어 지령으로도 쓰일 수 있다. 일반적인 반응은 요청으로 수행될 것이다. 그러나 'No'도 가능한 대답임에 주목하자."

'요청'과 '지령' 사이에서 Comrie의 망설임은 마치 이 문장의 유형을 조금은 '불확정한' 것처럼 만든다. 그러나 사실, 명백한 불확정성은 사용된 기술 범주들의 부적절함에서 전적으로 나온 것이며, 이어진 Comrie의 논의에서 제시된 바와 같이, Would you라는 문장의 유형이 갖는 언표내적 효력은 매우 구체적이며, '지시형'과 '의문형'의 구성성분들이 혼합되어 나타나고 있다. 이것은 다음의 대화에서 잘 나타나 있다.

> Standing on the porch, beforeshe rang the bell, Miss Ellis took out a comb. 'Would you try to pull this through yout hair?'
> Gilly shook her head. 'Can't.'
> 'Oh, come on, Gilly--'
> 'No. Can't comb my hair. I'm going for the Guinness Record for uncombed hair.'
> 'Gilly, for pete's sake……'(GH)[6]

> 그녀가 현관에 서서 벨을 울리기 전에 엘리즈는 빗을 꺼냈다.
> '이것으로 네 머리를 좀 빗지 않으련?'
> 질리는 머리를 흔들었다. '안해'
> '오, 제발, 질리—'
> '싫어요. 내 머리카락에 빗질하지 마세요. 나는 머리 빗지 않은 것으로 기네스북에 오를 거예요.'
> '질리, 사랑하는 아가야……'

명백하게, 화자는 어떤 것을 원하며 그리고 이어지는 다음의 말(Oh, come on, Gilly—, for pete's sake……)이 이것을 충분히 보여준다. 동시에 지시는 자신 없게 표현되었고, 또 그것은 청자의 개인적인 자율을 존중하는 것임을 보여주며, 언어적 대답뿐만 아니라 어떤 행위를 취할 것을 간청한다. 그리고 저항의 가능성, 반대의 표시, 그리고 '만약에, 즉 만약에 내가 그것을 원한다고 말한다면 너는 그것을 해줄 수 있겠니?'와 같은 것을 암시적으로 알리고 있다.

Would you와 같은 언표내적 유형들이 갖는 힘을 완전하게 보여주기 위해서, 우리는 언표내적 효력을 싸고 있는 언표내적 구성성분들을 모두 드러낼 필요가 있다. 이것은 아주 수고로운 질적 분석을 요구하며, 문제의 그 유형의 형식과 의사소통의 영역 둘 다에 대한 설명을 요구한다. 이러한 종류의 질적 분석을 대신하여, 우리가 Givón(1984 : 249와 1989 : 153)이 주장한 것처럼 "가장 전형적인 명령형과 의문형의 발화 행위 사이에 위치하는 …… 연속체"라는 식으로, 언표내적 효력을 어떤 '연속체'로 간단히 설명할 수 있다고 생각하는 것은 하나의 착각일 뿐이다.

> 가장 전형적인 명령형
> a. Pass the salt!
> b. Please pass the salt.
> c. Pass the salt, would you please?
> d. Would you please pass the salt?
> e. Could you please pass the salt?
> f. Can you pass the salt?
> g. Do you see the salt?
> h. Is there any salt around?
> i. Was there any salt around?
> 가장 전형적인 의문형

Givón(1989 : 154)에 따르면, 이러한 연속체의 기저에는 세 가지의 사회 심리학적 차원이 있다. "(a) 화자와 청자 사이의 힘 또는 권위의 기울기, (b) 그가 알기를 원하는 일의 상태에 대한 화자의 무지함의 정도, 그리고

(c) 시도된 표현에 비하여 화자의 긴급함과 확정성에 대한 화자의 의식 정도. 이 모든 매개변수들은 등급적이고 따라서 다차원적 공간을 나타내고 있다."

이 세 가지 가설적 범주들은 분명하게 규정되지 않으며, 매우 독특하고, 자의적이어서, 예를 들면 왜 '긴급함'인가? 왜 단순 명령형은 언제나 '긴급함'을 암시하는가?라는 문제는 별개로 한다고 해도, 그것들의 '등급'적 특징은 Givón의 설명이 낳은 인공적 산물임이 분명하다. 예를 들어, Pass the salt와 Please pass the salt의 차이는 완벽하게 불연속적이며, 만일 Givón의 방법론적인 틀이 그에게 그 차이점을 설명할 수 있는 적절한 도구를 제공하지 못한다면, 그것은 틀의 문제이지 논의 중인 자료의 문제는 아니다.

언표내적 효력의 '등급적 기술'은 언어적 의사 소통의 본질을 반영한 것이라기보다는, Givón의 분석이 만든 인공적 산물이지만 그럼에도 불구하고 원리적으로 응용언어학에 유용한 용도로 사용될 수 있다. 그러나 나는 이러한 등급적 기술이 그렇게 될지 의심스럽다. 예를 들어, 영어를 배우는 러시아인이 Would you 유형은 '가장 전형적인 명령형'에서 '가장 전형적인 의문형' 문장으로 이루어진 연속체에서 위로부터 번호 4에 해당한다는 말을 듣는 상황을 생각해 보자. 이 말이 그에게 무슨 소용이 되겠는가? Comrie가 지적한 것처럼, 러시아인들은 영어의 방식처럼 Will you 혹은 Can you 유형을 사용하지 않는다. 또한 Would you도 마찬가지이다.

…… 영어는 누군가에게 무엇인가를 하도록 하는 정중한 방식으로 'will'이나 또는 'can'을 가진 형을 사용한 '예/아니오' 의문형으로 요청한다. 다른 언어들은 그렇게 관습화되어 있지 않다. 만일 당신이 러시아에서 이런 식으로 요청한다면, '이 친구가 무엇을 하려는 거지?'라고 반응할 것이다(Comrie 1984b : 282).

Givón은 이 연속체에 Will you와 Can you 유형은 넣지 않았기 때문에 우리는 그가 이 유형들을 어떤 위치에 두게 될지 알 수 없다. 3과 4 사이일까?, 아니면 4와 5 사이일까, 아마도 3과 5 사이가 될까? 그가 어떤 번호를 이 유형에 부여한다 해도, 언어학습자들에게 이러한 숫자의 가치는 매우 한정적이며 그 숫자들은 그 구문의 유형이 갖는 의미와 용법에 대한 질적인 기술을 대신할 수 없다.

게다가 '가장 전형적인 명령형에서부터 가장 전형적인 의문형'까지 발화의 다양한 형태들의 등급을 정하는 것이 항상 쉽거나 가능한 것은 아니다. 예를 들어 Givón은 Would you를 Could you 위에 놓고 있는데, 이를 통해 추측하면 아마도 그는 Will you를 Would you 위에 놓는 것을 선택할 것이다. 그러나 예를 들어, (please 없는) Would you와 관련하여 Will you please를, 또는 (please 없는) Could you와 관련하여 Would you please를 우리가 어떻게 등급을 정할 수 있겠는가?

덧붙이자면, will과 can의 요청의문문을 공손함과 연관시키는 Comrie의 언급은 Will you please shut up! 혹은 Will you bloody well hurry up!같은 매우 교묘한 영어 문장이 주어질 때에는 오해의 소지가 있다(Williamson 1974 : 56 앞의 2장 참조).

그러나 만일 우리가 언표내적 패턴들의 다양한 형태들을 밝혀낸다면, 그것은 이론적으로 설명될 수 있을 뿐만 아니라 실제적으로도 도움이 될 것이다. 특히, 어떤 패턴들이 언어적 반응을 기대하고 어떤 패턴들이 그렇지 않은지를 보여줄 것이며, 화자에 따라 어떤 패턴들이 화자가 원하는 것들을 청자가 '해야만 한다'고 가정하고, 어떤 패턴들이 가정하지 않은지를 보여줄 것이다. 또한 어떤 패턴이 화자가 '나는 당신이 그것을 하기를 원한다'라고 말할 만큼 충분히 대담한지를 보여주며 또 어떤 패턴들은 화자가 이것을 공공연하게 말하는 것을 꺼려하는지를 밝혀 줄 것이다.

예를 들어, 단순 명령형, Will you 패턴, Would you 패턴, 이 세 영어 구문 간의 관계를 생각해 보자. 행위동사로 된 단순 명령형의 의미 구조는 다음과 같이 나타낼 수 있다.

> Do this (X)
> (a) 나는 말한다 : 나는 당신이 이것(X)을 하기를 원한다
> (b) 나는 당신이 그것을 하기를 원하기 때문에 이것을 말한다
> (c) 나는 생각한다 : 당신은 이것 때문에 그것을 할 것이다

이것은 일찍이 제안했던 명령에 대한 의미 설명과 밀접하게 연관된다. 그러나 중요한 차이가 하나 있다. 즉 명령과 단순 명령형은 둘 다 화자가 '원하는 것'이 승낙될 것을 확실히 기대하지만, 명령은 화자가 원하는 무엇인가를 청자가 해야만 한다는 가정을 나타내는 구성성분이 추가된다. 예를 들어, 만일 누군가가 갑작스런 위험을 인지하지 못한 어떤 사람에게 경고하면서 Step back!(물러서!)이라고 소리친다면, 이것은 명령이 아니다. 이 말에는 사람들이 화자의 의지에 따라야만 한다는 가정은 없기 때문이다. 그러나 그들이 복종할 것이라는 기대감은 담겨 있다.

두 가지의 '요청의문형'이 갖는 의미 구조는 다음과 같이 표현될 수 있다.

> Will you do X ?
> (예 : Will you please shut up?, Will you pass the salt?)
> (a) 나는 말한다 : 나는 당신이 X 하기를 원한다
> (b) 나는 당신이 그것을 하기를 원하기 때문에 나는 이것을 말한다
> (c) 나는 당신이 그것을 할 것인지 하지 않을 것인지를 알지 못한다
> (d) 나는 당신이 그것을 할 것인지 하지 않을 것인지를 말하기를 원한다

> Would you do X ?
> (예 : Would you try to put this through your hair?)
> (a) 나는 말한다 : 나는 당신이 X를 해주기를 원한다
> (b) 나는 당신이 그것을 하기를 원하기 때문에 이것을 말한다

(c) 만일 내가 나는 당신이 그것을 하기를 원한다고 말한다면 당신이
그것을 할 것인지 하지 않을 것인지를 나는 알지 못한다
(d) 나는 당신이 그것을 할 것인지 하지 않을 것인지 말하기를 원한다

언표내적 목적을 설명하는 구성성분 (b) '나는 당신이 그것을 하기를 원하기 때문에 이것을 말한다'는 두 경우 모두 동일하다. 그리고 이것 때문에 논의 중인 두 패턴이 단순 명령형('Do X)과 관련되어 있다. (비언어적 반응을 포함하여) 언어적 반응을 원하는 구성성분(d)도 또한 두 경우 모두 동일하다. 그러나 가장 명백한 구성성분으로서 단정의 (a)라고 하는 것은 각각 다르다. Will you 패턴에서 구성성분(a)는 직설적인 명령문('나는 말한다 : 나는 당신이 그것을 하기를 원한다')의 경우와 같다. 반면에 Would you 패턴에서 구성성분인(a) '나는 말한다 : 나는 당신이 X를 해주기를 원한다'는 좀 주저하는 것처럼 보인다. 게다가, 두 가지 패턴 중 어느 것도 전적으로 결과에 대해서 확신하지는 못 하는 반면, Will you 패턴은 원하는 결과를 확실하게 하기 위해 좀 더 강력한 시도를 한다. 이런 차이는 단정의 구성성분인 (a)뿐만 아니라 무지함의 구성성분인 (c)에도 반영되어 있다. '나는 당신이 그것을 할 것인지 하지 않을 것인지를 알지 못한다'와 '만일 나는 당신이 그것을 하기를 원한다고 내가 말한다면 당신이 그것을 해줄 것인지 하지 않을 것인지를 알지 못한다'를 비교해 보라.

내 생각으로는, 이러한 분석은 두 패턴이 사용되는 방식에 있어서의 공통점과 차이점 둘 다를 설명한다고 본다. 예를 들면, 나의 정보제공자에 따르면, 문장 Would you bloody well hurry up?은 Will you bloody well hurry up?보다 적절하지 않은데, 아마도 그 이유는 단어 shut up 의 강력하고 노골적인 성격이 조건적이고 좀 더 주저하는 듯한 Would you 패턴과 충돌하는 것처럼 보이기 때문이다. 나는 다음과 같은 사실을 덧붙일 수 있다. 나의 연구 보조원이 내가 사인하도록 출퇴근 기록용지를

두고 나갈 때, 그녀는 보통 그 용지에다 연필로 "A(nna), Would you sign these?"라고 써놓지 결코 "A(nna), Will you sign these?"라고 써놓지는 않는다. 그것은 Will you 패턴이 (나와 내 정보제공자들의 판단으로는) 좀 더 거만하고 정중하지 않게 들리기 때문이다.

게다가, 여기에 제안된 분석도 논의 중인 이 패턴의 형식적인 특징, 특히 명령 구문과 의문 구문에 대한 연관성, 다음에 논의할, Do X, will you?와 Do X, would you?처럼, 부가 의문의 명령형과의 연관성을 설명해 준다.

또 다른 밀접하게 관련된 패턴은 Can't you……?인데 이것은 아래에 묘사된 것처럼 초조함과 불만족함을 나타낸다(just와 stupid의 사용을 주목).

'Can I come in?'
'No!' shrieked Gilly, then snatched open the door. 'Can't you leave me alone for one stupid minute?' (GH)
내가 들어가도 될까?'
'안 돼!' 질리는 소리를 지르며 문을 낚아채어 확 열었다. '단 일분만이라도 날 좀 혼자 내버려 둘 수 없어?'

Can't you just leave me alone? (GH)
날 혼자 좀 내버려 둘 수 없어?

나는 이 패턴을 위해 다음과 같은 설명을 제안한다.

Can't you do X?
나는 당신이 해야만 하는 무엇인가를 하지 않는 것을 본다
나는 이것 때문에 무엇인가 나쁜 것을 느낀다
나는 당신이 알아야만 한다고 생각한다 : 이것은 나쁘다
나는 말한다 : 만일 당신이 이 일을 할 수 없다면 나는 당신이 말하기를 원한다

　　나는 당신이 그것을 할 수 있으나 그것을 하기를 원하지 않는다고 생각
한다
　　나는 내가 생각한 것과 내가 느낀 것을 말하기를 원하기 때문에 이것을
말한다

　　위에서 기술된 패턴들의 형식은 자의적인 것이 아니다. 부분적으로 이
패턴의 형식은 의미론적(언표내적) 구조의 의미성분을 일부 반영하고 있기
때문에 '대화 함축'과 '자연논리'의 관점으로 이해될 수 있을 것이다. 그렇
지만 위 패턴의 형식은 언어 특정적이고 또 (비교 언어적 관점으로부터 예
측될 수 없다는 점에서) 부분적으로 '자의적'이다. 왜냐하면 위 패턴 형식은
명백하게 언표내적 구조의 모든 구성성분들을 반영하지 않았기 때문이다.

1.3. 통사론과 언표내적 효력

　　다음과 같은 발화를 생각해 보자(Schreiber 1972 : 326 ; Levinson 1983 :
256 ; Davison 1975 : 163).

　　Frankly, I lied.
　　솔직히, 나 거짓말했어.
　　John's at Sue's house, because his car's outside.
　　John은 Sue의 집에 있어. 그의 차가 밖에 있으니까

　　수행 가설의 지지자들은 종종 부사 frankly와 because절이 기저에 있
는 수행 동사 tell을 수식하는 것이라고 주장함으로써 그 문장의 통사구조
를 설명하고자 시도하였다. 그러나 Levinson은 다음과 같이 지적하였다.

　　…… 여기에는 심각한 의미론적 어려움이 있다. …… 명시적 수행문,
　　(흔히 주장되는) 암시적 수행문, 보고적인 수행문에 쓰인 관련 부사들의
　　의미가 사실 유사하다고 할 수 있는지는 그리 명백한 일이 아니다.

(50) I tell you frankly you're a swine.
  내가 솔직하게 말하는데 너는 야비해.
(51) Frankly, you're a swine.
  솔직히, 너는 야비해.
(52) John told Bill Frankly that he was a swine.
  존은 빌에게 그는 야비한 녀석이라고 솔직하게 말했다.
(Levinson 1983 : 255)

    (51)은 frankly를 문장의 앞에 둠으로써 (50)과는 달리, 그것을 말하는 동안에는 자신의 말에 대한 논평을 하지 않는다. 오히려 그녀는 다음의 두 가지를 말하고 있다. 먼저 청자에게 뒤에 이어져 나올 말에 대해서 준비를 시키는 것이다.

    나는 지금 솔직하게 무엇인가를 말하기를 원한다
    나는 말한다 : 당신은 야비하다

Because 절을 가진 문장에 대해 Levinson은 다음과 같이 설명한다.

    분명한 점은 Because 절이 여기서 사실상 암시적 수행의 I state나 I claim을 수식하지 않으며, 오히려 (59)에 명시적으로 나타낸 것과 같이, 이미 알고 있다는 뜻의 I know를 수식한다는 것이다.

(58) I state John's at sue's house because his car's outside.
  나는 그의 차가 밖에 있기 때문에 존이 수네 집에 있다고 진술한다.
(59) I know John's at Sue's house because his car's outside.
  나는 그의 차가 밖에 있기 때문에 존이 수네 집에 있다는 것을 안다.
(Levinson 1983 : 257)

    (화자는 John의 차가 밖에 있다는 것에 주목하면서, 마음속으로, John이 Sue의 집에 있다고 추론한다. John이 Sue의 집에 있다는 그녀의 진술

은 이러한 추론에 따른 것이며, 그러한 진술은 많은 근거들로부터 나온 것이다. 가장 직접적인 인과적 연계는 A라는 사실을 주목한 것과 B라는 사실을 말했다는 것 사이에서 나온 것이다.)

아마도 수행 가설이 이러한 종류의 자료를 제대로 설명할 수 없는 가장 분명한 증거는 그것이 본래, To sum up(요약하자면), To change the subject(주제를 바꾸자면), To cut a long story(거두절미하고)와 같은 메타언어적인 언급을 설명하도록 의도되었기 때문이다. Mittwoch(1977 : 183)가 지적한 것처럼 "나는 주제를 바꾸기 위해서 당신에게 이것을 말한다에서 (29b) 〔주제를 바꾸기 위해〕를 이끌어내는 것은 직관에 어긋나는 일이다." 주제를 바꾸기 위해라고 말하는 것은 새로운 주제가 도입되었다는 것을 청자에게 알리기 위한 것이다. 즉 우리가 이 새로운 화제에 대해 말하는 것은 청자에게 정보를 주기 위해서, 또는 갑작스런 생각을 표현하기 위해서 등이며 반드시 주제를 바꾸기 위한 것만은 아니라는 것이다.

나는 수행 가설에 기초하여 통사론과 언표내적 효력의 상호작용을 설명하려는 시도들이 성공하지 못했다는 Levinson과 Mittwoch 그리고 다른 이들의 의견에 상당히 동의한다. 그러나 Leech(1983)나 Bach & Harnish (1982)와 같이, 이러한 가설에 반대하는 사람들이 제안한 대안적 설명은 훨씬 더 설득력이 없다. 이러한 대안적 설명이 제안하는 것은, 내 생각으로는, 전혀 신뢰할 수 없다. 왜냐하면 이 대안적 설명은 명백하게 언표내적 효력을 나타내는 모든 문장들, 그러므로 '자율적인' (즉 비언표내적인) 통사론에 의해 설명될 수 없는 문장들은 모두 단순히 비문법적이라고 했기 때문이다. 물론 이 문장들은 완벽하게 수용할 만하며 그간 줄곧 사용되어 왔다. 그러나 우리가 애용하는 문법 이론들이 그 문장을 생성할 수 없기 때문에 그것들은 비문법적이 된 것이다. 왜냐하면, "사용가능성이 문법성을 갖는 것은 아니며 한번 사용되었다는 것이 매우 나쁜 문형을 좋은 문형으로 바꿔주는 것은 아니기" 때문이다(Bach & Harnish 1982 : 225). 달리 말하면, 만약 분명한 언어 사실과 문법 이론 사이에 갈등이 있다면, 그때는 언어 사실이 더 불리한 것이다!

모든 '요청의문형', 모든 '서술 의문형' 그리고 소위 '문체 이접사'를 가진 모든 문장들이 이런 식으로 문법 이론에 의해 비난을 받았다. 이는 사실상 대부분의 영어 대화에서 사용되는 것들이다. 그러므로 아래의 어떤 발화도 다 '비문법적'인 것이라고 말할 수 있다.(Leech 1983 : 193-194 ; Bach & Harnish 1982 : 219, 230) :

Can you please close the window? 문 좀 닫아주실 수 있겠습니까?
Frankly, you bore me. 솔직히, 너는 나를 지루하게 만들고 있어.
Who gives a damn about that? 누가 그까짓 것에 신경을 써?
Why don't you be quiet? 조용히 좀 못하겠어?
No smoking. 금연
Two coffee, please. 커피 두 잔.
Shut the window, can't you? 창문 좀 닫아 줘?

Leech(1983 : 195)가 설명한 바에 따르면 "이러한 문장들은, 어떤 종류의 문법적 틀로도 일반화될 수 없으며, 필연적으로 일반 규칙의 예외가 되고 있다."

내 입장으로는, 나는 다음과 같이 묻고 싶다. 도대체 이러한 '일반 규칙'들이 그렇게 신성불가침한가? 그리고 만약 문법 규칙들이 언어 사실들과 맞지 않는다면 우리는 언어 사실들을 비난하기보다는 그 '규칙'을 재검증해야 하지 않을까?

사실, 이런 종류의 언어 사실들이 어떤 종류의 문법적 틀에도 수용될 수 없다는 것은 말이 안 된다. 언표내적 구성성분의 관점에서 의미 구조로부터 그 언어 사실들의 표면 구조가 도출되었다는 틀을 적용한다면 이 사실들은 수용될 수 있다. 예를 들어 언표내적 수식어 frankly를 가진 문장이

I tell you frankly로부터 도출되었다는 것은 설득적이지 않지만, frankly
를 가진 문장이 다음과 같은 구조들로부터 도출되었다는 것은 매우 설득
적이다.

> 나는 지금 무엇인가 솔직하게 말하기를 원한다
> 나는 말한다 : X

To change the subject와 같은 to부정사 절은 I tell you this in
order to change the subject로부터 도출되었다는 것은 설득적이지 않
다. 그러나 to부정사가 다음과 같은 언표내적 구성성분들을 수식하는 구
조로부터 도출되었다는 것은 설득적일 수 있다. 'I say this because
……', 'I know this because ……', 'I think this because ……' 등.

일반적으로, 의미 구조로부터 표면 구조를 도출시키는 데에 작용하는
주된 기제는 바로 생략이나 삭제이다. 표면 구조가 명령형과 의문형이 결
합된 구소로 되어 있는 '요청의문형' 문장은 'I want you to do something'
이나 'I want you to say something'과 같은 구성성분들을 포함하는 기저
구조로부터 나온 것임에 틀림없다. 그러나 어떤 특별한 언표내적 형태들
이 갖는 완전한 의미(예를 들어, Why don't you do X?나 How about X?, 그리
고 Why do X? 등이 갖는 완전한 의미)는 매우 복잡하고, 언어 특정적인 것이
다. Why don't you와 같은 문장이 비문법적이라는 관점, 그리고 그것의
언표내적 효력은 '이성적이고, 목적 지향적인 인간의 행동에서 나온 일반
적 원리'(Leech 1983 : 195)에 기반을 두고 추측될 수 있다는 관점은 둘 다
도움도 되지도 않고, 사실상 잘못된 것이다. 특히 제 2외국어 학습자의 관
점에서 볼 때 그들의 모국어에는 이 문장의 틀과 문자 그대로의 동등한 표
현이 영어가 갖는 언표내적 효력처럼 사용되지 않는다는 점에서 더욱 그
렇다. 영어를 배우는 이민자들은 Why don't you와 같은 틀의 발화가 그

의미로 의문의 구성성분을 가질 것이라고 추측할 수 있지만, 그 발화의 완전한 의미를 추측하는 것은 불가능하다. 이 완전한 의미는 학습자를 위해 진술되어야 한다. 이 의미가 무엇인지를 말하는 것이 바로 영어를 기술하기를 원하는 언어학자의 분명한 책임이다.

2. 다양한 요청의문형의 구문

2.1. Why don't you do X(tomorrow)?

Why don't you play tennis any more?와 같은 문장은 직설적인 질문이 될 수 있다. 그러나 만일 Why don't you의 틀을 가진 문장이 특정한 행위를 언급하거나 미래 시제를 가지고 있다면, 그 문장은 이제 단순한 질문이 될 수 없다. 왜냐하면 이 문장은 언급된 일을 하는 것이 청자를 위해 좋은 일일 것이라는 가정을 수반하고 있기 때문이다. 예를 들며 다음과 같다.

> Why don't you go and see a doctor tomorrow?
> 내일 병원에 가보는 게 어때?

Green(1975 : 127)은 Why don't you be quiet!는 하나의 명백한 요청의문형인 반면, Why aren't you quiet?는 하나의 명백한 질문이라고 지적했다. 나는 이 관찰이 일반화될 수 있다고 생각한다. 다시 말해 그 문장의 be는 단순히 현재 시제형 are와 다르다는 점 때문이 아니라, 만일 그 문장이 특정 시간을 지시한다면 Why don't you와 결합한 부정사는 모두 '요청의문형'으로 해석될 수 있기 때문이다.

어떤 특별한 맥락에서는, Why don't you의 문장이 사실상 초대, 제의, 제안, 요청을 의미한다는 것은 매우 분명하다. 예를 들면 다음과 같다.

'Did you do division with fractions at Hollywood Gardens?'
Gilly shook her head. ……
'Why don't you bring your chair up to my desk and we'll
work on it?' (GH)
〔offer of help〕

'학교에서 분수 나눗셈을 배웠니?'
질리는 머리를 흔들었다. ……
'내 쪽으로 의자를 좀 당겨서 그것에 관해 함께 생각해보자.'
〔도움의 제의〕

Why don't you bring me a wild one, Miss Gilly? I need to wake
up that fifty-year-old senior citizen I've got for a son. (GH)
〔request for a necktie〕

좀 야한 넥타이 어때? 질리양? 나는 아들인 50대 중늙은이를 깨울 필
요가 있어요.
〔넥타이에 대한 요청〕

Why don't you just go up and finish your nap, Mr.
Randolph? I fell bad waking you up like this. (GH)
〔solicitous suggestion〕

올라가서 좀 더 자지 그래요, 랜돌프 씨? 난 이렇게 당신을 깨운 것이
나쁘다고 생각해요.
〔염려의 제안〕

Tell you what, why don't you stay the weekend? (GP)
〔suggestion / invitation〕

있잖아요. 주말을 여기서 보내는 게 어때요?
〔제안/초대〕

하지만 이처럼 상대적으로 분명한 사례조차도, '불확정성'의 척도 문제
는 남는다. 예를 들면, 위에서 인용된 초대나 제의는 동사 초대하다와 제
의하다로 되기보다는 동사 제안하다로도 발화될 수 있기 때문이다. 이
'불확정성' 때문에 알아야 할 중요한 점은 하나의 기술적 틀의 기능은 분석
가들이 초대하다, 제의하다, 제안하다과 요청하다 사이에서 어느 하나를
선택하도록 한다는 것이다. Why don't you do X?라는 틀의 발화들은
수많은 다른 방식으로 표현될 수 있는데, 왜냐하면 영어에는 이러한 구문
으로 표현할 수 있는 수많은 동사들이 있기 때문이다.

요청하다나 제안하다 또는 그것이 무엇이든지 간에, 발화자가 어떤 특
정 동사를 선택할 때, 발화자는 어떤 특정한 해석을 원래의 발화에 부여하
고, 그리고 나서 Why don't you로 표시할 수 있는 발화의 힘에 적합한
수많은 해석 중에서 하나를 선택할 수 있다. 그렇게 함으로써 발화자는 구
문 그 자체에 기호화된 것을 더하게 된다. 그러면 이것이 바로 '불확정성'
이라고 할 수 있는 영역이다. 다시 말해, 가능한 해석들의 범위는 발화된
동사의 범위로 표시될 수 있는 것이다. 그러나 Why don't you가 갖는
발화의 힘은 완전히 확정적이다. 그것은 다음과 같이 기술될 수 있다.

Why don't you do X?
(a) 나는 말한다 : 나는 당신에게, 만약 당신이 할 수 있다면, 왜 당신/
　　우리는 X를 해서는 안되는지를 말하기를 원한다
(b) 나는 당신이 (왜라고 말)할 수 없다고 생각한다
(c) 나는 만일 당신/우리가 그것을 한다면 좋은 일일 것이라고 생각한다
(d) 나는 당신에게 그것을 하기를 원하기 때문에 이것을 말한다

표면구조들과 그 표면구조 안에 기호화된 의미들을 하나로 연결하려는
일은 언어학의 과제이기 때문에, 특히 Why don't you와 같은 틀이 갖는
의미를 자세히 설명하는 것도 명백히 언어학자의 과제인 것이다. 그리고

나는 이 과제가 위에서 제시한 방법으로 실행될 수 있다고 믿는다.

여기에서 가정된 공식은 의미의 관점에서, 형식의 관점에서, 그리고 용법의 관점에서 그 정당성이 입증될 수 있다. 그 의미는 직관적으로 입증될 수 있는데, 왜냐하면 이 공식에 사용된 메타언어는 자연언어에서 도출되었기 때문이다. 그 형식은 기저 구조의 단순한 생략에 의해 도출된 것으로 설명될 수 있다. 물론, 의미 기술을 표면 형식과 이어주는 규칙들이 대부분 '단순한 생략'이라고 말하는 것을 두고, 그 규칙들이 다소 일반적인 원리의 관점으로 설명되거나 기술될 수 없다는 것을 의미하지는 않는다. 그리고 용법의 다양한 양상들은 가정된 의미 구조에 개별 구성 성분들이 존재한다거나 존재하지 않는다는 식으로 설명될 수 있다. 예를 들면, 우리가 논의하고 있는 그 틀이 동사 앞의 please를 가질 수 없다는 사실은 구성 성분 'I want you to do it'이 기저구조에 존재하지 않는다는 식으로 설명될 수 있으며, 이 구성성분은 Could you do X?와 같은 '요청의문형'에는 존재하나, Why don't you do X라는 '강요형'에는 존재할 수 없다.

> Could you please be quiet. 조용히 좀 해.
> *Why don't you please be quiet.

비록 Why don't you형이 직설적인 명령형보다는 좀 더 주저하는 듯한 태도지만, 이 유형이 특히 '공손함'을 나타내는 것은 아니라는 점은 흥미롭다. 예를 들면, 이 유형은 Why don't you all go to hell!과 같이 저주하는 표현에 완벽하게 어울린다(Hibberd 1974 : 199). 그러나 이런 종류의 저주는 Go to hell!과 같은 명령형과는 대조적으로, 자신있는 분노라기보다는 다소 무력한 격분을 표현하는 것이다(여기에서 제안된 공식에 대한 더 심도 있는 논의는 아래의 세부 사항 참조).

2.2. Why do X?

이제 잘 알려진 다음 문장을 살펴보자(Gordon & Lakoff 1975).

Why paint your house purple?
왜 집을 보라색으로 칠해야 하지?

내가 볼 때 이런 종류의 문장이 일종의 질문인지, 아니면 일종의 비판인 지에 대한 오랜 논쟁은 무의미한 일처럼 보인다. 사실, 이 문장은 질문과 비판 둘 다의 속성을 갖고 있으며, 그것의 언표내적 구조는 단순히 묻다(ask)나 비판하다(criticise)와 같은 글로벌한 범주의 용어로는 정확하게 파악되지 않는다. 여기에 필요한 것은 다음과 같은 훨씬 더 정교한 구성성 분들이다.

Why do X?
(a) 나는 말한다 : 나는 만일 당신이 할 수 있다면, 왜 당신/우리가 X를 해야 하는지를 당신이 말하기를 원한다
(b) 나는 당신이 (왜라고 말)할 수 없다고 생각한다
(c) 나는 생각한다 : X는 (하는 것이) 좋은 것이 아니다
(d) 나는 내가 생각하는 것을 말하기를 원하기 때문에 나는 이것을 말 한다

나는 통사 구문 Why do X?는 그 내용이 이러한 해석을 갖는 문장뿐만 아니라 그렇지 않는 문장도 항상 이러한 구성성분들을 갖고 있다고 생각 한다. 예를 들어 다음 문장을 보자.

Why paint your house white? 왜 집을 흰색으로 칠해야 하지?

이것은 white 대신에 purple이라는 단어가 쓰인 문장과도 똑같은 태

도를 암시한다는 것을 보여준다. 이것은 구문 그 자체가 언표내적 효력을 갖는 문법적 단서를 갖고 있다는 것을 의미한다. 그러나 그 힘은 '나는 묻는다(I ask)' 또는 '나는 비판한다(I criticise)' 아니면, 심지어 '나는 묻고, 나는 비판한다(I ask and I criticise)'(à la Sadock 1974)라는 식으로 단순히 진술될 수는 없다. 그것은 일련의 언표내적 구성성분들의 관점에서만 오직 진술될 수 있다.

여기에 추가할 만한 것은 이 구문과 대칭을 이루는 예인 Why not do X?의 형이다. 다음의 예를 보자.

> Why not have him come here? (Why go all the way to his place?)
> 그 사람을 이리 오도록 하는 것이 어때?(왜 항상 그가 있는 곳으로 가야 하지?)

위와 비슷한 구문인 Why not do X의 언표내적 효력은 평가의 관점과 언표내적 목적의 관점과 Why do X와 다르다. Why do X?는 X를 하는 것은 좋은 일이 아니라는 것을 암시한다. 반면에 Why not do X?는 X를 하는 것이 좋은 일임을 암시한다. 전자는 주저하는 듯한 비판의 일종이고 후자는 주저하는 듯한 제안의 일종이다. 전자는 기정 사실을 지시할 수 있지만, 후자는 미래 지향이다. 예를 들면, 만일 이미 집을 페인트로 칠해서 다시 칠할 수 없는 경우라면, 사람들은 이렇게 말할 수 있다.

> Why paint the house purple? 왜 그 집을 보라색으로 칠했니?

그러나 우리가 다음과 같이 말한다면, 발화된 그 '좋은 생각'을 실행하기에 너무 늦지 않았다는 것을 암시한다.

Why not paint it purple? 왜 집을 보라색으로 칠하지 않니?

Searle(1975 : 69)은 Why not do X?라는 틀의 문장은 '반드시 제안이 되는 것'은 아니며, 하나의 직설적 질문이 될 수 있다고 주장한다. 내가 보기에, 이런 종류의 문장이 반드시 제안이 될 필요가 없다는 것은 맞지만, 그 문장들이 직설적인 질문이 될 수 있다는 것은 맞지 않다고 생각한다. 왜냐하면 그 문장들은 '나는 X를 하는 것은 좋은 일일 것이라고 생각한다'와 같은 구성성분을 언제나 포함하기 때문이다.

나는 Why not 틀의 언표내적 효력이 아래와 같이 재현될 수 있다고 생각한다.

Why not do X?
(a) 나는 말한다 : 나는 만일 당신이 할 수 있다면, 왜 당신/우리가 X를 해서는 안 되는지를 당신이 말하기를 원한다
(b) 나는 당신이 (왜라고 말)할 수 없다고 생각한다
(c) 나는 만일 당신/우리가 그것을 한다면 그것은 좋은 일일 것이라고 생각한다
(d) 나는 당신이 그것에 대해서 생각하고 그리고 그것에 대해서 생각한 것을 당신이 말하기를 원하기 때문에 이것을 말한다

우리가 Why don't you do X?와 Why not do X?의 틀에 대한 의미 설명을 비교해 보면, 이 두 틀은 많은 구성성분들을 공유하고 있고, 그리고 둘 다 동사 제안하다의 의미에 적합하다는 것을 알 수 있다. 또한 이 둘 중에서, 전자는 요청의 의미에 적합할 수 있으나 후자는 그렇지 않다는 점에서 차이가 있다고 볼 수 있다. 따라서, 위에 제시된 Why not do X? 공식의 세 구성성분인 (a)와 (b)와 (c)는 Why don't you?의 틀에서 가정된 구성성분들과 동일하다. 하지만 Why don't you?에서 요구된 구성성분 (d)인 '나는 당신이 그것을 하기를 원한다'는 Why not do X?의 해

석에서는 삭제되었는데, 현재 화자는 그 자신이 전혀 관심이 없음을 보여주기 위해서이다. 이 두 구문이 갖는 각각의 언표내적 목적도 또한 다르다. 다시 말하면, Why don't you? 문장의 경우에, 화자는 만일 (상대가 호의적이라면) 일어날 수도 있는 행위가 일어나도록 시도하는 것이지만, Why not do X? 문장의 경우에, 화자는 다만 상대가 자신의 마음을 결정하도록 할 뿐이다.

2.3. How about X?

How about 문장들은 보통 제안이나 제의, 또는 초대에는 사용되지만, 예를 들어, 명령이나 지시에는 사용되지 않는다.

> How about a drink? 한 잔 어때?
> How about a movie? 영화 어때?
> How about you and me doing a little red-hot reading after supper? (GH) 저녁 후에 최신 책 함께 읽을까?
> How about dinner at my place? 우리 집에서 저녁 어때?
> How about going to Sydney? 시드니에 가는 게 어때?

하지만, 이런 종류의 문장들은 I suggest (that we see) a movie, I offer you a drink 또는 I invite you to dinner에서 도출되었다거나 또는 그와 동등한 표현으로 기술할 수 있다고 주장할 수는 없다. 왜냐하면 그 주장에는 어떤 수행동사를 어떤 경우에 사용하는지를 결정하는 데에 매우 많은 자의성이 수반되기 때문이다. 그리고 모든 How about 문장들이 (단순히 모호한 것이 아니라) 복합적으로 모호하다고 말하는 것은, 그것들의 불확정성을 인정하는 것과 거의 동일한 말이다.

하지만 우리가 만일 이것을 인정한다면, 그 결과 우리는 설명적 힘이 결여된 분석을 하게 된다. 다시 말하면, 만일 How about 문장들이 복합적으로 모호하거나 불확정적이라고 가정한다면, 왜 그 문장들의 가능한 언표내적 효력의 범위는 이상할 정도로 제한적인가? 예를 들어, 왜 그것들은 명령하기, 지령하기, 구걸하기, 간청하기 또는 허락하기로 사용될 수 없는 것일까? 하지만, 그 '수수께끼'는 쉽게 풀릴 수 있다. 만일 How about 문장들이 명령하기나 구걸하기에 사용되지 않고, 제안하기, 제의하기 또는 초대하기에 사용될 수 있다면, 그것은 이 세 행위들이 How about의 구문에 기호화된 구성성분과 잘 들어맞기 때문이다. 이 구성성분들은 다음과 같이 설명될 수 있다.

> How about doing X?
> (a) 나는 당신이 X 하기를 원할 수 있다고 생각한다
> (b) 나는 말한다 : 나는 '당신이 그것에 대해서 어떻게 느끼는지'를 알기
>   를 원한다
> (c) 만일 당신이 그것을 원한다면 나는 그것이 일어나기를 원할 것이다
> (d) 나는 당신이 그것을 원하는지 아닌지를 알지 못한다
> (e) 나는 당신이 그것에 대해서 생각하고 그리고 그것에 대해서 생각하
>   는 것을 당신이 말하기를 원하기 때문에 나는 이것을 말한다

이 행위는 화자의 잠정적인 원함처럼 제시되고 있지만, 화자는 이점에 대해 Why don't you 문장만큼 확신적이지는 않다. 게다가 화자는 이 행위가 자신의 관점에서 원한 것이라고 주장하기 보다는, 오히려 청자가 하나의 견해를 갖고, 그것을 표현하도록 유도한다. 그러므로 화자는 '만일 그것이 일어난다면 그것은 좋은 일일 것이라고 생각한다'라기보다는, 오히려 '나는 당신이 그것을 하기를 원할 수도 있다고 생각한다'라고 말하는 것이다. 그러므로 그 행위가 실행될 것이라는 가정은 없다. 그럼에도 불구하고 화자는 그 행위에 관한 개인적 관심을 말하고 있으나, Why don't you 문장처럼 이 개인적 관심은 '만일 당신이 그것을 원한다면 나는 그것이 일어나기를 원할 것이다'는 조건형으로 표현된다.

그러므로 How about 문장은 Why don't you보다 더 '개방된 마음' 또는 개방된 결론인 것이다. 화자는 만일 상대가 화자의 잠정적인 원함을 수행하기를 원한다면, 받아들여주기를 원하지만, 청자에게는 어떤 식의 압력도 가하지 않는다. 이와 연관해서, Why don't you all go to hell!이라는 문장은 적절하지만, How about you all going to hell!이라는 문장은 코미디가 될 수 있다는 것도 흥미롭다.

How about은 보통 제의와 제안으로 사용될 수 있기 때문에, 이 유형은 그 행위가 '상대에게 좋은 것'으로서 표현되며, 그러므로 그 의미설명은 '나는 그것이 당신에게 좋을 것이라고 생각한다'라는 구성성분을 포함하여야 하는 것처럼 보인다. 하지만 실제로는 아래의 예에서처럼 비록 명령으로 사용되는 것은 아니지만 하나의 요청으로도 또한 사용된다.

'How about giving me a hand with this salad?'
이 샐러드 만드는 것 좀 도와주겠니?
'No.' 싫어
'Oh.'(GH) 오

Supper's 'bout ready. How about next door and getting Mr. Randolph? He eats here nights.
저녁 준비가 거의 다 되어가. 옆집에 가서 랜돌프 씨를 모셔 오겠니? 여기서 저녁 먹게.

The word No was just about to pop out of Gilly's mouth, but one look at Trotter's eyes, and she decided to save her fights for something more important. (GH)
아니라는 단어가 질리의 입에서 튀어나오려고 했다. 그러나 트로터의 눈을 쳐다보고 나서는 좀 더 중요한 것을 위해서 싸움을 보류하기로 결정했다.

이러한 요청의 중요한 특질은 그 요청들이 상대의 자발적 협조에 의지하고 있다는 것이다. 이것은 '나는 당신이 그것을 하기를 원할 것이라고 생각한다'라는 구성성분에 적합할 수 있으나, '나는 그것이 당신에게 좋을 것이라고 생각한다'라는 구성성분과는 어울리지 않는다.

영어의 How about 문장에 관한 통찰력 있는 논자인 Shopen(1974 : 794)은 그 유형이 "그 자체로 문법의 자격이 있는 것으로 봐야 한다"고 주장했다. 나는 이 유형이 나타내는 고유한 언표내적 효력의 관점에서만 이 주장에 전적으로 동의할 것이다. 그렇지만, 나는 "본 유형을 파생시킨, 그리고 동일한 의미론적 특성을 갖는 …… 어떤 생략되지 않은 원자료는 없다"라는 세부주장에는 전적으로 동의할 수 없다.

제안된 이런 종류의 의미설명은 생략되지 않은 풀어쓰기(Bogusławski 1981a 참조)(또는 유사화법)로 이루어지며, 그 풀어쓰기가 How about 유형이 갖는 고유한 언표내적 효력을 설명해 준다는 점에 한해서 그 자체가 '생략되지 않는 원자료'라고 간주할 수 있다. 이렇게 말하는 것은 How about이란 표현이 '순수 질문'으로 사용될 수도 있다는 것을 부인하지 않는다는 뜻이다. 그러나 Shopen이 정확히 인식했듯이, How about은 그것의 순수 질문의 용법과는 별개로, 질문의 언표내적 효력과는 다른 어떤 언표내적 효력으로도 또한 사용될 수 있다. 나는 언표내적 효력을 고유한 언표내적 구성성분의 형식을 취하는 생략되지 않은 공식으로 완전하게 설명될 수 있다고 주장한다. 다만 고유한 언표내적 구성성분이라고는 하지만, 언표내적 효력과 '순수 질문' 사이의 어떤 형식적 관련을 설명하기 위해서 구성성분들은 '순수 질문'을 위한 공식과 충분히 중복될 수 있다.

덧붙여야 할 점은 여기에 제안된 '생략되지 않은' 공식에는 오히려 'how', 'feel' 같은 보편적 의미 원초소들로 가정된 요소들이 아닌 다른 요소들이 포함되며, 또한 'feel about' 같은 표현들은 제안된 의미론적 메타언어에는 해당되지 않는다는 점이다. 이런 의미에서, 여기에 제시된 의미

설명은 그 표현에 대한 진정한 '생략되지 않은 원자료'라고 할 수는 없다. 그렇지만 나는 'how about' 유형이 어떻게 '더 심층적' 층위(중간 층위)의 의미론적 재현과 관련될 수 있으며, 그것의 축약형식으로 볼 수 있는지를 보여주기 위해서 'how you would feel about it'이라는 표현을 고수하였다(Wierzbicka, 1990 참조). 유사화법인 'how you feel about it'도 여전히 준관용표현이기 때문에, 따라서 더 심층적인 분석의 보편적 의미 요소들을 가진 비관용적 형식으로 대체될 수 있으며, 반드시 그렇게 되어야 한다.

3. 언표내적 효력의 의미설명에 대한 부연설명

지금까지 나는 언표내적 효력을 설명해 주는 몇몇의 공식들을 소개하였으며, 계속 더 많은 예들을 제시하려고 한다. 그래서 이 부분에서는 의미설명의 방법론에 약간의 설명을 덧붙이려고 하는데, 이 부연 설명은 여전히 혼란을 느끼는 독자들에게 유용할 것이다. 예를 들면, 우리는 어떤 일정한 구문을 위해 어떤 구성성분들을 넣어야 하는지를 어떻게 아는가? 그리고 제안된 그 구성성분들이 임의적으로 선택되지 않았음을 어떻게 입증하는가?

나는 본질적으로 시행착오에 의해 진행되었다고 대답하고 싶다. 시행착오의 목표는 이것이다. 각 구문에 대해 그 구문의 용법의 모든 양상을 한꺼번에 설명할 수 있는 최소 집합의 구성성분들을 제안하는 것이다. 하나의 연구 전략으로서, 대조 접근법이 가장 유익하다. 다시 말해, 만약 우리가 동시에 여러 개의 밀접하게 관련된 구문들을 모형으로 만들려고 노력한다면, 그리고 그 구문들의 유사점과 차이점을 모두 잡아내려고 노력한다면, 우리들은 각각의 언표내적 효력의 정확한 '묘사'를 할 수 있는 가장 좋은 기회를 갖는다. 그러나 그 궁극적인 목표는 언표내적 효력을 그 자체적으로 가능한 한 완벽하고 정밀하게 설명하는 것이지, 각각 다른 종류의 스키마 전체를 모두 다 내놓는 것은 아니다. 무엇보다도 우리들은 다른 의미 체제구조처럼 변덕스럽고 특이하며, 비대칭적일 수 있는 언표내적 효력의 경험적인 실제를 두고 어떤 '체제' 속에 넣고 싶은 유혹을 거부해야만 한다. 틀림없이 비대칭과 질서도 또한 발견될 수 있지만 그러나 대칭과 비대칭의 정확한 비율, 즉 '체제'와 특이성의 정확한 비율은 선험적 근거에 의해 결정되는 것이 아니라, 경험적인 연구를 통해 밝혀져야 한다.

예를 들어 만약 우리가 How about, How about a beer, How about a movie 등의 틀에는 '나는 당신이 그것을 하기를 원할 것이라 생각한다'는 구성성분을 넣기로 결정하고 'Why don't you'(Why don't you shut up)틀에는 넣지 않기로 한다면, 'Why don't you'의 틀에 부정적인 구성성분 '나는 당신이 그것을 하기를 원할 것이라고 생각하지 않는다'나 '나는 당신이 그것을 하기를 원한다고 생각한다라고 말하지 않는다'를 넣는 것은 중대한 실수일 것이다. 하나의 구성성분이 없는 것과 그 반대 구성성분이 있는 것 사이에는 중요한 차이가 있다.

의미론적 설명은 단 한 번의 연구나 심지어 한 권의 책으로도 충분히 정당화되기 어렵다. 왜냐하면 궁극적으로 그 의미론적 설명들을 정당화할 수 있는 유일한 방법은 선택될 수 있는 다른 공식들을 반박해야만 하기 때문이다. 이 6장에서 제시된 각각의 의미론적 설명은 수많은 다른 예들을 검증한 것이며, 그리고 각각의 사례마다 수많은 경쟁관계에 있는 예들이 고려되거나 폐기되었다. 물론 이것도 완벽을 보장하는 것은 아니다. 그러나 의미론적 설명을 평가하기 위한 어떤 간단하고도 기계적인 절차가 있다고 상상하는 것은 착각이다. 의미론적 설명에 도전하는 유일한 방법은 반박에 대하여 방어하고, 경쟁력 있는 분석들을 고안하는 힘든 과정에 몰두하는 것이다.

다양한 문장 유형과 문법적 형식, 언표내적 효력에 대한 현재의 연구들은 이 힘든 과정의 첫 단계라고 할 수 있을 것이다. 나는 각각의 구문에 대해 그 힘의 용법을 설명할 수 있는 일련의 (언표내적인) 의미론적 구성 성분들을 제안하려고 한다. 일단 이러한 의미성분들이 제안된다면, 그것 들에 대한 논의와 수정 그리고 반증이나 증명이 가능할 수 있다.

4. 대화 전략의 예시

이 장에서는 제안하기, 정보 소개하기, 화자의 태도나 의견을 지시하기 처럼, 각기 다른 언표내적 목적을 위해 사용된 대화의 틀들에 대한 몇 가 지 예들을 조사하려고 한다. 그리고 각각의 구문들이 갖는 언표내적 효력 의 의미 설명을 제안할 것이다.

4.1. Tell you what, S!

영어는 제안과 유사한 행위들이 다음 예와 같이 '(I) tell you what'이 라는 틀에 의해 표현될 수 있다. 이 예시는 앞에서 다른 목적으로 인용된 바 있다.

> Tell you what, why don't you stay the weekend. (GP)
> 있잖아, 여기서 주말을 보내지 그래.

이 틀의 발화는 Why don't you와 How about처럼, 동사 suggest를 사용하여 'he suggested that she stay the weekend'처럼 말할 수 있 다. 사실, 위의 예는 Tell you what과 why don't you와 연결되어 사용 된 것이다.

그러나 Tell you what은 어떤 생각이 화자에게 막 떠올랐음을 암시하 는 반면에, How about이나 Why don't you는 화자가 오랫동안 마음속 으로 키운 생각을 말하는 것일 수 있다. 게다가 Tell you what은 화자의

막 떠오른 갑작스런 생각이 현재 관련된 문제의 해결책이 될 수 있음을 암시한다. What이란 단어는 대화자의 마음을 차지하고 있는 질문을 반복하는 것처럼 보인다. 그것은 다음과 같은 암시적 질문에 대한 답변을 제공한다. 즉, (나는) 당신에게 (우리가 해야 한다고) 생각하는 것을 말할 것이다. 그러한 암시는 형식적으로 유사한 표현인 I (will) tell you something에는 포함되어 있지 않다.

물론 1인칭에 대한 지시는 넓게 해석되어야 한다. Tim Shopen이 나에게 지적한 것처럼, 예를 들면 사람들은 다음과 같이 말할 수도 있다.

Tell you what, she could try auditing a course.
있잖아, 그녀는 어떤 코스를 청강해 볼 수 있어.

그러나 심지어 이 문장에서도 화자와 상대는 언급되는 그 사람에 대해 얼마간 관련이 있는 것처럼 보이는 것을 암시한다.

나는 Tell you what의 틀에 다음의 공식이 제안될 수 있다고 생각한다(다른 분석은 Fillmore 1984 참조).

Tell you what, S!
나는 지금 당신이/우리가 무엇을 해야 하는지를 알고 있다고 생각한다
왜냐하면 나는 지금 무엇인가를 생각한다(나는 전에는 그것을 생각하지 않았다)
나는 당신이 그것을 알기를 바란다
나는 말한다 : 만약 당신이/우리가 무엇인가(S)를 한다면 그것은 좋을 것이라고 생각한다
나는 만약 당신이 같은 것을 생각한다면 당신이/우리가 그것을 하기를 원하기 때문에 나는 이것을 말한다

4.2. Do you know, S?

Do you know, he has started a new poem? (NI)
그가 새로운 시를 쓰기 시작했다는 거 알아?

Do you know의 문장은 '뉴스'를 전하고 있으며 더구나 상대는 그 뉴스에 관심을 갖게 될 것이라고 기대할 수 있다는 점에서 Tell you what 문장과 관련이 있다. Tell you what 문장의 경우에, 그 '뉴스'는 상대와 직접적으로 관련되는데, 왜냐하면 화자는 상대나 또는 상대와 가까운 누군가와 관련된 '좋은 생각'을 가지고 있기 때문이다('만약 당신이/우리가 X했다면 그것은 좋았을 것이다'). Do you know에는 그러한 직접적인 관련성이 암시되어 있지 않다. Do you know의 틀에 암시되어 있는 것은 단순한 흥미이다. 즉 '나는 당신이 이것을 알기를 원할 것이라고 생각한다'이다. 이것의 전체적인 의미 공식은 다음과 같다.

Do you know, S?
나는 말한다 : 나는 당신에게 무엇인가(S)를 말하기를 원한다
나는 당신이 그것을 알기를 원할 것이라고 생각한다
나는 당신이 이것을 생각하지 않았을 것이라고 생각한다
나는 당신이 그것을 알기를 원하기 때문에 이것을 말한다
나는 당신이 이것 때문에 무엇인가를 말할 것이라고 생각한다
나는 당신이 이것 때문에 무엇인가를 말하기를 원한다

이런 의미로 사용되는 Do you know 문장의 흥미로운 형식적인 특징은 그들이 명시적인 보문소를 허용하지 않는다는 것이다. 따라서 Do you know THAT S는 상대가 이미 그 뉴스를 알고 있을 수 있다는 것을 지시한다.

Do you know, I had a dream about you last night.

알지? 내가 지난 밤에 네 꿈 꾼 거.
?Do you know that I had a dream about you last night.

Do you know that 형식의 문장들도 또한 흥미롭고 기대하지 않은 뉴스를 소개할 수 있지만, 그러나 그 문장에는 'I don't know……'라는 '무지함'의 구성성분이 포함되어야만 한다(Wierzbicka 1980 : 315 참조).

Do you know that X?! ⇒
'I don't know if you know it'

Do you know (*that) S?와 Do you know that S?의 언표내적 효력의 차이는 다음의 두 예문으로 보여줄 수 있다.

Do you know, for years I used to dream that he'd caught us in bed together? You and me Even after we were married. (GP)
너 알지? 나는 수 년 동안 우리가 함께 침대 속에 있는 것을 그 사람에게 들키는 것을 상상해 왔어. 심지어 우리가 결혼한 후에도 그 사람에게 그랬어.

'It's absolutely disgusting!'
'Do you know, Denise', Gavin said, 'that the foolish folk of Staunton might well, and in a deeply depressing majority, find it more disgusting that your dwlightful nipples are visible through your charming jersey.' (GP)
'아주 혐오스러워!'
'데니스, 너 알지?' 가빈이 말했다. '스톤턴 마을의 어리석은 시골뜨기들은 거의가 깊은 우울에 빠져서, 너의 매력적인 저지 셔츠에 비치는 너의 아름다운 젖꼭지를 더 혐오스럽다고 생각할거야.'

첫 번째 예문의 화자는 상대가 보어절의 내용을 알 수 없다는 것을 알고 that이 없이 Do you know로 시작하고 있다. 그러나 두 번째 예문의 화자는 그러한 확신이 없기 때문에 that(Do you know that)이 있는 변이형을 사용하고 있다.

Do you know that 틀을 적당히 바꿔서 Did you know that의 틀을 또한 만들 수 있다. 다음의 문장을 살펴보자.

Did you know that the Spanish anarchists once passed a resolution saying that any woman who excited a man's desire had a moral obligation to satisfy it? (GP)
스페인의 무정부주의자들이 한때 남성의 욕망을 자극한 여성은 그 욕망을 만족시켜줄 도덕적 의무를 가진다는 것을 결의안으로 통과시켰던 것을 너는 알았니?

위와 같은 문장은 순수한 질문이라기보다는, 어떤 하나의 뉴스로서의 의미를 가지며, 여전히 '나는 당신이 그것을 알고 있는지를 알지 못한다'는 '무지함'의 구성성분을 가진다. 그러나 Do you know(*that)의 틀로 시작되는 문장은, 화자는 상대가 그 내용을 알지 못한다는 것을 가정하고 있음을 암시한다. 그래서 상대에게 알려질 가능성이 전혀 없는 뉴스는 Do you know(*that)로 시작해야 하며, 다음의 예처럼 Did you know that으로 시작할 수 없다.

*Did you know that I had a dream about you last night?

4.3. Don't tell me S!

Eleanor : (angrily) Michael! Don't tell me you're becoming jealous of John again! (WE)
(화를 내며) 마이클! 설마 존을 질투하는 것은 아니겠지!

　예상하지 않은 뉴스는 또한 Don't tell me로 표현될 수 있다. 그렇지만 이번에는, 전달되는 내용이 상대에게 새로운 것이 아니라 화자에게 새로운 것이다. 이것은 화자가 새롭고 예상하지 않았던 무엇인가를 발견하고, 이 발견한 것을 믿을 수 없고, 수용할 수 없다는 식으로 표현한다는 것을 의미한다. 보통, 그 발견은 상대와 관련되어 있으며, 위의 예처럼 상대가 이미 말한 무엇인가에 기초하고 있으나, 반드시 그래야 하는 것은 아니다. 예를 들어, 우리는 아는 여성을 힐끗 보면서 누군가에게 다음과 같이 외칠 수도 있다.

　　Don't tell me she's pregnant again!
　　말도 안돼! 그 여자가 또 임신했다구?

　마찬가지로, 우리는 야유회 갈 계획을 세웠으나, 나쁜 날씨에 대한 준비는 전혀 하지 않았을 때, 다음처럼 외칠 수도 있다.

　　(Oh no!) Don't tell me it's raining!
　　(안 돼!) 말도 안돼! 또 비야!

　그러나 우리가 피해망상자나 또한 비판론자가 된다면 다음과 같이 외칠 수도 있다.

　　Don't tell me the weather's fine!
　　말도 안돼! 날씨가 좋다니!

　첫 번째 접근으로서, 나는 이 언표내적 효력을 다음 공식을 통해 설명할 것을 제안한다.

Don't tell me S!
나는 지금 무엇인가를 알았다
나는 이것 때문에 S를 생각해야만 한다고 생각한다
나는 이것을 생각하기를 원하지 않는다
나는 내가 이것을 알 것이라고 생각하지 못했다
나는 이것 때문에 무엇인가를 느낀다
나는 우리가 이것이 나쁜 것은 아니라고 말할 수는 없다고 생각한다
나는 이것 때문에 당신에게 무엇인가를 말하기를 원한다
나는 말한다 : 나는 당신이 나에게 S라고 말하기를 원하지 않는다
나는 내가 생각하는 것을 말하기를 원하기 때문에 이것을 말한다

발견, 믿을 수 없음, 부정적인 평가, 그리고 그 결과로 일어나는 감정 때문에 Don't tell me S라는 표현은 Oh my God이라는 감탄사와 연결된다. 그러나 Don't tell me는 Oh my God과는 달리, 의심에 대한 약간의 여지를 남겨 두고 있으며 상대에 대한 호소가 포함되어 있다. 따라서 '나는 이것 때문에 당신에게 무엇인가를 말하기를 원한다', '나는 당신이 나에게 S를 말하기를 원하지 않는다'가 된다.

4.4. How many times have I told you (not) to do X!

How many times have I told you (not) to do X와 같은 직접적인 질책, 즉 책망이나 견책 등의 표현은 Don't tell me에 포함되어 있는 것보다 더 강한 반감을 표시한다. 이 경우에, 그 반감은 제 3자보다 상대를 향한 것이며, 상대가 행한 어떤 것 때문에 상대의 기분을 나쁘게 하려는 의도도 수반된다. 완벽한 언표내적 효력은 다음과 같이 설명될 수 있다.

How many times have I told you not to do X!
나는 당신이 X를 하는 것을 본다
나는 당신이 그것을 하면 안 된다는 것을 당신이 알고 있다고 생각한다

왜냐하면 내가 당신에게 여러 번 말했기 때문이다

나는 말한다 : 나는 만약 당신이 말할 수 있다면, 그것이 몇 번이었는지
당신이 말하기를 원한다

나는 당신은 할 수 없다고 생각하는데, 왜냐하면 그것은 매우 여러 번
이었기 때문이다

나는 이것 때문에 무엇인가 나쁜 것을 느낀다

나는 당신이 무엇인가 나쁜 것을 느끼기를 원하기 때문에 이것을 말한다

'나는 무엇인가 나쁜 것을 느낀다'라는 표현은 이 의미설명에도 포함되
어 있지만 다른 많은 의미설명에도 포함되어 있는데, 의심할 여지없이 이
표현은 다소 투박하고 관용적 어법에도 맞지 않는 것처럼 생각된다. 그러
나 만약 우리가 이 '나쁜 감정'을 불쾌함, 짜증스러움, 초조함, 분노 또는
그 밖의 것으로 구체적으로 나타내면, 우리는 임의적으로 설명하는 것이
될 것이다. 다른 한편으로, 그 구성성분을 짜증이나 분노 등의 중간에 있
는 '불확정적인 것'이라고 말하는 것은, How many times have I told
you를 전체적으로 대략, 질책, 책망, 견책, 꾸짖음 그리고 그 무엇이거나
간에, 그 중간 쯤에 있는 불확정적인 것이라고 말하는 것만큼이나 똑같이
정당화될 수 없을 것이다.

4.5. Who's talking about doing X?

Who is talking about getting married? You talk as if
marriage was the only alternative. Don't you ever listen? (GP)
결혼한다고 누가 그래요? 당신은 마치 결혼이 유일한 대안책이라는 것
처럼 이야기하고 있군요. 제 말을 듣고는 있어요?

이것은 상대에게 화자의 짜증스러움을 표현하는 또 다른 구문의 예이
다. 이 경우에 짜증스러움, 더 일반적으로 말한다면 '나쁜 감정'은, 상대가
방금 말한 무엇인가에 의해 분명히 야기된 것이며, 비록 그 불쾌감의 본질

이 문장의 표면에는 구체적으로 나타내지 않않지만, 그 본질은 매우 구체적인 것이다. 따라서 상대는 사실 화자가 의도하지 않은 일을 화자의 탓으로 돌린 것이다.

Who's talking about (or of) doing X?라는 표현은 일종의 화가 난 것을 부인하는 것으로 사용되면서 상대의 잘못된 가정에 이의를 제기하고 있다. 완전한 언표내적 효력은 다음과 같이 표현할 수 있다.

> Who's talking about doing X?
> 나는 당신이 내가 X하기를 원한다고 생각하고 있다고 생각한다
> 나는 내가 지금 무엇인가를 말했기 때문에 당신이 이것을 생각한다고 생각한다
> 나는 이것 때문에 무엇인가 나쁜 것을 느낀다
> 나는 말한다 : 나는 누가 X에 대해 말하고 있는지를 알지 못한다
> 나는 만약 당신이 할 수 있다면 나는 (누가) 그것을 말하고 있는지 당신이 말하기를 원하기 때문에 이것을 말한다
> 나는 당신이 할 수 없다고 생각한다
> 나는 내가 X하기를 원한다고 당신이 생각하는 것을 원하지 않는다

5. 부가 의문

5.1. 서술문의 부가 의문

나는 다른 일련의 예들을 논의하기 위해, 이제 많은 다른 부가 의문의 구문으로 논의를 돌리고자 한다(2장 3.3절 참조). 먼저, 다음과 같이 정반대의 극성 부가 어구와 함께 쓰이는 서술문을 고려해 보자.

> Maria is Italian, isn't she?
> 마리아는 이탈리아인이죠, 그렇지 않나요?

언뜻 보면, 이런 종류의 문장은 화자의 불확실성을 표현하며, 진실을 알고 있는 누군가로부터 확신을 원하는 것처럼 보인다. 그러나 분명히, 다음과 같은 예를 보면 화자가 구하는 것이 지식이나 진실은 아니다.

Maria is very nice, isn't she?
마리아는 굉장히 멋있어요, 그렇지 않나요?
This is delicious, isn't it?
이 음식은 맛있습니다, 그렇지 않나요?
Lovely day, isn't it?
날씨가 좋지, 그렇지 않나요?

앞의 연구에서, 나는 서로 다른 부가 의문들의 명백한 차이점을 설명하기 위해, 부가 의문에 약간씩 다른 의미설명의 유형을 부여하거나, 또는 우리가 알거나 알지 못한다는 관점에서 이들의 의미설명을 나타내거나, 우리가 생각하는 관점으로 이들의 의미설명을 나타냄으로써 그 차이점을 설명하는 시도를 했었다. 그러나 폭넓은 범위의 예문들을 좀 더 고찰한 후, 나는 사실을 확인하려는 부가 의문과 의견의 동일함을 점검하는 부가 의문문을 구별하는 일이 항상 가능하지 않다는 것을 확신하게 되었다. 예를 들어 다음의 대화를 고려해 보자.

'Mr. Randolph got enough books to start a public library, haven't you, Mr. Randolph?'
'Well, I do have a few', he chuckled. (GH)
'랜돌프 씨는 공공 도서관을 하나 차릴 정도로 책이 많아요, 그렇지 않나요, 랜돌프 씨?'
'글쎄요, 저는 조금 갖고 있어요', 그는 껄껄 웃었다.

이 경우의 부가 의문은 사실의 문제를 언급하는 것이지, 의견의 문제를 언급하는 것이 아니다. 즉, 화자가 찾고자 하는 것은 정보나 증거가 아니

다. 그러므로 이러한 종류의 부가 의문은 '나는 모른다—당신은 알 것이
다'나 '나는 이것을 생각한다—나는 당신이 같은 것을 생각하는지 아닌지
를 알기를 원한다'라는 관점에서 말하는 것이 아니다. 다른 한편으로, '알
기'나 '생각하기'보다는 '말하기'의 관점에서 표현된 또 다른 공식을 설정한
다면, 모든 확신을 구하는 부가 의문을 수용할 수 있다. 그러므로 나는 다
음과 같은 의미설명을 제안하고자 한다.

S, [부정 부가 의문]?
(예. Maria is Italian, isn't she?
　　Maria is lovely, isn't she?
　　Mr. Randolph got enough books to start a public
　　library, haven't you, Mr. Randolph?)

나는 말한다 : S
　　[마리아는 이탈리아인이다. 마리아는 매우 멋지다. 랜돌프 씨는
　　공공 도서관을 하나 차릴 정도로 책이 많다.]
나는 당신이 같은 것을 말할 것이라고 생각한다
나는 안다 : 당신은 같은 것을 말하기를 원하지 않을 수도 있다
나는 당신이 같은 것을 말할 것인지 아닌지를 말하기를 원한다
나는 당신이 같은 것을 말한다라고 당신이 말할 것이라고 생각한다

다음과 같은 긍정 의문을 보자.

Sally is pregnant, is she? 샐리는 임신했지요, 그렇지요?
You have bought a house, have you? 당신은 집을 샀지요, 그렇
지요?

Cattell(1973)은 위와 같은 긍정 부가 의문은 보통 대화자의 선행 발화
를 되풀이한다는 것을 보여주었다. 예를 들면, 만약 존이 해리에게 하나의

러시아어 문장의 의미를 물어 보고, 해리가 그 의미를 알려주었다면, 존은
해리의 설명을 다음처럼 되풀이할 수 있다.

It means 'necessity is the mother of invention', does it?
그것은 '필요는 발명의 어머니다'라는 의미구나, 그렇지?

존은 다음처럼 말하면서 반응할 수는 없을 것이다.

It means 'necessity is the mother of invention', doesn't it?
그것은 '필요는 발명의 어머니이다'라는 의미야, 그렇지 않니?

그렇지만 나는 긍정의 부가 의문이 다음의 대화처럼 대화자의 발화를
되풀이하기보다는 상대 발화의 해석으로도 쓰일 수 있다는 점을 덧붙이고
싶다.

Hannah : I know, but couldn't you just accept it as security
         for a few day's stay here?
         나도 알아. 그러나 안전상의 이유로 이곳에 며칠간 머무르는
         것을 그냥 받아줄 수 없니?
Maxine : You're completely broke, are you? (NI)
         너 완전히 빈털터리구나, 그렇지?

Shannon : They can't go back in toooowwwwn! −whew− ……
          Are they getting out of the bus?
          그들은 마아아아을로 되돌아 갈 수 없어!−휴− …… 그들
          은 버스에서 내리고 있니?
Maxine : You're going to pieces, are you? (NI)
         너 자제심을 잃고 있구나, 그렇지?

우리는 다음의 공식으로서, 긍정 부가형의 반복 기능과 해석 기능을 설명할 수 있다.

> S, [긍정 부가 의문]?
> 나는 말한다 : S (너 완전히 빈털터리구나)
> 나는 내가 본/들은 것 때문에 이것을 말한다
> 나는 내가 이것을 안다고 말하기를 원하지 않는다
> 나는 내가 이것을 안다는 것을 말할 수 있다고 당신에게 말하기를 원한다

화자는 자신이 정확하게 들었는지 아닌지를 실제로 점검하고 있는 것이 아니다. 종종 이것을 의심하는 것은 불가능할 것이다. 그보다 화자는 화자가 들은 사실에 대한 하나의 해석을 점검하고 있거나, 또는 어떤 이유로든지 그것을 점검하는 척 하는 것이다. 그 이유란 비꼬기 위해서나 어떤 뉴스를 즐기기 위해서, 또는 자신이 막 들었던 것에 대해 생각해 볼 시간을 갖기 위해서, 아니면 대화자가 상세히 설명하도록 독려하기 위해서 등일

비록 긍정 부가 의문은 전형적으로 발화에 대한 반응으로 쓰일 수 있다고 해도, 사실 그것은 상대방을 관찰하면서 알 수 있는 어떤 것에 대한 반응으로도 쓰인다고 할 수 있다. 이러한 가능성을 수용하기 위해서, 위 의미 설명의 두 번째 구성성분은 '나는 당신이 말했기 때문에 이것을 말한다'라고 하기보다는 '나는 내가 본/들은 것 때문에 이것을 말한다'라고 표현한 것이다.

5.2. 명령의 부가 의문

이제 나는 명령형에 덧붙이는 부가 의문으로 관심을 돌리면서, 그러한 구조에 기호화된 폭넓은 언표내적 효력에 대해, 즉 언표내적 효력이란 완전히 확정적이지만 그럼에도 불구하고 단순한 수행동사를 사용하여 표현

될 수 없는 것임을 지적하고 싶다. 예를 들어, 다음의 세 구문을 비교해 보자.

> a. Sit down, will you? 앉아봐, 그렇지?
> b. Sit down, won't you? 앉아봐, 안 그렇니?
> c. Sit down, can't you? 앉아봐, 그렇게 할 수 없니?

물론 이 세 유형은 이전에 논의된 세 개의 '의문형'의 패턴과 밀접하게 관련되어 있다.

> a. Will you sit down? 당신은 앉겠습니까?
> b. Won't you sit down? 당신은 앉지 않겠습니까?
> c. Can't you sit down? 너 앉을 수 없니?

그러나 이러한 밀접한 관련에도 불구하고, 명령형 패턴은 의문형 패턴으로 완전히 축소될 수 없으며 그 반대의 경우도 마찬가지이다. 그러므로 명령형의 패턴들은 별도의 논의가 필요하며 별도의 의미설명을 해야 할 가치가 있다.

어떤 상황에서는, 이 세 개의 명령형의 구문들, 즉 will you?, won't you?, can't you?는 서로 바꿔 쓸 수도 있는 것처럼 보이지만, 각각의 언표내적 효력은 매우 다르다. 사실, (a)와 (b) 또는 (a)와 (c)가 서로 바꿔 쓸 수 있는 상황을 상상하는 것은 쉽지만, (b)와 (c)에 대해서 그렇게 상상하기란 어렵다. 만일 사람들이 어떤 귀빈에게 매우 공손하게 대하기를 원한다면, 사람들은 (a)보다는 (b)라고 말할 것이며, (c)는 틀림없이 피할 것이다. (c)는 상대가 이미 그 행동을 했어야만 한다는 사실을 암시하며, 상대가 그렇게 행동하지 않는 것은 나쁜 일이며, 그것 때문에 화자는 어떤 성급함, 심지어는 조바심조차 느낀다는 것을 암시하기 때문이다.

(b)와 (a)는 서로 매우 밀접하지만 행위의 수혜자에 대해서는 암시하는 바가 서로 다르다. 'won't you'에서 그 행동이란 상대가 하기를 원하는 것으로 기대될 수 있는 어떤 것으로 간주될 수 있는 반면에, 'will you'에서 그 행동이란 화자가 원하는 그 어떤 것으로 간주된다는 것을 암시한다. 예를 들면 이것은 Emmie O'Neail이 나에게 지적한 말인데, 만약 상대가 차분하지 못하고 방안을 여기저기 돌아다니면서 화자의 신경을 거슬리게 한다면, 화자는 Sit down, won't you보다는 Sit down, will you를 말할 가능성이 더욱 크다. 전형적으로 Won't you는 그 행동이 화자보다는 청자에게 수혜가 되는 것으로 여겨지는 상황에서 쓰인다. 그런데 Won't you는 다음과 같은 상황에서도 사용될 수 있다.

Give me a hand, won't you? 나 좀 도와줘, 그렇지 않을래?

이 때문에, 이 발화와 관련된 구성성분을 '나는 당신이 그것을 하는 것이 당신에게 좋을 것이라고 생각한다'라기보다는 '나는 당신이 그것을 하기를 원할 것이라고 생각한다'라고 하였다.

그러나 물론 can't you와 달리 will you가 언제나 부정적 느낌을 암시하는 것은 아니다. will you는 단지 요청을 하기 위해 자주 사용될 수 있다. 또한 그 표현은 지시와 명령을 전달하기 위해 사용될 수 있다. 반면에, won't you는 제의과 초대에 빈번히 사용된다. 예를 들면 다음과 같다.

Pass me a piece of toast, will you, Gilly? (GH)
나에게 토스트 한 조각만 줘, 그렇게 해 주겠니, 질리?
Make the beds, will you? (GH)
침대보를 정리해 줘, 그렇게 해주겠니?
Sit down for a minute, won't you? (GH)
잠시 앉아 봐, 그렇게 해주지 않겠니?

Come back for another little visit, won't you? (GH)
다음에 또 잠깐 들러주세요, 그렇게 해주지 않겠니?

요청의 will you?와 제의의 won't you?가 이렇게 연관되어 있는 것은 will you?는 화자의 관점에서 그 행동이 바람직한 것으로 표현되며, 반면에 won't you?는 그 행동이 화자가 생각하기에, 상대가 하기를 원하거나 기꺼이 하려고 하는 것을 표현한다는 생각과 잘 맞아 떨어진다.

나는 명령형과 will you?의 결합은 매우 확신적인 요청을 형성하며, 그 결합형은 종종 비대칭적 관계로 사용된다는 것을 덧붙이고 싶다. 이 틀이 갖는 매우 확신적인 자신감의 특징은 '나는 당신이 그것을 할 것이라고 생각한다'라는 구성성분으로 설명될 수 있다. 명령형과 won't you?의 결합은 좀더 주저하는 것을 나타내며, 이러한 사실은 '나는 당신이 그것을 할 것인지 아닌지를 알지 못한다'라는 구성성분으로 설명될 수 있다.

Sit down, will you?
나는 말한다 : 나는 당신이 X(앉다)를 하기를 원한다
나는 당신이 그것을 할 것인지 아닌지를 알지 못한다
나는 당신이 그것을 할 것이라고 생각한다
나는 당신이 그것을 할 것이고, 그리고 그것을 하라고 당신에게 말하기를 원하기 때문에 이것을 말한다

Sit down, won't you?
나는 말한다 : 나는 만약 당신이 X를 하기를 원한다면 당신이 그것을 하기를 원한다
나는 만약 당신이 그것을 할 것인지 아닌지를 알지 못한다
나는 당신이 그것을 하기를 원할 것이라고 생각한다
나는 당신이 그것을 하기를 원하는지 아닌지를 말하기를 원하며 그리고 만약 당신이 그것을 하기를 원한다면 그것을 하라고 말하기를 원하기 때문에 이것을 말한다

Sit down, can't you?
나는 말한다 : 나는 당신이 X를 하기를 원한다
나는 당신이 그것을 하지 않는 것을 본다
나는 이것 때문에 무엇인가 나쁜 것을 느낀다
나는 만약 당신이 그것을 할 수 없다면 당신이 말하기를 원한다
나는 당신이 그것을 말할 수 없을 것(당신이 그것을 할 수 없을 것)이
라고 생각한다
나는 당신이 X를 할 수 있는데 그것을 하기를 원하지 않는다고 생각한다
나는 당신이 이것이 나쁘다는 것을 알아야 한다고 생각한다
나는 당신이 무엇인가 나쁜 것을 느끼고 이것 때문에 X를 하기를 원하
기 때문에 이것을 말한다

5.3. Why can't you (do X)

다음과 같은 문장을 살펴 보자.

Why can't you understand and be generous – be just! (WE)
좀 더 이해심 있고 관대할 수는 없니? – 해봐!

이러한 문장은 그 발화의 힘이 Why can't you 다음에 오는 명령형과
매우 밀접하다.

Why can't you leave me alone! 나 좀 내버려 줄 수 없어!
Leave me alone, why can't you! 내버려둬, 그럴래!

이 두 개의 유형은 동일한 발화의 힘을 지녔으며, 동일한 기저 구조로부
터 도출되었을 것으로 주장되기도 한다(Sadock 1974 참조).

그러나 이 두 구문은, 비록 매우 밀접하다고 할 수 있을지라도, 사실은
전혀 별개이며, 완전히 다르게 정의되어야만 한다. 명령형 구문은 이인칭
으로 제한되며, 상대에게 영향을 주려는 시도로 이루어진다. 의문형 구문

은 이인칭뿐만 아니라 삼인칭도 가능하며, 그리고 우리의 소리를 들을 수 없는 제 삼자에게는 말로 영향을 줄 수 없기 때문에, 구문은 다른 사람에게 영향을 주려는 시도가 이루어질 수 없다. 예를 들어 다음 문장들을 살펴보자.

> Why can't English learn how to speak!
> 왜 영국 사람들은 말하는 법을 배울 수 없지?
> Why can't a woman be more like a man!
> 왜 여자는 좀더 남자처럼 될 수 없지?

문장들은 영어의 방식이나 여자의 태도를 수정하려는 시도로 하는 말이 아니다. 이 두 구문은 어떤 특정한 부정적인 지각, 즉 'W는 X를 하지 않고 있다'라는 사실을 진술하고 있으며, 화자가 생각하기에, 범죄자라면 마땅히 받아야 할 비판적인 판단, 즉 '나는 W가 이것이 나쁘다는 것을 알아야 한다고 생각한다'는 것을 표현한 것이며, 두 문장 모두 범죄자들의 태만을 그들의 무능력이 아니라 그릇된 의지 탓으로 돌리고 있다. 따라서 '나는 W가 X를 할 수 있지만 그것을 하기를 원하지 않는다고 생각한다'라고 할 수 있다. 그리고 이 두 구문은 하나의 의미 설명을 위해, 즉 화자의 관점에서 그 다음 이어지는 말을 말할 수 없다는 사실을 설명하기 위해 수사적으로 나타내고 있다. 따라서 '나는 누군가에게 말하기를 원한다. 만약 그들이 할 수 있다면, 왜 W는 그것을 할 수 없을까, 나는 어느 누구도 할 수 없을 것으로 가정한다'를 나타낸다.

그러나 명령형 구문은 상대로 하여금 '나쁜 것을 느끼도록' 하려는 욕구뿐만 아니라 그 상황을 변화시키고 싶은 화자의 의지를 표현한다. 따라서 '나는 당신이 무엇인가 나쁜 것을 느끼고 그리고 이것 때문에 X를 하기를 원하기 때문에 이것을 말한다'라고 할 수 있다. 의문형 구문에서는 언표내적 목적이 단지 사람들의 생각을 표현하는 데 있는 것처럼 보인다. 더욱이 명령형 구문은 '나는 W가 X를 하지 않는 것을 본다'와 같이 현재의 지각을 전달한다. 이와 대조적으로 의문형 구문은 하나의 의견을 진술하는 것이며, 그것은 쉽게 '반복'된 것일 수 있다. 예를 들어, Why can't the English learn how to speak!를 한 번 말한 사람은 그것을 여러 번 말했을 것으로 보인다. 그러므로 그것은 '나는 말한다 : W는 W가 해야만 하는 무엇인가를 하지 않고 있다'를 의문형 구문과 관련한 구성성분으로 표현하는 것이 적절하다. 이것은 왜 그들은 X를 하지 않을까라는 구성성분이 일차적으로 비판의 일종으로서, 조바심이 나는 일이지만 그러나 무기력함을 보이는 것에 비해, X해라. 왜 안 하니!는 일차적으로 지시로 상식과 불만족스러운 상황을 개선하려는 목적을 갖고 있다는 일반적인 인상에 잘 부합한다.

Do X, why can't you!
나는 말한다 : 나는 당신이 X를 하기를 원한다
나는 당신이 X를 하지 않는 것을 본다
나는 이것 때문에 무엇인가 나쁜 것을 느낀다
나는 당신이 이것은 나쁘다는 것을 알아야 한다고 생각한다
나는 당신에게 만약 당신이 할 수 있다면, 왜 당신은 X를 하지 않는지를 말하기를 원한다
나는 당신이 왜라고 말할 수 없다고 생각한다
나는 당신이 X할 수 있는데 그것을 하기를 원하지 않는다고 생각한다
나는 당신이 무엇인가 나쁜 것을 느끼고 그리고 이것 때문에 X를 하기를 원하기 때문에 이것을 말한다

Why can't W do X!
나는 생각한다 : W는 W가 해야만 하는 것(X)을 하지 않고 있다
나는 이것 때문에 무엇인가 나쁜 것을 느낀다
나는 W가 이것은 나쁘다는 것을 알아야 한다고 생각한다
나는 말한다 : 나는 누군가에게, 만약 그들이 할 수 있다면, 왜 W는 그

것을 할 수 없는가를 말하기를 원한다
   나는 어느 누구도 그것을 말할 수 없다고 생각한다
   나는 W는 X를 할 수 있는데 그것을 하기를 원하지 않는다고 생각한다
   나는 내가 W에 대해 생각하는 것과 그것 때문에 내가 느낀 것을 말하
기를 원하기 때문에 이것을 말한다

5.4. OK?

OK?는 매우 흔한 영어의 부가형이지만 그러나 영어학의 전공서에서는
그것에 대해 거의 관심이 없거나 아예 관심을 두지 않았다. OK?가 명령
형에 붙여진다면, 그것의 가치는 will you의 것과 매우 밀접한 것으로 볼
수 있다.

   Wait a minute, will you? 잠깐만 기다려줘. 알았지?
   Wait a minute, OK? 잠깐만 기다려줘. 괜찮지?

   그러나 사실 OK?는 언제나 will you를 대체할 수는 없으며, 다음의
예처럼 용인성에서 차이를 보이고 있다.

   Shut up, will you (will-ya)? 조용히 좀 해, 알았지?
   ?Shut up, OK?

   말하자면, 여기에서는 will you보다 OK?가 더 용인이 된다. Will you
는 무엇인가를 해야 하는 상대의 의지만을 단지 확인하는 것에 비해,
OK?는 상대의 판단에도 호소하면서, 상대가 따르도록 하기 위한 의지의
표현일뿐만 아니라 동의와 같이 무엇인가를 간청하는 것이다. 거기에는
또한 화자의 의지뿐만 아니라 화자의 판단도 포함되어 있음을 암시하고
있다. 예를 들어 보자.

Gilly, give Maime Trotter half a chance, OK? (GH)
질리, 마이미 트로터에게 약간의 기회라도 좀 줘, 괜찮지?
You need anything, honey, just let Trotter know, OK? (GH)
여보, 당신은 뭔가가 필요해. 당장 트로터에게 알려, 괜찮지?

두 경우 모두 화자는 '원하는' 그리고 '좋은' 어떤 것으로서 하나의 행동의 과정을 제안하고 있으며 화자는 제안된 것에 대한 이해와 수락을 확인하고 있다.

다음 예를 또 고려해 보자.

Then she thought better of it. 'You do it, William Ernest, OK?' (GH)
그리고 그녀는 그것이 더 낫다고 생각했다. '너는 그것을 해, 윌리암 어니스트, 괜찮지?'

여기서 will you는 'OK?'로 대체될 수 없다. 아마도 그 이유는 you에 대조의 강세가 있어서 상대에게 새로운 상황을 고려해 보도록 유도하고 있다는 사실을 보여주기 때문이다. Will you? 이것은 아마도 상대의 의지만을 오직 지향할 수 있는 것이지, 상대의 사고의 과정을 지향하는 것은 아니다.

가장 중요한 것은 OK?가 will you?와는 대조적으로, 'you' 이외의 다른 주어를 가진 서술문에 사용될 수 있다는 점이다. 예를 들면 다음과 같다.

I'll stop by for you every day, OK? (*will you) (GH)
나는 매일 너에게 들릴 거야, 괜찮지?(*그렇게 할 거니)

OK?는 과거 시제가 아닌, 미래나 현재 시제를 조건으로 한다.

*I stopped by for you every day, OK?
I'm leaving it here, OK?
나는 그것을 여기에 남겨 놓을게, 괜찮지?

OK?가 가진 이러한 모든 특질들을 설명하기 위해, 나는 다음의 의미설명을 제안할 것이다.

OK?
나는 말한다 : 나는 이것이 일어나기를 원한다
나는 그것이 좋은 일일 것이라고 생각한다
나는 안다 : 만일 당신이 그것을 원하지 않으면 그것은 일어나지 않을 것이다
나는 당신이 그것을 원하는지 아닌지를 말하기를 원한다
나는 그것이 일어나기를 원하기 때문에 이것을 말한다

6. 인신공격 혹은 칭찬 : You X

You filthy swine! 더러운 돼지!
You fool! you dickhead! you idiot! 바보! 멍청이! 얼간이!

위와 같은 발화들은 영어에서는 너무 평범한 것이어서 그 발화들을 분석하지 않았으며, 결과적으로 '비문법적'인 것으로 처리하는 것은, 내 생각으로는, 오래된 골동품 같은 것으로 볼 수 있다. 이런 종류의 발화는 매우 명백히 확인할 수 있는 언표내적 효력을 전달하며, 더 나아가 'X'가 속한 의미 부류에 따라 선택적인 세 가지의 언표내적 효력을 전달한다.

a. You liar! 거짓말쟁이야!
b. You angel! You darling! 천사야! 귀염둥이야!
c. You beauty! 아름다워!

이러한 세 가지의 다른 유형들을 하나의 넓은 범주로 묶을 수 없다는 것을 확인하기 위하여, 대부분의 화자들에게 용인되지 않는 다음의 예들을 살펴보자.

*You student!
*You killer!
?You wog!

(b)와 (c)는 그 유형의 수가 적지만, 그러나 (a)는 큰 범주의 발화로써, 'X'의 폭넓은 영역과 그리고 높은 사용 빈도를 가지고 있다. (a)의 범주 'X'는 관습적으로 무엇인가 나쁜 일을 행하는 사람을 기술하며, 부정적인 느낌을 전달하는 사람의 이름을 칭할 수 있는 일반적인 범주를 구분한 것이다. Student는 나쁜 것으로 간주되는 어떤 행위들을 지시하지 않기 때문에, killer는 낱말 속에 부정적인 느낌을 형성하지 못하기 때문에, 그리고 wog는 이떤 특별한 익덕을 깆는 것임을 판정받지 못하기 때문에 적절하지 않은 것이다. 그렇지만 적절한 수식어구가 붙어서 사용된다면, wog는 완벽하게 용인될 수 있다.

You dirty wog! 더러운 벌레야!
You stupid wog! 멍청한 벌레야!

이러한 범주 (a)의 완벽한 언표내적 효력은 다음처럼 서술될 수 있다.

You X 〔부정적 의미〕!
나는 당신이 무엇인가 매우 나쁜 것을 한 것을 본다
나는 이것 때문에 너에 대하여 무엇인가 나쁜 것을 느낀다
나는 이것 때문에 너에 대하여 무엇인가 나쁜 것을 말하기를 원한다
나는 말한다 :

　　너는 나쁜 종류의 사람이다
　　우리는 너와 같은 누군가에 대해 무엇인가 나쁜 것을 느껴야만 한다
　나는 그것에 대해 내가 생각하는 것과 그것 때문에 내가 느끼는 것을
　말하기를 원하기 때문에 이것을 말한다
　　나는 당신이 이것 때문에 무엇인가 나쁜 것을 느껴야만 한다고 생각한다

　　물론 you fool! 혹은 you monster! 같은 표현들은 I love you, you fool!, I miss you, you little monster!처럼 익살스럽고 애정 어린 뜻으로 사용될 수 있다. 그러나 이러한 용법들은 fool 또는 monster 같은 낱말들이 원래부터 지닌 고유한 경멸적 특성이 이용된 것이다.

　　발화 You X!의 하위 유형인 (b)는 긍정적 의미를 갖는데 부정적 의미의 하위 유형과 완전히 대칭적이지는 않다. 왜냐하면 많은 화자들이 saviour(구세주) 또는 saint(성인) 같은, 극찬의 단어들이 (b)형에는 전혀 적절하지 않다고 판단한다는 사실 때문이다. 이 형태에 가장 적절한 것은 구체적이지 않으면서 과장적인 칭찬이 애정의 의미와 결합된 단어들이다. You angel! 같은 발화는 상대가 화자를 위해 무엇인가 좋은 일을 했다는 것을 암시하는데, 그 일은 일반적으로 좋은 어떤 일이 아니라, 화자에게만 특별히 좋은 어떤 일이다. 결과적으로, 화자는 상대에 대해 무엇인가 좋은 것을 말하기를 원하지만 화자는, '할 말을 잃게 된다'('나는 당신에 관해, 말할 만큼 충분히 좋은 무엇인가를 생각할 수 없다'). 그 결과 구체적인 좋은 특성이 진술될 수 없고, 의도된 칭찬은 단지 일반적인 '사랑스러움'의 관점(즉 '당신은 우리가 좋은 감정을 느끼는 사람임에 틀림없다.')에서만 표현된다. 이 '사랑스러움'이라고 하는 자격은 love(사랑) 또는 sweetheart(달콤한)와 같은 개인적인 애정을 순수하게 주관적으로 표현하는 것과는 구별되어야만 한다. 그래서 우리는 다음처럼 말할 수는 없다.

　　*You love!(cf. You angel!)

하나의 호칭으로 사용하는 Love는 'my love'를 의미한다. Love는 화자와 상대 사이의 관계를 표현하는 것이지, angel과 darling이 갖는 사랑스러움과 같은, 어떤 일반적인 사랑스러움을 기술하지는 않는다.

You X의 하위유형이 갖는 언표내적 효력은 다음과 같이 설명할 수 있다.

> You X[긍정적 의미]!
> 나는 당신이 나를 위해 매우 좋은 무엇인가를 하는 것을 본다
> 나는 이것 때문에 당신에게 무엇인가 좋은 것을 느낀다
> 나는 누구나 이것을 할 수 있다고 생각할 수 없었다
> 나는 이것 때문에 당신에게 무엇인가 좋은 것을 말하기를 원한다
> 나는 내가 말할 수 있는 것을 알지 못한다
> 나는 말한다 :
>> 너는 좋은 그 이상이다
>> 우리는 당신에 대해 무엇인가 좋은 것을 느껴야 한다
> 내가 그것에 대해 생각한 것과 그것 때문에 내가 느낀 것을 말하기를 원하기 때문에 나는 이것을 말한다
> [나는 당신이 이것 때문에 무엇인가 좋은 것을 느껴야만 한다고 생각한다]

마지막으로 하위유형 (c)는 You beauty!와 이 말의 변이형인 You little beauty!, You bloody beauty! 그리고 You beaut!와 같은 표현들로 한정된다. 이 하위유형에서 you는 특정한 사람을 지시할 필요는 없지만, 화자를 즐겁게 하는 행위나 행위자, 그리고 화자의 기대 이상의 행위나 행위자를 지시해야만 한다. 비록 어떤 사람이 아름다운 말을 바라보면서 혹은 말의 아름다운 점프 동작을 바라보면서 You beauty! 혹은 You bloody beauty!라고 말할 수는 있지만, 아름다운 노을을 보면서 이렇게 말할 수는 없다. 이 하위유형에서도 역시 화자는 그들이 본 것 그리고 이것 때문에 그들이 느낀 '무엇인가 좋은 것'을 묘사할 수 있는 좋은 말을 찾을 수 없다. 그러나 이 때, '나는 이것 때문에 당신에게 무엇인가 좋

은 것을 느낀다'처럼 '좋은 느낌'이 직접적으로 동작주에게 향할 필요는 없다. 게다가, 'You beaut!'라는 감탄은 동작주에게 전달되지 않는다. 예를 들면, 이 말은 누군가 텔레비전으로 축구 경기를 보고 있는 상황에서도 곧잘 사용될 수 있다. 그러므로 이 말은 동작주에게 어떤 영향을 줄 수 있을 것이라고 기대되지 않는다. 반면에 다른 두 가지 하위유형은, '나는 당신이 이것 때문에 무엇인가 나쁜/좋은 것을 느껴야만 한다고 생각한다'와 같이, 상대에게 영향을 주고자 하는 구성성분을 포함하고 있는 것으로 보인다.

You beauty!와 그 변이형의 의미공식은 다음과 같다.

You beauty!
나는 누군가가 무엇인가를 했기 때문에 무엇인가 좋은 것이 일어나는 것을 본다
나는 이것 때문에 무엇인가 좋은 것을 느낀다
나는 이것 때문에 그것에 관하여 무엇인가 좋은 것을 말하기를 원한다
나는 내가 말할 수 있는 것을 알지 못한다
나는 말한다 :
　　이것은 아름답다
　　우리는 이것 때문에 무엇인가 좋은 것을 느껴야만 한다
그것 때문에 내가 느낀 것을 말하기를 원해서 나는 이것을 말한다

7. 문법과 그 밖의 다른 범주들이 갖는 언표내적 효력

7.1. 양태 동사

언표내적 효력의 단서를 제공하는 또 다른 범주로는 양태 동사들이 있는데 다음과 같은 대화에서 이 동사들이 사용되고 있다. 다만 대화에 나오는 방언형은 현재의 논의와는 관련이 없다.

Marthy : How old'll she be now? 그녀는 지금 나이가 어떻게 될까?

Chris : She must be - lat me see - she must be twenty year
　　　ole, py Yo! 그녀는 아마, 스무 살 쯤 먹었을 거야. (AC)

　양태의 will과 부사 now의 결합으로 된 이 문장에서 will이 미래시제를 지시하는 것은 아니라는 것은 분명하다. 이 문장에서 will이 지시하는 것은, 화자가 상대로 하여금 어림잡아 말하도록 유도한다는 것이다. 좀 더 일반적으로 말하면, will은 사고 과정을 지시하는 것으로, 어떤 것에 대해 정확한 것을 말할 수 없는 사람들에게 어떤 확신감을 가지고 그것을 말할 수 있도록 해준다.

Johnny : Where's it from? 어디에서 왔어?
Larry (after a glance) : St. Paul. That'll be in Minnesota, I'm
　　　thinkin'. (힐끗 본 후에) St. Paul. 거기는 미네소타일거야.
　　　내 생각으로 그래. (AC)

　매우 분명하게, 화자는 상대에게 St. Paul이 미네소타 안에 있다는 정보를 주지 않으며, 그것을 정확히 추론하고 있지 않다. 영어는 이런 문장의 언표내적 효력을 정확하게 포착할 수 있는 수행 동사가 없다. 그럼에도 불구하고, 그 힘은 분명하게 진술될 수 있다.

X will be P
나는 내가 이것 [X는 P다]을 안다고 말하지 않는다
내가 그것에 대해 생각한다면 나는 그것을 알 것이라고 생각한다
나는 그것에 대해 생각하기를 원한다
나는 내가 지금 그것을 안다고 생각한다
나는 말한다 : [　　　]

　How old'll she be now? 같은 질문은 현재 생각해보도록 하는 노력에 기초한 대답을 이끌어낸다.

나는 당신이 그것에 대하여 생각한다면 그것을 알 것이라고 생각한다
나는 당신이 그것에 대해 생각하기를 원한다

이 의미설명은 그 안에 시간적 순서를 설정하고 있는데 그것은 마치 시간상의 추이를 보여주듯 지시되고 있다. 그것은 양태의 will이 미래의 will과 관련 있음을 보여주고 있으며, 또 사실 미래 will의 의미가 양태 will의 의미 안에 포함된다는 것을 보여준다(결과적으로 본다면, 이 의미설명은 순환적이지 않다. 왜냐하면 양태의 will을 시간의 will로 축소했기 때문이다. 다만 현재의 논의에서 나의 목적은 양태 will의 의미를 설명하는 데 있지 않다).

양태 must의 경우(She must be at least forty), 그것은 유사하지만 동일한 언표내적 효력을 갖지 않는다. 그것은 사색적이지 않으며, 생각하는 데에 필요한 시간을 지시하지 않는다. 알지 못하는 여인의 초상화를 바라보며, 우리는 이렇게 말할 수 있다.

She must be very beautiful.
그녀는 정말 아름다움이 틀림없어.

그러나 다음과 같이 말하지 않는다.

?She will be very beautiful.

이런 특수한 상황의 판단은 분명히 우리가 초상화를 보고 있다는 사실에 기초한 것이며 사고 과정에 기초한 것은 아니기 때문에, will은 적절하지 않다. 물론 'she will be beautiful in the future'처럼 will이 미래의 뜻으로 해석될 수 있다면 이 문장은 가능하다. 그러나 'she will be beautiful now'처럼 양태의 뜻으로 해석된다면 이 문장은 가능하지 않다.

Must를 가진 문장의 언표내적 효력은 다음과 같이 진술될 수 있다.

X must be P
나는 말한다 : 나는 X에 대해 이것을 말할 수 있다고 생각한다
나는 내가 그것을 안다는 것을 말하지 않는다
나는 우리가 이것을 생각해야만 한다고 생각한다
나는 내가 생각한 것을 말하기를 원하기 때문에 이것을 말한다

이 문장은 물론 I must say라는 문장이 갖는 언표내적 효력보다는 훨씬 더 주저함의 의미가 있다. X must be P 유형의 문장에서 양태의 must는 기저형 'I must say'의 구성성분으로부터 도출된 것이 아니다. 오히려 그것은 'I think one must think this'(나는 우리가 이것을 생각해야만 한다고 생각한다)로부터 도출된 것이다. 따라서 'X must be P' 형을 말할 때 화자는 X는 P라고 단언하지 않으며, 의미설명도 'I say : X is P'라는 형식의 구성성분을 포함하지 않는다. 그러나 'I must say : X is P'라는 틀의 의미설명은 그 구성성분을 포함해야만 한다.

예를 들어, 만약 화자가 우리가 알지 못하는 여자에 대해 이야기한다면, 우리는 'She must be very beautiful'(그녀는 틀림없이 정말 아름다워)라고 반응할 수 있다. 그러나 'I must say, she is very beautiful'(나는 그녀가 매우 아름답다고 말해야만 한다)이라고 말하지는 않는다. 왜냐하면 이 문장은 여자의 아름다움에 대한 개인적 판단을 암시하는데 이러한 판단은 알지 못하는 경우에는 불가능하기 때문이다. 다음 두 문장을 또한 비교해 보자.

This must be the milkman.
이 사람이 우유배달원임이 틀림없어.
? I must say, this is milkman.

첫 번째 문장은 상당히 자신있는 추측을 표현하고 있으며 그것은 물론 완벽하게 용인가능하다. 그러나 두 번째 문장은 어색하다. 왜냐하면 이 문

장은 비사실적 문제에 대한 개인적 판단을 나타내고 있는 것에 비해, 실제로 그 문장에 들어있는 명제는 사실이기 때문이다. 그 개인적 판단은 표현되었지만 그 판단의 정당성에 대해서는 조금도 망설임이 없는 것처럼 표현되었다. 이것은 다음처럼 기술될 수 있다.

I must say, she is very beautiful(?this is the milkman)
나는 말한다 : 그녀는 매우 아름답다
나는 내가 그것을 말하기를 원하기 때문에 그것을 말하는 것은 아니다
만일 내가 생각한 것을 말하기를 원하다면 나는 그것을 말해야만 한다
나는 내가 생각한 것을 말하기를 원하기 때문에 그것을 말한다

'I must say'라는 틀이 갖는 비사실적 특성은 확신적인 단언(나는 말한다 : 그녀는 매우 아름답다)과 이 단언의 주관적 근거에 대한 지시를 결합함으로서('나는 내가 생각한 것을 말하기를 원하기 때문에 그것을 말한다') 그리고 말하지 않음의 구성성분인 '나는 내가 그것을 안다는 것을 말하지 않는다'를 없앰으로서 설명될 수 있다.

7.2. 심리 동사

하나의 발화가 갖는 언표내적 효력은 그 발화(현재시제, 일인칭 단수) 안에서 사용된 심리 동사로 분명하게 확인되는데, 이 심리 동사는 그 발화와 연관된 화자의 심리 상태와 일치한다(Urmson 1963 ; Ross 1973 참조). 보문소없이 I think, I hope, I fear, I reckon, I suppose, I gather, I remember 같은 틀이 들어있는 문장은 화자가 상대에게 정보를 주지 않고, 어떤 것을 전달하지 않으며 심지어 상대에게 어떤 것도 말하지 않으면서도 오히려 그의 생각을 표현할 수 있다.

You have a young lady, I understand. (GP)

당신은 어린 딸이 있군요, 이해해요.
I gather Donald has a girl too, is that right? (GP)
내 추측으로는 도날드에게도 딸이 있지요, 맞나요?
Your wife's working, I gather. (GP)
당신의 아내는 일하고 있군요, 내 추측으로는.

따라서 (보문소가 없이) 일인칭 심리동사의 틀에 들어있는 발화의 언표내적 목적은 다음과 같다.

나는 내가 생각한 것을 말하기를 원하기 때문에 이것을 말한다

만약 이러한 언표내적 목적이라고 하면, 그 의미 설명에 명시적인 표기, 즉 '나는 다른 사람들이 이것을 생각하기를 원하는 것은 아니기 때문에 이것을 말한다'를 반드시 포함시킬 필요는 없을 것이다. 만약 화자가 그가 원하는 것이 그의 생각을 표현하는 것임을 확실히 보여준다면, 그렇다면 다른 사람에게 영향을 주고자 하는 욕망 때문에 동기화된 것은 아니라는 사실을 화자는 어느 정도 암시하고 있다.

그렇지만 심리적 언표내적 절은 전혀 다른 의미로 하나의 말하지 않음의 기능을 하는 것처럼 보인다. 그리고 이처럼 다른 말하지 않음의 기능은 아마도 의미 공식에서 명시적으로 나타내어야만 할 것이다. 즉 다음과 같이 말하는 사람은 그가 말한 것에 대하여 태도를 분명히 하기를 원하지 않는다는 것을 나타낸다. 그리고 화자는 그 명제를 말할 준비, 즉 '단언할' 준비가 되어있지 않다는 것을 나타내고 있다.

I believe he's quite a decent fellow.
나는 그가 매우 예의 바른 동료라고 믿는다.
I hope she comes.
나는 그녀가 오기를 바란다.

이것을 근거로 하여 만약, '그는 매우 예의바른 동료이다'와 같은 발화를 '나는 말한다 : 그는 매우 예의바른 동료이다'로 나타낼 수 있고, 그리고 이 발화가 '나는 당신이 그것을 알기를 원하기 때문에 이것을 말한다'라는 언표내적 목적에 적합하다면 '나는 그가 매우 예의바른 동료라고 믿는다'와 같은 발화는 다음과 같이 나타낼 수 있다고 생각한다.

> 나는 말했다 : 나는 이것[그는 매우 예의바른 동료이다]을 믿는다
> 나는 내가 이것을 안다고 말하기를 원하지 않는다
> 나는 내가 생각한 것을 말하기를 원하기 때문에 이것을 말한다

I believe라는 틀의 문장은, 예를 들어 다음의 예와 같이 표현되지 않는다.

> She claimed that he was quite a decent fellow.
> 그녀는 그가 매우 예의바른 동료라고 주장했다.

그 문장은 오로지 다음과 같은 예처럼 말할 수 있다.

> She said she thought (believed) he was quite a decent fellow.
> 그녀는 그가 매우 예의바른 동료였다고 생각했다(믿었다)고 말했다.

이러한 보고의 양식은 I believe라는 틀의 문장에서 I believe의 보어가 직접적으로 I say의 아래에 있지 않고, 직접적으로 I believe에 있다는 추측을 분명하게 해 준다.

나는 여기에서 비교를 위해 I fear와 I gather 틀의 의미설명을 제안할 것이다.

> S, I fear (예 : Too late now, Don, I fear)

나는 말한다 :
　　나는 이것〔지금 너무 늦었다〕을 생각한다
　　이것은 나쁘다.
나는 내가 이것을 안다고 말하기를 원하지 않는다
나는 내가 생각한 것을 말하기를 원하기 때문에 이것을 말한다

S, I gather(예 : His wife's working, I gather)
나는 말한다 : 나는 이것〔그의 아내는 일하고 있다〕을 생각한다
나는 내가 이것을 안다고 말하기를 원하지 않는다
나는 내가 들은/본 것 때문에 이것을 생각한다
나는 내가 생각한 것을 말하기를 원하기 때문에 이것을 말한다

S, I gather의 예(His wife is working)에서 나는 you나 your를 he와 his로 대체했다. 왜냐하면 you의 틀은 you만이 갖는 고유한 특성을 지니고 있기 때문인데, 이는 별개로 논의되어야 할 것이다.

7.3. 불변화사와 접속사

고대와 중세의 언어 이론가들이 잘 알고 있었던 것처럼, 발화의 언표내적 효력은 종종 불변화사와 접속사 그리고 감탄사에 의해 표현되었다. 예를 들어 스토아학파는 그리스어의 불변화사인 hōs 'how'를 놀람이나 감탄의 lekton, 즉 그들이 thaumastikon라고 부르는, 하나의 표지로 간주하였다(Nuchelmans 1973 : 63 참조). 그리고 Paul of Venice는 라틴어 불변화사 utinam 'would it'을 원망의 표지인 nota optandi로 기술하였다 (Nuchelmans 1773 : 48). 유사한 맥락에서 오스틴은 "우리는 불변화사 'still'을 'I insist that'과 같은 효력을 가진 것으로, 'therefore'를 'I conclude that'과 같은 효력을 가진 것으로, 'although'를 'I concede that'과 같은 효력을 가진 것으로 사용할 수 있다."라고 주장했다(Austin 1962 : 75).

명백히 yes와 I agree, no와 I disagree, 그리고 and와 I add 사이

에는 또한 밀접한 관련성이 있다. 그럼에도 불구하고 어떤 불변화사나 접속사도 하나의 수행동사처럼 완벽하게 똑같은 의미를 갖지는 않는다. 사실, 불변화사와 접속사가 보통 언표내적 효력의 일부만을 명시하는 반면, 수행동사는 언표내적 효력의 전부를 명시화하고 있다. 결과적으로, 불변화사와 접속사는 수행동사와는 대조적으로, 언표내적 효력을 부분적으로 명시화하는 상당히 많은 다른 장치들과 결합할 수 있다. 따라서 다음의 예와 같이, 사람들은 질문을 할 때에 so나 then을 사용하여 말할 수 있다. 그렇지만 어느 누구도 동일한 상황에서 I infer나 I conclude와 같은 구절을 사용할 수 없다.

So you've just landed? (AC)
그래서 당신은 금방 도착했다고요?
It'll get him all right, then? (AC)
이 정도면 그 사람은 잘 될거야?

이 장에서 나는 so와 then 두 단어들에 대해 다소 자세하게 논의하고자 하는데, 이는 제안된 분석의 방법이 이런 종류의 불변화사와 접속사의 담화에 어떻게 적용되는지를 보여주기 위한 것이다(또한 불변화사에 관해서는 9장 참조.).

Halliday & Hasan(1976 : 257)은 so와 then이 인과접속사로 사용될 때, 그것들은 I gather(나는 추측한다)와 같은 표현과 대조적으로, "화자의 추리 과정, 즉 '나는 당신이 말한 것(또는 다른 증거)으로부터 결론을 내린다'"를 지시한다고 주장하였다. 나는 이 의미설명이 기본적으로 옳다고는 생각하지만, 좀 더 다듬어져야 한다고 생각한다. 우선, so는 then과 의미가 같지 않기 때문에, 하나의 공식이 아니라 서로 다른 두 개의 공식이 필요하다. 또 동사 conclude는 너무 지적인 의미를 담고 있어서 so가 갖는 영향력을 제대로 표현할 수 없다. concluding은 무엇인가를 말할 때, 유용한 증거 자체를 기초로 한다기보다는, 그 증거에 대한 검증을 기초로 하여 무엇인가를 말한다는 것을 의미한다. 이 때문에, concluding은 논증, 즉 추론에 근거하고 있으며, 직접적인 증거에 근거를 두지 않는다. 그러나 so는 지각된 증거를 직접적으로 지시한다.

예를 들면, 영화 '이구아나의 밤'(Williams 1961)의 첫 장면에서, 주인공 중 한 사람인 섀넌은 맥신에게 맥신의 남편인 프레드가 죽었다는 말을 듣는다. 잠시 후에 섀넌은 그 상황을 정리하며 다음과 같이 말한다.

So Fred is dead?
그래서 프레드가 죽었다고?

섀넌은 프레드가 죽었다고 결론짓지 않고 있는 것이 분명한데, 그 이유는 그녀는 그 사실을 들었기 때문이다. 그러므로 그녀의 태도는 '나는 프레드가 죽었다고 당신이 말한 것으로부터 결론을 짓는다'라는 식으로 표현될 수 없다. 하지만 다음과 같이 표현될 수 있다.

나는 '프레드가 죽었다'는 것을 안다고 지금 말할 수 있다고 생각한다
나는 당신이 말한 것 때문에 이것을 생각한다

만일 so가 위의 예처럼 의문문의 억양과 결합된다면 다음과 같은 또 다른 구성성분이 추가로 표시될 것이다.

나는 당신이 그것에 대해서 무엇인가를 더 말하기를 원한다

그리고 여기에 하나 더 추가할 수도 있다.

나는 그것에 대해서 우리가 이야기하기를 원한다 (즉 그것에 대한 어떤 것을 서로 말하기를 원한다)

따라서 so의 완전한 의미설명은 아마 다음과 같이 표현할 수 있다.

So S? (예 : So Fred is dead?)
나는 당신이 말한 것 때문에 S를 알았다고 지금 말할 수 있다고 생각한다
나는 당신에게 내가 그것을 말할 수 있다고 말하기를 원한다
나는 당신이 그것에 대해서 무엇인가를 더 말하기를 원한다
나는 우리가 그것에 대해서 어떤 것을 서로 말하기를 원한다

Then은 so와 여러가지 점에서 다르다. then은 so와 달리, 즉각적으로 들을 수 있는 증거를 지시하지 않는다. 이러한 이유 때문에, then은 더 가상적인 맥락에서 사용될 수 있으나 so는 가상적 맥락의 사용이 부적절하다. Halliday & Hasan(1976 : 258)의 예를 또 반복하여 인용해 보면 다음과 같다.

'And what does it live on?'
'Weak tea with cream in it.'
A new difficulty came into Alice's head.
'Supposing it couldn't find any?' she suggested.
'Then [*so] it would die, of course.'
'그리고 그것은 무엇을 먹고 살아?'
'크림이 들어 간 연한 차'
앨리스의 머릿속에 새로운 어려움이 찾아왔다.
'그런 것을 찾을 수 없다고 한다면?' 그녀는 말했다.
'그렇다면 [*so] 그것은 당연히 죽을 거야.'

Then은 또한 어떤 판단을 할 때, 예를 들어 어떤 상황을 평가할 경우에도 사용될 수 있다.

'Have some wine', the March Hare said in an encouraging

tone.

    Alice looked all around the table, but there was nothing on it but tea. 'I don't see any wine', she remarked.

    'There isn't any', said the March Hare.

    'Then [?so] it wasn't very civil of you to offer it', said Alice angrily.

    '와인을 좀 마셔', March Hare는 격려의 어조로 말했다.

    앨리스는 탁자 주위를 둘러보았으나, 거기에는 차 외에 아무것도 없었다. '와인이 없는데요', 그녀는 말했다.

    '아무것도 없지' March Hare는 말했다.

    '그렇다면[?so] 와인을 마시라고 제의하는 당신은 참 예의가 없는 거예요.', 앨리스는 화를 내며 말했다.

인과 접속사 so와 인과 접속사 then의 모든 용법의 차이점들은 아래의 두 의미설명으로 예측될 수 있다고 생각한다.

> so : 나는 당신이 말한 것 때문에 나는 이것을 안다고 지금 말할 수 있다고 생각한다
> then : 나는 당신이 지금 말한 것 때문에 이것을 말한다

Then과는 달리, so는 사실 I gather라는 표현과 밀접하게 관련되어 있으며, 평가의 문맥에서는 I gather를 사용하는 것이 매우 어울리지 않을 것이다.

    ?I gather that it wasn't very civil of you to offer it.

So와 I gather는 모두 화자가 자신이 지각한 것을 기초로 하나의 참인 문장을 말하려고 한다는 것을 지시한다. 그와는 대조적으로, then은 화자가 이전에 말한 것을 이유로 하여 무엇인가를 말하고 있다는 것을 지시한다. 그러나 so와 then의 의미론적 차이점이 gather, conclude, infer 또

는 다른 언표내적 동사들이 갖는 차이점들과 동일하다고 할 수는 없다. 예를 들면, gather는 비록 then보다는 so에 가깝기는 하지만, so만큼 확신적이지 않고 증거와 직접적으로 관련되어 있지도 않다. 만약 맥신에게서 프레드가 죽었다는 것을 우리가 불과 몇 분 전에 들었다면, 우리는 맥신에게 다음과 같이 말할 수 없을 것이다.

> I gather that Fred is dead.
> 나는 프레드가 죽었다고 추측한다.

각각의 동사 그리고 각각의 불변화사들은 개별적으로 기술되어야 하며, 비록 많은 구성성분들이 되풀이될지라도, 그 각각의 동사와 각각의 불변화사는 고유한 구성성분들로 형상화된다(Goddard 1979 ; Wierzbicka 1976 참조.).

7.4. 간투사

간투사들은 화자의 '원함'(want)이나 감정을 표현한다. 그러므로 이 간투사들은 그 자체의 언표내적 효력을 가지고 있어서, '나는 X를 느낀다'나 '나는 Y를 원한다'와 같은 구성성분들로 기술될 수 있다. 그런데 간투사들은 전형적으로 다른 발화와 결합하여 더 큰 발화를 이루기 때문에, 그리고 간투사들의 언표내적 효력은 함께 나타나는 발화의 언표내적 효력과 어울려야 하기 때문에, 그것들은 종종 결합된 발화 전체의 언표내적 효력을 밝히는데 중요한 단서로써 작용한다(간투사에 관한 더 포괄적인 논의는 8장 참조.). 예를 들어, 다음의 발화를 살펴 보자.

> Ah, my God, are they still in the bus? (NI)
> 하느님 맙소사, 그들이 아직도 버스에 있다니?

그들이 아직도 버스에 있다니?(Are they still in the bus?)라는 부분은
의문 구조임에도 불구하고 순수 의문으로 해석되지는 않는다. 왜냐하면
Ah(or Oh) my God라는 간투사의 의미가 간투사의 다음의 발화 내용을
갑작스런 깨달음으로 해석해야 함을 보장하기 때문이다.

> Oh my God, S!
> 나는 무엇인가 나쁜 것이 일어나고 있다는 것을 지금 안다고 생각한다
> (S)
> 나는 이것이 일어날 것이라고 생각하지 않았다
> 나는 이것 때문에 무엇인가 나쁜 것을 느낀다
> 나는 이것 때문에 이런 식으로 이것을 말한다

이와 관련 있는 간투사 for God's sake(제발)는 약간 다른 태도를 나타
낸다. 다시 말해 무엇인가가 나쁜 일이 진행되고 있다 해도, 화자는 그것
이 멈춰지기를 의도한다는 것과 화자는 그 상황을 제어할 수 없기 때문에,
상대의 행동을 통해서 그것이 멈춰지기를 시도한다는 사실을 암시한다.
그러므로 그 간투사와 함께 나타나는 발화는 아마도 명령형이며 특히
why-don't-you 등과 같은, 부가 의문 장치가 더해지지 않은 단순 명령형
일 것이다.

For God's sake로 이루어진 발화의 언표내적 효력은 다음과 같이 명
확하게 설명될 수 있다.

> For God's sake, S!
> 나는 일어나고 있는 무엇인가 나쁜 일을 본다
> 나는 이것 때문에 무엇인가 나쁜 것을 느낀다
> 나는 이것이 일어나기를 원하지 않는다
> 나는 당신이 무엇인가를 하기 원한다
> 나는 당신이 그것을 지금 하기를 원한다
> 나는 어떤 것도 할 수 없기 때문에 이런 식으로 이것을 말한다

나는 이것 때문에 당신이 그것을 해야 한다고 생각한다

우리가 일반적으로 사용하는(그러나 정확한 것이 아닌) 언어로 말한다면, 우리는 for God's sake가 부정적인 판단, 부정적인 느낌, 절망, 무기력함, 긴박감, 상대에 대한 호소, 자신의 목표를 이루기 위한 욕망과 결합된 통제되지 않는 어떤 느낌, 좌절감 등을 나타낸다고 할 수도 있다.

마지막 예로, 간투사 gee에 대하여 생각해 보자. 종종 사전에서는 놀라움의 간투사로 기술되어 있지만, 사실 gee는 더 복잡한 의미를 지니고 있다. 그리고 '놀라움'이라는 것은 때때로 부정확한 뜻풀이일 뿐만 아니라 부적절한 뜻풀이이다.

Gee, that's a nice dress!
Gee, 그것 참 멋진 드레스인데!
Gee, I was scared for a moment I killed you! (AC)
Gee, 나는 순간 내가 너를 죽인 것이 아닌가 하고 잠깐 겁이 났었어!
Gee, you look like you had it! (NI)
Gee, 네가 마치 그것에 질려버린 것처럼 보이는구나!
Gee, wasn't I sick of it - and of them! (AC)
Gee, 나도 그것과 그 사람들에게 완전히 질렸다고!

첫 번째 예문은 감사나 경외심을 표현한다. 두 번째 예문에서 화자는 최근 경험한 두려움을 되새기는 것이다. 세 번째 예문은 온유한 동정심을 표현한다. 마지막 예문에서, 화자는 과거의 역겨움을 되새기고 있다. 그러므로 놀라움이라는 것이 gee의 의미 불변항은 아니다. 그렇지만 실제적인 불변항은 gee가 감정의 구성성분을 '예상하지 못함'이라는 생각으로 결합한 경우에 한해서만 놀라움과 관련된다고 할 수 있다.

Gee!
나는 X에 대해 생각하고 있다
나는 이것 때문에 무엇인가를 느낀다
나는 이것을 볼(느낄) 것이라고 생각할 수 없었다

이 구성성분의 집합이 위에서 인용한 gee가 포함된 발화의 모든 예들에 잘 맞는다는 것을 쉽게 알 수 있다.

일반적으로 말해서, 많은 간투사와 다른 언표내적 장치들이 감정을 기호화한 것임에도 불구하고, 이 감정의 본질은 결코 구체적이지는 않다. 만일 우리가 의미적 재현을 할 때, 놀라움, 분노, 짜증, 절망 등의 감정의 명칭을 사용하려고 한다면, 우리는 관습적으로 전달된 감정들을 과도하게 구체화하게 된다. 그것은 마치 우리가 하나의 발화 행위 동사를 재구할 때 하나의 통사 구문이 갖는 언표내적 효력을 과도하게 구체화하는 것과 같은 것이다. 다양한 언표내적 장치들로 기호화된 감정의 구체성의 수준은 ‘나는 무엇인가를 느낀다’ 또는 ‘나는 무엇인가 나쁜/좋은 것을 느낀다’, 아니면 ‘나는 당신을 향하여 무엇인가 나쁜/좋은 것을 느낀다’ 등에서 크게 벗어나지 않는 것처럼 보인다. 그런 감정의 부가적 정보는 암시적으로 전달되는 것이며, 어떤 감정의 의미 기술도 구체화될 수 없으며, 그렇게 되어서도 안 된다.

이제 간투사 gee에 대한 논의로 돌아가서, 나는 이 간투사는 그 자체의 언표내적 효력을 가질 뿐만 아니라, 함께 나타나는 발화의 언표내적 효력에 대한 중요한 단서로도 기능을 한다는 것을 덧붙이겠다. 여기서 핵심은 gee의 발화 틀은, 알리기, 사실 진술하기, 보고하기, 상기시키기, 경고하기, 그리고 평서문이 표현하는 무수한 다른 발화 목적들을 위해서 사용하지 않는다는 것이다. gee와 함께 나타나는 발화의 언표내적 효력은 다음과 같이 나타낼 수 있다.

사실, gee도 많은 다른 간투사들의 기능을 갖고 있다. 예를 들면 아래의 문장은 '그녀는 그에게 …을 알렸다', '그녀는 …라고 자백했다', '그녀는 …을 인정했다', '그녀는 …라고 진술했다' 등과 같이 말할 수 있다.

I left the oven on.
내가 오븐을 켜 놨다.

하지만 Oh, my God의 틀은 그렇게 말할 수 없다.

Oh my God! I left the oven on!
하느님 맙소사! 내가 오븐을 켜 놨어!

이 틀의 발화는 아래 문장처럼, 충동적으로 일어난 생각을 표현한 것이다.

나는 지금 이것을 생각하기 때문에 이것을 말한다

7.5. 고정 표현

접속사나 불변화사 또는 간투사와 같은 어휘 장치들과 통사 구문들 외에도, 영어에는 그리고 아마도 다른 모든 언어에는, 무수한 고정 표현들이 있으며, 다양한 언표내적 효력을 나타내고 있다. 사실 이러한 '고정 표현들'을 매우 생산적인 어휘, 문법 자료들로부터 뚜렷하게 분리할 수 있는 기준은 없다. 예를 들면, Oh, my God!나 For God's sake!와 같은 표현들은 '고정 표현'으로도 '복합 간투사'로도 기술될 수 있으며 어느 쪽으로 기술해도 둘 다 다같이 적절하다.

마찬가지로, Why don't you나 How about과 같은 표현들도 일정한 통사 구문들의 표지로, 또는 '고정 표현'으로도 기술될 수 있다. 모든 '고정 표현'은 그들 자신의 '통사 영역' 다시 말해 약간의 한정된 용법을 갖고 있기 때문에, 그것들은 어휘 영역에도 속하며 통사 영역에도 속한 것으로 볼 수 있다.

그 자체가 언표내적 효력을 갖는 고정 표현의 가장 분명한 예는 인사와 작별의 영역에서 찾을 수 있다. 우리는 대충 말하자면 Good morning이나 Good afternoon과 같은 표현들의 언표내적 효력은 동사 greet의 용어로 기술될 수 있다. 그러나 현대 영어는 Good-bye나 Good night와 같은 표현에 대응하는 어떤 유사한 동사도 존재하지 않는다. 그러므로 Good-bye나 Good night의 언표내적 효력은 오직 일련의 구성성분으로만 진술될 수 있다. Good-bye는 다음과 같이 진술할 수 있다.

> Good-bye
> 나는 당신과 나 둘 다 알고 있다고 생각한다 :
>   지금 이후로 우리는 같은 장소에 있지 않을 것이다
>   우리는 이것 때문에 (더 이상) 서로 어떤 것을 말할 수 없을 것이다
> 나는 이것 때문에 당신에게 무엇인가를 말하기를 원한다
> 나는 이와 같은 때에 사람들이 서로에게 말하는 것과 같은 종류의 무엇인가를 말하기를 원한다
> 나는 이와 같은 무엇인가를 말해야 한다는 것을 알기 때문에 나는 이것을 말한다

Good morning이나 Good night와 같은 표현들은 물론 매우 흔히 사용되며 그 표현들의 총체적인 언어 용법을 기술하여 그 표현들을 개괄하기란 매우 어려운 일이다. 그러나 영어에는 아마도 추측컨대 다른 언어들도 마찬가지의 무수한 다른 표현들이 있으며, 빈번하게 사용되지는 않을지라도, 분명히 언표내적 효력을 동일하게 갖고 있다고 본다. 나는 이 주장을 How dare you!와 Go (and) jump in the lake!라는 두 예를 들어 분명히 제시할 것이다. 지면 관계상, 나는 이 표현들에 관해 구체적 논

의는 못하지만 그것들의 언표내적 효력을 나타내기 위해 다음과 같은 의
미 공식을 간단히 제안할 것이다.

> How dare you!
> 나는 이것을 본다(지각한다) : 당신은 무엇인가 나쁜 것을 하고 있다
> 나는 당신이 이것을 하는 것을 원하지 않는다
> 나는 당신이 그것을 할 것이라고 생각할 수 없었다
> 나는 말한다 : 나는 '어떻게 당신이 감히' 이것을 할 수 있는지를 알지
> 못한다
> 나는 이것 때문에 무엇인가 나쁜 것을 느낀다
> 나는 내가 생각하는 것과 이것 때문에 느끼는 것을 당신이 알기를 원하
> 기 때문에 이것을 말한다.

> Go (and) jump in the lake!
> 나는 당신이 내가 무엇인가를 하기 원한다는 것을 안다
> 나는 내가 그것을 하기를 원하지 않는다는 것을 당신이 안다고 생각한다
> 나는 그것을 하지 않을 것이다
> 나는 당신이 내가 생각하기를 원한다고 생각한다:
> 만약 내가 그것을 하지 않으면 무엇인가 나쁜 것이 당신에게 일어날 수
> 있다
> 나는 말한다 : 나는 이것에 대해 생각하기를 원하지 않는다
> 나는 말한다 :
>   만약 무엇인가 나쁜 것이 당신에게 일어난다면
>   나는 이것 때문에 무엇인가 나쁜 것을 생각하지/느끼지 않을 것이다
> 나는 그것에 대해서 더 이상 말해야만 하는 것을 원하지 않기 때문에
> 나는 이것을 말한다

나는 위의 의미설명에 대하여 단 두 가지의 의견으로 논의를 좁히고자
한다. 먼저 주목해야 할 점은 How dare you!의 표면형식은 제시된 기저
형식의 부분들과 통합된 것임에 비해, Go and jump in the lake!는 그

렇지 않다는 것이다. 이것이 의미하는 바는, 예를 들어 어휘 항목 dare는 어디에서나 동일한 의미를 갖는 것으로 상정되며 고정 표현 속에 등장한다는 것이다. 다시 말하면, 이 고정 표현은 구성성분을 더 첨가하여 고정 표현의 의미를 나타내지만, 그 고정 표현이 갖는 일반적 의미는 그대로 유지하고 있다. 또 다른 한 편으로, Go and jump in the lake!라는 표현은 한층 더 관용적이라고 할 수 있는데, 그 이유는 그 어휘적 구성성분이 갖는 일반적 의미는 여기에서 유지되지 못하기 때문이다. 따라서 jump나 lake와 같은 단어들은 제안된 의미설명에 전혀 언급되지 않는다.

7.6. 억양

자연 언어의 언표내적 장치에 관한 어떤 연구도, 만일 그 연구가 억양에 대해 언급하지 않았다면 완결된 것이라 할 수 없다. 현재 이 6장에서는 완결된 연구를 할 야심은 없으며, 완결된 연구를 위해서는 책 한권이 필요할 것이다. 그럼에도 불구하고 나는 여기에서 억양에 대해서만은 적어도 언급되어야 한다고 느낀다.

억양이 언표내적 의미의 영역에서 기본적인 역할을 한다는 것은 의심의 여지가 없어 보인다. 이 책에서는, 지면상 그리고 내 능력의 한계로 이 문제에 대한 어떤 심도 있는 논의도 할 수 없다. 하지만 나는 짧은 인용문에 쓰인 억양의 역할을 조명해보고자 하며, 이 인용문은 그 주제의 정보에 대한 매우 타당하고 분명한 자료인 것처럼 생각된다(Deakin 1981). '긍정적인 감탄의문문'에 대해서 Deakin은 다음과 같이 말했다.

리듬감있게 고저음을 반복하며 각 음절, 특히 마지막 음을 길게 늘이면서 'is she beautiful'이라고 하는 발화는 하나의 질문을 의미하는 것으로 받아들여지지 않으며, 심지어 상대에게 대답조차도 기대되지 않는다. '높은' 음조와 '긴장된' 소리를 내면서 하는 'is this the way we should be doing things' 같은 수사 의문문은 하나의 질문으로 받아들여지지 않으며, 비록 'no'가 질문에 호응하는 대답이라 할지라도 대답을 기대할 것으로 생각되지 않는다. 마찬가지로 낮게 올리는 억양으로 발화된 'can you pass the salt'는 일반적으로 질문이 아닌 하나의 요청으로 받아들여진다. 만일 상대가 그 요청에 따른다면, 상대는 대답할 필요가 없다. 비록 요구에 따르면서 거기다가 대답하는 것이 더 일반적이라고는 하지만, 상대는 아무 것도 말하지 않아도 된다(Deakin 1981 : 57).

Bolinger(1982)와 같은 억양의 최고 권위자가 특정 유형의 화행을 특정한 억양적 특징과 연결지으려는 성급한 시도에 대해 경고한 것은 사실이다. 그러나 Bolinger의 비난이 그가 지목한 특정한 대상들에 한해서만 전적으로 정당화될 수 있을지라도, 나에게 Deakin이 시도한 억양의 조심스럽고 신중한 의미 분석은 정당하다고 인정될 뿐만 아니라 매우 필요한 것으로 보인다. 문법적이고 어휘적인 수단들에 의해 전달되는 언표내적 효력이 글로벌 용어로(예를 들면, 영어로 된 화행 동사에 의해), 적절히 묘사될 수 없는 것과 마찬가지로, 어떠한 것도 억양에 의해 전달되는 언표내적 효력을 적절히 묘사할 수는 없었다. 그렇지만, 아마도 틀림없이 언표내적 효력은 보다 정교한 분석적 도구들에 의해 묘사될 수 있다. Deakin(1981)은 영어의 기본적인 어조와 어두의 고저가 갖는 특정한 언표내적 의미를 가정했으며, 그 목적을 위해 의미론적 원초소에 기초한 자연 의미론적 메타 언어를 사용하였다. 그의 분석은 나에게 매우 분명하고 설득적인 것으로 보인다.

8. 언어 간 언표내적 효력의 비교

이 장에서 보여준 분석 방법 때문에 우리들은 하나의 정확하고 분명한 방식으로, 다양한 구문에 기호화된 언표내적 효력들을 비교할 수 있게 되었다고 나는 생각한다. 또한 그 정확하고 분명한 방식으로 우리들은 다양한 언어에 기호화된 태도적 의미와 상호작용적 의미들을 비교할 수 있게 되었다. 그리고 그 태도의 의미와 상호작용의 의미들은 직관적으로 더 분명히 알 수 있지만 검증하기 어려운 다른 많은 문화적·사회적 차이점들과 관련되어 있다. 이 절에서 나는 영어 화자와 이디시어 화자가 분노 또는 분노와 유사한 감정을 표현할 때 각각의 언어에서 사용하는 두 개의 언표 내적 장치를 비교함으로써 이러한 주장을 예증하려고 한다.

영어, 특히 호주 영어는 사람들이 종종 그들의 분노를 주어가 없는 타동사의 패턴인 'V you!'로 표현한다. 예를 들면 다음과 같다.

Damn you!　저주받아라!
Blast you!　폭발해버려라!
Fuck you!　썩 되져라!

물론, 이 패턴들은 소위 공손한 대화라고 하는 것에 포함되지 않는다. 그럼에도 불구하고, 이것은 영어의 주변적이고 무시할만한 특징이 아니다. 그와 반대로 영어 담화의 세계에서, 그것의 역할은 매우 중요한 것으로 볼 수 있다.

형식적으로 이 패턴은 명령문의 '생략된' 주어가 'you'라는 일반적인 규칙을 어기고 있다. 이 경우에 'you'는 목적어이며, 우리가 기대하듯 주어가 아니다. 이러한 반전 때문에 그 표현들은 표현적 힘을 갖게 된다.

이 패턴에 나타날 수 있는 동사의 집합은 매우 제한적이다. 예를 들어 사람들은 다음과 같이 말할 수 없다.

*Murder you!
*Strangle you!

이 패턴의 기저에 있는 일반화는 이와 같다. 즉, 화자는 누군가가 '상대에게 무엇인가 나쁜 것을 하기'를 원할 뿐만 아니라, '무엇인가 나쁜 것을 말하기', 즉 어떤 말의 금기를 깨기를 원하는 것이다. 이것은 다음과 같이 기술될 수 있다.

V you!
(a) 나는 너에 대하여 무엇인가 나쁜 것을 느낀다
(b) 나는 이것 때문에 무엇인가 나쁜 것을 말하고 싶다
(c) 나는 말한다 : 나는 누군가 너에게 무엇인가 나쁜 것을 하기를 원한다
(d) 나는 더 이상 말하기를 원하지 않는다

구성성분 (a)는 상대에 대한 화자의 반감을 보여주고, 구성성분 (b)는 금기를 깨려는 충동을 지시한다. 그리고 구성성분 (c)는 상대가 겪어야 하는 '나쁜 행위'를 설명하고 있다. 결국 구성성분 (d)는 이 발화 전체가 짧고 약간은 경멸적인 것으로 지각되고 있음을 보여준다.

이 영어의 패턴을 Matisoff(1979 : 68)가 기술한 이디시어의 특징적인 패턴과 비교하는 것은 매우 흥미롭다.

Ver geharget!
'Be (문자 그대로의 의미. become) murdered!' '죽어라!'

Ver dershtikt!
'Be (문자 그대로의 의미. become) choked!' '쾩 죽어라!'

Ver geshovln!
'Become swollen!' '퉁퉁 부어버려라!'

이러한 이디시어의 패턴도 역시 상대에 대한 화자의 분노나 반감, 그리고 상대에게 무엇인가 나쁜 일이 일어나야 한다는 욕망을 표현한다. 그렇지만 이디시어는 동작성 타동사에 한정되지 않는다는 점에서, 그와 상응

하는 영어 표현들보다는 더 '적극적'이지 않으며, 보다 더 '간절한'(무기력한?) 것처럼 보인다. 즉 화자는 상대에게 무엇인가 나쁜 것이 일어나기를 원하지만 상대에게 반드시 무엇인가 나쁜 것이 일어날 필요는 없다는 것이다. 즉, 거기에는 화자 쪽에서 말의 금기를 깨려는 욕망이 없다. 따라서 우리는 그 의미를 다음과 같이 기술할 수 있다.

> Be murdered! Be choked! Be swollen!
> (a) 나는 너에 대하여 무엇인가 나쁜 것을 느낀다
> (b) 나는 이것 때문에 무엇인가를 말하고 싶다
> (c) 나는 말한다 : 나는 너에게 어떤 나쁜 것이 일어나기를 원한다

이디시어의 이러한 패턴은 상대에 대한 '나쁜 감정'에만 한정되는 반면에, 영어의 패턴은 3인칭에게도 확장될 수 있다는 점은 흥미롭다.

> Damn him! Stuff him!

이디시어는 3인칭에 대한 나쁜 감정을 보통 명령형 동사인 vern 'become'이 아닌 조동사 zol 'let/should'을 써서, 그다지 폭력적이지 않은 태도를 표현한다. Matisoff(1979 : 66-68)에 나타난 다음 예를 보자.

> Platsn zol er!
> 'May he explode!' 그가 폭발되기를!

> A fayer zol im óntsindn!
> 'May a fire ignite him!' 불에 타 죽을 놈!

또한 이처럼 3인칭의 저주가 '좀 더 완화되어' 표현된 것은 또한 복합문에서 삽입절이나 주절을 사용하여 명시적으로 나타난다. Matisoff(1979 :

61-71)에 나타난 다음의 예를 보자.

Mayn man, zol er geshosn vern, hot nekhtn óngevorn a sahk gelt.

Mayn shviger, klog veys ir, hot a beyze tsung.

A shvarts yor oyf ir, a hantsn tog hot zi mir gehákt a tshaynik vegn kléynikaytn!

Oj, zol im nor azóy rinen fun noz, vi 's rint mir fun der kvalpen!

'My husband, may he be shot, lost a lot of money yesterday.'

내 남편은, 총이나 맞을 일이지, 어제 많은 돈을 잃었다.

'My nother-in-law, may a lament be known to her, has a wicked tongue.'

내 시어머니는, 초상이나 나길, 사악한 혀를 가졌다.

'A black year on her, all day long she chewed my ear off with trivia.'

그녀가 힘들기를, 그녀는 내게 사소한 일로 온종일 잔소리를 했다.

'Oh, may his nose only leak on him the way this fountain-pen lwaks on me!'

오, 내 만년필이 새는 것처럼 그의 콧물이 새어 나오기를!

또한 말할 필요도 없이 중요한 점은, 이디시어의 3인칭에 대한 저주는 종종 길고 화려할 뿐만 아니라 익살스럽다는 점이다. Matisoff(1979 : 66, 70)에 나타난 다음 예를 보자.

Vo es shot zikh mir gekholemt di nakht un letste nakht, zol zikh óyslozn tsu dayn kop un lebn!

A ziser toyt zol er hobn — a trok mit tsuker zol im íberforn!

'May my nightmares of the last two nights let themselves loose onto your head and body and life!'

나의 지난 이틀 밤의 악몽이 그들에게 일어났으면 좋겠다!
'May he have a sweet death — run over by a sugar truck!'
그가 달콤한 죽음을 맞길 — 설탕 트럭에 치여서!

Zol과 함께 쓰인 3인칭을 향한 저주를 나타내는 이런 종류의 문장들에 대해, 나는 다음과 같은 의미설명을 제안하고자 한다

my father-in-law, may a disease enter his gums
(a) 나는 이 사람에 대하여 무엇인가 나쁜 것을 느낀다
(b) 나는 이것 때문에 무엇인가를 말하기를 원한다
(c) 나는 말한다 : 나는 이 사람에게 무엇인가 나쁜 것이 일어나기를 원
할 것이다

'나는 원한다'와 '나는 원할 것이다'를 구분한 이유는, 그렇게 구분했을 때의 문제점이 없는 것은 아니지만, 나는 그것이 상대의 경우보다 3인칭의 경우 좀 더 '완화되고' 더 주저하는 듯한 화자의 태도에 대한 차이점이 잘 포착될 수 있다고 생각되기 때문이다. 그러나 영어는 이와 유사한 차이점이 Damn you!와 Damn him! 사이에서는 보이지 않는다.

이디시어의 저주가 앞서 논의한 영어의 패턴보다 이디시어의 담화에서 더 중요한 역할을 한다는 것은 주목할 만하다. 영어의 '동사 you'의 패턴은 금기를 의식적으로 위반한다는 것을 기초로 하고 있다. 그러므로 자연스럽게 영어 담화에서 이 패턴의 역할은 제한적이다. 영어에서 악담으로 쓰이는 다른 형식들도 동일하게 제한적이다. 그러나 전통적인 유대인 문화에서는 다른 사람에게 향하는 '나쁜 감정'의 표현이 보다 자유스럽게 허용된다. 따라서 그 언어에는 그렇게 할 수 있는 적합한 장치가 있으며, 더 일반적으로 사용할 수 있고 그 장치는 더 넓은 범위의 장르와 사용역에 적합한 것이다.

자연언어에 기초한 언어 독립적인 의미론적 메타언어를 사용한다면, 우

리는 다양한 언어에 기호화된 언표내적 효력을 매우 상세하게 기술할 수 있고, 또 언어 내적으로 그리고 언어 간 상호적으로 언표내적 효력들을 정밀하고 검증 가능한 방식으로 비교할 수 있다. 이런 종류의 정확하고 증명할 수 있는 언어의 비교들은 다시 문화의 비교를 위한 신뢰할만한 기초가 될 수 있다. 과거의 문화 비교들은 종종 언어의 차이점에 대해 사변적이거나, 또는 매우 특수하고 비체계적인 관찰을 기초로 하였다.

9. 결론

나는 영어는 물론 아마도 다른 어떤 언어도 명확히 규정된 언표내적 효력을 전달하는 장치가 있음을 이 장에서 보여 주었기를 바란다. 이러한 장치들은 매우 언어 특정적이기 때문에, 그라이스 학파이든 비그라이스 학파이든 간에, 어떠한 보편적인 화용적 격률을 기초하여도 언표내적 효력을 설명할 수 없다. 물론, 억양은 제쳐놓더라도, 이 장에서 논의한 장치들은 단지 언어가 갖는 언표내적 자료들의 작은 부분일 뿐이다. 그렇지만 그 장치들은 언표내적 효력이 알려진 대로 불확정성이라고 주장하는 것은 하나의 환상이며, 부적절한 분석적 모델에서 비롯된 것이라는 점을 입증하기에 충분할 것이다. 모든 생각할 수 있는 발화를 화행 동사를 사용해서 만든 우편함에 구겨 넣으려는 시도 대신에, 우리가 발화의 언표내적 효력을 개별 구성성분들로 분석한다면, 언어는 무수히 많은 정확한 언표내적 단서들을 제공하며, 그 단서는 청자에게도 그리고 언어학자에게도, (청자에게는 무의식의 차원으로 그리고 언어학자에게는 의식적인 차원으로), 언표내적 효력을 매우 정확하게 확인할 수 있도록 해준다는 것은 분명하다(러시아어에 대한 언표내적 단서들의 많은 예리한 분석들은 Paducheva 1985를 참조.).

'불확정성'에 대한 질문으로 다시 돌아가 보자. 나는 사람들이 우리에게 말할 때, 사람들이 하고 있는 행위, 즉 그들이 수행하고 있는 언어적 행위가 무엇인지를 밝혀내는 일이 그 대답이어야 한다고 생각한다. 아니면 적어도 가정된 것보다 더 높은 수준으로 그것을 밝혀낼 수 있어야 한다고 생각한다. 언표내적 효력들은 주장되어 온 대로 거의 불확정적인 것이 아니다. 그러나 그것들의 불확정성에 대한 정확한 수준은 경험적인 기초 위에서 규명되어야 할 경험적인 문제이다.

대체적으로 말하자면, 자연 대화의 자료뿐만 아니라 희곡에서 가져온 약간의 대화 자료들에 대한 예비적 연구는, 화자가 하고 있는 것에 대해 우리가 꽤 잘 알고 있다는 사실을 알려주는 것처럼 보인다. 다시 말해 조사된 자료에는 언표내적 효력을 엄격한 의미론적 공식들로 표현할 수 있다는 명확한 언표내적 증거로 가득하다. 그러나 이 예비 연구가 사실이라는 것을 보여주기 위해서는 별도의 연구가 필요하다. 이 장의 주된 목적은 언표내적 효력들을 정밀하게 그리고 임의적이지 않게 분석할 수 있는 틀을 제안하는 데 있다.

또한, 이 장의 목적의 하나는 언표내적 효력을 언표내적 구성성분으로 분해함으로써, 많은 언어학자들이 버려둔 수행문 분석의 문제와, 영어의 대화 자료의 대부분을 '비문법적인' 것으로 비난하여, 언어학자들을 자포자기한 상태로 내몰아 버린 문제에 대한 해결책을 제시하는 데 있었다.

수행문을 분석하는 데 있어서, 언어 사용의 문제를 정면에서 맞닥뜨리고, 정말로 '정면돌파한' 것(Bach & Harnish 1982 : 225)은 내 생각으로는 올바른 방향이었다. 그리고 사실 그 방향은 Peter Abelard나 Roger Bacon 같은 위대한 중세 사상가들이 제시한 것이다. 이미 생성 의미론자들이 제안했던 형식에서 설정한 이 가설이 극복하기 어려운 문제들을 직면하고 있다는 것도 사실이다. 그러나 최근의 이론들이 직면한 문제들은 또 다시 문법과 언어 사용 사이의 깊은 골을 파고 있는데, 이 문제가 더 심각하다.

언표내적 효력을 분해한다면 우리는 상식적인 입장을 유지할 수 있으며 영어의 대화체를 '비문법적'이라고 비난할 필요가 없게 된다. 언표내적 효력의 분해는 우리로 하여금 언어 사용을 설명할 수 있게 하고, 사람들의 의사소통적 필요성과 언표내적 의도들의 관점에서 문법을 이해할 수 있게 한다. 또한 그것은 우리로 하여금 통사적 표면 구조들을 의미와 관련짓도록 하고 실제 언어 사용에 대한 관찰을 하게 함으로써 의미에 대한 주장을 정당화하도록 해준다.

물론 '사람들이 말로 하는 것'의 문제는 여기에서 주장하는 순전히 언어학적 관점에서뿐만 아니라, 수많은 다른 관점들에서도 연구될 수 있다. 특히 내 관점으로 본다면, 사회학자들이 행했던 종류의 대화 분석이 이러한 관점의 많은 것을 제공하였다(그 예는 Sudnow 1972 ; Schenkein 1978 ; Psathas 1979 참조). 그러나 예를 들어, 사회학자들이 영어의 부가 의문문을 '출구 기법'으로 설명할 때(Sacks & Schegloff & Jefferson 1978 : 30 참조), 그들의 분석은 이 연구에서 제안한 것과 완전히 다른 차원인 것이다. 대화의 사회학적 연구는 언표내적 언어학에 대한 하나의 대안을 제시할 수는 없다. 오히려 그 두 연구들은 상보적이어야만 한다.

또한 나는 사회학이 언어학에 많은 관심을 가져야 한다고 할 수 있지만 그들 관계의 논리는 사회학이 언어학을 토대로 해야 하는 것이지, 그 반대는 아니라고 조심스럽게 제안한다. 예를 들면 Levinson(1983)처럼 나는 언어학적 문제들에 대한 해결책을 위해 사회학으로 시선을 돌리는 언어학자들의 희망은 꼭 실망으로 끝난다고 생각한다.

제7장

이탈리아어의 중첩어 : 그 의미와 문화적 유의미성

Italian reduplication : its meaning and its cultural significance

이 장에서, 나는 하나의 특정 언어에서 사용되고 있는 언표내적 장치의 프리즘을 통해 의미론과 화용론 사이의 관계에 대해 살펴보고자 한다. 그 언어는 바로 이탈리아어이며 그 장치는 '통사적 중첩'이다. 이 문제는 '단순'해서, 짧은 하나의 장으로도 깊이 있게 탐구될 수 있다. 동시에 이 문제는 매우 다면적이어서, 의미 대 함축, 문법 대 수사학, 자율 문법 대 의사소통의 통합 이론, 의미론과 화용론 사이의 경계, 도상성 대 자의성, 넓은 의미에서의 문화와 언어 구조 사이의 관계 등등과 같은 더 넓은 영역의 기초 이론의 주제에 대해 설명할 것이다.

1. 이탈리아어 중첩 : 예비 논의

이탈리아어의 형용사, 부사, 그리고 부사적 표현은, 대략 말하자면, 표현적 목적을 위해서 중첩되는 일이 매우 흔하다. 나는 문제의 그 장치를 반복(repetition)이라고 하기보다는 중첩(reduplication)이라고 하려고 한다. 왜냐하면 쉼표가 휴지를 나타내는 adagio, adagio(느리게 느리게)와 같은 표현과, 쉼표가 없는 adagio adagio와 같은 표현 사이에는 유사성 뿐만 아니라 기능적 차이성도 있다고 생각하기 때문이다. 또한 나는 이 현상을 단지 '중첩'이라기보다는 '통사적 중첩'이라고 부르고 싶다. 왜냐하면 이 과정은 형태소보다는 단어에서 이루어지며 그래서 우리들은 가령, adagio adagio라고도 할 수 있을 뿐만 아니라 adagino adagino(여기서 -in-은 지소접미사)라고도 말할 수 있기 때문이다. 다른 많은 언어와 마찬가지로, 이탈리아어도 중첩에 기초한 굳어진 표현들이 있다. 그러나 나는 이 장에서 오직 생산적 언표내적 장치로서의 중첩만을 다루고자 하기 때문에, 여기에서 이 문제를 다루지는 않을 것이다. Grandgent(1908 : 32)는 내가 말한 통사적 중첩이라고 하는 것이 통속 라틴어에서도 나타난다는 것에 대해 언급했다. 즉 "강화의 효과를 위한 반복은 최근 작가들에게 드문 일이 아니다. 예를 들면, Commodian의 malum malum ……; bene bene, bonis bonis, fortis fortis, malus malus 등이 그것이다".

전형적으로 이러한 종류의 중첩어는 영어의 '강화사' very로 번역된다. 예를 들면 아래의 이탈리아어 표현들은 대개 오른쪽의 영어 표현들로 번역된다.

bella bella	'very beautiful'
duro duro	'very hard'
zitto zitto	'very quiet(ly)'
adagio adagio	'very slowly'
in fretta in fretta	'very hurriedly'

그러나 이탈리아어 중첩어가 사용되는 범위는 영어 very가 사용되는 범위보다 훨씬 더 넓다. 예를 들면 neri neri('black black')는 영어로 'very black'으로 번역되지는 않는다. 예를 들어 다음의 문장을 비교해 보자.

Due occhi, neri neri anch'essi, si fissavano tallora in viso
alle persone, con un'investigazione superba …… (Manzoni 1972 : 235)

이 문장에 대해 다음과 같은 각각 다른 두 가지의 영어 번역이 있다.

Sometimes she would fix two very dark eyes on another's
face with a piercing look of haughty investigation ……
(Manzoni 1914, 1 : 154)
   때때로 그녀는 불손한 의혹을 갖고 뚫어져라 다른 사람의 얼굴에 매우
어두운 두 눈을 고정시키곤 했다 ……

A pair of eyes – jet black, too – would sometimes fasten on
people's faces with an air of haughty curiosity …… (Manzoni
1968 : 116)
   두 눈은 칠흑 같았는데, 때때로 매우 불손한 호기심으로 사람들의 얼굴
을 노려보았다 ……

첫 번째의 번역자는 very라는 단어를 사용하였으며, 동시에 black을
dark(어두운)로 대체하였다. 두 번째의 번역자는 neri neri를 jet black
(칠흑)으로 번역하였다.

그런데 더욱 눈에 띄는 것은, 이탈리아어는 통사적 중첩이 어떤 '속성적
인' 것을 말하는 문맥이 아닌데서도 등급화할 수 있거나 할 수 없거나, 다
음의 예처럼 사용될 수 있다는 점이다.

   …… se no, lascio le mie scuse, e me ne vo diritto diritto a
casamia(Manzoni 1972 : 578).
   '…… if not, I'll leave my excuses, and go straight off back
home'(Manzoni 1968 : 323).
   …… 괜찮으시다면, 양해를 구하고 곧장 집으로 가겠다.
   Di grazia, un po' di luogo, un pochino ; appena appena da

poter passare(Manzoni 1972 : 344).

'Please, gentlemen, ······ a little room, just a very little -
just enough to let us pass'(Manzoni 1968 : 183).

신사양반, 우리가 지나도록 조금만 비켜 주실래요.

　se rimaneva li' in ginoccio, ancora per qualche momento,
quasi quasi gli chiedevo scusa io, che m;abbia ammazzato il
fratello(Manzoni 1972 : 119).

'If he'd stayed down on his knees a moment longer, I'd
almost have got to the point of asking his forgiveness myself,
for having killed my brother for me'(Manzoni 1968 : 52).

만약 그가 무릎을 꿇고 조금만 더 있다라면, 내 동생을 죽인 것에 대해
내가 그의 용서를 요청할 뻔 했다.

······ e che mi faccia la carità di venir da moi poverette,
subito subito(Manzoni 1972 : 95).

'······ and would he do us poor folk the kindness of coming
to us straight away'(Manzoni 1968 : 39).

우리같이 가난한 사람에게 친절하게도 그가 곧장 올 것인가.

이러한 예는 이탈리아어 중첩어의 기능이 무엇이든지 간에, 그 기능이
영어의 very 또는 이탈리아어의 동등한 표현인 molto와 같은 '강화사'의
기능과 동일하지 않다는 것을 보여준다. bella bella가 'very beautiful'
을 의미한다거나 leggera leggera가 'very light'를 의미한다고 말하는
것은 부정확할 뿐만 아니라 그것이 잘못된 예측을 하게 될 때는 잘못 이해
될 수가 있다. 예를 들면 이탈리아어 subito subito, quasi quasi,
diritto diritto와 같은 표현은 영어의 'very at once', 'very almost',
'very barely'와 같은 표현처럼 비문법적일 것이라고 우리는 예측할 수
있을 것이다. 그러나 사실 같은 뜻으로 번역된 영어의 대응예와는 달리,

이탈리아어의 표현들은 완벽하게 문법적이며, 완벽하게 적절하다.

이탈리아어 문법에서는 일반적으로 중첩어(raddoppiamento)의 기능을 강화(l′intensificazione)라고 특징짓는다. 가령 Lepschy & Lepschy(1984 : 103)는 "형용사의 강조는 형용사에 부사를 결합하는 것 외에, 반복에 의해서도 이루어질 수 있다. 예를 들면 molto piccola 'a very small room'이나 piccola piccola 'small small'과 같은 예가 그것이다."라고 하였다. 그러나 또다시 우리가 (강화의) 특징을 이렇게 규정하면, 반복을 부사 molto로 바꿔 쓸 수 있다는 말이 되기 때문에 오해의 소지가 있다. 그러나 우리들이 subito subito와 piccola piccola라고 말할 수 있다고 하더라도 우리들이 molto piccola 'very small'이라고 하는 것처럼 molto subito 'very at once'라고 말할 수는 없다.

물론 언제나 이탈리아어의 중복의 기능은 '강조'라고 말할 수 있으며, 이렇게 말하는 것은 마치 우리가 기술할 수 없는 발화 장치의 정확한 힘에 대하여 말해야 할 때 하는 말과 같다. 그러나 '강조'는 이탈리아어와 모든 언어들에서도 또 다른 장치를 설명할 때 사용되기 때문에, 설명으로서의 가치를 거의 가지고 있지 않다. 예를 들면, 강한 강세는 '강조를 위해' 사용되고, 불변화사는 '강조를 위해' 사용되며, 반복은 '강조를 위해' 사용된다는 것 등이다.

내가 보기에, bella bella나 subito subito와 같은 표현으로 이루어지는 중첩은 이탈리아어가 갖는 특징적인 언표내적 장치이다. 이 언표내적 장치가 갖는 정확한 기능과 힘은, 가령 영어 단어 very와 같은 식으로, 다른 언어들에서 찾은 대략 같은 뜻의 번역어로도 밝혀낼 수 없으며, '강조'와 같이, 애매하고 불확실한 표지에 의해서도 밝혀낼 수 없다. 그것은 오직 그 장치가 사용될 수 있는 모든 맥락에 적합한 의미론적 공식에 의해서만이 밝혀질 수 있다(내가 '이탈리아어가 갖는 특징적인'이라고 말할 때 그것이 '이탈리아어만이 갖는 유일한' 이라는 뜻은 아니다. 현대 그리스어의 유사한 장치에 대한 Triandaphyllidis(1975 : 653)의 설명 참조).

2. 담화와 언표내적 문법

　나는 '언표내적 문법'이 구어 담화의 민족지학으로부터 출발했다고 생각한다(Hymes 1962 참조). 내가 말하고자 하는 것은 이것이다. 모든 언어는 그들 고유의 언어 특정적인 일련의 언표내적 장치를 가지고 있으며 이 장치 속에 특정한 언표내적 의미를 기호화한 것이다. 이러한 일련의 장치를 해당 언어의 '언표내적 문법'이라고 한다. 아울러 거기에는 보편적이거나 거의 보편적이라고 할 수 있는 언표내적 장치가 있다. 그러나 그 언어들이 가진 '언표내적 문법들'이 서로 다르다는 것은 말할 필요도 없다. 그런데 이 때 다르다고 하는 것은 언어들이 이런 저런 보편적 장치에 부여하는 상대적인 중요도나 이런 저런 보편적인 장치가 해당 언어에서 사용되는 상대적인 빈도의 면에서 다르다는 것을 의미한다.

　예를 들어, 모든 언어들은 문법 범주의 하나로 명령형을 가지고 있는데, 그 명령형이 강조를 위해서 반복될 수도 있다. 따라서 우리는 영어로 Come in, come in! '들어와, 들어와!' Run, rabbit, run! '달려, 토끼야, 달려!'라고 말할 수 있다. 마찬가지로 우리는 일본어로 Kaere, kaere! '가버려, 가버려!'라고 말할 수 있다. 또 이탈리아어로는 Parla, parla! '말해, 말해!' Scappa, scappa! '달아나, 달아나!'라고 말할 수 있다.

　이러한 종류의 반복을 나는 '절 반복'이라고 부르려고 하는데, 이러한 종류의 반복이 기능면에서 전체 화행의 반복과는 다르다고 생각하기 때문이다. 전체 화행의 반복은 쉼표를 사용하는 것이 아니라, 오히려 똑같은 '종결' 구두점, 즉 마침표나 느낌표 그리고 물음표들을 반복해서 표시하고 있다. 예를 들어 All right. All right., Mary! Mary!와 같은 연속체들은 기능면에서 쉼표로 표시된 All right, all right., Mary, Mary!와 같은 예와 매우 다른 것처럼 보인다. 내가 지금 여기에서 제안하고자 하는 것은 이탈리아어에서 '절 반복'이 영어의 절 반복보다 더 넓은 사용 범위와 더 큰 중요성을 가지고 있는 것 같다는 점이다.

　이러한 주장을 뒷받침할 만한 구체적 자료를 제시하기 위해, 나는 이탈리아어 소설의 영어 번역본에서 무수한 '절 반복', 즉 명령형의 반복이나 다른 문장성분들의 반복의 예들이 삭제되거나 수정되었기 때문에 전체적으로 이탈리아어의 직접 반복이 감소되었다는 사실을 지적해 보도록 하겠다. 예를 들어, 다음 예들을 생각해 보자.

Bene, bene, parleremo(Manzoni 1972 : 131)
'Very well, we'll have our talk'(Manzoni 1968 : 59).
좋습니다. 이야기를 하죠.

Parla, parla(Manzoni 1972 : 160)
'Go on, speak out……'(Manzoni 1968 : 75)
계속해서 끝까지 말씀하세요……

Vedrà, vedrà……(Manzoni 1972 : 287)
'He'll see-he'll just see……'(Manzoni 1968 : 148)
그가 알게 될거야……

Era indietro, indietro(Manzoni 1972 : 134).
'Behind-hand, very much behind-hand……'(Manzoni 1968 : 60)
뒤늦게, 매우 뒤늦게……

Ma senta, ma senta……(Manzoni 1972 : 90)
'But listen, do listen……'(Manzoni 1968 : 36)
하지만 들어봐, 정말 들어봐……

Ma ascolti, ma ascolti, ma ascolti(Manzoni 1972 : 134).
'Listen, listen,'(Manzoni 1968 : 61)
들어봐, 들어봐.

'절 반복'의 정확한 의미가 무엇이든 간에, 영어 화자와 이탈리아어 화자 모두가(전달되는 의미는 양쪽 모두 비슷할 것이라고 가정하면서) 상황에 따라 절 반복을 전달할 필요를 느끼는 것처럼 보인다. 그러나 이탈리아어 화자들이 이러한 필요를 더 자주 느끼는 것은 분명하며, 그리고 그 절 반복의 의미도 영어 담화에서보다 이탈리아어 담화에서 더 중요한 역할을 한다는 것도 역시 분명한 것 같다.

내가 제안하고자 하는 것은, 이탈리아어 담화의 '절 반복'이 갖는 크나큰 역할과 이탈리아어 문법의 '통사적 반복'이 갖는 언표내적 장치의 존재 사이에는 어떤 관련성이 있을 수 있다는 것이다. '절 반복'과 연관된 화용적 의미들이 폭넓게 사용되어, 새로운 문법 범주들의 출현, 즉 어떤 언어 특정적인 문법적 장치인 '통사적 중첩'을 이끌어왔다는 점이다. 이러한 제안을 뒷받침하기 위해, 나는 많은 경우에서 같은 단어가 가장 빈번하게 반복과 중첩으로 사용되는 하나의 예를 들어 증명할 것이다.

Presto, presto!   Presto presto!
'Quickly, quickly!'
Adagio, adagio!   Adagio adagio!
'Slowly, slowly!'

3. 절 반복의 언표내적 효력

영어에서 명령형의 반복이나 또는 명령형을 수식하는 것처럼 해석되는 부사의 반복은 청자가 즉시 행동하기를 재촉하는 하나의 지시형으로 해석되는 경향이 있다. 다음과 같은 자연스러운 발화들은 모두 '나는 당신이 당장 무엇인가를 하기를 바란다'와 같이 해석될 수 있는 메시지를 암시하는 것처럼 보인다.

Come in, come in! 들어와, 들어와!
Stop it, stop it! 그만둬, 그만둬!
Wait, wait! 기다려, 기다려!
Look, look! 봐, 봐!
Quickly, quickly! 서둘러, 서둘러!

다음의 예처럼 긴 지시형들이 반복되었을 때는 자연스럽지 않게 들린다.

?Look after yourself, look after yourself!
?Write to us, write to us.

물론 우리는 다음과 같이 말할 수 있다.

Do write to us! 우리에게 편지를 써라!
You must write to us! 넌 우리에게 편지를 써야만 해!
Don't forget to write to us! 우리에게 편지 쓰는 거 잊지마!

그러나 Write, write! 같은 반복에는 필연적으로 급한 분위기와 '그것을 당장 하라'는 암시가 들어 있다.

게다가 긴급함을 반드시 암시하지 않고도, 그 긴급한 메시지에 적합한 표현들이 반복됨으로서 그러한 암시를 획득하는 경향이 있다. 예를 들어, all right 표현은 간단한 동의나 수용을 표현하는데 쓰일 수 있다. 그러나 all right, all right는 마치 화자가 대화자의 말을 짧게 끊으려고 시도하는 것처럼 들린다. ('그 말 하는 것을 멈춰라 ; 난 당신이 그것을 지금 하기를 원한다 ; 나는 이미 동의했으니까 그것에 대해 당신이 계속 이야기할 필요가 없다')

이탈리아어의 절 반복은 긴급함을 암시하지는 않으며 그렇기 때문에 긴급한 메시지가 적절하게 사용되는 맥락에만 한정되지 않는다. 절 반복은 청자에게 영향을 주기를 원하지만('나는 당신이 X 하기를 바란다'), 그러나 반드시 청자가 어떤 일을 신속하게 하기를 재촉하지는 않는다('나는 당신이 X 를 지금 하기를 원한다'). 예를 들어, 다음과 같은 문장들은 긴급한 명령이 아 니라 오랜 시간이 걸리는 목표들을 전달한다.

In prigione, in prigione!(Manzoni 1972 : 347)
In una grotta, in una grotta; lontano da costoro(Manzoni 1972 : 353).

그러므로 Manzoni의 소설이 영어로 번역되었을 때, 이 소설의 반복 표현들은 이탈리아어 원전의 완벽한 대칭적 반복이 되지 못하고 수정된 형태로 번역된 것이다.

To prison, yes, to prison!(Manzoni 1968 : 184)
감옥으로, 감옥으로!
A cave, a cave for me! Far from all this rabble(Manzoni 1968 : 188).
동굴, 나를 위해 동굴을! 이 모든 존재들로부터 피할 수 있도록.

영어로 완벽히 대칭적 반복을 한다면 이탈리아어의 원전에 없는, 긴급한 분위기가 전해질 것이다.

그러나 다음의 대화처럼 '절 반복'은 또한 이탈리아어와 영어 둘 다 언표내적 목표 외에는 달리 어떤 목표도 나타내지 않는 문맥에서 사용될 수 있다.

"Ben arrivato, ben arrivato!"
"Ben trovati."
"Avete fatto buon viaggio?"
"Bonissimo; e voi altri, come state?"
"Bene, bene."
(Manzoni 1972 : 407)

'Welcome, welcome!'
반가워, 반가워
'Well met.'
잘 만났다.
'Have you had a good journey?'
여행은 좋았어?
'Excellent. And how are you all?'
훌륭했지. 너는 어때?
'Fine, fine'
좋아, 좋아.
(Manzoni 1968 : 223)

'welcome, welcome' 혹은 'fine, fine'과 같은 발화들을 비반복적인 'welcome', 'fine'과 비교할 때 이들 사이에는 의사소통적 힘의 면에서 어떤 차이가 있을까?

중요한 차이점 중의 하나는 발화에 대한 화자의 참여의 정도에 있다고 나는 생각한다. 'X!'라고 들으면, 사람들은 화자가 말한 것이 진정으로 의도하는 것인지 아닌지에 대해 항상 불확실한 상태가 될 수 있다. 그러나 'X, X!'라고 들으면, 사람들은 그가 말한 것이나 그가 암시한 것이 진정한 의도였다는 것을 확신할 수 있다. 예를 들어, 어떤 사람이 감사를 표현하는 말로 Thank you라고 말할 때, 실제로 감사하는 마음이 전혀 없다는 것을 청자가 느낄 정도로 냉담하게 말할 수도 있다. 그러나 만일 누군가가 Thank you, Thank you라고 말한다면, 그것은 말하는 사람이 의도했던 바를 그대로 청자에게 표시하는 것이라고 할 수 있다. 이러한 이유 때문에 사람들은 Thank you, Thank you를 냉담하게 말할 수는 없다. 다시 말해 우리들은 대화자의 말을 일축하면서, Thank you, Thank you라고 성급하게 말할 수는 있지만, 냉담하게 말할 수는 없다. 물론 우리가 그 표현을 따뜻하게 말할 때, 우리는 사실 감사하지 않으면서도 감사하는 척하면서 불성실하게 말할 수 있다. 그러나 냉담하고 적대적인 어조는 위의 반복으로 기호화된 의미론적 구성성분과는 적합하지 않다.

따라서 반복된 항목으로 나타나는 첫 단어의 언표내적 목적('나는 당신이 그것을 알기를 원하기 때문에 그것을 말한다'처럼)이 무엇이든지 간에, 두 번째로 나타난 단어의 언표내적 목적은 뚜렷하며, 아마도 다음과 같을 것이다.

나는 '내가 그것을 의미한다'는 것을 당신이 알기를 원하기 때문에 나는 다시 한 번 그것을 말한다.

따라서 다음과 같은 의미 기술이 제안될 수 있다.

Come in, come in! Look, look! All right, all right!
(a) 나는 말한다 : 나는 X가 일어나기를 원한다
(b) 나는 그것이 지금 일어나기를 원한다
(c) 나는 안다 : 당신은 생각할 수 있다 : 나는 이것을 말하지만 나는 이 것을 생각하지 않는다
(d) 나는 당신이 알기를 원한다 : 나는 이것을 생각한다
(e) 나는 이것 때문에 다시 한 번 이것을 말한다
(f) 나는 내가 이것을 말할 때 무엇인가를 느낀다

긴급함과 같은 무엇인가를 표현하는 구성성분 (b)(나는 그것이 지금 일어나기를 원한다)는 Look, look!이나 Wait, wait!처럼, 명령형 발화들 속에서 특히 쉽게 찾을 수 있는데, 이 발화들은 상대의 구체적인 행동을 지시한다. 이 구성성분 (b)는 All right, all right!나 No, no! 같은 비명령형 발화에서는 쉽게 찾을 수 없는데, 왜냐하면 이 발화들이 화자가 상대의 외적 행동을 촉구하기보다는 상대의 마음 상태에 영향을 주고자 하기 때문이다. 그러나 '지금'과 같은 시간에 대한 지시가 이 발화에도 존재한다는 것은 이러한 발화 역시도 조급함이나 간절함을 보여주는 것이다.

진정한 의도('당신은 내가 이것을 말하지만, 〔그러나〕 나는 이것을 생각하지 않는다고 생각할 수 있다 ; 나는 당신이 내가 이것을 생각한다는 것을 알기를 원한다')처럼 무엇인가를 확신하는 것은, 예를 들어 Welcome, welcome!이나 Thank you, Thank you!처럼, 상대를 향한 좋은 감정들을 표현하는 발화에서 쉽게 찾을 수 있으며, Come in, come in!같은 일부 명령형 발화에서도 또한 찾을 수 있다. 그러나 화자의 감정이 유사하게 들어간 것처럼 보이지 않는 Look, look!이나 Wait, wait!같은 발화의 경우도 실제로 우리들은 '진정한 의도'라고 말할 수 있을까? 아마 그렇지 않을 것이다. 그럼에도 불구하고 이런 종류의 긴급 명령형의 발화도 또한 매우 중요한 것은 화자가 그 메시지, 즉 '나는 그것을 의미한다'를 전달하려고 한다는 점이다. '나는 그것을 의미한다'라는 메시지는 맥락에 따라 '나는 (당신에 대해 좋은) 무엇인가를 느낀다, 나는 그것을 의미한다'로 해석되거나 '나는 당신이 그것을 지금 하기를 원한다, 나는 그것을 의미한다'(다시 말해 나는 나중이 아닌 지금을 의미한다)로 해석될 수 있다. 위에 제시된 설명은 모든 경우에 적합한 것 같다.

4. 이탈리아어 중첩의 언표내적 효력

Adagio, adagio(slowly, slowly)같은 절 반복의 예와, adagio adagio와 같은 통사적 중첩의 예 사이에서 의사소통의 힘의 차이는 무엇인가? 그리고 molto 'very' 같은 낱말에 의한 '강화'와, '통사적 중첩'이라고 하는 것의 차이점은 무엇일까?

먼저 첫 번째 문제와 관련하여, 나는 adagio, adagio와 adagio adagio 두 경우 모두 화자는 말해진 것의 진실 또는 정당성을 주장한다고 제안한다. 절 반복의 경우, 화자의 진실 또는 정당성이라는 주장의 본질은 명확한 것이 아니다. 따라서 화자는 절 반복을 통해, 진정한 의도, 진지함,

또는 그 밖의 정확함 또는 다른 발화의 양상들과 관련해서 있을 수 있는 가능한 의심들을 놓칠 수 있다. 그러나 중첩의 경우, 화자의 진실 또는 정당성이라는 주장의 본질은 매우 명확한 것이다. 대략 말하자면 그것은 발화의 정확함과 관련되는 것이다. 누군가의 눈을 neri neri라고 한다면, 화자는 이 눈이 '실제로' 검고 문자 그대로도 검다는 것을 주장한다. 즉 눈 색깔은 검은색에 가까운 것이 아니라 정확하게 검으며, 어떠한 과장도 없다. 화자가 Subito subito라고 말한다면, 화자는 '즉시'라고 말함으로서 그 의미는 문자 그대로 '즉시'이고, '즉시'에 더 가깝거나 덜 가까운 것은 아니라는 사실을 주장한다. 다시 말해, 중첩은 말하는 내용에 대한 과장이 없다는 것을 암시한다. 화자가 'barely barely'라고 말한다면, 화자는 'barely'를 말하는 데 있어 어떠한 과장도 없다는 것을 주장한다.

더 나아가, 나는 중첩은 절 반복과 달리, 하나의 발화 행위와 관련된다고 추측한다. 이러한 이유로 나는 중첩에 '나는 말한다'(I say) 틀을 가진 하나의 구성성분과 하나의 언표내적 목적을 포함하였다. 절 반복은, 화자는 ('나는 당신이 그것을 하기를 원하기 때문에 그것을 말한다' 처럼) 그 자체의 언표내적 목적을 가지고, 예를 들어 요청과 같은 특정한 발화 행위를 수행한다. 그리고 나서 다시 새로운 언표내적 목적('나는 내가 그것을 의미하는 것을 당신이 알기를 원하기 때문에 나는 그것을 또 한 번 말한다')으로 그 발화를 반복한다. 중첩은, 반복과 같은 분리의 과정이 일어나는 것 같지는 않다. 중첩된 발화에서 생기는 운율적 통일성은 내가 보기에는, 언표내적 통일성을 반영하며 이 통일성은 제안된 의미 기술에 반영되었다.

이제 나는 중첩과 molto 'very'라는 단어로 표시되는 강화 사이의 비교에 관심을 돌리면서, 나는 무엇보다도 molto는, 중첩과 달리, 등급화되는 속성에만 한정된다는 논의를 제시하고자 한다. 중요한 점은, 누군가가 molto bella 'very beautiful' 혹은 molto gentile 'very nice'이라고 말한다면, '그녀는 단순히 아름답다'는 말을 들으며 상상하는 것보다 그 사람이 더 아름답고 더 멋지다는 것을 의미한다는 것이다. 등급화될 수 없는 단어에는 'more X'의 개념을 적용할 수 없다. 따라서 우리는 *più quasi 'more almost'라고 말할 수 없는 것처럼 *molto quasi 'very almost'라고 말하지는 않는다.

물론 우리가 등급화할 수 없는 경우에도 사용할 수 있는 것이 있는데, 그것은 강세이다. 강세는 신뢰할만하고, 정확하며 엄격하게 사용된다. 단어를 반복함으로써(XX) 화자는 그 단어에 주목하도록 하고 그 단어가 의미한 것('나는 X를 의미하지만 그것은 X와 조금도 다른 어떤 것이 아니다')과 엄격하게 일치됨을 강조한다. 중첩된 표현이 부사 proprio(really, truly)와 함께 자주 사용된다는 사실(È proprio bianca bianca 'It is really white-white')은 이와 관련하여 볼 때 의미 있는 일이다.

물론 등급화할 수 있는 leggero 'light(가벼운)', adagio 'slowly(느리게)'와 같은 질적 형용사와 질적 부사에 중첩을 적용할 때는, 그 중첩은 '매우 밝은'과 '매우 느리게'처럼 '높은 등급'을 나타내는 것이라고 여전히 말할 수도 있다. 그러나 이러한 중첩의 용법을 위해 별개의 의미들을 가정할 필요는 없다. 오히려, 우리는 '높은 등급'이라는 내포의미는 하나의 함축에서 기인된 것으로, 어기가 갖는 불변적 의미와 중첩이 갖는 효과로부터 예측할 수 있다고 말해야 한다. 예를 들면, 만약 adagio adagio가 '단어 adagio("slowly")와 같은 무엇인가가 이 상황과 완벽하게 적합하다는 것을 의미한다면, 즉 'adagio를 말할 때, 나는 과장하는 것이 없다는 것'을 의미한다면, 그렇다면 그 과정이 실제로 매우 느리다는 것을 추론하는 것은 자연스러운 것이다. 그러나 일반적인 공식, 즉 '과장 없음'은 중첩의 질적인 용법이나 질적이 아닌 용법 둘 다에 적합하다. 그러므로 이 장치를 다의적인 것으로 분석할 필요는 없다.

게다가, 등급 형용사의 경우조차도, 중첩이 항상 molto 'very'와 비슷한 효과를 낳는 것은 아니다. Anna Ravano가 지적한 바에 따르면, 예를 들어, 몇 년 전 Un borghese piccolo piccolo 'A small-small citizen'이
라는 제목의 영화가 있었다. 그 영웅은 '완벽하게 평범한' 남자였는데, 평
범하지 않은 사건들에 휘말리게 되었다. 여기에서 분명히, piccolo
piccolo라는 표현은 'very small'의 의미로 사용된 것이 아니라, 'truly
small', 'truly ordinary'의 의미로 사용된 것이다. 그 단어가 갖는 특질의
높은 정도를 강조한 것이 아니라, 사용된 단어의 정확성이나 타당성을 강
조한 것이다.

중첩(bella bella 'beautiful beautiful')과 강조(molto bella 'very beautiful')
의 기능의 차이는 중첩이 형용사가 아닌 명사에 적용된 예를 살펴본다면
더욱 분명해진다. 예를 들면, Lepschy & Lepschy(1984 : 130)는 다음과 같
이 썼다. "Con I nomi l'intensificazione (o meglio un'identificazione
della qualità autentica) si può ottenere anche colradoppiamento:
caffè caffè, cioè caffè vero e non un surrogato."〔명사에 관해서 말하자면,
강화 (또는 더 좋은 것은, 신뢰할만한 속성에 대한 확인)는 '두번쓰기'에 의해 성립될 수
있다. 예를 들어 caffè caffè 'coffee coffee'는 진짜 커피를 말하는 것이지 어떤 대체어가
아니다.〕 명사 반복의 다른 예들은 진짜 고깃국을 말할 때 쓰는 brodo brodo
'broth broth', 진짜 양모를 뜻하는 lana lana 'wool wool' 등이 있다.

Lepschy와 Lepschy에 의해 제시된 의미공식(즉 '신뢰할만한 속성에 대한
확인')은, 내 생각에는, 통찰력이라고 본다. 그러나 '두번쓰기'의 장치, 즉
중첩이, 두 가지의 서로 다른 기능, 즉 형용사의 경우에는 '강화'의 의미를
가지며, 명사의 경우에는 '신뢰할만한 속성에 대한 확인'을 가지고 있다는
암시는 좋아보이지 않는다. 사실, 중첩의 기능은 두 경우에 모두 같다. 그
러나 그 기능을 모두 포착하기 위해서는, Lepschy와 Lepschy가 사용한
것과는 다른, 단일한 의미공식을 필요로 한다. 덧붙여, 우리가 필요로 하
는 의미공식은 caffè caffè와 같은 명사와 piccola piccola 같은 형용사
뿐만 아니라 subito subito 'at once at once'나 quasi quasi 'almost

almost'처럼, 어떤 '속성'도 지시하지 않는 부사나 부사적 표현도 설명할 수 있어야 한다.

가설적인 의미 기술을 진행하기 전에, 나는 논의 중인 두 패턴 사이의 또 다른 차이점에 주목하고자 한다. 나는 bella bella와 같은 표현이 molto bella 'very beautiful'과 같은 표현과는 달리, 감정의 구성성분을 가지고 있다고 믿는데, 이 구성성분은 아마도 대략 '나는 그것에 대해 생각하면서 무엇인가를 느낀다'처럼 표현될 수 있을 것이다.

예를 들어, 아래와 같은 발화를 비교해 보자.

    a. Venga subito subito
      'Come at once at once.' 즉시 즉시 와
    b′. Come straight away 당장 와.
    b″. Come at once—I mean at once! 즉시 와, 즉시!

우리는 (b′)와 (b″)와는 대조적인, (a)의 고도로 표현적이고 감정적인 어조에 주목해야만 한다. (b′)나 (b″)를 말할 때의 냉정하고 중성적인 운율로 (a)를 발음하는 것은 거의 불가능해 보인다. 중첩이 nero 'black', bianca 'white', piccolo 'small', fisso 'attentive'와 같이 순전히 묘사적인 형용사들에만 적용된다는 것이 사실이기는 하지만, 이 중첩의 패턴이 감정의 구성성분을 포함한다는 가설을 훼손시키지는 않는다. Neri neri, bianca bianca, duro duro와 같은 표현들이 실제로 사용된 발화들을 조사해 보면, 감정적 느낌에 대한 분명한 실마리를 문맥에서 보통 쉽게 찾을 수 있다. 예를 들어 위에서 인용한 Manzoni의 소설 속의 주인공 중 한 명이 큰 정신적 위기를 겪고 잠을 잘 수가 없어서 그의 침대에서 뒤척거릴 때, 주인공에게 그의 침대가 duro duro 'hard hard' 하고, 그의 담요가 pesanti pesanti 'heavy heavy'하다고 느껴지는 것은 이상한 일이 아니다.

마찬가지로, 이 이야기의 가장 극적인 장면 중의 하나는, 우연한 목격이

매우 흥미롭게도 fisso fisso 'attentively attentively'라는 놀라운 대화를 나누면서 이루어지는 것도 이상한 일이 아니다. 또 다른 극적인 장면에서, 경찰을 피해 달아나는 주인공은 그 누구에게도 들키지 않고 한 어부의 배로 강을 건너가기를 원한다. 그러므로 자연히 그는 leggera leggera 'light light'와 'soft soft'한 목소리로 어부에게 말하게 된다.

이 예들은 복합적일 수 있다. 그러나 이 예들은 모두 중첩이 그 발화에 감정적 차원을 더하고 있다는 것을 보여준다. ('come at once at once'와 같은) 몇몇의 경우에는 이러한 의미의 양상이 다음의 구성성분으로 쉽게 포착될 수 있다.

나는 그것에 대해 생각하면서 무엇인가를 느낀다
(나는 그것을 말하면서 무엇인가를 느낀다?)

그러나 나머지 경우는, '무엇인가를 느끼는' 그 사람의 정체가 분명하지 않다. 즉 무엇인가를 느끼는 것이 주인공일지, 해설자일지, 아니면 둘 다 일지는 분명하지가 않다. 나는 확신할 수가 없다. 그러나 만약 우리가 중첩의 용법에 대해 단일한 설명을 하고자 한다면, 우리는 아마도 그것이 그 패턴과 관련이 있는 화자의 느낌이라고 가정해야 할 것이다. 어떤 하나의 이야기에서 서술자가 주인공만을 단지 강조한다면, 주인공의 감정이 일차적이고 서술자의 감정은 이차적이지만, 그러나 나는 중첩이 직접적으로 표시하는 것은 서술자의 감정이라고 생각하고 싶다.

나는 이 중첩이 갖는 전체적인 언표내적 효력은 다음과 같은 순서에 따라 기술될 수 있다고 제안한다.

[Her eyes were] neri neri 'black black' ; [He was] ricco ricco 'rich rich'
(a) 나는 말한다 : X(그녀의 눈은 검었다 ; 그는 부자였다)

(b) 나는 안다 : 당신은 생각할 수 있다 :
　　나는 'X'를 말한다, 나는 생각한다 : 'X와 같은 무엇'
(c) 나는 당신이 알기를 원한다 :
　　나는 'X와 같은 무엇인가'가 아닌, 'X'를 생각한다
(d) 나는 이것 때문에 이것과 같은 이것을 말한다
(e) 나는 이것 때문에 무엇인가를 느낀다

〔I want you to come〕 subito subito 'at once at once'
(a) 나는 말한다 : 나는 X를 원한다(나는 당신이 즉시 오기를 원한다)
(b) 나는 안다 : 당신은 생각할 수 있다 :
　　나는 말한다 : 'X', 나는 'X와 같은 무엇인가'를 생각한다
　　나는 당신이 알기를 원한다 :
　　나는 'X같은 무엇인가가 아닌', 'X'를 생각한다
(d) 나는 이것 때문에 이것과 같이 이것을 말한다
(e) 나는 이것 때문에 무엇인가를 느낀다

　우리는 (Jean Harkins가 제안한) 구성성분 (d) '나는 이것 때문에 이 것과 같이 이것을 말한다'라고 말하는 대신, '나는 이것 때문에 한 번 더 이것을 말한다'와 같은 구문으로 대체할 수도 있을 것이다. 그러나 이 단계 에서, 이러한 구문들 중 어떤 것이 더 적합할지는 나에게는 분명하지 않다.

　Caffè caffè 'genuine coffee'와 같은 명사 중첩의 경우에도, 우리는 이 명사들에 대해 감정의 구성성분(e)만을 제외한다면, 사실상 똑같은 의미 설명을 부여할 수 있다.

caffè caffè 'coffee coffee'
(a) 나는 말한다 : X(커피)
(b) 나는 안다 : 당신은 생각할 수 있다:
　　나는 'X'를 말한다, 나는 'X 같은 무엇인가'를 생각한다
(c) 나는 당신이 알기를 원한다 :
　　나는 'X같은 어떤 것'이 아닌 'X'를 생각한다

(d) 나는 이것 때문에 이것과 같이 이것을 말한다

Molto 'very'로 표시되는 '강화'의 경우, 나는 그 화용론적 힘이 다음과 같이 설명될 수 있다고 제안하였다(Wierzbicka 1972 : 86 참조).

È molto ricco 'He is very rich.'
(a) 나는 말하다 : 그는 X(부자)이다
(b) 나는 X 이상이라고 말하기를 원한다

그렇지만 생각해 보니 나는 'very'가 'more'보다 보편적 의미 원초소의 자격에 더 나은 후보일 것이라고 생각하게 되었다. 만약 이것이 맞다면, molto, 즉 very와 같은 단어에 대한 어떤 의미설명도 필요하지 않을 것이다. 어떤 경우라도, 나는 통사적 중첩에서도 그랬던 것처럼, 이 유형을 위해 감정의 구성성분 '나는 이것에 대해 생각하면서 무엇인가를 느낀다'를 지정하지 않는다. 왜냐하면, molto나 very같은 '강조사'는 감정이 실린 단어나 표현들을 배제한 문맥에서만 사용될 수 있기 때문이다.

Objectively speaking, she is very beautiful.
?Objectively speaking, she is gorgeous.
?Objectively speaking, she is most attractive.(다음 6, 7절 참조)

5. '강조'의 수단으로서의 절 반복

Bolinger(1972 : 90)는 영어의 반복이 very(매우)나 extremely(지극히)와 같은 단어와 유사하게 '강화'의 수단으로 사용될 수 있음을 보여주었다. 그는 많은 예시 중에서 다음과 같은 예를 들었는데, 내 생각으로, 이 예들은 지나치게 과장된 것으로 본다.

That's very, very interesting.
They were quite, quite willing to accept
She's a tiny, tiny baby
It was a big, big bear
He's a wonderful, wonderful person
I carefully, carefully put it down
그것은 매우 매우 흥미롭다.
그들은 완전히 완전히 수용할만하다.
그녀는 조그맣고 조그마한 아기이다.
그것은 크고 큰 곰이다.
그는 대단하고 대단한 사람이다.
나는 주의 깊게 주의 깊게 그것을 내려놓았다.

Bolinger의 지적에 따르면, 어휘의 되풀이는 여기에서 운율의 강화를 수반하는데 그는 글자 띄어쓰기를 통해 이를 보여주고 있다.

이러한 종류의 문장 반복은, 말하자면 절 내부의 반복인 셈이며 그 기능도 내가 절 반복이라고 했던, 다음 문장의 예와는 매우 다르다.

Come in, come in. 들어와, 들어와.
Thank you, thank you. 고마워, 고마워.
Fine, fine. 좋아, 좋아.

절 반복의 경우, 화자는 전체 절을 반복하는데, 이때의 절은 물론 한 단어로만 구성될 수도 있다. 절 내부의 반복의 경우에 화자는 단지 한 단어만을 반복한다. 첫 번째 절 내부의 반복에서, 화자는 말한 내용의 타당성을 주장한다. 두 번째 절 반복의 경우에서, 화자는 이 단어(WORD)가 잘 선택되었다는 것을 주장한다.

절 내부의 반복은 물론 절 반복의 기능보다는 통사적 중첩의 기능과 더 가깝다. 그럼에도 불구하고 절 내부의 반복과 중첩 사이에는 몇몇의 중요한 차이가 있다. 첫째, 절 내부의 반복은, 어떤 의미에서, 삽입절과 유사한, 추가적인 발화 행위가 들어있는 것처럼 보인다.

> a. That's very, very interesting. 그것은 매우, 매우 흥미롭다.
> b. That's very interesting ; I say : very(is the right word here). 그것은 매우 흥미롭다 ; 나는 말한다 : 매우(매우는 여기서 옳은 단어다.)

> a. I carefully, carefully put it down. 나는 주의 깊게, 주의 깊게 그것을 내려놓았다.
> b. I carefully put it down ; mark the word : carefully. 나는 주의 깊게 그것을 내려놓았다 ; 그 단어를 잘 들어봐 : 주의깊게.

이와 대조적으로, neri neri와 같은 이탈리아어 표현은 jet black과 같은 표현이 영어에서 사용되는 것과 동일하게, 단일한 발화 행위로 사용되는 것처럼 보인다.

둘째, 영어에서 절 내부의 반복은 주로 very와 quite 같은 강화사와 그리고 그 반복이 만드는 표현적 구성성분을 갖는 단어에만 한정되는 것 같다. 순수하게 묘사적 단어들은 절 내부의 반복으로는 매우 적합하지 않다.

> ?She is a small, small baby.
> ?It was a large, large bear.
> *He's an intelligent, intrlligent person.

It's a small, small world(Jane Simpson이 사석에서 제공한 말)라는 표현은 a small, small baby보다는 좀 더 그럴 듯하게 들리는데, 정확하게 말하자면, 전자가 나의 관점으로는 감정적 구성성분을 기호화한 것으로, 보통은 재미있는 말이나 느낌을 나타내는 몇몇 표현들과 함께 발화되기 때문이다. Neri neri나 in fretta in fretta와 같은 표현이 쓰인다는 것은 비슷한 제약이 이탈리어어에는 없다는 것을 나타낸다.

셋째, 영어의 절 내부의 반복은 의도적으로 '강화'의 의미를 갖는 문맥에서는 제한된다. 우리는 영어로 다음과 같이 말할 수는 없을 것이다.

> ? I almost, almost apologised to him.
> ? Make just, just enough room for us to be able to pass.

그러나 무엇보다도, 절 내부의 반복이 어떤 언어에서도(반드시 그렇지는 않을지라도) 유용한 수사적 장치로 널리 사용될 수 있는 반면, 이탈리아어의 통사적 중첩은 언표내적 장치를 문법화한 것이라는 점을 강조해야 한다. 통사적 중첩의 정확한 의미, 그리고 그 정확한 사용 영역은, 그라이스의 격률과 같이, 인간 행위의 어떤 보편적 원칙에 기초하여 산출될 수 있는 것이 아니다. 그것은 이탈리아어 문법의 핵심 부분이며, 영어나 일본어, 심지어는 프랑스어에서도 그 대응예를 찾을 수 없다.

물론 이 상치의 기조는 거의 도상적이라는 것을 부인할 수 없으며 분명히 중첩은 전 세계 많은 언어들에서 찾을 수 있으며 관련된 의미를 전달하는 것으로 알려져 있다(Moravcsik 1978). 하지만 중첩은 또한 완전히 다른 용법을 갖는 것으로 설명될 수도 있다(예를 들면, Hayakawa 1985 ; Wilkins 1984를 참조 ; 좀 더 개괄적 연구는 Mel'čuk 1996 참조). 이탈리아어 중첩의 정확한 언표내적 효력은 적어도 부분적으로는 특정 언어만의 관습의 문제이다, 그렇기 때문에 그것은 의미의 문제가 아닌 '함축'에 기인한 것으로 간주되어서는 안 된다.

6. 이탈리아어와 영어의 절대 최상급

'통사적 중첩'의 문화적 유의미성을 논하기에 앞서, 나는 이탈리아어의 특징이자, 그 화용적 힘이 'raddoppiamento'와 매우 밀접하게 관련된 또 다른 문법적 장치를 간략하게 논하고자 한다. 이탈리아 문법학자들은 그 장치를 superlativo assoluto, 즉 절대 최상급이라고 부른다. 그것은 devotissimo 'extremely devoted', bianchissimo 'extremely white', velocissimo 'extremely faet' 등의 형식으로 나타날 수 있다.

이 superlativo assoluto는 역사적으로 고대 라틴어의 최상급에 뿌리를 두고 있다. 하지만 공시적 관점에서, 이탈리아어의 최상급은 별개의 문법 범주로서 이탈리아 문법학자들이 superlativo relativo라고 부르는 것과는 구별된다.

> 비교급 : bello
> 비교 최상급 : più bello
> 절대 최상급 : il più bello, hellissimo

문법학자 Fochi(1966 : 168)는 다음과 같이 말한 바 있다. "quando, per esempio, diciamo che 'Giulio è generosissimo' (supelativo assoluto) non consideriamo quanto siano generosi, al suo confronto, Tizio, Caio e via dicendo : osserviamo tale qualità in lui solo, e ci basta affermare che egli la possiede in grado molto altò."〔예를 들어, 우리가 Giulio는 '가장 관대하다'라고 말했을 때, 우리는 Giulio의 관대함을 Tizio라든가 Caio 등의 관대함과 비교하지는 않는다. 즉 우리는 오로지 그만의 특성에만 관심을 갖고 있으며, 우리가 원하는 모든 것은, 그가 매우 높은 수준으로 관대함을 지니고 있다는 것을 단언하는 일이다.〕

이탈리아 문법학자들은 통상적으로, '절대 최상급'을 중첩과 동일한 하나의 장치로 기술한다. 그리고 심지어 어떤 사람들은 이 superlativo assoluto라는 표지를 이 두 장치 모두에 확대 적용한다(예를 들면, Fochi 1966 : 168 ; Kaczyński 1964 : 106 참조). 하지만 사실, 이 두 장치들 사이에는 유사성도 있지만, 중요한 차이점들이 있다. 그 중 하나가, 절대 최상급은 그 용어 자체의 엄격한 의미로, molto 'very'처럼 질적 속성에 한정되며, 그것도 등급의 질적 속성에만 한정된다. 예를 들면, 우리가 subito subito 'at once at once'라고 말할 수 있는 것처럼 subitissimo라고는 말할 수 없다는 점이다. 또 하나 차이점으로, 절대 최상급은 정확성을 전달하지는 않는다. 보통 그것은 그 자체적으로 과장을 내포하고 있다. 그리고 이 과장은 화자의 감정적 태도가 보이는 곳에서 기능을 한다. 예를 들면, 만일 누군가가 어떤 음료를 una bevanda agrissima 'most bitter'(가장 쓰다)라고 표현하거나, 또는 어떤 사과를 una mela asprissima 'most soar'(가장 시다)로 표현한다면, 사람들은 정확성을 의도하는 것이 아니다. 다시 말해, 바로 이 과장은 화자의 불쾌함을 강조하는 기능을 한다.

이와 달리 중첩은 정확성을 요구한다. 바로 이런 이유로, 중첩은 순수하게 감정적인 문맥에서는 부적절하며 어떠한 묘사적 내용도 전달하지 않는다. 예를 들면, carissimo '가장 소중한'(dearest)이라는 형식은 이탈리아어에서 매우 빈번히 사용되지만, 가상적 형태로 caro caro는 우스꽝스럽게 들린다. 물론 쉼표가 있는 반복형인 caro, caro는 사용할 수 있지만 (영어의 예, 'I want you to meet a dear, dear friend of mine' 참조), 중첩된 caro caro는 이상하게 들린다. 이와 유사하게, illustrissimo 'most illustrious' 또는 obbligatissimo 'most obliged'과 같은 형식은 흔하지만, illustre illustre나 obbligato obbligato는 이상하게 들린다. 이렇게 이상하게 들리는 효과는 성실성이나, 아니면 감정이라고 할 수 있는 것과는 아무 관계가 없기 때문이다. 표현된 감정이 순수하게 사회적 관습의 문제일 경우라면, 여기에는 주관적이고 묘사적이 아닌 순수 형용사의 내용과 그리고 중첩에 대해 전달되는 정확성에 대한 의도된 강조 사이에는 충돌이 생기게 된다. 그 결과, caro caro가 이상한 것만큼이나 obbligato obbligato 또는 illustre illustre와 같은 형식들이 이상하게 들린다.

적절한 의미론적 관련성을 찾기 위해, 나는 다음과 같은 순서들로 의미기술을 제안하고자 한다.

〔She is〕 gentillissima 'extremely nice' ; 〔It is〕 velocissimo 'extremely fast'
    (a) 나는 말한다 : 그것은 매우 X다
    (b) 아무도/어떤 것도 X 이상이 될 수 없다
    (c) 나는 그것에 대해 생각하면서 무엇인가를 느낀다

비교의 구성성분 (b)는 아래처럼 더 자세히 설명될 수 있다(Wierzbicka 1971 참조).

아무도/어떤 것도 X이상이 될 수 없다 =
만일 우리가 이 사람(것)에 대해 이것을 말할 수 없다면
우리는 어떤 다른 사람(것)에 대해서도 이것을 말할 수 없다

우리는 영어도 '절대 최상급'의 범주를 가지고 있고, 그것은 most kind, most generous, most helpful, most unpleasant 등과 같은 표현이 있다고 말할 수 있을 것이다. 하지만 영어는 이 범주의 용법이 매우 제한적이라는 것을 분명히 짚고 넘어가야 한다. 예를 들면, 우리는 어떤 사람을 'most kind'라고 할 수 있지만, 어떤 것을 절대 최상급의 의미로 'most white' 또는 'most long'라고 할 수는 없을 것이다. 그러나 이탈리아어에서는 같은 의미를 가진 lunghissimo 또는 bianchissimo 등과 같은 형식이 완벽하게 용인될 수 있다.

따라서, 제안될 수 있는 하나의 일반화로는 영어에서는 'most 형용사'의 패턴이 오직 묘사적 형용사에는 적용될 수 없으며, '좋다' 또는 '나쁘다'식의 평가의 관점에서만 most 형용사가 적용될 수 있다는 것이다. 하지만 이렇게 말하는 것으로 충분하지 않다는 것을 다음의 용인성에 관한 대조

에서 볼 수 있다.

He was most helpful.	?He is most good-looking.
It was most kind of you.	?She is most beautiful.
She is most attractive.	??She is most healthy.
I am most grateful.	?He was most pleased.
She has a most attractive personality.	??She has most regular features.
It was most effective.	?It was most elegant.
It was a most generous offer	??It was a most silly play.
It was most disappointing.	??It was most bad.
It was most frightening.	??It was most deafening.
It was most ingenious.	??He is most modest.

이런 종류의 대조를 연구하면서, 나는 'most 형용사'의 패턴이 사람과 인간의 행위가 다른 사람들에게 하나의 영향을 미치는 것에 대해 언급한 다고 믿게 되었다. 사실 most가, 친절한(kind), 관대한(generous), 도움이 되는(helpful)과 같은 인간의 성향을 나타내는 형용사와 결합한 경우조차 도, 추상적인 '속성의 지시'를 나타내는 문장과는 달리, 특정 행위를 친절 함(kindness) 또는 관대함(generosity)으로 나타내는 문장에서는 절대적 최 상급의 의미가 아닌, 비교급의 의미가 가장 자연스럽다. 다음의 왼쪽에 있 는 문장들이 오른쪽보다 더 적절하게 들린다.

It was most kind of you.	John is most kind.
He was most generous (to us, in his dealings with us).	Mary is most generous.
He was most unpleasant (to us).	Max is most unpleasant.

만일 절대 최상급의 구문에서 형용사가 어떤 행위를 지시하는 것이 아 니라 사람을 지시한다면, 그것은 Bolinger(1977 : 141-142)가 '능격의 of'(it was Adj. of you/him)라고 하는 구문이 가장 적절한데, 그 구문은 어떤 특정 행위를 수행한 사람과 관련하여 그 사람에 대한 평가를 암시한다.

그러나 most attractive와 같은 표현들은 행동을 암시하지 않으며, 사람들 사이의 상호작용이 이 구문의 필수조건은 아니라는 것을 나타낸다. 다시 말해, 어떤 사람이 다른 사람에게 미치는 영향을 이 구문으로 충분히 나타낼 수 있다. attractive와 beautiful, 그리고 good-looking과 같은 유사 동의어들은 이러한 관점에서 특히 시사적이다. 즉 어떤 사람의 good looks가 다른 사람에게 영향을 주는 것은 아니지만, 어떤 사람의 attractiveness는 그 정의에 의하면, 다른 사람에게 영향을 주지 않는다고 할 수 없다. 이와 마찬가지로 most grateful은 most pleased보다 훨씬 더 자연스럽게 들린다는 사실도 중요하다. 이는 추측컨대, grateful 이라는 단어는 인간의 상호작용을 지시하며, 다른 사람에 대한 감정적 반응을 암시하는 반면, pleased는 그러한 암시가 없기 때문인 것으로 보인다.

하지만 우리는 영어 형용사의 집합을, 절대 최상급 구문으로 항상 사용할 수 있는 것과 결코 사용할 수 없는 것으로 깔끔하게 나눌 수는 없다. 실제의 제약은 어휘부에 있지 않고, 의미부에 있다. 왜냐하면 문장의 용인성의 정도를 결정하는 것은 단순히, 그와 같은 형용사에 달린 것이 아니라 문장 전체의 의미이기 때문이다.

아래의 다음 두 예를 살펴보자.

a. She is most beautiful. 그녀는 가장 아름답다.
b. He gave me a most beautiful necklace. 그는 나에게 가장 아름다운 목걸이를 주었다.

(b)는 (a)보다 더 용인될 수 있는데, 아마도 (b)는 인간 상호작용을 언급하고 그것에 대한 감정적 반응, 즉 고마움을 암시하기 때문일 것이다.

Quirk 외(1972 : 287)에서는 She is most beautiful과 같은 문장은

"그녀가 다른 모든 사람들보다 더 아름답다는 것을 의미하는 것이 아니고, 그녀가 단지 지극히 아름답다(extremely beautiful)는 것을 의미한다"라고 단언하였다. 하지만 만일 most beautiful과 같은 표현이 extremely beautiful이라는 표현에 지나지 않는다면 우리는 후자와는 대조적으로, 전자가 갖는 지나치게 과장적인 특성에 대한 어떤 의미해석도 할 수 없을 것이다. 나는 Jespersen이 most beautiful과 같은 표현들은 과장되었다 라고 관찰한 사실을 그냥 지나쳐서는 안 된다고 생각한다. 그리고 만일 우리가 most는 단지 extremely일 뿐이라고 한다면 우리는 그 most의 과 장적인 특성을 놓친 것이다.

절대 최상급이 어느 정도는 상대(비교) 최상급의 형태를 공유한다는 것은 우연의 일이 아니다. 두 경우 모두에는 비교가 발생한다. 차이점은 바로 비교의 본질에 따라, 그리고 발화의 언표내적 목적에 따라 발생한다는 것이다. 만일 내가 Mary는 동기생 중에서 가장 매력적이라고 말한다면, 나는 Mary를 한정된 특정 집합에서 비교하고 있는 것이다. 또한 그 집합의 다른 모든 구성원보다 그녀를 상위에 두고 있음을 상대에게 알리고 있는 것이다. 이와 반대로, 만일 내가 "Mary는 가장 매력적이다"라고 한다면, 나는 Mary를 어떤 상상의 경쟁자 집합보다 위에 두고 있으며, 이것은 상대에게 알리기 위한 것, 즉 '나는 당신이 그것을 알기를 원하기 때문에 말한다'가 아니고, '나는 그것 때문에 무엇인가를 느낀다', 다시 말해 Mary 에 대해 지각한 나 자신의 감정적 반응을 표현하기 위한 것이다.

또한 Quirk 외(1972 : 287)에서는, "절대적 most는 객관적인 태도를 표 현하는 형용사가 아닌 주관적인 태도를 표현하는 형용사만을 전치수식하 고 있는 경우에만 한정된다 …… 따라서, She is most unhappy는 올바 른 문장이지만 *She is most tall은 비문이다"라고 말하고 있다. 나는 그 의 기본적인 관점은 옳지만, 그 제약을 공식화하는 방식은 분명히 충분하 지 못하다고 생각한다. 나는 이 저자들이 정말로 마음에 두고 있는 것은

'주관적 태도'와 '객관적 태도'의 대조라기보다는, 오히려 태도와 객관적 특징들 간의 대조라고 추정한다. 분명히, '키가 크다'는 것은 '객관적 태도'가 아니라 특징이기 때문이다. 그러나 그들이 제시한 진술은, 말하자면 unhappy와 sad 사이, unhappy와 pleased의 사이, 또는 unhappy와 happy 사이에서 왜 용인성의 차이가 생기는지를 설명하지 못한다.

> She is most unhappy.
> ?She is most angry.
> *She is most happy.

나는 이러한 용인성의 차이점은, 어떤 사람의 '주관적 태도'가 다른 사람에게 작용하는 감정적 효과에서 부분적으로 생겨난다고 생각한다. 분명 매우 화가 난 사람을 보면서 우리는 '그 사람으로 인하여 무엇인가를 느끼는 것'은 어려울 것이다. 그리고 또 다른 사람의 엄청난 행복이, 불행하게도 옆의 사람의 마음에는 전달되지 않을 수 있다. 그러나 분명 아주 불행한 사람을 보면서, 우리가 전적으로 무관심할 수는 없을 것 같다.

내가 보기에, 영어의 '절대 최상급'의 사용역이 이탈리아어의 대응예보다 훨씬 더 제한적인 이유는, 영어 구문에 기호화된 의미가 이탈리아어의 대응구문에 기호화된 의미보다 훨씬 구체적이기 때문인 것 같다. X-issimo는 '그것은 우리가 상상하는 어떤 것이나 어느 누구보다 더 X이다'를 암시하지만, X-est나 most X는 그 이상을 암시하는 것 같다. 즉 이는 '그것은 우리가 상상하는 어떤 것 또는 어느 누구보다 더 X이다'와 또한 '이것은 누군가에게 좋다/나쁘다'라는 것을 의미한다. 따라서 이탈리아어의 절대 최상급은, 이탈리아어 화자가 언제든지, 그 대상의 속성이 무엇이든 상관없이 일종의 표현적 과장을 수행할 수 있는 하나의 문법적 장치인 것에 반해, 영어는 이런 점에서 훨씬 더 제한적이라고 할 수 있다.

이와 관련된 또 하나의 차이점은 이탈리아어와 영어 구문에 담겨 있는 감정의 구성성분의 본질과 연관된 것이다. 전형적으로 영어의 구성성분과 관련되는 것은 인간의 행위에 대한 감정적 반응이며, 그 행위는 평가될 수 있는 것이다. 또 다른 영어의 유사 최상급 구문이 있는데 이것은 정관사를 취하지 않으며, 감정 표현에 한정되는 것처럼 보인다. 즉 My deepest sympathy(동정의 마음을 보내며), With best wishes(행복을 빌며), With warmest regards(따뜻한 안부를 전하며) 등에서만 볼 수 있다. 만일 영어의 경우 감정의 구성성분의 본질이 행위가 아니면, 그것은 하나의 지각으로서 평가가 뒤따르며 감정적 반응이 결합된 것이다. 이탈리아어의 경우, 감정의 구성성분의 본질은 유사한 제한을 받지 않는다. volocissimo 'extremely fast'이나 nuovissimo 'extremely new' 같은 형태는 대상의 추상적인 묘사로 사용할 수 있고, 행위에 대한 직접적인 반응인지 또는 심지어 지각에 대한 직접적 반응인지에 대해 질문할 필요가 없다. 그 차이점은 미묘하지만, 우리는 그 사용영역의 차이점들을 가능한한 정확하게 설명하기 위해서, 두 구문에 대한 의미 기술을 함으로서 그 차이점을 포착하려는 시도를 해야 한다고 생각한다.

나는 다음과 같이 이러한 차이점을 드러내는 방식에 대해 제안해 보겠다.

You are most generous ; I am most grateful ; She is most attractive⇒
나는 이것 때문에(예 : 당신이 한 일 때문에, 당신의 모습 때문에 등) 무엇인가를 느낀다

È nuovissimo(velocissimo, bianchissimo, etc.)⇒
나는 그것에 대해서 생각하면서(예 : 그것이 얼마나 새로운 것인지 생각하면서 등) 무엇인가를 느낀다

이 두 개의 완전한 의미설명은 다음과 같이 비교될 수 있다.

È velocissimo/bianchissimo(It is 'most fast', 'most white')
(a) 나는 말한다 : 그것은 매우 X하다
(b) 어떤 것도 더 X할 수 없다
　　(예 : 만일 우리가 이것에 대해 'X'라고 말할 수 없다면 우리는 다른
　　어떤 것에 대해 그것이라고 말할 수 없다)
(c) 나는 그것에 관해서 생각하면서 무엇인가를 느낀다

It is most ingenious/unpleasant.
(a) 나는 말한다 : 그것은 매우 X하다.
(b) 어떤 것도 더 X할 수 없다
　　(예 : 만일 우리가 이것에 대해 'X'라고 말할 수 없다면 우리는 다른
　　어떤 것에 대해 그것이라고 말할 수 없다)
(c) 나는 생각하고 있다 : 이것은 누군가에게 좋다/나쁘다
(d) 나는 이것 때문에 무엇인가를 느낀다

7. 언표내적 문법과 문화 양식

서로 다른 문화마다 서로 다른 다양한 사회적 상호작용의 양식을 선호
하며, 언표내적 문법은 이런 종류의 문화적 차이점들을 반영하는 경향이
있다. 예를 들면, 앵글로 색슨 문화에서, 한 개인의 자율성이 가치의 위계
성에서 높은 위치를 차지하고 있다는 사실은, 이 문화에서는 '재치'나 '간
섭하지 않음' 그리고 '반독단주의'와 같은 화용론적 가치들이 배우 중요하
게 여겨지고 있다는 것을 반영하는 것이다. 그리고 이러한 사실은 바꿔말
하면, 영어 문법은 의문문과 유사의문문의 장치들이 놀랄 만큼 발달되어
있는 것을 반영하고 있다(Goody 1978 ; 앞의 2장 참조).

영어의 말하기에서, 삼가말하기에 관한 언표내적 전략이 중요한 것
(hübler 1983)도 역시, 앵글로 색슨 문화에 분명한 근거를 두고 있다. 이러
한 관점에서 볼 때 영어는, 화자가 가능한 가장 강력한 단어로 말하기를
원하는 상황에서조차도, 삼가말하기가 사용될 수 있다는 사실은 상당히

중요하다. 일례로, 영어에서는 어떤 범죄가 '다소 끔찍했다'(rather horrible), 또는 어떤 공연(performance)이 '조금 놀라웠다'(rather horrible), 또는 어떤 학생이 '꽤 열심이다'(fairly enthusiastic) 등으로 말하지만, 그러나 이러한 표현들은 폴란드어나 이탈리아어와 같은 언어로는 문자 그대로 번역될 수 없다. 왜냐하면 이 언어 화자들은 조심스럽게 삼가말하기보다는 강조적으로 과장하기를 선호하기 때문이다(2장 참조). 예를 들면, 이탈리아어의 abbastanza orribile '다소 끔찍한' 또는 piuttosto orrendo '꽤 소름 끼친' 표현들은 상당히 우스꽝스럽게 들린다.

물론 우리는 앵글로 색슨 문화를 영어라는 언어와 동일시 할 수는 없다. 영어권 세계 내에는 많은 문화의 구분이 있고, 오늘날 영어는 앵글로 색슨 의 문화적 전통에 속하지 않는 많은 집단에서도 제1언어로 사용하고 있다. 하지만 한 언어는 현재 살아있는 문화뿐만 아니라, 과거의 전통들을 반영 하고 있다. 따라서 앵글로 색슨의 전통은 오랫동안 그리고 지금도 존재하 는 영어권 사회 내의 지배 문화이기 때문에, 이 전통이 영어라는 언어에 강한 흔적을 남겼다는 것을 의심할 여지가 없다. 하지만 머지 않아 영어권 세계 내의 역사적·문화적 다양성은 언어의 다양화에서 그것의 반사체를 찾아야 한다는 것도 지적되어야만 한다. 예를 들면, 미국 흑인들의 구어 영어는 문화를 드러내는 방식이 주류 문화와 다르다(Abrahams 1970, 1974 ; Kochman 1972 ; Mitchell-Kernan 1971, 1972 ; 그리고 이 책의 3장 참조). 그리고 호주 영어는 호주의 역사와 문화, 그리고 민족 정서를 반영하는 많은 변별 적 특질들을 발전시켜 왔다(Wierzbicka 1986b ; Harkins 1988 ; 앞의 5장 참조).

나는 통사적 중첩과 절대 최상급이, 어떤 특징적인 이탈리아인의 문화 를 반영하는, 그것도 특히, 그들의 사회적 상호작용의 양식을 반영하는 언 표내적 장치 체계에 속한다는 것을 제안하고 싶다.

내 관점으로, 절대 최상급은 어떤 점에서, 삼가말하기의 정반대라고 생 각한다. Jespersen(1965, 7 : 395)은 'most kind', 'most ingenious'와 같은

표현들을 논의하면서, 그것들이 '과장하기에 대한 보편적 성향' 때문이라
고 하였다. Leech(1983 : 147)도 역시 과장법을 '인간 발화의 자연스러운
성향'으로 간주하였다. 따라서 각각의 문화는 이러한 '자연스러운 인간 성
향'을 장려하고 저지하는 정도에 있어서 아주 다른 것이다. 나는 영어와
이탈리아어의 절대 최상급 구문을 대조함으로써 이 둘의 문화적 전통과
문화 양식의 더 많은 일반적인 차이점들을 보여주는 좋은 예들을 제시하
였다고 생각한다. 또한 통사적 중첩 장치도 삼가말하기와 정반대되며, 감
정에 대한 과장의 한 사례로 본다. 하지만 '삼가말하기'와 '과장법, 또는
'곡언법'(litotes)과 같은 개념들은 전통적 수사법에서 직접적으로 가져온
것으로, 비록 그것들이 지향점과 단서로는 유용하다고 할 수 있지만, 그럼
에도 불구하고 이 개념들은 대부분의 전통적 개념들처럼, 여전히 모호하고
정확하지 않다.

명시적 공식을 사용한다면, 우리는 엄격하고 명시적일 수 있으며, 우리
가 그 공식을 사용함으로서 neri neri 또는 duro duro 같은 표현이,
most ingenious나 bellissima 같은 표현들처럼 반드시 '과장'이라는 뜻
으로 설명할 필요는 없다는 것을 알게 된다.

절대 최상급은 '그것은 사람들이 상상할 수 있는 것보다 더 X이다'라는
의미로 설득력 있게 해석될 수 있다. 화자는 '정확하게 사실인 것보다 조
금 더'라고 말한다는 것을 완벽하게 알고 있고, 그 등급을 청자에게 속이
려고 하지 않는다. 화자는 '사실인 것보다 조금 더'란 이야기되고 있는 그
사건의 상태에 대한 감정적 태도를 전달하기 위해서 말하는 것임을 상대
도 분명히 알 것으로 가정한다.

통사적 반복의 경우에는, 화자는 무엇인가 다른 것을 전하고 있다. 이
때, 화자는 그가 말하는 것은 사실과 조금도 다르지 않다고 주장하는 것이
다. 그리고 이러한 전략은 감정적 과장과 다르지만, 그럼에도 불구하고
'과장하기'나 '축소하지 않기'와 같은 유사한 화용적 효과를 보인다. 나는

이 명백한 역설을 이해하기 위해서는 bella bella와 같은 표현을 bellissima와 같은 표현과 비교하는 것은 물론이고 'rather pretty'같은 영어 표현과도 비교하는 것이 유용하다고 생각한다. 아래 예시의 화자는 (Leech's 1983 : 148 예들도 참조) 'very pretty', 'very proud', 또는 'very good'이라고 말하지 않으려고 하며, 상대에게 이러한 메시지, 즉 '나는 'pretty', 'proud', 'good'보다 그 이상을 말하기를 원하지 않는다'는 것을 명확하게 전달한다.

> She's rather pretty.
> We're rather proud of it.
> Actually, I'm rather good at it.

상대방은 화자가 그가 말한 것보다 그 이상을 생각한다고 추론할 수도 있다('화자는 그가 X보다 그 이상을 말하기를 원하지 않는다고 말하지만, 아마, 그는 X보다 더(이상을) 생각한다'). 이 점에서 영어의 이 전략은 사실 하나의 삼가 말하기로서 해석될 수 있다. 또한 주목할 만한 것은 이러한 종류의 발화가 '자랑하고 싶지는 않지만 ……'처럼 종종 양해를 구하는 말과 함께 시작된다는 점이다.

Bellissima 또는 velocissimo를 말하는 화자는 순수 형용사가 전달하는 것 이상을 말하며, '나는 X 이상을 말하기를 원한다'라는 그의 의도를 명백하게 전달한다. 그러나 이것은 molto나 very같은 '강화사'로 전달되는 효과와는 다르지 않다. 내가 생각하기에 진정한 '과장하기'는 '우리가 상상할 수 있는 것보다 그 이상'이라는 암시적인 비교에서 나온다고 본다.

Bella bella라고 말하는 사람은 '상상할 수 있는 것보다 더 아름다운'은 말할 것도 없고 '아름다운 것보다 그 이상'도 암시하지 않는다. 그러나 역시 화자의 행동은, 비록 다른 의미이지만 'rather pretty'라고 말하는 사람과는 반대된다. Bella bella라고 말하는 사람은 그의 말의 완벽한 정당성을 주장한다. 반면에 'rather pretty'라고 말하는 사람은 고의적으로 그렇게 하는 것을 신중하게 삼간다. bella bella라고 말하는 사람은 힘주어 나(i)를 강조하고 그가 말한 것의 완벽한 정당성을 확신하고, 다른 관점의 가능성을 '적절하게' 예측하는 일이 없이 그 자신을 최대로 주장할 준비가 되어 있다. 'rather pretty'라고 말하는 사람은 나를 강조하기를 원하지 않으며, 그가 말한 것의 완벽한 타당성을 주장하기를 원하지 않고, 다른 관점의 여지를 남겨두기를 바라고 있다.

물론 앵글로 색슨도 역시 그들이 정말로 의미하는 것보다 그 이상을 말한다는 뜻과 그들이 말하는 것의 완벽한 정당성과 완벽한 정확성을 주장한다는 뜻 모두를 원할 때, '과장하기'를 쓸 수 있다(Jespersen 1965, 7 : 395 ; Sapir 1949 : 145 ; Leech 1983 : 145 ; Brown & Levinson 1978 : 224 참조). 그러나 이탈리아어와 달리, 영어는 그런 문법적 장치를 가지고 있지 않다는 사실을 비춰볼 때 각각의 문화적 차이가 있다는 것을 알 수 있으며, 아마도 동일한 문화적 차이가 영어와 이탈리아어의 절대 최상급과 같은 영역에 의해 각각 다르게 반영되어 있다.

나는 bellissima나 bella bella와 같은 표현이 갖는 감정적 본질은, 문화적 관점에서 볼 때 그들의 '강조'의 특성과 '과장'의 특성만큼이나 중요한 것으로 보인다고 덧붙이고 싶다. 2장에서 논의했던 것처럼, 남부 로맨스어나 슬라브어와 같은 언어에서 지소사와 확대사 등과 같은 풍부한 표현적 파생어의 체계와 그리고 지중해와 슬라브 문화의 특징인 억제되지 않은 감정의 표출 사이에는 하나의 연관성이 있다는 점이다. 또한, 영어에서 표현적 파생어가 사실상 부재한다는 것과 앵글로 색슨 문화에서는 감정의 지나친 표출이 금기시된다는 것 사이에는 연관성이 있다고 나는 믿는다. 영어에서, You're too, too kind, She gave me the most beautiful ring, He's a dear, dear man(Jane Simpson이 사석에서 나에게 제공한 말)과 같은 발화들은 돈이 많은 여성, 사립학교 여학생들, 동성애

자, 배우 등과 같은 사람들이 감정, 특히 애정이나 히스테리를 공공연하게 보여줄 때 사용한다고 가정되는 말의 양식과 연관되어 있다. 그리고 이러한 것들은 가식적인 것으로 생각되고 있다.

통사적 반복과 절대 최상급 모두 이탈리아어의 특징이며, 감정적 구성 성분을 포함한다는 사실은 동일한 문화적 차이를 보여주는 또 다른 명시라고 나는 생각한다.

그러나 풍부한 표현적 파생어의 체계에 그대로 나타난 억제되지 않은 감정의 표출이 이탈리아어의 특징인 것처럼, 러시아어나 폴란드어의 특징이기도 하는 반면(사실 이탈리아어가 조금 더 많지만), 통사적 반복 같은 장치들은 슬라브어에서 어떠한 대응예도 찾아볼 수 없다. 러시아어와 폴란드어는 적어도 이탈리아어처럼 '감정적'이며, 영어와 비교했을 때, (적어도 의견들의 표현이) '삼가말하기'보다는 '과장하기'를 선호하는 것을 특징으로 한다. 그럼에도 불구하고, 러시아어와 폴란드어는 통사적 반복 같은 화용적 장치들을 가지고 있지 않거나, 많이 사용하지 않는다.

절대 최상급의 경우, 그것이 폴란드에는 없지만 러시아어에는 있다(Mel'čuk 참조). 이 차이점은 표현적 지소사의 파생이 폴란드어보다 러시아어에 더 많이 일어난다는 사실과 관련된 것으로 볼 수 있다. 예를 들어 러시아어의 지소접미사들은 pervyj '첫째', pravyj '오른쪽', 혹은 často '종종'과 같은 관계 형용사와 부사에 덧붙여질 수 있으며, 이는 많은 명사의 범주에서도 적용된다. 폴란드어는 그렇지 않다. 게다가 러시아어에는 폴란드어와 대조적으로, 이탈리아어의 중첩된 표현과 유사한 표현들이 조금은 있다. 예를 들어, čut-čut '조금'(문자 그대로의 뜻 'a bit a bit'), net-net '드물게 그리고 예측할 수 없게'(문자 그대로의 뜻 'no-no'), vot-vot '바로 그 지점'(문자 그대로의 뜻 'there-there')와 같은 것이다. 순수 통사적 반복은 러시아어에서는 매우 드물게 사용되지만, 그러나 다음의 예들이 증명하는 것처럼 전혀 불가능한 것은 아니다.

No vy ne možete že menja sčitat′ za devočku, za malen′kuju-
malen′kuju devočku, posle moego pis′ma s takoju glupoju
šutkoj!(Dostoevskij 1976 : 167)

'But you can't consider me as a child, a little girl, after that
silly joke!'(Dostoevsky 1974 : 186)

그러나 당신은 그 바보같은 농담을 한 후에. 나를 어린아이로, 어린 소
녀로 간주할 수 없었겠죠!

Ja dumala on takoj učenyj, akademik, a on vdrug tak
gorjačo-gorjačo ……(Dostoevsky 1974 : 198)

'I thought he was so learned, such a savant, and all of a sudden
he behaved so warmly……'(Dostoevsky 1974 : 198)

나는 그를 굉장히 유식하고 굉장한 학자로 생각했다. 그리고 그는 따뜻
하게 행동했다 ……

Ona vidimo čego-to stydilas′ I, kak vsegda pri ětom byvaet,
bystro＝bystro zagovorila sovsem o postoronnem(Dostoevsky
1976 : 195).

'She was evidently ashamed of something, and, as people always
do in such cases, she began immediately talking of other things.'
(Dostoevsky 1974 : 217)

그녀는 분명히 무엇인가에 대해 부끄럽게 생각했고, 사람들이 그런 경
우에 항상 하는 것처럼, 즉시 다른 것에 대해 이야기하기 시작했다.

우리는 이탈리아어에서 통사적 반복의 역할을 설명할 수 있는 어떤 구
체적인 이탈리아만의 문화적 특질을 확인할 수 있을까? 그 특질들을 찾기
위해 우리는 이탈리아 사람들의 생활에서 '연극적 특성'(Barzini 1974 : 73)
을 떠올릴 수 있다. 그 "구경거리의 중요성"과 "놀라운 활기……, 표현적인
얼굴들, 드러내는 몸짓" 그리고 "그 소란스러움" "이것들은 남쪽에서도 북
쪽에서도, 대도시뿐만 아니라 역사에서 잊혀진 오래되고 보잘것없는 마을,

이탈리아의 어느 곳에서나, 이탈리아에 대해 갖는 모든 사람들이 처음 갖게 되는 피상적인 감상들이다"(Barzini 1964 : 66).

특히 이 '소란스러움'이라는 것은 다음의 맥락과 관련되어 있다. Barzini는 다음과 같이 썼다.

> 소란스러움 때문에 언제나 귀가 먹먹하다. 사람들은 잡담하고, 휘파람을 불고, 욕을 하고, 노래하고, 저주하고, 울고, 울부짖고, 흐느끼고, 서로를 부르고 소리치고, 자세한 논의나 까다로운 협상을 한다. 어머니들은 어린 아이들에게 애정을 담은 아이말로 속삭이며, 행인들에게 자기 아이들의 매력과 센 고집에 대해 증인이 되어 줄 것을 요청한다. 다른 엄마들은 그들의 아들을 꼭대기 창문에서부터 다른 곳까지 들리게 부른다. 다른 모든 소리를 잠재우면서 종탑 꼭대기로부터 짙은 청동의 종이 쨍그렁 울린다. 누군가는 항상 코넷이나 트롬본을 불고 있다. 가끔은 똑같은 유행가나 유명한 오페라 아리아가 모든 장소로부터, 즉 모든 상점의 라디오에서, 아파트의 열린 창문에서, 카페의 테이블 아래에서, 사람들의 주머니에서, 지나가는 아줌마들의 배에서부터 분명하게 들려온다. 스쿠터, 자동차, 오토바이, 트럭들은 굉음의 엔진소리를 내며 지나간다.
>
> 사실 대기 중에는 사람들이 알아들을 수 있도록 매우 크게 말하는 너무 많은 소음들로 가득 차 있어서, 그것 때문에 전체적인 소란은 더 커진다. 연인들은 때때로 석간을 파는 신문팔이의 소리처럼 서로에게 '사랑해'라고 속삭여야만 한다. 특히 시끄러운 광장이나 거리를 향해 있는 방에서 임종을 맞는 이탈리아인들은 그들의 말소리가 너무 작아서 눈물을 흘리는 친척들에게 마지막 바람이나 충고를 남기는 것을 포기한다는 것은 잘 알려져 있다. 그러나 그것은 명랑하고 즐거운 소음이고, 돌담, 화초 없음, 좁은 길로 인해 소음이 확대된다. 새벽부터 늦은 밤까지 그 소음은 계속되며, 마지막 산책자가 당신의 침실 창문 아래 멈춰 서서 최근 정책이나 알고 있는 친구의 성격에 대해 토론을 벌일 때, 그들의 목소리는 최고점에 달한다(Barzini 1964 : 59-60).

'소란스러움'에 적용되는 것은 또한 얼굴의 표정과 몸짓에도 적용된다.

그러한 모든 장면들을 더 매력적으로 만드는 것은 이탈리아인 얼굴의 투명성이다. 대화에 참여하는 사람들의 표정 변화를 관찰하는 것만으로도 대화의 내용을 멀리서도 이해할 수 있다. 벽면 포스터에 크게 인쇄된 단어 만큼이나 쉽게 기쁨, 슬픔, 희망, 분노, 안도, 지루함, 절망, 사랑, 실망을 읽을 수 있다.

그리고 몸짓이 있다. 이탈리아인의 몸짓은 매우 유명하다. 사실 이탈리아인들은 그들의 몸짓을 다른 나라 사람들보다 풍부하고 효과적이며 창의적으로 사용한다. 그들은 무엇을 말하든 간에 강조하고 명확하게 하기 위해 몸짓을 사용하며, 소리가 들리지 않는 먼 거리에서 메시지를 전달하는 데에 단순히 말로만 표현하는 것은 현명하지 못하다는 말과 의미를 암시하기 위해 몸짓을 사용한다. ……

몇몇의 몸짓은 지화문자나 아메리카 인디언들의 수화만큼 자의적이고 관습적이다. 그러나 그들의 대부분은 인류 대부분에게 익숙하고 특히 서양 사람들에게 익숙한, 자연적이고 본능적인 움직임에 기초하며, 정교화되고 강화되며 양식화되고 연마되어 예술로 만들어진다. 모든 위대한 전통적인 예술처럼 이것은 처음 보는, 경험이 없는 사람들도 일반적으로 이해할 수 있다(Barzini 1964 : 61-62).

이 '시끄러움', 이 활기, 이탈리아 사람들의 삶의 표출은 이탈리아 문화에서 통사적 반복 같은 화용적 장치의 관련성을 설명하는 데 도움이 된다고 나는 생각한다. 이탈리아인의 몸짓, 얼굴의 표정, 음성 표출과 같은 것들은 '과장되어지고' 과대하며 강조적이고 감정적일뿐만 아니라 극적인 것처럼 보일 수 있어서 이탈리아어의 화용적 장치가 될 수 있다. 소리들, 몸짓들, 그리고 얼굴의 표정들은 자기 표현, 연극적 표출, 극적인 효과를 목적으로 '지나치게 사용된다'(여기에서 확대하기와 관련하여 Leech(1983 : 146)가 상정한 '관심'의 화용적 원리를 상기할 만하다.). '절대 최상급'과 통사적 반복 같은 언어 장치들은 이러한 특징적인 이탈리아 사람들이 만들어낸 문화 양식의 핵심 부분으로 볼 수 있다.

8. 결론

나의 현재 목적은 '절대 최상급'이나 통사적 반복과 연관된 어떤 다른 언표내적 장치들의 용법에 대해 자세하게 논의하고자 하는 것이 아니다. 오히려 나는 한 언어의 언표내적 장치들의 특징은 상호 독립적이지 않지만, 보편적인 문화적 목표를 향하여 '공모'의 그물망을 형성하는 경향이 있다는 일반적인 주장을 반복하고 싶다.

한때, Sprachgeist, 즉 '언어 정신'과 같은 진부한 표지로 그러한 공모를 설명하던 때가 있었다(예를 들면 Humboldt 1903 ; Vossler 1904, 1925 ; Spitzer 1928 참조). 사회적·인류학적 적용이 초기의 철학적·심리학적 편견을 대체했을 때, 언어학자들은 'Volksgeist(민족정신)에 대한 표현으로서의 언어'에 관한 것보다는 오히려 '사회적 실재에 대한 안내자로서의 언어'(Sapir 1921 ; Whorf 1956)에 관해 이야기하기 시작했다. 그 후에, '인지 양식'이라는 개념이 다소 똑같은 종류의 현상을 설명하는 수용가능한 방법이 되었나(Hymes 1961 참조). 요즘 선호하는 개념적 상위어는 '비교 문화 화용론'이다(예를 들면, Pride 1985 참조).

나는 말하기 방식의 이러한 변화는 단순히 피상적이며, 관심과 가설 그리고 방법론에 있어서의 더 심도 있는 변화를 반영하지 않는다라는 사실을 주장하는 것은 아니다. 그렇지만 이제 그 변화의 적절한 역사적 관점을 갖는 소위 비교 문화 화용론이라고 하는 영역에서 현재의 관심사를 보는 것이 중요하다고 나는 믿는다. 즉 그 전통의 연속성을 인식하는 것, 그리고 과거의 오류뿐만 아니라 과거 직관으로부터 어떤 교훈을 얻을 것인가를 배우는 것, 그리고 무엇보다도 우리의 방법론적 도구를 연마하여 '비교 문화 화용론'이 1세기나 1세기 반 이전에 유사한 문제에 관심을 두었던 우리 선조들의 연구에 대하여 단순히 명목상의 진보보다는 실질적인 진보를 이룰 수 있도록 하는 것이 중요하다고 나는 믿는다.

나는 진정한 방법론적 진보는 비교 문화 화용론의 문제들을 언표내적 의미론의 언어로 번역함으로서 달성될 수 있다고 본다. 무엇보다도 앞선 연구자들에게 부족했던 것은 방법론의 엄밀함과 개념의 훈련이었다. 그들은 분명한 목표의 의의와 분명한 정확성의 기준으로 비교되는 언어의 유사점과 차이점(그리고 한 언어 내의 관련된 구조 사이의 유사점과 차이점)들을 연구할 수 있는 엄밀한 분석적 틀이 부족했다.

오늘날, 후기 구조주의자와 후기 촘스키 시대의 다른 분야처럼 언어학도 소위 명확함과 엄밀함이라고 하는 것에 대한 새로운 표준(그 표준은 형식화하는 것이 아닌 것)이 필요하다는 것을 대부분 느끼고 있다. 그러나 많은 언어학자들은 요구된 표준을 만족할 수 있는 새로운 방법론적 도구들을 개발하고 연마하기보다는, 언어와 문화에 관련된 꼭 필요한 질문들을 차라리 단념해 버리는 쪽을 선택하였다. 분명히, 그런 질문들을 회피한다면 사람들은 이 '불안전한' 영역에 위험을 무릅쓰고 뛰어들 때 겪어야 할 크고 작은 많은 실수들을 피할 수 있을 것이다. 그러나 크고 작은 많은 실수들로부터 그들 자신을 보호할 수 있는 반면에, 그들은 또한 가치 있는 질문들을 논의하지 못하며 아마도 가치 있는 직관에 도달하지 못할 것이다. 다시 말하면, 그들은 언어학의 지평를 좁히고 있고 흥미를 떨어뜨리며 인간의 주요 관심사와 멀어지게 하고 있다.

분명히 언표내적 문법과 문화 양식의 관계에 대한 어떠한 논의라도 매우 조심스럽고 신중한 방법으로 이루어져야 한다. 나는 '화용적' 의미와 언표내적 의미의 표준화된 기술에 적합한 의미론적 메타언어를 사용한다면, 이 곤혹스러운 영역에 대해 엄밀함과 직관을 결합하는 방법의 문제에 부분적인 해답을 제공할 수 있을 것이라고 생각한다.

제8장

다양한 문화의 간투사

Interjectiojns across cultures

Pnin signed in Russian : Och-och-och!

(Nabokov 1983 : 105)

1. 예비적 논의

1.1. 간투사 : 파이시스(phýsis)와 테제(thésis) ('자연'과 '관습')

Serge Karcevski(1969〔1941〕: 196)는 그의 선구적인 연구 '간투사의 연구에 대한 개론'을 다음과 같이 Alexandre Dumas의 소설을 인용하는 것으로 시작한다.

Aha! – s'écria-t-il en portugais.

'Aha! 그는 포르투칼어로 외쳤다.'

Karcevski는 이 문장이 비의도적인 유머러스한 효과를 가지고 있다는 것에 주목하였으며, 이 효과는 "사람들이 전혀 배울 필요가 없는, '자연의' 언어로 해야 하는 순간임이 분명하다"는 사실에서 기인하는 것으로 생각하였다. 그러나 사실 Karcevski는 "그렇게 생각할 권리를 갖기 위해서, 우리는 지구의 가장 멀리 떨어진 구석까지 모든 간투사들의 기능에 대한 체계적 연구를 먼저 해야만 한다"는 것을 지적하였다.

물론 그러한 체계적 연구에 대한 필요성을 부인할 수는 없다. 그러나 그와 같은 체계적인 연구를 하지 않아도, Karcevski가 매우 잘 알고 있었던 것처럼, 우리는 간투사가 언어마다 상당히 다르다는 것을 알고 있다. 사실 배울 필요가 없는 보편적이며 '자연의' 신호와는 달리, 간투사는 개개의 문화가 갖는 가장 독특한 특징의 하나이다. Rosten(1968 : 26)은 이것을 강조하기 위하여 이디시어 감탄사 nu를 예로 들었다. 그는 nu야말로 'oy'[또 다른 간투사]와 관사를 제외한다면, 이디시어에서 가장 빈번하게 사용되는 단어이다"라고 하였다. Rosten에 따르면 "Nu는 매우 이디시어적인 간투사이어서 그것은 유대인을 확인할 수 있는 한 단어가 되어버렸다. 사실 그 단어는 그러한 방식으로 종종 사용된다. 예를 들면 '당신은 유대인입니까'라고 물어보는 대신에, 사람들은 'Nu?'라고 할 수 있다. 그 대답으로는 'Nu-nu'가 될 것이다."

이 말은 간투사들이 보편적인 '자연의 법칙'에 기초하는 것이 아니라, 문화 특정적인 관습에 대부분 기초하고 있거나, 아니면 적어도 두 개의 관습이 혼합된 것과 보통 관련되어 있다는 것을 주장하고 있다.

Claire Rayner는 그녀가 쓴 매력적인 『Body book』이라는 책에서 다음과 같이 말하고 있다.

향기? 냄새는 공기 중에 돌아다니다가, 여러분이 숨을 쉴 때 코 안으로 들어간다. …… 당신의 두뇌는 그 냄새에 대하여 생각한다. …… 만약 그것이 나쁜 냄새라면 당신의 두뇌는 당신으로 하여금 그 냄새로부터 코를 멀리 돌리도록 만든다. 당신의 두뇌는 당신에게 코를 찡그리게 하거나 당신의 손으로 코를 가리도록 한다. 때때로 그 두뇌는 당신으로 하여금 나쁜 냄새가 담겨 있는 공기를 멀리 불어버리도록 하게 한다. 그것이 바로 사람들이 나쁜 냄새에 대하여 'Pooh!'라고 하는 이유이다. 그것은 불어버린다는 단어의 일종이다(Rayner 1978 : 21).

이 말은 꽤 확신에 차있는 것처럼 들린다. 그러나 이 말은 나쁜 냄새를 맡았을 때 영어를 제외한 다른 언어의 화자들이, 어떤 비슷한 무엇인가를 말할 때 Pooh!라고는 하지 않는다는 사실을 바꾸지 못한다. 예를 들어 독일에서는 사람들이 Pfui!라고 말하며, 폴란드에서는 Fu!라고 한다(다음 3절 참조). 분명히 어느 정도의 유사성은 있으나 그와 마찬가지로 차이점도 있다. 일반적으로 말해서 간투사는 종종 언어와 문화의 경계를 넘어서 놀랄만한 유사성을 보이지만, 그러나 이러한 유사점들은 예측될 수 없으며 많은 차이점들은 학습되어야 한다. 종종 어떤 것은 전혀 유사점이 없는 경우도 있다. 예를 들면 영어의 간투사 gee와 wow의 경우 나의 모국어인 폴란드어에는 그와 동일한 말이나 그와 거의 유사한 말이 없어서, 영어를 사용하는 나라에 사는 폴란드 이주민은 그것이 무엇을 의미하며 어떻게 사용해야 하는가를 추측할 도리가 없다. 그와 반면에 영어의 간투사 ha 또는 ow는 그에 해당하는 예가 폴란드어에 있으며, 형태와 의미 면에서 모두 유사하다. 그러나 폴란드 이주민들은 그 간투사의 유사점을 예측할 수 없으며, gee와 wow를 배워야하는 것처럼, 간투사들도 배워야만 한다.

통상적으로 사전에서는 일부의 간투사들을 등재하고 그리고 그것들을 정의하려고 시도함으로서, 이처럼 예측할 수 없으며 관습적인 간투사의 특징을 인정하고 있다. 그러나 사전에서 규정한 정의는 누구에게나 그 간투사들을 사용하는 법을 알도록 해주는 그런 류가 아니다. 예를 들어 만일 LDOTEL(1984)에서, 영어의 wow는 "강한 감정, 가령 기쁨이나 놀라움 등을 표현하기 위해서 사용되며", gee는 "놀라움 또는 감격을 표현하기 위해서 사용된다"라고 했다고 하자. 그러나 그 사전에서는 이 두 감탄사들의 용법이 어떻게 서로 다른가에 대해서 독자들에게 그 어떤 실마리도 주고 있지 않다. 예를 들어 놀라움의 gee와 놀라움의 wow 사이의 차이점이 무엇인지도 제시하지 않고 있다. 마찬가지로 그 사전에서 ah는 "기쁨과 안도와 후회 또는 경멸을 표현하기 위해 사용되며", phew는 "안도와 놀라움, 또는 극도의 피로를 표현하기 위해 사용된다"라고 말하고 있는데, 그 사전에서는 ah의 안도와 phew의 안도의 차이점에 대해서는 어떠한 설명이 없다. 더욱이 LDOTEL 사전이나 다른 전통적인 사전의 어떤 정의도 독자에게 어떤 상황에서 wow와 gee 그리고 ah와 phew가 부적절한가를 가르쳐주지 못할 것이다. 따라서 언어학습자가 배우지 않았거나 영어의 환경에서 장기간의 집중 훈련을 받지 않았다면 이것을 추측할 수 있는 어떤 방법도 없다.

그러나 만약 간투사가 어떠한 '자연의 언어'에도 속하지 않으며 학습해야 하는 표현이라면, 왜 간투사들이 직접 화법으로 표현될 경우, 우스꽝스럽게 들리는 것인가?

이 관점에서 중시해야 할 첫 번째 관찰은, 일반적으로 직접 화법이 'X가 L이라는 언어로 말했다'는 형식으로 보고되기가 다소 어렵다는 점이다. 다음의 예처럼 말하거나 쓰는 것은 조금 이상한 것처럼 보인다.

> ??Good morning - she said Russian.
> ??How niice to see you - she said in French.
> ??It is getting late - she whispered to him in German.
> ??Who is this? - he asked her in Italian.

이처럼 약간씩 이상한 느낌을 주는 이유는, 내가 Wierzbicka(1974)에서 주장한 것처럼, 직접 화법은 역할 연기와 같은 무엇인가를 나타내고 있기 때문이다. 따라서 청자에게는 그 '보고자'가 원래 화자의 발화를 모방하고 있으며, 그렇기 때문에 그 보고자는 전달 내용과 전달 방식을 동시에 표현하고 있다는 사실을 상상하도록 유도되고 있다. 다른 한편 'L이라는 언어로'라는 표현은, 보고된 말이어서 전달 내용을 전달 방식으로부터 분리시키고 있으며, 보고된 것은 그 내용인 것이지 그 방식은 아니라는 점을 가리키고 있다.

그럼에도 불구하고 몇몇 유형의 발화들은 다른 어떤 유형보다 지금 논의 중인 보고된 말의 유형에 훨씬 더 적절하게 부합된다. 특히 Good heavens!와 같은 복잡한 표현의 감탄문들은 Oops!와 Ouch!, Wow!와 같은 기본(다시 말해 글로벌) 간투사들보다 이러한 맥락에 더 적절하게 부합된다. 가령, How nice!, 또는 What a women!과 같이 어휘적으로 매우 생산적인 감탄문들은 good heavens!와 같이 어휘적으로 매우 제한된 감탄문들보다도 조금은 더 적절하게 들린다. 그리고 완전 의문문이나 평서문은 어떤 종류의 감탄문보다도 더욱 더 적절하게 들린다. 예를 들어 정보제공자들은 다음과 같은 용인성의 등급에 동의하는 경향이 있다.

    ? It is time to go - she said in Russian
    ?? What a woman! - she said in Russian
    ??? Good heavens! - she said in Russian
    ???? Wow! - she said in Russian

직접 화법을 번역한 표현과 결합한 것이 조금 이상했던 이유는 앞에서 제시하였다. 그러한 상황에서 기본 간투사들이 특히 이상하게 들리는 이유는 그 간투사들의 특유한 의미론적 구조에 있다고 나는 생각한다. 직접 화법으로 전달하는 것은 원래 발화의 내용뿐만 아니라 전달 방식도 함께 제시하고 있다. 'in language L'라는 구절은 이러한 특수한 경우에서 전달 방식이 실제의 언어를 지시하는 것이 아니라, 아마도 원래 발화가 갖는 언표내적 효력을 지시하는 것임을 가리키고 있다 그러나 아마도 기본 간투사는 간투사의 언표내적 효력이 실제 형식과 분리될 수 있는 것은 어떤 것도 없다.

Haiman(1989 : 156)은 아래의 (a)와 (b)와 같은 발화들 사이에 깊은 기호적 차이가 있다는 것을 지적하였다.

a. Yuk!
b. I feel disgust.

그리고 그는 Wierzbicka(1973)의 의미분석을 인정하면서, 첫 번째 유형을 Bühler(1933)의 Ausdrucksfuktion(언어의 표현적 기능)과 연관시키며, 두 번째 유형을 Bühler의 Darstellungsfunktion(언어의 상징적 또는 묘사적 기능)과 연관시키고 있다. 이러한 차이점의 본질은 아마도 다음의 예로 표현될 수 있을 것이다.[7]

Yuk! =
나는 역겨움을 느낀다

I feel disgusted! =
나는 말한다 : 나는 역겨움을 느낀다
나는 내가 느낀 것을 말하기를 원하기 때문에 이것을 말한다

다음의 예도 마찬가지로 표시될 수 있을 것이다.

Ow! (또는 Ouch!) =
나는 아픔을 느낀다

I feel pain =
나는 말한다 : 나는 아픔을 느낀다
나는 내가 느낀 것을 말하기를 원하기 때문에 이것을 말한다

만일 이러한 의미설명들이 타당하다면, 기본 간투사들은 어떠한 언표내적 효력도 갖지 않는다. 왜냐하면 기본 간투사들은 '나는 말한다'라는 어떠한 구성성분도 갖고 있지 않으며, '나는 …… 때문에 이것을 말한다'라는 언표내적 목적도 포함하지 않기 때문이다. 그럼에도 불구하고 기본 간투

사들은 하나의 의미를 지니고 있다. 만일 기본 간투사가 어떤 언표내적인 구성성분, 즉 '나는 ……을 말한다'라는 틀의 구성성분을 갖지 않는다면, 기본 간투사들은 발화 행위가 아니다. 오히려 그것들은 음성 제스처라고 할 수 있는 것들이다(Goffman 1981 : 78-123 참조).

그러나 기본 간투사들은 보편적인 것도 아니며 의미가 없는 것도 아니다. 그와 대조적으로, 그것들은 언어 특정적인 것이며, 매우 의미 있는 것이다. 더 나아가 우리는 통상적으로 사전에서 해온 것처럼, 어떤 간투사의 의미가 무엇인지에 대해서 모호하게 힌트를 주는 것에 만족할 수 없다. 예를 들면 사전의 정의는 다음과 같다. "wow : 기쁨이나 놀람과 같은 강한 감정을 표현하기 위해 사용되는 간투사", 또는 "oops : 부드러운 사과, 특히 조심성 없음을 표현하기 위해 사용되는 간투사", 또는 "ah : 놀람이나 승리, 조롱거리 또는 놀랄만한 발견 등을 표현하기 위해 사용되는 간투사"(LDOTEL 1984). 이 간투사들은 하나의 의미 불변항을 가지고 있으며 이 의미 불변항은 간투사의 사용 범주를 정확하게 설명할 수 있는 방식으로 나타내거나 공식화할 수 있다. 이 방식은 yuk의 'disgust'와 wow의 'impressed'나 또는 ouch의 'pain'과 같은 특정 언어만이 갖는 용어들에 의존함이 없이 이루어질 수 있다. 이러한 특정 언어의 용어들은, 만약 그 용어가 그것들이 다른 언어에서 사용되는 감정 용어들과 의미 있게 비교될 수 있으려면, 그 자체적으로 설명될 수 있어야 한다. 그러나 어느 경우라도 간투사들의 의미와 정확히 상응하는 용어는 없다. 이제 우리는 '좋다'와 '나쁘다', '하다'와 '일어나다', '원하다'와 '알다', '말하다' 또는 '생각하다'와 같은 보편적인 또는 거의 보편에 가까운 개념들에 전적으로 의존함으로써 간투사에 기호화된 매우 미묘한 색깔의 의미들을 포착할 수 있다 (Wierzbicka 1972, 1980, 1985c, 1987, 1988 참조).[8] 예를 들면 영어의 간투사 oops와 wow는 아래와 같이 설명될 수 있다(Goffman 1981 : 102와 108 참조).

oops
나는 지금 알고 있다 : [9]

　나는 무엇인가 나쁜 일을 했다
　그것 때문에 무엇인가 나쁜 일이 일어났다
나는 그것이 일어나는 것을 원하지 않았다
나는 누군가가 그것이 매우 나쁘다고 생각하는 것을 원하지 않는다
(그것 때문에 나는 무엇인가를 느낀다)

wow
나는 지금 무엇인가를 알고 있다
나는 내가 그것을 알 것이라고 생각할 수 없다
나는 생각한다 : 그것은 매우 좋다[10]
(나는 그것이 그와 같이 될 것이라고 할 수 없었다)
나는 그것 때문에 무엇인가를 느낀다

1.2. '간투사'의 개념 정의

간투사는 하나의 언어적 신호로서, (1) 그것 자체로만 사용할 수 있으며, (2) 매우 구체적인 의미를 표현하며, (3) 매우 구체적인 의미를 갖는 다른 신호에 포함되지 않으며, (4) 그것과 의미적으로 관련된 것처럼 생각되는 다른 어휘 항목과 동음이형어가 아니며, 또한 (5) 현재 화자의 심리적 상태와 심리적 행위(예를 들어, 나는 … 느낀다, 나는 … 원한다, 나는 … 생각한다, 나는 … 알고 있다)를 지시하는 것으로 정의될 수 있다.

이러한 기준에 의하면 Good Lord!, Good heavens!, Christ!나 Hell!같은 감탄사들은 간투사가 아니다. 반면에 gee, wow, oops나 ha 와 같은 것들은 간투사라고 할 수 있다(Goffman(1981 : 99)이 "반사적 외침", 즉 "완전한 단어로 이루어지지 않는 감탄조의 간투사"라고 한 정의를 참조).

위에서 제안한 정의대로 한다면 어떤 문제점을 내포할 수 있는 한 부류의 신호가 있는데, 폴란드어의 hyc(jump)나 bęc(fall) 같은 의성적 신호

가 그것이다. 이 의성적 신호는 준도상적 방식으로 행동을 묘사하는 것을
의미하며, 다음의 예와 같이 서술어에 대한 대용어로 사용된다.

> Kot hyc! – z okna na ziemię(Grodzieńska 1970 : 16).
> 'The cat hyc(jumped) – from the window onto the floor.'
> 그 고양이는 뛰었다(hyc), 창문에서 바닥으로

> Jak to słonko ujrzało,
> Tak się głośno zaśmiało,
> Tak się wzięło pod boki,
> Aż bęc! – z chmury wysokiej.
> When the sun saw that, 태양이 그것을 보자
> It burst out laughing, 웃음을 터뜨렸다
> And was so delighted, 그리고 너무 기뻐서
> It [fell] – crunch! – from its place in the clouds. 그 자리에서 구
> 름 속으로 뚝 사라졌다(bęc)!

hyc나 bęc같은 도상적 '묘사어'는 그것들이 보다 큰 구문의 요소로 나
타날 수 있다는 점 때문에, 그리고 그것들이 종종 의미론적으로 관련이 되
어 있는 다른 일반적인 신호들과 동음어이기 때문에, 다소 문제가 되고 있
다. 예를 들면, 폴란드어의 hop은 뛰기(jump)를 나타내는 묘사어이지만,
hyc와는 다르게 수직적인 뛰기 자세를 강조하는 묘사어로 사용될 수 있으
며, 또는 상대에게 뛰기를 재촉하는 하나의 일반적인 발화로 사용될 수도
있다. 만약 우리가 'hop을 재촉함'을 나타내는 하나의 간투사로 범주화하
고자 한다면, 위에 제시된 조건 (4)의 관점에서 볼 때, 묘사어 hop과의
관계에 문제가 생긴다. 그렇다고 만약 우리가 이러한 조건을 제거한다면,
우리는 더 이상 wow나 gee와 같은 '기본' 간투사와 Christ!, Hell!과 같
은 '이차' 간투사들과의 사이를 구별할 수 없게 된다.

이러한 어려움에 대한 가능한 해결책은 동음어를 명사나, 동사 그러나 형용사와 같은 범주가 아닌, 예를 들어 묘사어나 불변화사처럼, 다른 일정한 범주로 허용하는 방식으로 조건 (4)를 바꾸는 일이다. 시험 삼아 우리는 다음과 같이 제안할 수 있다. (4) 간투사는 그 의미가 그 자신의 의미 속에, 말하자면 예측되는 간투사의 의미에, 간투사와 동음이의어인 다른 어휘 항목이 들어있지 않다. 만약 우리가 조건 (4)의 이러한 진술을 받아들인다면, 우리는 Christ!와 Hell! 또는 Damn!과 같은 감탄사는, 그 감탄사가 하나의 정의 가능한 의미적 공식으로 판명되느냐에 따라, 간투사로 결정될 수도 있고 결정되지 않을 수도 있다고 결론을 내려야 할 것이다. 예를 들어 만약 감탄문 Hell!에 대한 의미론적 공식이 명사 hell을 포함해야만 한다고 명시된다면, 이 감탄사는 하나의 간투사로 범주화될 수 없을 것이다. 그러나 만약 hell의 의미설명이 명사 hell을 포함하지 않아야 한다고 하면, 그 감탄사는 간투사로 범주화될 수 있을 것이다. 이렇게 하는 일이 받아들여질 수 없는 결론처럼 보이지는 않는다.

1.3. 간투사의 유형

만약 간투사가 화자의 심리적 상태나 심리적 행위를 지시한다면, 간투사는 심리적 상태나 행위의 정확한 본성에 따라 분류될 수 있다. 따라서 우리는 다음과 같은 간투사의 유형을 설정할 수 있다. (1) 감정적 유형, 이 의미는 구성성분 '나는 무엇인가를 느낀다'를 갖는다. (2) 의지적 유형, 이 의미는 구성성분 '나는 무엇인가를 원한다'를 갖는다. (3) 인지적 유형, 이 의미는 구성성분 '나는 무엇인가를 생각한다'나 '나는 무엇인가를 안다'를 갖지만 감정적 구성성분 '나는 무엇인가를 느낀다'나 의지적 구성성분 '나는 무엇인가를 원한다'는 갖지 않는다.

물론 다른 기준에 근거하여 간투사를 분류할 수도 있다. 그러나 현재의 연구 목적을 위해서는, 간투사들을 감정적 유형과 의지적 유형 그리고 인지적 유형으로 구분하는 것은 매우 유용하며, 이어지는 논의는 필수적으로 이러한 분류에 기초할 것이다. 그러나 간투사 유형들은 다른 유형의 간투사들의 사이가 의미론적으로 매우 밀접하게 관련되기 때문에, 이러한 분류가 매우 엄격하게 고수될 수 없다는 것은 지적되어야만 한다. 특히 인지적 간투사는 동음이의어의 감정적 간투사를 갖는 경우가 종종 있으며, 그 경우 동일한 형식을 갖는 두 개의 의미들을 비교하는 일이 매우 분명하게 요구된다.

2. 의지적 간투사

아마 많은 다른 언어에서도 마찬가지겠지만, 폴란드어는 의지적 간투사를 비중이 같지 않은 두 부류로 나눌 수 있다. 즉 동물을 향해 쓰는 소수 부류의 간투사와 인간을 향해 쓰는 큰 부류의 간투사가 그것이다. 나는 첫 번째 간투사부터 시작하려고 한다. 간투사의 대부분이 필수적으로 감정의 억양을 가지고 있더라도 앞으로 간투사들을 느낌표 없이 인용할 것이다.

2.1. 동물을 향해 쓰는 간투사

폴란드어에서, cip-cip-cip, kici-kici-kici나 taś-taś-taś와 같은 중첩된 표현들은 모두 동일한 기본적 의미 공식, 즉 '나는 당신이 여기에 오기를 원한다'를 부여할 수 있다. 다만 이들 사이의 차이점은 단지 청자의 부류에 달려 있다.

> cip-cip-cip 나는 너희들(닭들)이 여기에 오기를 원한다
> kici-kici-kici 나는 너희들(고양이)이 여기에 오기를 원한다
> taś-taś-taś 나는 너희들(토끼들)이 여기에 오기를 원한다

또한 반대되는 의미, 즉 '나는 너희들이 여기로부터 멀리 가기를 원한다'
라는 의미를 가지면서 인간이 아닌 것들을 향해 쓰는 간투사도 있다. sio
또는 a sio가 바로 그것인데 이는 영어 shoo와 매우 밀접하게 상응한다.
shoo처럼 sio도 보통 파리나 새를 향해서 쓰며 그 의미는 아마도 '나는
너희가 여기로부터 멀리 날아가기를 원한다'와 같이 표현될 수 있을 것이다.

놀라울 만큼 매우 구체적인 의미를 가진 몇몇의 간투사들은 말들을 대
상으로 사용된다.

> wio 나는 너희들(말)이 앞으로 움직이기를 원한다(영어의 gee-up 참조)
> prr 나는 너희들(말)이 멈추기를 원한다
> hejta 나는 너희들(말)이 오른쪽으로 움직이기를 원한다
> wiśta 나는 너희들(말)이 왼쪽으로 움직이기를 원한다

폴란드 사냥의 전통은 개를 대상으로 한 간투사에 반영되어 있으며 이
간투사는 은유적으로 확장이 되어 때때로 사람에게도 적용된다.

> huzia 나는 너희(개)가 이(들) 생명체(들)에게 무엇인가 나쁜 것을 하
> 기를 원한다(영어의 sic-em 참조).

동물을 향해 쓰는 의지적 간투사들은 의심할 여지없이 세계의 다른 언
어들도 매우 일반적으로 나타난다. 예를 들어 Karcevski(1969 : 198)는 "러
시아 사람과 핀란드 사람들은 말을 멈추기 위해, 긴 양순음 r이 들어 있는
tpru를 외친다"라고 언급했다. 또 Goddard(1987)는 호주 원주민 언어인
Pitjanjatjara에서 사용하는 다음과 같은 예를 제공했다.

> tju-tjuu   '이리와'(개를 부를 때)
> wii   (말에게 명령할 때 또는 말을 고삐를 당겨 멈추게 할 때)

2.2. 사람을 향해 쓰는 간투사

이 범주에 드는 거의 모든 간투사들은 다음과 같은 기본적인 의미, 즉
'나는 지금 당신이 무엇인가를 하기를(하지 않기를) 원한다'를 부여할 수 있
다. 그러나 각각의 간투사들은 추가적으로 좀 더 구체적인 구성성분들을
포함한다. 약간 임의적이기는 하지만 전체적으로 다음과 같은 하위 부류
로 나눌 수 있다.

1. '나는 조용하기를 원한다' 부류(sza, pst, cii)
2. '나는 당신이 이 장소에 있는 것을 원하지 않는다' 부류(won, precz,
   sio, wara)
3. '나는 당신이 뛰기를 원한다' 부류(hop, hopla)
4. '재촉을 나타내는' 부류(nuże, hej, hejże)
5. '먼 거리 의사소통' 부류(hop hop, hallo, ahoj)
6. '나는 그것을 당신에게 준다'의 부류(na)

나는 이 부류들 중 일부의 예에 대해 간략하게 논의하면서 각각의 간투
사들의 불변항을 포착하고 그 불변항들을 예시를 들어 설명하도록 시도할
것이다. 그 중 몇몇 사례를 들어 나는 폴란드어 간투사를 음운적으로나 의
미론적으로 매우 근접한 영어와 러시아어의 대응예들과 비교할 것이다.

2.2.1. '나는 조용하기를 원한다' 부류

폴란드어에는 침묵을 강요하기 위해 사용하는 세 개의 서로 다른 간투
사 sza〔ʃɐ〕, pst〔pst〕, cii〔tci:〕가 있다.

Sza는 아마도 cisza 'silence'로부터 파생되었을 뿐만 아니라 음성 상
징에 의해서도 생긴 것으로 보이는데, 예를 들어 우리가 아이들을 잠자리
에 들게 할 때 그리고 우리가 방을 나간 후에 큰소리로든 속삭이는 소리로
든 아이들이 더 이상 말하지 않도록 경고할 때 사용할 수 있다. Cicho,

dzieci, cicho, sza '조용히, 애들아, 조용히, sza'(영어의 shush 참조)처럼, 어린이들을 조용히 시킬 때 하는 잘 알려진 관용어도 있다.

Pst는 다소 공모적인 특성이 있다. 이 간투사는 모임이나 또는 교실에서 속삭일 때 사람들이 사용하거나, 목표한 청자가 아닌 사람에게는 자신들의 말이 우연히 들리기를 원하지 않는 사람들이 사용할 수 있다. 이 간투사는 다른 사람들이 그들의 말을 우연히 들을 수 있음을 화자에게 경고하려는 것이다. 또한 이 간투사는 어떤 비밀 예를 들면 깜짝 놀라게 하기 위한 어떤 선물을 논의하고 있을 때 사용하거나, 그것을 듣기를 원하지 않는 어떤 사람이 접근하고 있을 때 사용된다.

Cii!는 의심할 여지없이 cicho 'quiet'로부터 파생되었을 뿐만 아니라 음성 상징에 의해서도 생겨난 것으로 보이는데, 예를 들어 어떤 가족이 같은 방에서 한 사람은 전화를 걸려고 하는데 다른 사람들이 대화를 나누거나 또는 시끄러운 소리를 낼 때 사용할 수 있다. 그러나 pst나 sza는 이러한 상황에서는 결코 사용되지 않는다.

결정적인 차이점은 이런 것이다. 즉 pst나 cii를 말하는 사람은 그 자신이 조용히 하려는 것인 반면, sza라고 말하는 사람은 그 자신이 아닌 다른 사람을 조용히 시키려는 것이다. 그래서 우리가 sza라고 외치거나 소리칠 수는 있지만, pst나 cii라고 외치거나 소리칠 수는 없다.

> Sza! sza! – zawołał na kupę dzieci bębniących łyżkami w pusty, blaszany rondel(Reymont). (SJP)
> 'Sza! sza!, he called at the crowd of children drumming their spoons on an empty tin pan.'
> Sza! sza!, 그는 빈 주석팬을 스푼으로 두드리고 있는 한 무리의 아이들에게 소리쳤다.

이러한 차이점은 Rosten(1968 : 327)이 이디시어 shah를 폴란드어 sza

와 분명히 관련이 있는 것으로 주목한 바와 같이 sza가 일반적으로 개인을 향해 사용하기보다 집단을 향해 사용하는 사실과 관련이 있을 것이다. 그러나 pst나 cii는 개인을 향해 쓸 수 있으며 또 일반적으로는 개인을 향해 사용하고 있다.

Cii를 말하는 사람은 예를 들어, 속삭이는 소리, 발소리, 옷자락 스치는 소리 등과 같은 어떠한 소음도 차단하려고 시도한다. 그리고 들리지 않는 것을 향해 들으려는 어떤 노력들이 이미 행해지고 있음을 가정하고 있다. Pst를 말하는 사람은 다른 어떤 소음보다도, 들릴 수 있는 말소리를 차단하려고 한다. 따라서 pst는 cii처럼 절대적인 침묵이라기보다는, 깜짝 파티처럼 어떤 특별한 화제에 대해 침묵을 강요하려는 것이다.

논의 중인 세 간투사들의 의미가 관련되어 있음에도 불구하고, 각각의 차이점은 다음과 같이 나타낼 수 있다.

sza
나는 지금 당신을 포함한 그 누구도 무엇이든 말하기를 원하지 않는다
나는 지금 사람들이 당신이 말하는 것을 듣는 것을 원하지 않는다
당신은 내가 말하는 것을 해야만 한다는 것을 안다

pst(누군가의 입에 손가락을 대면서)
나는 당신이 지금 무엇인가를 말하는 것을 원하지 않는다
나는 나 이외의 다른 누군가가 당신이 그것을 말하는 것을 들을 수 있다고 생각한다
나는 나 이외의 다른 누군가가 당신이 말하는 것을 듣는 것을 원하지 않는다
나는 당신 이외의 다른 누군가가 내가 이것을 말하는 것을 듣기를 원치 않는다

cii
나는 지금 당신이 사람들이 들을 수 있는 무엇인가를 말하거나 무엇인

가를 하는 것을 원하지 않는다.
　나는 지금 나 이외의 누군가가 당신이 그것을 말하는 것을 들을 수 있다고 생각한다
　나는 당신 이외의 다른 누군가가 내가 이것을 말하는 것을 듣기를 원하지 않는다

Sza는 ʃɛ로 발음되는데, 역시나 그 형태와 의미에서 영어 간투사 sh와 유사하다. 영어 간투사 sh는 LDOCE(1978)에 따르면, "침묵을 종용하거나 재촉하기 위해 길게 발음하거나 중복된 형태"로 "종종 사용된다"라고 한다. 그러나 sh의 다른 형태가 보여주듯, 영어 sh는 폴란드어 sza보다 '더 조용하다', 즉 sza는 그 자체를 꽤 큰 소리로 말할 수 있지만, 영어 sh는 매우 크게 말할 수 없으며, 침묵을 강요하는 상황에 화자가 포함되기를 요구한다. 그러므로 sza와 sh에 대한 의미는 다음과 같이 구분할 수 있다.

sza ⇒
나는 사람들이 지금 당신이 하는 말을 듣기를 원하지 않는다

sh ⇒
나는 지금 여기에서 사람들이 무엇인가를 듣는 것을 원하지 않는다

물론 폴란드어 pst는 영어 psst를 떠오르게 한다. 그러나 여기에서도 또한 형태상의 차이는 없다고 하더라도 의미상의 차이는 있다. 영어 psst는 화자가 상대에게 (다른 사람들 모르게) 무엇인가를 말하기를 원한다는 것을 암시한다. 예를 들어 영어에서 psst는 새를 놀라게 하지 않고 그 아름다운 새에게로 누군가의 주의를 조용히 끌고자 할 때 말할 수 있다. 그러나 폴란드어 pst는 이와 같이 사용되지 않는다. pst는 다른 사람이 새가 들을 정도로 말하는 것을 차단하기 위해서 사용하는 것이지, 다른 사람들에게 새를 향해 주의를 끌도록 하는 데 있는 것이 아니다. 따라서 영어

psst에 대한 설명은 하나의 추가적인 구성성분, 즉 '나는 지금 당신에게 무엇인가를 말하기를 원한다'를 포함해야만 한다.

> psst(영어)
> 나는 당신에게 지금 무엇인가를 말하기를 원한다
> 나는 당신 이외의 누군가가 그것을 듣기를 원하지 않는다
> 나는 당신 이외의 누군가가 내가 이것을 말하는 것을 듣기를 원하지 않는다

이 설명에서 볼 수 있는 것처럼, 영어 psst와 폴란드어 pst는 모두 '공모적' 속성을 가지고 있다. 그러나 영어 psst는 화자가 사적이면서 '공모적인' 태도로 무언가를 말하기를 원한다는 것을 지시한다. 반면에 폴란드어 pst는 화자가 외부인이 들을 수 있을 정도로 상대가 무엇인가를 말하는 것을 차단하기를 원하고 있음을 지시한다.

Pst와 pss, 또는 psst와 유사한 하나의 간투사가 러시아에도 또한 존재하는데, 러시아에서 이 간투사들은 매우 다르게 사용된다. 러시아어 학술 사전(SSRLJa, 1950 : 65)에서는 이 간투사를 "불쾌감, 반대, 경고 등을 표현하기 위해 사용되는 의성적인 간투사"라고 정의하고 있다. 예를 들면 다음과 같다.

> Mne ne ponravilsja glavnokomandujuščij - meločnyj čelovek, glupyj ······ Široty - nul' ······ Johann Hensen proiznës prezritel'no - Psst! (A. Tolstoy) (SSRLJa)
> 'I was not impressed by the commander-in-chief—a pretty man, stupid ······ No breadth whatsoever! ······ Johann Hensen uttered contemptuously : Psst!'
> 나는 최고사령관에게 감동받은 것이 없다. 그는 예쁘장한 남자였고, 바보 같았으며, 아량이라곤 어디에도 없었다 ······ Johann Hensen은 경멸스럽게 Psst!라고 내뱉었다.

명백하게도, 영어와 폴란드어 pst는 불쾌감이나 비난을 표현하는 것과
는 아무런 관련이 없다. 그리고 이런 종류의 글로벌 용어를 다룬 의미 분
석의 층위에서 본다면, 러시아어 pst는 영어 혹은 폴란드어 pst와는 전혀
관련이 없는 것처럼 간주되어야 한다. 그렇지만 만일 우리가 보편적인 의
미론적 메타언어로 이루어진 구성성분들로 러시아어 pst의 불변항을 포착
한다면, 우리는 다음과 같은 공통된 의미 요소들을 발견할 것이다.

> pst (러시아어)
> 나는 이것에 대해 무엇인가 나쁜 것을 생각한다
> 나는 지금 그것에 대해 다른 것을 말하기를 원하지 않는다
> (나는 그것에 대해 생각하면서 무엇인가 나쁜 것을 느낀다)

이것은 폴란드어, 영어 그리고 러시아어 pst 사이에 매우 큰 차이점이
있음에도 불구하고, 이들 모두에게 구성성분 '나는 (네가) 무엇인가 말하
는 것을 원하지 않는다'를 부여할 수 있다는 것을 보여준다.

2.2.2. '나는 당신이 이 장소에 있는 것을 원하지 않는다' 부류

폴란드어는 '나는 당신이 여기에 있는 것을 원하지 않는다'나 혹은 '나는
당신이 이 장소에 있는 것을 원하지 않는다'와 같은 일반적인 의미를 가지
며, 사람을 향해 사용하는 세 개의 간투사 won, precz, wara가 있다.

Won과 precz는 모두 '나쁜 감정들'을 암시하지만 won은 또한 경멸적
인 뜻으로 사용된다('나는 당신에 대해 무엇인가 나쁜 것을 느낀다, 당신은 동물과
같다'). Precz는 간투사로뿐만 아니라 준부사로 사용될 수 있으나 won은
보통 간투사로만 사용되는데 아마도 이 간투사가 갖는 경멸적인 특성이
부사로서 사용하기에는 장애가 되었을 것이다. 이에 비해 precz는 비록
경멸적이지는 않지만 적대감을 전달한다. 그러나 이 간투사는 또한 잃어
버린 사랑에 말을 거는 Adam Mickiewicz의 시에서처럼, 특정한 상대가

없이 무엇인가를 향해 '나쁜 감정'을 나타낼 때 사용될 수도 있다.

> Precz z mej pamięci!
> 'Go away from my memory!'
> '내 기억에서 사라져라!'

이 문장에서 precz가 won으로 대체되는 것은 상상할 수도 없다.

Wara에 대해 말하자면, 그것은 동사 warczeć 'growl'(으르렁거리다)과 관련이 있으며, 으르렁거리는 개의 이미지를 불러일으키고, 또한 경고하고 있는 상대에게 어떤 나쁜 느낌을 보여주면서 어떤 장소로부터 멀리 떨어지도록 하기 위해 사용된다. Won과 wara의 예들은 다음과 같다.

> Ryknął basem - Won! - potem jeszcze raz, głośniej - Poszedł won!(Żukrowski) (SJP)
> 'He roared : - Won! (Get out of here!), and then once again, louder 'Be gone, Won!'
> '그는 으르렁거렸다. Won!(여기서 꺼져!) 그리고 나서 다시 한번 더 크게 외쳤다. 사라져, Won!'

> Kozieł, który tam właśnie przyszedł wody szukać :
> Ej - krzyknał z góry - Ej, ty ryży kudła, wara od źródła.
> I hop w dół(Mickiéwicz). (SJP)
> 'A billy-goat that had come in search of water shouted : Ej, ej, you gingertail, keep away (wara) from the spring. And hop off down the hill.' [Note the use of wara, ej, and hop.]
> '물을 찾아서 나온 숫염소 한 마리가 외쳤다 : Ej, ej, 너 생강꼬리야, 우물에서 사라져라(wara). 그리고 언덕에서 뛰어 내려라(hop)'[wara와 ej 그리고 hop의 사용에 주목]

세 가지의 간투사들은 다음처럼 설명될 수 있다.

precz('go away' 꺼져)
나는 당신이 여기에 있는 것을 원하지 않는다
나는 당신이 (지금) 여기로부터 떠나기를 원한다
나는 그것에 관해 생각하면서 무엇인가 나쁜 것을 느낀다

won('get out' 사라져!)(영어의 g'wan 참조)
나는 당신이 여기에 있는 것을 원하지 않는다
나는 당신이 (지금) 여기로부터 떠나기를 원한다
나는 당신에 대해 무엇인가 나쁜 것을 생각한다(당신은 한 마리 짐승과
같다)
나는 당신을 향해 무엇인가 나쁜 것을 느낀다

wara(손가락으로 제스처를 하면서)
나는 당신이 (X가 있는) 이/저 곳으로 오는 것을 원하지 않는다
나는 그것에 관해 생각하면서 무엇인가 나쁜 것을 느낀다
나는 만약 당신이 그것을 한다면 당신을 향해 무엇인가 나쁜 것을 할
것이다

2.2.3. '나는 당신이 뛰기를 원한다' 부류

Hop과 hopla는 둘 다 의지적 간투사로 사용될 뿐만 아니라 동시에 뛰
기를 포함하는 표현으로, 표면상으로 뛰기가 의성적 방식으로 지각된 것
을 묘사하는 표현으로 사용된다(wara 부분에서 인용된 Adam Mickiewicz의 시
의 예 참조).

hop
나는 (지금) 당신이 뛰기를 원한다
(또는, 뛰는 사람처럼 빠르게 움직이기를 원한다)

hopla
나는 당신이 이것 위로 (지금) 뛰기를 원한다

Nuże는 보통 명령의 기능을 하며 명령형이나 부정사와 함께 사용되지만, 단독으로 쓰일 수도 있고 호칭의 형태와 함께 쓰일 수도 있다. Nuże는 상대가 서둘러야 함을 표현한다. 예를 들면 다음과 같다.

> Nuże, nuże! Wstawaj, dość spoczywać! (Gruszecki) (SJP)
> 'Come on, come on! Up you get, that's enough lazing about!'
> 'Nuże, nuże 일어나, 그 정도 게으름 피웠으면 됐어!'

> Nuże szelmy, jeść mu dać, nim pacierz minie, bo łby pourywam! (Sienkiewicz) (SJP)
> 'Come on you scoundrels, give him some food in a wink, or I'll pull your heads off.'
> 'Nuże, 이 깡패야, 그 놈에게 빨리 음식을 줘버려. 그렇지 않으면 내가 네 머리를 뽑아버릴 테다.'

Nuże의 의미는 다음과 같이 제시될 수 있다.

> nuże
> 나는 당신이 그것을 지금 하기를 원한다
> 나는 당신이 그것을 지금 이후에 하는 것을 원하지 않는다

Hej도 역시 상대를 움직이려고 하는 것이기는 하지만, 그렇다고 상대가 느리다거나 느릴 수 있다는 것을 암시하지는 않으며, '주의 끌기'라는 부가적 기능을 갖고 있다. 따라서 만일 상대로 하여금 빨리 일어나도록 재촉하려 한다면, 우리는 hej가 아니라 nuże라고 말할 것이다. 하지만 멀리에 떨어져 있어서 자기를 부르는지를 모르는 누군가를 부를 때, 우리는 nuże가 아니라 hej를 사용할 것이다. 다음의 예를 살펴보자.

Hej! z drogi! ······ wołał na kupiących się ludzi(Sieroszewski). (SJP)

'Hej! Off the road! ······ he shouted at the gathering of people.'

Hej! 꺼져 버려! ······ 그는 몰려있는 사람들을 향해 소리쳤다.

Hej! hej! człowieku! a gdzie to idziecie? Zbłądziliscie - nie tędy droga(Zmorski). (SJP)

'Hej! hej! You there! Where are you going? You've taken a wrong turn. That's not the way.'

Hej! Hej! 당신! 어디가고 있어요? 방향을 잘못 잡으셨어요. 그 길이 아니에요.

Hej, szynkarko, wódki, wódki!(Krasicki) (SJP)

'Hej, waitress, vodka, vodka!'

Hej, 아가씨, 보드카, 보드카!

Hej의 의미는 다음과 같이 제시될 수 있다.

hej
나는 무엇인가를 말하기를 원한다
나는 당신이 그것을 듣기를 원한다
나는 지금 당신이 무엇인가를 하기를 원한다
I want to say something
I want you to hear it
I want you to do something now

Hej에는 또한 감정적 간투사라는 또 다른 용법이 있다. 그리고 이 의지적 간투사와 감정적 간투사, 두 용법은 서로 긴밀히 연관되어 있지만, 이 점에 대해 여기에서 논하지는 않겠다.

Hejże는 형태적으로 hej와 불변화사 że의 결합형으로서, 청자로 하여금 무엇인가를 빨리 하도록 재촉한다. 하지만 hejże는 이러한 의지적인 면에 '유쾌함'이란 구성성분을 더하여, '유쾌한 행동'이 유발됨을 암시한다. Hejże가 '주의 끌기'라는 hej의 또 다른 구성성분을 수반하는지는 분명하지 않다. 예를 들면 다음과 같다.

> Hejże do roboty, hierzcie żywo młoty(Lenartowicz). (SJP)
> 'Hejże let's get to work, grab your hammers.'
> Hejże 일하러 가자, 망치를 들어.

> 'Hejże! w górę czasxe!(Zieliński) (SJP)
> 'Hejże! Drain your glasses!'
> Hejże! 쭉 들이켜!

Hejże의 의미는 다음과 같이 제시될 수 있다.

> hejże
> 나는 지금 당신이 무엇인가를 하기를 원하다
> 나는 당신이 그것을 하고 있을 때 무엇인가 좋은 것을 느낄 것이라고
> 생각한다

2.2.5. '먼 거리 의사소통' 부류

이 그룹에서 가장 흥미로운 간투사는 hop-hop인데, 물론 반드시 그럴 필요는 없지만, 이것은 상당히 멀리 떨어져있는 경우, 특히 숲 속 같은 곳에서 사람을 크게 부를 때 사용된다. 예를 들면 다음과 같다.

> Hop, hop! …… hop! hop! …… - rozlegało się po lesie. Wiele razy powtarzały się te okrzyki bez odpowiedzi(Skiba). (SJP)
> 'Hop, hop! ……- there resounded a cheerful call trom the direction of the tower.'

Hop, hop! ……― 건물 쪽에서 경쾌하게 부르는 소리가 울려 퍼졌다.

Hop, hop, panie, czy tu mieszka pan Grelowicz?(Breza)
(SJP)
'Hop, hop, does Mr Grelowicz live here?'
Hop, hop, Grelowicz씨 여기에 있어요?

폴란드어 'hop hop'의 의미는 다음과 같이 설명될 수 있다.

hop hop
나는 당신이 나에게서 멀리 떨어져 있다는 것을 안다
나는 당신이 나를 듣기를 원한다
나는 당신이 무엇인가를 말하기를 원한다

특히 이 간투사에 관해 흥미로운 점은 이와 비교할만한 다른 언어의 간투사와의 연관성에 있다. 다시 말해 러시아어의 au〔aú〕는 다른 사용 역을 가진 것처럼 보이는데, 바로 거리보다는 접촉과 가시성을 강조하고 있는 것이다. 예를 들면 우리는 친구의 아파트나 집에 들어가면서, 만일 친구가 보이지 않으면 au라고 할 수 있다. 하지만 우리는 이런 상황에서 절대 hop hop이라고 말할 수는 없다. SRJa에서는 au를 "사람들이 서로를 놓치지 않고 찾기 위해서 부르는 말"로 정의하고 있으며, 또한 SSRLJa에서는 그것을 "서로를 볼 수 없는 사람들이 상호 간에 부르는 말"이라고 정의한다. 예를 들면 다음과 같다.

Kogda odna uxodila v sad, to drugaja uže stojala na terrase
i, gljadja na derev'ja, oklikala : "au, Ženja!" ili "Mamočka,
gdety?"(Čexov) (SSRLJa)
'When one went off into the wood, the other would always stand
on the porch, gaze at the trees and call out : "au, Ženja!" or

"Mummy, where are you?"

누군가가 숲으로 사라졌다면, 남은 사람은 언제나 현관에 서서 숲을 응시하며 "au, Zenja!", 즉 "엄마, 어디 있어요?"라고 할 것이다.

> Maša : Ja pojdu poiščču ego.
> Arkadina : Požalujsta, milaja.
> [Maša(idet v levo)] : Au! Konstantin Gavrilovič! …… Au!
> (Čexov) (SRJa)
> Maša : I'll go and look for him.
> Arkadina : Please do, my dear.
> [Maša (goes to the door)] : Au! Konstantin Gavrilovič! …… Au!
> Maša : 내가 가서 그 사람을 찾을 거야.
> Arkadina : 제발, 자네가 그렇게 해주게.
> [Maša(문으로 가서)] : Au! Konstantin Gavrilovič! …… Au!

결합형 "Au! Konstantin Gavrilovič!"형태는, 누군가가 자신이 목표로 하는 사람으로부터 매우 멀리 떨어져 있음을 가정함 없이, au!로 부를 수 있다는 것을 말해준다. 그러나 폴란드어의 hop hop은 목표로 하는 사람이 멀리 떨어져 있어서 소리를 쳐야만 연락이 닿을 수 있음을 가정해야 한다는 것을 암시한다. 더구나 au는 화자가 상대가 어디에 있는지를 알 수 없음을 암시하지만, hop hop은 반드시 그럴 필요는 없다. 참고로 hop hop이 쓰인 마지막 예는 사실 화자와 상대가 서로 볼 수 있는 곳에서 사용된 경우이다.

또한 폴란드어 hop hop과 러시아어 au를, 호주 영어의 간투사 cooee와 비교하는 것도 흥미로운 일이다. 이 cooee는 분명히 새소리를 모방한 원주민 단어에서 나온 것으로서, 수풀에서 먼 거리를 두고 소통하는 사람들이 사용한다. Cooee는 가시성이라는 점을 부각한다면, au와 유사하고 hop hop과는 다르다. 왜냐하면 cooee는 서로 볼 수 있는 사람들 사이에서는 사용될 수 없기 때문이다. 하지만 예를 들어 cooee는 화자와 상대

둘 다 숲을 걷고 있을 때, 서로 어디에 있는지 알 수 없다는 것을 암시한다는 점에서 au와 다르다. 그에 반해 au의 경우에 Chekhov의 첫째 예에서처럼 상대는 화자가 어디에 있는지를 알 수 있다. 결론적으로 우리가 친구 집에 들어 갈 때, 만일 친구 집이 커서 친구가 그 집 어딘가에 있지만 보이지 않는다고 생각한다면 au를 사용할 수 있는 것이다. 하지만 우리는 농담할 때가 아니면 결코 그런 상황에서 cooee나 또는 hop hop를 사용할 수는 없다.

> cooee
> (만일 사람들이 그 장소의 동일한 곳에 있지 않다면) 나는 우리가 서로 볼 수 없는 장소에 있다는 것을 안다
> 나는 당신을 볼 수 없다
> 나는 당신이 멀리 떨어져 있다고 생각한다
> 나는 당신이 어디에 있는지를 알기를 원한다
> 나는 당신이 내가 어디에 있는지를 알기를 원한다
> 나는 당신에게 내 말이 들리기를 원하기 때문에 이런 식으로 이것을 말한다

> au
> 나는 당신을 볼 수 없다
> 나는 당신이 어디에 있는지 알기를 원한다
> 나는 당신에게 내 말이 들리기를 원한다

3. 감정적 간투사

3.1. '역겨움'과 그와 유사한 감정을 나타내는 간투사

Haiman(1989 : 157)은 영어의 간투사 yuk을 "매스꺼움을 나타내는 보편적 제스처로 …… 특정 언어만의 표현인 것"이라고 하였다. 그는 독일어 간투사 pfui와 미국 중부의 Dakota에서 쓰는 간투사 xox를 관련하여,

yuk이 "특정 언어의 말"이라는 자신의 주장을 뒷받침하고 있다. 하지만 분명하게도 그는 오직 이러한 간투사의 형태만을 언어 특정적인 것으로 간주하였고, 간투사들의 의미는 명백하게도 "매스꺼움을 나타내는 보편적 제스처"의 관점으로 보았다.

하지만 이 의미가 정말 보편적일까? 감정의 간투사는 감정을 나타내는 어휘들보다 관습적인 것이 아니기 때문에, 아마 간투사들의 의미가 영어의 anxiety나 독일어의 Schadenfreude 또는 폴란드어의 tesknota 그리고 러시아어의 xandra 등과 같은 용어들보다는 특정 언어인 것이 아닐 수 있다고 기대하는 것이 자연스러울 수 있다. 그럼에도 불구하고 예를 들어 '매스꺼움을 나타내는 보편적 제스처'라는 것이 있다고 믿는다면, 그것은 환영이라고 생각한다. 일례로 폴란드어에는 yuk와 동일한 표현이 없다. 그렇지만 다른 한편으로는 폴란드어에는 세 개의 서로 다른 간투사가 있다고 할 수 있는데, 바로 fu와 fe 그리고 tfu이다. 이것들은 대략 역겨움 같은 것과 관련될 수 있지만, 그럼에도 불구하고 서로가 다르고 yuk와도 다르다.

폴란드어 간투사 fu는 러시아어의 동음으로 된 대응예를 가지고 있지만, 이 두 fu의 의미는 동일하지 않다. Karcevski(1969 : 198)는 러시아어의 fu를 "répulsion olfactive", 즉 '후각적 불쾌감'의 간투사라고 풀이했다. 러시아어에 대한 설명의 타당성에 대해서는 나중에 살펴보겠지만, 이 풀이는 폴란드어의 간투사 fu와 어느 정도 맞을 수 있는데, 이는 바로 우리가 갑자기 고약한 냄새에 맞부딪혔을 때, fu를 쉽게 이용할 수도 있기 때문이다. 하지만 그것은 다른 환경에서 일례로 우리가 어떤 사람이 다른 사람의 접시를 핥고 있는 것을 봤을 때도 쓰일 수 있다. 또한 우리는 누군가의 냉장고 안에서 어떤 부패한 음식물을 발견하거나, 처음으로 달팽이를 먹는데 초청받았을 때도 fu라고 말할 수 있을 것이다. 그와 반대로 스 핏파이어 애벌레나 특히 어떤 불쾌한 벌레와 같은, 매스꺼운 생명체가 우 리의 팔에 내려앉았다면, 또는 길가에 짓이겨진 달팽이를 봤다면 우리들 은 fu라고 할 수 없으며 쉽게 yuk라고 말할 수 있다.

우리는 다음과 같이 일반화할 것이다. 우리가 어떤 '혐오스러운' 냄새나 '혐오스러운' 음식, 또는 '혐오스러운' 식습관에 맞닥뜨려졌을 때, 다시 말 해서, 우리의 입과 코가 '매스꺼운' 것으로 지각하는 어떤 것에 가까이 닿 을 때, 우리가 그것 때문에 어떤 것을 나쁘다고 느끼고, 그 불쾌한 접촉이 나 접근을 피하기를 원할 때, 우리는 fu라고 한다.

하지만 만일 어떤 벌레가 우리의 코에 내려앉는다면, 우리는 fu라고 말 하지 않는다. 왜냐하면, 아마도 이것은 이러한 접촉으로 생긴 그 나쁜 감 정이 우연히 코와 연관되었을 뿐이며, 그것은 어떤 매스꺼운 벌레를 누군 가의 코에 놓는 일이 그것을 누군가의 볼에 놓는 일과 다르지 않기 때문이 다. Fu는 반드시 코와 입의 관점에서만 정의된 감정들에 한정되는 것 같 다. 즉 어떤 '매스꺼운' 것이 누군가의 코나 입으로 들어가는 상황으로만 제한된다.

폴란드어 fu의 사용 영역을 설명하기 위해, 첫 번째 접근으로 나는 아 래의 의미설명을 제안한다.

> fu (폴란드어)
> 나는 지금 이 장소에 있는 무엇인가에 대해서 무엇인가를 지금 안다
> 나는 그것 때문에 내 몸 안에서 무엇인가 나쁜 것을 느낀다
> 나는 다음과 같이 생각하는 어떤 사람처럼 느낀다 : 나는 이 것이 내 코
>   나 내 입 안으로 들어오는 것을 원하지 않는다
> 나는 다른 사람들이 같은 것을 느낄 것이라고 생각한다

'나는 다른 사람들도 같은 것을 느낄 것이라고 생각한다'라는 구성성분

은, 그 상황에 대한 어떤 '객관적인' 혐오스러움이나 비위 상함이 있다는 화자의 생각을 포착하기 위해서 의도된 것이다. '내 몸 안에서' 이 하위 구성성분은, 이 간투사가 예를 들면, 도덕적이거나 지적, 또는 심미적인 혐오스러움이 아니라, 화자 쪽에서의 육체적인 반응을 암시한다는 것을 보여주기 위해 의도된 것이다.

Yuk의 경우도 그 원형이 육체적이라는 것은 의심의 여지가 없다. LDOTEL에서는 yuk(yuck)을 "아마도, 구역질 소리를 모방한 것으로, 혐오스러움을 나타내는 간투사의 하나"로 기술하고 있는데, 이것은 이런 관점에서 정확하다고 할 수도 있다. 그럼에도 불구하고, 특히 많은 젊은 정보 제공자들은, 그들이 이 단어를 육체적으로 역겹거나 매스꺼운 대상에 대한 육체적 반응을 표현하기 위한 것일 뿐만 아니라, 비육체적인 자극 대상에 대해서도 사용한다고 확신했다. 예를 들면, 어떤 학생들은 강사가 자신들이 몹시 싫어하는 과제를 냈을 경우에도 그들은 yuk!이라고 말할 수 있다고 하였다.[11] 이러한 정보 제공자들 사이의 불일치는 아마도 어떤 사회언어학적 변이형을 반영한 것이다. 왜냐하면 yuk!의 사용이 확대되고 사용역이 확장되기 때문이다. 1988년 10월 25일자 'The Australian' 신문의 14면에서 발췌한 다음의 인용문을 보면, 적어도 호주에서는 yuk이 추상적인, 즉 비육체적인 의미로 쓰여, 예를 들면 "페미니스트-YUK!, 여자로서 나는 정말 부끄럽다"처럼, 서면으로나 심지어 활자화되어서도 나타날 수 있다는 것을 보여준다. 이 예는 편집자에게 보낸 편지에서 인용한 것으로, 같은 페이지 "Sheila- Speak"라고 하는 코너에서, 성차별 언어의 새로운 지침에 대한 독자들의 반응을 나타낸 것이다. 폴란드어 fu의 경우는 '신체 상의 구성성분'이 있어야 하는 것은 의심의 여지가 없다. 예를 들면 사람들은 결코 어떤 새로운 정책의 지침이나 대학의 연구 과제와 같은 지적인 업무에 대한 반응으로 fu를 말할 수 없을 것이다.[12]

Yuk은 이러한 관점에서 혐오스러움을 표현하는 다른 간투사, 즉 고대 영어인 phew와는 다르다. 그리고 이 phew는 앞서 언급된 안도의 phew와 분절적으로 동음일 수 있으나, 다른 유형의 어조를 가지고 있으며, 때때로 pee-yew형으로 나타난다. '혐오스러움의 phew'는 특히 Karcevski가 '후각적 매스꺼움'이라고 부른 것과 관련되어 있으며, Haiman(1989)이 언급한 독일어 pfui처럼, 분명히 나쁜 냄새를 가리킨다. 그럼에도 불구하고 phew는, 의미론적으로 yuk과 유사한 것으로 지각된다. 예를 들면 호주 텔레비전에 자주 등장하는 쓰레기 봉투에 관한 광고에서, 뻐꾸기 한 마리가 시계에서 튀어나와 쓰레기 더미를 보면서 연속적으로 phew와 yuk을 내뱉는다.

시험적으로 나는 yuk에 관해 다음의 의미설명을 제안해 보고자 한다.

yuk
나는 생각한다 : 이것은 나쁘다
나는 이것 때문에 무엇인가 나쁜 것을 느낀다
나는 다른 사람들이 같은 것을 느낄 것이라고 생각한다
나는 다음과 같이 생각하는 어떤 사람처럼 느낀다 :
　　나는 이와 동일한 장소에 있는 것을 원하지 않는다

3.1.2. 러시아어 fu

폴란드어 fu가 반드시 후각적인 감각은 아니지만 신체상의 감각과 분명히 관련이 있다는 점에서 역겨움을 나타내는 영어의 phew와 유사하다고 한다면, 바로 이런 점에서 폴란드어 fu는 러시아어의 fu와는 다르다. 러시아어의 fu는, 앞서 언급한 것처럼 Karcevski(1969 : 198)가 '후각적 매스꺼움'의 간투사로 풀이하였지만, 사실은 순수한 정신적 반응, 즉 도덕적 반응이나 심미적 반응 등을 표현할 수 있는 것이기 때문이다. 다음의 문장들에서 그 예를 살펴보자.

⋯⋯ ej xotelos' pojti v spal'nju Veročki, sobrat'sja k nej pod odejalo I prilaskat' ee ⋯⋯ No ona otgonjala êti užasnye mysli. Fu! kak užasno! Kak kakaja-nibud' lesbijanka! Gadost' kakaja!(Suslov 1982 : 188)

'⋯⋯ she was tempted to go to Veročki's bedroom, to sneak under her covers and to cuddle her ⋯⋯ But she would chase such awful thoughts away, in horror. Fu! How horrible! Like some lesbian! How disgusting!'

⋯⋯ 그녀는 Veročka의 침실로 들어가 그녀의 이불 속으로 몰래 기어 들어 그녀를 꼭 껴안고자 하는 유혹에 빠졌다 ⋯⋯ 그러나 그녀는 기겁을 하면서 그런 끔찍한 생각을 쫓아 버렸다. Fu! 정말 끔찍하군! 레즈비언 같아! 정말 혐오스러워!

우리가 이러한 경우에 화자의 역겨움은 거의 육체적이라고 할지 모르나, 그것은 우리의 머릿 속에서 '역겨운' 생각을 지각한 데 원인이 있는 것이지, '역겨운' 냄새나 장면을 감지한 것에서 온 것이 아니다. 폴란드어 fu는 이와 유사한 상황에서는 결코 사용될 수 없으며, 또한 영어 fu도 이러한 방식으로 사용될 수 없을 것이다.

사실 러시아어 fu는 육체적 혐오스러움이나 매스꺼움과 훨씬 거리가 먼 상황에서도 쓰일 수 있다. 러시아어 학술사전(SSRLJa)에서는 fu를 "경멸이나 분노, 또는 매스꺼움(otvraščenie) 등"을 나타내는 하나의 간투사로 풀이하면서 매스꺼움을 그 가능성들 중 하나로 언급하고 있는 반면, Dal의 사전(1982)에서는 fu를, "경멸이나 분노의 간투사(meždometie prezrenija, dosady)"로 풀이하고 있으나, 매스꺼움은 전혀 언급하지 않고 있다. 이들 사전에 인용된 예들은 '어리석음'으로 평가되는 인간의 행동이나, 화자와 관련된 조바심 나는 사건들을 가리키고 있다. 예를 들면 다음과 같다.

Fu, kak vy bestolkovy! ⋯⋯ Sejčas že pozovite etix niščix!

(Kuprin) (SSRLJa)

'Fu, how stupid you are! …… Call these beggars in at once!'

Fu, 너, 참 어리석구나! …… 이 거지들을 당장 불러들여!

Fu, kakoe skvernoe pero!-zakričal Šumonov, udariv v dosade impo stolu(Dostoevskij). (SSRLJa)

'Fu, what an awful pen! - shouted Šumnov, angrily hitting it against the table.'

Fu, 정말 진저리나는 펜이야! - Šumnov는 화가 나서 그것을 탁자에 던지면서 소리쳤다.

러시아어 fu의 비육체적 특성을 설명하기 위해서, 우리는 아마 이 의미 설명을 할 수 있을 것이다.

fu (러시아어)
나는 지금 무엇인가를 안다/상상한다
나는 생각한다 : 이것은 나쁘다
나는 그것 때문에 무엇인가 나쁜 것을 느낀다
나는 다른 사람들도 같은 것을 느낄 것이라고 생각한다
나는 다음과 같이 생각하는 어떤 사람처럼 느낀다 : 나는 이것을 원하지 않는다

만일 우리가 Karrcevski의 주장을 생각해 본다면, 다시 말해 러시아어 fu는 아주 미약하게 또는 은유적으로 코와 어떤 관련성이 있다는 사실을 고려하기를 원한다면, 우리는 이 의미설명의 마지막 구성성분을 다음과 같이 다시 풀어 쓸 수 있을 것이다. 즉 '나는 이것이 내 코 가까이에 있는 것을 원하지 않는다'. 그리고 이 구성성분은 위에 제시된 예와 부합하지 않는 것은 아니다. 왜냐하면 도덕적 그리고 심미적 '역겨움'이 육체적 원형의 관점에서 개념화될 수 있기 때문이다. 그렇지만 중요한 점은 의미 설명

에 '몸 안에서'라는 구성성분을 포함시키지 않는 것이다. 왜냐하면 우리는
이미 앞에서 폴란드어 fu에 그것을 부여했기 때문이다.

폴란드어 fu와 달리, 폴란드어 fe는 신체적 감각에만 한정되지 않는다
는 점에서 러시아어 fu와 유사하다. 그러나 그 외 다른 점에서 fe와 fu는
다르다. 대략 말하자면, fe는 가벼운 도덕적 혐오스러움을 표현한다. 그것
은 항상 인간 행동에 대한 하나의 반응으로 나타나며, 러시아어 fu처럼,
성가신 사물(예를 들면, 펜 하나)에 대해서는 결코 사용할 수 없다. 표현된
느낌은 '원만하거나' 아니면 '원만한' 방식으로 표현되는데, 그 이유는 화자
의 목적이 순수하게 표현된다기보다는 교훈적인 것에 있는 것처럼 보이기
때문이다. 즉 화자의 목적은 상대방의 행동에 대한 부정적인 감정의 반응
을 표현함으로서 상대에게 부끄러움을 느끼게 하고, 상대가 그의 행동을
고치도록 하는 데 있다.

전형적으로, fe는 어른들이 어린 아이들에게 말할 때 사용되지만, 또한
예를 들면, 가벼운 태도의 여성이 추파를 던지는 한 남자를 꾸짖을 때도
사용될 수 있다. SJP에서는 fe를 "혐오스러움과 불쾌함, 그리고 질책을
표현하는 간투사"라고 풀이했지만, 그러나 이처럼 어딘가 좀 미흡한 풀이
방식에는 다음과 같은 더 많은 유용한 해석이 뒤따른다. 즉 "그것은 '너는
부끄러운 줄 알아야 해! 그것은 좋지 않아!'와 유사한 어떤 것을 의미한
다". 몇몇의 예를 살펴보자.

> Rzepa także go zagadnie :
> Fe! Niedobrze! Fe! Nieładnie!
> Jak pan może,
> Panie pomidorze?(Brzechwa 1983 : 23)
> 'The turnip will also reprove him : 순무까지도 또한 그를 꾸짖을 것

이다 :

Fe! That's bad! Fe! That's not nice! Fe! 그건 나빠! Fe! 그건 좋지 않아!

How can you, Mr Tomato?' 토마토 씨, 어떻게 당신이 그럴 수 있지?'

Fe! Jak pan może mówić takie rzeczy!(Sienkiewicz) (SJP)
'Fe! How can you (polite from) say such things!'
Fe! 어떻게 당신(공손한 형태)이 그렇게 말할 수 있어!

Fe, Sewerynku, wstydź się, złym bratem jesteś(Bliziński). (SJP)
'Fe, Jimmy (Sevie), you should be ashamed of yourself, you're a bad brother.'
Fe, 지미(Sevie), 넌 부끄러운 줄 알아야 해, 넌 나쁜 형이야.

사실 가장 일반적인 연어형태는 fe, nieładinie 'fe, 그것은 좋지 않아'이며, 어린이의 시에서 인용된 다음의 특징적인 예에서 찾을 수 있다.

Fe, nieładnie! Fe, Kłamczucha!(Brzechwa 1983 : 9)
'Fe, that's not nice! Fe, you're a little liar!'
Fe, 그것은 좋지 않아. Fe, 너는 애송이 거짓말쟁이야!

Fe, nieładnie! któż tak kłamie?
Zaraz się poskarzę mamie!(Brzechwa 1983 : 9)
'Fe, that's not nice! Who lies like this?
I'll tell mum about it!'
Fe, 그것은 좋지 않아! 누가 이와 같은 거짓말을 했을까?
나는 엄마에게 말할 거야.

Fe를 포함하는 다른 일반적 연어는 위의 예처럼 'fe! 어떻게 그럴 수 있니' 또는 'fe! 넌 부끄러운 줄 알아야 해!'이다. 그러나 fe는 다음 어린이의 시처럼 그 자체로만 나타날 수도 있다.

> Brudasek
> A ten piesek Bryś,
> co się nie shciał kąpać dziś,
> ma na łapkach kurz I piasek,
> więc spać pójdzie jak brudasek.
> Fe!(Szelburg & Zarembina 1970 : 60)
> 'Dirty little grab. '작고 더러운 굼벵이.
> That little dog Spottie, 작은 개 Spottie,
> who didn't want to have a bath today, 그놈은 오늘 목욕 하기를 싫어하지,
> has sand and dust on this little paws, 그 개의 작은 발톱 위에 모래와 먼지가 있어,
> so he'll go to sleep like a dirty little grab. 작고 더러운 굼벵이처럼 잠들 거예요.
> Fe!'

덴마크어와 스웨덴어는 이와 유사한 소리를 가진 역겨움의 간투사가 있으며(Anne Dineen과 Jean Harkins가 사적으로 제공한 말), 그 간투사 역시 유사하게도 교훈적 목적을 갖는다는 사실을 잠시 주목하는 것은 흥미로운 일이다. 그것은 fy인데 전형적으로 배변 훈련과 관련하여 사용되는 것처럼 보인다. 그런데 덴마크어나 스웨덴어는 그 자신을 더럽힌 어린 아이들이 역겨움의 fy로 질책을 받는 것이 너무 당연한 것인 반면에, 폴란드어 fe는 높은 수준의 사회적 그리고 도덕적 규칙에 호소하기 때문에 그러한 생리적인 상황에서는 거의 사용되는 것 같지 않다. 사람들은 fe가 상대방의 수치심에 호소하는 반면에, fy는 생리적인 역겨움에 대한 파블로프적 반사에서 나온다고 말할 수 있다.

fy

나는 지금 당신이 무엇인가 나쁜 일을 했다는 것을 지금 안다
나는 그것 때문에 무엇인가 나쁜 것을 느낀다
나는 다른 사람들도 똑같은 것을 느꼈을 것이라고 생각한다
나는 당신이 그것 때문에 무엇인가 나쁜 것을 느끼기를 원한다
나는 당신이 이것을 하기를 원하지 않는다

fe

나는 지금 당신이 무엇인가 나쁜 일을 했다는 것을 지금 안다
나는 그것에 대해 생각하면서 무엇인가를 느낀다
나는 다른 사람들도 똑같은 것을 말할 것이라고 생각한다
나는 만약 누군가가 이와 같은 무엇인가를 한다면 그것은 나쁘다는 것
　　을 당신이 안다고 생각한다
나는 당신이 그것에 대해 생각하면서 무엇인가 나쁜 것을 느끼기를 원
　　한다

　Fe는 무엇인가 점잖고 '세련된' 것을 말하려는 것으로, 상대의 수치심, 사회적 규칙에 대한 지식, 절제, 말하자면 역겨움의 충격에 호소하는 것이다. 이러한 이유로, '나는 그것 때문에 무엇인가 나쁜 것을 느낀다'라고 하기보다는 '나는 그것에 대해 생각하면서 무엇인가를 느낀다'처럼 훨씬 더 모호하게 느낌 그 자체를 표현했다(이 점에 대해 더 많은 논의는 3.1.6.을 참조). 반면에, 나는 fe의 의미설명은 교양 있는 행동의 어떤 일반적인 규칙에 대한 상대의 이해를 언급하는 문장, 즉 '나는 만약 누군가가 이것을 한다면 그것은 나쁘다는 것을 당신이 안다고 생각한다'를 포함하지만, 보다 생리적인 fy의 정의에는 그것을 포함하지 않았다.

3.1.4. 이디시어의 feh

　러시아계 유대인들에게 인기 있는 대중가요, 'A Soviet Jew's prayer' 또는 'A Jewish marseillaise'에서 하는 이디시어 간투사 feh는 유대인임

을 표시하는 명백한 신호로 사용된다.

Otrečemsja ot starogo mira ⋯⋯
Nam ne nužno zlatogo kumira - Feh!
'Let's renounce the old would ⋯⋯
We don't need a golden calf - Feh!'
낡은 세상을 버리자 ⋯⋯
우리는 금송아지가 필요하지 않다 - Feh!

여기에서 Feh는 '소비에트' 치하의 유대인이 갖는 거짓된 정체성을 '소비에트'의 가치로 나타내며, 그리고 다른 어떤 가치들(특히 자본주의적 가치)에 대해 거짓된 거부와 거짓된 역겨움을 나타낸다.

Rosten(1968 : 115)에 의하면 "Feh!는 'phew!', 'Pee-oo!', 'ugh!', 'Phooey!', 'Ecch!' 그리고 'Ffrr!'와 같은 역겨움의 감탄 표현들을 대체하는 이디시어이다. 'Feh!'라고 말하면 당신은 그 의미를 시각적으로 강화하기위해 이를 드러내고 코를 찡그리게 될지도 모른다."라고 하였다. Rosten은 "이처럼 매우 현저한 욕설의 영향력을 설명하기 위해 전체적인 이야기를 한번 써봤다."라고 말하였다. 그리고 그는 다른 많은 상황에서 "Feh!가 완벽한 발화로 사용될 수 있는" 상황들을 다음과 같이 열거하였다.

1. 썩은 달걀의 냄새 맡기
2. 열린 하수구 지나가기
3. 로스앤젤레스 스모그 들이마시기
4. 뉴저지의 뉴욕 외곽에 있는 유황 채굴장 옆 차 몰고 지나가기
5. 썩은 생선냄새 맡기
6. 벌집 쑤신 것 같은 비트족의 머리 묘사하기
7. 당신이 몹시 싫어하는 정치적 주장을 요약하기
8. 적에게 자비심이나 명예를 부여하기
9. 치질 수술을 깊이 생각하기

10. 네 아내와 멀리 달아난 **괘씸한 놈**(paskudnyak)의 특징 기술하기
11. 소프라노가 어떻게 아리아를 망치는지 열거하기
12. 술 취한 놈 묘사하기

이디시어의 feh는 폴란드어 fe에서 왔거나 아니면 아마도 다른 주변에서 유래한 것으로 보인다. 그러나 이디시어 feh의 사용범위는 그보다 훨씬 더 넓고, 실제로는 적어도 영어 yuk만큼이나 사용범위가 넓다. 그렇지만 feh는 Rosten이 마지막 번호에 이르기까지 제시했듯, 즉 "어떤 장면, 사건, 사람, 위기, 경험, 정서에 대한 부정적 느낌을 강하게 묘사한 것"만큼 그렇게 넓게 사용되지는 않는다. Rosten이 잘 의식하고 있듯이, 이디시어는 "부정적인 느낌을 강하게" 표현하는 다른 간투사들 중에서, 특히 oy vay가 있는데, 언제나 이것이 feh를 대체할 수 있는 것은 아니다.

Feh와 oy vay의 중대한 차이는 feh가 좀 더 '냉정'하며 좀 더 '기술적'이라는 특성에 있는 듯 보인다. Oy vay는 '어떤 나쁜 일이 나에게 발생하고 있다'는 것을 암시한다. 반면 feh는 '나에게'라는 개인의 연루에 대한 요소가 없으며, '일어나고 있는 중이다'라는 역동적인 요소도 없이 '이것은 나쁘다'는 것을 암시한다. 그러나 feh가 단순히 개인적 연루의 결핍을 뜻하는 것만은 아니다. 다시 말해 무엇인가 '객관적으로' 나쁘며, 다른 사람들도 역시 그것 때문에 무엇인가 나쁜 것을 느낄 것이라는 사실을 적극적으로 주장하는 것이다. 예를 들어 만약 벽돌 하나가 지붕에서 떨어져서 어떤 사람의 머리에 맞았다고 한다면 그 사람은 feh!라고 외칠 수 없다. 이처럼 feh가 갖는 '공적' 특징을 설명하기 위하여, 나는 다시 한 번 '나는 다른 사람들도 똑같은 것을 말할 것이라고 생각한다'라는 구성성분을 가정할 것이다. 이것 때문에 feh에 대한 다음과 같은 부분적인 의미설명을 도출할 수 있다(3.1.6 참조).

feh
나는 생각한다 : 이것은 나쁘다
나는 그것 때문에 무엇인가 나쁜 것을 느낀다
나는 다른 사람들도 같은 것을 말할 것이라고 생각한다
나는 다른 사람들도 같은 것을 느낄 것이라고 생각한다

Feh의 사용이 광범위하다는 관점에서, 나는 feh의 의미설명 안에 화자의 신체에 관한 언급을 포함하지 않았다. 그러나 '코를 찡그리기'와 '이를 드러내기'에 관한 Rosten의 관찰을 주목하는 것은 흥미로운 일인데 그는 이 행위가 feh의 의미를 보강하는 것으로 생각했다. 나는 이러한 제스처들이 후각과 구강의 거부감에 대한 가벼운 느낌을 나타낸다고 추정한다. 즉 화자는 그의 입술과 코가 어떤 불쾌한 물질이 접촉하는 것을 최소화하려는 것처럼 행동한 것이다. 그렇지만 이러한 거부의 제스처들은 그들의 코나 입과 목으로부터 어떤 물체를 제거하기 위해 노력하는 사람의 모습을 연상할 때처럼 격렬하지는 않다.

신체적 제스처와 신체 부위에 대한 어떤 지시의 문제들은 논외로 하더라도, 위에서 제안한 feh의 공식은 '나는 다른 사람들도 똑같은 것을 말할 것이라고 생각한다'의 구성성분만을 제외한다면 사실상 앞서 제안된 yuk의 공식과 같다. 이 구성성분은 feh가 yuk보다 판단적인 것임을 나타내며, 이 때문에 feh를 매우 판단적인 폴란드어 fe와 연관하여 생각할 수 있다. feh와 yuk은 모두 어느 정도는 판단과 본능적인 반응을 수반하지만, yuk는 feh의 경우보다 본능적인 반응의 요소가 더 강하게 드러나며 그것은 예를 들어 소프라노가 어떻게 아리아를 망치는지를 낱낱이 설명하는 것과 같은 추상적 상황에서 보다 유표적인 것처럼 보인다.

3.1.5. 폴란드어 tfu와 러시아어 t'fu

이제 폴란드어 간투사 tfu와 러시아 간투사 t'fu로 논의를 돌리자면, 우

리가 무엇보다 주목해야 할 점은 그 둘이 모두 침 뱉을 때의 행동을 가리
킨다는 점이다. Karcevski는 러시아어 t'fu의 이러한 점을 강조하였고,
이것을 러시아어 표현 naplevat'(문자 그대로의 의미 : '침 뱉기')와 관련지었
으며 또한 독일어의 표현 Ich spucke drauf! '나는 이것에다 침을 뱉는
다'와 비교하였다. Karcevski의 지적에 의하면, 러시아어 t'fu는 naplevat'
의 대용어로 사용될 수 있으며 본동사로 기능할 수 있다.

Mne	na	éto	naplevat'!
to-me	on	this:ACC	to.spit

=

Ja	t'fu	na	éto!
I:NOM	t'fu	on	that:ACC

'나는 이것에 침을 뱉는다(이것이 내가 그것에 대해 느끼는 것이다)!'

그러나 러시아어의 naplevat'와 그리고 결과적으로 같은 t'fu는 단지
외부인에게 두 단어가 침 뱉는 행동을 상징한다는 정보만을 추론할 수 있
을 뿐이다. 다시 말해 침 뱉기 그 자체는 문화특수적 의미를 갖는 상징적
행위이다. 러시아어에서 naplevat', 즉 '(나는 그것에) 침 뱉을 (수 있다)'
는 경멸적인 무관심을 표현한다. '나는 상관하지 않는다'라고 화자는 말하
는 것처럼 보이며, 여기에 반항적이고 거친 태도를 추가하고 있다. T'fu는
naplevat'의 대용어로서 동일한 것을 의미할 수 있다. 예를 들면 다음과
같다.

A naplevat' mine na nego, on mne nipočem! (SSPLJa)
'I can spit on him, I don't need him!'
나는 그에게 침을 뱉을 수 있다, 나는 그 따위는 필요하지 않다!

Mne na éto vaše zoloto - t'fu! I ona dejestivitel'no pljunula sebe pod nogi(Polevoj). (SSRLJa)

'I can t'fu (spit) at that gold of yours! And she actually spat in front of her feet.'

나는 당신의 그 금화에 t'fu 할 수 있다! 그리고 실제로 그녀는 그녀의 발 앞에 침을 뱉었다.

T'fu(그리고 naplevat')의 이러한 의미는 다음과 같이 설명될 수 있다.

t'fu(러시아어)
나는 이것에 대해 상관하지 않는다
나는 그것에 대해 생각하면서 무엇인가 나쁜 것을 느낀다
나는 이것을 하기를 원하는 누군가처럼 느낀다 : 〔침 뱉다〕

이 의미설명에서 나는 상관하지 않는다라는 표현은 다음과 같이 더 자세히 설명될 수 있다.

나는 이것에 대해 생각하기를 원하지 않는다
나는 누군가가 내가 이것을 원한다고 생각하는 것을 원하지 않는다

침 뱉기가 갖는 상징적인 행위와 경멸적인 무관심의 태도 사이의 관련성은 특히 다음 인용문에서 분명하게 드러난다.

- Pojdem, - govorit, - posmotrim tvoi ramy.
- U menja - govorju, - urok dolžen byt.
- Da pljun' ty, - govorit, na urok, raz takoe delo.
(Goljavkin 1968 : 110)
"Let's go", he says, "and have a look at your frams."
"I can't", I say, "I am due for a lesson."
"Stuff the lesson" 〔lit. 'spit on the lesson.'〕, he says."
"네 안경테를 보러 가자."라고 그가 말했다.

"안돼." "나는 수업을 해야 해"라고 내가 말했다.

"그까짓 수업" 〔문자 그대로의 의미, '수업에 침뱉다'〕, 그가 말했다.

또한 SSRLJa에서는 t'fu의 또 다른 의미를 "그것은 또한 불쾌감, 분개함, 실망 등을 표현하기 위하여 사용된다"라고 제시하였다. 이렇게 주장된 두 번째의 의미는 다음과 같은 예를 들어 설명하고 있다.

> Zato u madam Bubnovoj …… - T'fu ty so svoej Bubnovoj!
> Aleksandra Semenova vybežala v veličajšem negodovanii
> (Dostoevskij). (SSRLJa)
> 'On the other hand, as for Mrs. Bubnova …… "T'fu 〔I spit〕 on
> you and your Mrs. Bubnova!" and Aleksandra Semenovna ran
> out extremely indigrant'"
> 다른 한 편으로 Mrs. Bubnova에 대해 말하자면 …… "당신과 당신의
> Mrs. Bubnova에게 t'fu 〔침을 뱉다〕" 그리고 나서 Aleksandra
> Semenovna는 매우 분노하며 달려갔다.

그러나 이러한 종류의 예시들을 살펴보면, naplevat'와 그리고 그에 상응하는 t'fu의 용법으로 가정된 공식에는 아주 잘 맞지만, t'fu의 다의성은 입증되지 않는 것처럼 보인다.

다른 한편 폴란드어 tfu는 역시 침 뱉는 행동을 상징한 것이라고 하지만 다르게 사용된다. 대략 말하자면 그것은 개인적 무관심, 경멸적인 무관심을 표현하는 것이 아니다. 오히려 모욕과 도덕적 역겨움을 표현한다. SJP는 (다른 많은 예 중에서) 다음을 인용하고 있다.

> Tfu! wstyd! warchililiśmy się okrutnie, a teraz trzeba
> przed contą I niewinnością świecić(Sienkiewicz). (SJP)
> 'Tfu! shame on us! we behaved like oafs and rascals, and now
> we have to answer for our behaviour before the virtuous and the

innocenf!'

Tfu! 부끄럽다! 우리는 멍청이나 악당처럼 행동했다. 이제 우리는 선한 사람들과 순수한 사람들 앞에서 우리의 행동에 대해 책임져야 한다!

Tfu! Mospanie Hrabia, czy Waść zbójca?(Mickiewicz) (SJP)
'Tfu! Count, are you a robber?'
Tfu! 계산해라, 네가 강도냐?

폴란드어 tfu에 기호화된 의미는 이와 같이 나타낼 수 있다.

tfu (폴란드어)
나는 생각한다 : X는 무엇인가 나쁜 일을 했다
나는 X와 같은 누군가가 그것을 할 것이라고 생각하지 않았다
나는 그것에 대해 생각하면서 무엇인가 나쁜 것을 느낀다
나는 다른 사람들도 같은 것을 느낄 것이라고 생각한다
(나는 이것을 하기를 원하는 누군가처럼 느낀다 : 〔침뱉다〕)

이 대목에서 침 뱉기의 의미에 관한 Darwin의 언급을 회상해 보는 것은 흥미로운 일이다.

침을 뱉는 행동은 경멸함이나 역겨움을 나타내는 일반적인 표현인데 특히 입으로부터 불쾌한 어떤 것을 거부함을 표현하는 것이다. 셰익스피어는 노턱 공작이 "나는 그를 겁쟁이라 부르며 그에게 침을 뱉었다."라고 얘기하는 대목이 나오며 폴스타프가 "그대에게 말하노라 Hal, 내가 거짓말을 한다면 내 얼굴에 침을 뱉어라."라고 말하는 대목도 나온다. 라인하르트는 호주인들의 경우, '침을 뱉으면서, 대화에 끼어들었고 그리고 명백히 역겨움을 표현하는 pooh! pooh! 같은 소리를 내면서 이야기를 중단시킨다'라고 하였다. 그리고 버턴 선장은 '역겹다는 듯이 땅에 침을 뱉는' 어떤 흑인들에 대해 말하였다. 그리고 스피디 선장도 이와 같은 사례가 에티오피아인에게도 볼 수 있다고 나에게 알려주었다. 기치 씨는 말라카 반도의 말레이인들은 역겨움의 표현을 '입으로 침을 뱉는 것으로 나타낸다'

라고 했으며 브리지스에 따르면, 푸에고섬 사람들도 '사람에게 침을 뱉는
것이 가장 큰 경멸의 표시다'라고 말했다(Darwin 1955 : 260).

그러나 인용된 예들은 침을 뱉는 행위가 각기 다른 문화에서 동일한 의
미를 갖는 것은 아니라는 것을 보여준다. 역겨움, 경멸, 무시, 그리고 도
덕적 분노는 사실 공통적이나, 그것들 사이의 차이점은 그 유사점 못지않
게 실제적으로 나타난다.

3.1.6. '역겨움'과 신체적 제스처

'역겨움과 그와 유사한 느낌들'을 나타내는 몇몇 간투사들에 대한 논의
를 마무리하면서, 우리는 대부분의 예에서 간투사들이 특정한 육체적인
제스처와 연관되어 있는 것처럼 보이며, 그리고 이것이 바로 왜 간투사들
이 '자연적인' 것(즉 비자의적인 것)으로 지각되는지에 대한 좋은 이유가 될
수 있다는 사실에 대해 주목할 것이다.

그러니까 폴란드어 tfu와 러시아어 t'fu는, 비록 그것들의 의미는 결코
같지 않지만, 침을 뱉는 행위의 모방으로서 지각된다는 것이다. 영어의
yuk은 구역질하는 소리의 모방으로서 지각될 수 있다. 영어 phew와 독
일어 pfui 그리고 스칸디나비아어의 fy도 이 역시 그것들의 의미는 결코
같은 것이라고 할 수 없지만, 코로 불쾌한 냄새를 불어버리려고 시도하는
것을 모방한 것으로 생각된다. 비록 폴란드어의 fu와는 대조적으로, 러시
아어 fu의 용법은 육체적 감각에만 한정되지는 않지만, 폴란드어의 fu와
러시아어의 fu는 둘 다 후각이나 또는 구강의 매스꺼움을 연상시키는 것
으로 지각될 수 있다. fu와 침 뱉는 행위를 상징하는 간투사 사이에 매우
밀접한 음성적 유사성이 있다는 것은 폴란드어와 러시아어의 fu가 오로지
후각의 매스꺼움을 연상시키는 것이라기보다, 후각과 구강의 매스꺼움을
연상시킨다는 생각을 뒷받침해준다고 나는 생각한다.

지금 논의 중인 간투사들의 서로 다른 용법의 범위에도 불구하고 (물론 그것은 적절히 정의에 반영되어야 하겠지만) 우리들은 그 간투사들의 정의를 내릴 때 하나의 육체적 원형성이 포함되어야 한다는 것을 생각할 수 있다. 이것은 다음과 같다.

> tfu, t'fu('구강의 혐오감') ⇒
> 나는 다음과 같이 생각하는 누군가처럼 느낀다 :
>> 나는 이것이 나의 입 안에 있는 것을 원하지 않는다
>> 나는 그것이 나의 입 밖으로 나가기를 원한다

> phew, pfui('비강의 혐오감') ⇒
> 나는 다음과 같이 생각하는 누군가처럼 느낀다 :
>> 나는 이것이 나의 코 안에/가까이 있는 것을 원하지 않는다
>> 나는 그것이 나의 코에서 나가기를 원한다

> fu, fy('비강/구강의 혐오감') ⇒
> 나는 다음과 같이 생각하는 누군가처럼 느낀다 :
>> 나는 이것이 나의 코 안에 또는 나의 입 안에 있는 것을 원하지 않는다
>> 나는 그것이 나의 코/입으로부터 멀리 가기를 원한다

> yuk('인두의 혐오감') ⇒
> 나는 다음과 같이 생각하는 누군가처럼 느낀다 :
>> 나는 이것이 나의 목 안에 있는 것을 원하지 않는다
>> 나는 그것이 나의 목 밖으로 나가기를 원한다

> feh, fe('비강/양순의 혐오감') ⇒
> 나는 다음과 같이 생각하는 누군가처럼 느낀다 :
>> 나는 나의 코나 나의 입술이 이것과 같은 장소에 있는 것을 원하지 않는다

또 덧붙여 말할 수 있는 것은 폴란드어 fe도 역시 '비강적/구강적 혐오감'에 대한 완곡한 표현으로 생각될 수 있다는 점이다. 모음이 '고의적인' 모음 변화의 관점에서 지각될 수 있는 것에 비해, 자음은 혐오감과 같은 것의 상징으로 간주될 수 있다. 다시 말해 화자는 부드럽고 '점잖은' 방식으로, 마치 어떤 사람이 자신의 혐오감을 드러낼 때 하는 것과 같이 사실적으로 소리 내는 일이 없이, 그들의 혐오감을 표현하기를 원한다. 이것은 다음과 같이 기술될 수 있다.

> fe ⇒
> 나는 다음과 같이 생각하는 어떤 사람처럼 느낀다 :
> 　나는 나의 코나 나의 입술이 이것과 같은 장소에 있는 것을 원하지
> 　않는다
> 나는 이와 같이 그것을 말하는 것을 원하지 않는다

내 생각에, 특정한 신체 부위와 신체적 제스처를 지시하는 구성성분들로 인하여, 비교언어학적 관점에서 이루어지는 간투사들의 음성상징에 대한 연구가 좀 더 용이해질 것으로 본다. 그러나 현재 8장의 탐구적인 특성을 볼 때, 나는 의미공식에 그것들을 포함될 것을 강하게 주장하고 싶지는 않다. 그보다 나는 이 단계에서, 구성성분을 제안하며 다음과 같은 Darwin의 인용과 함께 독자들의 이해를 구할 뿐이다.

> 역겨운 감각이 일차적으로 먹고 맛보는 행위와 관련하여 생겨난다고 할 때, 그 표현이 주로 입 주변의 움직임으로 이루어져 있다는 것은 자연스러운 일이다. 그러나 역겨움은 또한 불쾌함을 일으키는 원인이 되기 때문에, 일반적으로 그것은 얼굴의 찡그림과 함께 나타나거나, 종종 공격적인 대상으로부터 자기 자신을 방어하거나 또는 멀리 밀어버리려는 것과 같은 제스처를 함께 수반하기도 한다. …… 얼굴에 관해서 말하자면, 적당한 역겨움은 다양한 방식으로 드러난다. 마치 공격적으로 한 입을 물어뜯

을 것처럼 입을 넓게 벌리거나, 침을 뱉거나, 입을 내밀어 공기를 불어버리거나 또는 목청을 긁는 듯한 소리 등이 그것이다. 그처럼 목구멍에서 나는 소리들은 ach나 ugh로 표기된다. 그리고 그것들의 소리는 때때로 몸서리칠 때나 팔이 양쪽으로 비틀리거나, 또는 공포를 느낄 때 하는 것처럼 어깨를 올리는 행동들이 함께 수반된다. 극도의 역겨움은 구토의 행위를 하려는 예비적 움직임과 똑같은 입 주위의 움직임으로 표현된다. 윗입술을 강하게 수축한 채 입은 넓게 열려지며, 아래 입술을 가능한 한 많이 내밀어 뒤집은 채 코의 양끝은 찌푸리고 있다. 이러한 이들의 움직임에는 입 꼬리를 아래로 당기는 근육의 수축을 필요로 한다(Darwin 1955 : 257-258).

3.1.7. '역겨움'과 음성 상징

우리는 대략 말하자면 역겨움과 그와 유사한 감정들을 표현하는 수많은 간투사들을 검토하였으며 그 간투사들이 반드시 다른 간투사들과 음성적으로 유사하지 않다는 것도 살펴보았다. 예를 들어 명백히 영어 yuk는 독일어 pfui와 유사하지 않으며, 영어의 phew 또는 pooh와도 유사하지 않다. 그러면서도 동시에 '역겨움'과 그와 유사한 감정을 나타내는 많은 간투사들은 전부는 아니지만, 음성학적으로 서로 유사하다는 것을 쉽게 알 수 있다. 즉 그 간투사들은 양순음이나 또는 순치 무성 마찰음, (또는 양순 파열음)으로 이루어져 있으며 뒤에 폐모음이 온다. 이 특별한 음성 구조는 '자연적인' 구강이나 비강의 제스처에 대한 도상으로써 이해될 수 있다. 다시 말해 이런 것들은 나쁜 냄새를 불어 버리거나, 사람들의 입 속에서 좋지 않은 물질을 제거하려는 시도일 수 있으며 또 어떤 좋지 않은 물질을 삼켜서 사람들이 입을 넓게 벌리지 않고도 그 물질을 제거하려는 시도이기도 하다.

역겨움과 같은 느낌과 위에서 기술한 예들의 음성적 구조와의 연관성은 매우 '자연적인' 일이고 매우 자체 설명적인 것이어서 영어, 폴란드어, 러시아어, 독일어, 그리고 이디시어의 토박이 화자들이 가령, 그리스어의 feu가, 역겨움을 나타내는 영어의 phew와 음성학적으로 거의 동음인데

도, 이것이 '역겨움'이나 강한반감을 나타내기보다는 '비탄'이나 또는 '분노'
의 간투사라는 것을 알게 되었을 때 놀라지 않을 수 없다(Kinchin-Smith &
Melluish 1966 : 33 참조).

　이러한 사실에 의하면, 가령 간투사에서 〔f〕의 소리가 범언어적으로 '역
겨움'의 의미와 연관이 있다고 말하는 것을 아마도 미숙하고 순진한 일일
수 있다는 것을 보여준다. 물론 우리는 이것에 대해 우리가 말하고 있는
것은 '역겨움'에 대한 것이 아니라 '역겨움'과 그와 유사한 느낌들'에 대한
것이라고 주장함으로써 우리 자신을 옹호할 수도 있다. 그러나 그리스어
feu로 표현되는 분노나 비탄은 폴란드어 fu나 이디시어의 feh로 표현되
는 분노와 비탄과 유사한가? 만일 우리가 좀 더 정확하게 그들의 의미를
밝히지 못한다면, 이 주장은 무의미하게 될 것이다.

　내가 제안하는 가정은 다음과 같다. 즉 구강적인 또는 비강적인 거부를
나타내는 신체적 동작은 비교 언어적으로 '나는 이것을 원하지 않는다'라
는 의미적 구성성분이나, 또는 '이것은 나쁘다'와 '나는 이것을 원하지 않
는다'와 같은 구성성분들의 결합으로 연관시킬 수 있다. '나는 이것을 원하
지 않는다'라는 구성성분은 역겨움이나 불쾌함, 즉 매스꺼움에 적합하듯
이, '분노'나 '비탄', 말하자면 그리스어의 feu로 기호화된 그런 느낌들에도
적절하다는 사실은 굳이 언급할 필요도 없다.

　그러나 이 구성성분이 항상 구강적 또는 비강적 거부를 나타내는 식의
간투사를 설명하지는 않는다. 만일 그렇게 하려면, 보통 추가적인 구성성
분들이 필요한데, 이는 다양한 언어마다 다양한 구성성분이 요구되기 때
문이다. 게다가 모든 언어들은 구성성분 '이것은 나쁘다'나 또는 '나는 그
것을 원하지 않는다'의 의미를 갖는 간투사가 있을 것 같지는 않다. 그러나
물론 이것들은 모두 경험적인 문제이며 더 많은 연구를 기다려야만 한다.

　다시 한 번 Darwin를 인용하면 다음과 같다.

우리는 멸시, 경멸, 모욕 그리고 역겨움들이 얼굴의 움직임과 다양한
제스처에 의해 다양한 방식으로 표현되며, 또 이것들이 전 세계적으로 동
일하다는 것을 이제 파악하였다. 그것들은 모두 우리들이 몹시 싫어하거
나 혐오하는, 어떤 실제 대상에 대한 거부와 배타를 재현하는 행동들로 이
루어져 있다. 그렇다고 우리들이 격정이나 공포와 같은 다른 강한 감정들
로 휩싸이지는 않는다. 그리고 유사한 기분들이 우리의 마음속에서 일어
날 때마다, 습관과 연상의 힘을 통해, 유사한 행동들이 수행된다(Darwin
1955 : 261).

"우리가 몹시 싫어하거나 혐오하는 어떤 실제 대상에 대한 거부"는 이미
가정된 의미 구성성분, 즉 '나는 그것을 원하지 않는다' 그리고 '이것은 나
쁘다'에 해당된다고 말할 수 있다. 문제의 어떤 자극이 우리에게 '격정이나
공포와 같은 어떤 강한 감정'을 불러일으키지 않는다면, 그것은 그 감정들
에 대한 어떤 '관심없음'을 가리키는 것처럼 보인다. 거기에 바로 '이것은
나쁘다'라고 생각하는 것과 '이것은 나에게 나쁘다'라고 생각하는 것과의
중요한 자이가 있다. 다시 말해 누려움이나 좌절 또는 분노의 개념들은 후
자를 암시하지만, 반면에 역겨움이나 모욕과 같은 개념들이 전자를 암시
한다. 우리들은 아마도 "전 세계를 통하여"(간투사를 포함한) 구강적 그리
고 비강적 거부에 대한 상징적 행동들이 '이것은 나에게 나쁘다'라는 생각
과 연관된 것이 아니라 '이것은 나쁘다'라는 생각과 연상되어 있다는 가정
을 과감히 내릴 수 있을 것이다. 그러나 이 가정도 역시 경험적 검증을 요
한다.

3.2. '일반적 목적'의 간투사

대부분의 사전은 많은 간투사들을 단지 특정한 감정이 아닌, 즉 모든 종
류의 감정을 기호화한 것으로 규정하고 있다. 예를 들어 LDOTEL은 영어
의 oh를 "어떤 감정, 가령 놀람이나 고통 그리고 욕구를 표현하는 간투사"

로 기술하고 있다. 그리고 Webster(1973)는 영어의 ah를 "발화의 방식에 따라 고통, 놀람, 동정, 연민, 불만, 모멸, 반감, 기쁨, 환희 등을 표현하는 하나의 감탄사"로 기술하고 있다. 간투사와 관련된 주제들에 대해 다른 저자들도 역시 곧잘 이런 저런 간투사들이 맥락과 억양에 의존하여 어떤 느낌이라도 그 무엇이든 간에 표현될 수 있다고 주장하고 있다. 예를 들어 Rosten(1968 : 274)은 그가 생각하기에 이디시어 감탄사 oy에 의해 표현될 수 있는 감정들을 29개나 목록화하였다. 그가 제시한 예시들은 다음과 같다. (1) 단순한 놀람, (2) 깜짝 놀람, (3) 작은 두려움, (4) 작은 슬픔, (5) 만족, (6) 기쁨, (7) 쾌감, (8) 안도, (9) 불안정, (10) 두려움, (11) 경외, (12) 경악, (13) 분개, (14) 초조, (15) 아이러니, (16) 약한 고통, (17) 심각한 고통, (18) 강한 매스꺼움, (19) 비통, (20) 당황, (21) 절망, (22) 후회, (23) 비탄, (24) 충격, (25) 격분, (26) 공포, (27) 망연자실, (28) 어리둥절함, (29) 재치 있음.

그러나 이런 종류의 긴 목록이나 또는 "간투사 X는 하나의 감정을(아니면 그 어떤 감정이라도) 표현한다"라는 식의 짧은 진술, 그 어느 것도 다양한 간투사들이 서로 다른 다양한 가치를 갖는다는 사실을 만족스럽게 설명하지 못한다. 예를 들어 Rosten은 이디시어 간투사 oy와 ah가 갖는 서로 다른 다양한 가치들을 다음과 같이 설명했다.

> 당신이 차가운 물속에 뛰어들 때 당신은 oy!라고 소리 지를 것이다. 그런데 그것을 즐긴다면 a-aah라고 말할 것이다. 당신은 어떤 죄를 저질렀고 그 사실을 즐겼다면 a-aah라고 한다. 그런데 당신이 저질렀던 일을 깨달았다면, 당신은 oy!라고 소리 지를 것이다(Rosten 1968 : 274).

그는 다음과 같이 결론지었다. "Oy는 그러므로 …를 표현하는 데 사용될 수 있다." 그리고 위에서 언급한 29가지의 각기 다른 감정의 목록을 제시했다. 그러나 명백하게도 제시된 예시는 기쁨, 쾌감 등과 같은 것이 포함된 29가지의 서로 다른 감정의 목록과는 상당히 다른 어떤 것을 주장하고 있으며 사실 그것은 이와 같은 목록과 거의 부합되기가 어려운 것이다. 나는 oy가 다른 모든 그러한 감정들과 결합될 수 있다는 것을 부인하지 않는다. 하지만 확실히 oy는 또한 그 자신만의 의미를 가지고 있고, 그 의미는 ah의 의미와 다르며, 단순히 '그 어떤 감정이라도'라고 하는 식보다 훨씬 구체적이다. 하지만 나는 그런 종류의 의미를 포착하기 위해서는, 어떤 적합한 감정의 용어들을 찾는 것이 아니라, 어떤 기저의 생각을 찾아내야 한다고 믿는다. 즉 보통 하나의 생각이란 감정 전체의 영역과 일치한 것으로 하나의 일정한 간투사의 영역과 잘 부합된다. 어떻게 이것을 찾을 수 있는지를 보여주기 위해서 나는 먼저 폴란드어 oj로 시작하려고 한다. oj는 이디시어의 oy와 동음이며 매우 밀접하게 관련되어 있지만, 용법에 있어서는 더 많은 제약이 있다.

3.2.1. 폴란드어 oj

Oj는 가장 많이 쓰이는 폴란드어 간투사의 하나이다. SJP에서는 oj를 발화를 강화하는 간투사의 하나로서, "고통, 후회, 두려움, 경외, 체념, 확증 등을 표현한다"라고 기술하고 있다. 이 설명은 사실상 이 간투사가 사용 범위에 한계가 없으며, 특별한 인지적 내용도 없다는 것을 말하고 있다. 그러나 비록 말로 설명하기가 어렵지만, 사실 oj의 범위는 한정되어 있고 그것의 인지적 내용은 매우 구체적이다. Oj가 포함된 가장 일반적인 연어들은 아마도 다음과 같은 것이다. 즉 oj, niedobrze, 'oj! 그거 안됐다', oj, boli!, 'oj, 아파!' 그리고 oj, nie, 'oj, 안 돼'. 이러한 일반적인 연어들은 분명히 부정적인 성향을 드러낸다. 그러나 흥미롭게도 oj는 가끔 긍정적인 상황, 특히 존경과 기쁨을 담은 신음으로도 사용될 수 있다.

이러한 서로 다른 모든 단서들에 부합하는 하나의 가능한 기저 생각을 찾기 위해서, 나는 다음과 같은 시험적인 공식을 제안하고자 한다.

나는 그것에 대해 무엇인가 생각하는 것을 느낀다
나는 다음과 같이 생각하는 누군가처럼 느낀다 :
사람들이 원하지 않는 일이 사람들에게 일어날 수 있다

이러한 구성성분들의 결합은 화자가 상당히 무기력하며 힘이 없다고 느낀다는 것을 보여준다. 반드시 '나쁜 감정'과 관련되어야 하는 것은 아니지만, 이 간투사는 긍정적인 감정들보다 고통, 후회, 염려 또는 체념 등과 좀 더 잘 연결되는 경향이 있다. 그리고 긍정적인 감정들과 연결될 때 이 간투사는 마치 화자가 자신이 운이 좋다는 것에 놀라는 것처럼 들린다. 다음의 예를 보자.

Oj, jak tu pięknie!
Oj, 이곳은 너무 아름답군!

위의 문장은 신음하거나, 애처롭게 울 듯이, 또는 찍찍거리듯이 기쁨을 표현하고 있다.

이 간투사의 이해하기 어려운 불변항을 탐색하기 위해서 우리는 다음과 같이 진행할 수 있다. 첫째, 우리는 이 간투사가 종종 oj, boli 'oj, 아파'와 같은 매우 흔한 불평을 할 때처럼, 고통에 대한 주의를 끌기 위해서 사용된다는 것을 알 수 있다. 둘째, 후회, 염려, 체념 등과 같은 부정적인 상황에서도 종종 사용된다. 셋째, 분노나 절망과 같은 부정적인 격렬한 감정들과 연관되어 있지 않다. 넷째, 그것이 기쁨이나 존경의 긍정적인 감정을 표현할 때는 찍찍거리거나 애처롭게 우는 것 같은 특성을 가졌는데 마치 쥐나 작은 새가 그들의 감정을 표현하는 것과 같다. 예를 들어 우리는 oj로 그 자신을 표현할 수 있는 그런 감정을 사자가 가졌다는 것은 상상할 수는 없다. 이 간투사가 갖는 주제는 허약이나 무기력 같은 것이다. 예를 들면 oj, nie, 'oj 안 돼'는 저항이나 거절, 거부라기보다는 애처롭게 우는 듯이 들린다. 화자가 상황을 충분히 통제한다고 느낄 때 oj는 거의 사용되지 않는다.

>   a. Oj, niedobrze.
>   Oj, 그거 안 됐다.
>   b. * Oj, świetnie.
>   * Oj, 그거 탁월해.
>   c. Oj, jak tu pięknie!
>   Oj, 이곳은 정말 아름답군!

위의 문장 (a)는 아주 자연스러운데, 그 이유는 부정적인 평가를 표현하고 있고, 화자가 상황을 통제할 수 없었다는 것이 암시되고 있기 때문이다. 반면, 문장 (b)는 반대의 상황이며, 따라서 부적절하다. 문장 (c)는 긍정적인 평가를 표현하고 있지만 화자가 상황을 통제하였다는 것을 암시하지 않으므로 적절한 것이다. (c)가 전달하고 있는 화자의 기쁨은 놀람의 분위기를 띠고 있고, 무언가 좋은 것보다는 나쁜 것을 기대하는 태도와 상당히 일치한다. 그러나 가장 특징적으로 'oj'는 다음과 같이 무력함이라는 부정적인 감정들과 연관되어 있다.

>   Oj, nic dobrego z tej dziewczyny nie będzie! (Gomulicki) (SJP)
>   Oj, 이 소녀는 아무짝에도 쓸모없을 거야.

>   Oj, ja nieszczęsny, w jakąż pójdę drogę?
>   Kocham dziewczynę, a wziąć jej nie mogę! (Grudziński) (SJP)
>   Oj, 이렇게 불행할 수가, 나는 어디로 가야할까?
>   나는 한 소녀를 사랑하지만 그녀의 마음을 얻을 수 없어!

어린이들의 시에서 뽑은 다음의 예들을 생각해 보자.

Oj, na niebo wyszły chmurki!(Szelburg-Zarembina 1970 : 12)

Oj, 구름이 하늘에 나타났어.

Oj, niedobrze - myśli świerszczyk -

To nie żarty z zimnym śniegiem!(Greodzieńska 1970 : 30)

Oj, 좋지 않군, 귀뚜라미가 생각한다.

'매서운 눈보라, 이거 심각한데!'

Oj, to kłopot wielki! te małe literki

Mylą się Jasiowi już: czy to A, czy to B

próżno pojąć chce, nie pamięta ani rusz(Grodzieńska 1970 : 84).

Oj, 걱정이군! 이렇게 작은 글자들은 도대체 알 수가 없어.

A야? B야? 쟈니는 그것을 이해할 수 없고, 정확히 글자를 알아 볼 수가 없어.

Kładzie mama koteczka do ciepłego łóżeczka.

Bierze syna za rączkę. Oj, masz kotku gorączkę!(Grodzieńska 1970 : 81)

엄마고양이가 새끼고양이를 작은 침대로 데려가는데. 엄마고양이가 새끼를 앞발로 들었어. Oj, 내 새끼, 열이 있구나!

Oj, ratunku! słonko tonie! Słonko tonie! co to będzie?(Grodzieńska 1970 : 10)

Oj, 도와주세요! 햇님이 지고 있어요! 무슨 일이 일어날까?

Oj의 부정적 성향은 긍정적 느낌과 함께 쓸 수 없을 만큼 그렇게 강하지 않지만, 이 간투사의 좀 더 긴 변이형인 ojej와 어린애다운 어감의 파생형 ojejku보다 조금 더 강하다. 그러나 이 ojej는 약간의 격양된 어조를 가지고 있다. Ojej와 oj의 또 다른 분명한 차이점은 ojej가 좀 더 자발적인 특성을 갖으며, 현재의 생각, 또는 전형적으로는 갑작스럽게 떠오른 생각과 관련하여 사용된다. 예를 들면 다음과 같은 문장에서는 oj를 ojej 로 대체할 수 없다.

> Oj, 〔*ojej〕 ja nieszczęsny! ⋯⋯ kocham dziewczynę a wziąć jej nie mogę!
> Oj, 〔*ojej〕 이렇게 불행할 수가! ⋯⋯ 나는 한 소녀를 사랑하지만 그녀의 마음을 얻을 수 없어!

왜냐하면 위 문장은 오랫동안의 심사숙고함(reflection)을 암시하고 있기 때문이다. 이와 반대로, ojej는 전형적으로 한 순간에 일어난 일에 대한 의견으로 사용되며, 그 예는 다음과 같다.

> Ojej, ależ lecicie, ledwom was złapał. - zawołał ostatkiem tcu(Brzoza). (SJP)
> Ojej, 너 정말 잘 달린다. 나는 너를 거의 따라잡을 수가 없어, 그는 숨을 헐떡기렸다.
> Ojej, tak się boję, żeby się nie pomylić - wzdychała Marysia (Świerszczyk). (SJP)
> Ojej, 내가 너무 겁이 나서 실수할 것 같다! Marysia가 한숨을 쉬었다.

Ojej와 oj의 유사점과 차이점에 대해서는 아래의 문장이 잘 보여주고 있는데, ojej는 번개와 관련되어 있는 반면, oj는 소나기와 관련되어 있다. 부분적으로 분명히 이러한 관련은 음절들의 정확한 수의 문제일 수도 있지만, 이것은 또한 의미론적 개연성의 문제이기도 하다.

> Idzie chmura - ciemna, bura, duża.
> Ojej! Będzie burza!
> Szumią, gną się, skrzypią drzewa.
> Oj! Będzie ulewa!(Szelburg-Zarembina 1970 : 22)

구름이 다가오고 있어, 검고 진하고 큰 구름.
Ojej! 번개가 칠 것 같아!
나무들이 살랑거리며 구부러지고 삐걱 소리를 내고 있어.
Oj! 소나기가 올 것 같아!

Ojej와 oj간의 유사점과 차이점을 설명하기 위해서, ojej에 대한 다음과 같은 의미설명을 제시할 수 있다.

ojej
나는 지금 생각한다 : 내가 원하지 않는 일이 일어날 수 있다
나는 그것 때문에 무엇인가 나쁜 것을 느낀다

이 공식은 마지막 구성성분의 요소 '나쁜'과 두 번째 구성성분의 '나'를 직접적으로 나타냄으로써, 그리고 순간적으로 떠오른 생각임을 보여주기 위해 첫 번째 구성성분에 'now'를 첨가함으로써, oj의 공식과 구별되고 있다.

3.2.2. 러시아어 oj

러시아어에도 비슷한 간투사 oj가 있으며, 그것이 폴란드어의 oj와 유사한 의미적 가치를 가진다는 것에 주목하는 것은 흥미롭다. 예를 들면 다음과 같다.

Oj! Petr Ivanovič, Petr Ivanovič, nastupili na nogu!(Gogol')
(SSRLJa)
Oj! Petr Ivanovič, Petr Ivanovič, 내 발을 밟았어!

Oj, strašno! Ne govorite, požalujsta, ne prodolžajte
(Ostrovskij). (SSRLJa)
Oj, 그것 끔찍하네요! 제발, 말하지 마세요, 그만하세요.

Mamočka, oj, kak xorošo!(Gor'kij) (SSRLJa)
엄마, oj, 정말 최고예요! 〔문자 그대로의 의미, '얼마나 좋은가!'〕

그러나 러시아어의 oj는 폴란드어의 oj보다 사용의 범위가 더 넓고, 그 빈도수도 더 높다. 이러한 사실은 예를 들어 'oj라고 말하다'의 뜻을 가진 러시아어 동사 ojkat의 존재에 잘 반영되어 있다. 폴란드어는 그처럼 oj에서 파생된 동사가 없으나, 비록 있다 해도 그것은 일반적인 간투사 ach에서 파생된 동사 achać(ach라고 말하다)가 있다. 또한 러시아어에도 그와 대응하는 동사 oxat'/oxnut'와 axat'/axnut'를 가지고 있는데 이는 각각 'ax라고 말하다'와 'ox라고 말하다'를 의미한다.

러시아어의 oj가 폴란드어 oj보다 사용 범위가 더 넓다는 것은 다음의 예를 통해 설명할 수 있다.

Potom, podojdja k divanu, …… s udivleniem skazala : - Oj, mjagko(Simonov). (SSRLJa)
그리고 나서 그녀는 소파로 다가오면서 …… 놀란듯 말했다. Oj, 폭신하군.

폴란드어는 아래의 예처럼 oj를 비록 감탄할 때 사용할 수는 있지만, 위와 유사한 문장으로는 oj를 사용하지 않는다.

Oj, jak miękko!
Oj, 참 폭신하군!

?Oj, miękko! (Oj, niedobrze! 참조)
?Oj, 폭신하군!(Oj, 안됐군! 참조)

그 차이점은 폴란드어의 Oj는 반드시 기쁨의 소리와 같은 무엇인가가 충분히 보장될 때에만 긍정적 평가와 관련되어 사용된다. 반면에 러시아어의 oj는 놀람의 요소를 수반하며 그것은 '나는 지금 X를 생각한다'처럼 갑작스런 생각과 관련된다. 그러므로 비교적 사소한 상황들에 적용될 수 있다. 두 oj들 간의 차이점은 아마 다음과 같이 나타낼 수 있을 것이다.

> oj (폴란드어)
> 나는 생각한다 : 사람들이 원하지 않은 일들이 사람들에게 일어날 수
>   있다
> 나는 그것에 대해 무엇인가 생각하는 것을 느낀다
>
> oj (러시아어)
> 나는 지금 무언가를 생각한다(안다?)
> 나는 내가 이것을 생각할(알?) 것이라고 생각할 수 없었다
> 나는 생각한다 : 사람들이 원하지 않는 일들이 사람들에게 일어날 수
>   있다
> 나는 그것 때문에 무엇인가를 느낀다

이 '감정의' 구성성분은 러시아어의 oj가 갖는 더 큰 긴박성이 반영되도록 의도된 것이며, 마치 러시아어 oj는 폴란드어 oj보다 억제되지 않는 느낌을 표현하는 것처럼 보인다. 특히 러시아어의 oj가 갖는 자발적이고 억제받지 않는 특성은 'oj라고 말하다'를 의미하는 ojknut라는 동사에 분명하게 반영되어 있는 것 같다.

3.2.3. Ochs와 achs

Och와 ach도 역시 폴란드어에서는 다목적 간투사로 사용되는 것처럼 보인다. SJP는 ach를 아주 일반적인 용어로 "생생한 감정, 즉 '느낌'의 움직임을 표현하는 간투사"라고 정의하고 있다. 그리고 och에 대해서는 그 설명은 다소 다르지만 사실상 동일한 의미, 즉 "흥분, 고통, 초조함 등의

생생한 감정의 움직임(wzruszenie, 문자 그대로의 의미, '움직이고 있음')을 표현하는 간투사"라고 정의하고 있다.

하지만 우리가 예상할 수 있는 것처럼 이 둘은 사실상 동일하지는 않다. 왜냐하면 och는 ach보다 더 '감정적'으로 들리며, 또 감정을 더 과장해서 분출하는 것으로 보이기 때문이다. 그러나 다른 곳에서처럼 여기에서도, 이 둘의 힘의 차이는 사실상 특성의 차이점에서 기인한 것이다. 즉 '힘'과는 상관없이, och가 ach보다 더 적합할 수 있는 어떤 상황이 있으며, 그 반대로 ach가 och보다 더 적합한 상황도 있다. 예를 들어 och tak, 'och 그래'는 우리가 상대의 말을 올바로 이해했는지 여부를 점검하기 위해서 사용될 수 없는 반면, ach tak, 'ach 그래'는 이 경우에 매우 잘 사용될 수 있다.

    A : '그가 떠나고 있어요'
    B : Ach tak? / *Och tak?

어떤 상황에서는 ach와 och 둘 다 사용될 수 있으나 의미는 명백한 차이가 있다. 예를 들어 ach nie, 'ach 안돼'는 청자의 편에서 오류를 정정하기 위해 사용될 수 있는 반면, och nie, 'och 안돼'는 오히려 화자가 어떤 제안을 거절하고 있음을 암시한다. 확언의 ach tak은 우리가 흥미있고 예상하지 못한 무언가를 들을 때, 즉 영어에서 is that so(그런거야?)라고 말할 때처럼 사용될 수 있다. 그러나 확언의 och tak은 이런 방식으로는 사용될 수 없다.

    A : '그가 떠나고 있어요.'
    B : Ach tak! / *Och tak!

반면에 확언의 och tak!은 ach tak과는 달리, 간절하게 기다리는 초대나 제안에 대한 응답으로 사용될 수 있다.

    A : '꼭 와 주시겠습니까?'
    B : Och tak! / *Ach tak!

이 단서들이 말해주는 것은 ach가 지식과 관련이 있거나, 또는 무엇인가를 알게 되는 것과 관련이 있는 반면, och는 화자가 아는 것보다는 원하는 것과 관련되었다는 것이다. 둘 사이의 이러한 차이점은 다음과 같이 나타낼 수 있다.

    ach
    나는 (지금) 무엇인가를 느낀다
    왜냐하면 나는 무엇인가를 알기 때문이다

    och
    나는 (지금) 무엇인가를 느낀다
    왜냐하면 나는 무엇인가를 원했기 때문이다

이 의미 설명들은, 내 생각으로는, 우리들이 확인을 요청할 때 왜 och가 아니라 ach를 사용하는지를 설명해준다. 즉 ach는 상대방이 어떤 사실을 확인하기 위해 묻는 것이지, 내가 원하는 바가 바로 그것임을 상대방에게 확인시키기 위해 묻는 것이 아니기 때문이다.

그런데 위에서 제시한 의미 설명들은 이러한 간투사들로부터 파생된 명사나 동사의 반어적 용법을 설명할 수 있는 일부 구성성분이 빠져 있다. Ach와 och의 반어적 사용은 다음과 같은 예로 설명할 수 있다.

    wpadają w achy I w ochy na widok pończochy(Tuwim). (SJP)
    그들은 스타킹을 보자 oohs와 aah(achs와 ochs)라고 신음소리를 냈다.

Przybyła jakaś niemiecka Korinna, pełna achów(Chopin). (SJP)

오직 aah(achs)밖에는 말하지 못하는 코리나라고 하는 독일여자가 도착했다.

Wrócili nareszcie! i w kilku powiatach zakipiało jak w garnku naodgłos tej nowiny ; a bliskie sąsiedztwo ochalo i achało z podium, słuchając opowiadanja pana Groszka o cudach ich rezydenci i otrybie ich życia(Pług). (SJP)

드디어 그들이 돌아왔다! 그리고 몇 몇의 지역에서는, 그 뉴스가 불같은 흥분을 불러 일으켰다. 연단 위에 있는 이웃들은 그 사람들의 주거와 생활양식의 경이로움에 대한 Groszek씨의 이야기를 들을 때 ooh와 aah를 연발했다.

중요한 것은 모든 폴란드어 간투사들 중에서 이 두 간투사가, 다른 어떤 간투사보다도 '소리가 크고' 그리고 수사적인 것으로 지각되어 마치 화자가 그의 감정을 공론화하고 다른 사람들의 주의를 끌려고 노력하는 것처럼 보인다는 점이다. 예를 들어 이 간투사들은 이 간투사가 쓰인 폴란드어 문장을 영어로 번역할 때 그에 해당하는 영어의 ooh와 aah보다 음성학적으로나 의미론적으로 '더 소리가 큰' 것처럼 보인다. 확실히 이 '소리가 큼'은 매우 분명히 들을 수 있는 마찰음에서 기인하는 것인데, 영어에는 이 자음이 없다. 또한 주목해야 할 것은 폴란드어가 순수하게 모음으로 된 간투사 o와 a를 가지고 있으며, 이 간투사가 영어에서 대략 oh와 ah에 해당하지만 또한 '소리가 큼'에 있어서 och와 ach와 구별된다는 점이다. 나는 ach와 och의 '소리가 큰' 특징을 설명하기 위해 추가적인 구성성분, 즉 '나는 누군가가 이것에 대해 알기를 원한다'를 가정하려고 한다.

Oj는 '소리가 큰' 것으로 지각되지 않으며, oj로 시작하는 발화를 표기할 때에는 느낌표보다는 콤마로 표시되는 경우가 많은 것 같다. 느낌표와 함께 쓰이는 경우는 ach가 oj보다 더 일반적이며, 다음의 예문에서 볼 수 있는 것처럼, och도 역시 느낌표와 함께 사용되는 것이 더 일반적이다.

> Och! zawołała z dobrze udanym zachwytem.
> Pani co dzień piekniejsza(W. Kowalski). (SJP)
> "Och!", 그녀는 아주 기쁜 척하며 감탄을 했다.
> "당신은 매일 매일 더 아름답군요."

> Kamionkowa wydała okrzyk : och! I zemdlona padla na ziemię(Dygasiński). (SJP)
> Kamionek 부인은 큰 소리를 쳤다. : och! 그리고 혼절하여 땅 위에 쓰러졌다.

> Och! jak boleśnie, och! jak boleśnie,
> że dzień wczorajszy nigdy nie wskrześnie!(Syrokomla) (SJP)
> Och! 정말 힘들어, och! 정말 힘들어,
> 그 옛날은 절대로 다시 올 수 없어!

사실상 동음의 간투사 ox와 ax가 러시아어에도 역시 존재하며, 이 간투사들이 폴란드어의 ach, och와 매우 유사한 의미로 사용되는 것처럼 보인다는 것은 주목할 만하다. 그러나 이 간투사에 대한 상세한 논의는 현재의 연구의 범위가 아니다.

4. 인지적 간투사

인지적 간투사는 느낌이나 원함에 관한 언급없이, 화자의 정신적 상태를 표현하는 글로벌적인(분석될 수 없는) 표현이다. 다음은 폴란드어의 3가지 간투사, aha와 oho 그리고 o가 논의될 것이며, 이들을 일부 관련이 있는 러시아어와 영어의 간투사들과 비교할 것이다.

4.1. 폴란드어 aha와 러시아어 aga

SJP에서는 aha를 "회상, 확인, 만족 그리고 반어를 표현하는 간투사"라고 정의한다. 사실 aha는 그 자체로는 결코 만족이나 반어적 태도를 표시할 수 없지만, 일단 이 간투사의 불변항이 파악되면, 왜 그러한 태도들이 적절한 어떤 맥락에서 쉽게 aha에 결합될 수 있는지를 알 수 있다. '회상'과 '확인'은 더 직접적으로 불변항과 관련되지만, 이들도 단지 '인식'이나 '이해'일 뿐이다. 회상, 확인, 만족, 반어와 같은 이러한 다양한 용법들의 공통점은 일종의 갑작스런 깨달음이며, 이것은 '지금 나는 그것을 안다'라는 불변항으로 포착될 수 있다.

아래의 예들은 폴란드어 aha와 '지금 나는 그것을 안다'라는 표현 사이의 의미론적 일치를 보여준다고 나는 생각한다.

O czym myśmy mówili? ······ Aha! Otóż chciałem was spytać ······(Jackiewicz) (SJP)
우리가 무엇에 대해 이야기하고 있었지? ······ Aha![oh, 그거야, 지금 나는 그것을 안다] 내가 당신에게 부탁하려했던 것이 ······

Aha, już wszystko rozumiem(Prus). (SJP)
Aha[지금 나는 그것을 안다], 나는 지금 모든 것을 이해해요.

Aha!······ a tuście złodzieje!(W. Bogusławski) (SJP)
Aha![지금 나는 그것을 안다]······ 잘 만났다. 이 도둑놈 같으니라구!

Powtarzał z przwchwałką. Aha! Nie na moje wyszło?(Orkan) (SJP)
그는 거만하게 되풀이했다 : Aha![지금 나는 그것을 알았다] 계속 내가 옳은 것이 아니었어?

하지만 '나는 지금 그것을 안다'라는 표현이 aha의 모든 의미를 포함한다고 보지는 않는다. 우리가 다음에서 살펴보겠지만 폴란드어에는 또 다른 간투사 oho가 있는데, 그것에는 이와 동일하거나 아니면 아주 유사한 구성성분이 부여될 수 있으나, 그럼에도 불구하고 그 사용역은 aha와 다르다. 가장 큰 차이점은 oho의 경우, 그 지식이 지각에서 기인한 것이라면, 반면에 aha의 경우에는 그 지식이 상대방이 말한 그 무엇인가에 대한 이해이거나 아니면, 갑작스런 깨달음이나 생각, 즉 화자의 생각이나 의심에 대한 확신을 갑작스럽게 알아차리는 것에서 기인한다는 점이다. 이러한 차이의 가능성을 포함하면서 aha가 아닌 oho를 사용하는 경우를 제외한다면, 다음과 같은 하나의 일반화가 제안될 수 있다.

> aha(폴란드어)
> 나는 지금 그것을 알았다
> 나는 그것에 관해 생각해 왔다

이해, 회상, 생각의 과정을 통한 깨달음 그리고 의심에 대한 확신 등은 aha가 사용될 수 있는 다양한 상황으로서, 이 공식에 잘 들어맞는다. oho는 사용될 수 있지만 aha는 사용될 수 없는 상황은 이 공식이 적합하지 않는 것처럼 보인다.

흥미로운 것은 그와 상응하는 러시아어 간투사 aga가 '동의 또는 확인'을 지시하는 데 사용된다는 점이다(SRJa).

예를 들면 다음과 같다.

> - My tebja na poruki voz′mem-skazal Fidel′-ja pogovorju smužikami.
> - Aga, pogovori(Dovlatov 1977 : 135).
> "우리가 네 보증을 서겠다. 내가 그놈하고 이야기 하겠다"라고 Fidel이 말했다.
> "Aga, (네가) 말해 (그럼)."

- Mal'čiki, -sprosila Nadja, -vy nemnogo čoknutye?
- Aga, -govorju, -my psixi. Kukareku(Dovlatov 1977 : 136-
137).
"이 녀석들, 너희 둘 다 미쳤니?"라고 Nadja가 물었다.
"Aga", "나는 사이코야. Cock-a-doodle-do!"라고 말했다."

⋯⋯ponjal?
Miška obradovalsja :
- Aga, ponjal!(Dragunskij 1968 : 207)
"⋯⋯알았니?"
Miška는 기쁘게 (대답했다) :
"Aga, 알았어."

- Ja, mama, sejčas byka s"est′ mogu.
Ona ulybnulas′.
- Živogo byka?-skazala ona.
- Aga, -skazal ja.(Dragunskij 1968 : 154)
"엄마, 나는 지금 황소(bull) 한 마리도 먹을 수 있을 것 같아요."
그녀는 웃었다.
"살아 있는 황소?" 그녀는 말했다.
"Aga"라고 나는 말했다.

보통 위의 예문이 폴란드어라면 폴란드어의 aha는 사용될 수 없을 것
이다. 첫 시도로서 우리는 아래와 같이 러시아어 aga의 의미를 표현할 수
있다.

나는 생각한다 : 당신은 내가 (당신이 지금 말한 것과) 같은 것을 말하
    기를 원하는지를 알기 원한다
당신은 알 수 있다 : 나는 같은 것을 말하기를 원한다

사실은 aga도 역시 우리가 어떤 것을 이해하게 된 것을 보여주기 위해 사용될 수 있다. 아래의 예가 이를 분명히 보여주고 있다.

- Xorošaja škola, - skazal on.
- Kakaja škola? - ne ponjal ja.
- Xudožestvennaja, - skazal on.
- Aga, -skazal ja. Xotja vse ravno ne ponjal.
(Dragunskij 1968 : 83)
"좋은 학교군." 그는 말했다.
"무슨 학교라고?" 나는 그의 말을 이해할 수 없었다.
"예술학교지." 그는 말했다.
"Aga"라고 했지만 나는 여전히 이해할 수 없었다.

따라서 이처럼 어떤 것을 갑작스럽게 이해했음을 보여주기 위한 aga의 사용은, 동일한 의미론적 공식으로 설명될 수 있는 것으로 보인다. 추측하건데, 처음 화자는 상대가 자신을 이해하기를 바라며, 그 상대가 동일한 것을 말하는지의 여부를 알기 원한다. 그리고 그 상대는 화자에게 이것이 정말 그렇다는 것을 확인시켜 준다. 따라서 '당신은 알 수 있다 : 나는 (내가 이해한 것) 같은 것을 말하기를 원한다'가 된다. 흥미롭게도 동음어인 러시아어 간투사 aga 역시 아래의 예처럼 "성공적인 추측, 즐거운 놀람, 조소 등"을 표현하는 데 사용될 수 있다(SRJa).

Teper' ty naš! Aga, drožiš'(Puškin). (SRJa)
지금 너는 우리 사람이다! Aga, 너는 떨고 있구나.

이것은 앞에서 언급한 폴란드어의 예처럼, 의기양양하고 조소적인 폴란드어의 aha의 용법과도 아주 유사하다.

Aha!... a tuście złodzieje!
Aha! ... 잘 만났다. 이 도둑놈 같으니라구!

Powtarzał z przwchwałka. Aha! Nie na moje wyszło?
그는 거만하게 되풀이했다 : Aha! 계속 내가 옳은 것이 아니었어?

따라서 폴란드어의 '의기양양한 aha'의 경우 아마도 '나는 그것 때문에 무엇인가를 느낀다'라는 부가적 구성성분과 함께, 폴란드어의 순수한 인지적 aha의 공식에도 잘 들어맞는다. 그와 대조적으로 러시아어의 '의기양양한 aga_2'의 경우에는 순수한 인지적 aga_1의 공식에는 들어맞지 않는다. 그리고 비록 이 두 aga사이의 흥미로운 의미론적 관련에도 불구하고, 우리는 그것들을 서로 다른 어휘항목으로 다루고 있는 러시아어 사전에 동의해야만 할 것 같다(SRJa와 SSRLJa 참조). 즉 러시아어 사전에서는 aga_1는 대략 '동의나 확인'으로, 그리고 aga_2는 대략 '만족'으로 정의하고 있다.

폴란드어 aha에 제안된 '나는 지금 안다'라는 공식은 아래의 (a)에 해당하는 러시아어 aga의 용법에는 맞지만, (b)에는 맞지 않는 것처럼 보인다.

a. Aga! Stiva! Oblonskij! Vot i on! - počti vsegda s radostnoj ulybkoj govorili, vstrečajas' s nim(Tolstoj). (SSRLJa)
"Aga! Stiva! Oblonskij! 그 사람이 저기 있다!" 그들은 그를 만날 때마다 거의 변함없이 행복한 미소로 말할 것이다.

b. Aga!-dognal tebja! postoj! - kričit naezdnik udaloj (Puškin). (SSRLJa)
"Aga! 나는 너를 잡았다! 잠시 기다려!" 그 대담한 기수가 소리쳤다.

a 그리고 b와 같은 두 종류의 예시에 맞는 의미 공식은 아래와 같을 것이다.

aga₂
지금 나는 그것을 말할 수 있다
나는 그것 때문에 무엇인가 좋은 것을 느낀다

폴란드어 aha는 화자가 미처 알지 못한 연관성을 발견한 것, 즉 그가 조금 전까지 알지 못했던 무엇인가를 알게 된 것을 암시한다. 그러나 러시아어 aga₂는 화자가 자신이 조금 전까지 말할 수 없었던 것을 말할 수 있게 된 것을 암시한다. 우리는 이제 동의를 나타내는 aga₁과 aga₂의 연관성을 파악하기 위해 앞에서 aga₁에 부여된 공식을 다음과 같이 다시 쓸 수 있을 것이다.

aga₁
나는 당신이 다음과 같이 말하기를 원할 거라고 생각한다 :
'당신과 나는 (그것에 대해서) 같은 것을 말한다'
당신은 지금 그것을 말할 수 있다

흥미롭게도 위에서 러시아어 aga₂에 부여된 공식은 영어의 간투사 aha에도 들어맞는 것처럼 보이는데, 이 영어의 aha는 LDOTEL에서는 "놀람, 승리, 조소, 또는 즐거운 발견"에 사용되는 것으로써 규정하고 있다. 승리, 조소, 또는 즐거운 발견은 모두 다음의 공식과 완벽하게 일치한다.

지금 나는 그것을 말할 수 있다
나는 그것 때문에 무엇인가 좋은 것을 느낀다

사실 LDOTEL에서도 역시 놀람을 언급했는데 그 놀람은 이 공식과는 거의 관련이 없다. LDOTEL에서 인식하고 있듯이 '놀람'은 다른 간투사들 예를 들면 gee와 wow로도 또한 표현될 수 있으며, 물론 그들의 의미도 aha의 의미와 다르다. aha가 놀람으로 쓰일 수 있는데도 불구하고 aha

그 자체가 놀람을 표시하지 않는다는 것은 논란의 여지가 있다. 따라서 아마도 영어의 aha는 놀람과 같은 어떤 것을 지시하는 세 번째 구성성분을 갖춰야 할 것이다.

> aha(영어)
> 지금 나는 그것을 말할 수 있다
> 나는 그것 때문에 무엇인가 좋은 것을 느낀다
> 사람들은 내가 그것을 말할 수 있을 것이라고 생각하지 못했을 것이다.

주목해야할 사실은 대략 확신의 표시, 즉 'yes'로써 러시아어의 aga$_1$은 쓸 수 있지만, 영어 aha는 쓸 수 없다는 점이다. 이런 점에서, 영어의 aha는 폴란드어의 aha와 유사하다. 하지만 또 다른 면에서 영어의 aha와 폴란드어 aha는 서로 다르다. 폴란드어 aha는 영어의 aha보다 훨씬 더 빈번하고 더 광범위하게 사용되는 것처럼 보인다. 이러한 범위와 빈도의 차이는 내 생각에, LDOTEL에서 제안한 것처럼, 영어의 aha는 감정적 구성성분을 수반하지만 (내가 제안한 공식처럼 '나는 그것 때문에 무엇인가 좋은 것을 느낀다'라고 표현되지만), 반면에 폴란드어의 aha는 아래와 같이 순수한 인지적 간투사로 사용될 수 있다는 사실과 관련되어 있다고 본다.

> 지금 나는 그것을 안다
> 나는 그것에 대하여 생각해 왔다

감정의 구성성분 '나는 그것 때문에 무엇인가〔좋은 것?〕을 느낀다'를 물론 이러한 인지적 의미에 덧붙일 수 있으며, 또한 목소리의 어조로 감정의 구성성분을 표시할 수 있지만, 그것은 폴란드어 aha가 갖는 의미의 불변항이라고 할 수 없다.

4.2. 폴란드어 oho

SJP에 따르면, oho란 "발화를 강화하는 하나의 간투사"로써, (a) "존경, 승인, 놀람"을 표현하거나, (b) "방금 진술된 사실을 강조하거나 통상 부정적으로 평가된 사실을 강조"하는 것을 말한다.

이 장에서 나는 oho의 용법을 감정이 아닌 것, 즉 (b)로 한정할 것이다. 나는 oho를 "방금 진술된 하나의 사실"과 연관 짓는다면, SJP가 타당하다고 생각한다. 그러나 중요하게도 이런 경우는 화자가 aha처럼 화자가 어떤 사실을 깨닫거나 회상하는 것이 아니라, 그 사실을 알아차리는 것임을 덧붙여야 한다. 예를 들면 우리는 먼 데서 나는 천둥소리를 듣고, oho라고 할 수 있지만, aha라고 할 수 없을 것이다. 또한 우리는 상대방이 말한 어떤 것에 대한 반응으로 oho라고 할 수 있지만, 이해했음을 가리키기 위해서 oho라고 말할 수는 없다(이 경우는 aha가 적절하다). Oho는 화자가 상대방의 발화를 하나의 관찰 자료로서 취급한다는 것을 가리킨다. 예를 들면 그것은 '지금 나는 당신이 당신의 아내를 두려워한다는 것을 알았다'와 같은 생각을 전달한다. 그 주된 차이는 aha는 생각과 관련된 지식이지만 반면에, oho는 지각이나 관찰과 관련된다는 것이다. 의미론적 공식에, 복잡하고 특정 언어만의 용어인 'perceive(지각하다)'(나는 무엇인가를 지각하다)의 사용을 피하기 위하여, 우리는 이러한 연관성을 다음과 같은 관찰로 나타낼 수 있다. 즉 '나는 지금 여기에 있는 누구라도 그것을 알 수 있다고 생각한다'와 관련지을 수 있다.

    aha
    나는 지금 그것을 알았다
    나는 그것에 대해 생각해 왔다

    oho
    나는 지금 무엇인가를 알았다

이 공식이 제안하는 것처럼 oho와 aha의 사이에는 또 다른 차이가 있는데, 그 차이는 바로 '구 정보'와 '신 정보' 간의 대조와 관련된 것이다. oho의 경우에 지각된 것은 '신 정보'이다. Aha의 경우에는, 그 지식이 방금 획득된 새로운 것이지만, 그 지식의 내용은 아마도 화자가 사실이라는 것을 의심해온 것이거나, 알았지만 잊어버렸던 '옛' 것일 수 있다. 따라서 이 때문에 oho의 의미설명에서의 '무엇인가'와 aha의 의미설명에서의 '그것'이 대조를 이루고 있다.

더욱이 SJP에서 지적한 것처럼 oho는 부정적인 편견을 가진 것처럼 보인다. 이것은 '나는 이것이 나쁘다고 생각한다'라는 구성성분으로 표현될 수 있지만, 그러나 이 구성성분은 너무나 강하게 표현된 것이라고 할 수 있다. 왜냐하면 부정적인 평가란 분명하게 전달되는 것이 아니라 다만 암시되는 것이기 때문이다. 그러므로 더 나은 적절한 구성성분의 표현은 '나는 이것이 나쁠 수 있다고 생각한다'가 된다. 우리는 다음과 같은 공식에 도달할 수 있다.

> oho
> 지금 나는 무엇인가(X)를 알았다
> 나는 지금 여기에 있는 누구라도 그것을 알 수 있다고 생각한다
> 나는 이것(X)이 나쁠 수 있다고 생각한다

하지만 이 공식으로는 아마도 전적으로 만족할 수 없는 또 다른 사항이 있는데, 이것은 oho와, (4.4.에서 짧게 논의될) 영어 표현 oh-oh와의 비교를 통해서 드러날 것이다. 중요한 것은 oh-oh는 aha와 달리 화자가 자신에게 중얼거리는 어떤 것이라는 점이다. 그와 대조적으로, oho는 화자가 마치 '공적인' 사실을 알아차리고 있으며, 가능한 한, 그 사실에 대해

다른 사람들의 주의를 끌려는 것처럼, 고의적으로 '큰 소리'로 말하는 것이다. 이러한 사실 때문에 제시했던 공식을 아래와 같이 수정할 것을 제안한다.

> oho
> 지금 나는 무엇인가(X)를 안다
> 나는 지금 여기에 있는 누구라도 그것을 알 수 있다고 생각한다
> 나는 누군가가 그것을 알기를 원한다
> 나는 이것(X)이 나쁠 수 있다고 생각한다

독자들은 이 공식이 아래의 예에 적합한지를 점검해 보기 바란다.

> Przyjrzała się uważniej Pawłowi, który siedział osowiały i milczący. - Oho - zauważyła - jesteś dziś nie w humorze (Brandys). (SJP)
> 그녀는 소리 없이 올빼미처럼 앉아 있는 Paweł을 더 자세히 보았다. "Oho" 그녀가 말했다. "너 오늘 기분이 좋지 않구나."

> Oho, już cię przyszla żona za łeb bierze(Pryński). (SJP)
> Oho, 너의 미래의 아내가 이미 네 멱살을 잡았구나.

> Oho, na minie już czas!(시계를 보면서). Za piętnaście minut capstrzyk ……(Gruszecki) (SJP)
> Oho, 나는 가야 해. 15분 뒤에 발표가 있거든……

> Oho! znowu moraly! Będzie gderał dzień caly!(Rodoć) (SJP)
> Oho! 또 시작이군! 그는 하루 종일 불평만 할 거야!

덧붙일 수 있는 사실은, oho는 분명히 불변화사이자 간투사인 o와 관련이 있으며, 그리고 감정적 간투사 hoho와도 분명히 관련되어 있다는 점이다. 지면 관계상 나는 감정적이 아닌 인지적인 o의 용법을 간략하게 살펴

보는데 그칠 것이다.

4.3. 폴란드어 o

설명적이고 감정적이 아닌 폴란드어 o는 감정적이고 호격형인 O와는 매우 다른데, 드물게도 단독으로 사용되기 때문에 간투사라기보다는 양태 불변화사로 간주될 수 있다. 그러나 그것은 제스처와 함께 흔히 사용될 수 있다.

SJP에서 규정한 대로 "간투사(또는 불변화사) o는 공간에 있는 무엇인가를 가리키며 그것에 특별한 주의를 끄는 제스처를 수반할 수 있다." 예를 들면 다음과 같다.

Tu szło jakieś wojsko : o, ślady po czołgach(Broniewska). (SJP)
몇몇 군인들이 여기를 지나갔다 : o, 여기 탱크 자국이 남겨져 있다.

wilgoć, zimno, o, tu leży koc, a pan nawet się nie okryje (Szaniawki). (SJP)
여기는 축축하고 춥군. o, 여기 담요가 있는데 너는 덮으려고도 하지 않는다.

o, mucha leci do koni(Gałczyński). (SJP)
o, 말을 향해 파리가 날고 있다.

Niechże pan doktór bedzie łaskaw powiesić futerko tutaj …… o tutaj(Prus). (SJP)
박사님, 당신 코트를 여기에 거시겠어요 …… o 바로 여기예요.

다음의 의미론적 공식은 모든 이러한 예들(그리고 다른 유사한 예)은 다음의 의미공식으로 설명할 수 있다.

o

나는 지금 여기에 있는 누구라도 그것을 알 수 있다고 생각한다
나는 당신이 그것을 알기를 원한다
(나는 그것 때문에 이것[제스처]을 한다)

Oho처럼 o도 어떠한 관찰자도 접근 가능한, 공적인 사실을 제시하기 때문에 '공적인' 것이다. 따라서 '나는 지금 여기에 있는 누구라도 그것을 알 수 있다고 생각한다'가 된다. 그러나 동시에 o는 '나는 당신이 그것을 알기를 원한다'처럼 특정 상대를 목표로 한다. 반면에 oho는 '당신'보다는 '어떤 누구라도'를 목표로 한다. 따라서 '나는 누군가가 그것을 알기를 원한다'가 된다. Oho와 달리 o는 '나는 이것이 나쁠 수 있다고 생각한다'와 같은 그 어떠한 평가도 암시하지 않는다.

4.4. 영어 oh-oh

이와 달리 영어의 간투사 oh-oh(uh-oh)는 부정적인 구성성분을 분명히 포함하며, 이는 사람들이 나쁘고 예측하지 못한 어떤 일이 누군가에게 일어나는 것을 인식할 때 사용된다. 예를 들어 달리기를 하는 주자가 어떤 구멍에 빠지려고 할 때, 화자는 이를 알아차렸으나 주자는 알지 못하고 있는 그런 경우에 사용한다. 이러한 간투사의 의미는 다음처럼 표현될 수 있다.

oh-oh
나는 지금 무엇인가를 안다
나는 지금 무엇인가 나쁜 일이 일어날 것이라고 생각한다
나는 누군가가 그것이 매우 나쁜 일이 될 것이라고 생각하기를 원하지
    않는다

앞서 지적한 것처럼 이 oh-oh는 폴란드어 oho와 관련이 있지만, 그러나 oho보다 훨씬 더 '사적'인 것이다. 왜냐하면, oh-oh에는 구성성분 '나

는 지금 여기에 있는 누구라도 그것을 알 수 있다고 생각한다'와 '나는 누군가가 그것을 알기를 원한다'가 결여되어 있기 때문이다. 그리고 비록 oh-oh는 매우 나쁘지는 않더라도, 분명히 더 '나쁜 것'이다('무엇인가 나쁜 일이 일어날 것이다'와 '이것은 나쁠 수 있다'의 비교).

4.5. 러시아어 ogo

Franklin Folsom이 쓴 『The language book』이라는 어린이 책의 러시아어 번역을 살펴보면 러시아어 간투사 ogo의 의미를 가상의 선사시대 상황과 관련하여 설명하고 있다.

> Ux! 선사시대 사냥꾼은 소리를 지르며 사슴을 넘어뜨린 후 사슴을 그의 동굴로 끌고 온다. 그리고 아마도 그의 가족들은 힘든 일을 하고 난 후, 매번 이런 소리를 반복하기 시작했을 것이다. Ogo! 사냥꾼의 딸은 그녀의 아버지가 잡아온 큰 사슴을 보고 말했을 것이다(Folsom 1963 : 25).

이 구절에서 암시된 러시아어 간투사 ux와 ogo의 의미는 다음과 같다고 볼 수 있다

ux
나는 지금 내가 해야만 했던 무엇인가를 했다고 말할 수 있다
나는 내가 그것을 했을 때 무엇인가 나쁜 것을 느꼈다
나는 지금 그것을 할 필요가 없다
나는 그것 때문에 무엇인가 좋은 것을 느낀다

ogo
나는 지금 무엇인가를 알았다
나는 이것이 사람들이 생각했던 것 이상이라고 생각한다
(나는 이것이 좋다고 생각한다)
(나는 그것 때문에 무엇인가를 느낀다)

Ux는 논의의 대상이 아니기 때문에 여기서는 더 이상 논의하지 않겠다. Ogo에 대해 말하자면, 위의 가상의 이야기에 기초하여 제안한 그 공식은 러시아어 사전이 제시한 예들과 잘 들어맞는 것으로 보인다. 다만 긍정의 구성성분인 '나는 이것이 좋다고 생각한다'는 제외되는데, 명백히 그것은 의미의 불변항의 일부가 아니기 때문이다. 예를 들어 그 공식은 아래의 첫 번째 예에는 적합하나 두 번째 예에서는 그렇지 않다.

Peresmotrju naročno, skol'ko u menja deneg. Èto ot sud'i trista ; èto ot počtmejstera trista, šest'sot, sem'sot, vosem'sot …… devjat'sot …… Ogo! za tysjaču perevalilo!(Gogol') (SRJa)
내가 돈을 얼마나 가지고 있는지 봐야지. 판사로부터 삼백, 우체국장으로부터 또 삼백이 있고, 육백, 칠백, 팔백 …… 구백 …… Ogo! 벌써 천이 넘었네!

Pal'ba byla ne dal'še, kak za verstu. Vse nastorožilis'. - Ogo! Ne dremljut japoncy! - skazal Šancer, nervno oživljajas'. (Veresaev) (SSRLJa)
총을 쐈는데, 일 베르스타(Verst)도 안 나갔다. 모두는 긴장했다. Ogo! 일본놈들은 매우 재빠르군! Šancer가 초조하게 움직이며 말했다.

만약 우리가 임시의 불변항으로 '나는 그것 때문에 무엇인가를 느낀다'는 감정의 구성성분도 역시 제외한다면, 두 개의 구성성분만 남는다.

나는 지금 무엇인가를 알았다
나는 이것이 사람들이 생각했던 것 이상이라고 생각한다

지금까지 인용했던 러시아어 ogo의 예시들은 또한 폴란드어의 oho에 대한 의미설명('나는 지금 여기에 있는 누구라도 그것을 알 수 있다고 생각한다')에 포함된 '지각'의 구성성분과도 일치하게 된다. 그러나 ogo는 폴란드어의

oho보다 훨씬 더 넓은 범위에서 사용될 수 있는데, 왜냐하면 분명히 그것
은 현재 지각한 것을 일부라도 언급할 것을 요구하지 않기 때문이다. 다음
과 같은 예들을 생각해보자.

> Kostik sprosil :
> A razve byyvajut xorošie bolezni?
> Ogo, skazal ja, - skol'ko xočeš'(Dragunskij 1968 : 28).
> Kostik은 물었다.
> "유익한 질병이 있을 수 있나요?"
> "Ogo, 많지." 나는 말했다.

폴란드어의 oho는 이와 유사한 맥락에서 물론 일부라도 사용될 수 없
다. 왜냐하면 분명히 화자는 그가 지각한 사실을 언급한 것이 아니라 그의
지식을 언급한 것이기 때문이다. 사실 이러한 종류의 예시는 ogo가 암시
한 지식이 '나는 지금 알았다'라기보다는 아마도 '나는 안다'로 표시되어야
만 한다는 것을 제시하고 있다. 폴란드어 oho의 경우 화자의 지식은 '나는
지금 알았다'라는 깨달음의 형태를 띤다. 러시아어의 ogo 역시 갑작스런
깨달음의 상황에서도 종종 사용되곤 하지만, 그러나 명백하게도 이전에
습득한 지식을 표현하는 데에도 또한 사용될 수 있다. 이러한 사실로 우리
는 다음과 같은 의미 공식을 나타낼 수 있다.

> ogo
> 나는 무엇인가를 안다
> 나는 이것이 사람들이 상상했던 것 이상이라고 생각한다

또는 아마도 다음과 같이 나타낼 수도 있다.

ogo

나는 지금 무엇인가를 말할 수 있다
왜냐하면 나는 무엇인가를 알았기 때문이다
나는 이것이 사람들이 상상했던 것 이상이라고 생각한다

5. 결론

나는 여기에서 다른 언어 요소처럼 간투사들도 그 의미를 가지고 있으며 그 의미들이 매우 엄격한 의미 공식 안에서 분명해지고, 설명될 수 있다는 것을 제시하려고 하였다. 이러한 종류의 공식들은 하나의 일정한 간투사의 용법을 설명할 수 있으며, 다른 간투사들과의 사용상의 차이점을 설명할 수 있다. 그러면 간투사 자체가 제안된 공식을 기초로 하여 모국어 화자들에게 확인될 수 있을까?

감정적이고 인지적인 간투사들은 이러한 관점에서 의지적 간투사와 다른 것처럼 보인다. 즉 영어의 shoo나 psst같은 의지적 간투사들은 그에 해당하는 의미 공식에 기초해서 쉽게 확인될 수 있다. 반면에 폴란드어의 oj, och, aha나 oho처럼 감정적이고 인지적인 간투사들은 확인하기가 더 어려우며, 모국어 화자들은 때로는 설명하려는 간투사를 의미 공식과 관련시키려는 시도에 당혹해할 수도 있다. 이러한 점에서 간투사들은 동사나 형용사들과 다르고 아마도 양태 불변화사와 더 유사한 것처럼 보인다. 그렇지만 만약 여기에서 제안된 유형의 공식들을 "맥락과 억양에 의존하여 다양한 감정을 표현할 수 있는 단어의 하나"라는 간투사의 전통적인 기술과 비교해 볼 때, 그것의 설명적 가치는 명백히 높은 것으로 보인다. 다시 말해, 적어도 그 공식들은 다양한 간투사들의 가치와 용법상의 차이점들을 설명하려고 하였으며, 각각의 개별 간투사가 갖는 독특한 사용의 영역을 설명해 주는 불변항을 각각의 사례마다 발견하려고 시도하였다.

의미설명으로부터 그 단어를 추적하여 가는 과정은 통상적으로 주요 어

휘군에서 설명하는 것보다 더 길고 어렵다는 사실은 물론 주목하여야만
하고, 그것이 암시하는 바는 탐구되어야만 한다. 이러한 사실로부터 아마
도 우리는 다양한 언어 신호들은 다양한 정신상태를 갖는다는 것으로 결
론을 내려야만 할 것이다. 결국 하나의 간투사는 하나의 완전한 문장과 동
등하다. 아마도 음운적으로 매우 작은 단어 하나에 보편적으로 기호화된
정신적 행동이, 보다 조음적인 언어 표현에 기호화된 행동보다 의식적인
차원에서 인지하기(재구조하기)가 일반적으로 더 어려운 것일까? 아마도 간
투사와 같은 보편적인 신호들은 어떤 의미에서는 동사나 형용사와 같은
일반적이지 않은 신호들보다 더 '자동적'인 것이 아닐까?

우리는 또한 기본 간투사들의 '준자동적인' 특징이 그들이 갖는 일부 음
운적 유연성과 관련되지 않는지 질문해 보아야 한다. 간투사의 영역에서
특정한 소리의 유형은 비교 언어 관점에서 볼 때 특정한 의미의 유형과 관
련되는 경향이 있는 것은 분명한 것 같다. 이러한 종류의 상호관련성은 종
종 문헌에서 제기되었지만, 이 상호관련성은 간투사의 의미론에 대한 질
문이 진지한 방식으로 언어학의 의제로 대두되기 전까지, 진지하게 논의
될 수 없었다. 다른 경우와 마찬가지로 언어 독립적인 의미론적 메타언어
의 부재가 주요 장애물이었다. 대략 말하자면, 만약 독일어 간투사 pfui와
덴마크어 간투사 fy, 또는 러시아어 간투사 fu가 모두 disgust(역겨움)을
표현한다면 아마도 음성 상징이 연관된다고 말하기는 쉽다. 그러나 만약
우리가 'disgust'라는 말 자체가 영어의 단어이며 독일어와 덴마크어 그리
고 러시아어에는 그에 정확한 대응어가 없다는 점을 고려한다면(Wierzbicka
1986c 3장 참조), disgust라는 단어가 형식과 의미의 상호관련성에 대한 비
교 언어학 연구를 위해 유용하게 사용될 수 있는 언어 독립적인 기술 범주
가 아니라는 것은 명백한 일이다.

반면에 만약 우리가 'good', 'bad', 'feel', 'think', 'know', 'hear'와 같은
보편적이거나 거의 보편에 가까운 의미 범주들을 적용한다면, 적어도 우

리들은 비교 문화 관점에서 간투사의 의미에 대한 연구를 시작할 수 있다. 일단 우리가 상대적으로 문화로부터 중립적인 의미론적 메타언어로 그들의 의미를 모형화한다면, 우리는 음성 상징이 간투사들의 기능에서 어떤 역할을 하는지의 정도에 대해 조사를 시작할 수 있다. 우리는 간투사의 의미론에서 보편적이고 그리고 특정 언어만의 주제를 탐구할 수 있으며, 그 둘 사이의 상호작용도 조사할 수 있다. 또한 우리는 다양한 문화와 관련된, 그리고 간투사들의 특정 언어만의 체계에 반영된, 다양한 '감정의 스타일'을 탐구하고, 또한 증명할 수 있다. 예를 들어 어떤 문화에서 그 문화의 가장 두드러진 발화 행위에는 비통함과 무기력한 저주가 포함되는데, 유대인의 이디시어 문화(Matisoff 1979 참조)에서 가장 두드러진 간투사인 oy vay(oy veh)가 고통과 무기력함에 대한 언어적 '징후'인 것은 우연한 것이 아니다. 그것의 의미는 다음과 같이 표현될 수 있다.

> oy vay
> 나는 지금 무엇인가 나쁜 일이 일어났다는 것을 알았다
> 나는 그것 때문에 무엇인가를 하기를 원했다
> 나는 어떤 것도 할 수 없다
> 나는 그것 때문에 무엇인가 나쁜 것을 느낀다

언어마다 특별한 간투사로 기호화될 가치가 있다고 여겨지는 감정의 종류가 다르다는 것은 분명한 것처럼 보인다. 예를 들어 어떤 언어들은 공포의 영역을 나타내는 특별한 간투사를 가지고 있고 다른 언어들은 분노의 영역을 나타내는 간투사를 가지고 있으며, 또 다른 언어에서는 슬픔과 고통의 영역을 나타내는 간투사를 가지고 있는 것처럼 보인다.

게다가 이러한 종류의 질적인 차이들에 더해 거기에는 또한 중요한 양적인 차이들이 있다. 첫째, 어떤 언어들은 다른 언어들보다 훨씬 큰 기본 간투사의 집합을 가지고 있는 것처럼 보인다. 둘째, 다양한 언어에서 사용

되는 간투사들마다 빈도면에서 크게 차이가 난다는 점이다.

두 번째 주장은 비록 일반적으로 증명하기가 매우 어렵지만, 영어와 러시아어를 참고로 하여 설명할 수 있다. 예를 들어 Zasorina(1977)의 백만 개의 러시아어 단어 말뭉치에서 간투사 t'fu는 19번, fu는 23번 나타나지만, 반면에 Kučera & Francis(1968)의 영어 말뭉치에서 yuk, phew, pooh와 같은 간투사는 한번도 나타나지 않는다. 또한 두 언어에서 가장 흔한 감정적 간투사로 간주되는 다음 자료를 비교해 보라.

러시아어		영어	
oj	19		—
ox	83	oh	119
ax	212	ah	22

이 숫자들은 현저하지만, 그 차이의 전체적인 규모를 보여주지는 못하였다. 그 이유는 러시아어는 더 일반적인 간투사 o가 있으며, o의 빈도는 신뢰할만한 자료에 기초하여 평가되지 못했기 때문이다. 즉 o는 영어의 about에 해당하는 러시아어의 전치사이기도 하며, 일부는 영어 of의 용법처럼 사용될 때도 있다. Zasorina의 자료에서 o라는 단어는 4156번의 빈도를 나타내며, 우리는 그것들이 여기에서 몇 번이나 간투사로 사용되었는지 알 수는 없다.

일반적으로 말해서, 자발적이고 절제되지 않는 감정의 표현을 억제하는 사회는 기본 간투사들의 사용이, 보다 자유롭게 감정을 표현하는 사회보다 훨씬 제한적이며, 또한 표현적인 행동을 저지하기보다는 가치 있게 여기는 사회보다도 훨씬 제한적이다는 것을 예측할 수 있다. 위에서 설명한 영어와 러시아어의 대조는 이 점에서 좋은 사례이다(Wierzbicka 1992 참조). 그러나 다른 영역처럼 이 영역도 어떤 확정된 일반화에 도달할 수 있을 때까지 많은 연구가 필요하다.

다른 언어에서도 어휘화된 감정의 개념 영역에 대한 비교 문화 연구는 이제 막 시작되고 있다(예를 들어 Levy 1973 ; Lutz 1982, 1988 ; Solomon 1984 ; Rosaldo 1980 ; Gerber 1985 ; Wierzbicka 1992 3, 4장 참조). 우리들도 이제 다양한 언어에서 간투사의 형태로 어휘화된 감정 징후의 영역에 대한 비교 문화 연구가 시작되고 있다는 희망을 가질 수 있다.

제9장

불변화사와 언표내적 의미

Particles and illocutionary meaings

특정한 언어 공동체의 문화를 불변화사들보다 더 잘 반영하는 것은 거의 없다. 불변화사들은 매우 특이하다. 다른 언어에서 정확하게 일치하는 의미를 찾을 수 없기 때문에 번역하기가 매우 어렵다. 이 불변화사들은 어디서나 나타나는데 특히, 일상 발화에서 자주 등장한다. 그것들의 의미는 발화에 의해 매개된 상호작용에서 절대적이다. 왜냐하면 불변화사는, 화자가 청자나 상황에 관하여 표출한 자신의 추측, 의도, 감정 등의 태도를 나타내기 때문이다. 만일 어떤 언어 학습자가 그 언어의 불변화사의 의미를 완벽하게 습득하지 못한다면, 그들의 의사소통 능력은 심각하게 손상을 입게 될 것이다.

불변화사에 내재된 의미는 매우 복잡하다. 비록 이 의미들이 이런 저런 방식으로 어떤 언어에서 표출될 수는 있겠지만, 그것들은 너무 복잡해서 만일 특정 언어가 (불변화사와 같은) 어떤 축소장치를 제공하지 않는다면 화자들은 사실상 그 의미들을 표현하는데 곤혹스러울 것이다. Hymes (1974a : 1450-1451)는 다음과 같이 말한 바 있다. "누구든지 충분한 시간과 노력이 주어진다면 어떤 언어로 무엇이든지 표현할 수 있다", 그러나 "실제 상황이 항상 보여주는 것처럼, 여건과 비용이 허락된다고 해서 누구나 '어떤 언어로 무엇이든지 표현할 수 있는 것'은 아니다."

이러한 이유로 불변화사는, 최소한의 비용으로 복잡한 화용적 의미를 표현할 수 있는 방법들을 일반적으로 제공하며, 화자들이 유용하게 사용할 수 있는 행동스타일의 범위를 결정하는 데 중요한 역할을 한다.

불변화사들의 의미를 기술하는 일은 몹시 어렵다. 이 목적을 위해 끈기 있는 노력들이 행해진 바도 많지 않으며, 오히려 최근에 이르기까지도, 불변화사들의 의미는 언어학자들의 관심을 거의 끌지 못했다. 심지어 의미론에서조차도, 이 부당하게 소외된 영역을 언급하는 데는 어려움이 있었다. Jone Locke는 300년 전에 다음과 같이 말했다.

> 이 문법 부분은 아마도 다른 영역이 지나치게 부지런히 연구된 것과는 대조적으로 무시되었다. 사람들이 격과 성, 양태와 시제, 동명사와 동사형들을 차례대로 써 나가는 것은 쉬운 일이다. 왜냐하면 이런 것들은 열심히 사용되어 왔기 때문이다. 또한 몇몇 언어에서 이 불변화사들은 정확성이라는 관점에서 그것들의 순위가 매겨졌다. 그러나 전치사나 접속사 등[원문 강조]은 문법적으로 잘 알려져 있고, 불변화사들은 주의 깊게 순위가 매겨져 있긴 하지만, 불변화사의 올바른 용법과 불변화사가 지닌 중요성과 힘을 나타내고자 하는 사람은 더 많은 수고를 해야 하며, 자신의 사고 속에 몰입하고, 담화 중에 있는 자신의 마음 자세들을 제대로 관찰해야만 한다(로크 1690, 2 : 99).

다행스럽게도 로크에 의해 묘사된 상황은 이제 변화되기 시작해서 불변화사는 마침내 진지하게 주목받기 시작했다. 특히, 불변화사가 풍부한 독일어와 러시아어에서는 이러한 불변화사에 관한 의미가 깊은 출판들이 이어지고 있다(독일어 예는 Kemme 1979 ; Weydt 1969 ; Weydt et al. 1983. 참조, 러시아어 예는 Boguslavskij 1985 ; Nimolaeva 1985 ; Université de Paris-7 1986 참조, 그리고 비인도 유럽어들의 불변화사에 관한 선구적인 연구를 위해서는 Ameka

출판 예정 참조). 그럼에도 불구하고 나는 불변화사의 중요성과 탐구의 필요성에 대한 로크의 언급이 여전히 되짚어 볼만한 가치가 있다고 생각한다. 왜냐하면, 로크는 이 목적에 적합한 방법론에 주목한 것이기 때문이다.

보통 사전이 하는 것처럼, 이들 단어들을 설명하기 위해 그들의 의미에 가장 근접한 다른 언어의 단어들로 설명하는 것으로는 충분하지 않다. 왜냐하면 그것들이 의미하는 바는 보통 다른 언어의 그것으로 이해되기가 힘들기 때문이다. 그것들은 행동의 모든 표시이거나 마음의 암시들이다. 그래서 그것들을 올바로 이해하기 위해서는 우리가 전혀 가지고 있지 않거나 불완전한 이름으로 가지고 있는 몇몇의 관점, 마음 자세, 견해, 변화, 한계, 또는 예외와 몇 가지 다른 사고가 부지런히 연구되어야 한다 (Locke 1690, 2 : 99).

로크가 불변화사라고 추정한 것의 역할은 현대의 '언표내적 효력'이라는 용어와 일치한다. 나는 이러한 언표내적 효력을 정확하게 기술할 수 있는 유일한 방법은 그것들을 분석하는 것이라고 여러 차례 주상하였다(Wierzbicka 1972, 1976, 1980 참조). 왜냐하면 언표내적 효력은 추측, 의도 그리고 다소 기본적인 마음자세나 변화로 된 꾸러미들이기 때문이다. 내 생각에, 불변화사들이 행동들(마음의 행동들)을 표현하기 때문에, 결국 그것들은 전체 문장의 축소형이라고 볼 수 있다는 로크의 주장에는 심오한 통찰력이 있는 것 같다.

내가 제시한 이 하나의 예〔불변화사〕를 통해, 우리는 언어 내의 불변화사의 용법과 힘을 되짚어 보고, 담화에 나타나는 마음의 몇몇 행동들을 숙고해 볼 것이다. 그리고 문장 전체의 의미를 포함하고 있는 불변화사는 일부는 그 자체로 변함없이, 다른 불변화사는 특정 구문을 통해, 이러한 불변화사를 사용하여 다른 사람과 친밀하게 되는 방식을 찾을 것이다(로크 1690, 2 : 100).

만일 하나의 불변화사가 그 자체에 전체 문장을 응축하고 있다면, 그것의 의미를 기술하는 적절한 방법은 이 문장을 재구하는 것이다. 이러한 결론은 자연스럽게 로크의 논의를 따르는 것처럼 보인다. 그러나 로크는 스스로 그것을 명료하게 말하지 않은데다가 자신이 취한 예들을 분석할 때, 그는 단순히 특별한 불변화사의 기능에 관하여 약간의 일반적인 언급을 하는데 만족했다. 불변화사들에 대하여 대체성의 원리(라이프니치 일반 의미론의 핵심)를 적용한 사람은 라이프니치이다. 만일 한 불변화사가 그 자체에 응축된 문장을 포함하고 있다면, 이 불변화사의 의미를 기술하기 위해서는 이 문장을 상세히 재구해야 한다. 그리고 재구된 문장을 그 불변화사로 대체할 수 있다는 것은 이 이론이 실험적으로 적절히 입증될 수 있다는 것을 의미한다.

> 불변화사들의 적절한 설명을 위해 하나의 추상적인 의미설명을 제시하는 것은 충분하지 않다 …… 그렇기 때문에 우리는 대체될 수 있는 풀어쓰기를 시도해야 한다. 마치 정의항이 피정의항에 의해 대체될 수 있는 것처럼 말이다. 우리가 이러한 적절한 **풀어쓰기**[원문 강조]를 탐색하고 결정하는 시도를 해 왔고 그 풀어쓰기가 모든 불변화사들과 교체 가능할 때, 우리는 불변화사의 의미를 규칙화할 수 있을 것이다(Leibniz 1949 : 366-367).

하나의 불변화사가 가지고 있는 다양한 용법을 모두 만족시키는 하나의 문장을 재구하는 작업은 실행할 수 없을 것처럼 보인다. 그리고 사실, 하나의 불변화사가 가진 모든 용법이 오직 한 문장(그리고 오직 하나의 정신적 '자세')으로 일치된다는 가정을 할 수 있는 어떤 선험적 이유도 없다. 일부 불변화사들은 충분히 하나 이상의 의미를 가지고 있다. 그러나 그것들이 '셀 수 없을 정도' 많은 의미들을 가지고 있지는 않을 것이다. 계속해서 라이프니치의 말을 다시 인용해 보면 다음과 같다.

학자들은 라틴어, 그리스어, 히브리어의 불변화사들에 관한 특별한 논문들을 만들어 내려고 시도해 왔다. 그리고 저명한 법률 고문인 Strauchius는 법조문에서 사용되는 불변화사의 용법에 관해, 꽤 의미 있는 책을 출판했다. 하지만 우리는 종종 학자들이 애매한 개념보다는 오히려 예문이나 유의어들로 불변화사를 설명하려고 시도하는 것을 볼 수 있다. 게다가 우리들이 불변화사에 대한 일반적 또는 형식적 의미를 항상 찾을 수 있는 것도 아니다. 그럼에도 불구하고 우리는 한 단어의 모든 용법들을 몇 가지의 한정된 의미의 수로 줄일 수 있다. 이것이 우리가 해야 할 일이다(Leibniz 1949 : 365-366).

불변화사들의 의미가 예문이나 유의어들, 동등한 표현의 번역으로 적절하게 밝혀질 수 있다는 생각은, 비록 이러한 관습이 널리 퍼져 있다고 할지라도 아마도 많은 언어학자들에게 유효한 이론적 선택으로서 진지하게 옹호될 수 없는 것이다. 그러나 불변화사 자체를 대체할 수 없는 추상적 공식으로 불변화사의 의미가 적절히 밝혀질 수 있다는 생각은 이론적으로는 앞서 가지만 여전히 불변화사들의 용법에 관한 경험적인 적절한 실마리를 제공할 수 없을 것이라고 덧붙이고 싶다(예문과 논의를 위해서 Wierzbicka 1986 참조).

나는 라이프니치가 옳았다고 생각한다. 즉 하나의 불변화사가 가지고 있는 모든 용법들은 (다양한 맥락에서 사용된 불변화사들을 대체할 수 있는 풀어쓰기로 기술된) 한정된 의미로 축소될 수 있다. 이것이야말로 우리가 했어야 할 일이다. 다른 한 편으로, 라이프니치학파의 불변화사 연구에 대한 접근법은 지난 수십 년간 다양한 언어에서 불변화사들로 기호화된 의미들을 밝혀내는 경험적인 많은 기초연구들을 이뤄냈고, 이러한 연구들은 불변화사의 전통적 연구에서는 꿈꿀 수 없던 것을 성취하였다(특히, Ameka 1986, Bogusławski 1986, Goddard 1979, 1986, Grochowski 1986, Harkins 1986, Wilkins 1986 참조).

이 장의 목적은 영어와 폴란드어의 다양한 불변화사의 의미를 밝혀냄으로써 이 분석적 방법을 증명하는 데 있다. 이것은 다음과 같은 순서로 진행될 것이다. 즉 영어의 양화사 중에서 먼저 비근사어 only, mostly, just와 근사어 about, around, almost를 살펴보고, 다음으로 영어의 시간 불변화사들 already, still 그리고 yet을 살펴볼 것이다. 그리고 이어서 영어와 유사하지만 다른 의미를 가진 폴란드어의 시간 불변화사와 양화사(비근사어들과 근사어들), 그리고 영어와 유사하지만 의미가 다른 불변화사의 순으로 살펴볼 것이다. 이 모든 사례마다, 불변화사의 용법에 대해 관찰 가능한 유사점과 차이점들을 정확하게 설명하기 위한 풀어쓰기를 시도할 것이다.

1. 영어의 양화사

영어에는 주로, 다시말해 오로지 양에 대해서만 말하는 많은 불변화사들이 있다. 이러한 불변화사들은 'no more', 'no less', 'not much', 'it could be more', 또는 'it could be less'와 같은 구성성분에 절대적으로 의지하고 있다. 이러한 불변화사 중에 일부와 그리고 이와 관련한 표현들은 정확한 정보를 표현하는 것에 비해 어림이나 근사치로 사용된다. 예를 들어, as many as와 more or less를 비교해 보자. 전자의 의미는 다음처럼 표현될 수 있다.

> as many as, as much as
> 그것은 이것이다
> 우리는 생각할 수 있다 : 그것은 더 적다
> 그것은 더 적지 않다

후자의 의미는 일단 다음과 같이 나타낼 수 있을 것처럼 보인다.

> more or less
> 그것은 이것일 수 있다
> 그것은 이것보다 조금 많을 수 있다
> 그것은 이것보다 조금 적을 수 있다

그러나 지적되어야 할 점은 as many(much) as는 실제로 양과 관련된 맥락에서만 제한적으로 사용되는 것에 비해 more or less는 그렇지 않다는 사실이다. 그래서 사람들은 more or less 50뿐만 아니라 it is more or less the same이라고도 말할 수 있다. 이것은 어원적으로, 또는 아마도 은유적으로 more or less가 'more'와 'less'에 관련이 되어 있는 반면에 공시적으로 그리고 문자 그대로 more or less는 'more/less'보다는 오히려 'different'의 용어로 더 잘 재현될 수 있다고 할 수 있다.

> more or less
> 그것은 이것이 될 수 있다
> 그것은 이것과 조금 다를 수 있다
> 그것은 이것과 매우 다를 수는 없다

이 예는 양화사의 속성이 은유적 확장으로 발전할 수 있으며 양적인 의미를 양적이 아닌 의미로부터 분리하고자 할 때 직면하는 어려움을 보여주고 있다. 이어지는 설명에서, 나는 대략 이 문제들에 대해서는 무시하고, 우선 개별 불변화사와 불변화사와 유사한 표현들 간의 유사성과 차이점에 대해 집중할 것이다.

1.1 비근사어 : only, merely, 그리고 just

1.1.1. Only

먼저 only의 의미는 다음과 같이 나타낼 수 있다 :

only
그것은 이것이다(many/much)
그것은 그 이상이 아니다
사람들은 생각할 수 있다 : 그것은 그 이상이다

예를 들면 다음과 같다.

only fifteen, only a dollar
그것은 이것이다(many/much) : 〔15, $1〕
그 이상은 아니다
사람들은 생각할 수 있다 : 그것은 그 이상이다

특정한 맥락에서, 다음의 예문처럼 'not another'의 표현은 'not more' 보다는 only에 더 잘 호응하여 나타난다.

Only Socrates runs. (Goddard 1979 참조).
Only Nescafe gives you that fresh roasted flavour
소크라테스만 달린다.
네스카페만이 당신에게 갓 볶은 향기를 느끼게 할 수 있다.

그리고 다음과 같이 두 번째 의미를 제안하는 것도 타당한 것처럼 보인다.

Only Socrates runs.
이(사람, 물건, 장소 ……)
다른 것이 아니다
사람들은 생각할 수 있다 : 그것은 다른 것일 수 있다

그렇지만 나는 이런 종류의 예에서 신원의 확인은 한정 명사구에 의해 발생하며, 반면에 only는 그 자체가, 여기에서조차도 구성성분 'no more'

를 암시하는 것처럼 보인다. 예를 들어 다음의 대화를 생각해보자.

> a. - Who's there? 거기 누구야?
>   - Me. 나
>   - You and who else? 너하고 누구?
>   - Only me. 나밖에 없어.
> b. - Who's there? 거기 누구야?
>   - It's only me. 혼자야.

(a)의 only me는 'no more people'을 암시하지만 (b)의 only me는 사람의 수가 아니라 오직 신원의 확인과 관련되는 것처럼 보인다('다른 사람이 아닌, 나'). (b)에서조차 'only me'는 일종의 제한(Sapir의 용어에 의하면)과 하향등급을 의미한다. 동시에 그것은 '나다. 다른 누구도 아니다, 나 이외의 어떤 사람도 아니다, 당신은 걱정할 필요가 없다.'라는 의미를 함축하고 있다. 'only me'라는 표현이 갖는 이러한 재확신의 분위기는 만약 우리가 이러한 용법을 ('not another'에 덧붙여) 구성성분 'no more than this'로 가정한다면, 비록 이 경우 more는 하나의 숫자를 지시하는 것이 아니며, 그것은 은유적인 의미로 사용된다고 하더라도, 설명될 수 있을 것이다. 'no more'에 대한 그러한 은유적 해석이 하나의 별개의 의미로 간주되야만 하는가는 논의의 여지가 있다. 그렇지만 'no other'라는 관점에서 only를 유일한 하나의 의미 설명으로 하는 것은 충분하지 않으며, only의 모든 용법들은 분명히 'no more'와 같은 어떤 것을 요구하는 것처럼 보인다는 것이다.

only의 동일한 '하향 등급'의 특성은 부사 용법에서 분명하게 증명된다. 예를 들면, 다음과 같다.

> I was only joking. 단지 농담이었어.

(cf. ?? I was only speaking seriously.)

    화자가 이 발화에서 '나는 한 가지 일을 하고 있었다. 그 이상은 하지 않았다'를 의미하지 않는 것은 확실하며, 따라서 '나는 농담을 하고 있었다. 그밖의 다른 것을 한 것은 아니다'로 풀어 쓰는 것이 더 적절하다. 그러나 여기에서도 역시 'nothing else'(즉 'not something than this')라는 표현이 그 자체만으로 그 문장이 갖는 경시의 의미를 설명하지는 않는다('it was no more than a joke' 참조).

    나의 잠정적인 결론은, 여기서 고찰한 only의 용법들이 공식 'no more ; 사람들은 생각할 수 있다 : 그것은 그 이상이다'로 명백하게 축소될 수 있는 반면에 이 공식이 두 개의 전혀 다른 해석을 갖는다는 점이다. 분명하게 수량을 나타내는 맥락에서는, 예를 들어 수사와의 결합에서 only는 경시적인 특성을 가지고 있지는 않다. 왜냐하면 only의 구성성분 'no more'는 문자 그대로의 의미로 받아들여지기 때문이다. 그렇지만 만일 어떤 수량사가 없다면(예를 들어, 고유명사와 결합) only는 두 가지 다른 방식으로 해석될 수 있다. 하나는 '이 사람(것, 등등)이다 ; 더 이상의 사람은 없다'의 의미로, 다른 하나는 대략 '이 사람이다, 그밖의 다른 사람이 아니다 ; 더 이상은 없다'이다.

1.1.2. Merely

Merely는 only와 밀접하게 관련되어 있다. 그러나 merely는 두 개의 추가적인 구성성분을 갖는데, 대체로 '이것은 많지 않다'와 '이것은 중요한 무엇인가가 아니다'로 기술될 수 있다. 예를 들어 'merely 50 cent'는 only 50 cent처럼, 그 총액이 '50센트보다 많지 않으며 사람들은 그것이 좀 더 많을 것으로 기대했다'는 것을 의미한다. 그렇지만 추가적으로 only의 경우와는 달리, merely는 그 총액이 작고, 중요하지 않은 것으로 처리된다. 만일 only가 '한정적'이거나 '제한적'이라면, merely도 또한 '축소적'이고 '경시적'이거나 또는 '경멸적'이라고 할 수 있다.

merely의 '축소적' 양상부터 살펴보면, merely는 'not much'로 재현될 수 있으며, 따라서 only의 '제한적' 특성과 대조를 이루며, 우리는 그것을 'not more'의 관점으로 재현할 수 있다. 예를 들어, 다음의 문장들을 비교해 보자.

> a. She gave him only two thirds of the sum he expected.
>   그녀는 그가 기대했던 양의 단지 3분의 2만 주었다.(only)
> b. She gave him merely two thirds of the sum he expected.
>   그녀는 그가 기대했던 양의 겨우 3분의 2만큼만 주었다.(merely)

문장 b는 이상하게 들리는데 그 이유는 3분의 2가 'not much'라고 생각할 수 없기 때문이다. 반면 a는 적절한데 그 이유는 only가 'not much'을 암시하는 것이 아니라 단지 'no more'를 의미히기 때문이다(이 경우, 총액은 아니다).

이제 merely의 '경멸적'이고 '경시적'인 양상을 살펴보면, 우리는 어떤 사람들의 말을 'mere word', 'mere promise', 'mere conjecture'라고 말함으로써, 사람들이 그것들의 가치를 '축소'할 뿐만 아니라('그것은 많지 않다') 그것들을 중요하지 않고, 생각해볼 만한 가치가 없는 것으로 간단히 처리한다는 것에 주목할 필요가 있다. 예를 들어, 제안을 하거나, 가설을 내세울 때, 사람들은 조심스럽게 덧붙일 수 있다.

> This is only a suggestion.
> This is only my hypothesis.
> 이것은 단지 제안일 뿐이에요.
> 이것은 단지 나의 가설일 뿐이에요.

그러나 위의 문장을 아래와 같이 말하는 것은 상당히 자기 비하적인 것
이 될 수 있다.

> This is merely a suggestion.
> This is merely my hypothesis.
> 이것은 하찮은 제안에 불과해요.
> 이것은 하찮은 저의 가설에 불과해요.

유사하게, She's merely a child라는 문장은 사람이 소녀의 말을 중
요하지 않게 여기거나 신뢰할 수 없는 것으로 처리하려는 상황에서 사용
될 수 있다. 사람들이 어린이를 과도한 부담으로부터 보호하려는 상황에
서는 She's only a child'(또는 She's just a child')라고 말하는 것이 더 좋
을 것이다.

only(그리고 just)와 대조적으로 merely가 (명시적이거나 또는 암시적
이거나 간에) 명령형과는 거의 결합하지 않는다는 사실은 주목할 만한 가
치가 있다.

> Bring just (only, *merely) two.
> Just a moment! *merely a moment!
> 딱 두 개만 가져와(only, *merely)
> 잠깐만(just, *merely)

명령형은 '나는 X를 원한다'라는 것을 의미하지만, merely는 'X는 신경
쓸 가치가 없다'를 암시하기 때문에 여기에서 의미적 충돌이 발생한다.

결국, 'Who was there'라는 물음에 대해 우리는 다음과 같이 답할 수
있다.

> Only John and me 존과 나만 있어

Only me 나만 있어
Just John and me 존과 나만 있어
Just me 나만 있어

그러나 이렇게는 대답할 수 없다.

?Merely John and me
?Merely me.

반면에 'It's only(just) a game과 It's merely a game은 둘 다 모두 적절하고 쉽게 해석될 수 있다. Only a game은 no more than a game을 의미하고 merely a game은 그 게임을 중요하지 않은 것으로 간단히 처리한다는 것을 의미한다.

그래서 나는 merely는 '중요한', '심각한', '사실인', '큰' 등과 반대인 '중요하지 않은', '심각하지 않은', '사실이 아닌' 또는 '작은'에 대한 '문화적 동의어'로 해석될 수 있는 표현이나 단어들만 결합한다고 생각한다. 예를 들면 다음과 같다.

This is merely a game (not serious business).
이것은 겨우 게임일 뿐이다 (심각한 일이 아니다).
She's a merely a child (not an adult).
그녀는 겨우 어린애일 뿐이다 (성인이 아니다).
Mere word/promises/conjectures (not deeds, not certainties).
겨우 말/약속/짐작 (행위가 없다, 확실성이 없다).
Merely a fraction (not the whole thing).
겨우 하나의 조각 (전체가 아니다).

첫 번째 접근으로, 우리는 다음과 같은 의미 공식들을 생각해볼 수 있다.

merely
이것보다 그 이상은 아니다
이것은 많지 않다
사람들은 그것에 대해 많다고 생각하지 않는다

1.1.3. Just

Lee(1987)에 따르면, 영어의 불변화사 just는 네 가지의 서로 다른 의미들, 즉 '경시'의 의미, '제한'의 의미, '특정'의 의미, 그리고 '강조'의 의미를 가지고 있다. 내 생각으로는 just가 다의적이라는 주장은 아마도 옳다고 증명되었겠지만, 그러나 부여된 의미들의 수가 너무 많고 (수반된 기술뿐만 아니라) 표지들은 실제로 이들의 의미가 무엇이며, 그것들이 서로 어떻게 관련되는지, 그리고 그것들이 merely나 only같은 불변화사들의 의미와 어떻게 서로 다른가를 제대로 보여주고 있지 못하다. 결국 우리는 merely는 경시적이고, only는 제한적이라고 동일하게 말할 수는 있지만 just, merely 그리고 only가 서로 어떻게 다르며, 또는 왜 그것들의 사용의 범위가 다른가를 설명하지는 못한다.

Lee가 '경시'라고 부른 두 개의 예로 시작해 보자.

They're not serious --just a nuisance
그것들은 중요하지 않아 - 다만(just) 귀찮을 뿐이지.
- Have you had any chest pain?
- Just a little bit. Not as much as I had before.
- 가슴 통증이 있습니까?
- 아주(just) 약간, 예전만큼 심하지는 않아요.

Lee(1987 : 378)에 따르면, 이런 종류의 예에서 "화자는 어떤 현상의 과정에 대한 중요성을 최소화하기 위해 불변화사를 사용한다 …… 많은 경우에, 〔의사와 환자의 대화 같은〕 이러한 코퍼스에서 어떤 현상의 과정은 어떤 다른 현상과의 비교에 의해 명백히 무시된다." 나의 관점으로, 논의 중인 그 의미는 다음처럼 공식화될 수 있다.

> just
> 그밖의 다른 것이 아니다(=이것과 다른 무엇인가가 아니다)
> 이것은 많지 않다
> 사람들은 생각한다 : 그것은 더 많(을 것이)다

'경시적'이라는 표지는 잘못 이해될 수 있는데, 왜냐하면 이것은 부정적 평가의 성분을 암시하고 있지만 just 속에는 그러한 뜻이 없기 때문이다 (Let's have dinner together – just the two of us(저녁 먹으러 가자, 딱 우리 둘만)의 예 참조). 그리고 '무시하다'라는 표지도 마찬가지로 부정적 평가의 성분을 갖고 있으며, 중요하지 않은 어떤 것을 암시하는 것처럼 보인다. 그러나 '축소하다'라는 용어는 대체로 옳으며 본질적으로 제안된 공식에 잘 들어맞는다. 예를 들어 just에 부여할 수 있는 not much는 (그러나 only에는 이 구성성분이 없으므로) 다음과 같은 대조를 설명해 준다.

> Only 47 people came. 단지 47명만 왔다
> ?Just 47 people came.

'Only 47'은 47보다 그 이상이 기대될 수 있다는 것을 암시하지만 그러나 47이 'not much'를 의미하는 것은 아니다. 그러나 just 47은 'not much'를 암시하며 이러한 암시는 문장을 다소 이상하게 보이게 한다. 왜냐하면 만약 사람의 수가 그들이 개별적으로 셀 수 있을 정도로 작다면, 그런 경우 47은 많게 보일 수 있기 때문이다. 유사한 다음의 예를 보자.

> She gave him only two thirds of the sum that he expected.
> 그녀는 그에게 그가 기대했던 양의 단지 3분의 2만을 주었다.

?She gave him just two thirds of the sum that he expected.

동시에 우리는 merely와 달리, just가 단지 '축소적' 느낌 뿐만 아니라 '정확한' 느낌도 가지고 있음에 주목해야 한다. 다시 말하면 just this는 '이것은 많지 않다'를 의미할 뿐만 아니라, '이것 외에 다른 것은 없다', '정확하게 이것이다'를 암시한다. 내 생각에 Just the two of us라는 구문은 이러한 이유 때문에 부분적으로 친밀하고 은밀한 것처럼 들린다. 즉 그것은 단지 작은 숫자에 대한 질문이 아니라 포함된 사람의 신분 확인일 수도 있다(외부인은 아무도 없으며 우리 둘 외에 아무도 없다).

일반적으로 말해서, 만약 only가 완벽하게 중립적이고 merely는 경멸적이라면, just는 그 자체가 약간의 긍정적인(안심의, 방어의, 사과의, 심지어 칭찬의) 해석을 제공한다. 그 이유는 'small'이 쉽게 덜 중요한 것처럼 보이기도 하지만, 바람직한 것처럼 보이기도 하기 때문이다('작은 것이 아름답다.' '작은 것은 안전하다.' 등등). 경시의 구성성분('우리는 이것에 대해 많다고 생각할 필요가 없다')이 없고, 신분을 확인하는 구성성분('이것이외에는 아무 것도 없다')이 있기 때문에, just에 내재된 축소의 구성성분 'not much'는 그 자체가 쉽게 긍정적인 해석을 제공하는 것이다.

Lee(1987 : 387)는 그가 '제한적' 의미라고 했던 것을 다음의 문장들을 들어 설명한다.

You can get a B grade just for that answer.
I'll just get you to take your shirt off.
Just close your eyes.
당신은 그저 그 대답에 대해서만 B등급을 얻을 수 있다.
나는 그저 당신의 셔츠만을 벗도록 할 것이다.
그저 눈만 감아라.

나는 이러한 종류의 문장들이 위에 제시된 공식에 완벽하게 잘 맞고 그
렇기 때문에 위의 문장에 사용된 just에 별개의 '제한적'이라는 의미를 부
여할 필요는 없다고 생각한다. Lee 스스로도 이 두 가설적 의미들을 구별
할 수 있는 확고한 근거는 없다는 것을 인식하고 있었으나 그는 이것을
"두 범주 사이의 경계가 불확정적인 속성"을 갖기 때문이라고 하였다(1987 :
387). 여기에 제시한 것과 같은 정확한 의미 공식으로 인하여, 우리들은
주장된 다의성을 크게 덜 수 있으며, just가 의미하는 '경시적'과 '제한적'
이라는 뜻을 하나로 줄일 수 있다. 예를 들면 다음과 같다.

> I'll just get you to take your shirt off.
> 나는 당신의 셔츠를 벗게 할 것이다
> 다른 것은 없다
> 이것은 많지 않다
> 사람들은 생각할 수 있다 : 그것은 더 많을 것이다

just에 대한 '특정의' 의미는 아래와 같은 문장을 예로 들 수 있다.

> It gets itchy just under the eyebrows.
> He's just come out of hospital.
> 눈썹 바로 아래가 가려워 온다.
> 그는 방금 병원에서 나왔다.

Lee(1987 : 389)는, 이러한 종류의 문장에서 장소나 시간의 표현이 한편
으로는 명확하게 정의되지만 다른 편으로는 명확히 정의되지 않은 영역을
지시한다고 한다. 또한 "just의 기능은 …… 오직 그 경계 면이 …… 정확
히 특정화된 영역의 [부분]과 가깝다는 것을 확인하는 것처럼 보인다"라고
했다. 나에게 이것은 통찰력 있는 관찰로 생각된다. 'not much(많지 않은)'
와 'not some other(약간 다르지 않은)'의 개념도 역시 이와 관련된 것처럼

보인다. 그러나 그것들의 해석은 조금 다르다. 예를 들어, just under the eyebrows(눈썹 밑 바로)는 영어로 '눈썹 아래에서 멀지 않음'을 암시하며, 그렇기 때문에 논의의 그 장소가 눈썹이 있는 곳과 (다른 곳이 아닌) 똑같은 장소로서 생각될 수 있다. 유사하게 just after he'd come out of hospital(그가 병원에서 나온 직후)는 'very little(not much) after'를 암시하며 그렇기 때문에 그 시간은 그가 병원에서 나왔을 때와 똑같다(다르지 않다)고 생각될 수 있을 만큼 아주 짧은 시간이다. 그러므로 장소와 시간은 '지점'뿐 아니라, 영역과 기간처럼 생각될 수 있기 때문에 각각의 공간과 시간에서 두 가지 다른 지점은 '똑같은 장소' 또는 '똑같은 시간'으로 간주될 수 있다는 점이다. 예를 들면 다음과 같다.

just under the eyebrows
눈썹이 있는 곳은
다른 장소에 있는 것이 아니다
그것은 (눈썹의) 아래에 있다
멀지 않다(아래로부터 멀지 않다)
사람들은 생각할 수 있다 : 그것은 더 아래일 것이다

just after he'd come out of hospital
그가 병원에서 나온 때는
다른 어떤 시간이 아니다
그것은 (그가 병원에서 나온) 후이다
많이 지나지 않았다(많이 지난 후가 아니다)
사람들은 생각할 수 있다 : 그것은 더 많이 지난 후일 것이다

어떤 의미에서 just의 이러한 용법은 사실상 어떤 장소나 시간을 '특정화'한 것이지만, (it was right here처럼) 불변화사 right가 어떤 장소를 특정화한 것과 같은 의미는 아니다. '특정의' just는 공간과 시간에서 두 점 사이의 거리를 무시함(경시함, 최소화함)으로서 하나의 장소나 시간을 '특정

화한다'. 그리고 이것은 어떻게 '특정의' just가 '경시적/제한적' just와 관련되는지를 보여준다.

소위 '강조의' just는 아래의 예와 같은 문장에서 나타난다.

> It was just incredible.
> I just can't keep going.
> I just can't understand it.
> 그것은 정말 믿을 수 없다.
> 나는 정말 견딜 수가 없다.
> 나는 정말 그것을 이해할 수 없다.

Lee(1987 : 394)는 다음과 같이 말한다. "이것은 경시적 의미의 just와 거리가 멀다. 실제로 이 불변화사는 엄밀하게 반대되는 효과를 갖는데, 다시 말해 just가 들어가 있는 표현을 강조하기 위한 것처럼 보인다." 그럼에도 Lee는 이렇게 다르고 명백하게 대립되는 just의 개념 사이에 밀접한 연관성이 있다고 느꼈다. 나는 자연의미의 메타언어로 진술되는 명확한 의미 공식이 이러한 연관성이 무엇인지를 보여줄 수 있다고 생각한다. 아래의 두 문장을 보자.

> I just don't like it
> I just can't understand it.
> 나는 그것을 정말 좋아하지 않는다.
> 나는 그것을 정말 이해할 수 없다.

just가 두 가지의 매우 다른 의미로, 실제로는 정반대의 의미로 사용된다고 말하는 것은 분명히 직관에 반대되는 일이다. 직관적으로 볼 때 두 가지의 의미 사이의 관련성은 매우 분명한 것처럼 보이며 또 이것은 대략 다음과 같이 진술될 수 있다.

이것이 내가 그것에 대해 말할 수 있는 모든 것이다
(예를 들어, I don't like/can't understand it)
나는 어떤 다른 것을 말할 수 없다
나는 안다 : 이것은 많지 않다
사람들은 더 많은 것을 기대할 수 있다

그러나 만약 우리가 just를 이처럼 말한다면, 적어도 본질적으로는 소위 '경시', '제한', '특정'과 같은 just의 의미에 대해, 앞서 제안한 똑같은 의미공식이, 약간만 수정되어 '강조의' just에도 적용될 수 있다.

It is just incredible.
It is just impossible
I just can't understand it.
그것은 정말 믿을 수 없다.
그것은 정말 불가능하다.
나는 그것을 정말 이해할 수 없다.

just
나는 이 이상의 다른 어떤 것을 말할 수 없다
(예를 들어, it's incredible/impossible, I can't understand it)
(나는 안다 :) 이것은 많지 않다
사람들은 생각할 수 있다 : 그것은 더 많을 것이다

just의 '강조' 의미는 항상 불가능함이라는 개념과 함께 결합되어 쓰이는 것처럼 보인다. 다시 말하면 I just can't, It is just impossible, It is just unbelievable(즉 one just can't believe it), it is just gorgeous(즉 I can't say anything other than this, I can't say another word) 등이다. 표현 (I) just can't는 일반적으로 '나는 이 이상의 어떤 다른 말을 할 수 없다. 즉 이것은 많지 않지만 나는 이것 외에 다른 표현을 할 수

없다'를 암시한다. 그 암시는 화자가 압도되거나 할 말을 잃었다는 것을 말한다. 그러므로 그 인상은 화자의 눈에 '압도적'이며, 화자는 그것을 강조하고 있으며, '무시하지' 않는다는 메시지에서 나온 것이다. 그러나 결과는 just의 또 다른 용법에 부과된 동일한 의미 공식의 관점에서 설명될 수 있을 것으로 보인다.

1.2. 영어의 근사어

'근사어'에서 '양화사'만을 따로 구별할 수 있는 명확한 기준은 없다. 왜냐하면 하나의 불변화사나 유사 불변화사는 '양적'이면서 동시에 '근사적'이기 때문이다. 특히 이것은 아래 문장에서 쓰인 것과 같이, 'at least', 'at the most', 'no less', 'no more'와 같은 유사 불변화사에도 적용된다.

At least fifty people were there
The dining-room seats forty at (the) most.
No less than fifty chairs were crammed into the tiny room.
No more than fifty people came to the plenary session.
적어도 50명의 사람들이 거기에 있었다.
식당은 기껏해야 40석이 있다.
자그마치 50개 의자가 그 작은 방에 밀어 넣어졌다.
불과 50명의 사람이 본회의에 왔다.

at least
그것은 이것보다 적지 않다
그것은 더 많을 수도 있다
사람들은 생각할 수 있다 : 그것은 더 적을 수 있다

at (the) most
그것은 이것보다 더 많지 않다
그것은 더 적을 수도 있다

사람들은 생각할 수 있다 : 그것은 더 많을 수도 있다

no less
그것은 이것보다 적지 않다
그것은 더 많을 수도 있다
사람들은 생각할 수 있다 : 그것은 더 적을 수 있다

no more
그것은 이것밖에 없다
그것은 더 적을 수도 있다
사람들은 생각할 수 있다 : 그것은 더 많을 수 있다

Only와 마찬가지로, 이러한 모든 표현들은 수량사 뿐만 아니라 기대치를 지시하며 또한 이 표현들은 실제의 수량사들이 기대의 수량들과는 다르다는 것을 암시한다. 그렇지만 동시에 이 표현들은 화자가 추정하고 있다는 것을 암시하는 것에 비해 only는 정확한 정보를 암시한다. 중요하게 강조되는 점은 no less와 no more는 단지 더 많은 수량이 뒤따르지 않을 때만 오직 근사어로 작용한다는 것이다. 예를 들어 no less and no more than twelve라고 말하는 것이 결코 자기 모순적이지 않은 것도 그 이유이다. 그러나 이것은 no less가 그 자체로 '더 많을 수 있다'를 암시하지 않고 또 no more가 '더 적을 수 있다'를 암시하지 않는다는 것을 의미하지는 않는다.

이 절에서 나는 around, about, approximately, roughly, almost, nearly를 포함한 많은 '근사어'와 근사적 표현을 살펴보고, 그들 사이의 유사점과 차이점을 밝혀볼 것이다.

1.2.1. Around와 about

Around 50 people came. / About 50 people came.

Come around five o'clock. / Come about five o'clock.
50명 정도의 사람들이 왔다. / 약 50명의 사람들이 왔다.
5시 경에 와라. / 약 5시에 와라.

사전은 일반적으로 about 또는 approximately를 가지고 around를 '정의'하며 그 반대의 경우도 마찬가지로 정의한다. 그리고 사실상 많은 맥락에서 이 두 단어들은 상호교환적인 것처럼 보인다. 이 세 단어 모두의 뜻풀이는 또 다른 '근사적' 표현들이 제시되는데 이 표현들은 언제나 그런 것은 아니지만, 종종 more or less로 대체되기도 한다.

Fifty people came, more or less. 대략 50명 정도의 사람이 왔다.
(?)Come at five o'clock, more or less.

그러나 around와 about은 정말 같은 것을 의미할까? 그리고 그것이 의미하는 것은 무엇일까?

Sadock(1981)은 about에 대해서 구체적으로 논하면서, 그의 주된 결론을 다음과 같이 공식화하였다.

나는 about에 대해서 다음과 같이 정의할 것을 제안한다. 즉, about P 라는 문장은 P가 양적 명제이고, P가 참인 실제 세계와 매우 다르지 않은 가능한 세계가 있는 경우에만 참이다(Sadock 1981 : 267).

그러나 이 정의는 다음과 같은 이유 즉, about이 '양적 명제'에 한정되지 않는다는 것이다. 사실 이 점에서 about은 around와 다르다고 할 수 있다. 다음과 같은 대화를 생각해 보자.

- Is the food there any better than in our college?
- About the same. / *Around the same.

- 그 곳의 음식이 우리 대학의 음식보다 나아요?
- 거의 똑같아. /

나는 순수하게 '양적인' around와 '양적'이거나 또는 '질적'인 about 사이의 차이점을 'more'와 'less'의 용어로 around를 정의하고 'different'의 용어로 about을 정의함으로써 설명될 수 있다고 주장한다. 첫 번째 시도로 나는 다음과 같이 제안하고자 한다.

around
그것은 이것일 수 있다
그것은 조금 더 많을 수 있다
그것은 조금 더 적을 수 있다

about
그것은 이것일 수 있다
그것은 이것과 조금 다른 어떤 것일 수 있다

Sadock(1981 : 262)은 또한 영어의 모든 '근사어들'은 대화함축 'not P', 다시 말해 'not exactly P'를 갖는다고 주장했다. 그렇지만 나에게는 이것이 전혀 사실이 아닌 것처럼 보인다. 화자가 대충 20(around twenty)이나 약 20(about twenty)이라고 말하는 것은 실제 숫자가 20과 다르다는 것을 암시하고자 하는 것이 아니다. 그는 실제 숫자는 20과 조금 다를 수 있으나, 그것이 꼭 다르다고 할 필요는 없다는 것을 암시한다. 이것이 바로 내가 제안한 around와 about의 의미설명에서 구성성분 '그것은 이것일 수 있다'를 포함한 이유이다.

그러나 around와 about의 사이에는 또한 다른 차이점들이 있다. 이 차이점 중의 하나는 around가 about과 달리, 공간이나 시간의 한 지점을 둘러싸고 있는 전체 지역이나 기간에 적용될 수 있다는 점이다. 아래의 예를 살펴보자.

> Hats of this kind were worn in Paris around 1880.
> 이런 종류의 모자들을 1880년대에는 파리 사람들은 썼다.

만일 around를 about으로 대체하면, 위 문장은 around 1880처럼 여러 해가 아닌 특별한 한 해를 의미하는 것임을 암시한다. 사실 about은 일정한 기간의 의미에는 사용될 수 없다. 그보다 about은 시간의 어떤 특별한 지점에서 하나의 추측, 하나의 판단, 하나의 '어림짐작'으로 사용된다. 즉 다음과 같다.

> Hats of this kind first appeared in Paris (in) about 1880.
> 이런 종류의 모자들은 약 1880년쯤에 파리에 처음 등장했다.

만일 about과 around의 차이를 설명하기 위해서 우리는 다음과 같이 관련된 구성성분을 구별할 수 있다.

> around
> 그것은 이것일 수 있다
> 그것은 이것보다 조금 더 많을 수 있다
> 그것은 이것보다 조금 더 적을 수 있다
>
> about
> 그것은 이것일 수 있다.
> 만일 그것이 이것이 아니라면, 그것은 이것과 조금 다른 어떤 것일 수 있다

이 공식이 의미하는 것은 about은 한 지점, 즉 '이곳'이나 또는 근처의 어떤 다른 지점에 적용될 수 있다는 것이다. 그러나 around는 원칙적으

로 기준점 근처 지역 내의 여러 지점들에 적용될 수 있다. 물론 이러한 확장된 해석은 around 50 people이나 about 50 people처럼, 이 둘의 차이가 중화되는 특별한 맥락에서는 예외가 될 수 있다. 그러나 적절한 맥락이 주어지면, 이 확장된 해석이 around에는 항상 유효하지만 about에는 그렇지 않다. 예를 들면 다음과 같다.

the next few days were very hot, so we returned to our pattern of resting during the hottest part of the day and around [/?about] midnight …… (Facey 1981 : 144)
　그 다음 며칠은 무척 더워서, 우리는 하루 중 가장 더운 시간과 자정 쯤에는 휴식을 취하는 우리의 일과로 되돌아갔다 ……

around와 about의 또 하나의 차이점은, around에는 기호화되지만 about에는 기호화되지 않는 '반올림(rounding)'의 개념과 관계가 있다. 보통 우리들은 ?around 87 people이나 ?about 87 people이라고 말할 수 없는 것에 비해 around 27 or 28 people보다는 about 27 or 28 people이라고 말하기가 쉬울 것이고, 또 around 6 or 7 people보다는 about 6 or 7 people이라고 쉽게 말할 수 있다. 사실 around 6 or 7 people은 이것을 말하는 사람이 아주 작은 숫자, 예를 들면 $6\frac{1}{2}$이나 $6\frac{3}{4}$같은 어떤 분수를 반올림 하고 있는 것처럼 들린다. around와 about의 이러한 차이를 설명하기 위해서 나는 다음과 같은 around의 구성성분을 가정할 것이다.

나는 X와 조금 다른 것이 아닌, X를 말한다
왜냐하면 그것은 X라고 생각하기가 쉽기 때문이다

이런 구성성분이 about에는 가정되지 않는다. 사람들이 about 87이라고 말하지 않는다는 사실은 그러한 구성성분을 가정하지 않아도 설명될 수 있다. 다시 말해 그렇게 큰 숫자를 어림짐작으로 언급한다는 것은 전혀 터무니없는 일이다. 만일 이 숫자가 정말 세어 본 거라면, about은 필요 없을 것이고, 또 이 숫자가 세어 본 것이 아니고 추산한 것이라면 일의 자리 숫자까지 쓰지 않고, 10단위로 표현했을 것이다(예를 들면, about 80이나 about 90같은 숫자 말이다.). 그러나 우리가 about 6 or 7 people이라고 한다면, 그것은 가능하면 정확하게 하려고 시도하는 것이며, '반올림' 과정은 전혀 암시되어 있지 않은 것이다. 요약한다면, 아래와 같이 around와 about의 잠정적인 공식을 살펴볼 수 있다.

around
그것은 이것일 수 있다
그것은 이것보다 조금 더 많을 수 있다
그것은 이것 보다 조금 더 적을 수 있다
그것은 이것보다 좀 더 많을 수 없다
그것은 이것보다 좀 더 적을 수 없다
나는 다른 것(숫자)이 아닌 이것(숫자)을 말한다
　　왜냐하면 그것은 이것(숫자)이라고 생각하기가 쉽기 때문이다

about
그것은 이것일 수 있다.
만일 그것이 이것이 아니라면, 그것은 이것과 조금 다른 것일 수 있다
그것은 이것과 매우 다른 것이 될 수는 없다

1.2.2. approximately

Approximately는 '반올림'의 과정을 암시한다는 점에서 around와 유사하다. 우리는 다음과 같이 말하지 않을 것이다.

? Approximately 7 people came.
? Approximately 17 or 18 people came.

Approximately가 around나 about으로부터 구별될 수 있는 특징의 하나는 (approximately가 갖는 문체적인 '현학성'과 격식성에서 알 수 있듯) 추상성과 개념적 복잡성이 더 높다는 점이다. 예를 들면, approximately는 분명한 수보다는 크기나 넓이의 관계에 잘 적용될 수 있다는 점이다.

This line is approximately (/*around) twice as long as that. 이 선은 저것보다 길이가 대략(/*내외) 두 배이다.

This block is approximately (/*around) three times as long as it is wide. 이 구역의 길이는 넓이의 대략(/*내외) 3배이다.

The action was repeated five times, at approximately (/*around) equal intervals. 이 행동은 대략(/*약) 같은 간격으로 5번 반복되었다.

Approximately는 더 '학습되어야 하고' 추상적인 단어이기 때문에, 어느 정도의 통제와 심리적 훈련을 또한 요구한다. Approximately는, 정확성에 대한 관심의 부족을 나타내는 듯한 대략적인 추정이나 또는 '어림짐작'과 같이 들리지 않는다. 그보다 오히려 화자가 정확성이 필요 없거나 가능하지 않다고 느끼는 때조차도 정확성에 대한 존중을 드러내는 의도적인 장치와 같다.

두말 할 나위 없이, 그런 미묘함을 의미공식에 반영한다는 것은 쉽지 않다. 첫 번째 접근으로, 아래의 공식을 생각해 볼 수 있다.

approximately
만일 그것이 이것보다 많다면, 그것은 이것보다 아주 많지는 않다
만일 그것이 이것보다 적다면, 그것은 이것보다 아주 적지는 않다
나는 다른 단어가 아니라 이 단어로 말하는데, 왜냐하면 그것은 이 단어로 생각하기가 쉽기 때문이다
나는 '그것이 이것이다'라고 말하기를 원하지 않는다
왜냐하면 나는 그것은 이것과 약간 다르다는 것을 알기 때문이다

Approximately와 exactly를 비교하는 것은 흥미로운 일이다. 그 이유는 exactly는 approximately와 의미가 정반대되는 '반근사어'의 일종으로 보일 수 있기 때문이다. 사실 이 둘 사이에는 (명백한 유사점 뿐만 아니라) 중대한 차이점이 있다. About처럼 exactly는 순전히 질적 맥락에서 나타날 수 있다.

It is exactly the same. 그것은 정확히 일치한다.

반면에 approximately는 다음과 같이 표현할 수 없다.

? It is approximately the same.

이 사실을 설명하기 위해서, 우리는 exactly에 다음과 같은 공식을 부여할 수 있다.

exactly
우리는 이렇게 말할 수 있다.
나는 안다 : 누군가는 생각할 수 있다 :
'그것은 이것이 아니다, 그것은 이것과 약간 다른 어떤 것이다'
나는 누군가가 이것을 생각하기를 원하지 않는다
사람들은 이것과 약간 다른 어떤 것이 아닌, 이것을 말할 수 있다

1.2.3. Roughly

예를 들어 Webster(1977)와 OED(1933)와 같은 사전들은 approximately와 roughly를 서로 같은 것으로 처리하고 있다. 예를 들면, Webster(1977)에는 "rough-approximate(a rough guess)"라고 되어 있다. 그렇지만 이처럼 가정된 동일함을 설명하기 위해 제시된 바로 그 예에서도, approximate는 rough(*approximate guess)로 대체될 수 없다. 마찬가

지로 우리는 rough estimate라고 말할 수 있으나 *approximate estimate라고 말할 수 없다. 일반적으로 말하면, roughly는 섣부른 행위를 암시하거나 또는 편리함, 편안함, 간소함을 위해 정확성이 떨어지는 것을 기꺼이 감수하려는 의도와 서두르는 행위를 암시한다. Approximate 는 그러한 내포 의미가 없으며, 반대로 정확성의 부족을 알리면서까지 정확성에 대한 존중을 전달하려고 한다.

한편에는 Roughly, 그리고 또 다른 편으로는 approximately(그리고 around) 사이의 또 다른 중대한 차이점은 roughly의 질적이고, 양적이 아닌 특성과 관련되어 있다. 아래의 문장을 보자.

This block is roughly twice as long as it is wide.
이 구역은 대충 길이가 넓이의 두 배이다.

위 문장은 적절하지만 다음의 두 문장은 약간 적절하지 않다.

It is roughly five o'clock. 어림잡아 5시다.
There were roughly 50 people present. 대충 50명이 있었다.

더욱이, roughly는 아래와 같은 문장처럼, 완전히 질적인 문제에도 적용될 수 있다.

My idea, roughly, is this. 내 생각은 대충 이런 것이다.

Approximately는 숫자나 수량사에 제한되는 것이 아니라, 모든 부분들의 정확한 재산출이 가능한 형식의 문제에 제한되는 것 같다. 예를 들면, 내가 생각하기에 우리가 좋든 나쁘든 가장 가깝게 접근할 수 있는 최상의 유일한 의미 공식이 있다면 우리는 다음과 같이 말할 수 있을 것이다.

The meaning of the word X can be stated, approximately, as follows. X라는 단어의 의미는, 대략 다음과 같이 설명될 수 있다.

하지만 우리는 거의 다음과 같이 말할 수 없다.

?My idea is, approximately, this.

Approximate(ly)는 정확성이 가능하지만, roughly는 그렇지 않다는 것을 암시한다. 우리는 미래의 밑그림을 대충(rough) 스케치한다고 할 수 있으나 대략(approximate) 스케치한다고 하지는 않는다. 결국, roughly 는 approximately보다 목표에 훨씬 더 멀리 있다. Approximately는, 언급된 것이 실제와 약간 다를 뿐임을 암시하는 반면, roughly는 차이라 는 것은 있을 수 있고, 아마 있을 것이며, 상당히 고려해 볼 만한 것이라 는 뜻을 암시하고 있다. 예를 들어 rough sketch(대강의 스케치)라는 말은 어 떤 점에서는 실체와 같다고 할 수 있으나 십중팔구는 실체와 많이 다르다.

> roughly
> 그것은 이것이 아니다
> 그것은 이것과 같은 어떤 것이다
> 나는 이것을 말하는 것이 쉽기 때문에 이것을 말한다
> 나는 사람들이 빨리 말할 수 있는 어떤 것을 말하고 싶다

1.2.4. Almost and nearly

almost는 대략적으로 소위 '점진적'과 '비점진적'이라고 하는 두 가지 다른 용법을 갖고 있는 것처럼 보인다. 이 두 가지 용법은 다음과 같은 두 문장으로 설명할 수 있다.

He is almost bald/blind.   (gradual)

He almost killed her.   (non-gradual)
그는 거의 대머리/장님이나 마찬가지다.   (점진적)
그는 거의 그녀를 죽였다.   (비점진적)

Almost₁은, 오히려 about처럼, 약간은 부정확한 방식으로 특정 상태나 상황을 묘사하고 있음을 암시한다. Almost₂는 다양한 '가까스로 남아있음'을 의미하는 문장에서 사용된다. 전자의 경우에 almost를 생략한다면 그 문장은 사실과 약간만 다른 내용이 될 것이지만 반면에 후자의 경우는 almost가 생략되면 그 문장은 명백한 오류가 될 것이다. 예컨대, 'being bald'와 'being almost bald'의 차이는 미미하지만, 'dying'과 'almost dying'의 차이는 상당히 크다. 그렇지만 '등급적'(또는 '점진적')과 '비등급적(또는 '비점진적')이라는 표지는, 특별히 적절한 것이 아니다. 왜냐하면 전자인 almost도, almost twenty처럼 수사적 맥락에도 또한 적용될 수 있으며 엄격히 말해서 어떤 것도 '등급적'이라든가 '점진적'이라고 할 수 없기 때문이다. 그러나 중요한 것은 표지가 아니라 의미공식이다. 만약 우리가 almost에는 두 개의 뚜렷한(물론 관련된) 의미가 있다고 가정한다면, 우리는 다음의 두 가지 의미 설명을 제안할 수 있다.

almost₁
(a) 사람들은 이것을 말할 수 없다
(b) 만약 내가 이것을 말한다면
    그것은 사람들이 말할 수 있는 것과 단지 조금만 다를 것이다

almost₂
(a) 사람들은 말할 수 없다 : 이것이 일어났다
(b) 만약 무엇인가가 원래의 것과 단지 조금만 다르다면 사람들이 이것
    을 말할 수 있다.

여기서 주목할 만한 것은 일부 언어, 예를 들어, 폴란드어(다음 4.2절 참조)에도 두 개의 다른 용법을 갖는 이 almost에 상응하는 두 개의 다른 어휘가 있다는 점이다.

On jest prawie łysy.
'He is almost bald.' 그는 거의 대머리나 마찬가지다.

On o mało jej nie zabił.
'He almost killed her.'(문자 그대로의 뜻, 'By a little he didn't kill her.') 그는 거의 그녀를 죽였다.

그렇지만 영어는 prawie와 o mało nie의 의미에 상응하는 어휘를 따로 구분하지 않기 때문에 우리는 최소한 두 개의 용법에 해당하는 단일한 의미 공식이나 또는 두 개의 용법에 대한 공통된 핵심 의미를 위한 단일한 의미 공식을 찾도록 노력하는 것이 좋은 방법론이라 할 수 있다. 아래에 대략적인 공식을 하나의 가능성으로 제안한다.

만약 무엇인가가 원래의 것과 단지 조금만 다르다면
사람들이 이것을 말할 수 있다

이와 같은 단일한 공식을 적용하면, 사람들이 다음과 같은 사실을 지적할 수 있다. being killed '죽인 것'과 being 'almost killed' '거의 죽인 것'에는 적지 않은 차이가 있는 반면에, a shot that kills '한 방에 죽인 것'과 a shot that 'almost kills' '한 방에 거의 죽인 것'(그러나 빗나간 한 방) 또는 살인에 이르게 하는 분노와 거의 살인에 이르게 한 분노의 사이에는 거의 차이가 없다고 해도 무리가 아니라는 점이다.

그렇지만 우리가 명백한 차이가 있는 almost의 두 개의 의미를 하나의 의미로 축소한다고 가정한다면, 우리는 여전히 해결하기가 매우 어려운 문제를 갖게 된다. 즉 우리는 왜 almost가 around, about, approximately와 대조적으로, 말하자면 그 목표를 그 이상과 그 이하에서 접근시키는 것이 아니라 그 이하에서만 접근시키는 것인가를 설명해야만 한다. Around 50 같은 표현은 실제의 숫자가 50 이상(말하자면 52나 53)인 상황을 지시할 수 있다. 반면에 almost 50은 그렇게 사용될 수 없다. Almost와 around 의 차이는 물론 우리가 almost에 다음과 같은 추가적인 요소를 가정한다 면 쉽게 설명될 수 있다.

그것은 이것보다 조금 적다

그러나 이와 같은 해결책은 다음과 같은 문장에서는 어려움에 봉착된다.

Almost nothing was left. 거의 남은 것이 없다.
Almost nobody came. 거의 아무도 안 왔다.

여기에서는 우리가 비록 almost에 대해 두 개의 다른 의미를 상정한다 고 해도 별 도움이 되지 않는다. 왜냐하면 이 문장의 almost는 가까스로 남아있음이라는 의미로 사용되지 않았으며, 분명히 말하자면 그것은 $almost_2$가 아니라 $almost_1$이기 때문이다.

Sadock(1981)은 almost의 의미 설명에서 'X보다 적다'라는 구성성분이 포함되는 것을 반대하였으며, 나는 almost nobody나 almost nothing 같은 표현이 가능하다는 점에서 그의 입장이 지지될 수 있다고 생각한다. 반면에 almost는 실제로 about이나 around와 같은 것(대략, '원래의 것과 다르지 않은 것')을 의미한다는 그의 결론은 almost 50(정확하게 말하자면 겨 우 50이며 사실 50보다 적은 것)과 around 50(50보다 약간 많을 수 있는 것)과 같은 표현이 근본적으로 다르게 해석될 수 있다는 관점에서 볼 때 거의 수 용되기가 어렵다.

Sadock은 about이 갖는 양적 속성의 맥락에서 해석의 차이점을 설명하려고 시도했다. 그렇지만 우리는 about이 almost보다 더 양적인 맥락에서 제한되지 않는다는 점을 살펴본 바 있다. 동시에 around가 양적 맥락에 한정되며, 목표 지점의 이상과 이하의 범위를 암시한다는 점에서 about과 유사하다.

    around 20   20일 수 있다
                20보다 조금 적을 수 있다
                20보다 조금 많을 수 있다
    about 20   20일 수 있다
                20보다 조금 적을 수 있다
                20보다 조금 많을 수 있다
    almost 20   20보다 조금 적다
                20은 아니다.
                20보다 조금 많을 수 없다.

나는 이 딜레마의 단서를 almost(더 정확히 말하자면 러시아어 počti)는 긍정적인 성분과 부정적인 성분 둘 다를 포함한다는 Padučeva(1985 : 74)의 관찰에서 찾을 수 있다고 믿는다. 다음과 같은 문장은 '파티에 온 사람들이' 확실히 50명임을 말하는 것은 아니라는 뜻을 전달한다.

    Almost 50 people came to the party.
    거의 50명이 파티에 왔다.

다음 문장은 이러한 뜻을 암시하지 않는다.

    Around(about) 50 people came to the party.
    50명 정도의 사람이 파티에 왔다.

나는 이러한 almost의 부정적인 성분이 almost를 수적인 맥락에서 'less than'을 암시한다는 인상을 줄 수 있다고 주장한다. Around와 about은 그러한 부정적인 성분을 가지지 않으며, 이것이 바로 around과 about이 'less than'을 암시하는 것처럼 전혀 보이지 않는 이유이다.

Almost에 관한 마지막 논점은, almost가 around처럼 (그러나 about와 는 달리) '반올림'의 과정을 암시한다는 것을 언급할 수 있다. 비록 우리가 Almost twenty people came(거의 20명의 사람이 왔다)이라고 말할 수는 있을지라도, Almost seven people came(거의 7명의 사람이 왔다)이라고 말하지는 않는다. 그러므로 almost는 '반올림'의 구성성분을 필요로 한다.

I say this because it is easy to think of this
나는 이것을 생각하는 것이 쉽기 때문에 이것을 말한다

Sadock(1981 : 267)은 "about to(막 …하려고 하다)나 just about(간신히) 와 같은 몇몇의 관용구를 제외하면 almost는 about이 가능한 어디에나 사용할 수 있다."라고 주장했다. 그러나 사실 다음과 같은 문장에서 about을 almost로 대치할 수는 없다.

About six or seven people came.
약 6-7명의 사람이 왔다.

여기에서 almost를 설명하기 위해 '반올림' 구성성분을 가정한 것은 이 러한 차이점을 잘 설명해 주기 때문이다. Sadock도 또한 만약 예를 들어 특정 상황에 참여한 시위자들의 실제 숫자가 950명이라고 한다면, 다음의 첫째 문장이 둘째 문장보다 더 참인 것처럼 보인다는 것에 주목했다.

Almost 1000 demonstrators picketed.

거의 1000명의 시위자가 시위를 했다.

Almost 990 demonstrators picketed.
거의 990명의 시위자가 시위를 했다.

여기에서 가정한 '반올림'이라는 구성성분은 그러한 사실을 잘 설명해준다. '1000'은 ('950'과 비교했을 때) '1000이라고 생각하기 쉽다'는 근거로 선택될 수 있다는 숫자이다. 그러나 그러한 관점에서 봤을 때 '990'을 떠올려야 한다는 근거도 없다.

그렇지만 around와 달리, almost는 어떤 방식으로든 숫자에 제한되지 않으며 approximately와 달리, 형식적인 관계에 제한되지도 않는다. 우리는 이렇게 말할 수 있다.

This block is almost twice as long as it is wide.
이 블록은 거의 2배만큼 넓다.

하지만 사람들은 또한 다음과 같이 말할 수 있다.

At such moments, she seemed almost pretty.
그런 때, 그녀는 거의 예쁘다고 할 수 있었다.

반면에, 우리는 다음과 같이 말할 수 없다.

At such moments, she seemed *approximately (*around, *about) pretty.

흥미롭게도 almost는 이러한 점에서 nearly와 다르다. 그것만 아니면 nearly는 almost와 유사하다.

*At such moments, she seemed nearly pretty.

사람들이 다음과 같이 말할 수 있다는 사실은 nearly가 숫자나 수와 관련된 상황에 한정되지 않는다는 것을 보여준다.

We are nearly (*around, *about, *approximately) there.

나는 우리가 nearly pretty라고 할 수 없는 이유를, 말하자면 nearly의 '상향등급' 때문이며(Sapir 1949 참조) 말하자면, nearly를 '같은 것에 조금 더함'의 관점으로 보기 때문이라고 생각한다. 그러나 사람들이 누군가를 예쁘다고 생각하여 'almost pretty'라고 한다면, 정확히 무엇이 더해져야 하는지가 분명하지 않다.

달리 말하면, nearly는 과정을 지시하는 것처럼 보이며 반면에 almost는 순수하게 상태를 나타낸다. 예를 들어 (b)보다 (a)라고 말하는 것이 더 가능성이 있다.

a. When I first saw her she was almost naked.
b. When I first saw her she was nearly naked.

'Nearly naked'라는 표현은 불가능한 것은 아니지만 그러나 그것은 화자가 옷을 벗는 과정을 지켜 보았다는 것을 암시한다. 마찬가지로 다음의 문장을 보자.

By that time, she (the stripper) was nearly naked.

Nearly의 이러한 과정적인 특징을 설명하기 위해서, 우리는 다음과 같은 구성성분으로 그것을 가정할 수 있다.

만약 동일한 일이 조금 더 일어난다면
우리는 이것을 말할 수 있다

그러나 nearly는 또한 다른 의미에서 '상향등급'이라고 할 수 있으며,
다음과 같은 대비로 나타낼 수 있다.

    nearly everything / *nearly nothing
    nearly everyone / *nearly no one
    almost everyone / almost no one
    almost everything / almost nothing

이러한 대비를 설명하기 위해, (첫 시도로서) 우리는 nearly를 '그것은
이것보다 조금 적다'(it is a little less than this)라는 구성성분으로 가정할
수 있으며, 이 구성성분은 우리가 보았던 것처럼, almost에는 부여될 수
없다.

그러므로 almost와 nearly에 대한 두 의미 공식이 다음과 같이 제안
될 수 있다.

    almost
    우리는 말할 수 없다 : 그것은 이것이다
    만약 무엇인가가 원래의 것과 단지 조금만 다르다면
    우리는 이것을 말할 수 있다
    나는 이것을 이와 같이 말한다
    왜냐하면 나는 그것을 이와 같이 말하기가 쉽기 때문이다

    nearly
    우리는 말할 수 없다 : 그것은 이것이다
    만약 동일한 일이 조금 더 일어난다면
        우리는 이것을 말할 수 있다
    그것은 이것보다 조금 적다

여기에서 제안된 almost의 분석은 Sadock(1981)이 제안한 '급진적 화용론적 분석'과 매우 다르다. Sadock에 의하면 "almost의 의미는 p가 참인 가능 세계가 실제 세계와 크게 다르지 않는 경우 바로 almost P의 진술을 참으로 만드는 것과 같은 것이다"(1981 : 258-259). Sadock은 almost 용법의 모든 양상은 오직 '그라이스 화용론을 과도하게 적용한' 이러한 빈약한 정의의 관점에서 설명할 수 있다고 믿었다. 그러나 Sadock의 정의는 almost에 적용된 것처럼 nearly에도 적용된다. 그것은 또한 about에도 적용되며 영어와 다른 언어의 다른 많은 '근사어'에 적용된다. 그렇다면 어떻게 그러한 정의, 즉 심지어 그라이스 화용론을 과도하게 적용한 정의가 모든 근사어 용법의 차이점을 설명할 수 있겠는가?

나는 그와 관련한 표현들의 용법이 갖는 유사점과 차이점을 설명하기 위해 필요한 것은 '급진적 의미론적' 접근이지, '급진적 화용론적' 접근이 아니라는 것을 주장한다.

2. 영어 시간 불변화사

영어는 많은 시간 불변화사를 갖고 있으며, 이것들은 매우 복잡하고 흥미로운 방식으로 서로 관련되어 있다. 많은 문헌들은 이러한 불변화사를 다루었거나, 또는 다른 언어, 특히 독일어, 폴란드어, 러시아어의 불변화사들 중에서 이것들의 대응예를 집중적으로 다루었다(Bańkowski 1971, 1975a, b, 1976, 1977 ; Doherty 1973 ; Grochowski 1986 ; König 1977 ; Moiseev 1978 ; Pasicki 1976 ; Shetter 1966 ; Traugott & Waterhouse 1969 참조). 나는 여기에서 문헌들을 살피지는 않을 것이다. 어떤 면에서 지면의 문제도 있고, 어떤 면에서는, Grochowski(1986)만은 예외지만, 지금 논의 중인 불변화사의 모든 용법들을 설명해줄 수 있는 의미 공식을 제안하지 못하기 때문이다.

　이러한 불변화사 중에서 두 가지, 즉 already와 still 둘 다 모두 하나
의 예상되는 변화를 지시하며, 이 변화는 예상되는 시간과 관련된다는 점
에서 적어도 상호 대칭적인 것처럼 보인다. 다시 말하면 already의 경우,
변화가 발생했으며 그 변화는 예상한 시간 전에 발생한 것이다. 반면에
still의 경우, 그 변화가 예상된 시간 전에 발생하지 않았으며 사실 그 변
화란 아예 발생하지 않은 것이다.

    He still hasn't come.
    그것(그 상황)은 (이 시간 전과) 같다
    사람들은 생각할 수 있다 :
      무엇인가가 일어났을 것이다
      그것은 이것 때문에 같지 않을 것이다
      그것은 이 시간 전에 일어났을 것이다
    그것은 이 시간 전에 일어나지 않았다

    He has already come
    그것(그 상황)은 (이 시간 전과) 같지 않다
    사람들은 생각할 수 있다 :
      무엇인가가 일어날 것이다
      그것은 이것 때문에 같지 않을 것이다
      그것은 이 시간 이후에 일어날 것이다
    이 시간 이전에 그것은 일어났다

　상태 서술어가 있는 문장의 경우는 사건의 지시가 암시적이지만 사건은
여전히 그대로이다. 예를 들면 다음과 같다(Traugott & Waterhouse 1969 :
302 참조).

    He is still young(*old).
    그는 (이 시간 전과) 같다

사람들은 생각할 수 있다 :
  무엇인가가 일어났을 것이다
  그는 이것 때문에 같지 않을 것이다
  그것은 이 시간 전에 일어났을 것이다
그것은 이 시간 이전에 일어나지 않았다

He is already old(*young).
그는 (이 시간 전과) 같지 않다
사람들은 생각할 수 있다 :
  무엇인가가 일어났을 것이다
  그는 이것 때문에 같지 않을 것이다
  그것은 이 시간 후에 일어날 것이다
그것은 이 시간 전에 일어났다

이 의미 설명의 마지막 두 번째 줄에 있는 '그것'이란 단어는 어떤 예상되는 변화를 지시한다. 결과적으로, 이 의미설명은 왜 비문법적인 변이형 (*young, *old)이 적절하지 않은가를 설명하고 있다. 다시 말해 예상되는 변화를 'not old'에서 'old'로, 또는 'young'에서 'not young'으로 지시하는 것은 이치에 맞지만, 반대 방향은 이치에 맞지 않는다.

Still은 또한 yet과 밀접하게 관련된다. 왜냐하면 그 둘은 모두 예상되는 변화가 일어나지 않았거나 어쩌면 일어나지 않을 것을 지시하기 때문이다. 그러나 still의 경우, 그 변화는 어떤 특정한 시간 전에 일어날 것으로 기대되었으나 반면에 yet의 경우, 그 변화는 어떤 구체적인 시간, 즉 반드시 기준시 이전이 아닌 시간에 일어날 것으로 기대된 것이다. 예를 들어 다음 문장을 보자.

It still hasn't happened.
그것(그 상황)은 같다
사람들은 생각할 수 있다 :

무엇인가가 일어났을 것이다
그것은 이것 때문에 같지 않을 것이다
그것은 이 시간 전에 일어났을 것이다
그것은 이 시간 전에 일어나지 않았다

It hasn't happened yet.
그것은 이 시간 이전에 일어나지 않았다
사람들은 생각할 수 있다 : 그것은 일어날 것이다
사람들은 생각할 수 있다 : 그것은 일어날 것이다

Yet이 있는 문장보다 still이 있는 문장을 조급한 것으로 해석하기가 더 쉬우며, still이 있는 문장보다 yet이 있는 문장을 확신적인 것으로 해석하기가 더 쉽다. 만약 예상된 변화가 지금보다 전에 일어나는 것을 기대하였으나, 일어나지 않았다면, 화자는 조급한 느낌을 가질 것이다(그리고 화자는 그 변화가 일어날지 아니면 일어나지 않을지에 대해 확신조차 할 수 없을 것이다.). 만약 그 변화가 언젠가 일어날 것으로 기대되었다면, 그러나 조급함을 느낄 이유가 없고, 그것이 후에 일어날 것이라는 확신감을 가질 수 있는 충분한 이유가 된다.

yet과 still의 또 다른 재미있는 차이점은, yet이 부정문이나 의문문과 함께 사용되는 반면에, still은 긍정 서술문에서 사용된다는 사실과 관련되어 있다. 이러한 차이는, still이 상태의 지속을 가리키는 것에 비해, yet은 이러한 구성성분을 갖지 않는다.

He still hasn't come
그것(그 상황)은 같다
그것은 일어나지 않았다
그것은 이 시간 전에 일어나지 않았다

He hasn't come yet.

그것은 일어나지 않았다
그것은 이 시간 전에 일어나지 않았다

이것은 다음과 같이 대조적인 용인성을 설명해 준다.

Has he come yet?
*Has he still come?

별표(*)가 붙은 문장은 의미적으로 자기 모순이다. 왜냐하면 화자는 동시에 두 가지의 양립될 수 없는 질문을 하는 것으로 보이기 때문이다 :

a. Is the situation the same(as before now)?
b. Did he come(before now)?
a. 그 상황은 (지금보다 전과) 같은가?
b. 그가 (지금보다 전에) 왔는가?

그러나 '그가' 왔음은 그 상황이 동일하지 않음을 의미한다. Yet은 그 상황이 결코 같음을 지시하는 것은 아니며 그 때문에 결국 위의 별표(*)가 붙지 않은 문장은 자기 모순이 아니다. 다시 말해 그 문장은 오직 (b)만을 암시하며 (a)를 암시하지 않는다.

여기에서 논의된 세 불변화사가 모두 공통으로 갖는 하나의 특징은 세 불변화사 중 어느 것도 시간이 정해진 사건을 지시하지 않으며, 그들은 단지 사건의 (불특정한) 시간을 참조시에 결부시킬 뿐이라는 것이다. 결과적으로 세 불변화사는 (행위동사/사건동사의) 단순과거와 함께 사용되지 않는다.

He still hasn't come.
He has already come.

He hasn't come yet.
*He still came on Friday. (possible with a non-temporal
meaning of still)
*He came already on Friday.
*He didn't come Yet on Friday.

다른 한 편으로, 사건들은 불변화사 only로 시간이 정해질 수 있으며, 내 생각으로, 이 only는 이전에 논의된 의미 외에도 별개의 시간적 의미를 갖고 있다고 할 수 있다. 이 시간적이란 의미는 다음과 같은 문장에서 볼 수 있다.

He came back only after he'd squandered all his money.
그는 돈을 다 써버린 후에야 (비로소) 돌아 왔다.
He came back only when he realised that he wouldn't win.
그는 자신이 이길 수 없을 거라는 사실을 깨달았을 때야 (비로소) 돌아 왔다.

이 의미는 '시간의' $only_t$라고 할 수 있으며, 다음과 같이 기술될 수 있다.

$only_t$
그것은 그 밖의 무엇인가가 발생했을 그 시간에 일어났다
그것은 이 시간 전에 일어나지 않았다
사람들은 생각할 수 있다 : 그것은 이 시간 전에 일어났을 것이다

이 의미 설명의 첫번째 구성성분은 그 사건이 '시간이 정해진' 것임을 보여주지만, 또한 그 사건이 다른 사건과 관련하여 '시간이 정해진' 것임을 보여주고 있다. 이 구성성분 대신에, 만일 우리가 '그것은 이 시간에 일어났다'라고 한다면, 우리는 다음과 같은 문장이 (적절한 의미로) 수용될 수 없다는 사실을 설명할 수 없을 것이다.

? He came only at five o'clock.
(He didn't come until five o'clock. 참조)

그러므로 어떤 의미에서는 여기서 논의된 모든 시간 불변화사들은, 비록 다른 문장에서조차도 연관이 있다고 할 수 있다. Still, already 그리고 yet은 그들이 사건시를 구체적으로 나타내지 않고 오직 참조시와 관련하여 사건시를 정한다는 점에서 관련이 있다. 즉 only$_t$는 사건시를 구체적으로 나타낸다고는 하지만, 절대적 관점이 아니라 다른 사건들과의 관계에서 사건시를 구체적으로 나타낸다는 점에서 관련된다.

영어의 시간 관사의 의미를 더 명확히 알기 위해, 나는 그것들을 다른 언어의 가장 가까운 예들과 비교할 것이다. 구체적으로 폴란드어를 살펴보고 이디시어와 독일어의 예를 추가하여 언급할 것이다.

3. 폴란드어의 시간 불변화사

3.1. już and jeszcze

Leo Rosten(1968 : xv)은 이디시어의 영향으로 추정되는 아래의 구(句)들을 미국 영어에서 자주 들을 수 있다는 사실에 주목하였다.

All right already.
This I need yet?

아마도 같은 이유로 추정되는 동일한 표현들을, 영어 사용 국가에 사는 폴란드 이주민들의 말에서 들을 수 있다. 말하자면, 폴란드어도 이디시어와 같이 already, still 그리고 yet과 아주 유사한 것처럼 보이는 시간 불변화사들이 있다. 그리고 이것들은 의식적으로 또는 잠재의식적으로 화자의 마음에서 영어의 불변화사와 동일한 것으로 간주되고 있다. 하지만 사실 이러한 폴란드어와 이디시어의 불변화사에 기호화된 의미구조는 어떤 면에서 영어에서의 불변화사에 기호화된 의미구조와 다르다(Pasicki 1976 참조). 논의되는 폴란드어의 불변화사들은 종종 already로 번역될 수 있는 już나 또 종종 yet, still로 번역될 수 있는 jeszcze 등이다. 예를 들면 다음과 같다.

On już tam jest.
'He is already (już) there.'

On jeszcze tam jest.
'He is still (jeszcze) there.'

On jeszcze nie przyszedł.
'He hasn't come yet (jeszcze).'

On już przyszedł.
'He has already (już) come.'

그러나 여전히 już가 already로 번역될 수 없으며, jeszcze가 yet이나 still로 번역될 수 없는 많은 유형의 맥락들이 있다. 예를 들면 다음과 같다.

już czy jeszcze?
'już or jeszcze?'
(cf. *already or still? *already or yet?)

폴란드어의 질문이 실제로 의미하는 것은 다음과 같이 기술될 수 있다.

'No more or some more?'
'(is this) enough or (do you want) some more?'

'더 필요 없어요? 아니면 더 필요하세요?'
말하자면, '(이거면) 충분해, 아니면 더 필요해?'

그리고 już는 언제나 no more로 번역될 수 있고, jeszcze는 some more로 번역될 수 있다는 사실을 암시하는 것은 아니다. 다시 말하면, już와 jeszcze은 본질적으로 시간 불변화사이며, 오직 시간과 연관된 (또는 시간과 관계있는 것으로 해석될 수 있는) 맥락에만 사용될 수 있다는 것이다. 그럼에도 불구하고 już czy jeszcze?와 같이 실제로 문맥 자유 문장이 'Some more or no more?'를 의미한다는 사실은 상당히 시사적이다. 즉 이것이 의미하는 바는 결정적으로 이 두 불변화사가 'more'의 개념과 관련된 요소들을 포함한다는 것이다. 마찬가지로, 아래의 예에서 jeszcze는 영어의 more로 번역될 수 있을 것이다.

    jeszcze raz!
    'Once more.' (문자 그대로의 의미, 'jeszcze once')

또한 jeszcze가 still보다는 even으로 번역되는 것이 자연스러운 다음의 예를 비교해 보라.

    Zosia just bardzo ładna, Basia jest jeszcze ładniejsza.
    'Sophie is very pretty, but Barbara is even prettier.'

Jeszcze는 여기에서 대략 more를 암시하는 것처럼 보인다. 즉 'more; 사람들은 내가 전에 말한 다음에 이것을 듣는 것을 기대하지 않을 것이다'. 따라서 이것이 나의 가설의 핵심이다. 즉, już와 jeszcze가 'more'의 개념에 기초하는 것에 비해 already, still은 'more'의 개념에 기초하지 않는 한, już와 jeszcze는 already, stil과 다르다. 첫 시도로서 나는 다음과 같은 의미설명을 제안할 것이다.

> On tam jeszcze jest.
> ('He is jeszcze there')
> 사람들은 생각할 수 있다 :
>   그것은 이 시간 전과 같지 않을 것이다
> 그것은 이 시간 전과 같다
> 그것은 같은 것 이상이다

Jeszcze가 still보다는 even으로 번역되어야 하는 문장들에도 또한 이와 매우 유사하며 사실상 거의 동일한 의미설명이 적용된다.

> Zosia jest bardzo ładna, a Basia jest jeszcze ładniejsza.
> ('Sophie is very pretty, and Barbara is even prettier.')
> (나는 말한다 :) 소피는 아주 예쁘다
> 사람들은 생각할 수 있다 :
>   나는 (소피에 대해) 전에 말했던 것처럼 바바라에 대해 같은 것을 말
>   하지 않을 것이다
> 나는 바바라에 대해 같은 것을 말하기를 원한다
> 같은 것 이상이다

> On już tam jest.
> ('He już is there.')
> 사람들은 생각할 수 있다 :
>   그것은 이 시간 전과 똑같을 수 있다
> 그것은 이 시간 전과 똑같지 않다
> 그것은 더 이상 같지 않다

이제 Rosten이 인용한 문장에 대해 생각해 보라.

już dobrze.
'już all right.' / 'All right already.'

이 문장은 예를 들면 어린 아이를 위로하는 경우에 사용될 수 있다.

Here, here. That's enough. It is all right now. ("All right
already.")
여기, 여기. 그거면 충분해. 이제 괜찮아.("이미 괜찮아졌어")

폴란드어의 문장은 다음과 같이 암시한다.

it is not the same any more
(so there is no need for any further crying)
그것은 더 이상 같지 않다
(그래서 더 이상 울 필요가 없다)

그러나 '더 이상은 아니다(not any more)'의 관점에서 풀어 쓰는 것이 위 문장에서는 적절하지만 그에 비해 '그것은 이 시간 전에 일어났다'의 관점에서 풀어쓰는 것은 적절하지 않다. 내가 생각하기에는, 이것이 왜 already가 표준 영어의 의미로 사용될 수 없는가에 대한 이유이다.

이제 Rosten이 인용한 또 다른 문장을 생각해 보자.

This I need yet?
나에게 이것이 아직 필요하다고?

위 문장은 아래의 폴란드어 문장을 영어로 번역하려고 시도한 것으로 볼 수 있다.

Tego mi jeszcze potrzeba?
'This I need jeszcze?'

이 문장은 비꼬는 말이며, 다음을 암시한다. 즉 '나에게 이것이 필요하다고? 게다가 또?' 또는 '나에게 어떤 것(불행, 시련을 암시함)이 더 필요하다고?, 나에게 이것(시련)이 필요하다고?'. 다시 말하자면, This I need yet? 이라는 문장은 표준 영어에서는 약간 이상하게 들린다. 왜냐하면 yet은 화자가 분명히 그것이라고 추측하는 'more'를 암시하지 않기 때문이다. 게다가, yet은 다음의 암시를 지닌다. 즉 '우리는 생각할 수 있다 : 이것은 일어날 것이다.' 이 암시는 현재의 상황에서는 적절하지 않다. 그러나 폴란드어의 문장은 적절한데, 왜냐하면 jeszcze의 암시는 적절한 것이기 때문이다.

Tego mi jeszcze potrzeba?
(암시 : Do I need more (troubles)?)
사람들은 생각할 수 있다 :
　그것은 이전과 다를 수 있다
　그것은 이전과 같다
　그것은 같은 것(시련) 이상이다

그렇지만 내가 인정해야만 하는 것은, 비록 여기에 제시된 설명이 일관성이 있고 상당한 설득력이 있는 것처럼 보일지라도, już와 jeszcze에는 더 많은 용법들이 있으며, 그것들은 설명하기 어려운 문제로 남아 있으며 이 설명에 적절하지 않는 것처럼 보인다는 점이다. 무엇보다 내가 생각하고 있는 것은 다음과 같은 '시간이 정해진' 문장에서 사용된 이들 불변화사의 용법이다.

Stało się to już w piątek.
'It happened "already" on Friday.'
(즉, it happened as early as Friday).

Stało się to juszcze w piątek.
'It happened "still" on Friday.'
(즉, it happened as early as Friday).

위 문장들에서 한 가지 설명하기 힘든 문제는 już와 jeszcze가 둘 다 똑같이 'as early as'를 의미하는 것처럼 보인다는 점이다. 그러나 여전히 두 문장에 대한 느낌은 상당히 다르다.

나는 이 차이점이 대략 사건에 관한 화자의 관점에 있다고 주장할 것이다. 다시 말하면, już는 사건보다 앞선 화자의 관점을 암시하는 반면, jezcze는 현재의 관점, 즉 (이 경우) 사건 후의 관점을 암시한다. 대략 już는 여기에서 'as early as'가 아니라 'as quickly as'로 풀이되어야 되며, jeszcze는 사실 'as early as'로 풀이되어야 한다. '시간이 정해진' 미래형 문장에서 이러한 불변화사들이 사용되는 것을 볼 때 이러한 특성이 더욱 뒷받침되는 것처럼 보인다.

Stanie się to już jutro (? już w tym tygodniu).
'It will happen już tomorrow (? już this week).'
(즉, this event will come very quickly)

Stanie się to jeszcze w tym tygodniu (? jeszcze jutro).
'It will happen jeszcze this week' (? jeszcze tomorrow).
(즉, it will happen very early)

그러나 왜 미래를 나타내는 문장에서 już는 정확한 날짜를 요구하는 반면, jeszcze는 ('지금'을 포함한) 일정 기간의 지시를 요구하는 것처럼 보이는가? 현 단계에서 나는 이들 불변화사가 갖는 용법의 모든 양상을 정확하게 설명할 수 있는 풀어쓰기를 제시할 수는 없다.

흥미롭게도 주목해야 할 점은 여기에서 논의된 폴란드어의 불변화사

już와 jeszcze의 모든 용법이 독일어의 불변화사 schon과 noch의 용법
과 공통된다는 것이다. 심지어 앞서 인용한 이디시어와 영어의 문장에 정
확히 대응하는 독일어 문장이 있다.

All right already!
Schon gut!

This I need yet!
Das fehlt mir noch!

그러나 독일어의 schon과 noch에 내재되어 있는 의미는 폴란드어의
불변화사 już와 jeszcze에 기호화된 의미와 약간의 차이가 있음에 틀림없
다. 왜냐하면 어떤 부류의 맥락에서는 독일어의 불변화사는 사용될 수 있
으나 폴란드어의 불변화사는 사용될 수 없기 때문이다. 예를 들면 다음과
같다.

a. Du wirst noch sehen!
   Jeszcze zobaczysz!
   'You will see noch / jeszcze(yet)!'

b. Du wirst schon sehen!
   *Już zobaczysz!
   'You will see schon /*już!'

c. Das wird dir schon leid tun!
   Jeszcze tego pożalujusz!
   'You will regret this schon / jeszcze (yet)!'

d. Das wird dir noch leid tun!
   *Już tego pożalujesz!

'You will regret this noch / *już!'

마지막으로, Gerda Smith가 (사적으로) 나에게 지적해준 것처럼, 독일어의 noch와 schon은 동시에 함께 사용할 수 있으나, 그에 비해 już와 jeszcze는 함께 쓸 수 없으며 already와 still, yet도 함께 쓸 수 없다.

Das wird dir schon noch leid tun!
*Jeszcze już tego pożalujesz!
'You will regret this schon noch!'
*You will regret this yet already!

비록 매우 도전적이고 매력적인 시도이기는 하지만, 나는 여기서 논의된 독일어의 불변화사들과 다른 언어의 불변화사들의 유사점과 차이점 둘 다를 밝힐 수 있는 의미설명을 만들려고 시도하지는 않겠다.

3.2. Dopiero

Dopiero는 아주 흥미로운 또 다른 폴란드어의 불변화사이며, 정반대의 해석을 갖는 것처럼 보인다.

Przyszła dopiero o czwartej.
'She came only at four o'clock.'(i.e. late)
그녀는 4시가 되어서야 왔다.(즉 늦게)

Jest dopiero cawarta.
'It is only four o'clock.'(i.e. early)
이제 겨우 4시다.(즉 이르게)

다음과 같이 유사한 예도 있다.

Dopiero po upływie kilkunastu minut ukazał się we drzwiach młody chłopiec. (Żeromski)(SJP)

'Only after about fifteen minutes a young boy appeared at the door.'

약 15분이 겨우 지나서야 어린애가 문 앞에 나타났다

Dopiero siódma. Do dziewiątej juszcze dwie godziny. (Morcinek)(SJP)

'It's only seven o'clock. Two more hours are left before nine o'clock.'

이제 겨우 일곱 시다. 아홉시가 되려면 2시간이 더 남았다.

그런데, 매우 이해하기 어렵게도 이 동일한 불변화사가 두 개의 정반대 의미 'late'와 'early'를 가지고 있다는 점이다. 하나의 해석 'early'는 참조시 자체를 기준으로 한 문장에서 도출된 것이고, 또 다른 해석 'late'는 언급된 사건을 기준으로 한 문장에서 도출된 것이다.

하나의 단일한 의미 분석이 다음과 같이 모색될 수 있다.

그것이 이 시간에 일어났다
그것이 이 시간 전에는 일어나지 않았다
사람들은 생각할 수 있다 : 그것이 이 시간 전에 일어날 수 있었다

Grochowski(1986 : 102)가 제안한 것과 상당히 유사한 위 공식이 구체적인 사건을 지시하는 문장에 어떻게 적용될 수 있는지는 쉽게 알 수 있다.

Stało się to dopiero w piątek.
('It happened dopiero(not before, as late as) on Friday.')
그것이 이 시간에 일어났다.
그것이 이 시간 전에 일어나지 않았다.
사람들은 생각할 수 있다 : 이 시간 전에 (그것이 일어날 수 있었다.)

어떻게 이 동일한 공식이 오직 시간만을 표현하는 문장에 적용될 수 있는지를 살펴보는 것은 쉽지 않다. 그렇지만 만일 화자가 시간을 일정한 방향으로 움직이는 것으로 본다고 우리가 가정한다면, 이 동일한 공식이 여기에도 적용되는 것으로 볼 수 있다고 생각한다. 예를 들면 다음과 같다.

It is dopiero (no later than) noon.
(예 : it is noon now)
그것은 지금 전에는 되지 않았다
사람들은 생각할 수 있다 : 그것은 지금 전에 될 수 있다

물론, 객관적으로 말하면, 정오의 시간은 더 빠르거나 더 늦게 '올' 수 있는 것이 아니다. 왜냐하면 시간은 항상 동일한 속도로 '이동'하기 때문이다. 그러나 화자의 주관적인 느낌으로 인하여 시간은 빠르거나 늦게 이동할 수 있고, (정오와 같은) 시간의 특별한 지점은 사람들이 주관적으로 기대한 것보다 더 늦거나 더 빨리 올 수 있다.

그럼에도 불구하고 내가 주장하는 것은 비록 dopiero의 모든 용법이 하나의 공통된 핵심적 의미를 가지고 있다고 하지만, 다의성을 가정해야 하며, dopiero가 수를 나타내는 상황에서 명백히 'no more'를 암시하는 용법을 설명해야 한다는 점이다. 예를 들면 다음과 같다.

Mam dopiero dwoje dzieci.
('I have dopiero two children.')
나에게는 두 아이들이 있다.
그 이상은 아니다(지금까지)
사람들은 생각할 수 있다 : 그것은 더 많을 수 있다
사람들은 생각할 수 있다 : 그것이 이 시간 전에 일어났을 수 있다
그것이 이 시간 전에 일어나지 않았다

또한 평범한 관용 표현 dopiero co '방금 전'(문자 그대로의 의미 'dopiero what')을 생각해 보자. 이 dopiero는 아주 짧은 시간을 암시하고 있다. 그러나 앞서 제안한 의미 설명도 이 dopiero의 용법에 잘 맞는다.

- Kiedy to się stało?('그것이 언제 일어났는가?')
- dopiero co.
그것이 지금 일어났다.
(방금 전, 바로)
사람들은 생각할 수 있다 : 그것은 그 이상이다.
사람들은 생각할 수 있다 : 그것은 이 시간 전에 일어났다.
그것은 이 시간 전에 일어나지 않았다.

폴란드어의 불변화사 dopiero는 내가 only$_t$라고 제시한 영어의 불변화사 only의 용법과 어느 정도 일치한다는 것을 알 수 있다. 그러나 우리는 일반적이고 기본적인 only('no more than')의 의미로 쓰이고 있는 다음과 같은 정형화된 문장만을 사용할 수 있을 것이다.

It is only four o'clock

Dopiero의 경우, 언제나 시간의 연쇄를 암시하기 때문에, 'dopiero two children'과 같이 순전히 수를 나타내는 문맥에서 그렇게 사용될 수는 없다. 게다가, 우리는 only$_t$가 다른 사건의 참조 없이는 사건만을 기준으로 하는 문장에서는 사용될 수 없다는 것을 주목하였다.

?He came only at four o'clock. (예를 들면 very late)

Only$_t$의 용법에 관한 제약을 설명하기 위해서, 나는 only$_t$에 관해 다음과 같은 구성성분을 가정한다.

그것은 다른 무엇인가가 일어났을 때 일어났다.

Dopiero는 이와 유사한 어떤 제약도 적용되지 않기 때문에, dopiero에 관련된 구성성분은 '그것은 이 시간에 일어났다'로 다르게 표현될 수 있다.

4. 폴란드어의 양화사

4.1. 비근사어

4.1.1. Tylko

Tylko는 영어 불변화사 only와 매우 일치하며 그 의미는 아마도 동일한 의미 공식으로 재현될 수 있을 것이다.

> Przyszło tylko pięć osób.
> 'Only five people came.'
> 단지 다섯 사람이 왔다.

> $tylko_1 = only_1$
> 이것보다 많지 않다
> 사람들은 생각할 수 있다 : 그것은 더 많을 것이다

> On tylko robi to na złość.
> 'He's only doing it to annoy us.'
> 그는 단지 우리를 괴롭히기 위해 그것을 하고 있다.

> To tylko ja.
> 'It's only me.'
> 그것은 단지 나다.

> $tylko_2 = only_2$

이것
이것밖에 없다
사람들은 생각할 수 있다 :
그것은 이것보다 많을 것이다

명백히, 앞서 우리는 only와 tylko가 항상 서로 대체될 수는 없다는 사실을 알고 있다. 그러므로 only는 시간의 경과를 지시하는 문장에서 사용될 수 있는 반면, tylko는 다음의 예처럼 사용될 수 없다.

It's only five o'clock!
*Jest tylko piąta!

그럼에도 불구하고, 만일 내가 tylko와 only에 관한 동일한 의미 공식을 상정했다면, 그것은 only는 제3의 (시간적) 의미를 갖고 있으나 tylko는 그 의미를 갖지 않는다고 전제했기 때문이다.

Only는 또 다른 별도의 의미를 갖는다는 제안이 지지된다면 다음과 같은 중의적 문장이 논거로 제시될 수 있을 것이다.

He only did it when it was clear that he wouldn't win.
그는 자신이 이기지 않을 것이 명확했을 때에 단지(only) 그것을 했다.

한편으로, only는 'at no other times'를 암시하며 폴란드어 tylko로 번역될 수 있다. 그러나 다른 한편으로 (아마도 이것이 더 설득력 있겠지만) only는 'no earlier than'을 암시하며 폴란드어의 tylko로 표현될 수 없다. 그 대신 여기에는 또 다른 폴란드어의 불변화사(dopiero)가 사용된다.

Zrobił to dopiero wtedy, kiedy było jasne, że nie wygra.
'He did it only (no sooner than) when it was clear that he

wouldn't win.'
그는 자신이 이기지 않을 것이 분명해야만 그것을 했다

4.1.2. Aż

불변화사 aż는 어떤 면에서 보면 tylko의 반대어이다. 만약 tylko가
'사람들은 그것이 더 많을 것이라고 생각할 수 있다'를 암시한다면, aż는
'사람들은 그것이 더 적을 것이라고 생각할 수 있다'는 의미를 암시한다.
종종 있는 일이지만 우리가 aż를 tylko로 바꾸기 위해서는 많음(much)을
적음(little)으로, 또는 오랫동안(for a long time)을 잠시동안(for a short
time)으로 바꾸어야 하며, 그 반대도 마찬가지이다.

> Wizyta trwała dlugo, bo aż do późnego wieczora (Orzeszkowa).
> (SJP)
> 'The visit lasted for a long time, in fact right up to the late
> evening.'
> 방문은 사실 저녁때까지 오랫동안 지속됐다.

그러므로 우리는 aż의 의미를 tylko의 의미라고 가정한 것의 반대로
가정할 것이다.

> 이것보다 적지 않다
> 사람들은 생각할 수 있다 : 그것은 더 적을 것이다

그러나 비록 이러한 종류의 대칭적 양상이 분석가에게는 항상 매력적일
지라도, 대칭이 경험적 정확성을 넘어서까지 소중한 것은 아니다. 그러므
로 지적되어야할 점은 aż와 tylko가 갖는 속성의 차이점이, 위에서 제시
한 깔끔한 공식의 관점으로 설명될 수 없는 상황이 있다는 것이다. 이 공
식으로는, 왜 aż가 명령문과 함께 쓰이지 못하는 반면, tylko는 명령문과

함께 쓰일 수 있는가를 설명하지 못한다.

Daj mi tylko pięć!
'Give me only five!' 나에게 5만 줘!

?Daj mi aż pięć!
'Give me as many as five!' 나에게 5씩이나 줘!

Aż와 tylko의 이러한 차이점은 aż가 tylko보다 더 강조적이고, 더 표현적이며, 말하자면 tylko보다 더 '놀라운 사실'과 관련이 있을 것이라고 생각한다. Tylko는 only처럼, 순수하게 묘사적이고 객관적인 어조에 완벽하게 적합하다. 그러나 aż는 그렇지 않다. 이러한 사실을 설명하기 위해서는 다음과 같은 aż와 관련된 구성성분을 공식화하는 것이 더 적절할 것 같다.

사람들은 생각했을 수 있다 : 그것은 더 적을 것이다.

위와 대칭적 구성성분인 '사람들은 생각했을 수 있다 : 그것은 더 많을 것이다'는 tylko나 only에 적절하지 않을 것이다. tylko나 only는 '놀라운' 것처럼 들리는 것이 아니라 단지 '조심스러운' 것처럼 들리기 때문이다. 그러므로 나는 다음의 의미공식을 가정한다.

aż
이것
이것보다 적지 않다
이것은 많다
사람들은 생각했을 수 있다 : 그것은 더 적을 것이다

영어에는 aż와 일치하는 불변화사가 없다. 그것과 가장 가까운 것은
as many as(as much as)와 같은 유사 불변화사의 표현이 있지만, aż는
그와 마찬가지로 수나 잴 수 있는 양에 제한되지는 않는다. 예를 들어 우
리는 영어로 다음과 같이 말할 수 없다.

?The visit lasted as long as up to the late evening.

반면에 우리가 살펴본 대로 aż는 이러한 종류의 상황에서 매우 잘 쓰일
수 있다.

4.1.3. Zaledwie

Zaledwie는 불변화사와 접속사의 역할을 모두 가지고 있다. Zaledwie
는 양보절이나 시간을 나타내는 절 모두에 각각의 경우마다 약간의 다른
힘을 갖는다. 양보의 용법은 다음 문장으로 설명될 수 있다.

Nie skarżył się na przemęczenie, choć od paru dni sypiał
zaledwie po parę godzin na dobę(L. Bartelski). (SJP)
'He didn't complain of fatigue, although for the last few days he
had been sleeping only (zaledwie) a few hours per day.'
그는 비록 지난 며칠 동안 단지 몇 시간 밖에 자지 못했지만 피곤하다
고 불평하지 않았다.

위와 같은 문장에서 zaledwie의 의미론적 기여는 다음과 같다.

zaledwie
이것
이것보다 많지 않은 (시간)
이것은 많지 않다
사람들은 생각할 수 있다 : 그것은 더 많을 것이다

일반적으로 여기서 산정되는 양의 '실체'는 시간이다. 그렇지만 내가 괄호 안에 시간이라는 단어를 넣은 것은 zaledwie가 사용된 문장이 다른 실체를 지시하는 경우도 있을 수 있으며 또 (적어도 일부 토박이 화자에 의해) 용인될 수 있다는 것을 가리키기 위한 것이다.

> Dała mu zaledwie pięć dolarów (ale on się nie obraził).
> 'She gave him only five dollars (but he didn't take offense).'
> 그녀는 그에게 단지 5달러만을 주었다 (하지만 그는 성내지 않았다).

내 판단으로 양보의 문맥은 이 문장의 용인성을 증진시켰지만, 다시 생각해 보면 이 영역에서만 어떤 변형이 된 것처럼 보인다.

시간을 나타내는 절에서는 비양보적인 zaledwie가 양보절에서 시간을 나타낸 것보다 더 작은 양의 시간('next to nothing', 'hardly any')을 표시한다.

> Zaledwie wziąłem pióro do ręki, zapukał ktoś do drzwi (JanLam). (SJP)
> 'I had hardly picked up my pen when somebody knocked on the door.' 내가 연필을 줍자마자 누군가 노크를 했다.

이러한 종류의 문장에서 zaledwie는 두 사건들의 거의 직접적인 사건의 연속성을 표시한다. 또한 사건의 빠른 연속을 예상하지 못했다는 생각을 전달하고 있다. 이러한 zaledwie(zaledwie₂)의 시간적 의미에 대한 의미 설명은 여기에서는 시도하지 않겠다.

4.1.4. Ledwie

Ledwie는 zaledwie와 의미적으로, 형태적으로 밀접한 관련이 있으며, 영어로는 종종 hardly로 표현될 수 있다. 그러나 그 둘이 항상 상호교환될 수 있는 것은 아니며, 각각의 의미 기여도는 다르다. 특히 ledwie는 시간에 제한되지 않으나 zaledwie는 (현대 용법에서) 시간에 제한적이다. Ledwie의 용법은 다음 문장으로 설명될 수 있다.

Ledwię sie wcisnęłam.
'I just managed to squeeze in.' 나는 간신히 비집고 들어갔다.

Ledwie go poznałam.
'I could barely recognise him.' 나는 간신히 그를 알아볼 수 있었다.

Ledwie mi wystarczyło.
'I had barely enough.' 나는 간신히 충당했다.

Ledwie는 X가 일어나기 위한 무엇인가가 '간신히 충족되었고(just enough)', 그것보다 아주 조금만 덜 충족되었더라면 X는 일어나지 않았다는 것을 암시하고 있다. 예를 들어 '만약 그 친구가 조금만 더 변했더라면 화자는 그를 알아보지 못했을 것이다.', '만약 화자가 돈을 번 것보다 조금만 덜 벌었더라면 그는 충당하지 못했을 것이다.', 그리고 '만일 공간이 아주 조금만 덜 있었더라면 화자는 비집고 들어가지 못했을 것이다.' 등등이다.

Ledwie와 zaledwie와의 관련성, 특히 zaledwie$_2$와의 관련성은 분명하다. zaledwie$_2$의 경우에는 시간의 여유가 '거의 없는(next to nothing)' 것이며, ledwie의 경우에는 무엇이든 간에 그 여유가 '거의 없는' 것이다. 다음 문장처럼 그것은 시간의 여유도 될 수 있다.

Ledwie zdążyłam.
'I just made it.'(i.e. 'I barely made it.')
나는 그것을 간신히 만들었다.(즉 나는 그것을 가까스로 만들었다.)

그러나 ledwie는 하나의 단문에서 사용될 수 있는데 그때는 두 사건 X

와 Y 사이의 관계를 지시하는 것이 아니다. Zaledwie₂는 다음처럼 사용
될 수 없다.

　*Zaledwie zdążyłam

　Zaledwie₂는 두 사건 사이의 시간 차이가 가장 적었음을 강조한다. 이
와 대조적으로 ledwie는 사건의 발생과 미발생 사이의 '거리'가 최소임을
강조한다. 어떤 일어난 일을 ledwie로 말한다는 것은 '거의 일어나지 않
았다'고 말하는 것과 유사하다.

　Ledwie zdążyłam na pociąg.
　'I just made it to the train.' = 'I nearly missed the train.'
　나는 간신히 기차를 탔다. = 나는 하마터면 기차를 놓칠 뻔 했다.

　게다가 ledwie는 논의 중인 그 사건이 일어나지 않았더라면 그 일은 불
행스럽고, 좋지 않다는 것을 암시하는 것처럼 보인다. 예를 들어 사람들은
다음과 같이 말할 수는 없다.

　*Ledwie się spóźniłeś.
　'You just missed it.'

사람들은 다음과 같이 말할 수 있다.

　Ledwie zdążyłeś
　'You just made it.'
　너는 그것을 간신히 해냈다.

　사실 ledwie는 전형적으로 zdążyć '제 시간에 해내다', wystarczyć

‘충분하다’, zdać ‘시험을 성공적으로 합격하다’, udać się ‘잘 해 나가다’, wytrzymać ‘견디다’ 또는 wyciągnąć się z czegoś ‘곤란을 극복하다’ 등 과 같은 전형적인 ‘성공 동사’와 함께 쓴다.

다음과 같은 의미 공식이 Ledwie를 위해 제안될 수 있다.

> ledwie
> 만약 무엇인가가 단지 조금만 다르다면
> X는 일어났을 것이다
> 그것은 나쁜 일일 것이다

4.2. 폴란드어의 근사어

4.2.1. O mało nie

O mało nie라는 표현(문자 그대로의 의미, ‘by little not, 즉 ‘약간의 차이가 있었더라면 그 일이 일어나지 않았을 것이다’)은 종종 ledwie로 바꿔 쓸 수 있으나, 같은 문장에서는 바꿔 쓸 수 없으며 같은 상황에서만 바꿔쓸 수 있다.

> Ledwie zdążyłam na pociąg
> ‘I barely made it to the train.’ 나는 가까스로 기차를 탔다.

> O mało się spóźnilam na pociąg
> ‘I nearly missed the train.’ 나는 거의 기차를 놓칠 뻔 했다.

그렇지만 ledwie는 사건뿐만 아니라 진행 중인 상황에도 적용될 수 있으나 반면에 o mało nie는 (nearly처럼) 순간적인 사건에만 적용될 수 있다.

> Ledwie mi wystarcza.
> ‘I can barely make ends meet.’

나는 가까스로 수입과 지출의 균형을 맞출 수 있다.

*O mało mi nie wystarcza.
*'I nearly can't make ends meet.'

O mało nie라는 표현이 갖는 이러한 '순간적'이라는 뜻의 암시를 설명
하기 위해, 나는 그것의 두 번째 구성성분을 'X는 그 순간에 일어났었을
것이다'로 공식화하였다.

마지막으로 o mało nie는 ledwie와 같은 '평가적' 특성이 있다(둘은 크
든 작든 어떤 재난을 가까스로 피했음을 암시한다). 그러므로 '이것은 나쁜 일일
것이다'라는 구성성분이 필요한 것이다. o mało nie의 전체 공식은 다음
과 같다.

> o mało nie
> 만약 그것이 조금만 더 있었더라면
> X는 그 순간에 일어났었을 것이다
> 이것은 나쁜 일일 것이다

4.2.2. Niemal과 prawie

Niemal(nie+mal, 문자 그대로의 의미, 'not+little')은 아마도 omal과
nieomal('not+by+little')과 함께 o mało nie의 변이형인 것처럼 볼 수 있
다. 그러나 사실 niemal은 (만약 nieomal과 다른 것이 아니라면) o
mało nie와 omal 둘다와 몇 가지 중요한 점에서 다르다. 첫째 niemal
은 사건이나 다른 동적인 상황들을 지시하기보다는 오히려 정적인 일의
상태를 지시한다. 그러므로 우리는 다음과 같이 말할 수 있다.

> Odzież posłów była tak skromna, że graniczyła niemal z
> ubóstwem(Mieczysław Gomulicki). (SJP)

'The clothing of the envoys was so modest that it almost (niemal) bordered on poverty.'
사절단의 차림은 너무 수수해서 거의(niemal) 궁핍해보이기까지 했다.

그러나 우리는 다음과 같이 말할 수는 없다.

*Niemal się spóźniłam na pociąg
'I nearly (niemal) missed the train.'

게다가 niemal은 omal과 o mało nie가 갖는 부정적인 내포 의미가 없으며, 그래서 긍정적인 문맥에서 사용될 수 있다.

Była bardzo urocza w swym niemal dzieciństwie, a już kobiecości(Żeromski). (SJP)
'She seemed almost(niemal) a little girl, and already a woman, and was very appealing.'
그녀는 거의(niemal) 작은 소녀처럼 보였지만 사실 이미 숙녀였고 매우 매력적이었다.

여기서 주목해야 할 점은 niemal의 형태가 암시하는 것에도 불구하고, niemal이 최소한의 양의 차이뿐만 아니라 최소한의 질의 차이를 지시할 수 있다는 것이다. 달리 말하자면 논점이 되는 것은 만약 '그것이 조금 더 많았다면 그것은 X라고 말하는 것이 참일 것이다'라기보다는 오히려 만약 '그것이 단지 조금만 다르다면 그것은 X라고 말하는 것이 참일 것이다'라는 생각이다. 예를 들어 우리는 다음과 같이 말할 수 있다.

Są niemal jednakowe.
'they are nearly (niemal) identical.'
그들은 거의 똑같다.

Blisko처럼, 오로지 양만을 나타내는 불변화사는 그처럼 사용될 수 없다(다음 절을 참조).

Prawie는 niemal과 매우 가깝고 그 둘은 거의 서로 바꿔 쓸 수 있다. 그 둘은 순전히 문체적 차이며, niemal이 약간 덜 구어적인 것처럼 보인다. 그럼에도 불구하고 여기서 그 둘의 동의성은 아마도 완벽한 것은 아니다. Prawie가 niemal보다 더 적절하게 들리는 문맥이 있으며, 분명히 그것은 문체적인 이유가 아닌 것이다. 다음 예를 보자.

> Już prawie (?niemal) skończyłam.
> 'I have already almost finished.'
> 나는 이미 거의(?niemal) 끝냈다.

> Dała mu prawie (?niemal) sto dolarów.
> 'She gave him almost one hundred dollars.'
> 그녀는 그에게 거의(?niemal) 백 달러를 주었다.

> Przyszło prawie (??niemal) 20 osób.
> 'Almost 20 people came.'
> 거의(??niemal) 20명이 왔다.

Niemal이 수나 사실적인 문맥에서 적절하지 않다는 사실은 niemal이 화자의 평가와 관련되어 있다는 것을 말한다. Prawie는 그와 같은 제약을 받지 않는다. 이 미묘한 차이를 설명하기 위해서 나는 prawie에 대한 의미설명을 '사람들은 말할 수 있다'라는 관점으로 표현할 것이며, 대조적으로 niemal에 대한 의미설명을 '나는 말하기를 원한다'라는 관점으로 표현할 것이다.

prawie
사람들은 이것을 말할 수 없다
만약 무엇인가가 단지 조금만 달랐다면
　사람들은 이것을 말할 수 있다

niemal
나는 이것을 말하기를 원하지 않는다.
만약 무엇인가가 단지 조금만 달랐다면
　나는 이것을 말할 것이다

그렇지만 이 의미설명이 전적으로 옳다면, prawie의 의미는 영어의 불변화사 almost의 의미와 동일할 것이다. 그러나 사실, prawie는 almost와 의미상 동일할 수 없다. 왜냐하면 almost와 달리 prawie는 그것을 제거하면 명백한 거짓이 되는 문장에서는 사용될 수 없기 때문이다. 예를 들면 다음과 같다.

She almost killed him.
그녀는 그를 거의 죽일 뻔 했다.

이 문장을 폴란드어로 번역하려면 prawie가 아니라 o mało nie를 사용해야 할 것이다. Prawie는 그것을 제거했을 때 그 문장이 참에서 '거의 참'으로 바뀌는 문장에서만 오직 사용될 수 있지만, 참이 명백한 거짓으로 바뀌는 문장에서는 사용될 수 없다. 그리고 동일한 사실이 niemal에도 똑같이 적용된다.

Prawie와 almost의 이러한 중요한 차이점을 설명하기 위해서 나는 그들에 대한 의미 설명을 다음과 같이 차별화할 수 있을 것이라고 제안한다.

almost
사람들은 이것을 말할 수 없다
만약 무엇인가가 단지 조금만 다르다면
　사람들은 이것을 말할 수 있다

prawie
사람들은 이것을 말할 수 없다
만약 사람들이 이것을 말한다면
　그것은 사람들이 말할 수 있는 것과 단지 조금 다를 것이다

　예를 들어 다음의 문장은, 사람들이 '그들은 똑같다'라고 말할 수는 없지만, 만약 사람들이 이것을 말했다면 그것은 참인 것과 단지 조금만 다르다는 의미를 함축한다.

　　Są prawie jednakowe.
　　'They are almost identical.' 그들은 거의 똑같다.

그렇지만 사람들은 다음과 같이 말할 수는 없다.

　　*Prawie go zabiła
　　'She prawie killed him.' 그녀는 그를 prawie 죽였다.

　왜냐하면 이것은 zabiła go,('she killed him')라고 말했을 때, 사람들은 참인 것(즉, 사람들이 말할 수 있는 것)과 단지 조금만 다른 것을 말했다는 것을 암시하기 때문이다. 다음의 영어 문장은 적절하다.

　　She almost killed him.

　왜냐하면 영어의 문장은 이와 같은 것을 암시하지 않기 때문이다. 오히

려 almost는 만약 실제로 일어났던 일과 단지 조금만 다른 무엇인가가 발생했다면, 그것은 'she killed him'이라고 말하는 것이 참이 될 수 있다는 것을 암시한다.

Blisko(문자 그대로의 의미. 'nearly(거의)')는 사실 영어의 nearly와 매우 유사하다. 그리고 nearly가 almost와 다른 것처럼 동일한 방식으로 blisko는 prawie와 다르다. 그렇지만, prawie가 almost와 다르듯이, blisko도 nearly와 다른데, 그것은 불변화사를 제거했을 때 그 문장이 명백히 거짓이 되는 경우에는 사용할 수 없다는 점이다.

> I nearly died of exhaustion.
> *Blisko umarlem z wyczerpania.

Blisko와 prawie의 관계에 대해서 말하자면 blisko가 더 좁은 사용영역을 갖고 있다. 양을 나타내는 문맥에서는 blisko와 prawie 둘 다 사용될 수 있다.

> Przyszło blisko (prawie) sto osób.
> 'Nearly/almost one hundred people came.'
> 거의 백명이 왔다.

그렇지만 질을 나타내는 문맥에서는 prawie는 여전히 적절하나 blisko는 적절하지 않다.

> Są prawie (*blisko) takie same.
> 'They are almost (nearly) identical.'

이 마지막 예문이 보여주듯 이런 점에서 blisko는 nearly와 다르며, 마찬가지로 blisko는 prawie와도 almost와도 다르다.

> Prawie (*blisko) nikt nie przyszedł.
> 'Almost nobody came.'
> 거의 아무도 오지 않았다.

> Jesteśmy prawie (*blisko) na miejscu.
> 'We are almost (/nearly) there.'
> 우리는 거의 도착했다.

> Już prawie (*blisko) skończyliśmy.
> 'We have almost (/nearly) finished.'
> 우리는 거의 끝났다.

명백히 알 수 있듯 blisko는 'a little different(조금 다른)'보다는 오히려 'a little less(조금 적은)'의 관점으로 표현되는 의미공식이 부여되어야 한다. 나는 다음의 의미공식을 제안한다.

> blisko
> 그것은 이것이 아니다
> 그것은 이것보다 조금 적다
> 만약 사람들이 '그것이 이것이다'라고 말한다면
>> 그것은 사람들이 말할 수 있는 것과 단지 조금만 다른 것이다

5. 결론

나는 라이프니치가 상상했던 대로, 불변화사의 경험적 적절성을 문맥의 치환으로 증명할 수 있는 풀어쓰기로 불변화사의 미묘한 의미의 차이까지

포착해낼 수 있다는 것을 보여주고자 하였다.

나는 이 장에서 논의된 자료를 통해, 불변화사들이야말로 구조 의미 분석을 위해 특별히 풍부한 영역이 될 수 있다고 생각한다. 매우 적은, 그러나 언제나 동일한, 색채어와 친족어와 같은 의미장에 대한 많은 연구 문헌들과, 불변화사같은 다른 고도로 구조화된 의미론 분야에 대한 매우 적은 연구 문헌들 사이의 대조적인 차이는 나에게 매우 놀라운 일이었다.

나는 SJP와 같은 역사적으로 매우 유명한 사전에서, 수많은 불변화사에 대한 인용 예를 조사하면서, 그러한 인용 예들이 진행 중인 의미 변화를 정확히 반영하고 있다는 점에 놀랐으며, 또한 불변화사 영역의 의미 변화들이 여기서 적용한 풀어쓰기의 형태로 비교적 쉽게 포착될 수 있다는 점에서도 놀랐다.

불변화사는 어휘의 가장 특이하고 '모호한' 영역 중의 하나라는 것과 거리가 멀며, 사실 고도로 구조화된 의미론에 대한 훌륭한 예를 제공해 주고, 방법론적인 실험을 위해 연구할만한 가치가 있는 분야라는 것이 나의 결론이다.

<table>
<tr><td>제10장</td><td></td></tr>
</table>

소년들은 소년들일 것이다 : '진리'조차도 문화 특정적이다

Boys will be boys : even 'truisms' are culture-specific

1. 항진명제의 의미

Boys will be boys(소년들은 소년들일 것이다), Boys are boys(소년은 소년이다), Kids are kids(애들은 애들이다), 또는 Business is business(사업은 사업이다)와 같은 영어 문장들의 의미는 무엇일까? 일반적인 대답은 'X는 X이다'와 같은 문장은 명백한 항진명제이고 따라서 필수적으로 참이라는 것이다. 이 문장들의 의미는 그 문장의 '논리 형식'으로 확인할 수 있는데 비공식적으로 다음과 같이 말할 수 있다. 그것은 소년이다라고 말하는 것이 전적으로 참일 때에만 그것은 소년이다라고 말하는 것이 참이다. (항진명제는 모든 가능한 명제에 대하여 진리값이 참이라는 것을 상징하는 문장이다. 예를 들어, p→p는 항진명제이다. Kalish -Montague 1964 : 74) 즉, N is N이라는 통사적 구조는 논리적 공식인 p = p와 정확하게 동일하다고 가정한다. 물론 실제로, 이런 문장들은 좀 더 많은 의미들을 전달한다. Levinson (1983 : 125)이 설명한 것처럼, "그것은 당신이 소년들로부터 기대할 수 있는 제멋대로인 행동과 같은 것이다"라는 것을 암시한다. 그러나 화용론적 설명에 따르면, 이 암시는 하나의 대화 함축이며 대략 '필요 이상의 정보를 제공하지 말라'는 그라이스(1975 : 45)의 양의 격률로부터 산출된 것이다.

나는 이 설명에 대해 반박하기를 원하고, 이것을 지지하는 전반적인 언어학적 관점에 대해서도 반박하고자 한다. Boys will be boys(소년은 소년일 것이다)라는 문장을 어떻게 해석하느냐 하는 것은 사소하고 그리 중요하지 않다. 그렇지만 내가 생각하기에, 사람들이 이 견해를 지지함으로써 생긴 결과는 상당히 널리 영향을 미치고 있다. 왜냐하면 그 결과들은 언어학의 전 영역의 사고와 언어학의 경계, 언어학의 특성, 그리고 언어학적 책무들을 결정하기 때문이다.

소년은 소년일 것이다라는 표현이 모범적인 예라서 이 장의 제목으로 정한 것은 아니다. 이 표현은 굳어진 표현이지만 이 장은 무엇보다 'NP$_i$는 NP$_i$이다'라는 생산적인 패턴과 관련이 있다. 그러나 여전히 그 '속담'은 언어의 '항진명제', 그리고 그라이스의 격률들과 관련되어 빈번하게 논의되어 왔으며, 예를 들면 약속은 약속이다, 또는 남자는 남자다보다는 훨씬 의미를 환기하기가 쉽고 기억하기가 쉽다. 물론 다른 형태의 항진명제의 발화들이 있긴 하지만, '항진명제'에 관한 언어학의 문헌들은 대개 X는 X 이다 형태의 문장을 지시한다.

이 장에서 살펴본 구문 형태가 중요한 구문은 아니라고 해도, 항진명제 구문이 영어의 구어체에서 그다지 희소하지 않다는 점은 주목해야만 한다. 예를 들어, 미국의 텔레비전 프로그램인 'Bewitched(요술쟁이)'라는 25분짜리 세 편의 연속물에서 나는 항진명제 구문을 자그만치 7번이나 셀 수 있었다. 나는 여기서 어떤 일들이 너무나 '명백한' 사실이어서 하나의 '항진명제'의 형태로 진술될 수 있는 몇몇 문화적 양상들에 대해 논의할 것이다.

1.1. 그라이스의 격률들 : 보편적인가? 아니면 언어 특정적인가?

내가 '항진명제들'에 대한 그라이스의 설명을 반박하는 것은, 그라이스의 이 설명이 항진명제 구문들에 대한 의미와 용법이 보편적이고 언어독립적인 원칙들로부터 예측될 수 있다고 주장했기 때문이다. 그러나 사실은 그렇지 않다. 우선, 몇몇 영어 항진명제 구문들은 많은 다른 언어들로 해석되거나 사용될 수 있는 문자 그대로의 대응예들을 가지고 있지 않다. 또 몇몇 영어의 항진명제 구문들은 다른 언어들에서 문자 그대로의 대응예가 있긴 하지만, 그것들은 전혀 다른 의사소통의 의미로 사용된다. 이러한 사실은 모든 항진명제마다, 일정한 구문으로 의사소통의 의미가 관습적으로 기호화되었으며, 또한 언어 독립적인 화용적 격률로 산출될 수 없다는 것을 보여준다.

이렇게 말하는 것은 그라이스가 제시한 언어 독립적인 화용적 격률의 타당성과 중요성에 대해 반박하려는 것이 아니다. 나는 단지 현재의 많은 화용론의 문헌에서 그러한 격률들이 설명되는 용법에 대해 반박하는 것이다. 특히 급진적인 화용론자들이 시도한 대로(예를 들면 Cole 1981 참조), 보편적인 화용론적 원리들의 관점에서만 오로지 영어의 '항진명제 구문'의 용법을 설명하려는 시도에 대해 반박하는 것이다. 그 대신, 나는 그 논의를 급진적인 의미론적 관점으로 접근하는 것을 옹호한다. 따라서 나는 논의되고 있는 그 구문들이 특정 언어만의 의미를 가지고 있으며 이 의미는 적절한 의미론적 기술로 밝혀질 수 있다는 것을 논의할 것이다.

예를 들어, 이 장의 제목으로 사용된 문장은 프랑스어나 독일어, 러시아어에서는 사용되지 않는다. 예를 들어, Les garçons sont les(des?) garçons '(The) boys are (the) boys'나 Les garçons seront les (des) garçons 'The boys will be (the) boys' 같은 프랑스어 문장들은 프랑스 화자들에게 쉽게 이해될 수 없을 것이다. 상상컨대, 사람들이 Les garçons seront toujours les (des) garçons 'Boys will always be boys'(Bally 1952 : 17 참조)라고 말한다면, 이해될 수 있을 것이다. 그러나 이것조차도 혼란스러울 것이다. 마찬가지로, 독일 사람들도 사람들은 Knaven sind Knaben 'Boys are boys', Knaven werden Knaven sein 'Boys will be boys'라고 말하지 않는다. 만일 어떤 외국인이 영어 그대로의 내용들이 전달되기 바라면서, 그러한 문장을 사용했다면, 그것들은 이해될 수 없었을 것이다. 왜냐하면, 그 항진명제의 구문이 갖는 '함축'을 이해할 수 없기 때문이다. 오히려 Knaven bleiben (immer) Knaben, 'Boys remain (always) boys'라는 문장은 좀 더 쉽게 해석될 것이다. 그러나 여기에서도 문자 그대로의 동등한 영어 표현이 제대로 해석될 수 있을지에 대해서는 의문스럽다.

러시아어에는 eto를 가지고 있는 것, est'를 가지고 있는 것, 계사가 없는 것 등 세 개의 계사 구문이 있다. 그러나 이 중 어떤 것도 연관된 영어 문장으로 번역되지는 않는다.

> ??Mal'čiki ėto/est' mal'čiki.
> 'Boys are boys.'

> ??Mal'čiki Mal'čiki
> 'Boys (are) boys.'

> ??Mal'čiki budut mal'čiki (mal'čikami).
> 'Boys will be boys.'

> ??Deti ėto/est' deti.
> 'Kid are kids.'

이 영어 문장을 번역하기 위해 우리는 하나의 불변화사를 사용할 수 있다.

(Čego ty xočeš'?) Oni že mal'čiki.
(what you want) They PRT boys
'(당신이 기대한 것은 무엇인가?) 그들은 소년들이다.'

(Čego ty xotel?) Oni že deti.
(what you wanted) They PRT children
'(당신이 원하는 것은 무엇인가?) 그들은 어린애이다.'

그러나 여기서 지적되어야만 하는 것은 러시아어의 불변화사 že가 Kid are kids와 같은 영어 문장이 표현하려는 목적을 위해 특별히 사용된 것이 아니라는 점이다. 오히려 že는 다양한 구문에서, 대략 상대에게 분명히 해야만 하는 어떤 것을 지시하기 위한 것이다. 그래서 že는 독일어 불변화사 doch와 유사하지만(Rath 1975 ; Sekiguchi 1977 참조), 그 둘은 결코 완벽하게 동등하지는 않다.

그렇지만 행위 명사를 가진 '항진명제의 구문들'이 러시아어에는 존재한다. 예를 들어, 사람들은 대중가요에서 Bulat Okudžava가 부른 것처럼, Rabota est' rabota, rabota est' vsegda 'Work is work, There is always work.'라고 말할 수 있다. 또한 Vojna est' vojna 'War is war'라고 말할 수 있다. 그러나 러시아어의 표현이 의도한 의미와 그 용법의 범주는 영어의 문자 그대로의 대응예와는 다르다. 예를 들어, Grossman의 소설 『Žizn' i sud'ba』 'Life and fate'에서 주인공들 중의 한 명은 다음과 같이 격렬하게 싸우겠다는 그의 결심을 표현하기 위해 이 표현을 사용한다.

지금은 내가 공산주의나 계급의식을 말할 때가 아니다. 중요한 것은 적에 대한 대중들의 분노를 동원하는 것이다. …… 이제 기독교적 휴머니즘은 필요 없다. …… 지금 독일은 노동자와 농민의 고향을 공격하고 있다. 전쟁은 전쟁이다! (Vojna est' vojna!). 그들은 대가를 치를 것이다 (Grossman 1980 : 153 ; 1985 : 237).

앞의 영어 번역에서 항진명제 War's war(전쟁은 전쟁이다)는 다소 어울리지 않는 것처럼 들린다. 왜냐하면 이 표현은 영어에서 사용된 방식이 아니기 때문이다. (아래의 2.1 참조)

흥미롭게도 영어로는 사람들이 That's life(그것이 인생이다)라고는 말하지만 Life is life(인생은 인생이다)라고는 말하지 않는다. 반면, 러시아로는, 사람들이 어떤 일을 참기보다는 오히려 어떤 일을 해야 한다고 단언할 때 표현하는 항진명제는 Žizn' est' žizn', '인생은 인생이다'라는 표현이 완벽할 수 있다. 예를 들면 다음과 같다.

> 그의 곁에 앉아있는 늙은 여자, 그가 사랑했고 그리고 이제 영원히 헤어질 장모는 이마에 키스하며 그에게 말했다. '괜찮아, 사랑하는 스테판, 괜찮아. 그것이 인생이다(Žizn' est' žizn'.)'(Grossman 1980 : 605 ; 1985 : 867).

원래의 러시아아어의 항진명제는 '삶은 계속되어야 한다'를 암시하지만 영어의 번역은 조금 다른 것을 암시한다. 즉 그것은 침착하고, '현실적'이며, 세상의 이치에 밝은 삶의 태도를 암시한다.

게다가 프랑스어로는 사람들이 La guerre est la guerre '전쟁은 전쟁이다'라고 말하지 않는다. 사람들은 그와 유사한 생각을 표현하기 위해서 C'est la guerre 'That's war'라고 말할 것이다. 이는 마치 사람들이 C'est la vie 'That's life'라고 하거나 또는 La guerre c'est la guerre (문자 그대로의 의미, 'The war, that's the war')라고 말할 수 있는 것과 같다.

비교의 폭을 좀 더 넓혀보면, 폴란드어로는 사람들이 *Chłopcy to będą chłopcy '소년은 소년이 될 것이다'나 ??Chłopcy to (są) chłopcy '소년은 소년이다'라고 말할 수 없다. 그러나 사람들은 (Jednak) co Paryż to Paryż '(그렇지만) 파리인 것이 파리다'나 (Jednak) co Europa to Europa '(그렇지만) 유럽인 것이 유럽이다'라고는 말할 수 있다. 나는 '급진적인 화용주의자'들에게 이 구문의 의사소통의 의미를 해결해 달라고 부탁하고 싶다. 그들 스스로는 이것을 해결할 수 없다는 것을 아는 독자들을 위해 여기 적절한 답이 있다. Co X to X('X인 것이 X이다') 구문은 X가 독특하게 좋은 무언가가 있고 화자는 그가 그것을 인정해야 한다고 느낀다는 것을 암시한다는 것이다. (다른 대상과 비교했을 때 사람들이 발견할 수 있는 장점이 무엇이든지 간에 상관없이, 사람들은 X가 독특하게 좋다는 것을 인정해야만 한다.) 그 구문은 매우 잘 알려지고 또한 독특하게 좋은 것으로 널리 간주된 지시 대상과 관련하여 사용된다. 전통적인 폴란드인의 태도에서 볼 때, 파리는 매우 훌륭한 특성을 갖는다. 그러나 잘 알려진 어떤 다른 상징들도 그런 구문으로 언급될 수 있는데, 누구나 인정할 수 밖에 없는 우월성을 마지못해 인식하는 상황에서 사용한다. 예를 들어 다음과 같은 대조의 예가 있다.

(Jednak) co Wałęsa to Wałęsa!
??(Jednak) co Barbara to Barbara.

(Jednak) co rodzina to rodzina. 〔rodzina '가족'〕
??(Jednak) co kuzyni to kuzyni. 〔kuzyni '먼 사촌'〕

폴란드어 구문 Co X to X는 어떤 점에서, 최근에 Ku Klux Klan(반흑인비밀극우단체) 지도자가 텔레비전 인터뷰에서 인사말로 사용한 문장 White is white(백인은 백인이다)라는 영어의 패턴과 관련이 있다. 그 문장에서, 화자는 절대로 변하지 않기 때문에 받아들여야만 하는 어떤 독특한 속성을 강조한다. 그러나 '백인'과 같은 속성은 어떤 특정한 대조적인 집단에 속하는 것처럼 보인다. 그래서 그들의 독특성을 강조함으로써 화자는 그 집단 구성원들 간의 가장 본질적인 차이점을 강조한다. 독특성은 여기서 우월성으로 해석되지 않고 단지 본질적인 대조에 대한 하나의 이

유일 뿐이며 그런 것으로 인정되어야만 하는 것이다. 이 구문에 기호화된 태도는 키플링의 '동과 서의 발라드(Ballads of East and West)'에 나오는 매우 익숙한 구절에서 부각되고 있다.

East is East and West is West
and never the twain shall meet
동은 동이고 서는 서다.
그리고 둘로 나눠진 것은 결코 다시 만날 수 없다

E.M. Foster의 소설을 원작으로 하는 '인도로 가는 길'이라는 영화에서는 Kipling의 이 말이 East is East(동은 동이다)로 축약되어 사용되었다. 말하자면 이러한 예는 두 번째의 대조적인 쌍을 암시하고 있는 White is white(백인은 백인이다)와 유사한 것처럼 보인다.

폴란드어 구문으로는 비교가 될 만한 특정한 요소들을 가진 어떤 한정적인 집단이 암시되지 않는다. 그렇기 때문에 여기에서의 독특성의 개념은 결코 본질적 차이라는 개념과는 동일하지 않다. 그 대신 독특성이란 (어떤 가상의 경쟁자와 관련하여) 본질적인 우월성의 개념과 동일하다.

흥미롭게도 한국어에는, 조금 다르지만, 칭찬의 항진명제와 관련된 것들이 존재한다. 사람들은 언급된 사람들을 칭찬하기 위해 Apoči-ja apoči ida '아버지가 아버지다'라거나 Čolsu-ja Čolsu ida '철수가 철수다'라고 말할 수 있다. 그러나 한국어는 또한 반대의 의미를 표현하기 위해 사용되는 항진명제 구문도 있다. 어떤 그럴듯한 이유도 없이 우는 사람을 보았을 때 사람들은 경멸하는 웃음을 지으며, No-to no ida '너도 너다'라고 그에게 말할 수 있다. 영어나 또는 폴란드어라면 이러한 상황에서 사람들은 다르게 말할 것이다. 예를 들면, 그것이 바로 너다. 특별한 이유도 없이 우는 걸 보니라고 할 것이다(한국어에 관한 정보들은 신기현의 미출간 논문에서 얻은 것이다.).

마지막 예로 Itsuo Harasawa(1985)와 Deborah Field(1988)의 미출간 논문에 나오는 다음의 일본어 문장들을 보자.

Makeru toki wa makeru yo.
'When (I) lose (a game), (I) lose (it).'
내가 경기에 졌다하면, 형편없이 진다.

Kare datte, kekkonsuru toki wa kekkonsuru yo.
'Even he, when (he) marries, (he) marries.'
결혼을 해야 결혼하는 것이다.

Okoru toki wa okoru.
'When (he) gets angry, (he) gets angry.'
화를 내야 화를 내는 것이다.

영어 모국어 화자들은 이러한 문장들의 '함축된 의미'를 알아낼 수 있을까? 내가 질문을 던졌던 몇몇의 영어 화자들은 '그가 경기에 질 때 그는 그것을 크게 졌다', '그가 결혼을 할 때, 그는 호화스럽게 결혼을 할 것이다', '그가 화가 났을 때, 그는 정말로 매우 화를 낸다'와 같이 대답했다. 분명하게도 이 추측들은 다음과 같은 영어 항진명제의 해석을 기초로 한 것이다.

"Four cakes! Gee!" said Jem.
"when we give a party, we give a party," said Susan grandly(Montgomery 1980 : 73).
"케이크가 네 개야! 와우!" 젬이 말했다.
"우리가 파티를 한다면, 파티를 하는 거야"라고 수잔이 당당하게 말했다.

그러나 실제로 이 추측들은 정확하지 않은 것으로 판명되었다. Harasawa

에 의하면 이 일본어 구문들은 상당히 불가능한 것으로 간주되어진 어떤 것이 현실적으로 가능해진 것을 의미한다고 한다. 이 의미는 특정 언어의 것으로 보이며, 결코 그라이스의 격률(또는 '후기 그라이스' 격률, Atlas 1984 참조)로는 설명되어질 수 없다.

다시 말하건대, 나는 서로 다른 언어에서 사용되는 다양한 항진명제 구문들이 보편적인 어떤 것을 가지고 있다는 것을 부정하거나, 그것들이 그라이스의 양의 격률과 같은 언어 독립적인 원칙으로 부분적으로 설명될 수 있다는 것을 부정하는 것은 아니다. 다만, 나는 항진명제들의 용법이 그러한 용어들로 충분히 설명될 수 없다는 것을 말하고자 한다. 물론, 대부분의 문법적 사실들은 언어 독립적인 원리, 즉 기능적, 지각적, 논리적 원리의 관점에서 부분적으로 설명될 수 있다. 만일 특별한 언어들의 기술을 할 때 언어 독립적인 원리로 처리될 수 있는 모든 것들을 제거한다면, 언어학자들은 쓸 말들이 거의 없을 것이다.

철학자들이 모국어의 용법을 마치 인간 이성의 일반법칙이나 또는 대화 협력의 '평범한' 규칙에 의해 전적으로 결정되는 것처럼 기술한다면, 그들은 아마도 양해받을 수 있을 것이다. 왜냐하면 서로 다른 언어들을 비교하거나 언어의 차이점과 유사점을 아는 것이 철학자의 일은 아니기 때문이다. 그러나 명성 있는 언어학자가 진지하고 열성적으로 철학자의 이러한 환영들을 채택했을 때 그 상황은 역사적인 오류처럼 보이기 시작한다. 이 점에 대해 우리는 다음과 같이 분출된, Givón의 분노를 이해할 수 있다(그가 제안한 해법을 우리가 동의하느냐 동의하지 않느냐는 별문제이다).

> 그라이스의 『논리와 대화』[1975]의 초본이 나왔을 때 받았던 충격적인 결과를 부정할 수는 없다. 그러나 그라이스의 '격률'이라고 불리는 제한적인 화용론적 의제에 대해 크게 붐이 형성된 것은, 사실 이것은 일시적 유행이었지만, 그 모든 것이 아마도 절박한 해결책으로 나온 것으로, 집단내 어리석음의 절정을 보여주는 것이다(Givón 1983 : 154)(Bogusławski

1981a. 참조).

1.2. 함축의 해석에 대한 문제들

Levinson(1983 : 124)에 따르면, 특히 Boys are boys와 같은 문장은 필수적으로 참이다. 나는 이 진술의 타당성에 토론의 여지가 있다고 생각하는데, 이 진술에는 논의 중인 그 문장이 사실이라는 잘못된 믿음을 반영하고 있기 때문이다. 이 문장은 명백하게 옳지 않다. 왜냐하면 이 문장은 특정한 태도들을 표현하는데, 그 태도들은 '참'이라고도 '거짓'이라고도 말할 수 없기 때문이다. 대체로 이 문장은 관용에 대한 요구, 즉 명령이다. 그래서 위의 문장은 십계명이나 시간은 금이다, 일찍 일어나는 새가 벌레를 잡는다와 같은 격언들처럼 '참'이 아니다. 이러한 태도들은 언어 독립적인 원리들을 기초하여 전적으로 설명될 수 없기 때문에, 그것은 그 문장이 지닌 특정 언어만의 의미로 간주해야만 한다. 이 구문을 확실하게 하고, 그 속에 기호화된 의미를 설명해 내는 것이 언어학자의 책임이다. 내가 아는 한, 항진명제를 연구한 수많은 그라이스 계열의 어떤 학자도 이 일을 수행하지는 못했다.

영어를 배우고자 하는 외국인이라면 다양한 항진명제 구문들을 정확하게 사용하기 위해서 어떤 규칙들을 배워야 할 것이다. 극히 단순하게 외국어 학습자에게 그라이스의 격률에 그의 관심을 쏟게 하고, 그 다음 이 구문들의 허용 가능한 용법의 범위를 스스로 찾아내라고 한다면, 이것은 지극히 불성실한 일일 것이다.

앞에서 인용한 Boys are boys라는 문장이 '그것은 당신이 소년들에게 기대했음직한 바로 그런 제멋대로인 행동이다'와 같은 것을 암시한다고 한 해석적 공식은 너무 많이 말한 것일 수도 있고, 너무 적게 말한 것일 수도 있다. 한편으로 형용사구 '제멋대로'는 지나치게 구체적이고 자의적이다. 다른 한 편으로 그 틀은 화자의 관대하고 너그러운 태도를 설명하지 않았다는 점에서 충분히 구체적이지는 않다. 결과적으로 그 해석은 다음과 같은 문장이 어색하다는 사실을 예측해 주지 못한다. 다음 문장의 태도는 너무나 '나쁜 것'이어서 관대하게 받아들여질 수 없는 것이다.

? Sadists are sadists.
? Rapists ara rapists.
? Nazis are Nazis

Boys will be boys와 Business is Business와 같은 문장들 사이의 미묘한 차이점은 Cowie(1976)의 『현대 영어 관용어 사전』에서 제시하는 뜻풀이에 암시적으로 설명되어 있다. 이 사전에 따르면, 전자는 하나의 '변명'으로서 말해지는 반면, 후자는 '스스로를 정당화하기' 위해 말해진다. 나는 이 구별이 급진적인 화용론자나 다른 그라이스 학파들이 그들 스스로 의미를 포착할 수 없다는 미묘한 통찰을 반영한다고 생각한다.

관용적이고 너그러운 태도는 will이라는 양태를 가진 패턴에서 더 투명하게 드러난다.

Boys will be boys.
Students will be students.
*Wars will be wars.
*Business will be business.

Will을 가진 패턴은 인간의 본성이 억압될 수 없다는 것을 암시한다. 다시 말해 사람들은 소년 또는 그 밖의 것을 변화시키려고 해서는 안 된다. 왜냐하면 그것은 어쨌든 되지 않을 것이고, 사람들이 이 변화시키려는 것이 무엇이든지 간에 할 수 있다고 하더라도 소년들은 여전히 소년들처럼 행동할 것이기 때문이다. 그래서 가장 현명한 방침은 그들을 내버려두는 것이다.

Levinson의 설명은 다양한 '대화 함축'으로 제안된 다른 많은 유사한 공식들만큼 매우 불만족스럽지는 않다. 그러나 그것은 여전히 그 분석에 기초한 '급진적 화용론자'들의 주장이 이롭지 않은 영향을 미침을 보여준다. 언어학자들이 한 구문의 의사소통적 의미를 의미의 문제라기보다는 함축의 문제라고 가정할 때, 그들은 어떻게 이 의미들을 정확하게 진술할 것인지에 대해 거의 신경을 쓰지 않는 것처럼 보인다. 어떤 의미에서, 급진적 화용론자들은 한 언어 안에서든, 언어의 경계를 넘어서든, 다른 항진명제 구문들의 의사소통적 의미의 차이점을 진술할 여유가 없다. ('논리적 형태'와는 다른) 어떤 의미의 부재를 가정함으로써, 그들은 또한 다의성의 부재를 가정해야만 했다. 그래서 그들은 너무 광범위해서 정확한 용법의 범위를 예측할 수 없는 하나의 단일한 공식을 가정하거나, 또는 주장된 함축의 세부적인 것에 대해서 모호하게 될 수밖에 없었다. 만약, 우리가 각각의 구문에 대해 하나 또는 몇 개의 의미 공식을 만들 수 있는 방법론이 있다면, 우리는 의미를 좀 더 명료하고 정밀하게 설명할 수 있을 것이다. 결과적으로는, 이 방법으로 자칫 놓쳐 버렸거나, 아니면 정확한 일반화를 제공하거나 탐구하지 않고 문맥에 따른 차이점이라고 모호하게 추정될 수밖에 없었던 차이점과 유사점들을 분명히 밝힐 수 있다. 이 지속적인 실패에 대한 설명은 다음 절에서 논의될 것이다.

그러나 이 설명을 하기 앞서 지적할 점은, 어떤 비용을 치르더라도 매우 열심히 그라이스 격률을 적용하려는 의욕은 또한 순수하게 형식적인 관점에 의한 분석에도 도움이 되지 않는다는 것이다. Boys will be boys와 같은 문장은 이 점에서 좋은 사례를 제공한다. 왜냐하면 그러한 문장들에 대해 논의하는 몇몇의 학자들이 Boys are boys에는 집중하면서, will을 가지고 있는 변이형의 존재에 주목하지 않았던 Grice(1975 : 52)를 추종한다는 것은 이상하지 않은가? 이 누락은 무의식적인 차원에서 일어난 '의도적인' 것으로 간주하지 않을 수 없다. Boys are boys는 항진명제처럼 보인다. 그래서 그것은 양의 격률의 관점에서 설명될 수도 있는 것처럼 보인다. 그러나 Boys will be boys는 항진명제가 아니다. 왜냐하면 보통 사람들은 소년들이 곧 성인 남자가 될 것이며 언제나 소년으로 있는 것은 아니라고 생각하기 때문이다. 그런데 그렇게 분명한 비항진명제가 어떻게 하나의 '항진명제(Boys are boys)'와 거의 똑같은 '대화 함축'을 갖는다고 생각할 수 있는가? Will을 가진 문장의 형태와 용법은 그라이스의 설명의 타당성을 훼손시키는 것처럼 보인다. 결과적으로 이 문장은 전적으로 무시되어 버렸다. 나는 이것이 지적인 부정직함이라고 주장하지는 않지만, 문제가 되는 이 누락은 소위 프로이드식 누락이라는 점을 지적하고자 한다.

1.3. 분석의 실패에 대한 변명

논의의 출발점으로서 Levinson에서 인용한 단락을 제시하는 것이 매우 유익할 것이다.

> 원칙적으로, 단순하고 분명한 항진명제 문장은 거의 의사소통적인 의미를 가지지 않는다. 그러나 (38)-(40)의 문장들은 사실상 많은 의미들을 수반한다.
> (38) 전쟁은 전쟁이다. War is war.
> (39) 존은 오든지 말든지 할 것이다. Either John will come or he won't.
> (40) 그가 그것을 해야 하는 것이다. If he does it, he does it.
> 논리적 형식($\forall x[W(x) \rightarrow W(x)]$; $p \lor \sim p$; $p \rightarrow p$)에 의해 이것들 모두가 반드시 참이라는 사실에 주목하자. 그러므로 이 문장들은 같은 진리 조건을 공유한다. 그리고 우리가 느끼는 이 문장들의 차이점들과 또 의사소통적 힘은 틀림없이 거의 전적으로 화용론적 함축에 기대고 있다. 그렇기 때문에 어떻게 이 문장들이 의사소통적 의미를 가지게 되었으며, 또 서로 다른 의사소통적 의미를 갖게 되었는지에 대한 설명들은 양의 격률에 대한 위배라는 관점에서 나온다. 이 문장은 화자에게 정보 제공을 요구하기 때문에, 항진명제라는 주장은 노골적으로 양의 격률을 위배하는 것이

된다. 그러므로 만일 화자가 실제적으로 협조적이라는 가정이 유지되기 위해서는 어떤 정보의 추론이 이루어져야 한다. 그래서 (38)의 경우에 그 의미는 '전쟁에서는 항상 잔인한 일들이 일어난다. 그것이 전쟁의 본질이고, 따라서 그것이 특별한 재앙인 것처럼 슬퍼하는 것은 좋지 않다'는 것이다. (39)의 경우에, '진정해, 그가 오든 오지 않든 걱정할 것은 없어, 왜냐하면 우리가 할 수 있는 일이 없으니까'라는 의미라고 할 수 있다. 그리고 (40)의 경우는 '그것은 우리의 관심사가 아니야'라는 의미라고 할 수 있다. 확실히 이것들은 거부적이거나 화제 종결적 속성을 공유한다. 그러나 함축된 것에 관한 세부적인 내용들은 발화의 특수한 맥락에 의존할 것이다(부수적으로, 비록 관련성의 격률이 결정적인 역할을 수행하긴 하지만, 정확하게 이 경우에 적절한 함축들이 어떻게 예측되는지는 매우 불명확하다.)(Levinson 1983 : 110-111).

Levinson은 자신의 신뢰를 유지하기 위해, "정확하게 이 경우에 적절한 함축들이 어떻게 예측되는지는 매우 불명확하다"고 지적한다. 그러나 그는 여전히 발화의 맥락을 그의 희망으로 삼고 있다. 나는 그러한 희망들이 실망으로 바뀌게 될 것이라고 믿는다. War is War나 Boys will be boys와 같은 발화들은 그 발화의 힘이 뚜렷하게 맥락 독립적인 것이다. 왜냐하면, Levinson 그 자신도 독자들에게 특정 맥락을 상상할 것을 요구하지 않고 그 발화들의 '함축'을 설명함으로써 간접적으로 인정했기 때문이다. 그라이스(1975 : 52)도 역시 어떤 특정한 맥락을 환기함이 없이 그러한 문장들의 '대화 함축'을 논의했다. 사실, 금언, 속담, 그리고 관용어구에 대한 다양한 사전들은 그러한 표현들을 등재하고 있으며 될 수 있는 한, 어떤 특정 맥락에 대한 의존함이 없이 그것들의 의미를 설명하였다(Bartlett 1980 ; Cowie 1976 ; Stevenson 1949).

War라는 단어의 어휘적 의미는 War is war라는 표현의 '함축'에 영향을 줄 수 있다. 그러나 이것은 구문 그 자체가 그 의미에 있어 Boys are (will be) boys의 의미와 유사하다는 것을 뜻하지는 않는다. 두 구문은 어떤 '체념적인' 태도, 즉 일어날 수밖에 없는 나쁜 일에 대한 일종의 수용을 표시한다. 그러나 복수 인칭 구문은 또한 관대한 태도를 표시하지만, 단수 추상명사의 구문은 그렇지 않다.

Will의 요소도 문장에서 are를 대체하는 것으로 볼 수 있는데 이 또한 우연적인 것이 아니다. 왜냐하면 will은 미래에 대한 지시(우리는 소년들이 어떻게 그들의 본성에 따라 행동할 것인지를 예측할 수 있다)와 독특한 인간의 '습성'에 대한 지시, 즉 다른 사람들의 관점에서 봤을 때 아무리 바람직하지 않다고 해도 어떤 특정한 방식으로 그 행동을 지속하려는 성향에 대한 지시를 반영한다. 이 will은 미래의 will과 관련이 있다. 그러나 동시에 will은 공시적으로 명사 will과 관련이 있으며, 그리고 습관적인(고집스러운) '바람직하지 않은' 행동을 지시하는 문장의 양태와도 관련이 있다(He will smoke while we're still eating).

이와 관련하여 Jespersen(1965)이 언급한 will의 용법과 인간의 의지, 인간의 본성, 습관적 행동 그리고 어리석게 보일 수도 있는 고집스러운 성향 사이의 의미적 연관성을 설명하기 위해 그가 제시한 예문들을 다시 생각해볼 가치가 있다.

> 또 하나의 연관된 전이는 우리들이 빈번히 하려는 것, 즉 우리들이 기꺼이 하려고 한다는 사실의 결과이다. 그렇기 때문에 will은 …… 습관, 특히 사람들의 속성이나 자연적 본성의 결과물인 습관을 표현한다. …… 현재시제에서, will은 1인칭으로 보통 쓰이지 않으며 …… 2인칭으로, 그것은 자주 감정적인 어조로 '너는 하루 종일 담배를 피울거야. 그리고 인후통에 대해 불평할거야'와 같이 표현된다 …… 만일 will이 강조된다면, 다음과 같은 습성을 의미할 것이다. Gammer 102 fooles will be fooles styll! boys will be boys …… (Jespersen 1965, 4 : 240-241).

일단 Boys are boys와 같은 '인간'의 항진명제가 War is war와 같은

추상적인 항진명제와 구별될 수 있다면, 몇몇의 항진명제적 문장에서 will
의 출현이 이해될 것이다.

　이제 Either John will come or he won't.라는 문장으로 논의의 방
향을 돌려보면, 나는 Levivson의 해석의 요지에 동의한다('진정해, 그가 오
든 오지 않든 걱정할 것은 없어, 왜냐하면 우리가 할 수 있는 일이 없으니까'). 그러나
만일 이렇게 진술되면, 우리들은 이 특별한 '함축'이 어떻게 우리가 앞에서
살펴본 다른 항진명제의 구문들의 '함축'과 관련되는지를 알 수 없다. 우리
들이 모든 다른 항진명제의 구문들이 바람직하지 않은 일에 대한 체념적
인 수용을 표현한다고 말한다면, 그것은 대체로 맞는 말일 것이다. 그러나
대체로일 뿐이다. 예를 들어, Boys are boys 그리고 Boys will be
boys가 전달하는 관용과 너그러움의 뉘앙스는 사라진다. 그리고 그러한
뉘앙스는 Either John will come or he won't와 같은 '숙명적인 문장'
에서도 전달되지 않는다.

　누구나 다양한 항진명제 구문들 사이의 차이점이란 다음과 같은 방식으
로 맥락으로부터 예측될 수 있다는 주장을 옹호할 수 있을 것이다. 만일
그 문장이 미래의 사건을 지시한다면, 미래의 사건은 알려지지 않았고 (현
재에도) 알려지지 않아야 하며 그래서 그것에 대해 숙고할 필요가 없다는
것을 암시한다. 만일 그 문장이 과거의 사건을 지시한다면, 이미 일어난
일은 변화될 수 없고, 그래서 깊이 생각할 가치가 없다는 것이다. 만일 그
지시가 과거의 사건에 대한 것이 아니고, "나는 쓸 것을 썼다"라는 빌라도
의 말처럼 특별히 화자 자신의 과거 행동에 대한 것이라면, 그것이 암시하
는 바는 화자의 입장을 바꾸는 것에 대한 거부와 결심에 대한 발화이다.
만일 하나의 문장이 총칭적 의미를 가지고 있고, 특정 '종'에 대한 어떤 것
을 서술한다면, 그것이 암시하는 바는 개인의 본성이 그 종의 본성에 의해
어느 정도 결정되어 있으며 따라서 변화될 수 없다는 것과, 게다가 어느
정도는 '나쁜' 개인의 행동은 그 종의 본성에 의해 결정되었다는 사실이 양

해되어야만 한다는 것이다.

사실, 스페인어 문장 Qué será, será는 변화될 수 없는 것에 대한 체념적 수용뿐만 아니라 미래에 대한 쓸데없는 생각의 거부를 담고 있다. 폴란드 속담 Co było to było는 과거의 사건은 변화될 수 없고, 그래서 그것에 대해 깊이 생각할 필요가 없다는 것을 암시한다. 사실 이 말보다 더 명시적인 문장이 있는데, 속담의 형태로 남아 있다. Co było a nie jest nie pisze się w rejestr '있었지만 현재 없는 것은 기록에 남기지 마라'

그럼에도 불구하고, 그리고 다양한 상황에도 불구하고 스페인어의 Qué será, será처럼 미래의 사건을 숙명적인 태도로 표현하는 문장들의 정확한 의미도 역시 언어마다 다양할 수 있다. 예를 들어, 그 스페인어 문장을 폴란드어로 가장 잘 번역한 것은 Co ma być to będzie '일어나야 할 일은 일어나기 마련이다'이지 Co bedzię to bedzię '일어날 일은 일어난다'가 아니다. 후자의 문장은 폴란드어에서 부정적인 결과가 있을 수 있음에도 불구하고, 행동하기로 결정한 것을 표현할 때 사용된다. 그래서 이 문장은 전쟁을 앞둔 병사나 시험을 앞둔 학생들이 사용할 수 있다. 특이하게도 이 문장은 Raz kozie śmierć '염소도 한번은 죽는다'나 Co ma wisieć nie utonie '매달려 있는 것은 물에 빠지지 않을 것이다'와 같은 속담들과 함께 사용되며, 둘 다 무모한 결정에 대한 비슷한 감정을 표현한다. 스페인어 문장은 미래를 걱정하기를 원하지 않는 게으른 사람들이 사용할 수 있으나 문자 그대로의 폴란드어의 표현은 그렇게 사용될 수 없다.

나는 이러한 사실들이 비록 항진명제의 용법이 언어 독립적인 그라이스의 원칙으로 상당 부분 설명될 수 있지만, 다양한 언어의 '항진명제 구문'과 '항진명제 속담'의 용법이 부분적으로 관습적이며, 특정 언어만의 것임을 보여준다고 생각한다.

2. 영어의 명사형 항진명제 : 의미 재현

영어의 명사형 항진명제들에 대해 내가 주장하고자 하는 것은 영어에는 (ART) N_i be (ART) N_i인 형태의 생산적인 항진명제 패턴들이 매우 많다는 것이다. 우리가 이 패턴들의 의미를 정확하게 기술하기를 원한다면, 우리는 이러한 유형의 복수성을 알아야 하고, 별개의 의미를 각각 기술해야만 한다. 어떤 경우들은, 형태적인 것이 단서가 되어 패턴들을 구분할 수 있지만 다른 경우들은 두 개의 다른 항진명제 패턴들의 형태가 같다. 그러나 그것들은 하나의 의미 재현으로는 파악할 수 없는데 왜냐하면 그들의 의미가 문맥의 관점이나 어휘적 차이로 설명될 수 없는 방식에 의해 달라지기 때문이다. 이런 이유로 몇몇의 항진명제 문장들은 중의적이다. 그래서 A mother is a mother와 같은 문장은 비록 그녀가 다른 어머니들과는 다르게 보일지라도, 어머니는 항상 어머니다운 방식으로 행동하는 것이 기대된다거나 혹은 사람들이 그들의 어머니에 대해 의무감을 가지고 있다는 것을 의미한다. 비슷하게, A Steak is a steak라는 문장은 두 개의 스테이크중 어느 하나가 다른 하나보다 더 좋거나 더 나쁘거나 하지 않는, 가치에 있어서 많은 차이가 있지 않다는 것을 의미하거나 또는 모든 스테이크는 틀림없이, 확실하게 높은 가치를 가진다는 것을 의미한다.

형태적 관점에서 보면, 영어의 항진명제적 구문들은 다음과 같이 구별할 수 있다.

N_{abstr} is N_{abstr}	War is war ; Wars are wars, *Wars will be wars.
N_{pl} are N_{pl}	Kids are kids ; *The kids are the kids.
N_{pl} will be N_{pl}	Boys will be boys ; *A boy will be a boy.
A N is a N	A party is a party ; *The party is the

$$N_1 \text{ is } N_1 \text{ (and } N_2 \text{ is } N_2) \quad \text{East is East, and West is West.}$$

한편으로 의미적 관점에서 보면, 영어의 명사형 항진명제 패턴(나는 이것을 하위 구문이라고 부를 것이다)은 아래에서 살펴볼 하위 구문에 대한 개관에서 볼 수 있는 것처럼 전혀 다른 모습을 보여준다. 이러한 개관이 완벽하지는 않지만, 일반적으로 사용되는 대부분의 패턴들을 망라할 수 있을 것이다.

여기에서 나는 다음과 같은 것들을 덧붙이고 싶다. 비록 하위 구문의 관점에서 영어의 항진명제 문장을 말하는 것이 적절하고 충실한 것처럼 보일지라도, 일부의 그러한 문장들은 예를 들어 Fair is fair ; Enough is enough ; A deal is a deal ; Business is business 등과 같이 집합의 상태라는 점에 우리는 주목해야 한다. 하지만 중요한 점은 그것들이 관용어구가 아니라, 오히려 자주 쓰이는 생산적인 항진명제 구문의 유형이라는 것을 알아야 한다는 점이다. Boys will be boys라는 문장은, 그 문장이 속한 부류에서는 틀림없이 주목받는 성원으로 간주되고 있을지라도, 그 문장은 관용어구가 아니다. 왜냐하면 이 문장의 의미가 예를 들어 Students will be students나 Teenagers will be teenagers처럼 동일한 패턴을 갖는 다른 문장의 의미와 유사하기 때문이다. 이런 문장들이 Boys will be boys의 의미를 갖는 변이형처럼 간주된다고 할지라도, He kicked the bucket과 같은 진짜 관용어구와 대체될 수 있다고 볼 수는 없다.

2.1. 세상사에 있어서의 '현실주의'

복잡한 인간 활동에 대한 '현실적인' 태도는 다음에 나오는 통사적 공식으로 표현된다.

$$N_{abstr} \text{ is } N_{abstr}$$

예를 들면 다음과 같다.

War is war. Politics is politics. Business is business.
*Wind is wind. *Sneezing is sneezing. *Wars are wars.

이런 하위구문은 복잡한 인간 행위에 한정되며, 명백하게 인간의 상호 작용들에서 수반되는 행위들에만 한정된다. 이것은 아마도 특별한 '삶의 방식' 또는 실제의 세상과는 동떨어진 것으로 보일 수 있는 행위의 복잡한 성격과, 그리고 이해해야 하고 관대하게 수용해야만 하는 이런 행위의 '불가피한' 부정적 양상과 관련되어 있는 것 같다.

형식적 관점에서 보면, 이런 하위구문은 (단수로) 표시되지만 또한 관사없이 표시되기도 한다. 우리는 A war is a war라고 말할 수는 있지만 그러나 그 의미는 War is war와는 다르다(나믐의 2.8 참소).

제시된 하위구문에 기호화된 의미는 많은 상호 관련된 구성성분의 형태로 기술될 수 있다. 이런 것들은 어떤 복잡한 인간의 행위들이 바람직하지 않은 어떤 결과를 나타낸다는 가정된 진리를 포함하고 있다. 이러한 결과의 본질은 너무나 잘 알려져서, 그것들을 설명하는 일은 불필요할 수 있다. 게다가 여기에는 이런 바람직하지 못한 결과를 수용하도록 요구를 하고 있다. 왜냐하면 그것들은 불가피한 것이어서, 우리가 그것을 볼 때마다 부정적인 감정의 상태로 스스로를 몰아갈 필요가 없기 때문이다. 그 행위의 '본질'은 바람직하지 않은 결과를 필연적으로 함의할만큼 분명한 것이다. 그러므로 War is war는 다음과 같이 설명될 수 있다.

War is war.
(a) 누구나 안다 : 사람들이 이런 종류의 일들을 할 때

이것 때문에 다른 사람에게 무엇인가 나쁜 일이 일어날 수
있다
(b) 나론 안다 : 누군가는 생각할 수 있다 :
이것은 나쁘다
그것은 이와 같이 되어서는 안 된다
(c) 나는 생각한다 : 사람들은 이렇게 생각해서는 안 된다
(d) 사람들은 알아야 한다 :
(사람들이 이런 종류의 일을 할 때) 그것은 항상 같다
그것은 이것과 같지 않을 수가 없다
(e) 나는 생각하고 싶지 않다 : 이것은 나쁘다
(f) 나는 이것 때문에 무엇인가 나쁜 것을 느끼고 싶지 않다

2.2. 인간 본성에 대한 관용

관용적이고 또한 '현실적인' 인간 본성에 대한 태도는 다음과 같은 통사
적 공식으로 표현할 수 있다.

$$N_{hum.pl} \text{ are } N_{hum.pl}$$

예를 들면 다음과 같다.

Boy are boys. Kids are kids. Women are women.
Children are children. They are there to be put up with
(Pascal 1981 : 34).

이런 하위구문의 의미는 물론 앞 절의 예와 매우 유사하다. 그래서 우리
들은 곧잘 그 의미에 동일한 의미 재현을 부여하고 싶어할 수도 있다. 그
러나 하나의 의미 공식은 그 의미를 분명하게 드러나도록 해야 하며, 반대
로 이 공식은 우리들로 하여금 구체적이고 섬세한 것까지 관심을 갖게 한
다. 이러한 일이 완성된다면, 어떤 분명한 차이가 드러날 수 있을 것이다.

우선, '나쁘다'라는 성분은 '인간의 본성'의 유형이 아니라, '인간의 행위'의 유형에 적용할 수 있을 것 같다. 전쟁은 '끔찍하다'고 말한다. 또 정치는 '더러운 하나의 사업'이라고 한다. 그러므로 사업의 세계는 '무자비하다'고 한다. 그러나 우리가 Kids are kids라고 말할 때, 우리는 아이들에 대한 정말로 '나쁜' 어떤 것을 의미하려는 것은 아니다. 왜냐하면 아이들은 소란스럽고, 거칠고, 제멋대로이고, 귀찮지만, '나쁜' 것은 아니다. 따라서 나는 다음과 같이 의미 재현의 관련 구성 성분들을 구분할 것이다.

(a) 누구나 안다 : 사람들이 이런 종류의 일을 할 때, 이것 때문에 무엇
　　　　　　　　인가 나쁜 일이 다른 사람에게 일어날 수 있다
(a′) 누구나 안다 :
　　　　　　이런 종류의 사람들은 이와 같은 일들을 한다
　　　　　　사람들은 그들이 이와 같은 일을 하지 않기를 원할 것이다

더 나아가, 나는 '인간 본성의 항진명제'에 추가적인 성분을 덧붙이고 싶은데, 이 추가적인 성분은 인간 본성의 자애롭고 관대한 어조를 강조한다.

(g) 나는 생각한다 : 이런 종류의 사람들은 나쁘지 않다

다른 모든 구성성분들은 근본적으로 동일하다. 다시 말하면, 다른 사람들이 그 상황의 바람직하지 않은 양상에 대해서 불평할 수 있다는 현실주의, 또 그것을 해서는 안 된다는 신념, 이러한 바람직하지 않은 양상에 대한 예측가능성과 불가피함에 대한 인식, 그리고 침묵과 수용에 대한 요청 등은 모두 같다. 위에서 언급한 차이는 수용에 대한 이러한 요구가 각각의 경우에 다르게 해석될 수 있다는 것이다. 전쟁과 같은 복잡한 인간의 행위의 경우에 그것은 냉정하고, 처세에 능한 체념의 분위기를 가질 것이다. 반면, '인간 본성의 항진명제'의 경우에, 그것은 관대함과 관용을 요구하는

것처럼 들린다. 이것은 바람직하지 않은 양상이 인간 행위의 경우에는 불가피함의 문제로 보이는 반면, 인간 본성의 경우에는 그것은 오히려 인간의 약점의 문제로 보이는 것과 관련이 있다.[13] 다음을 비교해 보자.

    (d) 그것은 이와 같지 않을 수 없다
    (d′) 그들은 이와 같지 않을 수 없다

    이렇게 해서 우리는 Kids are kids 유형에 대해 다음과 같은 공식을 완성할 수 있다.

    Kids are kids
    (a) 누구나 안다 :
        이런 종류의 사람들은 이와 같은 것을 한다
        사람들은 그들이 이와 같은 일을 하지 않기를 원한다
    (b) 나는 안다 : 누군가는 생각할 수 있다 :
        이것은 나쁘다
        그것은 이와 같이 되어서는 안 된다
    (c) 나는 생각한다 : 사람들은 이것을 생각해서는 안 된다
    (d) 사람들은 알아야 한다 :
        이런 종류의 모든 사람은 이와 같다
        그들은 이것과 같지 않을 수 없다
    (e) 나는 생각하기를 원하지 않는다 : 이것은 나쁘다
    (f) 나는 이것 때문에 무엇인가 나쁜 것을 느끼기를 원하지 않는다
    (g) 나는 생각한다 : 이런 종류의 사람은 나쁘지 않다

    인간 본성의 항진명제가 담고 있는 관용적이고 너그러운 태도는 특히 Boys will be boys처럼 will이 쓰이는 하위 유형에서 잘 나타나는데, 이런 현상의 '불변성'은 진지하지 않고 쾌락을 추구하는 인간부류의 제멋대로이고 통제할 수 없는 우발성에 기인하는 것으로 보인다. 이 하위 유형에

대한 하위 구성성분은 다음과 같이 기술될 수 있다.

(d) 사람들은 알아야 한다 :
이런 종류의 모든 사람들(생물들)은 동일하다
그들은 이와 같은 일을 하기를 원한다
왜냐하면 그들은 무엇인가 좋은 것을 느끼기를 원하기 때문이다
그들은 그것 때문에 그것들을 할 것이다
그들은 이것과 같지 않을 수 없다

이런 구문에 기호화된 관대한 태도는 Christina Johnson(1978)의 책『In prasie of dogs in Australia』의 "Dogs will be dogs"라는 제목의 절에 아주 분명하게 나타난다. 개의 운동에 관련하며 그 절은 다음과 같이 시작한다. "호주의 넓은 해변들과 큰 공원들, 그리고 넓게 펼쳐진 하늘은 개들이 활기차게 뛰어놀 수 있고, 야생의 질주와 상쾌한 수영을 하며 즐거워할 수 있는 이상적인 기회를 제공한다." 그리고 다음과 같이 마지막을 장식한다. "이러한 환경이 때로는 대수롭지 않게 보여도, 이렇게 뛰어 노는 것은 개의 건강을 유지하는 것만이 아니라, 개의 정신 건강에도 필수적인 것이다."(Johnson 1978 : 32).

"Dogs will be dogs"라는 표현은 물론 재미있다. 그러나 그것은 논의 중인 항목의 두 가지 중요한 의미적 측면, 즉 Levinson이 즉흥적으로 설명한 것처럼 제멋대로임과 재미를 추구함을 강조하는 경우에만 도움이 된다. 이러한 두 가지 자질의 연관성은 다음에 우리가 언급하게 될 영어의 명사형 항진명제의 다른 형태에도 나타난다. 그러나 우선 Boys will be boys 유형을 위한 공식을 살펴보자.

Boys will be boys
(a) 누구나 안다 :
이런 종류의 사람은 이와 같은 것을 한다

사람들은 그들이 이와 같은 것을 하지 않기를 바란다
(b) 나는 안다 : 누군가는 생각할 수 있다 :
이것은 나쁘다
그들은 그것을 해서는 안 된다
(c) 나는 생각한다 : 사람들은 이것을 생각해서는 안 된다
(d) 사람들은 알아야 한다 :
이런 종류의 모든 사람은 동일하다
그들은 이와 같은 것을 하기를 원한다
왜냐하면 그들이 무엇인가 좋은 것을 느끼기를 원하기 때문
이다
그들은 그것 때문에 그것들을 할 것이다
그들은 그것들을 하지 않을 수 없다
(e) 나는 생각하기를 원하지 않는다 : 이것은 나쁘다
(f) 나는 이것 때문에 무엇인가 좋지 않은 것을 느끼기를 원하지 않는다
(g) 나는 생각한다 : 이런 종류의 사람은 나쁘지 않다

2.3. '특별한 시간'에 대한 관용

이에 대한 통사적 공식은 다음과 같다.

A N is a N

영어는 휴일, 생일, 파티 등 '특별하게' 특권이 부여된 날에 행해지는 즐거운 행위들에 대해 관대한 태도를 표현하는 생산적인 항진명제의 패턴들이 있다. 예를 들면 다음과 같다.

A picnic's a picnic(Nesbitt 1980 : 222).
A party is a party.
A holiday is a holiday.
A honeymoon is a honeymoon.
A game is a game.

그러나 다음의 예는 거의 말하지 않는다.

?A Monday is a Monday.
?An autumn is an autumn.
?A morning is a morning.

월요일은 월요일이다라는 문장은 완전히 다른 의미가 아니라면, 아래와
같이 논의할 수 있다. 즉 '어느 월요일은 다른 월요일보다 더 좋거나 더 나
쁘지 않다.' 휴일, 파티 등과 같은 '특별한' 시간과 연관된 특권은 다른 사
람들에게는 불편함을 함의할 수 있으나 그러한 불편함은 인간 본성의 약
함에서 기인한 불편함을 참아야 하는 것과 같이 용납되어져야 하며 참을
수밖에 없다는 것이다.

그렇지만 우리들은 Boys will be boys라고는 말할 수 있지만 *A
picnic will be a picnic이나 *A holiday will be a holiday라고 말할
수는 없다. 왜냐히면 소풍이나 휴일 같은 경우에는 관용에 대한 필요가 특
정 시간이 갖는 '특별한' 속성에 근거한 것이지, (의지적) 인간의 '종'이 갖
는 예견할 수 있는 특성에 근거한 것이 아니기 때문이다.

A picnic is a picnic
(a) 누구나 안다 :
　　　이런 때에 사람들은 무엇인가 좋은 것을 느끼기를 원한다
　　　이것 때문에 그들은 어떤 것을 하기를 원한다
　　　그들은 다른 때에는 이런 것들을 하지 않는다
(b) 나는 안다 : 누군가는 생각할 수 있다:
　　　이것은 나쁘다
　　　그것은 이와 같이 되어서는 안된다
(c) 나는 생각한다 : 사람들은 이렇게 생각해서는 안 된다
(d) 사람들은 알아야 한다 :
　　　(이와 같은 때에) 그것은 항상 이와 같다

그것은 이와 같지 않을 수 없다
  (e) 나는 생각하기를 원하지 않는다 : 이것은 나쁘다
  (f) 나는 이것 때문에 무엇인가 나쁜 것을 느끼기를 원하지 않는다
  (g) 나는 생각한다 : 이것은 나쁘지 않다

어느 누구도 *Picnics are picnics, *Parties are parties, *Honeymoons are honeymoons라고 말할 수는 없다. 여기에서는 일반적이고 예측 가능한 것에 대해 강조하기보다는 '특별함'을 강조하기 때문에 명백하게 그 범주에는 단수형이 더 적절하다. 사실 단수형은 특별함의 의미를 갖는 상징으로 볼 수 있다. 그러나 소풍, 파티, 신혼여행과 같은 때와 상황의 '특별한' 속성에는 인생의 평범한 '규율들'이 일시 정지되어 있고, 이러한 규율들의 일시 정지가 쾌락추구를 위한 하나의 자격과 관련되어 있기 때문에, 이 유형은 사실 Boys will be boys 유형과 매우 밀접하다.

2.4. 관용의 한계

영어의 Enough is enough는, 인간의 본성을 언급하고 있는 금언 즉, Boys will be boys와는 근본적으로 다른 것처럼 보일 수 있다. 후자는 관용적이고 관대한 반면 전자는 단호하고 엄격하다. 하지만, 사실 이 두 형태는 우리가 생각하는 것보다 더 밀접한 관계인데, 둘 다 보편적인 주제인 관대함을 다루고 있기 때문이다. 영어의 Enough is enough나 A joke's a joke (but that's enough)와 같은 발화는 화자가 예를 들어 즉시 그만 둬! 라고 했을 때 갖게 되는 단호함이나 가차없음을 갖고 있지는 않다. 오히려 화자는 관용이 필요하다는 것을 알고 있으며, 잠시 동안 관대하게 대해줄 준비도 했지만, 이제 그의 관용이 한계에 다다랐다는 것을 나타낸다.

따라서, Enough is enough라는 '단호함과 가차없음'의 문장이 갖는 의미재현은 A picnic is a picnic나 Boys will be boys와 같은 문장이

갖는 관대함의 의미 재현과 밀접한 관련이 있다.

    Enough is enough
    (a) 누구나 안다 :
            가끔 사람들은 무엇인가 좋은 것을 느끼기를 원한다
            이것 때문에 그들은 무엇인가를 하기를 원한다
            그들은 이것들을 다른 때에는 하지 않는다
    (b) 나는 안다 : 누군가는 (당신은?) 얼마 동안 이것과 같은 무엇인가
            를 하고 있었다
    (c) 나는 안다 : 누군가는 생각할 수 있다: 이것은 나쁘지 않다
    (d) 나는 생각한다 : 사람들은 이것을 생각해서는 안 된다
    (e) 사람들은 알아야 한다 :
            사람들은 그것을 얼마 동안 할 수 있다
            사람들은 그것을 오랫동안 해서는 안 된다
    (f) 나는 이 사람이 지금 그것을 더 이상 하지 않기를 원한다

2.5. 표면적 차이를 넘어선 인식

이에 대한 통사적 공식은 다음과 같다.

    A N_{hum} is a N_{hum}

BBC 텔레비전의 시리즈 'Fawlty Towers'에서, 등장인물 중 한 사람이 A man is a man이라고 말하는 장면이 있다. 이 특별한 발화에 표현된 남자들에 대한 태도는 관대함이나 용납과는 거리가 멀다. 화자인 한 여성이 벽장에서 죽은 남자를 발견하고는 깜짝 놀란다. 그러자 다른 한 여자가 죽은 남자는 그녀를 해칠 수 없다는 점을 지적하면서 그녀를 안심시킨다. 그렇지만 이 말은 위에서 언급한 우울한 의미의 항진명제와 반대된다.

   여기서 발견할 수 있는 재미있는 사실은 남자들(죽은 남자조차도)을 향한 깊은 불신이 남자들은 남자들이다(Men are men)가 아니라 남자는 남자다

(A man is a man)와 같이 단수로 표현된다는 것이다. 반면 관용을 드러낼 때는 항상 복수로 표현된다 따라서 이때 아이들은 아이들이다(Kids are kids)이라고는 하지만 아이는 아이다(A kid is a kid)라고 하지는 않는다. 단수 형태는 심각한 해악에 초점이 맞춰져 있는데, 그것은 한 개인이 범하는 것이며 가볍게 간과되어서는 안 되는 것이다. 복수 형태는 사소한 잘못을 언급하며 그것은 이미 지각된 것들이며 가볍게 간과되어야 하는데, 왜냐하면 그 잘못들은 사소한 것이고 한 개인의 통제를 벗어난 것이기 때문이다.

18세기와 19세기의 영어 속담 모음집에는 아래와 같은 이런 저런 표현들이 있다.

A man is a man, tho' he have but a hose upon his head.
비록 머리에 양말을 썼어도, 남자는 남자다.

Stevenson(1949 : 1511)은 다음과 같이 소개하였다. "일부 주석가들은 이 속담의 의미가 명확하지 않지만, 그 속담은 그의 옷차림새가 어찌 되었든, 심지어는 가난해서 모자 대신 스타킹을 뒤집어써도 남자는 남자라는 것을 의미한다."

분명히, 이 속담이 나타낸 남자에 대한 태도는 'Fawlty Towers'에서 인용된 것과는 다르다. 하나는 요컨대 '어떤 남자도 믿지 말라'이고, 또 다른 하나는 '어떤 남자도 무시하지 말라'를 뜻하고 있다. 그러나 이 속담과, 'Fawlty Towers'에서 사용된 동일한 문장의 의사소통적 의미를 연결하고 있는 보편적 맥락을 찾아내는 것은 어렵지 않다. 둘 다 '외형의 차이에도 불구하고, 한 사람은 다른 사람들과 두드러지게 다르지 않다, 즉 본질적으로 모든 남자들은 똑같다'는 사실을 암시하고 있다.

'외형의 차이에도 불구하고, 모든 Xs는 똑같다'와 유사한 메시지를 담고 있는 영어의 여타 항진명제들을 조사해 보면, 다양한 연어들과 다양한 상황에서 이 메시지는 많은 다양한 태도과 결합될 수 있다는 것을 보여준다. 예를 들면 다음과 같다.

> 남자는 남자다(그래서 신뢰할 수 없거나, 아니면 무시할 수 없다)
> 목사는 목사다(그래서 신뢰할만하다)
> 어머니는 어머니이다(그래서 보살펴 줄 것이다)
> 변호사는 변호사다(그래서 전문가로서 신뢰할만하다)
> 여자는 여자다(그래서 그녀가 아무리 평소에는 거칠게 보인다 해도,
> 어떤 때에는 '여성적인 연약함'을 보일 수도 있을 것이다)

물론, 이러한 태도나 기대를 완벽하게 목록화하는 것은 힘든 일이며, 게다가 이런 종류의 완전한 목록을 수집할 수 있는지도 의심스럽다. 그러므로 다양한 태도나 기대들은 그 구문이 갖는 의미의 일부가 아나라고 가정하고, 하나의 일반적인 공식, 즉 이런 종류의 모든 항진명제가 공통으로 가지고 있는 것만을 찾는 것이 더 타당하게 보인다. 이제 필요한 것은 가능한 모든 예측의 범위에 적합하고, 그럼에도 불구하고 과잉예측하지 않는 하나의 공식이다(Bogusławski 1981a : 102 참조).

예를 들면, 한 여자 아이가 '전형적인 소녀의' 복장을 하고 킥킥거리고 있는 상황을 생각해 보자. 이 때 (아, 글쎄) 여자애들은 여자애들이야 ((Ah, well), girls are girls)라는 문장은 정확히 누구라도 '여자 아이'라는 범주에 속한 어떤 구성원을 기대할 수 있음을 암시한다. 다른 한 편으로, (아, 글쎄), 여자애는 여자애야((Ah, well), a girl is a girl)라는 문장은, 그것이 가능하다면, 비록 우리가 보편적으로 여자아이들이 그럴 것으로 기대할지라도, 우리는 이 특정 여자아이에게서 이러한 여자애다운 행동을 기대하지 않았음을 암시하고 있다. 따라서 이 말은 일반적으로 인정되고 있는 전형성에 대한 옹호로 받아들여질 것이다.

다른 한 편으로는, 만일 사내아이같은 여자아이가 전형적인 여자아이의 행동을 보였을 때, 우리는 여자애는 여자애다(A girl is a girl)라고 말할 수 있다. 결국 단수와 복수형의 차이는 바로 이것이다. 즉, 두 형태는 어떤 전형성이 있음을 인정할지라도, '단수형'은 어떤 특별한 경우에 외형이 정반대로 보이지만 그 외형에도 불구하고 여전히 전형성을 재확인하는 것이다. 반대로, '복수형'은 착각할 만한 외모에 대한 언급은 없이 단순히 전형성을 재단정하는 것이다. 게다가 우리가 살펴본 바와 같이 복수형은 인간의 연약함에 대한 따뜻한 관용을 암시한다. 하지만, 단수형은 따뜻한 관용을 암시하지 않는다.

이상으로, 아래에 A man is a man 또는 A girl is a girl 유형에 대한 의미공식을 제시한다.

A man is a man
(a) 누구나 안다 : 사람들은 말할 수 있다 : 이런 종류의 사람은 이와 같다.
(b) 나는 안다 : 누군가는 생각할 수 있다:
　　　이 사람은 이런 종류의 다른 사람과 같지 않다
(c) 나는 생각한다 : 사람들은 이것을 생각해서는 안 된다
(d) 사람들은 알아야 한다 :
　　　이런 종류의 모든 사람은 같다
　　　이런 종류의 한 사람은 이런 종류의 다른 사람과 약간 다를 수 있다
　　　그들은 매우 다를 수 없다

2.6. 좁힐 수 없는 차이의 인식

이에 대한 통사적 공식은 다음과 같다.

N_1 is N_1 (and N_2 is N_2)

앞에서 언급했듯이, 다음의 문장에서 화자는 좁힐 수 없는 차이를 나타
내고 있음을 지시한다.

East is East (and West is West)
White is white (and black is black)

그리고 이 차이는 각각의 집합에 속한 구성원의 독특한 본질에 의한 것
이며, 좁힐 수 없는 것으로 받아들여져야만 하는 것이다. 대체로 논의되는
짝은 두 쌍이며, 서로 대조적인 것으로 볼 수 있다. 형식적으로, 이런 종
류의 항진명제들은 그들의 복합적인 특징으로 구별된다. 즉 그것들은 하
나의 항진명제가 아니라 두 개의 항진명제이다. 그리고 비록 두 번째 명제
가 생략될 수 있을 지라도, 그것의 존재는 첫 번째 항진명제에 의해 암시
된다.

이와 유사한 폴란드어의 예를 생각해보자.

- Co pan wlasćiwie rozumie, panie Stefanie, pod słowem
  borówka? pyta pan Mareczek.
- Borówka - odpowiada wiolonczelista - to czarna jagoda.
  A dlapana to co?
- Borówka to borówka a czarna jagoda to czarna jagoda.
  (Rymkiewicz 1984 : 9)
"그 borówka라는 단어가 정확히 의미하는 바가 뭘까? 스테판?"
"Borówka는," 그 바이올린니스트가 대답했다. "(a) 블루베리를 의미해.
그러면 너에게는, 그것이 무엇을 의미하는데?"
"(A) borówka는 (a) borówka고, (a) 블루베리는 (a) 블루베리야."

하위구문은 다음과 같이 명시될 수 있다.

East is East(and West is West)
(a) 누구나 안다 : 어떤 것/사람은 다른 하나와 같지 않다
(b) 나는 안다 : 누군가는 생각할 수 있다:
    만일 사람들이 X에 대해 무엇인가를 말할 수 있다면 우리는 그
    것을 Y에 관해서도 말할 수 있다
(c) 나는 생각한다 : 사람들은 이것을 생각해서는 안 된다
(d) 사람들은 알아야 한다 :
    X는 Y와 같지 않다
    어떤 것/사람은 다른 하나와 같을 수 있다
    어떤 것/사람은 다른 하나와 똑같을 수 없다

덧붙여야 하는 사실은, 아마도 정확하지는 않지만 이와 유사한 의미를 개별적인 사람을 지시하는 문장에서도 찾을 수 있다. 예를 들면, 'Bewitched(요술쟁이)'라는 ABC 텔레비전 방송(1985.5.30)에서 주인공들 중 한 사람인 Larry는 Samantha와 Serena가 사실상 동일인이 아닌가 의심한다. 하지만 그 중 한 사람과 대화하면서 그 둘이 다르다는 것을 발견하고는 기뻐하며 다음과 같이 말한다.

You are you and she is she.
너는 너고 그녀는 그녀다.

그리고 이 프로그램에서 어떤 한 사람이 다음과 같이 단언한다.

Samantha is Samantha and Serena is Serena.
Samantha는 Samantha고 Serena는 Serena다.

같은 맥락에서, C.S Lewis의 『Screwtape letters』에서는 늙은 악마가 다음과 같이 단정한다.

지옥의 기본 철학은, 어떤 하나는 다른 하나가 아니며 그리고 특히, 한 자아는 다른 자아가 아니라는 인식의 논리에 기초를 두고 있다. 나의 선은 나의 선이고 너의 선은 너의 선이다(Lewis 1946 : 92).

이런 종류의 문장들과 East is east와 같은 유한한 (또는 두 쌍의) 집합으로 된 문장들 사이의 관계에 대한 논의도 흥미롭지만, 여기에서 더 이상 논하지는 않겠다.

2.7. 가치의 항진명제

영어에는 어떤 사물이나 사람의 가치에 초점을 둔 항진 명제의 구문들이 많이 있다. 나는 여기에서 그와 같은 4개의 하위 구문들을 논하고자 한다. 첫 번째 구문은 어떤 범주의 사물이나 사람이 갖는 낮은 가치를 강조한다. 일례로, 키플링의 'The Betrothed(약혼자들)'에서 Bartlett(1980)이 인용한 문장을 생각해 보자.

A woman is only a woman, but a good cigar is a smoke.
여자는 오직 여자일 뿐이고 좋은 담배는 연기일 뿐이다.

먼저, 우리는 여자는 오직 여자일 뿐이다(A woman is only a woman)의 의미가 여자는 여자다(A woman is a woman)와 다르지 않다고 생각할지 모른다. 단지 only의 부가적 의미 내용을 제외하면 말이다. 하지만 실은 only와 같은 "무시하거나 과소평가하는 불변화사"가 붙은 변이형은, 그런 불변화사가 없는 변이형이 지닌 주요 자질을 결여하고 있다. 즉 '외형에도 불구하고 이 특이한 X는 다른 Xs와 다르지 않다'는 생각이 없는 것이다. 게다가 키플링의 문장이 강조하는 것은 다른 여자들과 차이가 없는 특정의 어떤 여자가 아니다. 오히려 담배와 비교하면서 여성 전체 계층의 낮은 가치를 역설하고 있는 것이다.

또한 영화 Casablanca에서 나오는 팝송에서 '가치를 축소하는'의 뜻을
갖는 항진명제를 살펴보자.

> You must remember this
> A kiss is just a kiss,
> A smile is just a smile ……
> 이것을 기억해야 해
> 키스는 키스일 뿐이야,
> 웃음은 웃음일 뿐이야……

Just나 only와 같은 불변화사가 없는 그와 동일한 항진명제들은, 다른
태도를 암시하거나 어떤 점에서는 정반대의 태도임을 암시할 수 있다. A
kiss is a kiss나 A smile is a smile은 보통 부인할 수 없는 의무나 가
치, 또는 중요성을 암시하는 것으로 해석될 수 있다. 하지만, just가 붙은
변이형은 모든 키스나 웃음들은 큰 의미가 없다는 것을 단언하는 것이지,
이 특별한 키스나 웃음은 다른 그것들과의 가치에 있어서 다르지는 않다
는 것을 단언하는 것이 아니다. 게다가, 과소평가의 불변화사가 붙은 항진
명제들의 의미 기술로, 그 구성성분인, '나는 안다 : 누군가는 생각할 수
있다 : 이 X는 이런 종류의 다른 Xs와 같지 않다'는 적절하지 않다.

다음 문장을 살펴보자. 호주국립대학 시험감독관 회의(1985년 6월 27일)
에서 A point is a point라는 말이 나왔다. 화자의 의도는 분명히 '학생
들의 한 학기 수업에 관한 모든 점수가 중요하며, 1점도 소홀하게 평가되
어서는 안 된다'는 것을 의미한다. 이와 비슷한 의도가 아래의 문장에서
전달된다.

> 'Must find it', Fatty was saying. 'A shilling is a shilling.'
> (Blyton 1980 : 57)
> '반드시 그것을 찾아야 해.', Fatty가 말했다. '1실링은 1실링이야.'

여기에서 또한 화자들은 특정의 1점과 나머지 점수들의 분명한 차이, 또는 특정의 1실링과 나머지 실링과의 분명한 차이에 대해서는 관심이 없는 것처럼 보인다. 오히려 그들은 1점이나 1실링의 가치에 관심을 갖고 있으며 그들은 이러한 가치가 비록 작더라도 오히려 무시될 수 없다고 주장한다.

우리는 ?Points are points나 ?Shillings are shillings처럼 복수형으로 이런 의미를 표현하지 않는다는 것에 주목할 필요가 있다. 다른 한편으로, 복수형은 아마도 어떤 연관된 하위 구문에서 사용될 수 있으며, 이 하위 구문은 사람들에게 경시되어서는 안 되는, 그럼에도 불구하고 때때로 잊혀질 수 있는, 그런 부인할 수 없는 명백한 가치를 상기시킨다. 그래서 우리는 다음과 같이 말할 수 있다.

A steak is a steak.   스테이크는 스테이크다.
A Mercedes is a Mercedes.   메르세데스는 메르세데스다.
Money is money.   돈은 돈이다.
Eggs are eggs.   계란들은 계란들이다.

어떤 항진명제는 이 관점에서 볼 때 중의적일 수 있다. 예를 들면, An egg is an egg의 경우, 화자는 아마도 '모든 작은 것은 중요하다' 또는 '계란의 잘 알려진 가치를 잊지 말라'를 의미할 수 있다.

또 다른 관련된 하위 구문은 시간과 공간의 부사구를 수반하면서, Ns were Ns의 형태를 띤다. 예를 들면 다음과 같다.

In those days, women were women.
In Japan, women are still women.
In those days, children were children : they played, they
  studied, and they did as they were told.
  그 당시는, 여자들은 여자들이었다.

일본에서, 여자들은 여전히 여자들이다.

그 당시는, 아이들은 아이들이었다 : 그들은 놀고, 공부하고, 들은 대로
행동했다.

부사형 수식 어구는 하나의 대조를 암시하며, 항진명제의 구문은 관대
함이 아니라 승인함의 의미를 전하고 있다.

또한, 우리가 알아야 할 한 가지 사실은, '잘 알려진 가치'에 관한 항진
명제들은 동일한 종류의 어떤 한 사물과 또 다른 것의 표면적 차이에 반드
시 관심을 갖는 것처럼 보이지 않는다는 점이다. 예를 들면, A steak is
a steak라는 말에서, 화자는 '외형의 차이에도 불구하고 이 특별한 스테
이크는 다른 스테이크와 다르지 않다'는 것을 주장하는 것 같지는 않다.
오히려, 그는 모든 스테이크가 갖는 명백한 가치를 강조하고 있다.

마지막으로, 영어는 각각의 개별적 차이를 차이 없음으로 표현하는 항
진명제를 갖고 있으며, 이런 항진명제는 동일 종류 내에서 그 가치의 동일
함과 교체가능함을 강조한다. 다음 대화의 예를 살펴보자.

- How was the party?
- Oh — a party is a party.
- 파티는 어땠어요?
- 음 — 파티는 파티죠.

- Do you want Nescafé or Maxwell House?
- It doesn't matter. Coffee is coffee.
- 네스카페와 맥스웰 하우스 중 무엇을 원하나요?
- 아무거나요. 커피는 커피죠.(커피는 다 똑같죠)

이런 종류의 문장들은 모든 X들의 동일한 가치를 강조하기 때문에, 이
문장들은 A N$_{hum}$ is a N$_{hum}$ 유형과 매우 밀접한 것처럼 보일 수 있다.

그러나 나는 이 두 유형 사이에 차이가 있다고 믿는다. 그러한 항진명제를 발화하는 화자들은 무관심하고 처세에 능하며 다소 냉소적으로 말한다. 그들은 불필요하게 열정적이거나 과도하게 흥분하지 않은 것처럼 보이길 원한다. 다시 말하면 그들은 보통 사물이 매우 좋지도 나쁘지도 않다는 것을 '알고 있다.' 예를 들어, A party is a party는 파티에 신날만한 것이 없었다는 것을 의미한다. 다소 재미난 일화를 이야기해 보자면, 『Australian Natural History(호주 자연사)』(The Australian Museum, 1989, 22 : 540)에서는 동물들이 그들 각자의 모습에 민감함을 보여주는 새로운 증거를 보도했다. 양들에게 일련의 슬라이드들을 보여줬을 때 "양들은 특히 성과 지위의 중요한 표시인 뿔이 달린 양의 사진에 반응했다. 그 뿔이 더 크면 클수록 그 양들은 더 흥분하였다." 그 기사에 딸린 사진에는 "양은 양이다…… 그러나 다 같은 양이 아니다"라는 제목이 붙어 있었다. 그 메시지는 명확하다. 각각의 양은 인식된 가치에 따라 다르다는 것이며, 이것은 항진명제에 들어있는 일반적인 통념과 대조적인 것이다.

요약하자면, 그 차이는 다음과 같다. 즉 항진명제의 한 유형은 '본성'을 지시하며 다른 하나는 '가치'를 지시한다는 점이다. 예를 들면 다음과 같다.

A doctor is a doctor.
의사는 의사다.

여기에서 화자는 가정된 모든 의사들의 '일반적인 본성'이나 그들의 '동등한 가치'를 언급한다. 의도된 메시지는 다음 둘 중 하나일 것이다. (1) 이 특정한 의사는 다른 의사들과 다르게 보일 수 있다. 그러나 이것은 믿을 수 없다. 모든 의사들의 본질적인 특성의 수준은 똑같다. 그리고 오래지않아 그들의 일반적인 본성이 드러날 것이다. (2) 한 특정한 의사가 다른 의사들보다 좋아 보이거나 나빠 보일 수 있다. 그러나 사실 그들 모두는 똑같다. 즉 그들은 일정한 가치를 가지고 있다. 그러나 우리가 그들을 너무 믿으면 안 되며 우리가 그들을 선택하는데 너무 많은 중요성을 부여해서는 안 된다. 한 의사는 다른 의사들과 같이 훌륭하다. 세 번째 가능성은 '부인할 수 없는 명백한 가치'다. 즉 모든 의사들은 충분한 자격이 있는 전문가들이고 의지할 만하다.

자연스럽게, 이러한 종류의 중의성은 주로 인성 명사에서 발생하는데 왜냐하면 그들의 본성을 드러내길 원하는 대상이 주로 사람(또는 동물)이기 때문이다. A party is a party와 같은 문장도 역시 중의적이다. 그러나 여기에서는 '가치'와 '본성' 사이의 선택이 아니라 '가치'와 '특별한 시간' 사이의 선택이다. 다음을 비교해 보자.

- How was the party?
- [shrugs] A party is a party.
- 파티는 어땠어?
- [어깨를 으쓱하며] 파티는 파티지.

It's noisy, but (after all) a party is a party!
시끄러웠어. 하지만 (결국) 파티는 파티지!

아래에서 나는 이 절에서 설명한 네 개의 '가치' 항진명제에 대한 잠정적인 의미 재현을 제시할 것이다.

A point is a point
(a) 누구나 안다 : 이러한 종류의 것들은 좋다
(b) 나는 안다 : 누군가는 생각할 수 있다 :
        이것들은 이러한 종류의 다른 것들과 같지 않다
        그것은 매우 작은 어떤 것이다
(c) 나는 생각한다 : 사람들은 이렇게 생각해서는 안 된다
(d) 사람들은 알아야 한다 :

이러한 종류의 모든 것은 같다

그것들은 모두 좋다

이러한 종류의 하나는 작을 수 있다

그것은 좋은 것이 아니라고 할 수 없다

A kiss is just a kiss

(a) 모든 사람은 안다 : 이러한 종류의 것들은 작은 어떤 것과 같다

(b) 나는 안다 : 누군가는 생각할 수 있다 :

　　이것은 이러한 종류의 다른 것들과 같지 않다

　　그것은 매우 좋은 어떤 것이다

(c) 나는 생각한다 : 사람들은 이렇게 생각해서는 안 된다

(d) 사람들은 알아야 한다 :

　　이러한 종류의 모든 것은 같다

　　그들은 작은 어떤 것과 같다

　　이러한 종류의 어떤 것은 다른 작은 어떤 것과 거의 같을 수
　　있다

　　그것은 작은 어떤 것과 같지 않다고 할 수 없다

A party is a party ; Coffee is coffee ; A girl is a girl

(a) 누구나 안다 :

　　이러한 종류의 것들은 매우 좋지도 않으며 매우 나쁘지도 않다

(b) 나는 안다 : 누군가는 생각할 수 있다 :

　　이것은 이러한 종류의 다른 것들과 같지 않다

　　그것은 매우 좋거나, 아니면 매우 나쁘다

(c) 나는 생각한다 : 사람들은 이렇게 생각해서는 안 된다

(d) 사람들은 알아야 한다 :

　　이러한 종류의 모든 것들은 같다

　　이러한 종류의 어떤 것은 다른 것보다 조금 좋거나 조금 나쁠
　　수 있다

　　그것은 매우 좋거나 매우 나쁠 수 없다

A steak is a steak ; A Mercedes is a Mercedes

(a) 누구나 안다 : 이러한 종류의 것들은 좋다

(b) 나는 안다 : 누군가는 생각할 수 있다: 이것은 좋지 않다

(c) 나는 생각한다 : 사람들은 이렇게 생각해서는 안 된다

(d) 사람들은 알아야 한다 :

이러한 종류의 모든 것들은 같다

그것은 모두 좋다

이러한 종류의 어떤 것은 다른 것보다 조금 좋거나 조금 나쁠
수 있다

그것은 좋은 것이 아니라고 할 수 없다

2.8. 의무의 항진명제

이러한 하위 구조는 다음과 같은 통사 공식으로 표현될 수 있다.

(ART) N is (ART) N

다른 언어에서 특히 널리 사용되는 항진명제 구문의 한 가지 쓰임은 의
무와 관련되어 있으며 보다 넓게는 인간 행동의 규칙과 관련되어 있다. 일
반적으로 말하면, 어떤 명사가 '사람은 X해야 한다' 같은 양태의 의미를 담
고 있다면, (ART) N is (ART) N의 형식은 우리가 그렇게 하고 싶지
않더라도 그 의무는 반드시 이행해야 한다는 것을 암시한다. 그러므로 최
근에 호주에서 Michael Kirby 판사가 ABC라디오 시사 프로그램 'PM'에
서 말한 것처럼, 우리는 The law is the law라고 말할 수 있다.

이러한 문장들은 특히 영어에서 일반적이다. 내가 최근에 듣거나 읽은
몇몇 특징적인 예들을 인용해 보겠다.

A rule is a rule.　　규칙은 규칙이다.
A bet is a bet.　　내기는 내기다.
A promise is a promise(Doyle 1981 : 417, 513).　　약속은 약속이다.
A deal is a deal.　　거래는 거래다.

A test is a test.　　　시험은 시험이다.

An agreement is an agreement(Doyle 1981 : 141). 협정은 협정이다.

보통, 이러한 유형은 계약상의 책무를 나타내는 내기(bet), 약속(promise), 거래(deal), 법(law)과 같은 명사의 존재에 의해 구별될 수 있다. 그러나 또한 우리는 일반적으로 용인된 역할 의무를 나타내기 위해 아버지(father) 같은 인간관계의 용어를 쓸 수 있다. 그러므로 우리는 아버지는 아버지다(A father is a father)라고 말할 수 있다. 이는 책임을 다해야 한다는 일정한 의무를 의미하며, 이 아버지가 다른 아버지들과 다르다는 어떤 암시가 있는 것은 아니다. 화자는 특별한 경우, 예를 들어 그 사람이 병에 걸렸다거나 이제 막 결혼한 것 같은 경우는 정상참작이 있을 수 있으나, 그 의무는 '하나의 의무'로 여전히 남아 있으며 그리고 반드시 이행해야 하는 것을 의미한다. 앞에서 언급했듯이, 심지어 누군가가 전쟁에 대해 자신의 의무를 수행해야 한다는 것을 의미하면서 A war is a war라고 말할 수도 있다. 두 개의 항진 명제 A war is a war와 War is war는 그들의 '함축'이 다르며, 서로 바꿔 쓸 수 없다.

그렇지만 명사의 의미가 명확하게 의무를 암시하고 있다면, 관사 없는 집합 명사는 앞에서 논의했던 그 의미로 사용될 수 있다. 예를 들어 의무는 의무다(Duty is duty)가 그렇다. 그러한 문장들은 전쟁이나 정치처럼 약속, 내기, 법, 책임이 '나쁜 일을 일으키는 원인'이 되는 것을 암시하지 않는다(위의 2.1 참조). 오히려 그러한 문장은 인간 행동의 어떤 규칙들이 사람들에게 그것에 순종할 것, 즉 불쾌하거나 불편한 결과에 개의치 않을 것을 요구한다는 것을 암시한다.

의무의 항진명제는 일반적으로 명사의 단수 형태를 요구한다는 것은 흥미롭다. 우리는 ?Bets are bets(A bet is a bet 참조.)나 ?Deals are deals(A deal is a deal 참조)라고 말하지 않을 것이다. Promises are promises와 같은 문장은 '약속은 약속일뿐이고 항상 약속에 의존할 수는 없다'라는 의미를 암시하는 것처럼 보이며, 이것은 A promise is a promise가 암시하고 있는 것과 매우 다르다. 복수 명사는 rules are rules(규칙들은 규칙들이다)나 regulations are regulations(규정들이다)와 같이, 단수가 아닌 보통 집단으로 사용될 때만 명사와 관련된 의미로 사용될 수 있다. 이것은 단수형태의 확장과 비슷한데, 일반적으로 복수형을 배제한 다른 종류의 항진명제에는 적절하다. 다음의 예를 보자.

A girl is a girl.(절대적인 일반화, 혹은 차이없음)
Girls are girls.(인간 본성에 대한 관용)
*Girls are girls.(절대적인 일반화로는 불가능함)
Twins are twins.(절대적인 일반화로 가능함)
A party is a party.(차이없음, 혹은 절대적인 일반화)
*Parties are parties.(차이없음의 표현으로는 불가능함)
Beans are beans.(차이없음의 표현으로 가능함)

그러나 부정관사나 한정 소유격과 함께 쓰일 수 있는지에 따라, '의무의 항진명제'는 일반적으로 단수를 요구하는 다른 항진명제와 구분되는 것처럼 보인다. 그러므로 Neighbours are neighbours는 당신의 새 이웃이 마음에 드십니까?라는 질문에 대한 대답인, 차이없음의 표현으로 사용될 수 있다. 그러나 나의 이웃들은 나의 이웃들이다(My neighbours are my neighbours)라는 문장은 아마도 사람들은 그들의 이웃을 도와야 한다든지, 사람은 그들의 이웃에게 충실해야 한다든지와 같은 의무의 의미를 지닌다.
다음 문장과 그 해석 가능성을 비교해 보자.

a. Fathers are fathers.   아버지들은 아버지들이다.
b. Your father is your father. 당신의 아버지는 당신의 아버지다.
c. A husband is a husband.   남편은 남편이다.

(a)는 인간 본성에 대한 관용이라는 단지 하나의 해석만 가능하다. (b)
또한 의무감이라는 단지 하나의 해석만 가지고 있는 것처럼 보인다.(사람들
은 아버지에 대한 의무를 다 해야만 한다) (c)는 무려 4개나 되는 해석을 할 수
있다. 사람들은 남편에 대한 그들의 의무를 다해야 한다는 의무, 누구나
남편이 있으면 좋다는 것을 안다는 감사, 한 남편은 다른 남편보다 더 좋
거나 나쁠 것이 없다는 차이없음, 모든 남편들은 본질적으로 동일하고, 사람
들은 남편에게 무엇을 기대해야 하는가를 안다는 절대적인 일반화 등이다.

내가 내린 결론은 다음과 같다. 의미론적 그리고 통사론적 근거 둘 다로
인하여 의무의 항진명제는 어떤 다른 형태에 포함될 수 없으며, 그러므로
그것은 별개의 하위 구문으로 인식되어야 한다. 일련의 문장들에서 내재
된 의미는 다음과 같이 간략하게 설명될 수 있다.

The law is the law ; A promise is a promise ; A father is a
father.
  (a) 누구나 안다 : 모든 사람은 이러한 종류의 것들을 해야만 한다
  (b) 나는 안다 : 누군가는 생각할 수 있다:
        이 때 이 사람은 이러한 것을 할 필요가 없다
  (c) 나는 생각한다 : 사람들은 이렇게 생각해서는 안 된다
  (d) 사람들은 알아야 한다 :
        이러한 종류의 모든 것들은 같다
        이러한 종류의 하나는 이러한 종류의 다른 것들과 약간 다를
        수 있다
        이것 때문에 사람들은 이러한 것을 하지 않을 수 없다

흥미롭게 주목해야 하는 것은 The law is the law와 같은 '의무의 항
진명제'와 War is war(전쟁은 전쟁이다)와 같은 '불가피함의 항진명제' 사이
의 관련성이다. 그 관련성은 '하지 않을 수 없는'과 '원하지 않는' 이라는
두 가지 주요 개념으로 요약될 수 있다. 예를 들어 전쟁은 사람들이 '원하

지 않는' 측면을 갖는다. 그리고 이러한 측면은 회피하지 '않을 수 없는' 것
이다. 마찬가지로 법도 사람들에게 그들이 '원하지 않는' 것을 하도록 강제
할 수 있으며 그들은 그것을 하지 '않을 수 없는' 것이다. 그 두 유형의 의
미 설명을 동일한 용어로 표현하고, 그리고나서 두 개를 하나로 줄이는 것
은 쉬운 일이다. 그러나 나는 이것은 잘못된 경제성의 논리라고 생각한다.
사실 앞서 언급한 최소의 쌍은, 다른 언어에서는 이 두 유형을 구분할 필
요가 없다고 하더라도, 영어는 두 패턴이 전혀 다르다는 것을 보여준다.

       War is war.('현실주의, 불가피함')
       A war is a war.('의무')

  그렇지만 나는 비록 의무의 항진명제가 많은 다른 언어에서 쓰이며, 그
항진명제는 대개 언어 독립적으로 어떤 태도를 표현한다고 가정할 수 있
다고 하더라도, 일부 언어에는 전혀 다른 의사소통의 뜻을 지닌 구문이 존
재한다는 것을 덧붙이고 싶다. 예를 들어 폴란드어는 영어의 항진명제와
마찬가지로 다음과 같이 말할 수 있다.

       Prawo jest prawem.
       'The law is the law.'
       법은 법이다.

  그러나 그뿐만 아니라 다음과 같이 말할 수도 있다.

       Prawo prawem, ale trzeba jakoś żyć.
       'The law [is] the law, but one has to live somehow.'
       법은 법이다. 그러나 사람은 어떻게든 살아야 한다.

  그러므로 이 문장은 법의 정당성을 인정하는 것보다는 법을 지키지 않

음을 변명한다. 이러한 유형의 문장은 다음과 같은 것을 뜻한다. 화자가 이론적으로는 어떤 법이든 간에, 법의 항구적 정당성을 받아들이지만, 실제로 화자는 사람들이 이 법에 대한 몇몇 해결방법을 찾고 이것이 또한 이해되어야 하고 용서되어야 한다는 것을 기대한다. 이러한 항진명제의 용법은 수용보다는 어떤 현상의 중지를 나타내는데 이는 영어에서는 잘 맞지 않는 것처럼 보인다. 그러나 폴란드어에서는 항진명제 표현이 종종 그와 같은 방식으로 쓰인다. 예를 들어 다음 폴란드어 표현을 보자.

Żarty żartami.
'Jokes(NOM.PL) 〔are〕 jokes(INSTR.PL).'

이 표현을 영어로는 '농담은 그만하고'라고 번역할 수 있으며, 러시아어로는 동일 표현을 Šutki šutkami로 번역할 수 있으나, 영어로 농담은 농담이다(A joke is a joke)라고 번역할 수 없다. 이것은 관대함이나 성급함이 아닌, 단순히 하나의 가벼운 중지를 나타낸다. 즉, '농담은 됐고. 이제 진지하게 이야기하자'이다. 마찬가지로 Prawo prawem('법은 법이다, 그러나 ……')같은 표현은 법의 정당성에 도전하는 것이 아니라, 단지 '법은 제쳐 두다'('법은 정말 좋다마는 ……')인 것이다.

3. 중국어와 일본어의 비교

3.1. 중국어 양보의 항진명제

중국어에는 영어와 다소 비슷해 보이는 항진명제의 패턴이 있다. 그러나 중국어에는 또한 영어와 명백하게 다른 유형도 있다(중국어 항진명제에 대한 나의 논의는 Luo(1988)의 자료와 분석에 기초한 것이다). 영어에는 동등한 표현이 없는 중국어 항진명제의 한 유형으로 '양보'의 항진명제가 있다. 양보의 항진명제는 다음의 예들과 같이 나타낼 수 있다.

> Qīnqi dào shì qīnqi, (jiùshì bù tài qīn)
> relatives PRT are relatives (but not very close)
> 'Relatives though they are, they are not very close.'
> 친척은 친척이다.(그러나 별로 가깝지는 않다.)
> 그들이 친척이기는 하지만 별로 가깝지는 않다.

> Jìngzì dào shì jìngzi (jiùshì zhàorén bù qīng shǔ).
> mirror PRT is mirror (but person not clear see)
> 'Though it is a mirror, it does not reflect the image clearly.'
> 거울은 거울이다.(그러나 사람이 선명하게 보이지 않는다.)
> 비록 그것이 거울이지만, 그것은 사람을 선명하게 보여주지 못한다.

> Nánrén shì nánrén, (Kě quēshǎo nánrén wèi)
> man is man (but lacks manhood)
> 'Although he is a man, he lacks manliness.'
> 남자는 남자다(그러나 남자다움이 부족하다.)
> 비록 그가 남자지만, 그는 남자다움이 부족하다.

이러한 예들이 보여주는 바와 같이 '양보'의 항진명제는 종속절을 가지고 있으며 그것은 주절보다 앞에 나온다. 종속절은 부인할 수 없는 진리를 언급하지만, 그 주절은 특정 사례에 관해 이러한 진리를 부정한다. 이러한 특별한 실체(X_i)는 특별한 종류(X)에 속하기 때문에, 우리들은 그 실체가 그러한 자질을 가지고 있고, 일반적으로 그 종류의 특성을 보일 것이라 간주할 수 있다. 그러나 화자는 이 특별한 X (X_i)만은 해당되는 그 속성을 가지지 않는다는 것을 지적한다.

잠재적으로 나는 Luo가 기술한 항진명제의 이러한 유형의 의미를 다음과 같이 표현했다.

Nánrén shì nánrén

(a) 모든 사람은 안다 : 사람들은 말할 수 있다 :

이러한 종류의 사람/사물은 모두 같다

(b) 나는 안다 : 이 때문에 누군가는 생각할 수 있다 : 이 하나는 이것과

같다

(c) 나는 생각한다 : 사람들은 이렇게 생각하지 않아야 한다

(d) 사람들은 알아야 한다 :

이러한 종류의 하나는 이것과 같지 않을 수 있다

이 하나는 이것과 같지 않다

이러한 패턴의 기능은 영어의 일반적인 항진명제의 기능과 반대로 간주될 수 있다. 영어에서 대부분의 명사형 항진명제는 일정한 범주내 구성원들이 동일하다는 것을 강조한다. 즉, 영어의 명사형 항진명제는 몇몇 표면적인 특성에서 하나의 구성원이 다른 구성원과 다를 수 있다는 것을 인정하지만, 차이점보다는 본질적인 특성의 공통점을 강조한다. 이와 대조적으로, 중국어 양보의 항진명제에서는 아마도 그 의미상에서 몇몇 특성의 동질성을 인정하지만, 개별적인 차이점을 강조한다. 그러므로 중국어 양보의 항진명제는 절대적 일반화에 대한 경계처럼 보일 수 있다. 만약 A man is a man, Boys will be boys, A Mercedess is a Mercedes 처럼 영어의 일부 항진명제가 전형성을 변호하고 그리고 강화한다면, 중국어의 양보의 항진명제는 전형성을 지나치게 확신하는 것을 경계한다.

이것은 중국어 항진명제의 용법이 절대적 일반화를 만들거나 전형성을 강조하지 않는다고 말하는 것은 아니다. 보통 양태 부사와 함께 사용되는 다음 문장을 보자.

Nǚrén zǒng shì nǚrén.

'Women are (always) women.'

여자는 (항상) 여자다.

Měiguórén dàodì shí měiguórén.
'Americans are Americans, (after all).'
미국인은 (결국) 미국인이다.

Qīnqi zhōngjiū shì qīnqi.
'Relatives are relatives (after all).'
친척은 (결국) 친척이다.

Láng zǒng shì láng
'Wolves are (always) wolves.'
늑대는 (결국) 늑대다.

흥미롭게 이와 같은 일반화로 해석할 수 있는 범위는 영어보다 중국어에서 훨씬 넓은 것 같다. 중국어에서는 일반화를 '인간의 나약함'이나 '인간/동물 본성'뿐만 아니라 인간관계의 긍정적인 면에도 적용할 수 있다. 그러므로 중국어에 비하여 영어로 다음과 같이 말하는 것은 그다지 자연스럽지 않을 것이다.

?Relatives are relatives.   ?A relative is a relative.
?Friends are friends.   ?A friend is a friend.

비록 이들 항진명제의 용법에 대한 정확한 범위에 대해서는 보다 많은 연구를 요구할지라도, 위의 항진명제들은 친척과 친구들의 관계가 변함없이 좋으며 믿을만하다는 것을 의미한다.

그러나 영어의 '일반화'의 항진명제들에 대한 일부 대응예가 중국어에는 있는 것에 반해, 중국어의 양보의 항진명제는 영어의 어떠한 대응예를 갖지 않는 것처럼 보인다. 그와는 반대로 모든 영어의 명사형 항진명제들은 '최종적이며', '화제 종결적인 특성'을 갖는 것처럼 보이며, 그것들은 일반

적인 영어의 항진 표현 That's that(그것으로 끝)을 표현한다. 대조적으로
중국어뿐만 아니라, 아마도 세계의 많은 다른 언어도 명사형 항진명제는
'화제 종결적인 특성'을 갖지 않는 것처럼 보인다. 바로 이것이 중국어의
명사형 항진명제가 종종 다양한 종류의 양보나 유사양보 문장에서 하나의
전제로써 사용될 수 있는 이유이다. 그리고 일정한 언어나 문화에서 '거부
할 수 없는 진리'가 이러한 양보적 방식으로 훼손될 수 있다는 것을 살펴
보는 것은 매우 흥미로운 일이다.

예를 들어, 중국어의 양보의 항진명제를 앞서 언급한 폴란드어나 러시아
어의 양보의 항진명제와 비교하는 것은 흥미롭다. 다음과 같은 예를 보자.

Prawo   prawem,   ale…(폴란드어)
법 : 명사. 단수   법 : 서술어. 단수   그러나…
'법은 법이다. 그러나 ……'

Przyjaźń   przyjaźnią,   ale…(폴란드어)
Drużba   drużboj,   no…(러시아어)
우정 : 명사. 단수   우정 : 서술어. 단수   그러나…
'우정은 매우 좋은 것이다. 그러나 ……'

이러한 종류의 폴란드어와 러시아어 항진명제는 도상적이라고 말할 수
있다. 즉, 주어부와 서술부의 명사가 동일함은 그 문장이 '거부할 수 없는
진리'의 양상임을 나타내지만, 반면에 계사가 없고 서술부의 명사에 대해
주격이 아닌 도구격을 사용하는 것은 그 동일함을 강조하지 못하며, 항진
명제가 갖는 절대적인 타당성에 대한 의심을 던지게 된다. 그렇지만 폴란
드어와 러시아어의 이러한 종류의 양보 항진명제는 앞서 제시한 중국어의
양보의 항진명제에 비해 범위가 좁다고 지적할 수 있다. 폴란드어와 러시
아어는 중국어의 유형과 달리 양보의 항진명제가 'joke'(농담), 'friendship'

(우정), 'law'(법), 'promise'(약속)과 같은 추상적인 개념에 제한되어 있고, 사람이나 거울 같은 구체적인 개별 대상에는 적용될 수 없다. 만약 중국어의 양보 항진명제가 절대적인 일반화에 대한 경계를 뜻한다면, 폴란드어와 러시아어의 양보 항진명제는 태도의 유연성을 요구한다.

3.2. '좁힐 수 없는 차이'에 대한 중국어의 표현 양식

영어와 마찬가지로(2.6 참조), 중국어에도 두 범주나 두 물건 사이가 '좁힐 수 없는 차이'임을 분명히 보여주는 명사형 항진명제가 있다. 다음의 예를 보자.

Dīng shì dīng, mǎo shì mǎo.
'Dīng is dīng, mǎo is mǎo(사람은 mǎo로부터 ding을 유지해야 한다),'
(ding은 '하늘의 줄기'를, mǎo는 '땅의 가지'를 나타낸다).

Shísì shì shísì, sìshí shì sìshí.
14는 14, 40은 40.

Tā shì tā, wǒ shì wǒ
그는 그, 나는 나.

Luo가 지적한 것에 따르면, 이러한 중국어 항진명제의 의미는 영어에서 가장 근접한 영어의 대응예들이 나타내는 의미와 전혀 동일하지 않다. 영어와 달리, 중국어의 예는 화자가 '좁힐 수 없는 차이'의 진술을 도덕적인 판단과 결부시키고 있다. 즉 'X와 Y는 동일하지 않다 ; 이것은 좋다 ; 사람들은 그것을 바꾸려고 노력하지 않아야 한다'의 의미이다. 영어의 예는 화자가 '좁힐 수 없는 차이'를, 그것이 좋고 그리고 보존되어야 한다는 사실을 암시함이 없이, 인식해야만 하는 어떤 것으로 주장하고 있다.

영어의 항진명제와 중국어의 항진명제의 유사점과 차이점은 다음과 같이 기술할 수 있다. (C는 중국어를 나타내며, E는 영어를 나타낸다.)

Dīng shì dīng, mǎo shì mǎo (C)와 East is East and West is West (E) 참조.
(C/E) 누구나 안다 : 어떤 물건/사람은 다른 것과 동일한 것이 아니다
(C/E) 나는 안다 : 누군가는 생각할 수 있다:
         만약 사람들이 X에 대하여 무엇인가를 말할 수 있다면, 사
         람들은 Y에 대해도 그것을 말할 수 있다
(C/E) 나는 생각한다 : 사람들은 이렇게 생각해서는 안 된다
(C/E) 사람들은 알아야 한다 :
         X는 Y와 같지 않다
(E)   어떤 물건은 다른 것과 같을 수 있다
(E)   어떤 물건은 다른 것과 동일한 것이 될 수 없다
(C)   이것은 좋은 것이다
(C)   사람들은 다음과 같이 생각해서는 안 된다 : X는 Y와 같을
         수 있다

Luo(1988)에 따르면, 중국어는 또한 '좁힐 수 없는 차이'의 항진명제를, 두 개가 아닌 여러 개로 나타낸다. 그는 유교의 사회적 원칙을 집약적으로 보여주는 유명한 (계사가 없이 쓰이는) 예로 이것을 보여주고 있다.

Jūn jūn, chén chén, fù fù, zǐ zǐ.
'A ruler is a ruler, a minister is a minister, a father is a father, and a son is a son.'
지배자는 지배자, 신하는 신하, 아버지는 아버지, 아들은 아들

Luo(1988)는 다음과 같이 언급했다. "2천년도 더 이전에 쓰여진 이래, 이 원칙은 틀림없는 법으로 받아들여졌고, 지금까지 중국의 사상에 영향을 미치고 있다. 유교가 표현하기 원하는 것은 사회적 위계성은 분명히 지켜져야 하며, 바뀌거나 혼란이 있어서는 안 된다는 것이다." Luo가 인용한

Arthur Waley의 유교 교리의 번역은 이러한 유형에 대한 Luo의 설명을 뒷받침한다.

> Let the prince be a prince, the minister, a minster,
> the father, a father, and the son, a son.
> 군주는 군주답게 하고, 신하는 신하답게 하고,
> 아버지는 아버지답게 하고, 아들은 아들답게 한다.

이 번역은 또한 영어와는 대조적으로, 중국어의 의미 설명에는 다음과 같은 성분들이 포함된다는 사실을 뒷받침해주고 있다.

> (X는 Y와 같지 않다)
> 이것은 좋은 것이다
> 사람들은 생각해서는 안 된다 : X는 Y와 같을 수 있다

3.3. 무한한 칭찬을 뜻하는 중국어 항진명제

여기에서 언급할 중국어 항진명제의 마지막 유형은 우리가 보아온 영어의 항진명제와도 매우 다르다. 그 항진명제는 모든 부분, 즉 모든 면이 뛰어나게 좋은 것으로 간주되는 어떤 실체에 대한 칭찬과 감탄을 뜻한다. 전형적인 예는 다음과 같다.

> (Kàn rén jiā nèi tiáojiàn :) cǎidiàn shì cǎidiàn, bingxiāng shì
> bingxiāng, xìytjt shì xìytjt.
> '(Just look at what they have :) colour TVs, fridges, washing
> machines, (all kinds of things)!'
> (그들이 가지고 있는 것을 봐라) 컬러 TV면 컬러 TV, 냉장고면 냉장
> 고, 세탁기면 세탁기, (모든 종류의 물건들)!

> Táo shì táo, lǐ shì lǐ, xìng shì xìng, (guo yuán lǐ shénme dōu

yǒu).

'peaches, plums, apricots − there are all kinds of fruit in the orchard.'

복숭아면 복숭아, 자두면 자두, 살구면 살구 - 과수원 안에는 모든 종류의 과일이 다 있다.

Tā yǎn zhēnhao yǎnshen shi yǎnshén, shēnduàn shì shēnduàn, bànxiàng shì bànxiàng.

'S/he performs brilliantly − rich in expression, elegant in posture and marvellous in appearance.'

그녀/그는 멋지게 공연한다. − 표정이면 표정, 자세면 자세, 외모면 외모가 경탄할 만큼 좋다

나는 이러한 유형의 항진명제에 대한 전체적인 의미설명을 제안하지 않으나, 일부 가능한 의미성분들을 살펴보고, 간략하게 논의하고자 한다.

우선 '전체적인 칭찬'의 구성성분으로, 즉 '사람들은 이것에 대해 모든 것이 좋다고 말할 수 있다'를 들 수 있다. 아마도, 거기에는 평가되는 관련 요소들이 해당 범주에 모두 있다는 것을 '누구나 안다'는 것이 암시되어 있다. 예를 들어, 좋은 과수원에는 모두 좋은 품질을 가진 복숭아, 자두, 살구가 있을 것으로 기대될 수 있다. 게다가 일일이 열거된 모든 품목들은 하나의 가상적인 모델을 배경으로 하여, 아마도 보편적인 지식을 다시 참조하여, 개별적으로 평가된 것이다. 보편적 지식이란 누구나가 '진짜' 복숭아는 이래야 한다는 것을 알고 있으며, 이들 복숭아는 이와 같다, 등을 말한다. 마지막으로 만약 Luo가 맞다면, 이러한 패턴은 해당 실체가 모든 면에서 훌륭한 품질을 갖고 있으며, '모든 점'에서 완벽하다는 화자의 감탄을 표현한다.

예를 들면, '누구나 안다'와 같이, 위에서 언급한 이 주제의 일부는 우리가 선정한 영어의 명사형 항진명제의 것과 대응할 수 있다. 그러나 일부는

명백하게 다르다. 이러한 유형의 중국어 항진명제가 갖는 정확한 의미론적 가치는 어떠한 '자연 논리'에 기초하여 찾을 수 없다는 것이 명백하다. 왜냐하면 그 의미론적 가치는 특정 언어만의 것이며 문화 특정적이기 때문이다.

일본어에는 일부의 영어예와 일치하는 많은 명사형 항진명제가 있다. 그런데 일본어에는 또한 영어의 대응예가 없는 몇몇 형태들도 있다. 그러한 유형의 하나는, 즉 '불가능해 보이는 것은 정말로 가능하다'와 같은 예로서 이미 서론에서 언급한 바 있다. 나는 이제 Field(1988)가 제공한 자료와 분석에 기초하여 두 가지를 더 간략하게 논의하려고 한다.

3.4. '당연한 일'을 뜻하는 일본어 항진명제

'당연한 일'에 대한 항진명제는 Field가 사용한 용어인데, 이 항진명제는 다음과 같이 기술될 수 있다.

Keireki	ga	keriki	dakara ⋯⋯
개인적 역사	SBJ	개인적 역사	COP-BECAUSE

Toshi	ga	toshi	dakara ⋯⋯
나이	SBJ	나이	COP-BECAUSE

Kao	ga	kao	dakara ⋯⋯
얼굴	SBJ	얼굴	COP-BECAUSE

일반적인 패턴은 이렇다.

N_j ga N_j dakara ⋯⋯

Field의 주장에 따르면, 이러한 종류의 항진명제에서 주격 조사 ga는

주제격 조사 wa로 대체될 수 없다. 이러한 특징 때문에 해당 유형은 일반
적으로 ga가 아닌 wa를 취하는 다른 명사형 항진명제의 유형과 구분된
다. 예를 들면 다음과 같다.

    Yakusoku   wa   yakusoku   da.
    규칙   TOP   규칙   COP
    '규칙은 규칙이다.'(그리고 지켜져야 한다.)

    Gaijin   wa   gaijin   da.
    외국인   TOP   외국인   COP
    '외국인은 외국인이다.'(비판과 체념이 암시되어 있다.)

'당연한 일'의 항진명제는 일에 대한 어떤 상태의 이유가 자체설명적이
라는 사실을 암시한다. 그러므로 그것들은 영어의 표현 N being what it
is……와 비교될 수 있다. 예를 들면 다음과 같다.

    Toshi ga toshi dakara ……
    age   SBJ age COP-BECAUSE
    '그 사람 나이가 나이이니까 ……'
    (그가 4층에 도착했을 때 헐떡이는 것은 놀랄 일이 아니다.)

    나는 항진명제의 이러한 유형에 대한 전체적인 의미설명을 제시하지 않
을 것이다. 그렇지만 매우 친숙한 하나의 구성성분이 '누구나 안다'라는 것
은 상당히 쉽게 알아차릴 수 있다. 즉시 떠오르는 또 다른 친숙한 구성성
분은 '모든 Ns는 같다'이다. 예를 들면, '모든 노인은 (관련된 측면에서)
볼 때 같다'와 같은 것이다. 그러나 이것은 누군가의 '개인의 역사'와 같은,
엄격하게 개인적인 상황에서는 거의 적용되기가 어려울 것이다. 더 나은
추측은 '그것은 그 나이의, 그런 배경을 지닌, 그런 얼굴을 가진 등의 누구

에게나 같을 수 있다'이다. 그러나 그 문제는 후속 연구가 요구된다.

3.5. 관계없음을 뜻하는 일본어 항진명제

관계없음의 항진명제는 아래의 문장들로 제시될 수 있다.

Hito   wa   hito   da.
person TOP person   COP
사람은 사람이다.

Otto   wa   otto   da.
husband TOP husband   COP
남편은 남편이다.

Field(1988 : 9)의 관찰에 의하면, Hito wa hito da는 "한 여자 아이가, 이웃집 엄마도 록 콘서트에 못 가게 한다는 이유로 똑같이 자기도 록 콘서트에 못 가게 하는 엄마를 두고 할 수 있는 말이다"라고 하였다. 그리고 그 십대 여자 아이는 다른 엄마를 논외로 하고 싶다는 것, 즉 다른 사람은 당면한 문제와는 관계가 없음을 자기 엄마에게 암시하는 것을 뜻한다.

Otto wa otto da는 "주부들 모임에서, 사기죄로 감옥에 간 남편을 둔 다나카 씨의 부인을 친구로 둘 것인지 아닌지에 대해서 토의하고 있는 상황에서 할 수 있는 말이다. 이 항진명제를 말한 주부는 다나카 씨의 아내는 논의에서 제외되어야 함을 의미하는데, 그 이유는 남편이 나쁘다는 것이 그 부인도 나쁘다는 것을 의미하지는 않기 때문이다."

첫 번째의 시도로, 관계없음에 대한 항진명제의 의미는 다음과 같이 표현될 수 있다.

Hito wa hito da
(a) 누구나 안다 :

　　　사람들은 같지 않다

　　　다른 사람은 다른 일들을 할 수 있다

　(b) 나는 안다 : 누군가는 말할 수 있다:

　　　만일 사람들이 한 사람에 대해서 무엇인가를 말할 수 있다면

　　　사람들이 또 다른 사람에 대해서도 그것을 말할 수 있다

　　　이것 때문에, 사람들이 다른 사람에 대해서 생각해야 한다

　(c) 나는 생각한다 : 사람들이 이렇게 생각해서는 안 된다

　(d) 나는 지금 다른 사람에 대해서 생각하는 것을 원하지 않는다

이 공식이 설명하고 있다시피, 일본어의 관계없음의 항진명제는 영어의 '좁힐 수 없는 차이'의 항진명제와 밀접한 관련이 있다. 사실, Hito wa hito da와 같은 문장들은 영어의 Samantha is Samantha and you are you와 같은 문장들과 기능적으로 동등하게 보일 수 있다. 하지만 영어 문장에서는 차이뿐만 아니라 논의 중인 대상들의 독특성을 강조하고 있다. 그래서 이런 유형의 항진명제에는 적절한 이름들이나 인칭대명사들이 흔히 쓰인다. 이와는 반대로, 일본어의 관계없음의 항진명제는 사람들의 독특한 특성이나 독특한 상황을 언급하지는 않는다. 오히려, 일본어의 관계없음의 항진명제들은 사람들은 같지 않고, 더 구체적으로 말하자면, 서로 다른 사람들은 서로 다른 일을 할 수 있다는 것을 단지 강조하고 있다.

4. 구어 항진명제

이 장의 대부분은 다양한 종류의 명사형 항진명사들을 논의하는 데 할애하였지만, 소위 구어적 항진명제라 할 수 있는 것에 대해서는 지면상 그 정도의 상세한 논의를 하기는 어렵다. 그러나 모든 항진명제들이 갖는 어떤 가능한 불변항 또는 불변항들에 대한 일반적인 논의들을 충실히 진행하기에 앞서, 먼저 우리는 최소한 영어는 물론이고 영어 이외의 언어에서,

일부 구어적 항진명제들을 간략하게 살펴볼 필요가 있다. 이것이 이 절의 목적이다.

4.1. 미래의 사건

미래의 사건들을 언급하고 있는 항진명제들은 종종 그 사건들에 대해 어느 정도 운명론적 느낌을 나타낸다. 예를 들면, 스페인어의 Que será será('what will be will be')에는 불행을 포함한 미래의 사건들에 대해 다소 운명론적인 수용이 기호화되어 있다. 그 의미는 다음과 같이 표현될 수 있다.

> Que será será
> 나는 안다 : 우리는 무엇이 우리에게 일어날지를 알지 못한다
> 나는 안다 : 무엇인가 나쁜 일이 나에게 일어날 수 있다
> 나는 그것에 대해서 생각하기를 원하지 않는다
> 나는 그것 때문에 무엇인가 나쁜 것을 느끼기를 원하지 않는다
> 나는 안다 : 나는 생각할 수 없다 :
>   '만약 내가 무엇인가를 한다면 이러한 나쁜 일들이 나에게 일어나
>   지 않을 것이다'

이 중 첫 번째 구성성분이 다음과 같이 노래 가사에도 반영되어 있다.

> Que será será
> 일어날 것이 무엇이든 간에 일어날 것은 일어날 것이다,
> 미래는 우리가 알 수 있는 것이 아니다,
> Que será será

'일어날 것이 무엇이든 간에 일어날 것은 일어날 것이다(whatever will be will be)'같은 종류의 항진명제들은 세계의 다양한 언어에서 매우 보편적인 것처럼 보인다. 그러나 여기에서 다시 우리는 섣부른 일반화를 경계해야 하고, 유사한 것을 동일한 것으로 오해해서는 안 된다. 예를 들면, 이미

언급한 것처럼, 스페인어 속담에 대응하는 폴란드어의 문자 그대로의 표현은 개인적 위험에 대한 생각과 무모한 용기에 대한 태도를 담고 있다. 그러므로 폴란드어의 속담에는 몇몇의 추가적인 구성성분과 전혀 다른 의미의 구성성분들이 요구된다. 나는 다음과 같이 제안한다.

> Co będzie to będzie
> 나는 무엇인가를 하기를 원한다
> 나는 이것 때문에 그것을 할 것이다
> 나는 안다 : 이것 때문에 무엇인가 나쁜 것이 나에게 일어날 수 있다
> 나는 그것에 대해서 생각하기를 원하지 않는다

이와 같이 전혀 다른 구성성분이 필요한 이유는 폴란드 문화에서 관습적 지혜 그리고 (사람들이 생각하기에) 보편적 지혜를 제시하는 문화 특정적인 성격을 강조하기 위해서이다. 이것은 전적으로 특징적인 폴란드인의 정서와 일치하며, 그 민족 정서는 언어적 또는 비언어학인 다양한 종류의 증거를 토대로 하여, 많은 다른 글에서 잘 기술되거나 기록되었다 (Wierzbika 1992, 2장과 5장 참조).

미래의 사건들을 지시하는 다른 종류의 항진명제는 Levinson(1983 : 111)이 언급한 영어 문장에서도 볼 수 있다.

> Either John will come or he won't.
> John은 오든지 말든지 할 것이다.

앞서 언급했던 Levinson의 해설은 다음과 같다. "진정해, 그가 올 것인지 아닌지에 대해 걱정할 것이 없어. 왜냐하면 우리가 그 일에 대해서 할 수 있는 것은 아무것도 없기 때문이야." 그러나 이러한 해설은 비록 본질적인 것처럼 보일지라도, 명백히 임의적이고 자의적으로 표현되어 있어서,

이 특별한 항진명제의 패턴을 다른 항진명제들과 비교하는 것을 불가능하
게 한다. 그러나 본 연구에서 적용한 검증된 의미론적 메타언어를 사용한
다면, 우리는 다음과 같은 설명을 제시할 수 있을 것이다.

Either he will come or he won't
나는 안다 :
　그것은 일어날 수 있다 : 그는 올 것이다
　그것은 일어날 수 있다 : 그는 오지 않을 것이다
나는 안다 :
　누군가는 생각할 수 있다 : 이것은 나쁘다
　누군가는 이것 때문에 무엇인가 나쁜 것을 느낄 수 있다
나는 그것에 대해서 생각하기를 원하지 않는다
나는 그것 때문에 어떤 나쁜 것을 느끼기를 원하지 않는다
나는 안다 : 이런 일들 중의 하나는 일어날 것이다
나는 안다 : 나는 생각할 수 없다 : '만일 내가 무엇인가를 하면 그것이
　일어나지 않을 것이다'

　이것은 스페인어의 속담처럼 '운명론적'이지는 않다. 무엇보다도, 화자
는 미래 사건을 '나쁜 것'이라기보다, 아마도 '바람직하지 않은 것'으로 이
야기하고 있으며, 그리고 어느 경우나 화자나 상대에게 직접적인 영향을
미치는 것처럼 보이지 않는다. 여기에는 '나에게 일어나는 무엇인가 나쁜
것'에 대한 것은 의심의 여지가 없다. 게다가 여기에서는 일반적으로 가정
할 수 있는 '미래의 불확실성'에 대해 언급하지 않는다. 그래서 '우리는 무
엇이 우리에게 일어날 것인지를 알지 못한다'라는 구성성분이 없다. 결국,
여기에서는 화자가 취할 수 있는 어떤 만족, 또는 최소한의 안심으로부터
오는 어떤 긍정적인 확신, 즉 따라서 '나는 안다 : 이 일들 중의 하나는 일
어날 것이다'가 있다. 무엇보다 우리가 알 수 없고 예측할 수 없는 것은 다
른 사람의 미래 행동이다. 하지만 추측컨대, 이것들은 연관된 개인들에 의

해서 통제되고 계획될 수 있다.

　대체로, 영어의 패턴에는 인간이란 존재는 그들의 미래를 일부 통제할 수 있다는 관점이 더 적절한 것처럼 보인다. 하지만 다른 사람들의 행동은 통제할 수 없는데, 행동은 사람들의 자유 영역이기 때문이다. 그러나 누구나 자신의 행동에 대한 통제력을 가진다는 생각에는 변함이 없다. 그리고 또한 논리적 사고를 가진 사람은 '나는 안다 : 이 일들 중의 하나는 일어날 것이다'처럼, 인생에 대한 어떤 확신을 가지고 있다. 그리고 그 명확한 확실성은 '그것은 일어나든지 일어나지 않든지 할 것이다'라는 이성적이고 논리적인 사고에서 기인하며, 세상에 대한 일종의 통제로 해석될 수 있다. 이것은 Que será será가 갖는 더 수동적이고 무기력한 어조와는 다르다.

4.2. 과거의 바꿀 수 없음

Let bygones be bygones.
Co było to było. (Polish)
'What has been has been.'
일어난 것은 일어난 것이다.

　과거 사건의 수용을 표현하는 항진명제들은 다가올 사건의 수용을 표현하는 항진명제의 반사체로 볼 수 있다. 그리고 실제로 우리는 Let bygones be bygones라는 영어 속담을 스페인어 속담인 Que será será와 비교할 때, 많은 유사점들을 있다는 것을 인정해야 한다. 두 경우 모두, 반드시 일어났던 언급된 사건들이 '나쁜' 것으로 간주되었으며, 두 경우 모두 바꿀 수 없는 것으로 틀림없이 간주되었다. 다시 말해서, 두 경우 모두 화자는 그 나쁜 사건들에 대하여 생각하기를 거부하고 그것 때문에 '나쁜 감정들'이 그들에게 일어나는 것을 거부하고 있다.

　그러나 그 유사점들은 완벽하지 않으며, 그 해석에 대한 세부적인 부분들은 전혀 예측할 수 없다. 특히, Let bygones be bygones에서는 대화자 사이에서 이미 일어난, 소위 '나쁜 것들', 다시 말해 그들 사이에 있었던 과거의 갈등에 대해서 틀림없이 언급하고 있다. 미래 사건을 지시하는 항진명제들은 이러한 종류의 그 어떤 것도 암시하지 않는다. 더구나, Let bygones be bygones이라는 표현에는 평화에 대한 적극적인 요구가 담겨 있다. Let bygones be bygones의 전체 의미를 아마도 다음과 같이 기술할 수 있을 것이다.

> Let bygones be bygones
> 나는 안다 : 우리는 생각할 수 있다 :
> '지금보다 전의 어떤 시간에 이 사람은 나에게 무엇인가 나쁜 일을 했다'
> 우리는 이것 때문에 무엇인가 나쁜 것을 느낄 수 있다
> 나는 우리가 그것에 대해서 더 이상 생각하기를 원하지 않는다
> 나는 우리가 그것 때문에 더 이상 어떤 나쁜 것을 느끼기를 원하지 않는다
> 우리는 안다 :
> 그것은 지금보다 전에 일어났다
> 우리는 생각할 수 없다 :
> '만일 우리가 무엇인가를 한다면 이러한 나쁜 일들이 일어나지 않을 것이다'
> 나는 우리가 그것에 대해서 더 이상 생각해서는 안 된다고 생각한다

화자의 관점에서 볼 때, 과거는 바꿀 수 없는 것이다. 어쨌든 그것에 대해서 할 수 있는 것은 아무 것도 없기 때문에 그것에 대해서 걱정할 것이 없다. '만일 우리가 무엇인가를 한다면, 이러한 나쁜 일은 일어나지 않을 것이다'라는 생각은 할 수 없다. 왜냐하면 그것들은 이미 일어났기 때문이다.

평화에 대한 화자의 요구 때문에, 화자는 어떤 비난도 되풀이하지 않는다. 아마도 상대가 화자에게 무엇인가 나쁜 일을 했을 수 있고, 화자는 그

것을 알고 있을 수 있다. 그러나 상대를 손가락으로 지목하지 않기 위해서
그 메시지는 적절하게 확대되어 전달된다. 따라서 '나는 안다 : 당신은 나
에게 무엇인가 나쁜 일을 했다'라기보다는 오히려 '우리는 생각한다 : 누군
가 나에게 무엇인가 나쁜 일을 했다'인 것이다.

다시 말하면, '과거를 잊어버리자'와 같은 종류의 권유는 세계의 많은 언
어에서 매우 흔하게 표현되는 것으로 보인다. 그러나 다음과 같은 또 다른
중국어 속담은 이미 지난 일에 대한 감정을 환기시킨다(Luo 1988 : 12).

> Guòqù shì guòqù, xiànzài shì xiànzài.
> past is past, present is present
> 과거는 과거고, 현재는 현재다

하지만, 다시 한 번 주목해야 할 사항은, 표면적으로 유사한 다른 언어
의 속담들과 영어의 속담에 기호화된 것과는 그 뜻이 다르다는 것이다. 예
를 들면, 세르비아 속담인 Što je bilo bilo je, 즉 '지난 것은 지난 것이
다'는 돌이킬 수 없이 사라져버린 과거의 좋은 일들에 대한 향수어린 동경
을 담고 있다. 그것은 종종 아래의 대중가요처럼 과거의 사랑을 언급하며
사용된다.

> Što je bilo bilo je,
> Vratiti se neče ······
> '지난 것은 지난 것이다,
> 그것은 되돌아오지 않을 것이다 ······'

분명히, 동일한 태도가 러시아어 속담인 Čto bylo to bylo('지난 것은 지
난 것이다')에도 담겨 있다. 이 표현은 Bulat Okudžava의 시 Lunin v
Zabajkal'e에서 다음과 같이 등장하고 있다.

Neužto čto było to było?
I gvardija vas pozabyla,
I daže ne snites' vy ej ……(Okudžava 1976 : 47)
'Is it possible that what has been has been?
And that the regiment has forgotten you,
and that they don't even have dreams about you any longer ……'
지난 것은 지난 것이라는 것이 가능한가?
그리고 그 연대(聯隊)는 당신을 잊었다는 것이 가능한가,
그리고 그들은 당신에 대해 더 이상 꿈꾸지 않는다는 것이 가능한가
……

　　이 문자 그대로의 영어번역인 지난 것은 지난 것이다는 관용적 표현도
아닐 뿐만 아니라, 러시아 화자들에게는 아주 난해하며, 해석하기 어려운
것이다. 그리고 문자 그대로의 이탈리아어 번역은 다음과 같은 사랑을 노
래하는 대중가요의 예가 보여주듯 일반적으로 다른 의미로 사용된다.

　　Quel ch'è stato è stato,
　　Non importa s'è finita ……
　　'What has been has been,
　　It doesn't matter if it is finished ……'
　　지난 것은 지난 것이다,
　　만일 그것이 끝났다면 상관은 없다 ……

　　이 표현을 통하여, 화자는 과거의 바꿀 수 없는 가치, 즉 '그 어떤 것도
누군가의 과거의 좋은 경험이라고 하는 보물을 훔칠 수 없다는 것'을 재확
인한다. 이것에 대응하는 폴란드어 문장인 Co było to było는 일반적으
로 '나빴던' 어떤 과거의 사건들에 대한 생각을 잊어버리기 위해 사용된다.
그러므로 이탈리아어의 대응예와 유사한 의미를 갖는 폴란드어를 사용하
려면, 우리는 특별한 방식, 즉 접속 불변화사 ale '그러나'를 앞에 붙여서

표현해야만 할 것이다.

> Ale co było to było
> '그러나 지난 것은 지난 것이다.'(즉 '그 어떤 것도 우리에게 일어난 좋
> 은 것들을 지울 수 없다')

Ale로 시작하는 이런 식의 문장들은, 과거의 일들을 언급하고 있는 광
범위한 폴란드어 구문의 예인데, 아래의 문장을 예로 들 수 있다.

> Ale cośmy się najedli tośmy się najedli.
> 'But what we have eaten, that we have eaten.'
> 그러나 우리가 먹은 것은 먹은 것이다.

> Ale coście widzieli toście widzieli
> 'But what you have seen, that you have seen.'
> 그러나 당신이 본 것은 본 것이다.

형식적으로 불변화사/접속사 ale가 붙는 이 구문은, 아주 생산적이며
그 용법의 범위는 오직 의미에만 제한된다. 대략적으로, 그 의미는 다음과
같이 특징지을 수 있다. 'X라는 사람에게 일어난 모든 나쁜 일들에도 불구
하고, X는 이 사건들로 인해 얻은 이익을 깨닫고 그것을 좋게 생각해야
한다. 즉 X는 이 이익이 변함없는 가치가 있고, 어떤 것도 그것을 X에게
서 빼앗을 수 없다는 사실을 알아야 한다'. 전형적으로, 여기 이 사건들은
화자와 상대방에게 관련되어 있으나 3인칭의 사용도 전적으로 배제할 수
는 없다. 여기서 요구되는 것은 경험자를 대명사로 지시하거나 아니면 영
조응으로 지시하는 것이다.

대략적으로 이 구문이 전달하는 의미는 다음과 같이 설명할 수 있다.

Ale co S to S

나는 안다 :

　무엇인가 나쁜 일이 우리에게 일어났다

　우리는 이것 때문에 무엇인가 나쁜 것을 느낄 수 있다

나는 생각한다 :

　우리는 그것을 더 이상 생각해서는 안 된다

　우리는 그것 때문에 무엇인가 나쁜 것을 느껴서는 안 된다

우리는 안다 : 무엇인가 좋은 일이 동시에 우리에게 일어났다

나는 생각한다 :

　우리는 이러한 좋은 일들을 생각해야만 한다

　우리는 이것 때문에 무엇인가 좋은 것을 느껴야만 한다

우리는 안다 :

　그것은 지금보다 전에 일어났다

　우리는 생각할 수 없다 : '이러한 좋은 일들은 우리에게 일어나지 않

　을 것이다'

그러므로 과거를 바꿀 수 없다는 지각으로 인하여, 전혀 다른 감정적 태도들이 정당화되었거나 또는 그 태도들을 지지하는 근거가 된 것이다. 예를 들어 이 감정적 태도들은 체념, 향수, 편안한 확신, 너그러운 화해 또는 과거의 실수나 잘못에 대해 부질없이 얽매이지 않고 단호하게 바라보기 등이다.

이런 종류의 태도들은 문화적으로도 구축될 수 있고 언어적으로도 기호화될 수 있다. 그리고 그 태도들이 특정 언어와 문화 안에서 확고부동한 '보편적 지혜'로 그 모습을 드러낼 때, 그것들은 더욱 문화 속에 구축될 수 있고 일정한 문화적 전통의 중요한 자질이 될 수 있다고 우리는 틀림없이 추정할 수 있다.

이런 종류의 마지막 예로 영어의 항진명제를 생각해 보자. 바로 What's done is done이 그것이다. 이것은 호주 국립 대학의 대학원 뉴스레터 Antithesis(1989, 1.4 : 1)의 만화에 예시된 바 있다. 내가 아는 한, 동유럽

어나 남유럽어에는 이 표현과 대응되는 항진명제가 없다. 이 항진명제의
의미는 다음과 같이 설명될 수 있다.

> What's done is done
> 나는 안다 :
> 　누군가 무엇인가 나쁜 일을 했다
> 　누군가 생각할 수 있다 : 이것은 나쁘다
> 　누군가 이것 때문에 무엇인가 나쁜 것을 느낄 수 있다
> 나는 생각한다 :
> 　우리는 그것에 대해서 더 이상 생각해서는 안 된다
> 　우리는 그것 때문에 무엇인가 나쁜 것을 느껴서는 안 된다
> 우리는 안다 :
> 　그것은 지금보다 전에 일어났다
> 　우리는 생각할 수 없다 :
> 　'만일 누군가 무엇인가를 하면 이 나쁜 일이 일어나지 않을 것이다'

　이것이 영어와 관련된 실용적이고 이성적인 민속 철학의 또 다른 예임
은 분명한 것으로 보인다. 따라서 화자는 논리와 경험 그리고 행동을 신뢰
하면서 상황을 판단하고, 대담하게 과거의 일부 실수들을 인정하며 단호
하게 앞을 내다본다는 것을 의미한다.

　과거와 미래의 사건들과 관련된 항진명제 구문들의 용법은 비교언어학
적 유사성을 매우 잘 보여주는 반면, 현재와 관련된 항진명제 구문들의 사
용 방식은 언어마다 아주 다르다. 예를 들어 Manzoni의 소설 『The
betrothed』에 나오는 다음의 대화는 이탈리아어의 항진명제가 어색하게
영어로 번역되었음을 알 수 있다.

> 'Tonio! non mi riconosci?'
> 'A chi la tocca, la tocca', rispose Tonio ······
> 'L'hai addosso eh? povero Tonio; ma non mi riconosci più?'

'A chi la tocca la tocca', replicò quello …… (Manzoni 1972 :
794).

이 부분에 대한 Bohn의 번역본은 다음과 같다.

'Tonio! don't you know me?'
'Whoever has got it, has got it [the plague] ……'
'It's on you, eh? poor Tonio: but don't you know me again?'
'Whoever has got it has got it', replied he ……

'Tonio! 나를 모르니?'
'누가 그 병에 걸렸건, 병에 걸린거야 [역병] ……'
'너한테 그 병이 걸렸다고, 그렇지? 불쌍한 Tonio : 그런데 너는 나를
다시 몰라보겠니?'
'누구에게나 지난 일은 지난 일이야', 그가 대답했다 …… (Manzoni
1914, 2 : 615)

Colqhoun의 번역본에서는, 같은 구절이 다음과 같이 쓰여져 있다.

'Tonio! Don't you recognise me?'
'What comes to one, comes to one', replied Tonio ……
'You've got it [the plague] on you, eh?' Poor Tonio ; but
don't you recognise me anymore?'
'What comes to one comes to one,' replied the other ……
(Manzoni 1968 : 457).

Tonio! 나를 몰라보겠니?
'닥친 일은 닥친 일이야', Tonio는 대답했다 ……
'너는 이미 역병에 걸렸어, 그렇지?' 불쌍한 Tonio ; 그런데 나를 더이
상 못 알아보겠어?'
'누구에게나 오는 것은 오는 것이야,' 그 사람이 대답했다 ……

영어에서, 현재의 수용을 표현하기 위해 사용될 수 있는 유일한 패턴은
If S, S라는 의사 조건적 항진명제처럼 보인다.

> If you've got it you've got it.
> If you have freckles you have freckles.
> If it rains it rains.
> 만일 네가 그것을 얻었다면 얻은 거다.
> 만일 네가 주근깨가 생겼다면 생긴 것이다.
> 만일 비가 오면 오는 것이다.

5. 의미의 불변항은 있는가?

나는 영어의 항진명제적 표현들이 모두 동일한 내재된 가치를 가지고
있지 않으며, 항진명제들의 서로 다른 '암시들'은 전적으로 맥락으로부터
기인될 수 없다는 것에 대해서 논의해 왔다. 서로 다른 항진명제적 구문들
간에 유사성이 확실히 존재한다는 것은 말할 필요도 없다. 그렇지만 그런
유사성이 존재한다고 단언해 버리거나, 애매한 용어나 반(半)은유적인 용
어들을 사용하여 항진명제의 본질을 넌지시 암시한다면 영어 '항진명제'들
의 공통된 구성 성분들을 엄격하게 설정하는 일보다 훨씬 더 쉬운 일일 것
이다.

Levinson은 서로 다른 종류들의 항진명제적 구문들이 가진 공통된 자
질을 "중지 그리고 화제 종결 특성"이라 하였다. 이러한 암시를 더 명확하
게 하기 위해서, '화제 종결 특성'은 다음과 같은 의미적 구성성분의 형식
으로 설명될 수 있다고 가정해보자.

나는 그것에 대해서 더 이상 말하기를 원하지 않는다.

사람들은 이런 종류의 구성성분이 가령 Enough is enough 그리고 That's that과 같은 항진명제 표현들의 의미를 실제로 나타내느냐에 대한 어떤 개연성을 문제삼을 수도 있다. 그 주제에 대해 더 이상 말하지 않기를 바라는 마음으로 아래의 이탈리아어 예문 그리고 이를 영어로 번역한 예문에서 그 항진명제들이 관련있는 것처럼 볼 수 있다.

"Ma se non ne voglio saper nulla di quelle cose", diceva.
"Quante volte lo devo ripetere, che quel che è andato è andato?"(Manzoni 1972 : 735)
"But what if I don't want to hear anything more about these things?" he kept on saying. "How many times must I go on repeating that what's gone has gone?" (Manzoni 1968 : 416)
"만일 내가 이런 것들에 대해서 더 이상 듣기를 원하지 않는다면 어쩌겠니?" 그는 계속해서 말을 이어갔다. "지난 것은 지난 것이라고 몇 번이나 반복해 말해야겠니?"

"Chetatevi un po'", disse don Abbondio : "chè già le chiachiere non servono a nulla. Quel ch'è fatto è fatto : ci siamo, bisogna starci."(Manzoni 1972 : 723)
"Keep quiet, will you, for a bit?" said Don Abbondio. "Chattering's no use now. What's done is done. Here we are, and here we must stay. It's all in the hands of Providence ……"(Manzoni 1968 : 407)
"잠시, 조용히 좀 해줄래?" Don Abbondio가 말했다. "이제, 아무리 말해봤자 소용없어. 일어난 일은 일어난 일이야. 우리는 여기에 왔으니까 여기에 머물러야 해. 모든 것이 신의 손에 달려 있어 ……"

하지만 모든 항진명제 표현들이 이처럼 번역될 수 있는지는 의심스럽다. 예를 들면, 'Fawlty Towers'에서 한 여성이 A man is a man이라고 말했을 때, 이는 친구가 자신을 안심시키려 하는 시도를 정말로 '중지'하려는 것이다. 하지만, 그녀가 또한 '나는 그것에 대해서 더 이상 말하기를 원하지 않는다'는 생각을 할 수 있을까?

그리고 심지어 '화제의 종결'로 틀림없어 보이는 표현인, That's that 같은 경우도 언제나 '화제의 종결'로 번역할 수 있는 것처럼 보이지 않는다. 예를 들면, BBC 텔레비전의 '모든 피조물은 위대하고도 작다(All Creatures Great and Small)'라는 프로그램에서 수의사가 차에 치인 한 소녀의 작은 개를 검사한 후 그 작은 소녀에게 조용히 I'm afraid that's that라고 말한다. 분명히, 그것은 그 수의사의 판단에 대한 '완료'이지만, 그의 태도를 '나는 그것에 대해서 더 이상 말하기를 원하지 않는다'라고 묘사될 수 있을까? 아마도 아닐 것이다.

결국, 우리가 Boys will be boys이라고 말할 때, 그것에 대해서 더 이상 말하고 싶지 않다고 하는 것일까? 다음의 예를 살펴보자.

"Just look at them swilling all that beer, and telling dirty jokes! It's enough to make you sick."
"Oh, I don't know, you must let them off the leash a bit now and then remember that boys will be boys, poor things" (Cowie 1976, 2 : 75)
"지금 그들이 맥주를 모두 마시고 지저분한 농담을 하고 있는 것을 봐요! 당신을 충분히 구역질나게 만들고 있어요."
"오, 나는 모르겠어요. 당신은 그들을 가끔은 내버려 둬야 해요. 소년들은 소년들이다는 것을 기억해요. 철없는 것들이에요."

두 번째 화자가 주제를 종결하려고 시도한다는 것은 분명하지 않다. '중지'라는 단어는 그 화자의 태도에 더 적절하지만, 이 표지가 정확히 의미하는 바는 무엇인가? 만일 우리가 이것을 '나는 그것에 대해 걱정하기를 원하지 않는다' 또는 '나는 우리가 그것에 대해 걱정해서는 안 된다고 생각한다'는 의미로 해석하면, 사실 이러한 해석의 공식은 몇몇 다른 항진명제적 표현들에 적절한 것처럼 보일 수 있다. 그러나 그러한 해석은 다른 항진명제의 표현, The law is the law와 같은 표현에도 적절할까? 물론 사람들은 이 표현도 '중지'라고 말할 수 있을 것이다. 왜냐하면 여기에서 화자는 어떤 특정한 법에 대해 반대를 중지하고 있거나, 또는 법망을 회피하려는 누군가의 시도를 중지하고 있기 때문이다. 하지만 분명히, 이러한 경우에는 '중지'라는 것이 '나는 그것에 대해 더 이상 말하기를 원하지 않는다'라는 것을 의미하지는 않는다. 만약 그 '중지'가 그것을 의미하지 않는다면, 그렇다면 그것은 무엇을 의미하는 것일까?

동일한 그 질문이 '수용'의 뜻을 갖는 항진명제적 구문들과 연관하여 언급할 때에도 적용될 수 있다. 대충 말하면, 우리는 War is war 또는 Kids are kids, Whatever'll be will be라고 말함으로써 화자가 상황을 '수용한다'는 사실에 쉽게 동의할 수 있다. 하지만 화자가 그것을 수용한다는 것은 어떤 의미인가?

수많은 항진명제의 표현들에 대해서, 나는 '나는 이것 때문에 무엇인가 나쁜 것을 느끼기를 원하지 않는다'라는 구성성분을 제안한 바 있다. 그러나 애매한 용어인 '수용'을 다양한 표현들의 실제적인 용법들을 검증할 수 있는 명확한 의미론적 공식으로 대치한다면, 분명한 것은 그 공식이 모든 경우에 동일하게 적합하지는 않다는 것이다. 예를 들면, 누군가가 A snake is a snake라고 말하면, 일반적으로 이것은 '우리는 그것 때문에 무엇인가 나쁜 것을 느껴서는 안 된다'는 의미로 '수용'을 담고 있다고 해석할 수 있을까? 아마도 아닐 것이다.

사실, 위에서 설명한 '수용'이라는 구성성분(대략 '그것에 대해 화낼 이유가 없다')이 단수명사와 부정관사로 된 명사형 항진명제에 표현된다고 볼 수는 없다. 예를 들면, 아래의 항진명제들도 각각의 해석이 모두 다르지만, 어느 것도 수용함을 암시하고 있는 것은 없다.

A Mercedes is a Mercedes (one should know the value of Mercedes cars)

A point is a point (one shouldn't undervalue it just because it's small)

A teacher is a teacher (one should respect teachers)

A kiss is just a kiss (one shouldn't overvalue a kiss)

A promise is a promise (one shouldn't break a promise)

A party is a party (one shouldn't overestimate the differences between one party and another)

Mercedes는 Mercedes다(우리는 Mercedes의 가치를 알아야 한다)

1점은 1점이다(우리는 그것이 작다는 이유만으로 평가절하해서는 안 된다)

선생님은 선생님이다(우리는 선생님들을 존경해야 한다)

키스는 키스다(우리는 키스에 지나치게 가치를 두어서는 안 된다)

약속은 약속이다(우리는 약속을 어겨서는 안 된다)

파티는 파티다(우리는 특정 파티와 또 다른 파티 사이의 차이들을 과대평가해서는 안 된다)

다른 한 편으로, '수용'이란 단수 형태의 패턴에만 관련된 것은 아니다. 왜냐하면 그것은 Boys will be boys처럼 관사가 없는 복수명사도 쓰일 수도 있고, 또 War is war처럼 복잡한 행동들을 지시하면서 관사를 수반하지 않는 단수 명사가 쓰일 수도 있으며, John is John처럼, '그래, 그는 또 나쁜 짓을 했어, 하지만 그가 언제나 그런 식이며, 그는 변하지 않을 것이기 때문에 너는 있는 그대로 받아들여야 한다'처럼 독특한 대상을 지시하는 단수 명사 형태가 쓰일 수도 있다. 또한 If it's raining it's raining, Whatever will be will be처럼, 다른 종류의 항진 명제도 가능하다.

아마도 영어의 다양한 항진명제 표현에서 가장 일반적인 공통된 의미특징의 유력한 후보는 다음과 같을 것이다.

이것은 바뀔 수 없다.
(또는 이것은 이처럼 되지 않을 수 없다)

이것은 Kids are kids(아이들은 아이들이다) 또는 Boys will be boys(소년은 소년이다)와 같이 관용과 관대함을 담고 있는 표현뿐만 아니라, A snake is a snake(뱀은 뱀이다)처럼 신뢰하지 못함을 의미하는 표현들에도 적합한 것 같다. 또한 이것은 미래를 언급하는 Whatever will be will be(일어날 일은 일어날 것이다)나 과거를 말하는 Let bygones be bygones(일어난 일은 일어난 일이다), 행동들을 말하는 War is war(전쟁은 전쟁이다)라는 표현들에도 적합한 것처럼 보인다. 그것은 화자의 결심이 변하지 않는다는 것을 나타내는 Enough is enough(이제 그만)과 같은 표현에도 적합할 뿐만 아니라 That's that(그것으로 끝이다)처럼 화자의 동일한 결심을 바꾸지 않는다는 것을 나타내거나 또는 죽음처럼 돌이킬 수 없는 사건을 지시하는 표현에도 역시 적합하다.

게다가, 이것은 다음과 같이 이 장에서 지금까지 한 번도 언급한 적이 없었던 다른 유형의 문장에도 적합한 것처럼 보인다.

When you're out of form, you're out of form
네가 부진할 때, 너는 부진한 것이다.

이것은 최근 텔레비전에서 크리켓 매치가 중계되는 동안, 해설가 Bill Lorry가 David Gower라는 유명한 크리켓 선수의 부진함을 두고 한 말이다. 또한 최근 신문 기사에서 발췌한 아래의 예를 보자.

In the Brussels stadium we saw a display of lethal stupidity. Meanwhile, the dead are dead and are past wondering why they had to be killed(The Weekend Australian 1-2.6.85).

브뤼셀 스타디움에서 우리는 극도로 어리석은 장면을 보았다. 순간 죽은 자는 죽은 것이고 그들이 왜 죽었는지를 궁금해 하는 것은 지난 일이다.

이 기사의 정황으로 볼 때, 그 항진명제의 표현은 화제 종결도 아니고, 중지인 것도 아니다. 하지만, '이것은 변할 수 없다'라는 메시지는 명확하게 전달된다.

'이것은 변할 수 없다'의 관점에서 분석했을 때 얻어지는 장점은 신뢰하지 못함을 표현하는 항진명제를 포함하여 모든 항진명제에 적용될 수 있는 하나의 방식으로 '수용'과 같은 개념을 설명할 수 있는 가능성을 제공한다는 것이다.

사람들은 알아야 한다 : 이것은 바뀔 수 없다.

이처럼 '사람들은 알아야 한다'라는 틀에 '이것은 바뀔 수 없다'라는 구성 성분을 결합한다면, 우리는 여기 영어에서 사용되는 항진명제들의 구체적인 용법들과 맞지 않은 내포 의미는 전달하지 않으면서, 수용과 유사한 생각들을 표현할 수 있다.

그럼에도 불구하고, 나는 '이것은 바뀔 수 없다'라는 공식을 이 장에서 제시한 모든 의미 설명에 사용하지는 않았다. 왜냐하면, 나는 비록 그 공식이 모든 다양한 구문들 간의 최상의 '타협안'이 된다고 해도, 그것이 모든 특별한 경우에도 최적의 타협안이라는 충분한 확신이 없기 때문이다. 예를 들어, 만약 우리가 다음과 같이 말한다고 하자.

나는 브랜드가 무엇이든지 상관없다－커피는 커피다.

이것은 정말로 '이것은 바뀔 수 없다'를 의미하는가? 아니면, 오히려 '그것은 차이가 없다, 즉 모든 X(모든 종류의 커피)는 항상 같다'를 의미하는 것은 아닐까?

언뜻 보기에, '이것은 바뀔 수 없다'는 식의 '바꿀 수 없음'이라는 생각은, 아마도 Getrude Stein의 유명한 문장인 A rose is a rose is a rose에서 유래된 세 부분으로 된 패턴에도 또한 잘 어울리는 것 같다. 예를 들어, 작곡가 Tristan Kerry는 전자 방식의 작곡에 대한 질문에 "작곡은 작곡이라서 작곡이다(A composition is a composition is a composition)"라고 대답했다(ABC-FM 라디오, 10.6.85). 아마도 이렇게 말함으로써 Kerry는 전통 방식과 전자 방식의 작곡이 동일함을 강조하려고 했을 것이다. 이 문장은 '이것은 바뀔 수 없다(This cannot be changed)'라는 공식에 꽤 잘 맞는 것처럼 보인다. 그러나 이 공식이 발화의 의사소통적 힘을 가장 적절한 방식으로 포착한 것일까? 만일 우리가 그것을 다음처럼 설명한다면 좀 더 명확하고 좀 더 적절하지 않을까? 즉 '본질적으로 모든 X들은 같다.' 또는 'X들이 서로 어떻게 다른지는 중요하지 않다. 그것들에게는 모두 동일한 무엇인가가 있다. 그리고 이것이 그것들이 갖는 가장 중요한 것이다.' 다음과 같은 문장을 생각해 보자.

It had been hard, for they were links of friendship rather than authority which bound him, but 'chains are always chains, even when made of flowers'. (Tolstoy 1983 : 258)
그들을 연결시키는 것은 권위라기보다는 오히려 우정이었기 때문에 어려웠다. 왜냐하면 '꽃으로 만들어졌다고 해도 사슬은 항상 사슬이기 때문이다'.

이 문장은 '이것은 바뀔 수 없다'라는 뜻일까? 아니면 'X들은 어떤 점에서는 서로 다를 수도 있다. 그러나 본질적으로 그것들은 모두 같다'는 뜻일까?

의미의 불변항을 위한 또 다른 유력한 후보는 다음과 같이 공식화될 수 있다.

> 이것은 부인할 수 없다
> (사람들은 말할 수 없다 : 아니다, 그것은 이것과 같지 않다)

아마도, ??Little boys will be little boys, ??A hasty, insincere kiss is a hasty, insincere kiss처럼 항진명제 구문에 수식어의 제한이 있는 것은, 이러한 관점으로 설명될 수 있다. 즉 서술어가 오직 하나의 명사만을 반복한다면, 주어와 서술어의 동일성은 명백하다. 그렇기 때문에 모든 사람들에게 화자의 주장이 반드시 타당하다는 것이 명백한 일이다. 좀 더 복합적인 명사구는 주어와 서술어의 동일성이 분명치 않으며, 그렇기 때문에 화자가 말한 것이 거부될 수 없다는 것은 더 이상 '명백한' 일이 아닌 것이다.

지금까지 논의된 항진명제의 구문에 대한 가능한 의미의 불변항들은 다음 네 개의 가정적인 구성성분의 형태로 요약될 수 있다. 그리고 나는 이것을 좀 더 심도 있는 연구를 위한 출발점으로 제안한다.

> (a) 나는 이것에 대해 더 많은 것을 말하기를 원하지 않는다('중지의 특성')
> (b) 그것은 이것과 같지 않을 수 없다('바꿀 수 없음', '그것은 바뀔 수 없다')
> (c) 이러한 종류의 모든 것들은 똑같다('동일성')
> (d) 사람들은 말할 수 없다 : 아니오('부인할 수 없음')

영어의 명사형 항진명제의 경우, 더 상세한 네 개의 순환적인 구성성분들의 집합을 다음과 같이 잠정적으로 제안할 수 있다.

> (a) 누구나 안다 ……

(b) 나는 안다 : 누군가는 생각할 수 있다 ……
(c) 나는 생각한다 : 사람들은 이것을 생각해서는 안 된다
(d) 사람들은 알아야만 한다 ……

나는 서로 다른 항진명제 표현들이 갖는 가능한 의미의 불변항에 대한 문제를 위에서 제안한 개별적인 항진명제의 표현이나 구문들에 대한 잠정적인 의미 기술의 집합을 배제하고는 진지하게 연구될 수 없다고 믿는다. 이 장에서 제안한 공식들은 논의될 수도 있고 비판될 수도 있으며, 수정될 수도 있다. 그 과정을 통해 나는, 가정된 의미의 불변항에 대한 문제들을 실제로 해결하지는 못하였더라도, 명확하게 드러낼 수 있는 기회를 얻을 것으로 생각한다.

6. 영어 항진명제 구문에 대한 환상

나는, 영어 항진명제 구문들이 그라이스의 양의 격률에 기초하여 충분히 해석될 수 있는 보편적 장치들이라고 널리 오해받는 이유는, 그 형태가 현혹적으로 단순하며, 또한 현혹적으로 논리적 항진명제와 유사하기 때문이라고 생각한다.

예를 들어, Brown & Levinson(1978 : 225)은 '관습화된 항진명제'라고 하는 것과 다른 항진명제들(아마도 비관습화된 항진명제들) 사이를 구별했다. '관습화된 항진명제'는 Tamil어의 문장에서 볼 수 있다.

Avaar-aam avaaru.
'그들이 말한 그가 그다.'(즉 '그를 대단하게 여긴다')

반대로, 다음과 같은 영어 항진명제는 비관습적인 것으로 취급된다.

War is war.
Boys will be boys.
전쟁은 전쟁이다.
소년은 소년이 될 것이다.

Brown & Levinson(1978 : 225)에 따르면, 그러한 항진명제를 발화함으로써 "S〔화자〕는 H〔청자〕에게 비정보적 발화를 정보가 담긴 것으로 해석할 것을 종용하고 있다."

그러나 이 영어 항진명제가 Tamil어의 항진명제처럼 실제로 '관습화'된 것은 아닐까? 영어의 항진명제를 영어라는 언어의 관습으로 간주하기보다, 대화 행위라는 보편 격률에 기초한 '자연적인', 즉 쉽게 해석될 수 있는 것으로 간주하는 것은 자민족중심적인 환영은 아닐까? 다음 두 발화 사이의 차이는 대부분 관습적인 것이 아닐까?

War is war. (정당화)
A war is a war. (의무)

다음과 같은 표현의 차이는 특정 언어만의 특정적인 문법적 관습에 기인한 것은 아닐까?

Boys will be boys.
Knaben bleiben immer Knaben. (문자 그대로의 의미, '소년들은 항상 소년인 채로 있다')
Oni že mal'čiki. (문자 그대로의 의미, '그들은 PRT 소년이다')
A father is a father.
Un père est toujours un père. (문자 그대로의 의미, '아버지는 항상 아버지다' ; Bally 1952 : 17 참조)

정말로 주목할 만한 사실은 영어의 명사형 항진명제가 매우 단순한 형식적 패턴을 사용한다는 점이다. 예를 들면 (최소한의 변이형을 갖는) N is N은 p is p와 같은 논리적 공식과 유사하다. 다른 언어들은 때때로 좀 더 복잡한 패턴들을 사용하기 때문에, 그것들은 불변화사, 양태 동사, immer, 즉 toujours('always') 등과 같은 시간부사과 함께 사용된다. 그러나 영어의 형식적 패턴들이 정말로 다른 언어에서 사용되는 더 복잡한 패턴들보다 더 '자연적'이고 덜 관습적일까? 그리고 언어의 차이에도 불구하고, 영어도 또한 N is N, A N is a N, Ns are Ns, Ns will be Ns, 등등처럼, 다양한 해석들과 관련된 많은 다양한 형식적인 패턴들을 갖는 것은 아닐까?

만약 이 장에서 수행된 분석들이 그러한 환상들의 확산을 막을 수 있는 무엇인가를 한 것이라고 한다면, 그 목적은 성취된 것이다.

7. 항진명제의 패턴에 따른 특정적 내용

항진명제들은 제스처나 간투사와 같다. 왜냐하면 항진명제들은 모두 어느 정도는 다 '자연적'이고, 보편적이며, 자체 설명적이기 때문이다. 그러면서도 또한 그것들은 관습적이고, 언어 특정적이며, 문화적으로 표출되는 것이다. 그것들은 '자연 논리'와 '문화 논리' 둘 다를 분명하게 보여준다. 따라서 항진명제들이 좀 더 '자연적'으로 보일수록, 그것들은 좀 더 문화적으로 표출되게 된다.

예를 들어, 유럽과 그 외의 지역에 광범위하게 퍼져있는 '코 두드리기'라는 제스처를 생각해 보자(Morris 외 1979). 코는 자연스럽게 냄새와 킁킁거림을 연상시킨다. 그리고 킁킁거림은 경고와 특별한 지식을 자연스럽게 연상시키는 것처럼 보인다. 그러므로 코 두드리기 제스처가 사실상 이런 종류의 의미와 연관된다는 것은 지극히 '자연적'인 것처럼 보인다. 그럼에도 불구하고 코 두드리기가 유럽의 다른 지역에서 각각 동일한 의미를 갖는 것은 아니다. 영어를 말하는 지역과 이탈리아어를 말하는 지역에서, 코 두드리기는 스코틀랜드와 사르디니아를 정점으로, 주로 공유된 비밀을 지시하는 것으로 사용된다. 그러나 Morris 외(1979 : 220)가 주목한 바에 따르면, "그것의 대다수는 …… 우호적인 경고('조심해!')의 의미이다. 이것은 북쪽지역에서는 거의 없으나 이탈리아 본토인 로마와 나폴리를 정점으로 매우 선호되고 있다." 이 우호적인 의미에 덧붙여, 'You are nosey!'(시끄러워!)와 같은 비우호적인 의미도 유럽의 일부 지역에서 또한 나타난다. "전혀 다른 두 개의 사례와 함께, 그 제스처는 거의 전적으로 영어를 사용하는 지역에서는 간섭에 대한 비난의 의미로서 사용된다. 그 밖의 곳에서는 오직 두 개의 전혀 다른 사례로만 쓰인다."(1979 : 224).

이것은 어떻게 문화 특정적인 관심에 따라 '자연적'이고 보편적으로 통할 수 있는 의미들을 만들 수 있는지를 보여주는 완벽한 예시이다. 이탈리아 문화에서, 집단 유대감과 대인관계는 개인의 자율성, 비강요성, 그리고 '불간섭성'보다 더 큰 역할을 한다. 반면에, 앵글로 색슨 문화는 후자의 가치들이 주도적인 역할을 한다. 코 두드리기와 같은 신호는 어느 곳에서나 '자연적'이고 자체설명적인 것으로 보여진다. 그러나 사실상, 그 해석은 화자가 속한 특정 공동체의 공유된 문화적 전통과 문화적 선입견에 의해 부분적으로 형성된 것이다.

이것은 항진명제에도 동일하게 적용된다. 항진명제들은 '기본적인 진리'들이 꽂혀있는 편리한 다목적 꽃병과 같다. 그러나 '기본적인 진리들'은 다양한 문화마다 서로 다르다.

예를 들어, 버나드 맬러머드의 소설에 나오는 미국 유태인의 결혼식에 대한 다음의 묘사를 보자.

The guests, including the notables, rise, lift their feet, and dance. …… The women serve a feast of chicken with sesame

and tomatos, roasted yams, and palm wine. …… Those who
feel like crying, cry. A wedding is a wedding(Malamud 1971 :
217).

　유명인사를 포함한 손님들은 일어나서 다리를 들고 춤을 추었다. ……
여자들은 참깨와 토마토를 곁들인 닭고기와 구운 얌, 그리고 야자 와인 등
을 대접하였다. …… 울고 싶은 사람은 울었다. 결혼은 결혼이다.

　마지막 줄의 항진명제의 형식은 나무랄 데 없는 완벽한 영어지만 이 문
장에서의 사용은 약간 이상하다. 왜냐하면 그것은 절대적인 일반화, 차이
없음, 의무 또는 거부할 수 없는 가치들과 같은, 영어와 관련된 어떤 의미
범주와는 맞지 않기 때문이다. 명백하게 맬러머드가 전달하고자 했던 것
은 '인간의 삶은 복잡하고 이해할 수 없으며, 통제할 수 없다는 것이다. 왜
냐하면, 기쁨은 슬픔과 섞여 있으며, 결혼식에서 사람들이 우는 것은 춤추
고, 먹는 것만큼이나 자연스러운 일이고 그것이 우리의 삶의 경험이다.'
그러나 이것은 유태인, 특히 이디시어와 민담에서만 나타나는 금언이며
(Matisoff 1979 참조), 앵글로 색슨의 금언에서는 나타나지 않는다. 결과적
으로 맬러머트의 항진명제는 이디시어에서 온 번역 차용이며, 하나의 문
화적 차용처럼 보인다.

　이것은 동일한 위의 작가가 동일한 상황에서 사용한 또 다른 항진명제
의 표현에도 동일하게 적용된다. 동일한 결혼식에서 랍비는 신혼부부에게
다음과 같이 설교한다.

Now you are man and wife …… I feel like crying, but why
should I cry if the Lord says, "Rejoice!" Willie and Irene,
listen to me. Oh, what a hard thing is marriage in the best of
circumstances. …… All I am saying is the world is imperfect.
…… Willie and Irene, to enjoy the pleasures of the body you
don't need a college education; but to live together in love is

not so easy. Besides love that which preserves marriage is
that which preserves life; that is mutual trust, insight into
each other, generosity and also character, so that you will do
what is not easy to do when you must do it. What else can I
tell you, my children? Either you understand or you don't.
(Malamud 1971 : 217)

　　이제 당신들은 부부가 되었습니다. …… 나는 눈물이 나올 것 같습니
다. 그러나 신이 '기뻐하라'고 말씀하셨다면, 내가 왜 울어야 합니까?
Willie와 Irene, 내 말을 들으세요. 결혼이란 가장 좋은 상황에서조차 참
으로 어려운 것입니다. …… 내가 말하고자 하는 것은 세상은 불완전하다
는 것입니다. …… Willie와 Irene, 육체의 쾌락을 즐기기 위해 대학의 교
육이 필요하지는 않습니다. 그러나 사랑 속에서 함께 사는 것은 쉽지 않습
니다. 또한 결혼을 유지시키는 사랑이 또한 사람을 유지시키는 것입니다.
이것이 바로 상호 간의 신뢰이고 서로에 대한 통찰이며 관대함과 그리고
또한 인격입니다. 그러니 당신이 그것을 해야만 할 때, 쉽지 않지만 할 수
있도록 해 줄 것입니다. 더 해줄 말이 뭐가 있을까요? 나의 자녀들이여!
당신이 이해하든 이해하지 않든 말입니다.

　다시 언뜻 보자면, 마지막 줄의 구어의 항진명제는 나무랄 데 없는 영어
처럼 보인다. 그러나 이번에도 역시 뭔가 좀 이상한 것이 있다. 영어에서
'~이거나 아니면(either - or)' 유형의 구어적 항진명제는 보통 행위에 대한
것이지, 이해에 대한 것이 아니다. 물론, 사람들은 "모르겠어? 당신은 이
해할 수 있어 아니면 이해할 수 없어(You're not sure? either you understand
or you don't)"라고 영어로 말할 수 있다. 그러나 이 경우, 화자는 상대로 하
여금 선택을 하도록 독촉한다. 그러나 그러한 재촉을 제외하면, 'Eithor-or'
영어 항진명제는 'Either he comes or he doesn't'(그는 오든지 말든지 할
것이다)와 같이 보통 행위를 언급한다. 그러한 항진명제의 요점은 앞에서
설명되었다. 즉, '우리들은 쓸모 없는 걱정으로 우리들의 시간이나 힘을
낭비해서는 안 된다. 만일 우리들이 어떤 것을 바꿀 수 없다면, 그것에 대

해 고민하는 것은 무의미하다. 즉 우리들은 좀 더 생산적인 어떤 것으로 우리들의 정신적 에너지를 돌리는 것이 더 낫다.' 이것은 앵글로 색슨 문화의 실용주의와 완벽하게 어울린다.

그러나 맬러머드의 항진명제의 관점은 다르다. 랍비의 인생에 대한 경험은 슬픈 것이다("세계는 불완전하다"). 항진명제를 사용할 때에 그는 그가 느낀 슬픔과 우울함을 거부하지 않았다. 그는 그 자신의 말의 무익함을 받아들였고, 그 말의 무익함을 인지하였으나, 그렇다고 그는 '쓸데없는 무엇인가 나쁜 느낌'으로부터 스스로를 피하려고 하지 않았다(결국 유태인은 수세기 동안, 사실은 수천 년 동안, 2천 년 전 성전의 멸망에 대해 기억해 내고, 자정의 예배를 통해 '쓸데없는' 비탄에 잠기는 사람들이다. '당신이 이해하든 이해하지 않든 간에……').

물론 사람들은 맬러머드의 항진명제는 '문화적으로 이상한 것'이지, '언어적으로 용인될 수 없는 것'은 아니라고 반박할 수 있다. 그러나 나는 그것을 말하고자 하는 것이 아니고, 또 그것은 중요한 것이 아니다. 왜냐하면 나는 이 장에서 항진명제에 대한 많은 예들을 들었는데 그 의미들은 대개 다른 언어들의 화자들에게는 '이해'될 수 없는 의미였기 때문이다. 그러므로 의심할 여지없이 항진명제의 예들은 분명히 문화 특정적일 뿐만 아니라 특정 언어만의 것이다. 그러나 우리들이 맬러머드의 항진명제들의 잦은 '일탈'을 아무리 범주화한다고 해도, 이 항진명제들에는 어떤 형식적 패턴들이 있으며, 그 패턴은 어떤 특정 문화에서 형성된 의심할 바 없는 보편적 지혜를 나타낸 것으로, 그 패턴들은 매우 높은 특정 문화만의 지혜를 표현하도록 특수화된 것이다. 어떤 문화에서는 '자명한 것'들이 다른 문화에서는 의심스럽거나 수용되지 못할 수도 있다. 어떤 문화에서는 '기본적 진리'로 간주되는 것이 다른 문화에서는 말할 가치도 없는 것일 수 있다. 어떤 문화에서는 '의심할 바 없는 현명한 태도'로 간주되는 것이 다른 문화에서는 어리석음으로 간주될 수도 있다.

아마도, 결국 이것이 모든(대부분?) 언어의, 모든(대부분?) 항진명제들이 갖는 의미일 것이다. 다시 말해 항진명제의 의미들은 속담처럼, '지혜'를 나타내도록 되어 있으며, 특히 삶에 대한 어떤 태도들을 '의심할 바 없는 현명한' 것으로 그리고 수세대에 걸쳐 검증된 것으로 권고하고 있다.

8. 결론

예를 들어 영어 같은 하나의 특정 언어를 하나의 체계로 기술할 때에, 언어 내적인 것과 언어 외적인 것, 문법과 '인간의 본성', 그리고 의미와 '함축'을 두고 그 어디에 선을 그려야만 한다. 문제는 이 선이 정확하게 어디에 그어져야 하는냐는 것이다. 예를 들어, 만일 Boys will be boys와 같은 구문이 영어 문법의 일부로 '내적인' 것이거나 아니면 '외적인' 것으로 판정된다면, 그 구문의 의미는 특정 언어만의 것이고, 하나의 개별 언어로서 영어 언어 기술에 포함되어야 할까? 아니면 자유 연어로서 그 항진명제의 용법은 대화의 일반 원리들로부터 '산출 가능한' 것이어야 할까?

나의 견해로는 이것은 기본적으로 중요한 문제이다. 확실히 이 중요성은 (비록 항진명제의 문화적 중요성이 우리들이 처음 생각했던 것보다 더 커졌다고 할지라도) '항진명제의 문장들'의 사용 빈도나 또는 항진명제가 지닌 그 자체의 필수불가결함으로부터 나오는 것이 아니다. 이 중요성은 이와 같은 '작은' 문제에 대한 우리들의 결정이 언어학이 무엇에 대한 것이고, 무엇을 하며, 무엇을 할 수 있는가에 대한 우리들의 전체적인 생각에 관하여 광범위한 영향을 미친다는 사실로부터 나온 것이다. 그 기본적인 질문은 다음과 같다. 문법은 화용론에 대해 자율적이어야만 하는가? 아니면 '화용 의미들'(예를 들면, 화자의 가정, 의도, 사고, 느낌과 관련한 문제들)을 언어 용법의 '객관적인' 또는 기능적 양상을 기술하는 동일한 총체적인 기술의 틀로 설명해야 하는가?

많은 현대의 언어학자들은 그들이 해결할 수 없는 딜레마에 빠졌다고 느끼는 것처럼 보인다. 또 한 편으로, 언어 용법의 '화용론적' 측면(즉 '주관적' 측면)과 '객관적' 측면은 서로 관련되어 있으며, 그리고 문법은 언표 내적인 힘과 다른 '화용론적' 문제들이 서로 상호작용한다는 사실이 계속 밝혀져 왔다. 더 나아가 '화용 의미'로부터 문법을 분리시키려는 지속적인 시도들은 많은 영어 대화들이 '비문법적인' 것이라는 역설적인 결론에 봉착하였다. 예를 들어, Would you please be quiet?나 Why don't you be quiet!와 같은 완벽하게 일상적이고 완벽하게 용인 가능한 문장들이 '비문법적'인 문장으로 분류되었는데, 그것은 단지, '자율' 문법이 그들의 용법을 설명하지 못한다는 이유 때문이었다(예를 들어 Bach & Harnish 1979 참조.). 이 결과는 자율적인(비언표내적) 문법이 고수하는 귀류법을 재현하는 것처럼 보인다.

또 다른 한편으로, 언표내적 효력과 같은 '화용적' 현상과 통합적 문법 기술을 위한 하나의 틀을 개발하고자 하는 가장 영향력 있는 시도, 즉 생성의미학파와 관련된 접근 방법은 자기과시적 좌절로 끝이 났다. 그 결과 생성의미론 뿐만 아니라 언어의 문법적 기술과 화용적 기술을 통합하고자 하는 시도에 대해 대대적으로 환멸을 갖게 하였다.

그렇다면 해야 할 일은 무엇일까? 많은 언어학자들은 유일한 해결책으로 언어에 대한 그라이스적 접근을 제시하는 것처럼 보인다. 그러한 심리적 상태는 아마도 다음과 같이 표현될 수 있을 것이다. '누군가는 언어 용법을 설명해야 한다. 그러나 우리 언어학자들은 우리가 그것을 할 수 없다는 것을 깨닫게 되었다. 운이 좋게도, 우리는 그것에 대해 더 이상 죄의식을 느낄 필요가 없다. 이제 우리는 그것이 단지 우리의 책임이 아니라는 것을 알았기 때문이다. 다른 과학, 즉 일반 행동과학이나, 특히 인간 대화의 과학이 그것을 할 것이다. 언어학자들은 언어 구조에만 집중할 수 있게 되었다. 그리고 사실 우리는 이제 언어 구조와 언어 용법을 혼동하는 것은 하나의 실수라고 말할 수 있게 되었다. 문법과 언표내적 효력은 별개의 것이다. 다시 말해 의미와 '함축'은 전혀 별개의 문제이다. 우리는 언어 용법에 대한 설명을 하기 위해 어떤 것도 시도할 수도 없고 시도해서도 안 된다. 예를 들어, 우리는 Boys are boys나 Business is business와 같은 문장들의 의사소통적 의미를 예측하려고 시도할 필요가 없다. 확실한 것은 그러한 문제들이 흥미를 끌지 못하는 것이 아니라 그 문제들은 대화 행위의 과학에서 다루어져야 하기 때문이다.'

조금은 다르지만 관련된 문제에 관한 Sperber & Wilson(1981 : 296)의 말에 따르면 "그라이스의 주장은 화용 의미를 정의하는 문제로부터 의미 이론을 구원한 것이다." 언표내적 의미들의 의미 분석을 위한 틀을 개발하고자 했던, 생성 의미론이 붕괴를 선언한 후에, 현대 의미론은 그 자체적으로 모든 자신감을 잃은 것처럼 보인다. 많은 해결 안된 의미들, 특히, 언표내적 의미를 분석해야 하는 의무로부터 '언어학자를 구원'해주기 위해 온 철학자들은 구세주처럼 여겨지고 있으며, 전적으로 신뢰를 주고 있는 것 같다.

내 생각으로는, 그라이스 격률의 전지전능함에 대한 신뢰는 실망으로 바뀌게 될 것이다. 항진명제 구문들이나 또는 그라이스 격률에 기초하여 가정된 새로운 과학에 남겨진 많은 문제들은 어떤 것도 자동적으로 해결되지 않을 것이다. 결국, 영어의 대화에서 사용되는 많은 '항진명제 문장들'은 점점 늘어가는 거부의 목록, 예를 들어 완벽하게 용인되지만 '비문법적인' 문장의 목록에 들어가게 될 것이다. 왜냐하면, 그라이스 격률이나 자율문법 그 어떤 것도 다음과 같은 항진명제 용법의 한계를 설명할 수 없기 때문이다. 예를 들어 왜 우리는 Boys will be boys라고 말할 수 있는데, *War will be war나 *Boys might be boys라고 말할 수는 없는가? 왜 우리는 Kids are kids라고 말할 수 있는데, ?Bottles are bottles나 *Clouds are clouds라고 말할 수는 없는가? 왜 우리는

Enough is enough라고 말할 수 있는데, *Much is much라고 말할 수 없는가? 왜 우리는 A bet is a bet이라고 말할 수 있는데, *Bets are bets라고 말할 수 없는가?

물론 누구도 최근에 화용적 정보가 문법의 일부 측면에 반영되고 있으며 결과적으로 문법의 어떤 양상은 화자와 청자의 가정, 느낌 등에 대한 어떤 지시가 없이는 완전하게 설명될 수 없다는 것을 부정할 수는 없을 것이다. 그러나 그러한 반영들이 중요하지 않으며 별개인것으로 간주될 수 있다고 보는 한, 그것들은 문법론자들에 의해 무시될 수도 있으며, 심지어 약간의 용인 가능한 문장들을 '비문법적'인 것으로 처리하는 댓가를 치른다고 해도, 자율문법의 이상은 지지될 것이다. 그러나 나는 화용론이 문법에 침투해 있으며, 이 둘은 셀 수 없이 많은 영역에서 뒤얽혀 있고, 많은 영어의 대화는 이러한 상호작용의 기초에서만 설명될 수 있다는 것을 주장한 것이다(Bally 1952 참조.).

'대화 의미'(Gazdar의 용어, 1975 : 55)가 대화의 보편적 원리들을 기초로 하여 설명될 수 없다면, 그것들은 혹시 Mogan(1978)에 의해 제안된 것처럼 문법과는 별개의, 언어 용법에 관한 어떤 언어 특정적인 과학으로 설명될 수 있을까?

우리가 이런 이유들을 따라가다 보면, 우리는 항진명제 구문들의 용법이 부분적으로 영어만이 지닌 특정적인 관습에 의해 결정된 것이라고 말할 수 있지만, 그러나 이 관습들은 본질적으로 '문법적인 것'은 아니며, 영어 구조의 언어적 기술과는 별개의 문제라고 말할 수 있다.

내 생각에, 이 문제는 그라이스만큼이나 실제적인데, 오히려 그라이스의 추종자들이 진전시킨 연구보다도 더 실제적이다. 그라이스의 추종자들은 그라이스보다 더 그라이스적인 경향이 있다. 태도적 의미들은 문법의 핵심이다. 만일 우리가 Do it 같은 명령형과 '나는 당신이 그것을 하기를 원한다(I want you to do it)'의 의미 사이에는, 또는 의문 구조와 '나는 당신이 그것을 알기를 원한다(I want you know it)', '나는 당신이 그것을 말하기를 원한다(I want you to say it)'의 사이에는, 또는 부가 의문형과 '나는 X를 생각한다, 나는 당신이 같은 것을 생각한다고 가정한다. 나는 당신이 그것을 말하기를 원한다(I think X, I assume you think the same, I want you to say it)'의 사이에는, 또는 감탄형과 '나는 무엇인가를 느낀다(I feel something)'의 사이에는 어떤 상호 관련성이 있다고 한다면, 우리는 이미 문법론과 화용론을 혼합한 것이다. 그렇다면 실증적으로 적절한 어떤 문법이 그러한 상호 관련성을 무시할 수 있을 것인가?

의미의 '주관적' 측면과 '객관적' 측면 둘 다를 표현할 수 있는 의미론적 메타언어가 언어 기술에 필수적인 것임을 인식한다면, 항진명제의 구문에 기호화된 이와 같은 미묘한 화용 의미들은 심각한 문제가 되지 않는다. 언어학자들은 항진명제의 구문이 적어도 부분적으로는 특정 언어만의 것이라는 사실을 인식할 수 있으며, 어떤 기계에 의한 신의 도움 없이도 문법 외적인 언어 관습의 형태로 사용되는 항진명제의 용법을 설명할 수 있다. 따라서 분명한 것은 관련된 의미들이 다른 종류의 모든 의미들과 똑같이 의미론적 메타언어로 모형화될 수 있다는 점이다.

게다가, 일단 다양한 항진명제 구문이 갖는 특정 언어만의 의미들이 엄밀한 (그러나 자체 설명적인) 의미론적 메타언어로 설명될 수만 있다면, 그 구문의 용법이 갖는 보편적 성향이나 규칙성을 연구하는 것이 가능한데, 그 보편적 성향이나 규칙성들은 매우 실제적이며 정확한 의미 분석으로 접근될 수 있으며, 그 구문의 특정 언어만의 용법도 마찬가지로 실제적이며 정확한 의미 분석으로 접근될 수 있다.

따라서 그라이스의 이론과 같은, 대화 이론들은 그들의 어깨 위에 어떤 비실제적인 부담을 짊어지지 않고 앞으로 나아갈 수 있다. Why don't you be quiet나 Would you please be quiet와 같은 '비문법적' 문장들은 특정 언어만의 화용적 의미가 완벽하게 문법적으로 기호화된 것으로 복귀시킬 수 있다. 다시 한 번 언어 기술에 관한 통합적 이론은 언어학의 목표로 설정될 수 있으며, 어떤 다른 과학도 언어학의 목표를 구원할 수 없다는 책임감으로 출발할 수 있다.

제11장

결론 : 비교 문화 화용론을 위한 열쇠로서의 의미론

Conclusion : semantics as a key to cross-cultural pragmatics

언어는 의사소통의 도구라고 한다. 이 말을 하나의 진술로 본다면 물론 이 말은 사실이다. 그러나 하나의 정의로 본다면, 이 말은 편협하고, 단편적이고, 불충분하다. 물론 언어는 의사소통의 도구이다. 그러나 결정적으로 언어는 또한 인간 상호작용의 도구이다. 언어에 의해 우리는 우리의 개성, 생각, 의도, 욕구, 느낌들을 표현한다. 즉 언어를 수단으로 하여 우리는 다른 사람들과 관계를 맺는다.

이 책은 인간 상호작용의 도구로서의 언어를 연구하기 위한 하나의 틀을 개발했다. 나는 우리들이 일정한 의미들을 표현함으로써 다른 사람들과 서로 상호작용한다는 사실을 보여주려고 시도하였다. 그리고 이러한 의미들을 하나의 정확하고 단순하며 엄격한 방법으로 진술하고 밝히기 위한 방법을 계발해 왔다.

예를 들어, 질책, 칭찬, 감사, 사과, 위협, 약속, 경고, 불만 같은 영어 단어들과 관련된 상호작용의 방법은 다음과 같이 단순하고 직관적으로 쉽게 이해될 수 있는 의미의 구성성분들로 분석할 수 있다.

너는 무엇인가 나쁜 것을 했다   (reprimand, 질책)
누군가가 무엇인가 좋은 것을 했다   (praise, 칭찬)
너는 나를 위해 무엇인가 좋은 것을 했다   (thanks, 감사)
나는 너에게 무엇인가 나쁜 것을 했다   (apology, 사과)
나는 너에게 무엇인가 나쁜 것을 할 것이다   (threat, 위협)
나는 너에게 무엇인가 좋은 것을 할 것이다   (promise, 약속)
무엇인가 나쁜 것이 너에게 일어날지도 모른다   (warning, 경고)
무엇인가 나쁜 것이 나에게 일어났다   (complain, 불만)

이러한 종류의 구성성분들은 일종의 단순하게 축약된 영어로 공식화된 것이기 때문에, 영어를 통해 즉시 이해될 수 있다. 그러나 많은 '일반적인' 영어 문장들과 달리, 이것들은 다른 언어로 쉽게 번역될 수 있는데 그 이유는 매우 단순한 문법적 유형들에 기초하며, 보편적 인간의 개념이거나 거의 보편에 가까운 인간의 개념에 기초하고 있기 때문이다. 이 개념들은 '너'와 '나', '좋음'과 '나쁨', '행함'과 '일어남'처럼 전세계의 거의 모든 언어에서 그 대응예를 가지고 있다.

이러한 종류의 구성성분들은 보편적 '의미 원초소'라는 언어로 만들어져서 우리가 기본적인 전문어나 수학적이고 논리적인 모델을 의존하지 않고도 체계적이고 명확한 방법으로 인간의 상호작용을 연구할 수 있도록 해준다. 우리가 언어와 언어 용법에 대한 연구를 할 때 기술적인 전문어나 수학적이고 논리적인 모델에 의존한다면 종종 과학적이고 정확한 느낌을 주지만, 사실 논의 중인 현상을 명확하게 설명하기보다는 모호하게 만든다.

언어를 수단으로 하여 수행되는 인간의 상호작용은 '너는 무엇인가 나쁜/좋은 것을 했다' 또는 '나는 무엇인가 나쁜/좋은 것을 했다', '나는 무엇인가를 원한다' 또는 '나는 이것을 원하지 않는다'와 같은 단순한 의미들에 의해, 매우 구체적으로 그 형태가 그려지고 또 특색을 갖추게 된다. 그러나 인간의 상호작용이 '부정적 체면'이나 '긍정적 체면'(Brown & Levinson

1978 참조) 또는 '협력성'(Grice 1975 참조)이나 '간접성'(Searle 1975 참조)의
용어로 논의된다면, 이러한 종류의 의미들은 모호하며 명확하지 않다.

무엇보다도, 언어의 상호작용에 대한 연구에 일반적으로 적용된 종류의
복잡한 용어들은 영어(학술 영어)에서 따온 것이며 세계의 다른 많은 언어
들에 이와 정확한 대응예가 없다. 그 결과 그러한 표지들에 의한 인간의
상호작용에 대한 기술들은 통상적으로 놀랄만한 자민족중심주의(앵글로 중
심주의)로 이루어진다. 이것은 현대 화용론의 주류를 이루고 있는 일반적
인 앵글로 중심주의적 편견과 일치한다. 현대 화용론의 주류는 영국과 미
국의 언어 철학자들로부터 크게 영향을 받아 발달하였다. 이 언어 철학자
들은 그들의 예시들을 거의 전적으로 영어에서 가져왔고, 앵글로 색슨이
나 앵글로 아메리칸의 문화 규범과 기대에 기초하여 인간 상호작용의 '보
편적 격률들'이나 '보편적 원리들'을 주장했다.

이 책은 넓은 범위의 자료에 기초하고 있는데, 영어, 이탈리아어, 러시
아어, 폴란드어, 이디시어, 히브리어, 일본어, 중국어, 한국어, Walmatjari
(호주 원주민 언어), 그리고 많은 다른 언어들을 포함한 폭넓은 언어의 범주
에서 가져온 것이다. 또한 호주 영어와 흑인 미국 영어를 포함하여 영어의
다른 방언들에서도 자료를 가져왔다. 따라서 이 책은 영국과 미국의 주류
영어에 기초하여 설정한 인간 행위의 '보편적 격률'을 반대하며 또한 '문화
로부터 자유롭고(culture-free)' 그리고 언어 독립적인 분석의 틀을 제시함
으로써 학술 영어에 기초하여 기술적인 범주들을 다루는 것을 거부한다.

대신에, 이 책은 보편적이거나 거의 보편에 가까운 의미 원초소에 기초
한 '자연 의미 메타언어(natural semantic metalanguage)'에 의존하여 보편적
이고 언어 독립적인 관점으로 문화적 규범과 문화적 전통의 폭넓은 다양
성을 분석하고 다양한 인간 언어들의 다양한 '의사소통 스타일'을 탐구하
였다. 그리고 이러한 다양성이 (주류인 미국 영어와 영국 영어와 관련된)
'기본적'이고 '자연적인' 모델의 이탈로 취급되는 것을 거부하였다. 동시에

이 책은 인간의 상호작용에 기저한 통일성을 찾아냈는데, 이것은 '너'와 '나', '행함'과 '일어남', '좋음'과 '나쁨' 또는 '원함'과 '앎' 같은 개념의 보편성에 의해 결정된 것이다. 또한 이 통일성은 '나는 무엇인가를 원한다', '나는 무엇인가를 안다', '너는 무엇인가를 안다', '나는 이것을 원하지 않는다', '나/너/누군가는 무엇인가 나쁜 것을 한다', '나는 이것을 원하지 않는다', '나는 네가 무엇인가 말하기를 원한다', '나는 네가 무엇인가 하기를 원한다' 등과 같은 의미의 구성성분의 보편성에 의해 결정된 것이다.

다른 의사소통 방식과 사회적 상호작용의 다양한 규범들은 보편적인 것(언어 독립적이고, 문화 독립적인 것)일 뿐만 아니라, 또한 단순하고 이해하기 쉬운 용어로 기술되었기 때문에 어린이나 또는 영어에 매우 제한적인 지식을 가진 이민자들처럼, 제 2언어 학습자들의 접근을 염두에 둔 것이라고 해도 좋을 것이다. 그러므로 여기에서 사용된 단순한 메타언어가 인간 상호작용의 다양한 양식과, 다양한 언어와 관련된 다양한 상호작용의 전략을 탐구하기 위한 것으로 사용되기를 희망한다. 또한 이 메타언어가 다양한 문화 환경에서 언어 상호작용의 탐구를 위한 도구로 사용될 뿐만 아니라 상호작용을 가르치기 위한 기초, 특히 성공적인 비교 문화 의사소통을 가르치기 위한 하나의 기초로 사용되기를 바란다.

참고문헌

Abrahams, Roger, "Rapping and capping : Black talk as art", in : Szwed (ed.), 132-142, 1970.

Abrahams, Roger, "Black talking on the streets", in : Bauman & Sherzer (eds.), 240-262, 1974.

Abrahams, Roger, *Talking black* (Rowley, Mass. : Newbury House), 1976.

Ameka, Felix, *The use and meaning of selected particles in Ewe* (M.A. thesis, Australian National University), 1986.

Ameka, Felix, "A comparative analysis of conversational routines in two languages : English and Ewe", *Journal of Pragmatics* 11 : 299-326, 1987.

Ameka, Felix, to appear "Agoo can be English, can it? On the semantic representation of linguistic routines", in : David Wilkins (ed.), *Conceptual primitives and semantic analysis : A cross-linguistic perspective* (Berlin : Mouton de Gruyter).

AND, *The Australian national dictionary : a dictionary of Australianisms on historical principles* (W.S. Ramson, ed.) (Melbourne : Oxford University Press), 1988.

Arensburg, Conrad M. & Arthur H. Niehoff, "American cultural values", in : Spradley & Rynkiewich (eds.), 363-377, 1975.

Ash, see Garton Ash.

Atlas, Jay, "Comparative adjectives and adverbials of degree : an introduction to radically radical pragmatics", *Linguistics and Philosophy* 7 : 347-377, 1984.

Austin, John L., *How to do things with words* (Oxford : Oxford University Press), 1962.

Bach, Kent & Robert Harnish, *Linguistic communication and speech acts* (Cambridge, Mass. : MIT Press), 1982.

Baker, Sidney J., *The drum : Australian character and slang* (Sydney : Currawong), 1959.

Baker, Sidney J., *The Australian language* (Sydney : Currawong), 1966.

Bally, Charles, *Le langage et la vie* (3rd expanded edition) (Genève:Droz), 1952.

Bańkowski, Andrzej, "**Jeszcze i już**" [**Jeszcze** and **już**], *Język Polski* 51:21-30, 1971.

Bańkowski, Andrzej, "O kwantyfikacji językowej i partykule aż" [On linguistic quantification and the particle aż], *Prace Filologiczne* 25 : 183-189, 1975a.

Bańkowski, Andrzej, "**Jeszcze** przy komparatywach" [**Jeszcze** with comparatives],

Poradnik Językowy 3 : 148-150, 1975b.

Bańkowski, Andrzej, "Opozycja semantyczna partykuł **dopiero** i **już**" [The semantic opposition of the particles **dopiero** and **już**], *Prace Filologiczne* 26 : 13-38, 1976.

Bańkowski, Andrzej, "Opozycja semantyczna partykuł **jeszcze** i **już**" [The semantic opposition of the particles **jeszcze** and **już**], in : Siatkowski (ed.), 7-46, 1977.

Barnlund, Dean, "Communicative styles in two. cultures : Japan and the United States", in : Kendon & Harris & Key (eds.), 427-456, 1975a.

Barnlund, Dean, *Public and private self in Japan and the United States : communicative styles of two cultures* (Tokyo : Simul), 1975b.

Bartlett, John, *Familiar quotations* (15th edition) (London : Macmillan), 1980.

Barzini, Luigi, *The Italians* (London : Hamish Hamilton), 1964.

Bates, Elizabeth, *Language and context : the acquisition of pragmatics* (New York : Academic Press), 1976.

Bauman, Richard & Joel Sherzer (eds.)., *Explorations in the ethnography of speaking* (Cambridge : Cambridge University Press), 1974.

Baxtin, Mixail, "Problema rečevyx žanrov" [The problem of speech genres] [Written in 1952-3 published in his *Èstetika slovesnogo tvorčestva* 1979, 237-280 (C.G. Boxarov, ed.)] (Moskva : Iskusstvo), 1979[1952-3].

Baxtin, Mixail, *Speech genres and other late essays* [Mikhail Bakhtin] (Vern W. McGee, trans.) (Austin : University of Texas Press), 1986.

Benedict, Ruth, *The chrysanthemum and the sword : patterns of Japanese culture* (London : Seeker & Warburg), 1947.

Blount, Ben (ed.), *Language, culture and society* (Cambridge, Mass. : Winthrop), 1974.

Blum-Kulka, Shoshana, "Learning to say what you mean in a second language : a study of the speech act performance of learners of Hebrew as a second language", *Applied Linguistics* 3 : 29-59, 1982.

Blum-Kulka, Shoshana & Elite Olshtain, "Requests and apologies : a cross-cultural study of speech act realization patterns", *Applied Linguistics* 5 : 196-213, 1984.

Blum-Kulka, Shoshana, Brenda Danet & Rimona Gherson, '"The language of requesting in Israeli society", in : Forgas (ed.), 113-139, 1985.

Blyton, Enid., *The mystery of the Banshee Towers* (London : Granada), 1980.

Bogardus, Emory S., "A social distance scale", *Sociology and Social Research* 17: 265-271, 1933.

Boguslavskij, Igor' M., *Issledovanija po sintaksičeskoj semantike. Sfery dejstvija logičeskich slov* [Investigations into syntactic semantics : the spheres of action of logical words] (A.P. Eršov, ed.) (Moskva : Nauka), 1985.

Bogusławski, Andrzej, *Semantyczne pojęcie liczebnika* [The semantic concept of the numeral] (Wrocław : Ossolineum), 1966.

Bogusławski, Andrzej, "O wyrażeniach oznaczających zmianê" [On expressions denoting change], in : Wierzbicka (ed.), 147-149, 1972.

Bogusławski, Andrzej, "On 'the world'", *Linguistica Silesiana* 1 : 63-69, 1975.

Bogusławski, Andrzej, "Semantic and pragmatic aspects of reference related problems", in : Daneš & Viehweger (eds.), 1-111, 1981a.

Bogusławski, Andrzej, "Wissen, Wahrheit, Glauben : zur semantischen Beschaffenheit des kognitiven Vokabulars", in : Bungarten (ed.), 54-84, 1981b.

Bogusławski, Andrzej, "*Also* from *all so* : on a set of particles in service of efficient communication,,) *Journal of Pragmatics* 10 : 615-633, 1986.

Bogusławski, Andrzej, "Glosa do ksiêgi aktów mowy" [A gloss to the book on speech acts], *Pamiętnik Literacki* 79 : 103-124, 1988.

Bogusławski, Andrzej, "Knowledge is the lack of lack of knowledge, but what is that lack lack of?", *Quaderni di Semantica* 10.1 : 15-31 (Round table on semantic primitives, 1), 1989.

Bogusławski, Andrzej & Bożena Bojar (eds.), **Od kodu do kodu** [From code to code] (Warszawa : Państwowe Wydawnictwo Naukowe) (Festschrift for Olgierd Wojtasiewicz), 1986.

Bolinger, Dwight, *Degree words* (The Hague : Mouton), 1972.

Bolinger, Dwight, *Meaning and form* (London : Longman), 1977.

Bolinger, Dwight, "Intonation and its parts", *Language* 58 : 505-533, 1982.

Bowles, Colin, *G'day! Teach yourself Australian in 20 easy lessons* (Sydney : Angus & Robertson), 1986.

Braun, Friederike, *Terms of address : problems of patterns and usage in various languages and cultures* (Berlin : Mouton de Gruyter), 1988.

Brown, Penelope & Stephen Levinson, "Universals in language usage : politeness phenomena", in : Goody (ed.), 56-310, 1978.

Brown, Penelope & Stephen Levinson, *Politeness : some universals in language usage* (Cambridge : Cambridge University Press), 1987.

Brown, Roger & Albert Gilman, "The pronouns of power and solidarity", in : Giglioli (ed.), 252-282, 1972.

Brzechwa, Jan, *Brzechwa dzieciom* [Brzechwa for children] (Warszawa : Nasza Księgarnia), 1983.

Bühler, Karl, *Sprachtheorie* (Jena) [Reproduced 1965, Stuttgart : Fischer], 1933.

Bungarten, Theo (ed.), *Wissenschaftsprache : Beiträge zur Methodologie, theoretischen Fundierung und Deskription* (München : Fink), 1981.

Butwin, Frances, Translator's introduction to Sholom Aleichem [Rabinowitz], *The old country* (London : Andre Deutsch), 1958.

Buzo, Alexander, "The front room boys", in : *Four Australian plays* (Ringwood, Vic. : Penguin), 1974.

Buzo, Alexander, *Norm and Ahmed, Rooted, The Roy Murphy Show* (Sydney : Currency Press), 1979.

Caton, Charles (ed.), *Philosophy and ordinary language* (Urbana, I 11. : University of Illinois Press), 1963.

Cattell, Ray, "Negative transportation and tag questions", *Language* 49:612-639, 1973.

Chisholm, William S., *Interrogativity : a colloquium on the grammar, typology and pragmatics of questions in seven diverse languages* (Amsterdam : John Benjamins), 1984.

Chomsky, Avram Noam, *Syntactic structures* (The Hague : Mouton), 1957.

Chomsky, Avram Noam, *Reflections on language* (New York : Pantheon), 1975.

Clancy, Patricia, "The acquisition of communicative style in Japanese", in : Schieffelin & Ochs (eds.), 213-250, 1986.

Clark, Herbert & Dale Schunk, "Polite responses to polite requests", *Cognition* 8:111-143, 1980.

Clyne, Michael (ed.), *Australia talks : essays on the sociology of Australian immigrant and Aboriginal languages* (Canberra : Australian National University) (Pacific Linguistics, D23), 1976.

Cole, Peter (ed.), *Syntax and semantics 9 : Pragmatics* (New York : Academic Press), 1978.

Cole, Peter (ed.), *Radical pragmatics* (New York : Academic Press), 1981.

Cole, Peter & Jerry Morgan(eds.), *Syntax and semantics 3 : Speech acts* (New York : Academic Press), 1975.

Coleman, Peter (ed.), *Australian civilisation* : a symposium (Melbourne : Cheshire), 1962.

Comrie, Bernard, "Russian", in : Chisholm (ed.), 7-46, 1984a.

Comrie, Bernard, [Plenary session discussion], in : Chisholm (ed.), 255-287, 1984b.

Condon, John C. & Mitsuko Saito (eds.), *Intercultural encounters with Japan :*

communication-contact and conflict* (Tokyo : Simul), 1974.

Conway, Ronald, *The great Australian stupor : an interpretation of the Australian way of life* (Melbourne : Sun Books), 1971.

Cooke, Joseph R., *Pronominal reference in Thai, Burmese, and Vietnamese* (Berkeley : University of California Press), 1968.

Coulmas, Florian, "Poison to your soul : thanks and apologies contrastively viewed", in: Coulmas (ed.), 69-91, 1981.

Coulmas, Florian (ed.), *Conversational routine : explorations in standardized communication situations and prepatterned speech* (The Hague : Mouton), 1981.

Coulmas, Florian (ed.), *Direct and indirect speech* (Berlin : Mouton de Gruyter), 1986.

Cowie, Anthony P. & Ronald Mackin, *Oxford dictionary of current idiomatic English* 1-2. (Oxford : Oxford University Press), 1976-83.

Crawford, Raymond Maxwell, *Australia* (London : Hutchinson), 1970.

Dal', Vladimir, *Tolkovyj slovar', živogo velikorusskogo jazyka* [Explanatory contemporary Great Russian language] 1-4. dictionary of the (Moskva : Gosudarstvennoe izdatel'stvo inostrannyx i nacion-al'nyx slovarej), 1955 [1882].

Daneš, František & Dieter Viehweger (eds.), *Pragmatische Komponenten der Satzbedeutung* (Berlin : Akademie der Wissenschaften der DDR) (Linguistische Studien Reihe A, 91/1), 1981.

Darwin, Charles, *The expression of the emotions in man and animals* (New York : Philosophical Library), 1955[1874].

Davies, Norman, *God's playground : a history of Poland in two volumes* 1-2.(Oxford : Clarendon Press), 1981.

Davies, Norman, Heart of Europe : a short history of Poland (Oxford : Clarendon Press), 1984.

Davison, Alice, "Indirect speech acts and what to do with them", in : Cole & Morgan (eds.), 143-185, 1975.

Deakin, Greg, *Indirect speech acts and intonation* (M.A. thesis, Australian National University), 1981.

de Tocqueville, Alexis, *Democracy in America* (Henry Reeve, trans.) (New York : Alfred A. Knopf), 1953[1835-40].

DeVos, George, "Dimensions of the self in Japanese culture", in : Marsella & DeVos & Hsu (eds.), 141-184, 1985.

Dixon, Robert M.W., "Where have all the adjectives gone?", *Studies in Language* 1: 19-80 [Reprinted in his *Where have all the adjectives gone? andother essays in syntax and semantics*, 1982, 1-62] (The Hague : Mouton), 1977.

Doherty, Monika, "'Noch' and 'schon' and their presuppositions", in : Kiefer & Ruwet (eds.), 154-177, 1973.

Doi, Takeo, *The anatomy of dependence* (John Bester, trans.) (Tokyo : Kodan-sha), 1973.

Doi, Takeo, "Some psychological themes in Japanese human relationships", in : Condon & Saito (eds.), 17-26, 1974.

Doroszewski, Witold, *Język polski w Stanach Zjednoczonych* [The Polish language in the United States] (Warszawa : Nakład Towarzystwa Naukowego Warszawskiego), 1938.

Dostoevskij, Fedor, Brat'ja Karamazovy [The brothers Karamazov] (*Polnoe sobranie sočinenij* [Complete collected works], 14) (Leningrad : Nauka), 1976.

Dostoevsky, Fedor, The brothers Karamazov (Constance Garnett, trans.) (London : Heinemann), 1974.

Dovlatov, Sergej, "Krug rasskazčikov" [The circle of storytellers], *Kontinent* 11:129-140, 1977.

Doyle, Arthur Conan (Sir), *The complete Sherlock Holmes* (London : Seeker & Warburg), 1981.

Dragunskij, Viktor, *Deniskiny rasskazy* [Little Denis' stories] (Moskva : Detskaja Literatura), 1968.

Drazdauskiene, Maria-Liudvika, "On stereotypes in conversation", in : Coulmas (ed.), 1981:55-68. Eades, Diana, 1981.

Drazdauskiene, "You gotta know how to talk··· : information seeking in South-East Queensland Aboriginal society", *Australian Journal of Linguistics* 2 : 61-82, 1982.

Ervin-Tripp, Susan, "Sociolinguistics", in : Blount(ed.), 1974 : 268-334, 1974.

Ervin-Tripp, Susan, "Is Sybil there? The structure of some American English directives", *Language in Society* 5 : 25-66, 1976.

Facey, Albert B., *A fortunate life* (Ringwood, Vic. : Penguin), 1981.

Field, Deborah, "Tautologies in Japanese", (unpublished paper, Australian National University), 1988.

Fillmore, Charles, "Remarks on contrastive pragmatics", in : Fisiak (ed.), 119-141, 1984.

Fishman, Joshua (ed.), *Readings in the sociology of language* (The Hague : Mouton), 1968.

Fisiak, Jacek (ed.), *Contrastive linguistics : prospects and problems* (Berlin : Mouton). Fochi, Franco, 1984.

Fisiak, Jacek (ed.), *L'italiano facile* [Italian made easy] (Milano : Feltrinelli), 1966.

Folsom, Franklin, *Kniga o jazyke* [The language book] (Moskva : Progress), 1977[1963].

Forgas, Joseph P. (ed.), *Language and social situations* (New York : Springer), 1985.

Fraser, Bruce., Ellen Rintell & Joel Walters, "An approach to conducting research on the acquisition of pragmatic competence in a second language", in : Larsen-Freeman (ed.), 75-91, 1980.

Gage, William W. (ed.), *Language in its social setting* (Washington, DC : Anthropological Society of Washington), 1974.

Garton Ash, Timothy, *The Polish revolution : Solidarity 1980-82* (London : Jonathan Cape), 1983.

Gazdar, George, *Pragmatics : implicature, presupposition and logical form* (New York : Academic Press), 1979.

Geertz, Clifford, *The religion of Java* (Chicago : Chicago University Press), 1976.

Gerber, Eleanor, "Rage and obligation : Samoan emotion in conflict", in : White -Kirkpatrick (eds.), 121-167, 1985.

Gibbs, Raymond W., Jr, "Situational conventions and requests", in : Forgas (ed.), 97-110, 1985.

Giglioli, Pier Paolo (ed.), *Language and social context* (Harmondsworth : Penguin), 1972.

Givón, Taimy, "Review" [of Cole (ed.) 1981], *Studies in Language* 7 : 151-155, 1983.

Givón, Taimy, "The speech-act continuum", in : Chisholm (ed.), 245-254, 1984.

Givón, Taimy, *Mind, code, and context : essays in pragmatics* (Hillsdale, N.J.:Erlbaum), 1989.

Gladwin, Thomas & William Sturtevant (eds.), *Anthropology and human behavior* (Washington, DC : Anthropo-logical Society of Washington), 1962.

Goddard, Cliff, "Particles and illocutionary semantics", Papers in Linguistics 12 : 185-229, 1979.

Goddard, Cliff, *A grammar of Yankunytjatjara* (Alice Springs : Institute for Aboriginal Development), 1985.

Goddard, Cliff, "The natural semantics of *too*", *Journal of Pragmatics* 10 : 635-644.

Goddard, Cliff, "Issues in natural semantic metalanguage", *Quaderni di Semantica* 10. 1 : 51-64 (Round table on semantic primitives, 1), 1989a.

Goddard, Cliff, "The goals and limits of semantic representation", *Quaderni di Semantic a* 10.2 (Round table on semantic primitives, 2), 1989b.

Goddard, Cliff (ed.), *A basic Pitjantjatjara/Yankunytjatjara to English dictionary* (Alice Springs : Institute for Aboriginal Development), 1987.

Godel, Robert (ed.), *A Geneva School reader in linguistics* (Bloomington : Indiana

University Press), 1969.

Goffman, Erving, *Forms of talk* (Oxford : Blackwell), 1981.

Goldstein, Bernice & Kyoko Tamura, *Japan and America : a comparative study in language and culture*(Rutland, Vermont : Tuttle), 1975.

Goljavkin, Viktor, *Ty prixodi k nam, prixodi* [Come to us, come] (Leningrad : Detskaja Literatura), 1968.

Goody, Esther (ed.), *Questions and politeness : strategies in social interaction*(Cambridge : Cambridge University Press), 1978.

Gordon, David & George Lakoff, "Conversational postulates", in : Cole & Morgan (eds.), 83-106, 1975.

Grandgent, Charles H., *An introduction to Vulgar Latin* (Boston : Heath), 1908.

Green, Georgia, "How to get people to do things with words : the whimperative question", in : Cole & Morgan (eds.), 107-141, 1975.

Greenberg, Joseph (ed.), *Universals of human language* 1-4. (Stanford, Calif. : Stanford University Press), 1978.

Grice, H. Paul, "Logic and conversation", in : Cole & Morgan (eds.), 41-58, 1975.

Grice, H. Paul, "Presupposition and conversational implicature", in : Cole (ed.), 183-198, 1981.

Grochowski, Maciej, *Polskie partykuly : składnia, semantyka, leksykografia* [Polish particles : syntax, semantics, lexicography](Wrocław : Ossolineum) (Prace Instytutu Języka Polskiego PAN 62), 1986.

Grodzieńska, Wanda, *Świerszczowa muzyka* [The crickets' music] (Warszawa : Nasza Księgarnia), 1970.

Gross, Maurice., Morris Halle & Marcel Schtitzenberger (eds.), *The formal analysis of natural languages* (The Hague : Mouton), 1973.

Grossman, Vasily, *Žizn' i sud'ba* [Life and fate] (Paris : l'Homme), 1980.

Grossman, Vasily, *Life and fate* (Robert Chandler, trans.) (London : Fontana), 1985.

Gumperz, John, "Introduction", in : Gumperz & Hymes (eds.), 1-25, 1972.

Gumperz, John, *Discourse strategies* (Cambridge : Cambridge University Press), 1982.

Gumperz, John & Dell Hymes(eds.), *Directions in sociolinguistics* (New York : Holt, Rinehart & Winston), 1972.

Haiman, John, "Alienation in grammar", *Studies in Language* 13 : 129-170, 1989.

Halliday, Michael A.K. & Ruqaiya Hasan, *Cohesion in English* (London : Longman), 1976.

Harasawa, Itsuo, "Japanese tautologies", (unpublished paper, Australian National

University), 1985.

Harkins, Jean, "Semantics and the language learner : Warlpiri particles", *Journal of Pragmatics* 10 : 559-573, 1986.

Harkins, Jean, *English as a 'two-way' language in Alice Springs* (M.A. thesis, Ausrtalian Mational University), 1988.

Harris, Max, "Morals and manners", in : Coleman (ed.), 47-67, 1962.

Harris, Stephen G., *Culture and learning : tradition and education in north-east Arnhem Land* (Canberra : Australian Institute of Aboriginal Studies), 1984.

Hayakawa, Haruko, *The semantics of reduplication in Japanese.* (M.A. thesis, Australian National University), 1985.

Hibberd, Jack, "Who", "White with wire wheels", in : Four Australian plays(Ringwood, Vic.: Penguin), 1974.

Higa, Masanori, "The use of the imperative mood in post-war Japan", in : Lebra(ed.), 49-56, 1972.

Hijirida, Kyoko & Ho-min Sohn, "Cross-cultural patterns of honorifics and sociolinguistic sensitivity to honorific variables : evidence from English, Japanese, and Korean", *Papers in Linguistics* 19 : 365-401, 1986.

Hill, Deborah, *The semantics of some interjectional constructions in Australian English* (B.A.Hons, thesis, Australian National University), 1985.

Hirszowicz, Maria, *The bureaucratic leviathan : a study in the sociology of communism* (Oxford : Martin Robertson), 1980.

Hollos, Marida & William Beeman, "The development of directives among Norwegian and Hungarian children : an example of communicative style in culture", *Language in Society* 7 : 345-355, 1978.

Honna, Nobuyoki & Bates Hoffer, *An English dictionary of Japanese ways of thinking* (Tokyo : Yuhikaku), 1989.

Hornby, Albert Sydney., E.V. Gatenby & H. Wakefield, *The advanced learner's dictionary of current English* (2nd edition) (Oxford : Oxford University Press), 1969.

Horne, Donald, *The lucky country : Australia in the sixties* (Ringwood, Vic. : Penguin), 1964.

House, Juliane & Gabriele Kasper, "Politeness markers in English and German", in : Coulmas (ed.), 157-185, 1981.

Hubler, Axel, *Understatements and hedges in English* (Amsterdam : John Benjamins), 1983.

Hudson, Joyce, "Selected speech act verbs in Walmatjari", in : Huttar & Gregerson (eds.), 1985 : 63-83, 1985.

Hughes, Geoffrey, *Words in time : a social history of English vocabulary* (Oxford : Blackwell), 1988.

Humboldt, Wilhelm von, *Gesammelte Schriften* 1-7 (A. Leitzmann, ed.) (Berlin : Behrs), 1903-18.

Huttar, George & Kenneth Gregerson(eds.), Pragmatics in non-Western perspective (Dallas, Texas: Summer Institute of Linguistics), 1985.

Hymes, Dell H., '"On typology of cognitive styles in language (with examples from Chinookan)", *Anthropological Linguistics* 3 : 22-54, 1961.

Hymes, Dell H., "The ethnography of speaking", in : Gladwin & Sturtevant (eds.), 13-53 [Reprintedi n Fishman (ed.), 99-138], 1962.

Hymes, Dell H., "Anthropology and sociology : an overview", in : Sebeok (ed.), 1445-1475, 1974a.

Hymes, Dell H., *Foundations in sociolinguistics : an ethnographic approach*(Philadelphia: University of Pennsylvania Press), 1974b.

Jacobs, Roderick & Peter Rosenbaum(eds.), *Readings in English transformational grammar* (Waltham, Mass. : Ginn), 1970.

Jespersen, Otto, A modern English grammar on historical principles 1-7 (London : Allen & Unwin), 1965[1909-49].

Johnson, Christina, *In praise of dogs in Australia* (Adelaide : Rigby), 1978.

Johnson, Ken, "The vocabulary of race", in : Kochman (ed.), 140-151, 1972.

Kaczyński, Mieczysław, *Gramatyka języka włoskiego* [Grammar of the Italian language] (Warszawa : Wiedza Powszechna), 1964.

Kageyama, Taro & Ikuhiro Tamori, "Japanese whimperatives", *Papers in Japanese Linguistics* 4 : 13-53, 1976.

Kalish, Donald & Richard Montague, *Logic : techniques of formal reasoning* (New York : Harcourt, Brace), 1964.

Karcevski, Serge, "Introduction à l'étude de l'interjection", in : Godel (ed.), 196-212, 1969[1941].

Katriel, Tamar, *Talking straight : dugri speech in Israeli Sabra culture* (Cambridge : Cambridge UniversityPress), 1986.

Keen, Ian D., *One ceremony, one song : an economy of religious knowledge among the Yolngu of north-east Arnhem Land* (Ph.D. thesis, Australian National University), 1978.

Kemme, Hans-Martin, *Ja, denn, doch usw, Die Modalpartikeln im Deutschen* (München : Goethe-Institut), 1979.

Kendon, Adam, Richard Harris & Mary Ritchie Key (eds.), *Organization of behavior in face-to-face interaction* (The Hague : Mouton), 1975.

Kiefer, Ferenc & Nicholas Ruwet (eds.), *Generative grammar in Europe* (Dordrecht : Reidel), 1973.

Kinchin-Smith, F. & T. W. Melluish, *Teach yourself Greek* (London : The English Universities Press). King, Jonathan, 1966.

Kinchin-Smith, F. & T. W. Melluish, *Waltzing materialism* (Sydney : Harper & Row), 1978.

Kochman, Thomas, "Toward an ethnography of black American speech behavior", in : Kochman (ed.), 241-264, 1972.

Kochman, Thomas, *Black and white styles in conflict* (Chicago : University of Chicago Press), 1981.

Kochman, Thomas (ed.), *Rappin' and stylin' out : communication in urban black America* (Urbana : University of Illinois Press), 1972.

Kolankiewicz, George & Paul Lewis, *Poland : politics, economics, and society* (London : Pinter), 1988.

Konig, Ekkehard, "Temporal and non-temporal usesof 'noch' and 'schon' in German", *Linguistics and Philosophy* 1 : 173-198, 1977.

Kučera, Henry & W. Nelson Francis, *Computational analysis of present-day American English* (Providence, R.I. : Brown University Press), 1968.

Kurokawa, Shozo, "Japanese terms of address : some usages of the first and second person pronouns", *Papers in Japanese Linguistics* 1 : 228-238, 1972.

Labov, William, "Rules for ritual insults", in : Sudnow (ed.), 120-169 [Reprinted in Kochman (ed.), 265-314, and in Labov, *Language in the inner city*, 297-353 (Philadelphia : University of Pennsylvania Press)], 1972.

Lakoff, George, *Women, fire, and dangerous things : what categories reveal about he mind* (Chicago : University of Chicago Press), 1986.

Lakoff, Robin, "Language in context", *Language* 48 : 907-927, 1972.

Lanham, Betty B., "Ethics and moral precepts taught in schools of Japan and the United States", in : Lebra & Lebra (eds.), 280-296, 1986.

Larsen-Freeman, Diane (ed.), *Discourse analysis in second language research* (Rowley, Mass. : Newbury House), 1980.

LDOCE, *Longman dictionary of contemporary English* (Paul Procter, ed.) (London :

Longman), 1978.

LDOTEL, *Longman Dictionary of the English Language* (Heather Gay, Brian O'Kill, Katherine Seed, Janet Whitcut, eds.) (London : Longman), 1984.

Lebra, Takie S., "Reciprocity and the asymmetric principle: an analytic reappraisal of the Japanese concept of On" in : Lebra & Lebra (eds.), 192- 207, 1974.

Lebra, Takie S., *Japanese patterns of behavior* (Honolulu : University Press of Hawaii), 1976.

Lebra, Takie S. & William P. Lebra (eds.), *Japanese culture and behavior : selected readings* (Honolulu : University Press of Hawaii), 1974.

Lebra, Takie S. & William P. Lebra (eds.), *Japanese culture and behavior : selected readings* (revised edition) (Honolulu : University Press of Hawaii), 1986.

Lebra, William P. (ed.), *Transcultural research in mental health* (Honolulu : University Press of Hawaii), 1972.

Lee, David, "The semantics of **just**", *Journal of Pragmatics* 11 : 377-398, 1987.

Leech, Geoffrey, *Principles of pragmatics*(London : Longman), 1983.

Leibniz, Gottfried Wilhelm, *Opuscules et fragments inédits de Leibniz* (Louis Couturat, ed.)(Paris) [Reprinted 1961, Hildesheim : Georg Olms], 1903.

Leibniz, Gottfried Wilhelm, *New essays concerning human understanding* (La Salle, I1 1. : Open Court), 1949[1704].

Lepschy, Anna & Giulio Lepschy, *La lingua italiana* [The Italian language] (Milano : Bompiani), 1984.

Levenston, Edward A., *English for Israelis* (Tel Aviv : Israeli Universities Press), 1970.

Levinson, Stephen, *Pragmatics* (Cambridge : Cambridge University Press), 1983.

Levy, Robert, *Tahitians : mind and experience in the Society Islands* (Chicago : University of Chicago Press), 1973.

Lewis, Clive Staples, *The Screwtape letters* (London : Geoffrey Bles), 1946.

Locke, John, *An essay concerning human understanding* 1-2. (A.C. Fraser, ed.) (New York : Dover), 1959[1690].

Luo, Yongxian, "An account of Chinese nominal tautologies", (unpublished paper, Australian National University), 1988.

Lutz, Catherine, "The domain of emotion words on Ifaluk", *American Ethnologist* 9:113-128, 1982.

Lutz, Catherine, "Ethnopsychology compared to what? Explaining behavior and consciousness among the Ifaluk", in : White & Kirkpatrick (eds.), 35-79, 1985.

Lutz, Catherine, "Emotion, thought, and estrangement: emotion as a cultural category", *Cultural Anthropology* 1 : 287-309, 1986.

Lutz, Catherine, *Unnatural emotions : everyday sentiments on a Micronesian atoll and their challenge to Western theory* (Chicago : University of Chicago Press), 1988.

Malamud, Bernardm, *The magic barre*l (New York : Farrar, Straus), 1958.

Malamud, Bernardm, *The tenants* (New York : Farrar, Straus), 1971.

Manzoni, Alessandro, *The betrothed* (Bohn's Libraries, trans.) (London : Bell), 1914.

Manzoni, Alessandro, *The betrothed* (Archibald Colquhoun, trans.) (London : Dent), 1968.

Manzoni, Alessandro, *I promessi sposi* [The betrothed] (Verona : Mondadori), 1972.

Marsella, Anthony & GeorgeDeVos & Francis Hsu (eds.), *Culture and self : Asian and Western perspectives* (New York : Tavistock), 1985.

Matisoff, James, *Blessings, curses, hopes, and fears : psycho-ostensive expressions in Yiddish* (Philadelphia : Institute for the Study of Human Issues), 1979.

Matsumoto, Yoshiko, "Reexamination of the universality of face : politeness phenomena in Japanese", *Journal of Pragmatics* 12 : 403-426, 1988.

McGregor, Craig, *The Australian people* (Sydney : Hodder & Stoughton), 1980.

Mel'čuk, Igor, *Cours de morphologie générale.* (Montréal : Presses Universitaires), in press.

Mezzrow, Milton & Bernard Wolfe, *Really the blues* (Garden City, N.Y. : Doubleday), 1969.

Mickiewicz, Adam, "Dziady, część Ⅲ" [Grandfathers, part 3] (**Utwory zebrane** [Collected works])(Warszawa : Czytelnik), 1955[1832].

Miller, Roy, *The Japanese language* (Chicago : University of Chicago Press), 1967.

Minami, Hiroshi, *Nihonjin no shinri* [The psychology of the Japanese](Tokyo : Iwanami), 1953.

Mitchell-Kernan, Claudia, *Language behavior in a black urban community* (Berkeley: University of California Press) (Monographs of the Language Behavior Research Laboratory, 2), 1971.

Mitchell-Kernan, "Signifying and marking : two Afro-American speech acts", in : Gumperz & Hymes (eds.), 161-179, 1972.

Mittwoch, Anita, "How to refer to one's own words: speech act modifying adverbials and the performative analysis", *Journal of Linguistics* 13 : 177-189, 1977.

Mizutani, Osamu & Nobuko Mizutani, *How to be polite in Japanese* (Tokyo : Japan Times), 1987.

Moiseev, Aleksandr, "Časticy uže i ješče v sovremennom russkom jazyke" [The particles uže and ješče in contemporary Russian], Slavia Orientalis 27 : 357-360, 1978.

Monahan, Barbara, *A dictionary of Russian gesture* (Ann Arbor, Mich. : Hermitage), 1983.

Montgomery, Lucy, *Anne of Ingleside* (London : Angus & Robertson), 1980.

Moravcsik, Edith, "Reduplicative constructions", in : Greenberg (ed.), 3 : 297-334, 1978.

Morgan, Jerry, "Two types of convention in indirect speech acts", in : Cole (ed.), 261-280, 1978.

Morimoto, Junko, "Some Japanese speech act verbs", (unpublished paper, Australian National University), 1985.

Morris, Charles W, "Foundations of the theory of signs", in : Neurath & Carnap & Morris (eds.), 77-137, 1938.

Morris, Desmond & Peter Collett & Peter Marsh & Marie O'Shaughnessy, *Gestures : their origins and distribution* (London : Jonathan Cape), 1979.

Myerhoff, Barbara, *Number our days* (New York : Dutton), 1978.

Nabokov, Vladimir, *Pnin* (Ann Arbor : Ardis), 1983.

Nakane, Chie, *Japanese society* (London : Weidenfeld & Nicolson), 1970.

Nakane, Chie, *Human relations in Japan : summary translation of "Tateshakai no ningen kankei" [Personal relationsin a vertical society]* (Tokyo : Ministry of Foreign Affairs), 1972.

Nesbitt, Edith, *The enchanted castle* (Harmondsworth : Penguin), 1980.

Neurath, Otto & Rudolf Carnap & C.W. Morris (eds.), *International encyclopaedia of unified science* (Chicago : Chicago University Press), 1938.

Nevile, Ann, *A comparison of selected speech acts in Japanese and English* (B.A.Hons, thesis, Australian National University), 1981.

Newmeyer, Frederick, *Linguistic theory in America : the first quarter-century of transformational generative grammar* (New York : Academic Press), 1980.

Nikolaeva, Tat'jana M., *Funkcji častic v vyskazyvanii : na materiale slavjanskix jazykov [Functions of particles in the utterance : on materials from Slavic languages]* (Moskva : Nauka), 1985.

Nuchelmans, Gabriel, *Theories of the proposition : ancient and medieval conceptions of the bearers of truth and reality* (Amsterdam : North-Holland), 1973.

Ochs Keenan, Elinor, "The universality of conversational postulates", *Language in Society* 5 : 67-80, 1976.

OED, *The Oxford English dictionary* 1-12. (Oxford : Clarendon Press), 1933.

OEDS, *A supplement to the Oxford English dictionary* 1-4. (R.W. Burch field, ed.) (Oxford : Clarendon Press), 1972-86.

O'Grady, John, *Aussie English : an explanation of the Australian idiom* (Sydney : Ure Smith), 1965.

Okudžava, Bulat, *Arbat, moj Arbat : stixi i pesni* [Arbat, my Arbat : poems and songs](Moskva : Sovetskij Pisatel'), 1976.

O'Neill, Eugene, "Welded", in : *Three plays by Eugene O"Neill* (London : Jonathan Cape), 1958.

O'Neill, Eugene, *Anna Christie* (Harmondsworth : Penguin), 1960.

Oring, Elliott, *Israeli humor : the content and structure of the 'chizbat' of the Palmah* (Albany : SUNY Press), 1981.

Padučeva, Elena, *Vyskazyvanie i ego sootnesennost's dejstvitel'nost'ju* [The utterance and its relation to reality](Moskva : Nauka), 1985.

Palakornkul, Angkab, "A socio-linguistic study of pronominal usage in spoken Bangkok Thai", *International Journal of the Sociologyof Language* 5 : 11-41, 1975.

Pascal, Fania, "Wittgenstein: a personal memoir", in : Rhees (ed.), 26-62, 1981.

Pasicki, Adam, "**Już, jeszcze**, and their English equivalents", *Papers and Studies in Contrastive Linguistics* (Poznań;) 5 : 103-110, 1976.

Paterson, Katherine, *The great Gillie Hopkins* (Harmondsworth : Penguin), 1978.

Pomerantz, Anita, "Compliment responses: notes on the co-operation of multiple constraints", in : Schenkein (ed.), 79-112, 1978.

Pride, Janet B. (ed.), *Cross-cultural encounters : communication and mis-communication* (Melbourne: River Seine), 1985.

Psathas, George, *Everyday language : studies in ethnomethodology* (New York : Irvington), 1979.

Quirk, Randolph & Sidney Greenbaum & Geoffrey Leech & Jan Svartvik, *A grammar of contemporary English* (London : Longman), 1972.

Raphael, Frederic, *The glittering prizes* (Harmondsworth : Penguin), 1977.

Rath, Rainer, "Doch-eine Studie zur Syntax und zur kommunikativen Funktion einer Partikel", *Deutsche Sprache* 1975 : 222-242, 1975.

Rayner, Clare, *The body book* (Ultimo, NSW : Whizzard Publications), 1978.

Reisman, Karl, "Noise and order", in : Gage(ed.), 50-61, 1974.

Renwick, George W., *InterAct : guidelines for Australians and North Americans* (Yarmouth, Maine : Intercultural Press), 1980.

Rhees, Rush (ed.), *Ludwig Wittgenstein : personal recollections* (Oxford : Blackwell), 1981.

Rosaldo, Michelle, *Knowledge and passion : Ilongot notions of self and social life* (Cambridge : Cambridge University Press), 1980.

Rosaldo, Michelle, "The things we do with words : Ilongot speech acts and speech act theory in philosophy", *Language in Society* 11:203-237, 1982.

Ross, John R., "On declarative sentences", in : Jacobs & Rosenbaum (eds.), 222-272, 1970.

Ross, John R., "Slifting" [sentence lifting], in : Gross & Halle & Schutzenberger (eds.), 133-169, 1973.

Rosten, Leo, *The joys of Yiddish* (New York : McGraw-Hill), 1968.

Russell, Bertrand, *An inquiry into meaning and truth* (Harmondsworth : Penguin), 1962.

Rymkiewicz, Jarosław Marek, *Rozmowy polskie latem 1983* [Polish conversations, summer 1983](Paris : Instytut Literacki), 1984.

Sacks, Harvey., Emmanuel Schegloff & Gail Jefferson, "A simplest systematics for the organization of turn taking for conversation", in : Schenkein(ed.), 7-55, 1978.

Sadock, Jerrold, "Whimperatives", in : Sadock & Vanek (eds.), 223-238, 1970.

Sadock, Jerrold, *Toward a linguistic theory of speech acts* (New York : Academic Press), 1974.

Sadock, Jerrold, "Almost", in : Cole (ed.), 257-271, 1981.

Sadock, Jerrold & Anthony Vanek (eds.), *Studies presented to R.B. Lees by his students* (Edmonton : Linguistic Research Inc.), 1970.

Sansom, Basil, *The camp at Wallaby Cross : Aboriginal fringe dwellers in Darwin* (Canberra : Australian Instituteof Aboriginal Studies), 1980.

Sapir, Edward, *Language : an introduction to the study of speech* (New York : Harcourt, Brace), 1921.

Sapir, Edward, "Gradation : a study in semantics", in : *Selected writings of Edward Sapir in language, culture, and personality*, 122-149 (David Mandelbaum, ed.) (Berkeley : University of California Press), 1949.

Schächter, Josef, *Prolegomena to a critical grammar* (Dordrecht : Reidel) [First published 1935, Vienna : Julius Springer], 1973[1935].

Schenkein, Jim (ed.), *Studies in the organization of conversational interaction* (New YorkäAcademic Press), 1978.

Schieffelin, Bambi B. & Eleanor Ochs (eds.), *Language socialization across cultures* (Cambridge : Cambridge University Press) (Studies in the social and cultural foundations of language, 3), 1986.

Schiffrin, Deborah, "Jewish argument as sociability", *Language in Society* 13 : 311-335, 1984.

Schreiber, Paul, "Style disjuncts and the performative analysis", *Linguistic Inquiry* 3 : 321-347, 1972.

Schrett, Józef, "Dolina między górami"[A valley between mountains], *Kultura* 436 : 5-18, 1984.

Schuchardt, Hugo, "On sound laws : against the Neogrammarians", in Vennemann & Wilbur (eds.), 39-72. [First published 1885], 1972.

Searle, John, *Speech acts : an essay in the philosophy of language* (Cambridge: Cambridge UniversityPress), 1969.

Searle, John, "Indirect speech acts", in : Cole & Morgan (eds.), 59-82, 1975.

Searle, John, *Expression and meaning : studies in the theory of speech acts* (Cambridge : Cambridge University Press), 1979.

Sebeok, Thomas A. (ed.), *Current trends in linguistics XII : Linguistics and adjacent arts and sciences* (The Hague : Mouton), 1974.

Sekiguchi, Isugio, "Was heisst *doch?*", in Weydt (ed.), 3-9, 1977.

Sherzer, Joel, "Namakke, sunmakke, kormakke : three types of Cuna speech event", in : Bauman & Sherzer(eds.), 263-282, 1974.

Shetter, William Z., "The meaning of German *noch*", *Language* 42 : 42-66, 1966.

Shopen, Timothy, "Some contributions from grammar to the theory of style", *College English* 35 : 775-798, 1974.

Shweder, Richard & Robert LeVine (eds.), *Culture theory : essays on mind, self, and emotion* (Cambridge : Cambridge University Press), 1984.

Siatkowski, Janusz, *Studia językoznawcze, Streszczenia prac doktorskich II* [Linguistic studies: abstracts of doctoral dissertations II] (Wrocław : Ossolineum) (Prace językoznawcze PAN 88), 1977.

SJP, *Słownik języka polskiego* (Witold Doroszewski, ed.) (Warszawa : Państwowe Wydawnictwo Naukowe), 1958-68.

Skinner, Quentin, "Conventions and the understanding of speech acts", *The Philosophical Quarterly* 20 : 118-138, 1970.

Skorupka, Stanisław, *Słownik frazeologiczny języka polskiego* [Phraseological dictionary of the Polish language] 1-2. (2nd edition) (Warszawa : Wiedza Powszechna), 1974.

Smith, Hedrick, *The Russians* (London: Sphere Books), 1976.

Smith, Robert, *Japanese society : tradition, self, and the social order* (Cambridge :

Cambridge University Press), 1983.

Sohn, Ho-min, "Intercultural communication in cognitive values : Americans and Koreans", *Language and Linguistics* (Seoul) 9 : 93-136, 1983.

Solomon, Robert, "Getting angry : The Jamesian theory of emotion in anthropology", in : Shweder & LeVine (eds.), 238-254, 1984.

Sperber, Dan & Deirdre Wilson, "Irony and the use-mention distinction", in : Cole (ed.), 295-318, 1981.

Śpitzer, Leo, *Stilstudien* 1-2. (München : Hueber), 1928.

Spradley, James P. & Michael A. Rynkiewich, *The Nacirema : readings on American culture* (Boston : Little, Brown), 1975.

SRJa, *Slovar' russkogo jazyka* [Dictionary of the Russian language]1-4. (Moskva: Gosudarstvennoe izdatel'stvo inostrannyx I nacional'nyx slovarej), 1957-61.

SSRLJa, *Slovar' sovremennogo russkogo literaturnogo jazyka* [Dictionary of contemporary literary Russian]1-17. (Moskva : Izdatel'stvo Akademii Nauk SSSR), 1950-65.

Stevenson, Burton, *Stevenson's book of quotations* (London : Cassell), 1946.

Stevenson, Burton, *Stevenson's book of proverbs, maxims and familiar phrases* (London : Routledge & Kegan Paul), 1949.

Sudnow, David (ed.), *Studies in social interaction*(New York : Free Press), 1972.

Sumerkin, Alexander (ed.), *Russica 1981 : literaturnyj sbornik* [Russica 1981 : a literary collection] (New York : Russica), 1982.

Suslov, Il'ja, "Inga i Veročka" [Inga and Verochka], in : Sumerkin (ed.), 183-190, 1982.

Suzuki, Takao, "Language and behavior in Japan: the conceptualization of personal relations", in : Lebra & Lebra (eds.), 142-157, 1986.

Szelburg-Zarembina, Ewa, *Idzie niebo ciemną nocą···* [The sky is walking on a dark hight···] (Warszawa : Nasza Księgarnia), 1970.

Szwed, John F. (ed.), *Black America* (New York : Basic Books), 1970.

Tannen, Deborah, "Indirectness in discourse : ethnicity as conversational style", *Discourse Processes* 4 : 221-238, 1981a.

Tannen, Deborah, "New York Jewish conversational style", *International Journal of the Sociology of Language* 30 : 133-149, 1981b.

Tannen, Deborah, *Conversational style : analyzing talk among friends* (Norwood, N.J. : Ablex), 1984.

Tannen, Deborah, *That's not what I meant! How conversational style makes or breaks relationships* (New York : Ballantine), 1986.

Tannen, Deborah & Piale Öztek, "'Health to our mouths' : formulaic expressions in Turkish and Greek", *Berkeley Linguistics Society, Proceedings* 3 : 516-534 [Reprinted in Coulmas(ed.), 37-54], 1977.

Taylor, Brian A., "Towards a sociolinguistic analysis of 'swearing' and the language of abuse in Australian English", in : Clyne (ed.), 43-62, 1976.

Tolstoy, Nikolai, *The Tolstoys : twenty-four generations of Russian history* 1353-1983 (London : Hamish Hamilton), 1983.

Traugott, Elizabeth C. & John Waterhouse, "'Already' and 'yet' : a suppletive set of aspect-markers?", *Journal of Linguistics* 5 : 287-304, 1969.

Triandaphyllidis, Manolis, *Petite grammaire du grec moderne* (F. Duisit, O. Merlier, trans.) (Thessaloniki), 1975.

Triandis, Harry C. & Leigh M. Triandis, "Race, social class, religion, and nationality as determinants of social disclosure", *Journal of Abnormal and Social Psychology* 61 : 110-118, 1960.

Triandis, Harry C. & Vasso Vassiliou, "A comparative analysis of subjective culture", in : Triandis (ed.) 299-335, 1972.

Triandis, Harry C. (ed.), *The analysis of subjective culture* (New York : Wiley), 1972.

Trilling, Lionel, *Sincerity and authenticity* (London : Oxford University Press), 1972.

Ueda, Keiko, "Sixteen ways to avoid saying 'no' in Japan", in : Condon & Saito (eds.), 184-192, 1974.

Universitéde Paris-7, *Les particules énonciatives en russe contemporain* (Paris : Departement de Recherches Linguistiques (DRL), Laboratoire de Linguistique Formelle) (ATP Nouvelles recherches sur le langage, Collection ERA 642), 1986.

Urmson, James Opie, "Parenthetical verbs", in : Caton (ed.), 220-240, 1963.

Vennemann, Theo & Terence H. Wilbur (eds.), *Schuchardt, the Neogrammarians, and the transformational theory of phonological change* (Frankfurt : Athenäum), 1972.

Verschueren, Jef, *What people say they do with words: prolegomena to an empirical conceptual approach to linguistic action* (Norwood, N.J. : Ablex), 1985.

Vossler, Karl, *Positivismus and Idealismus in der Spracliwissenschaft* (Heidelberg), 1904.

Vossler, Karl, *Geist und Kultur in der Sprache* (Munchen), 1925.

Wannan, Bill, *Tell'em I died game* (Melbourne : Lansdowne Press), 1963.

Ward, Russel, *The Australian legend* (Melbourne : Oxford University Press), 1958.

Weber, Max, *The Protestant ethic and the spirit of capitalism* (Talcott Parsons, trans.) (London : Allen & Unwin), 1968[1930].

Webster, *The international Webster new encyclopaedic dictionary* (New York : Tabor

House), 1973.

Webster, *Webster's new world dictionary* (Sydney : Fontana/Collins), 1977.

Weydt, Harald, *Abtönungspartikel, Die deutschen Modalwörter und ihrc. französischen Entsprechungen* (Bad Homburg : Gehlen), 1969.

Weydt, Harald (ed.), *Aspekte der Modalpartikeln : Studien zur deutschen Abtönung* (Tübingen : Niemeyer), 1977.

Weydt, Harald., Theo Harden & Elke Hentschel & Dietmar Rösler (eds.), *Kleine deutsche Partikellehre* (Stuttgart : Klett), 1983.

White, Geoffrey M. & John Kirkpatrick (eds.), *Person, self, and experienceöexploring Pacific ethnopsychologies*(Berkeley : University of California Press), 1985.

Whorf, Benjamin Lee, *Language, thought, and reality* (John Carroll, ed.) (New YorköWiley), 1956.

Wierzbicka, Anna, "The deep or semantic structure of the comparative", *Linguistische Berichte* 16ö39-45, 1971.

Wierzbicka, Anna, *Semantic primitives* (Frankfurt : Athenäum) (Linguistische Forschungen, 22), 1972.

Wierzbicka, Anna, "The semantic structure of words for emotions", in : Jakobson., van Schooneveld & Worth (eds), *Slavic poetics*, 499-505 (The Hague : Mouton), 1973.

Wierzbicka, Anna, "The semantics of direct and indirect discourse", *Papers in Linguistics* 7 : 267-307, 1974.

Wierzbicka, Anna, "Particles and linguistic relativity", *International Review of Slavic Linguistics* 1 : 327-367, 1976.

Wierzbicka, Anna, "The ignorative : the semantics of speech acts", *International Review of Slavic Linguistics* 2 : 251-312, 1977.

Wierzbicka, Anna, *Lingua mentalis : The semantics of natural language* (Sydney/ New York : Academic Press), 1980.

Wierzbicka, Anna, "Diminutives and depreciatives: semantic representation for derivational categories", *Quaderni di Semantica* 5 : 123-130, 1984.

Wierzbicka, Anna, "A semantic metalanguage for across-cultural comparison of speech acts and speech genres", *Language in Society* 14 : 491-514, 1985a.

Wierzbicka, Anna, "Different cultures, different languages, different speech acts: Polish vs. English", *Journal of Pragmatics* 9 : 145-178, 1985b.

Wierzbicka, Anna, *Lexicography and conceptual analysis* (Ann Arbor : Karoma), 1985c.

Wierzbicka, Anna, "A semantic metalanguage for the description and comparison of illocutionary meanings", *Journal of Pragmatics* 10:67-107, 1986a.

Wierzbicka, Anna, "Does language reflect culture? Evidence from Australian English", *Language in Society* 15 : 349-373, 1986b.

Wierzbicka, Anna, "Human emotions : universal or culture-specific?", *American Anthropologist* 88 : 584-594, 1986c.

Wierzbicka, Anna, *English speech act verbs : A semantic dictionary* (Sydney : Academic Press), 1987.

Wierzbicka, Anna, *The semantics of grammar* (Amsterdam : John Benjamins), 1988.

Wierzbicka, Anna, "Semantic primitives and lexical universals", *Quaderni di Semantica* 10.1 : 103-121 (Round table on semantic primitives, 1).

Wierzbicka, Anna, "Semantic primitives : the expanding set", *Quaderni di Semantica* 10.2 (Round table on semantic primitives, 2), 1989b.

Wierzbicka, Anna, "Antitotalitarian language in Poland : some mechanisms of linguistic self-defence", *Language in Society* 19 : 1-59, 1990.

Wierzbicka, Anna, "Lexical universals and universals of grammar", in Michel Kefer & Johan van der Auwera (eds.) *Meaning and grammar.* (Berlin : de Gruyter), 1990a .

Wierzbicka, Anna, "Semantic complexity", to appear in *Theoretical Linguistics* 17, 1990 [special issue on "Complexity"], 1990b.

Wierzbicka, Anna, *Semantics, culture and cognition : universal human concepts in culture-specific configurations*, 1992.

Wierzbicka, Anna (ed.), *Semantyka i słownik* [Semantics and lexicon] (Wrocław: Ossolineum), 1972.

Wilkes, Gerald A., *A dictionary of Australian colloquialisms* (Sydney : Fontana/ Collins), 1978.

Wilkins, David P., "Nominal reduplication in Mparntwe Arrernte", *Language in Central Australia* 1:16-22, 1984.

Wilkins, David P., "Particle/clitics for criticism and complaint in Mparntwe Arrernte (Aranda)", *Journal of Pragmatics* 10 : 575-596, 1986.

Williams, Tennessee, *The night of the iguana* (London : Seeker & Warburg), 1961.

Williamson, David, *Don's party* (Collected plays, 1) (Sydney : Currency Press), 1973.

Williamson, David, *The coming of Stork, Jugglers three, What if you died tomorrow: three plays* (Sydney : Currency Press), 1974.

Wittgenstein, Ludwig, *Philosophical investigations* (G.E.M. Anscombe, trans.) (Oxford : Blackwell), 1953.

Zapolska, Gabriela, *Moralnoŝć pani Duliskiej* [Mrs. Dulska's morality] (Wrocław : Ossolineum), 1978.

Zasorina, L.N. (ed.), *Častotnyj slovar' russkogo jazyka* [Frequency dictionary of the Russian language] (Moskva : Russkij Jazyk), 1977.

Zipf, George K., *Human behavior and the principle of least effort : an introduction to human ecology* (Facsimile edition, 1965) (New York : Hafner), 1949.

미주

1 화살표(⇒)는 하나의 암시임을 나타내며, 그 표현이 갖는 전체 의미의 일부이다.

2 비교 문화 화용론에서 호칭의 가장 중요한 부분은 Friederike Braun(1988)의 중요한 연구, 『Terms of address : problems of patterns and usage in various languages and cultures』에서 강조되었으나, 현재의 연구가 완성된 후에야 내가 관심을 갖게 되었다.

3 바흐친의 연구 "Problema rečevyx žanrov"[The problem of speech genres']는 1979년에 출판되었으나 그러나 실제로는 1952년에 쓰여졌다. 그렇기 때문에 나에게는 그가 1960년대와 1970년대에 불기 시작한 발화 행위와 발화 장르에 대한 현대 서구 문학의 선구자로서 제대로 평가되어야 한다고 본다. 사실 바흐친의 관련 주제에 대한 연구는 1929년 초 Vološinov라는 가명으로 출판되었다. 그러나 1929년 책은 관심과 독창성에 비해 1952년의 연구만큼 발화 장르에 대해 중점을 두지 않았다. 이 선구자적 연구에 대한 영어 번역본은 Baxtin(1986)을 참조하라. 특히 이 책은 발화 장르를 전적으로 다루고 있으며, 특히 내가 연구한 것과 같은 특징을 갖는 프로그램의 개요가 설명되어 있다.

4 발화 행위에 대한 대부분의 현대 언어학적 저술들은 이 아이디어들을 최근의 것들이라고 가정하고 있는 것처럼 보이기 때문에, 나는 여기에 긴 인용을 제시함으로써 좀 더 실제적인 역사적 관점에서 그 문제를 다루는 데 도움을 주려고 한다.

변증법의 영역에서부터 시작하여 아마도 존재한 말의 종류에 대한 분류가 이미 시행된 이래, 스토아학파는 완전한 lecta의 분류를 좀 더 정교하게 발전시켰다. 그러한 일부 목록으로부터 우리는 **axiōmata**와 두 개의 질문과는 별도로, 완벽한 lecta의 변이체가 다음처럼 구분될 수 있다는 것을 알았다.

(a) 그것은 좀더 **axiōma**인 것, 또는 **axiōma**와 같은 것으로, 예를 들면 'How beautiful the Parthenon (is)'(파르테논은 얼마나 아름다운가), 'How like to Priam's sons the cowherd (is)'(프리암 아들들이 얼마나 소 치는 사람과 비슷한가)에 해당된다. 그 발화는 어떤 감정의 반응을 나타내는 **axiōma**와 다르며, 통상적으로 불변화사 hōs(How)로 표현된다. 그것은 또한 **thaumastikon** 이라고 부르는데, 칭찬이나 놀람의 **lekton**이다. 또한 그 자체로는 **psektikon**, 즉 비난의 **lekton**과 대조를 이룬다.

(b) 질문에 대한 또 다른 종류는 스스로에게 의심이나 절망(epaporētikon)을
표현하기 위해 던지는 것으로 'Are sorrow and life something akin?'(인생과
슬픔은 매우 가깝구나)에 해당한다.

(c) 하나의 지령(prostaktikon)으로, 예를 들면 'Come thou hither, O lady
dear'(친애하는 숙녀 여러분, 이쪽으로 오세요)에 해당한다.

(d) 하나의 맹세(horkikon, omotikon, epōmotikon)로서, 예를 들면 'By this
sceptre'(왕권으로), 'Let earth be my witness in this'(나의 증언을 여기에
묻겠다) 등이다.

(e) 하나의 기도(aratikon, euktikon)로서, 예를 들면 'Zeus, my father, who
rulest from Ida, majestic and mighty, victory grant unto Ajax and crown
him with glory and honour'(신의 세계의 최고 통치자인 아버지, 진정 위대
한 제우스신이여, 아이아스에게 승리를 주시옵고 또한 영광과 영예가 그와
함께 할 수 있도록 해주옵소서)에 해당한다. 때때로 기도(euktikon)와 기원
또는 저주(aratikon)들을 구분하기도 하는데, 후자의 것으로는 'Even as this
wine is spilt, so may their brains be spilt earthwards'(이 와인이 엎질러지
듯 그들의 머리도 땅 위에 내동댕이쳐지길)에 해당한다.

(f) 연설이나 인사말(prosagoreutikon)로, 예를 들면 'Most honoured son of
Atreus, lord of the warriors, Agamemnon'(아트레우스의 가장 고귀한 아들,
전사들의 주인, 아가멤논이여)에 해당한다.

(g) 하나의 전제나 가정(hypothetikon)으로, 예를 들면, 'Let it be supposed
that the earth is the centre of the sphere of the sun'(지구가 태양계의 중심
이라고 가정해 보자)에 해당한다.

(h) 하나의 특별한 예(ekthetikon)의 보기로서 '이것은 직선으로 나누자'에 해
당한다. DL VII, 196에 따르면, Chrysippus는 ektheseis에 대한 논문을 썼다.

(i) 하나의 설명 또는 해설(diasphētikon)이다.

(Nuchelmans 1973 : 63)

5 수행문 분석에 대한 초기의 예도 역시 Nuchelmans에 의해 제시된 것이다.

만약 우리가 'O, that the king might come'(utinam rex veniret)라는 문장
을 발화한다면, 그 문장의 intellectus인 청자 쪽에서 하는 생각은 '나는 그 왕
이 오기를 원한다'(volo regem venire 또는 opto, ut rex veniat)라는 문장이
만들어낸 생각과 똑같다. 만약 우리가 'Help me, Peter'(adesto, Petre)라는 문
장을 발화한다면, 그것이 명령이 됐든지 기원이 됐든지 간에, 청자는 '나는 너

에게 나를 돕기를 명령한다'(praecipio, ut adsis mihi)거나 아니면 '나는 네가
나를 도와주기를 원한다'(deprecipio, ut adsis mihi)라는 문장의 뜻과 동일하
다. 'Peter!'(o Petre)라는 발화는 '나는 너를 부른다, Peter'라는 문장과 동일한
정신적 대응예이다. 그리고 'Socrates는 갔니?'라고 하는 질문은 '나는 Socrates
가 갔는지에 대해 너에게 묻는다'라는 문장과 동일한 생각을 표현한 것이다. 마
찬가지로, 한 단어 발화, papae와 heu는 ego admiror(I admire (it)')과 ego
doleo('I feel grief (at it)')과 동일한 생각을 표현한다. 다만 처음 두 예의 경우
그 생각은 비합성적이지만 두 번째의 두 예의 경우는 그 생각이 합성적이다.

이것은 음성 발화의 힘, 즉 비서술 발화와 그에 상응하는 상태 발화 사이의
음성 발화의 힘이 갖는 차이점에도 불구하고, 비서술 발화의 정신적 대응이나
그에 상응하는 상태 발화의 정신적 대응 사이에는 차이점이 없다는 것을 의미
한다. 몇 개의 비서술 발화에 의해 청자의 마음이 표현된 합성된 생각은 그것
이 일어날 수 있는 propositio의 정신적 대응 예이다(Nuchelmans 1973 : 148).

6 대중 소설과 희곡에서 뽑은 예들은 다음과 같이 표시되었다.

    AC : **Anna Christie** (O'Neill 1960)
    GH : **The great Gillie Hopkins** (Paterson 1978)
    GP : **he glittering prises** (Raphael 1977)
    NI : **The night of the iguana** (Williams 1961)
    WE : **Welded** (O' Neill 1958)

7 Felix Ameka(사적으로 제공한 말)에 의하면 **'Yuk!'**와 같은 '음성 제스처'는 다음과 같이
I feel disgusted(나는 역겨움을 느낀다)와 같은 '발화 행위'와 구분되어야 한다고 주장
했다.

    I feel disgusted.
    나는 말한다 : 나는 역겨움을 느낀다
    나는 누군가 그것을 알기를 원한다
    나는 그것 때문에 이것을 말한다

    Yuk!
    나는 역겨움을 느낀다
    나는 누군가 그것을 알기를 원한다

나는 이것을 한다 : 그것 때문에 [음성 제스쳐]

나는 이것이 매우 흥미로운 제안이라고 생각하고 있으며, 더 많은 연구가 필요하다고
본다.

8 하나의 검증된 의미론적 메타언어를 기초로 한 일부 간투사들의 의미 분석에 대한 초
기의 시도들에 대해서는 Ameka(1987, to appear)와 Hill(1985), 그리고 Wierzbicka(1986a)를
참조할 것.

9 'I now know'(나는 지금 안다)라는 표현은 막 시작된 화자의 주의력을 지시한다. 그 대
신 오히려 'I perceive'(나는 지각한다)라는 표현이 더 자연스러울 수도 있을 것이다. 그
러나 **know**와 달리 **perceive**는 더 이상 정의를 내릴 수 없는 것 또는 보편 어휘소로
가정할 수 없으며, 결국 **know**만이 의미론적 메타언어의 요소로, 선택될 수밖에 없다.

10 일부 독자들은 **wow**가 반드시 '무엇인가 좋은 것'을 암시한다는 가정에 반대해 왔다.
그렇지만 그들이 내놓은 반대의 예들은, 가령 '좋다'를 하나의 기저된 가정으로 했을
때 얻을 수 있는 효과에 의존하는 것으로, 모두 비꼬거나 반어적인 것으로 해석될 수
있는 것들이다. 예를 들면 어떤 부모가 **I got three As today!**(나는 오늘 A를 세 개 받
았어!) 또는 **I got three Ds today!**(나는 오늘 D를 세 개 받았어)에 대한 대답으로
Wow!라고 말할 수 있을 것이다. 그러나 후자에 대한 경우를 **Wow!**로 대답했다면 보
통 그것은 비꼬는 것으로 해석될 것이다.

11 **Yuk**의 용법에 대한 영역은 영어의 경우 완벽하게 동일하지 않다. 특히 Yuk는 호주에
서 널리 쓰이고 있다.

12 또한 주목받는 호주의 희곡 작가가 쓴 희곡의 대사를 고찰해 보자.

> Don : (to Mal) **Why in the hell do you get her pregnant every eighteen
> months?**
> Mal : **she won't take the pill.** ……
> Don : (to Mal) **Use Silvertex.**
> Mal : (with distaste) **Yuk!**

> (Williamson 1973 : 210)

> Don : (Mal에게) 왜 도대체 너는 네 아내가 18개월마다 임신하게 하니?
> Mal : 그녀가 피임약을 안 먹어. ……

Don : (Mal에게) 실버텍스를 써 봐.

Mal : (혐오스럽게) Yuk!

[13] Wiener Winter교수가 나에게 (사적으로) 지적했듯이, 라틴어에는 영어의 '인간 본성에 대한 항진명제'에 해당하는 아주 특별한 금언이 있다고 했다. 즉 **sunt pueri pueri** ; **pueri puerilia tractant**, 문자 그대로의 뜻, '(남자)애는 (남자)애다 ; 어린애들은 어린애다운 일을 한다'. Winter교수가 지적했듯이 이 금언은 어떤 부류에 속하는 성원과 그들의 전형적 행위 사이를 매우 아름답게 표현하고 있다. 동시에 **puerilia** '어린애다운 (일)'이라는 단어는 심각한 비난으로 쓰이지는 않으며, 관대한 태도를 암시하고 있다.

역자 후기

　따뜻하고 선량한 미소였다. 내가 호주국립대학교에서 만난 애나 비에르 즈비츠카(Anna Wierzbicka) 교수의 첫인상이다. 나는 호주 뉴잉글랜드 대학 언어학과 초빙교수로서 클리프 고다르(Cliff Goddard) 교수(현 호주 Griffith 대학교수)와 2년(2005-2006)을 보내는 동안 그녀를 몇 번 만날 기회가 있었다. 작고 조용하게 웃던 애나 교수는 학회에서는 언제나 빠른 어투로 자기의 주장을 펼치곤 했다. 그 눈동자가 무척 빛났다. 그 때 나는 이 책을 번역하겠다고 애나 교수와 약속했고, 이제야 출판을 앞두고 있으니 새삼 많은 시간들이 흘렀다는 것을 실감한다.

　이 책은 2003년 개정판 『Cross-Cultural Pragmatics－The Semantics of Human Interaction』을 번역한 것이다. '다문화 의사소통론'이라고 제목을 붙인 이유는 다문화사회에 진입한 우리에게 문화 간 소통과 이해라는 실제적 목적에 매우 부합하다고 생각했기 때문이다. 다문화적 사회에서 비교 문화 의사소통(cross-cultural communication)과 문화 간 의사소통(intercultural communication)에 기초하여 발전한 비교 문화 화용론(Cross-Cultural Pragmatics)은 '인간 상호작용에 대한 의미론'(The Semantics of Human Interaction)의 매우 중요한 열쇠라고 할 수 있다. 애나 비어즈비스카 교수는 이 책을 통해 보편적이고 어떤 문화에도 치우치지 않으면서도 다문화적이고 특정 문화적인 의미를 탐구할 수 있는 방법론이 가능하다는 것을 치밀하게 보여주고 있다.

　그 방법론이란 소위 NSM(Natural Semantic Meta-language, 자연 의미 메타언어)을 말하는데, 자연언어에서 의미 원초소들(semantic primitives)을 추출하고 이들의 조합을 통해 의미를 기술하는 것이 가장 핵심이다. 애나 교수는 인간의 언어에서 찾을 수 있는 보편적 개념들, 가령 I, you, someone, do, happen, think, know, good, big, because 등을 찾아 이를 의미 원초소라고 하였으며 이들을 가장 단순한 기본 문장(canon sentence)의 형태로 표시한 의미설명(explication)을 제시하였다. 이미 이 원초소는 60여개가 넘으며 지금도 애나 비어즈비스카 교수와 클리프 고다르 교수를 비롯한 동료 학자들이 끊임없이 탐구하고 있다(NSM homepage, http://www.griffith.edu.au/humanities-languages/school-languages-linguistics/research/natural-semantic-metalanguage-homepage).

좀 더 자세히 말하자면, 자연 의미 메타언어란 인간의 언어라면 모두 갖고 있는 보편적인 의미 원초소로 이루어진 자연 언어이며 어떤 언어로도 치환되어 해석될 수 있는 메타언어이다. 따라서 자연 언어로 이루어진 메타언어를 사용할 때 우리는 서로 다른 언어와 서로 다른 문화로 기호화된 의미들을 가장 중립적 관점에서 비교할 수 있다. 의미설명에 사용되는 메타언어는 자연 언어로서 고도로 축약된 기본적인 영어로 표시된다. 그러나 이 언어는 또한 전문적이고 인공적 언어라고 할 수 있는데 그럼에도 불구하고 자연 언어라고 할 수 있는 것은 이 메타언어가 전적으로 자연 언어에서 나왔으며 어떤 부가적인 자의적 기호나 관습이 없이 자연 언어를 통해 그대로 이해될 수 있기 때문이다.

이 메타언어들로 이루어진 의미의 구성성분들은 공간적 배열이나 행의 구분 등 도상적 관습을 따랐다. 그러므로 메타언어로 이루어진 의미설명은 통사 층위에서도 어떤 언어로 바꿀 수 있으며 그 언어의 모국어 화자라면 순서에 따라 즉각적으로 이해될 수 있을 것이다. 물론 이 책을 읽는 독자들은 여전히 메타언어로 이루어진 의미설명이 때로는 필요 이상으로 길게 나열되며 낯설고 생소할 것이라고 짐작된다. 그러나 그 방법적 틀을 반복하여 사용한다면 '낯설고 생소한 것'은 '낯익고 익숙한 것'으로 바뀔 것이라고 생각한다.

이제 독자들은 이 책을 통하여 NSM의 방법론이 우리 자신의 문화 프리즘을 통해서 다른 문화들을 기술함으로서 필연적으로 발생되는 자민족 중심의 편견으로부터 얼마나 우리를 자유롭게 하는지를 알 수 있을 것이다. 또한 이 책에서는 비교 문화 화용론의 많은 영역이 영어 중심의 편파성을 보여왔다는 것도 예외 없이 지적되었다. 'directness', 'self-assertion', 'distance', 'intimacy', 'solidarity' 등의 영어로 널리 알려진 용어들을 애나 교수는 글로벌 표지(Global label)라고 하여 특정 언어로 이루어진 민속 표지(folk label)와 구별하였다.

또한 덧붙이자면 이 책은 수많은 언어의 경험적 자료를 바탕으로 하여 '보편적이라고 가정되어 온' '대화 격률'이나 '공손성의 원리' 등에 기초한 인간 상호작용에 대한 접근에 대해 끊임없이 문제를 제기하고 있다. 즉 각기 다른 사회의 인간 상호작용의 규범들은 각기 다른 문화적 태도와 가치들을 반영하고 있으며, NSM을 사용함으로서 인간 상호작용에 표현된 의미와 문화 스크립트가 분명하고 알기 쉽게 기술되고 비교될 수 있다는 것을 이 책에서 보여준다. NSM는 다양한 문화 규범들과 다양한 말하기의 방식들이 효율적으로 탐구되고 설명되고 교육될 수 있는 하나의 틀이라고 할 수 있다. 그런 점에서 이 책은 이론적이면서 실제적이라고 할 수 있다.

다양한 문화적 배경을 가진 사람들이 함께 공존하는 우리 사회에서 다양한 언어와 관련한 문화적 규범들의 차이점에 대한 연구는 평화로운 공존과 상호간의 관용 그리고 이해를 위해 매우 중요한 것이다. 다만 이 연구는 종래 화용론의 영역을 언어학의 쓰레기통이라고 하여 방치하였거나 사회학자, 심리학자, 민족지학자, 문헌학자들이 언어학자를 대신하였던 인간의 언어능력에 대한 연구 영역을 일관되고 통합된 기술로 시도함으로써 언어학에서의 화용론적 접근과 의미론적 접근을 적절하게 모색하였다고 본다. 그렇기 때문에 이 책은 다양한 문화를 배경으로 한 다문화 사회의 언어 교육을 포함하여 성공적인 비교 문화 커뮤니케이션 교육에도 도움이 될 것이다.

이 번역은 지난 3년간 전북대학교 어문교육학과 박사과정생들과 의미론을 위한 스터디로 시작되었다. 기나긴 여행이었다. 애나 교수의 특유한 영어 문체는 말할 것도 없이 어려웠으며, 영어, 러시아어, 폴란드어, 일본어, 히브리어, 호주 원주민 언어 등의 구어 자료들이 복병같이 나타났다. 반갑게 한국어의 예문도 만날 수 있었지만 라틴어까지 번역하는 내내 한 시라도 긴장감을 늦출 수 없었다.

우리나라에는 아직 애나 교수의 책이 번역된 적이 없다. 이 책을 통하여 애나 교수의 언어이론과 방법론이 조금이라도 친숙하게 알려졌으면 하는 바람이다. 함께 번역한 이중진 선생과 안재란 선생은 학위를 마쳤으며, 나영은 선생은 학위논문을 진행 중이다. 우리 모두에게 이 번역은 매우 뜻깊은 공동 작업이었다. 김수경 선생님과 그녀의 남편 마이클 도버(원광대학교 교수)는 어려운 예문을 번역하는 데 도움을 주었다. 감사드린다. 아! 호주에서 애나 교수와 역자 사이의 가교 역할을 해 주신 윤경주 교수(글로벌 사이버대학교)를 떠올리지 않을 수 없다. 깊은 인연에 또한 감사드린다. 좋은 책을 만들어주신 역락출판사 이대현 사장님과 이소희 대리님께도 깊은 감사의 마음을 표하고 싶다.

역자들을 대표하여
2013년 7월 여름날에
이정애 씀

역자 소개

‖ 이정애

전북대학교 사범대학 국어교육과 교수/국어 의미론 및 화용론 전공
전북대학교 일반대학원 문학박사
주요 논문 및 저서
「국어의 간접성과 NSM」(2012), 「NSM에 기초한 국어 간투사의 의미 기술」(2011), 『다문화교육의 이해와 실천』(공저, 2013, 교육과학사)

‖ 안재란

전북대학교 교육대학원 석사
전북대학교 일반대학원 어문교육학과 교육학박사
주요 논문 및 저서
「자기 점검을 통한 국어과 수업의 일상적 구조」(2009), 「사회 문화적 맥락을 반영한 소설 읽기」(2009), 「자기 텍스트 구성을 통한 서사 교육 방법 연구」(2013), 『인간과 잣대』(공저, 2009, 도서출판 역락)

‖ 이중진

몽골국립사범대학교 몽골어학과 석사
전북대학교 일반대학원 어문교육학과 교육학박사
주요 논문 및 저서 :
「몽골인 학습자의 한국어 발음교육 연구」(2012), 「청취와 음성 산출실험을 통한 몽골인 학습자의 한국어 단모음 오류 연구」(2010), 「음향 실험을 기초로 한 몽골어와 한국어의 단모음 대조분석」(2010), 『인간과 잣대』(공저, 2009, 도서출판 역락)

‖ 나영은

전북대학교 교육대학원 석사
전북대학교 일반대학원 어문교육학과 박사과정
주요 논문 및 저서
「중학생의 쓰기 태도 발달에 관한 단기 종단 연구」(2012), 「경험담 분석을 통한 쓰기 태도 형성 파악 : 정서 요소를 중심으로」(2011)

다문화 의사소통론

비교 문화 화용론과 인간 상호작용의 의미론

초판 인쇄 2013년 9월 23일 | **초판 발행** 2013년 9월 30일

저   자 애나 비어즈비스카

역   자 이정애·안재란·이중진·나영은

펴낸이 이대현 | **편집** 이소희

펴낸곳 도서출판 역락 | **등록** 제303-2002-000014호(등록일 1999년 4월 19일)

주소 서울시 서초구 반포4동 577-25 문창빌딩 2층

전화 02-3409-2058(영업부), 2060(편집부) | **팩시밀리** 02-3409-2059

전자우편 youkrack@hanmail.net

ISBN 978-89-5556-092-3 93700

정가 50,000원

■ 잘못된 책은 교환해 드립니다.

* 이 저서는 2011년도 전북대학교 저술장려 연구비 지원에 의하여 연구되었음.

이 도서의 국립중앙도서관 출판시도서목록(CIP)은 서지정보유통지원시스템 홈페이지(http://seoji.nl.go.kr)와 국가자료공동목록시스템(http://www.nl.go.kr/kolisnet)에서 이용하실 수 있습니다.(CIP제어번호: CIP2013018985)